Jochen Hein

Linux Systemadministration

Einrichtung, Wartung, Software-Updates

3., aktualisierte und erweiterte Auflage

ADDISON-WESLEY
An imprint of Pearson Education
München • Reading, Massachusetts • Menlo Park, California • New York • Harlow, England
Don Mills, Ontario • Sydney • Mexico City • Madrid • Amsterdam

Die Deutsche Bibliothek – CIP-Einheitsaufnahme

Linux Systemadministration:
Einrichtung, Wartung, Software-Updates / Jochen Hein. – 3., aktualisierte und erweiterte Auflage
München: Addison Wesley Longman Verlag GmbH, 1999
ISBN 3-8273-1510-7

10 9 8 7 6 5 4
03 02 01

Lektorat: Susanne Spitzer, München, `susannes@pearson.de`
Satz: Jochen Hein. Gesetzt in Palatino 10/12 Pkt.
Druck und Bindung: Kösel, Kempten
Produktion: TYPisch Müller, Gräfelfing
Umschlaggestaltung: Hommer Grafik-Design, Haar bei München

Das verwendete Papier ist aus chlorfrei gebleichten Rohstoffen hergestellt und alterungsbeständig. Die Produktion erfolgt mit Hilfe umweltschonender Technologien und unter strengen Auflagen in einem geschlossenen Wasserkreislauf unter Wiederverwendung unbedruckter, zurückgeführter Papiere.

Inhaltsverzeichnis

Vorwort

Wer Funktionalität gegen Ease of Use eintauschen will, verliert beides und verdient keines von beiden.
– unbekannter Autor

Linux ist ein Unix-ähnliches Betriebssystem. Damit weist ein Linux-System die gesamte Flexibilität, aber auch die Komplexität von Unix auf. Mit diesem Buch möchte ich dazu beitragen, daß Sie diese Komplexität in den Griff bekommen und die Flexibilität effektiv nutzen können.

Linux ist ein freies Betriebssystem. Das gilt nicht nur für den Kernel, sondern auch für fast alle anderen Programme. Frei heißt hier, analog zur GNU General Public License (GPL), daß der Quellcode frei verfügbar ist, und zielt nicht auf die teilweise kostenlose Verbreitung von Linux in Mailboxen oder über `ftp`-Server.

In der Freeware-Szene gibt es im wesentlichen vier unterschiedliche Lizenzen, die alle ihre Berechtigung für bestimmte Zwecke haben:

- Das BSD- oder X-Copyright, das die Verwendung des Codes auch in kommerziellen und proprietären Systemen erlaubt
- Die GPL, die fordert, daß die Programme oder daraus entstandene verbesserte Versionen weiterhin frei sind
- Programme, deren kommerzielle Nutzung oder Verbreitung untersagt ist
- Programme, die keinerlei Copyright unterliegen, sogenannte Public-Domain-Programme

Durch diese liberalen Lizenzbedingungen wurde Linux zu dem, was es heute ist. Insbesondere spielte die Verfügbarkeit der GNU-Programme eine entscheidende Rolle, da hiermit die Utilities eines Unix-Systems bereits frei verfügbar waren. Weiterhin war die Portierung des X-Window-Systems wichtig, das heute als XFree86 für Linux (und eine Reihe von anderen Unix-Systemen) verfügbar ist.

Freie Software ist bessere Software, weil diese dem Anwender die Möglichkeit gibt, die Programme anzupassen, zu verbessern, zu verstehen oder einfach nur Fehler zu korrigieren. Diese Möglichkeit hat der Anwender von proprietärer Software nicht, er ist auf Gedeih und Verderb seinem Software-Lieferanten ausgeliefert. Dies ist, neben der Möglichkeit, das System vollständig untersuchen zu können, das ausschlaggebende Argument für Linux oder andere Freewaresysteme wie NetBSD oder FreeBSD. Ein weiterer Vorteil für Anwender ist, daß verschiedene Anbieter Support für das System leisten können.

Neben den Programmen selbst ist auch die zugehörige Dokumentation frei verfügbar. Das Linux Documentation Project hat es sich zur Aufgabe gemacht, sowohl HowTo-Dokumente als auch vollständige Handbücher zu schreiben. Zum Teil können Sie diese Bücher auch im Buchhandel kaufen. Es existiert ein Projekt von Marco Budde, die HowTos in die deutsche Sprache zu übersetzen.

Man muß jedoch nicht programmieren können, um Linux effektiv einzusetzen, denn Fehler werden von den Programmierern oft binnen weniger Stunden oder Tage gefunden und korrigiert. Insbesondere, wenn man eine „stabile" Distribution von Linux installiert hat, wird das System von Anfang an stabil und zuverlässig laufen. Die Neuinstallation von neuen Programmen oder neuen Versionen beschränkt sich auf das Ausführen weniger Befehle.

Dieses Buch wurde fast vollständig mit frei verfügbarer Software unter Linux geschrieben. Als Editor verwende ich GNU-Emacs bzw. XEmacs zusammen mit dem Paket `auctex`, das eine leistungsfähige Umgebung zum Setzen von Texten mittels $\TeX$ oder $\LaTeX$ ist. Der Satz erfolgte mit $\LaTeX2_\varepsilon$, dabei wurde eine Reihe von zusätzlichen Styles verwendet. Die Stabilität und Geschwindigkeit von Linux, gemeinsam mit der leistungsfähigen Unix-Umgebung haben einen erheblichen Anteil am Gelingen dieses Werkes. Dieses Buch ist allen Programmierern (und Benutzern) von freier Software gewidmet, ohne die heute nicht diese Vielfalt an freier Software existieren würde.

Typographische Konventionen

Wie in beinahe jedem Computerbuch möchte ich hier die verwendeten typographischen Konventionen vorstellen. Dies soll zu einer besseren Übersichtlichkeit beitragen, da dann einige Voraussetzungen nicht immer wieder neu erläutert werden müssen.

- Ausgaben des Rechners sind in Courier (`Typewriter`) gesetzt.
- Eingaben des Benutzers sind ebenfalls in Courier gesetzt, aber zusätzlich durch **`Fettdruck`** hervorgehoben.
- Variable Eingaben, die vom Anwender passend zu ersetzen sind, werden mit einer ***`kursiven`*** Schrift dargestellt.
- Zur Unterscheidung zwischen verschiedenen Shells und privilegierten und nichtprivilegierten Benutzern verwende ich verschiedene Shell-Prompts:

- # steht für den Systemadministrator, der die `bash` benutzt.
- > steht für einen Benutzer mit der `tcsh`.
- $ steht für einen Anwender mit der `bash`.

Zur Erläuterung folgt ein Beispiel, das ein `tcsh`-Benutzer durchgeführt hat. Der Benutzer `root` wird in diesem Buch nur an den Stellen verwendet, an denen es unbedingt notwendig ist. Die Trennung zwischen Benutzer und Systemadministrator ist eines der grundlegenden Unix-Konzepte und dient der Sicherheit der Benutzer und Systemdaten sowie der Systemstabilität.

```
(Linux):~> echo 'Das ist eine Eingabe' | sed s/Ein/Aus/
Das ist eine Ausgabe
```

Weitere spezielle Formatierungen verwenden wir für Shell- oder Umgebungsvariablen (`VARIABLE`). Die Namen von Programmen und Kommandos sind in Courier gesetzt (`programm`), Dateien werden zusätzlich mit dem Pfad angegeben (`/Pfad/Datei`). Listings oder Auszüge aus Konfigurationsdateien werden in Courier (`Typewriter`) gesetzt, genauso wie Rechnernamen. Die Verwendung von Tastenkombinationen wird in der folgenden Form dargestellt:

- [A] für die Taste „A“, [Entf] für die Taste „Entf“
- [Strg]+[C] für das gleichzeitige Drücken von „Strg“ und „C“
- [Esc],[x] für die Taste „Escape“ gefolgt von „x“

Mailing-Listen

Das Betriebssystem Linux und die zugehörigen Programme wurden von verschiedenen Programmierern im Internet entwickelt. Die Kommunikation erfolgt dabei über verschiedene Kanäle:

- Die Entwickler arbeiten mit privater E-Mail untereinander. Das ist so lange sinnvoll, wie nur eine sehr begrenzte Anzahl von Programmierern an einem Projekt arbeitet.
- Es werden (öffentliche oder private) Mailing-Listen verwendet. Ein spezieller Rechner verteilt jede Nachricht an alle Mitglieder der Mailing-Liste.
- Ein Teil der Diskussionen findet in News-Gruppen statt.

Auf dem Rechner `vger.rutgers.edu` sind derzeit eine Reihe von Mailing-Listen eingerichtet, die in der Regel jedem Interessenten offenstehen. Zur Verwaltung der Listen wird das Programmpaket `majordomo` verwendet. Wenn Sie eine Mailing-Liste abonnieren möchten, senden Sie eine Mail an den Benutzer `majordomo@vger.rutgers.edu` mit dem Text `help` im Textteil der Nachricht. Danach erhalten Sie eine Anleitung zur Bedienung des Verwaltungsprogramms.

Danksagung

Zunächst möchte ich mich bei allen Linux-Hackern und -Anwendern sowie bei allen Programmierern bedanken, die dieses Buch erst möglich gemacht haben. Ebenso möchten ich den Korrekturlesern danken, die viele Fehler und Inkonsistenzen aufgespürt haben und das Buch zu dem gemacht haben, was es heute ist.

Eberhard Mönkeberg, der die Idee zu diesem Buch entwickelte, und Harald Böhme, der die beiliegende CD zusammengestellt hat, verdienen genauso Anerkennung wie Carsten Schabacker, der die Basis für das Kapitel über die *Unix-Tools* erstellt hat. Jörg Rade hat die erste Fassung der Kapitel zum *Systemstart*, über *X* und das *World Wide Web* geschrieben. Besonders bedanken möchte ich mich bei Sven Probst, der mir bei vielen Fragen zu TCP/IP und Netzwerken weitergeholfen hat. Für alle noch verbliebenen Fehler bin ich selbst verantwortlich.

Wenn Sie Fragen oder Anregungen haben, so können Sie mich über E-Mail unter der Adresse `jochen.hein@li.org` erreichen. Diese Adresse wurde freundlicherweise von *Linux International* zur Verfügung gestellt.

Clausthal-Zellerfeld, im März 1996 *Jochen Hein*

Vorwort zur zweiten Auflage

In den letzten Jahren und Monaten hat Linux weiterhin eine sehr stürmische Entwicklung durchgemacht. Der Kernel wurde durch neue Treiber erweitert, und die Performance und die Eignung für SMP-Rechner (Symmetrisches Multi-Processing) wurde wesentlich verbessert. Dies kommt dem Einsatz von Linux als Serversystem entgegen, aber auch an den Benutzer am Arbeitsplatz wurde gedacht.

Besonders erwähnenswert sind hier die Bemühungen, einen leistungsfähigen und flexiblen Desktop bereitzustellen. Drei derartige Projekte sind GnuStep, GNOME und KDE. Außerdem ist eine Reihe von Anwendungen, wie StarOffice, ApplixWare oder Adabas verfügbar geworden. Alles in allem schickt sich Linux immer mehr an, vom Geheimtip für Hacker und Programmierer zu einem allgemein benutzbaren System zu werden.

Die zweite Auflage enthält viele kleine Verbesserungen zu praktisch allen angesprochenen Themen, aber auch größere Veränderungen bei den heute aktuellen Bereichen. Das sind insbesondere die Desktops und neue Funktionen im Netzwerk-Bereich.

Wenn Sie Fragen oder Anregungen haben, so können Sie mich über E-Mail unter der Adresse `jochen.hein@li.org` erreichen. Diese Adresse wurde freundlicherweise von *Linux International* zur Verfügung gestellt. An dieser Stelle möchte ich mich bei allen Lesern der ersten Auflage bedanken, die mit Fragen und Anregungen dazu beigetragen haben, dieses Buch weiter zu verbessern. Ich hoffe, Sie werden bei der Lektüre genauso viel Spaß haben, wie ich beim Schreiben hatte, und ebenso viel lernen.

Kassel, im Dezember 1997 *Jochen Hein*

Vorwort zur dritten Auflage

Auch im letzten Jahr hat sich Linux stürmisch weiterentwickelt. Viele neue Anwender haben Linux installiert und schätzen gelernt, viele neue Programme wurden entwickelt, portiert und veröffentlicht. Auch viele Firmen haben Linux entdeckt, praktisch jede Art von Software ist verfügbar. Heute kommt kaum noch ein Hard- oder Software-Hersteller an Linux vorbei – es ist ein lukrativer Markt geworden.

Das Besondere an Linux ist aber immer noch, daß es eine Gemeinschaft aus Programmierern, Anwendern und Systemverwaltern ist, die es an ihre Bedürfnisse anpaßt. Ich hoffe, daß Sie sich in dieser Gemeinschaft genauso wohlfühlen, wie ich. Der Zusammenhalt dieser Gemeinschaft und die Möglichkeiten der Anwender, sich gegenseitig zu helfen haben Linux erst möglich gemacht.

Die Linux-Anwender haben die Computer-Welt verändert – in mancherlei Hinsicht sicherlich revolutionär. Wenn die Benutzerschar von Linux weiter so wächst, dann könnte sich der (scherzhafte) Plan von Linus Torvalds erfüllen: „World domination. Fast".

Kassel, im Mai 1999 *Jochen Hein*

1 Linux — das Betriebssystem der Zukunft?

Linux – im engeren Sinne – ist „nur" ein Betriebssystem, also der Teil der Software eines Computersystems, der die Hardware kontrolliert oder ansteuert. Anders und vereinfacht gesagt: das Betriebssystem ist die Komponente, die der Anwendersoftware (z. B. Textverarbeitung oder Newsreader) die Möglichkeiten der Hardware (z. B. Drucker, CD-ROM-Laufwerk) zugänglich macht. Andere Betriebssysteme, die die weit verbreitete PC-Hardware kontrollieren, sind z. B. OS/2, Novell Netware, SCO oder Windows NT. DOS bzw. DOS/Windows sind zwar auch Betriebssysteme, da diese Systeme jedoch den Anwendungsprogrammen den direkten Zugriff auf die Hardware gestatten, sind Vorbehalte angebracht, DOS neben die obigen Systeme zu stellen.

Üblicherweise steht Linux aber für mehr. Es ist ein System, das eine umfangreiche Kollektion der Unix-Tools und unterschiedlicher Anwenderprogramme anbietet; an eine solche Kollektion hat man im allgemeinen zu denken, wenn von einer *Linux-Distribution* die Rede ist. Zugeschnitten auf die individuellen Bedürfnisse eines Users oder einer User-Gruppe, werden unterschiedliche akzentuierte Distributionen von verschiedenen Seiten zusammengestellt: Die Bandbreite reicht von Distributionen, die auf wenigen Disketten die notwendigsten Tools versammeln (z. B. XLINUX), bis zu Distributionen im Umfange mehrerer hundert Megabyte, die eine komplette Entwicklungsumgebung und eine große Anzahl „freier" Anwendungssoftware zur Verfügung stellen (z. B. die Debian-Distribution).

Diese und weitere Distributionen werden auf zahlreichen `ftp`-Servern bereitgehalten, können oftmals aber auch über andere Medien (Disketten, CD-ROMs, Tapes) bezogen werden. Bei dem Umfang der Distributionen ist der Erwerb einer CD einem womöglich tagelangen Download mittels `ftp` oder Modem vorzuziehen. Bei vielen Distributionen erwirbt man auch einen Anspruch auf Support durch den Distributor und ein Handbuch, das die Installation und die ersten Schritte beschreibt.

1.1 Linux-Features im Überblick

Linux ist ein leistungsfähiges Betriebssystem, das sich in den letzten Jahren von einem „Hacker-System" zu einem vielfach auch kommerziell eingesetzten System gewandelt hat. Die Gründe für diese Entwicklung sind vielfältig. Einige Gründe möchte ich hier vorstellen und zudem einen Überblick über die Einsatzmöglichkeiten von Linux geben:

- Linux ist frei, d. h. praktisch der gesamte Quellcode des Systems ist jedermann zugänglich. Damit können Interessierte Verbesserungen implementieren und Fehler beseitigen oder ganz einfach lernen, wie das System funktioniert.
- Linux ist ein Unix-ähnliches System mit der ganzen Flexibilität von Unix. Als grafische Oberfläche kommt X11 zum Einsatz. Motif und CDE sind genau wie OpenLook (XView) für Linux verfügbar.
- Linux ist zu internationalen Standards wie POSIX oder ANSI-C konform. Außerdem werden viele BSD- oder System-V-Erweiterungen unterstützt. Damit können viele Unix-Programme einfach portiert werden.
- Linux ist auf andere Hardware-Architekturen wie DEC-Alpha, MIPS oder Sun Sparc-Rechner portabel. Damit ist es eines der portabelsten Systeme, das auf dem Markt verfügbar ist.
- Linux ist flexibel in TCP/IP-Netzen einsetzbar. Daneben werden aber auch noch andere Protokolle (IPX, Appletalk, SMB) unterstützt.
- Linux ist auf 386er PCs mit 4 MB Hauptspeicher lauffähig. Ein System mit 16 MB ist als Workstation mit X gut zu verwenden. Im Vergleich zu Windows NT sind die Hardware-Anforderungen also deutlich niedriger.
- Linux nutzt Speicher (durch Shared Libraries und Demand Loading) und moderne Prozessoren (Pentium und Pentium Pro) effizient.
- Linux kann einen PC ohne große Kosten in eine Workstation, ein X-Terminal oder einen Server verwandeln.
- Linux-Support wird von den Distributoren genauso wie von den Entwicklern und den Anwendern untereinander geleistet. Prinzipiell kann jeder Interessierte kommerziellen Support anbieten, so daß der Anwender die Wahl zwischen vielen Anbietern hat.
- Linux ist gut an die übliche PC-Hardware angepaßt. Es sind viele Treiber verfügbar, und das System ist vergleichsweise schnell.
- Es existieren viele Anwendungen im Bereich der Programmentwicklung, Office-Pakete, Internet-Server und -Clients sowie Emulatoren für andere Systeme wie Windows oder IBCS2.
- Das System ist durch die mitgelieferten Handbücher (`/usr/doc`), Manpages und viele Bücher zu diesem Thema sehr gut dokumentiert. Sollte die Dokumentation einmal eine Frage offenlassen, so kann man schlimmstenfalls immer noch im Quellcode nach der Lösung suchen.

Diese Liste ist sicher nicht vollständig und läßt sich daher noch beinahe beliebig fortsetzen. Dabei werden von verschiedenen Anwendern jeweils andere Schwerpunkte gesetzt. Es existiert kein System, das jeden möglichen Anwender zufriedenstellen kann.

1.2 Linux-Distributionen im Vergleich

Wie oben schon erwähnt, existiert eine Vielzahl von Linux-Distributionen. Hieraus eine „gute" Distribution für den eigenen Bedarf auszuwählen ist nicht einfach. Im folgenden werde ich einige Distributionen, die ich im Laufe der Zeit ausprobiert habe, kurz vorstellen und die jeweiligen Vor- und Nachteile aufzeigen. Diese Liste kann nicht vollständig sein, da ich nicht jede Distribution zur Verfügung habe und ein vernünftiger Test mit hohem Zeitaufwand verbunden ist. Auch sind viele Erkenntnisse mit einer neuen Version der entsprechenden Distribution wertlos geworden.

Zu jeder Distribution gehört normalerweise eine entsprechende Installationsanleitung. Diese kann in Form einer `README`-Datei, eines Booklets zur CD oder eines Handbuches vorliegen. Dort wird in der Regel die Installation des Systems sehr detailliert beschrieben, so daß ich hier auf eine derartige Beschreibung verzichte. Vielmehr werde ich einige Unterschiede zwischen den Distributionen aufzeigen. Dabei werden sich je nach den Ansprüchen des Anwenders unterschiedliche Distributionen als besonders geeignet erweisen.

Aufgrund der GNU General Public Licence (GPL), die für viele der unter Linux verwendeten Programme und den Kernel gilt, ist jeder Distributor verpflichtet, entweder den Quellcode der entsprechenden Programme mitzuliefern oder auf Anfrage nachzureichen. Zu vielen Distributionen findet man daher auch die Quellen der Programme auf CD. Bei Problemen kann man dann einzelne Programme neu übersetzen oder nachsehen, mit welchen Optionen diese Programme installiert wurden. Gerade in diesem Bereich findet man deutliche Unterschiede zwischen den Distributionen.

Ein weiterer Unterschied besteht im Support durch die Entwickler. Manche CDs werden ohne Support angeboten, andere enthalten einen Anspruch auf Support (via E-Mail, Fax oder Telefon) durch den Distributor. Oft wird vom Hersteller auch eine Mailing-Liste betrieben, in der speziell für die eigene Distribution Support geleistet wird. Genauere Informationen dazu finden Sie in der Dokumentation zu Ihrer Distribution.

Um zu große Unterschiede zwischen den Distributionen zu vermeiden, wurde der *Filesystem-Hierarchie-Standard* (siehe Kapitel 2 auf Seite 13) entwickelt, der eine Linux-Verzeichnisstruktur definiert. Die meisten der hier vorgestellten Distributionen halten sich weitgehend an diesen Standard, weichen aber in Einzelfällen auch davon ab. Diese Abweichungen sind normalerweise im Handbuch der Distribution dokumentiert.

Weitere Informationen zu den hier vorgestellten und anderen Distributionen, wie z. B. die Adressen der Distributoren, finden Sie in der *Distributions-HowTo*. Zu praktisch jedem vorstellbaren Thema unter Linux existiert eine `HowTo`-Datei, die in dieses Thema einführt und stellenweise die Funktion einer *FAQ-Liste* (Frequently Asked Questions) übernimmt. Neben den HowTo-Dokumenten existiert aber auch eine FAQ. Außerdem arbeitet eine Gruppe von Freiwilligen am *Linux Dokumentation Project* (LDP), das Manpages und Handbücher schreibt. Diese Bücher sind von guter Qualität und teilweise auch im Buchhandel erhältlich. Eine Übersicht über die bereits verfügbaren Titel finden Sie in Anhang C.

Bevor wir zur Vorstellung einiger Distributionen kommen, möchte ich einige Anforderungen an eine Distribution genauer erläutern. Dabei geht es sowohl um Installationsroutinen und das System an sich, aber auch um technische Hintergründe.

Keine der verfügbaren Distributionen erfüllt bisher alle hier gestellten Anforderungen. Dennoch lernen alle Distributoren im Laufe der Zeit dazu und implementieren gelungene Funktionen der anderen Distributionen. Dabei erweist sich der Konkurrenzdruck durch die vielen anderen (guten) Distributionen als wichtiger Antrieb für die Entwickler.

- Die Installationsroutine sollte ohne oder mit nur einer Diskette auskommen, wenn von CD, Festplatte oder Netz installiert wird. Es ist für Einsteiger oder PC-Benutzer, deren PC noch nicht mit einem Betriebssystem ausgestattet ist, sehr hilfreich, wenn eine solche Diskette bereits beiliegt. Dies setzt voraus, daß auch nur eine Diskette benötigt wird, also keine Auswahl aus vielen vorkonfigurierten Boot-Disketten getroffen werden muß.

- Das Installationsprogramm sollte ein integriertes Hilfesystem enthalten. Damit ist es möglich, während der Installation zusätzliche Informationen anzuzeigen und den Benutzer zu unterstützen.

- Bei Eingabefehlern sollte man einzelne Einstellungen erneut vornehmen können, ohne neu beginnen zu müssen. Das sollte für möglichst viele Eingaben des Benutzers gelten.

- Die Paketauswahl sollte vor, nicht während der Installation stattfinden. Dabei soll dann auch der zur Verfügung stehende Platz geprüft werden. Damit ist es möglich, den zeitaufwendigsten Teil ohne Benutzerinteraktion ablaufen zu lassen.

- Die Distribution sollte verschiedene „Standardinstallationen“ (z. B. mit/ohne X, mit/ohne TeX) bereits zur Auswahl anbieten. Diese Vorauswahlen können für einen Neu-Einsteiger sehr hilfreich sein, da die Masse an Programmen sehr abschreckend sein kann.

- Einzelne Pakete sollten später gelöscht oder hinzugefügt werden können. Dabei sind Abhängigkeiten der Pakete untereinander zu beachten, da viele Pakete auf andere aufbauen oder sich gegenseitig ausschließen.
- Ein leistungsfähiges Tool zur Systemadministrations kann den Einstieg vereinfachen. Nicht jeder Anwender hat Interesse daran, sich die passenden Konfigurationsdateien zusammenzusuchen und mit einem Texteditor anzupassen. Gerade Windows zeigt hier, wie einfach die Systemkonfiguration mit Hilfe von grafischen Tools sein kann.
- Viele Anwendungspakete für Mathematik, Grafik, Textverarbeitung usw. sollten in der Distribution enthalten sein. Dabei ist eine Trennung in verschiedene Anwendungsgruppen oder Serien sinnvoll.
- Bei der Installation muß eine gute Dokumentation (Beschreibung) der Pakete vorliegen, die auch für Einsteiger verständlich ist. Nach der Installation sollte eine möglichst vollständige Dokumentation (README-Dateien, Handbücher oder Beispieldateien) der Pakete auf der Festplatte zu finden sein.
- Der gesamte Quellcode der Programme sollte verfügbar und auf Knopfdruck installierbar sein.
- Die Programme sollten mit einem Befehl genau so neu übersetzt werden können, wie sie für die Distribution erstellt wurden.
- Die Original-Sourcen des Programms (z. B. für die Verwendung unter anderen Systemen) und die Anpassungen für die Distribution sollten getrennt vorliegen.
- Die Distribution sollte dem Filesystem-Hierarchie-Standard (FHS) entsprechen. Sind einzelne Dinge dort nicht festgelegt, so sollte man sich von den Prinzipien der Übersichtlichkeit und der geringsten Überraschung für den Anwender leiten lassen. Die Abweichungen zum FHS sollten dokumentiert werden.
- Das System sollte auf einem modularisierten Kernel basieren, damit zunächst mit dem mitgelieferten Kernel weitergearbeitet werden kann.
- Der Distributor sollte sich in der Linux-Gemeinde durch Mitarbeit und Unterstützung von Projekten, intensive Zusammenarbeit mit den Programmierern, um Fehler zu beheben, und vieles mehr engagieren.

Auch diese Liste erhebt keinen Anspruch auf Vollständigkeit. Sie zeigt jedoch das weite Spektrum an Anforderungen, die an die Distributionen gestellt werden. Der Aufwand für die Erstellung und Wartung einer Distribution ist recht hoch, so daß der Markt in dieser Hinsicht hoffentlich nicht weiter wächst.

Die Slackware-Distribution

Im Internet wird diese Distribution per `ftp` verteilt. Sie können sie aber auch auf CD erwerben. Die Slackware war bisher so etwas wie die „Standarddistribution“ und weltweit sehr oft installiert. Diese Position wird derzeit gemeinsam von Red Hat und Debian eingenommen.

Die Slackware-Distribution wird von Patrick Volkerding gewartet und ist in der Regel sehr aktuell. Leider treten dadurch auch einige (vermeidbare) Fehler auf, für die Bug-Fixes nicht oder nur langsam erhältlich sind. Das ist insbesondere bei der Entdeckung von Sicherheitslücken problematisch. Andere Distributionen wie Debian, Red Hat und Caldera sind hier wesentlich anwenderfreundlicher.

Das Installationsprogramm der Slackware-Distribution ist leistungsfähig und einfach zu bedienen. Die Quellen der Programme sind im Rahmen des Source-Trees z. T. nur in bereits angepaßter Form verfügbar, wobei sich die Situation mit den letzten Versionen deutlich verbessert hat. Trotzdem ist oft nicht nachvollziehbar, mit welchen Parametern und Optionen die Programme übersetzt und installiert wurden.

Die S.u.S.E.-Distribution

Die S.u.S.E. GmbH hat zunächst damit begonnen, die internationale Slackware-Distribution für den deutschen Markt anzupassen. Vor einiger Zeit haben sich die Entwickler aber von Slackware gelöst und eine eigenständige Distribution entwickelt. Diese basierte zunächst auf dem Slackware-Paketformat, verwendet jetzt aber das von Red Hat entwickelte Format. Dadurch hat sich die technische Seite in der Distribution wesentlich verbessert.

Diese Installation enthält Programmbeschreibungen in deutscher Sprache und ein gutes Installationsprogramm (`yast`), das auch zur Systemverwaltung verwendet werden kann. Alle Einstellungen werden zentral in der Datei `/etc/rc.config` gespeichert und von dort aus maschinell in die entsprechenden Konfigurationsdateien konvertiert. Für viele „alte Hasen“ ist dieses Verfahren ungewohnt, bei vielen Einsteigern ist es aber genauso beliebt.

Weiterhin sind viele Programme für deutschsprachige Benutzer vorkonfiguriert, so daß man in der Regel sofort vernünftig mit dem System arbeiten kann. Erwähnenswert sind auch das ausführliche Installationshandbuch und die gute Ausstattung an Paketen.

Die Installation ist einfach und komfortabel. Wenn Sie die Einsteiger-Distribution erwerben, so leistet der Distributor Support. Die Distribution ist wohl in Deutschland die am weitesten verbreitete, es wird jetzt auch aktiv eine amerikanische Version vermarktet.

Weitere Informationen und Bezugsquellen	
WWW-Server:	`http://www.suse.de/`
`ftp`-Server:	`ftp.gwdg.de`
`ftp`-Pfad:	`/pub/linux/install/suse`
Umfang:	bis zu 500 MB
Adresse:	S.u.S.E. GmbH, Gebhardtstr. 2 D-90762 Fürth, Tel.: 0911/740 53 31

Die Red Hat-Distribution

Eine weitere kommerzielle Distribution ist die Red Hat-Distribution. Sie ist sowohl via `ftp` als auch auf CD erhältlich. Das Installationsprogramm ist ebenfalls einfach zu bedienen. Red Hat verwendet im Gegensatz zu Slackware ein anderes Format (`.rpm`) für Pakete und hat zu deren Verwaltung ein eigenes Programm (`rpm` Red Hat Package Management) entwickelt. Das macht die Verwendung der entsprechenden Pakete auf anderen Linux-Systemen eher schwerer, allerdings setzt sich dieses Format als Standard durch.

Das Programm `rpm` implementiert einige Ideen, die zum erstenmal in der BOGUS-Distribution verwirklicht wurden. Dadurch vereinigt diese Distribution die technischen Vorteile der BOGUS-Distribution mit einer einfachen Bedienbarkeit.

Unter X steht mit dem Graphical Linux Installation Tool (`glint`) ein komfortables Tool zur Installation und Pflege von Paketen zur Verfügung. Neben der Paketverwaltung kann unter X auch ein Teil der Systemwartung mit einem entsprechenden Tool (`control-panel`) durchgeführt werden. Die Distributoren haben sich zum Ziel gesetzt eine stabile Plattform für kommerzielle Entwickler und Anwender bereitzustellen.

Die Red Hat-Distribution kann via `ftp` installiert werden. Außerdem wird im `contrib`-Verzeichnis eine Sammlung nützlicher Programme angeboten, die nicht Bestandteil des Standardsystems sind.

Weitere Informationen und Bezugsquellen	
WWW-Server:	`http://www.redhat.com/`
`ftp`-Server:	`ftp.redhat.com`

Caldera Open Linux

Basierend auf der LST-Distribution präsentiert Caldera sein Caldera Open Linux. Diese Distribution enthält je nach Version zusätzlich zu den bekannten freien Programmen eine Reihe von kommerziellen Paketen. Die Version *COL light* enthält nur die frei verfügbaren Pakete und ist via `ftp` erhältlich. Die *COL base*-Version enthält den Desktop von *Looking Glass* (eine grafische Oberfläche mit Dateimanager) und einen Font-Server, der mit True-Type-Fonts umgehen kann. Die *COL Server*-Version enthält weitere Pakete.

Darüber hinaus will Caldera für andere Software-Unternehmen eine stabile Linux-Basis liefern. Diese Basis soll andere Unternehmen dazu animieren, ihre Programme nach Linux zu portieren. Caldera vertreibt z. B. eine Portierung von WordPerfect und Corel Draw. Caldera will damit Linux auch in kommerziellen Umgebungen einsatzfähig machen, dazu dient auch das Support-Angebot.

Auf der *Caldera Solutions CD* werden eine Reihe von kommerziellen Programmen (z. B. die Datenbank Adabas) vertrieben. Diese können über einen Lizenzschlüssel freigeschaltet werden.

Die Installation ist einfach und durchdacht, es sind viele Pakete enthalten, und das System ist sofort benutzbar. Insbesondere, wenn Sie sich für die kommerziellen Pakete interessieren, ist Caldera eine gute Wahl.

Weitere Informationen und Bezugsquellen	
WWW-Server:	`http://www.caldera.com/`
Vertrieb:	LunetiX, Müller & Hetze GbR
	Donaustr. 16, 12043 Berlin, Tel.: 030/623 57 87

Debian-(GNU/Linux)-Distribution

Die Debian-Distribution wurde zunächst von Ian Murdock entwickelt. Im Laufe der Zeit haben sich viele Entwickler ebenfalls für Debian engagiert. Dadurch wurde diese Distribution zu einem weltweiten Projekt, das auch von der Free Software Foundation (FSF) unterstützt wurde. Die FSF betrachtete diese Distribution als „Testfall" für das eigene Betriebssystem Hurd.

Das wesentliche Merkmal ist, daß diese Distribution frei im Sinne der GPL ist. Sie kann im Rahmen der GPL beliebig kopiert und kommerziell eingesetzt werden, auch ohne daß eine entsprechende CD o. ä. erworben wurde. Viele Entwickler haben die Copyright-Bedingungen ihrer Programme geändert, damit sie problemlos in dieser Distribution verwendet werden können.

Zur Installation und für Updates von Programmpaketen wurde ein eigenes Paketformat und ein eigenes Tool (`dpkg`) entwickelt. Ein wesentlicher Vorteil ist, daß das System oder einzelne Programme problemlos auf den aktuellen Stand gebracht werden können, ohne daß die Festplatte formatiert und die Software komplett neu installiert werden muß. Die hierzu entwickelten Strategien haben in neuester Zeit auch Einzug in andere Distributionen (z. B. S.u.S.E. und Red Hat) gehalten.

Ein weiterer Vorteil ist das konsequente Bug-Tracking, das über Mailing-Listen von den Entwicklern durchgeführt wird. Die Liste der noch offenen Fehlermeldungen ist öffentlich und wird regelmäßig nach zu lange unbearbeiteten Fehlern durchsucht. Dadurch zählt diese Distribution zu den stabilsten und fehlerfreiesten. Die Entwickler legen ebenfalls großen Wert darauf, daß die Debian-Distribution konform zum Filesystem-Hierarchie-Standard ist.

Alle Quellen sind, inklusive der notwendigen Patches, Bestandteil der Distribution. Damit ist es auch möglich, das System komplett selbst neu zu übersetzen. Außerdem gehört zur Distribution ein ausführliches Installationshandbuch.

Die Entwicklung und der Support werden im wesentlichen mittels E-Mail abgewickelt. Dazu wurde eine Reihe von Mailing-Listen eingerichtet. Sie können sich in die Listen `debian-user`, `debian-changes` und `debian-announce` einschreiben, indem Sie eine Mail an `debian-`*`Liste`*`-request@pixar.com` schreiben, die `subscribe` im Body enthält.

Weitere Informationen und Bezugsquellen	
WWW-Server:	`http://www.debian.org/`
Mailing-Listen:	`debian-announce@pixar.com`
	`debian-user@pixar.com`
	`debian-changes@pixar.com`
	`debian-bugs@pixar.com` (nur Bug-Reports)
	`debian-changes@pixar.com`

Andere Distributionen

Neben den hier vorgestellten Distributionen, die ich alle genauer untersuchen konnte, existier(t)en noch einige weitere. Ich habe nicht jede Distribution testen können, daher enthält die folgende kurze Übersicht nur wenige Informationen zu den einzelnen Distributionen.

DLD Die „Deutsche Linux Distribution“ wird von der Firma Delix in Stuttgart erstellt und gepflegt. Delix ist der Distributor der Produkte Accelerated-X, Motif und CDE von X-Inside. Daher gibt es günstige Bundle-Preise.

LST Die Distribution des „Linux Support Teams“ aus Erlangen ist ebenfalls eine deutsche Entwicklung. Caldera Open Linux basiert auf dieser Distribution. Die Firma LST firmiert jetzt unter Caldera Deutschland, daher ist zu erwarten, daß diese Distribution in Zukunft weniger Publicity erhält, obwohl sie einigen Büchern beiliegt.

Yggdrasil war eine der ersten CD-Distributionen. Sie ist in den USA recht verbreitet, aber in letzter Zeit ist es relativ still um diese Distribution geworden.

Unifix Die Firma Unifix vertreibt die erste POSIX-zertifizierte Linux-Distribution. Für viele kommerzielle Entwickler ist das ein wichtiges Argument.

1.3 Die Zukunft von Linux

Linux hat sich in wenigen Jahren von einem Hacker-System in ein leistungsfähiges Unix-System verwandelt, das auch kommerziellen Unix-Systemen ebenbürtig ist. Aber wie wird Linux sich weiterentwickeln? Diese Frage ist praktisch nicht zu beantworten, da die Antwort von der Zeit und den persönlichen Interessen der Entwickler abhängt. Dennoch kann man heute einige Dinge bereits absehen:

- Die Portierungen auf andere Architekturen (68K, Sparc, MIPS, PowerPC und DEC Alpha) sind weit fortgeschritten, z. T. bereits abgeschlossen.
- Auch für diese Architekturen wird es freie und kommerzielle Distributionen wie Debian und Red Hat geben. Einige kommerzielle Produkte wie Motif wurden bereits portiert.
- Der Linux-Kernel unterstützt symmetrisches Multiprocessing (SMP) auf Intel-Prozessoren. Die Unterstützung für andere Prozessorarchitekturen befindet sich in der Entwicklung. Ein weiteres Projekt ist die Einführung von „Fine grained Locking", damit möglichst viele Prozessoren gut genutzt werden können.
- Der Support für Threads und Realtime-Prozesse wird implementiert.
- Die Entwickler werden weiter versuchen, die aktuellen Standards, wie z. B. POSIX oder ANSI-C, zu implementieren.
- Die Installation wird durch die Konkurrenz der verschiedenen Distributionen noch einfacher werden. Möglicherweise setzt sich dieser Trend auch in den Anwendungen fort.
- Mit dem Erscheinen von mehr kommerzieller Software, z. B. dem StarOffice-Paket, wird Linux noch mehr Einsatzgebiete für sich erschließen können.
- Für den kommerziellen Einsatz ist oft ein guter technischer Support notwendig. Dieser wird von verschiedenen Firmen angeboten.
- Linux wird mehr User gewinnen, mehr Programme werden verfügbar sein, und es wird mehr Hardware unterstützt werden.
- Linux wird durch gute Desktop-Oberflächen auch auf die Schreibtische unerfahrener Anwender vordringen können, aber durch Projekte wie Linux-HA und viele andere Verbesserungen auch im Server-Umfeld weiter an Einfluß gewinnen.
- IPv6 wird bei einer der nächsten Versionen zum Standardlieferumfang gehören.

Linux hat die Welt des „Personal Computing" bereits verändert, es ist zu einer akzeptierten Alternative von kommerziellen Betriebssystemen geworden. Das kann man an verschiedenen Dingen feststellen:

- SCO verschenkt sein Betriebssystem an Privatanwender.
- Sun ermöglicht allen Forschungseinrichtungen einen sehr preiswerten Zugang zum Quellcode von Solaris – allerdings nicht zu denselben Bedingungen, wie es bei Linux der Fall ist.
- Selbst Microsoft produziert Linux-Software.
- Viele Hard- und Software-Hersteller betrachten Linux bereits als Massenmarkt.
- Immer mehr „Nur-Anwender“ zeigen Interesse an dem einstigen „Hacker-System“.

2 Der Filesystem-Hierarchie-Standard

Der Filesystem-Hierarchie-Standard (FHS) ist ein Dokument, das die Verzeichnisstruktur und die Plazierung einzelner Dateien unter Unix-artigen Betriebssystemen beschreibt. Der FHS hat sich aus dem Linux-Filesystem-Standard entwickelt, der für eine Vereinheitlichung der Linux-Distributionen sorgen wollte. Der neue Name soll die Einbeziehung der freien BSD-Systeme verdeutlichen.

Dieses Kapitel soll ein Wegweiser auf dem Weg durch den Dschungel der vielen Dateien und Unterverzeichnisse eines Linux-Systems sein. Es geht jedoch darüber hinaus und versucht, die Hintergründe dieses Standards sichtbar zu machen. Dadurch soll ein Systemadministrator in der Lage sein zu entscheiden, wie er ein Paket installieren kann, das (noch) nicht dem Standard entspricht. Viele Gründe, die zur Erstellung des Standards in dieser Form geführt haben, werden hier näher erläutert. Der Standard selbst enthält diese Begründungen oft nicht mehr, da sie als „allgemein anerkannte Regeln der Systemadministration" angesehen werden.

Weitere Informationen und Bezugsquellen	
Paket:	`fhs-2.0.tar.gz`
ftp-Server:	`tsx-11.mit.edu`
ftp-Pfad:	`/pub/linux/docs/linux-standards/fsstnd`
Web-Server:	`http://www.pathname.com/fhs/`
Größe:	ca. 150 KB
Mailing-Liste:	`fhs-discuss@ucsd.edu`
Subscribe:	`listserv@ucsd.edu`
	`ADD fhs-discuss` im Body der Mail

2.1 Entstehung des Filesystem-Hierarchie-Standards

Wie im vorhergehenden Kapitel gezeigt wurde, ist das Erstellen einer Linux-Distribution prinzipiell allen Interessierten möglich. Daher hat sich einerseits ein lebhafter Konkurrenzkampf um Aktualität und Vollständigkeit entwickelt, aber auch eine Inflation neuer Distributionen.

Dies führt dann letzten Endes dazu, daß kaum ein Linux-System einem anderen gleicht und damit die Portabilität von Applikationen selbst zwischen den verschiedenen Linux-Distributionen zu einem Problem wird. Auch wird es beinahe unmöglich, in den Newsgruppen Fragen zu einer speziellen Distribution zu beantworten, wenn man nicht sicher sein kann, daß wichtige Konfigurationsdateien an der „üblichen" Stelle im Dateisystem gespeichert sind. Außerdem war die Verzeichnisstruktur oft nicht mit den von BSD, System-V oder anderen Unix-Systemen vorgegebenen Strukturen vergleichbar.

Als diese Probleme immer deutlicher zutage traten, hat sich eine Gruppe von Interessierten, oft erfahrene Unix-Administratoren, zusammengefunden und ein Dokument geschaffen, das die Plazierung von Dateien und Programmen innerhalb des Dateisystems standardisiert. Dabei wurde eine Reihe von Problemen aufgedeckt und der Versuch zu ihrer Lösung unternommen. Der jetzt verfügbare *Filesystem-Hierarchie-Standard* hat sich bereits weitgehend durchgesetzt und wird von jeder gängigen Linux-Distribution unterstützt.

Der Standard ist keine Vorschrift für Systemadministratoren oder Distributoren. Er kann nur Vorschläge machen, die, wenn sie gut begründet und möglichst kompatibel zum bisherigen System sind, allgemein anerkannt und befolgt werden. Dieses Ziel ist auch ohne Probleme erreicht worden.

Zunächst erscheint der Verzeichnisbaum eines Linux-Systems komplex und unübersichtlich. Er ist jedoch gut strukturiert. Der Standard soll diese Struktur festschreiben und erläutern. Das Verständnis dieses Standards hilft weiter, wenn eine spezielle Konfigurations- oder Datendatei gesucht wird.

Programme wie `find` oder `locate` (Abschnitt 11.1) helfen dabei, einzelne Dateien aufzuspüren. Um einen schnellen Überblick zu gewinnen, kann z. B. ein Datei-Manager wie der Norton Commander-Clone `mc` (Midnight Commander) oder die GNU-Interactive Tools `git` sowie der `dired`-Mode des Editors `emacs` (siehe auch Abschnitt 6.7 auf Seite 196) nützlich sein.

2.2 Problembereiche

Der Filesystem-Hierarchie-Standard versucht nicht nur, die Dateisystemstruktur der einzelnen Distributionen zu vereinheitlichen, sondern möchte auch eine Reihe von Problemen bei der Verwaltung von Linux-Systemen lösen, die im Laufe der Zeit deutlich wurden.

Zwischen den Verzeichnissen `/bin` und `/usr/bin`, in denen die meisten Programmdateien gespeichert sind, wurde nicht deutlich unterschieden, so daß man viele Programme, je nach Distribution, mal in dem einen, mal in dem anderen Verzeichnis fand. Außerdem war das `/bin`-Verzeichnis oft mit vielen Programmen gefüllt, die nicht unbedingt dort gespeichert werden müssen.

Das Verzeichnis `/etc` enthielt sowohl Konfigurationsdateien als auch Programme zur Systemadministration und Netzwerkkonfiguration. Dadurch wurde dieses Verzeichnis, besonders auf vernetzten Rechnern, sehr groß und unübersichtlich.

Die `/usr`-Hierarchie konnte in den gängigen Distributionen nicht schreibgeschützt werden. Damit war es nicht möglich, in einem Netzwerk das `/usr`-Dateisystem schreibgeschützt via NFS zur Verfügung zu stellen. Dadurch würde ein Netzwerk insgesamt verläßlicher, und der File-Server muß nicht Update-Operationen verschiedener Rechner bearbeiten. Auch die Verwendung eines „Life"-Filesystems auf einer CD war nur mit großem Aufwand möglich. Insbesondere hier wurden zur Lösung der Probleme oft symbolische Links verwendet. Das führt jedoch sehr schnell dazu, daß man die Übersicht durch sogenannte Link-Farmen (Verzeichnisse, die viele Links enthalten) verliert.

Es gab keine Unterscheidung zwischen Daten, die maschinenbezogen gespeichert werden müssen, und solchen, die von verschiedenen Rechnern gemeinsam benutzt werden können. Insbesondere bei Dokumentationen, Manpages und großen Paketen wie X11 oder TEX kann in einem Netzwerk viel Plattenplatz gespart werden.

Es wurde nicht zwischen maschinenbezogener Konfiguration und netzweiter Konfiguration unterschieden, so daß die Wartung eines großen Linux-Netzwerks recht kompliziert war. So ist z. B. die Konfiguration des Kernels typischerweise maschinenabhängig, die Konfiguration des `man`-Programmes kann jedoch für alle Rechner gleich sein.

Daten können statisch sein, d. h. nach der Installation unverändert bleiben, andere Daten sind variabel (verändern sich ständig). Statische Daten können problemlos auf einem schreibgeschützten Medium gespeichert werden, variable Daten nicht. Eine tabellarische Übersicht mit einigen Verzeichnissen finden Sie in Tabelle 2.1.

	gemeinsam verwendbar	**nicht gemeinsam verwendbar**
Statische Daten	`/usr`	`/etc`
	`/opt`	`/boot`
Variable Daten	`/var/mail`	`/var/run`
	`/var/spool/news`	`/var/lock`

Tabelle 2.1: Unterteilung statischer und variabler Daten nache Verwendbarkeit

Die Filesystem-Hierarchie unterscheidet sich zwischen Linux- und BSD-Systemen zum Teil recht deutlich. Das liegt zum einen an der größeren Erfahrung mit mehreren Rechnerarchitekturen im BSD-Bereich und zum anderen einfach an den unterschiedlichen Entwicklergruppen. Dadurch ist es oft nicht einfach, einen Konsens zu finden, der von allen Beteiligten als sinnvoll anerkannt wird.

2.3 Das `root`- oder `/`-Dateisystem

Ein Unix-Dateisystem ist hierarchisch organisiert. Dabei geht man vom Wurzel-Verzeichnis (auch Stamm- oder Root-Verzeichnis genannt) aus. Dort findet man, wie man es z. B. von MS-DOS kennt, eine Reihe von Unterverzeichnissen, die selbst wieder Dateien und weitere Unterverzeichnisse enthalten können. Unter Unix werden jedoch keine Laufwerksbuchstaben verwendet, sondern alle Partitionen in den Verzeichnisbaum eingehängt („gemountet"). Ein Benutzer muß nicht wissen, auf welcher Partition sich welche Dateien befinden, es genügt, den Pfad zu den Dateien zu kennen.

Das erste Dateisystem, das vom Kernel beim Systemstart angehängt wird, ist das `root`- oder `/`-Dateisystem. Der Kernel hat keine weiteren Informationen über andere Dateisysteme des Rechners, so daß alle Informationen und Programme, die zum weiteren Systemstart erforderlich sind, auf dieser Partition vorhanden sein müssen. Folgende Funktionen sind für den Systemstart oder für Reparaturen notwendig und müssen unbedingt von der `root`-Partition aus möglich sein:

Einhängen von Dateisystemen Es wird mindestens das Programm `mount` benötigt, um z. B. die `/usr`-Partition einzuhängen. Bei einem `/usr`-Dateisystem, das mittels NFS (Network File System) eingehängt wird, müssen zusätzlich alle notwendigen Netzwerk-Programme wie `ifconfig`, `route` oder `ping` verfügbar sein. Auf der einen Seite will man möglichst wenige Programme auf der `root`-Partition speichern, daher könnte man `ping` auch unter `/usr/bin` speichern, aber zur Fehlersuche ist es wiederum oft sinnvoll einsetzbar.

Reparatur des Dateisystems Im Falle eines Systemabsturzes werden die Dateisysteme beim nächsten Start automatisch überprüft. Das geschieht von einem `root`-Dateisystem aus, das nur im Lesezugriff verfügbar ist. Alle notwendigen Programme zur Reparatur von Dateisystemen müssen daher auf der `root`-Partition gespeichert werden. Genaueres zum Systemstart finden Sie im Kapitel 3, *Ablauf eines Systemstarts* auf Seite 41.

Als Alternative können Sie das System von einer zweiten `root`-Partition aus starten oder Boot-Disketten oder eine Installations-CD verwenden. In der Regel sollte man aber ohne derartige Hilfsmittel auskommen.

Wiederherstellung einer Datensicherung Oft ist es sinnvoll, die Programme und Konfigurationsdateien zur Datensicherung auf der `root`-Partition zu speichern, da man so im Notfall bereits mit einem minimalen System die verlorenen Daten wiederherstellen kann. In Kapitel 8, *Datensicherung*, auf Seite 8 wird dieses Thema ausführlicher behandelt.

Der Linux-Neuling wird nun vielleicht auf eine eigene `/usr`-Partition verzichten oder sogar insgesamt nur eine Partition für das Linux-System verwenden. In diesem Fall sind alle notwendigen Programme immer verfügbar, es gibt jedoch eine Reihe von guten Gründen, die `root`-Partition möglichst klein zu halten und die Daten auf mehrere Partitionen zu verteilen.

Fehleranfälligkeit Fehler in der `root`-Partition sind ein größeres Problem als Fehler in anderen Dateisystemen. Dabei könnten die Programme zur Dateisystemprüfung oder andere wichtige Programme beschädigt werden und die Benutzung einer Boot- oder Notfalldiskette erforderlich sein.

Dadurch, daß die `/`-Partition ständig im Schreibzugriff ist, sind bei einem Absturz hier häufiger Inkonsistenzen zu beobachten. Dies ist besonders dann der Fall, wenn das `/tmp`- oder `/var`-Verzeichnis nicht auf einer eigenen Partition untergebracht ist und Programme gerade temporäre Dateien angelegt hatten.

Sollte das Einhängen einer Partition mit einer Kernel-Fehlermeldung quittiert werden, so kann ein Extended-2-Dateisystem möglicherweise mit der Option `check=none` angehängt werden. Bei derartigen Fehlern sollten jedoch nur Lesezugriffe durchgeführt werden, z. B. zur Rettung von Daten, und das Dateisystem schnellstens überprüft oder gegebenenfalls neu angelegt werden.

Zur Beruhigung sei hier erwähnt, daß auch nach einem Systemabsturz nur sehr selten Daten verlorengehen. Die Programme zur Prüfung von Dateisystemen, insbesondere des Extended-2-Filesystems, sind sehr leistungsfähig und zuverlässig.

Trennung nicht gemeinsam verwendbarer Daten Die `root`-Partition kann nicht von mehreren Rechnern gemeinsam benutzt werden, weil viele systemspezifische Dinge zu berücksichtigen sind, wie z. B. die Treiber im Kernel, der Host-Name oder die Netzwerkadresse.

Mehrere `root`-Partitionen Bei kleinen `root`-Partitionen wird nur wenig Platz auf der Festplatte zusätzlich belegt, wenn man aus Gründen der Datensicherheit eine zweite `root`-Partition anlegt. Diese kann als Notfall- oder Backup-System verwendet werden.

Einfache Datensicherung der Benutzerdaten Durch die Aufteilung in verschiedene Dateisysteme kann man Daten zu Zwecken der Datensicherung trennen. Außerdem können bei einem System-Update die `/home`- und `/usr/local`-Partitionen abgehängt bleiben, so daß diese Dateisysteme ein Update oder eine Neuinstallation ohne Schaden überstehen. Mehr Informationen zum Thema Datensicherung finden Sie in Kapitel 8, *Datensicherung*, auf Seite 231.

Performance-Aspekte Eine Swap-Datei ist wesentlich langsamer als eine Swap-Partition, da beim Ein- und Auslagern von Speicherbereichen auch noch die Verwaltungsfunktionen das Dateisystem durchlaufen werden. Eine Swap-Datei auf der `root`-Partition sorgt für eine ständige Aktivität der Platte und des Dateisystems. Dadurch wird die Wahrscheinlichkeit eines Fehlers im Dateisystem bei einem Systemabsturz größer. Oft wird auch das /tmp-Verzeichnis auf einer eigenen Partition untergebracht oder auf Rechnern mit viel Hauptspeicher in einer RAM-Disk untergebracht.

Die Zugriffslast kann auf verschiedene Festplatten und Partitionen verteilt werden. Insbesondere bei Systemen, die mit mehreren SCSI-Festplatten ausgestattet sind, kann diese Aufteilung einen deutlichen Geschwindigkeitsgewinn bedeuten.

Aktuelle Linux-Versionen stellen die RAID-Level 0, 1 und 5 bereit. Damit können Daten auf mehrere physikalische Festplatten verteilt werden (RAID-0), gespiegelt werden (RAID-1) oder mit Hilfe einer Parity-Partition abgesichert werden (RAID-5). Dabei kann RAID-0 die Performance verbessern, wogegen RAID-1 und RAID-5 für eine höhere Datensicherheit sorgen, da eine Festplatte ausfallen kann, ohne daß die Daten verlorengehen. Mehr zu diesem Thema finden Sie in der Datei `README.md` in den Kernel-Quellen.

Wichtige Partitionen wenig benutzen Eine `/var`-Partition kann, genauso wie eine `/tmp`-Partition helfen, die ständigen Änderungen in der `root`-Partition zu vermindern, so daß die Gefahr eines Datenverlustes geringer wird.

Die Aufteilung des Linux-Systems auf mehrere Partitionen hat jedoch auch Nachteile. So bleibt in der Regel auf jeder Partition ein Teil des Speicherbereichs ungenutzt. Dieser „Verschnitt" kann sich dann letzten Endes zu dem Platz summieren, den man noch benötigt, um ein weiteres Programmpaket zu installieren. Da jedoch die Größe der Partitionen nur durch Löschen und Neuanlegen verändert werden kann, ist eine Änderung der Partitionsgrößen aufwendig.

Auf den nächsten Seiten folgt eine ausführliche Beschreibung der einzelnen Verzeichnisse aus Tabelle 2.3 mit einer Erläuterung der Hintergründe, warum die Verzeichnisse in dieser Form angelegt und benutzt werden. Dabei wird das Konzept des Filesystem-Hierarchie-Standards und die Verzeichnishierarchie insgesamt vorgestellt.

`/bin` – Für den Systemstart notwendige Programme

Im Verzeichnis `/bin` werden alle Programme gespeichert, die zum Systemstart notwendig sind und auch von nicht privilegierten Benutzern benötigt werden. Alle nur vom Systemadministrator benötigten Programme sollen, je nach Bedarf, entweder in `/sbin` (für den weiteren Systemstart notwendige Programme) oder in `/usr/sbin` (für Dämonen und Systemverwaltungsprogramme) gespeichert werden.

Programme, die zum Systemstart nicht unbedingt notwendig sind, werden, soweit sie durch die Distribution installiert wurden, im Verzeichnis `/usr/bin` gespeichert. Vom Systemadministrator lokal für diesen Rechner oder dieses Netzwerk installierte Programme findet man in `/usr/local/bin`.

/	**Das root-Verzeichnis**
├ /bin	Zum Systemstart notwendige Programme
├ /boot	Dateien für Boot-Lader (z. B. LILO)
├ /dev	Devices (Geräte)
├ /etc	Maschinenlokale Systemkonfiguration
├ /home	Home-Verzeichnisse der Benutzer
├ /lib	Shared Libraries (libc.so.*, libm.so.* und ld.so)
├ /mnt	Temporäre Mount-Möglichkeit
├ /opt	Zusätzliche Applikationen
├ /proc	Pseudo-Dateisystem mit Prozeßinformationen
├ /root	Home-Verzeichnis für den Systemverwalter root
├ /sbin	Zum Systemstart notwendige Systemprogramme
├ /tmp	Temporäre Dateien
├ /usr	Die /usr-Hierarchie (siehe Tabelle 2.3)
├ /var	Variable Daten
└ vmlinuz	Linux Kernelimage

Tabelle 2.2: Übersicht über das root- oder /-Verzeichnis

Der Filesystem-Hierarchie-Standard enthält eine detaillierte Liste der hier (unbedingt) notwendigen Programme. Diese Liste ist in Programme unterteilt, die auf jedem Linux-System in /bin zu finden sind, solchen, die auf vernetzten Rechnern benötigt werden, und in eine Liste von optionalen Programmen zur Datensicherung und -wiederherstellung.

/boot – Der Boot-Lader

In dem Verzeichnis /boot werden alle Daten gespeichert, die für den Boot-Lader (z. B. LILO) notwendig sind. Das sind Boot-Sektoren um andere Betriebssysteme starten zu können, und Sicherheitskopien der alten Boot-Sektoren.

Hier findet man auch die map-Datei, die die Nummern der Sektoren enthält, in denen der Kernel gespeichert ist. Diese Information wird vom Boot-Lader LILO benötigt, um den Kernel direkt laden zu können. Zu diesem Zeitpunkt ist der Zugriff mit den Funktionen des Dateisystems nicht möglich. Daher ist jedesmal, nachdem ein neuer Kernel installiert wurde (und sich damit die Sektoren verändert haben, in denen der Kernel gespeichert ist), unbedingt lilo erneut auszuführen. Für andere Boot-Lader als LILO, wie z. B. den grub, ist dies zum Teil nicht notwendig.

Hier kann auch der Kernel gespeichert werden. Andernfalls findet man den Kernel im Verzeichnis / als vmlinuz. Die hier gespeicherten Daten sind maschinenspezifisch und können nicht von verschiedenen Rechnern gemeinsam benutzt werden.

Weitere Informationen über den Start eines Linux-Systems und die verschiedenen Boot-Lader finden Sie in Kapitel 3, *Ablauf eines Systemstarts*, auf Seite 41.

`/dev` – Gerätedateien

Das Verzeichnis `/dev` enthält spezielle Dateien, die zum Zugriff auf die Hardware eines Unix-Systems notwendig sind. Dieses Verzeichnis ist zum Betrieb eines Unix-Systems unbedingt notwendig und darf daher nicht gelöscht werden.

Gerätedateien (Devices) werden mit dem Programm `mknod` erzeugt. Zur Erzeugung aller Gerätedateien existiert das Skript `MAKEDEV` im Verzeichnis `/dev`, das auch die richtigen Zugriffsrechte setzt. Lokal vom Systemadministrator eingerichtete Gerätedateien sollten in das Skript `MAKEDEV.local` eingetragen werden, so daß auch diese Dateien automatisch mit den korrekten Berechtigungen erzeugt werden können.

Gerätedateien dienen zur Kommunikation von Anwendungsprogrammen mit dem Kernel. Ein Device wird eindeutig durch seinen Typ (block- oder zeichenorientiertes Gerät), seine Major- und seine Minor-Nummer identifiziert. Blockorientierte Geräte sind z. B. Festplatten, Disketten oder CD-ROM-Laufwerke. Zeichenorientierte Geräte sind z. B. serielle und parallele Schnittstellen, die Tastatur oder Bandlaufwerke. Die Major-Nummer wählt den entsprechenden Kernel-Treiber an, die Minor-Nummer dient je nach Gerät zu unterschiedlichen Zwecken. Eine Liste aller bereits reservierten Gerätenummern finden Sie in der Linux-Device-Liste in den Kernel-Quellen (`./Documentation/devices.txt`).

Sollte das `root`-Dateisystem einmal voll sein, so lohnt sich oft ein Blick in das `/dev`-Verzeichnis. Möglicherweise hat man versucht, die Ausgabe eines Befehls auf den Drucker umzuleiten[1] oder beim Sichern von Dateien mit `tar` oder ähnlichen Programmen ein nicht vorhandenes Gerät angegeben, so daß dann eine große Datei dort zu finden ist. Eine solche Datei kann normalerweise gelöscht werden.

`/etc` – Lokale Systemkonfiguration

Im Verzeichnis `/etc` werden nur noch Konfigurationsdateien gespeichert. Alle Programme, die in älteren Unix- oder Linux-Systemen hier gespeichert waren, sind jetzt unter `/sbin` oder `/usr/sbin` zu finden. Damit hat auch der Benutzer `root` das Verzeichnis `/etc` nicht mehr im Suchpfad für Programme, sondern die Verzeichnisse `/sbin` und `/usr/sbin`.

Zur weiteren Strukturierung sind Unterverzeichnisse für eine Reihe von Programmen sinnvoll und werden vom Standard vorgeschlagen:

[1] Besser ist hier die Verwendung des UNIX-Druck-Systems, siehe auch Kapitel 4.6.

- Im `/etc/rc.d`-Verzeichnis findet man die Skripten, die beim Systemstart ausgeführt werden. Das gilt sowohl für das System-V-ähnliche `init`, das z. B. durch die Slackware-Distribution installiert wird, als auch für das „echte"-System-V-Init. Der Ablauf eines Systemstarts und die verschiedenen Konfigurationen werden in Kapitel 3, *Ablauf eines Systemstarts*, auf Seite 41 näher erläutert.
- `/etc/skel` enthält die Dateien, die von dem Programm `adduser` in das Home-Verzeichnis eines neuen Benutzers kopiert werden. Damit kann für einen neuen Benutzer vor seiner ersten Anmeldung eine spezielle Umgebung eingerichtet werden. Hier bieten sich die Dateien `.profile`, `.login`, `.fvwmrc`, `.emacs` und `.inputrc` an, so daß Pfade gesetzt werden können und der Benutzer eine Umgebung vorfindet, die er zunächst ohne Änderungen benutzen kann. Dies kann z. B. eine system- oder netzwerkweite Standardkonfiguration sein. Das erleichtert neuen Benutzern den Einstieg und vereinfacht den Anwender-Support.
- `/etc/X11` ist für die maschinenbezogene X-Konfiguration gedacht, unter anderem für die Datei `XF86Config`. Diese Datei wird jedoch von XFree86 dort nicht gefunden, so daß ein entsprechender symbolischer Link (z. B. von `/etc/XF86Config`) angelegt werden muß. Dort können Unterverzeichnisse für die einzelnen Window-Manager und den X-Display-Manager `xdm`eingerichtet werden. Im Verzeichnis `/etc/X11/xdm` werden dann die Konfigurationsdateien gespeichert, die bisher unter `/usr/lib/X11/xdm` zu finden waren. Näheres zur `xdm`-Konfiguration wird im Abschnitt 7.3 zum Verzeichnis `/var/lib/xdm` auf Seite 214 erläutert.
- `/etc/opt` enthält die Konfiguration von unter `/opt` installierten Paketen.

Auch für das Verzeichnis `/etc` listet der Filesystem-Hierarchie-Standard eine Reihe von Dateien auf, die hier gespeichert werden sollen, je nachdem, ob der Rechner vernetzt ist oder nicht oder ob z. B. das System mit Shadow-Paßwörtern versehen ist. Hier werden die Paßwörter in der nur für den Benutzer `root` lesbaren Datei `/etc/shadow` gespeichert. In der für alle Benutzer lesbaren Datei `/etc/passwd` findet man keine verschlüsselten Paßwörter mehr, so daß ein Entschlüsseln der Paßwörter mittels eines Wörterbuchs nicht möglich ist.

`/home` – Home-Verzeichnisse der Benutzer

Ein Benutzer hat außer in seinem Home-Verzeichnis nur an sehr wenigen Stellen des Dateisystems Schreibberechtigung. Oft bietet es sich an, die Home-Verzeichnisse auf einer eigenen Partition unterzubringen, damit bei einer Neuinstallation diese Daten erhalten bleiben. Auch bietet diese Aufteilung bei der Datensicherung eine gute Trennung zwischen Systemdaten und Benutzerdaten.

Ein weiterer Vorteil ist die „Hardware-Quota", die dafür sorgt, daß Benutzer nur die `/home`-Partition bis zum Rand mit Daten füllen können. Die Lauffähigkeit des

Systems insgesamt bleibt dennoch erhalten. Bei einer vollen `root-`, `/tmp-` oder `/var`-Partition kann die Lauffähigkeit des Systems beeinträchtigt werden. Das Extended-2-Dateisystem legt für diesen Zweck eine `root`-Reserve an, die nur vom Systemadministrator benutzt werden kann. Mit dem Programm `tune2fs` können der Anteil an reservierten Blöcken und die Benutzer, die diese Blöcke verwenden dürfen, festgelegt werden.

Mit der Kernel-Version 2.0 ist der langersehnte Quota-Support in den Standard-Kernel aufgenommen worden. Damit ist es möglich, einzelnen Benutzern oder Benutzergruppen nur einen bestimmten Teil des Festplattenspeichers zur Verfügung zu stellen. Dabei unterscheidet man zwischen einem Soft-Limit, das kurzzeitig überschritten werden darf, und dem Hard-Limit, das weitere Schreibversuche unterbindet. Auf vielen Rechnern (mit vernünftigen Benutzern) sind diese Funktionen nicht notwendig, aber bei vielen Anwendern und nur begrenztem Plattenplatz kann der Einsatz von Quotas sinnvoll sein.

Die Verwendung des Verzeichnisses `/home` ist eine Linux-Spezialität, aber weit verbreitet, und die Bedeutung ist offensichtlich. Andere Unix-Systeme verwenden oft auch `/users`, `/usr/users` oder ähnliche Verzeichnisse. Diese Verzeichnisse sind oft auch weiter untergliedert, z. B. in verschiedene Benutzergruppen wie Studenten, Mitarbeiter oder Systemadministratoren. Die genaue Aufteilung ist jedoch eine Entscheidung, die jeder Systemadministrator nach lokalen Erfordernissen treffen sollte.

Programme oder auch Benutzer sollten das Home-Verzeichnis nicht direkt (namentlich) referenzieren, sondern die Shell-Variable `HOME` verwenden oder je nach Shell die Kurzform mit dem Tilde-Zeichen (~). In C-Programmen sollte die Funktion `getpwent()` verwendet werden.

`/lib` – Shared Libraries

Hier werden alle Shared-Libraries gespeichert, die zum Systemstart erforderlich sind. Alle anderen Shared-Libraries (z. B. von X11 oder die der SVGA-Bibliothek) sollten auf der `/usr`-Partition verbleiben, solange sie zum Systemstart nicht unbedingt notwendig sind. Aus Gründen der Kompatibilität mit anderen Systemen ist der Verweis (Link) `/lib/cpp` auf den C-Präprozessor notwendig, da einige Programme den C-Präprozessor mit diesem Namen starten.

Im Unterverzeichnis `/lib/modules` werden die Kernel-Module gespeichert, die zur Laufzeit dynamisch geladen werden können. Bei der Kernel-Übersetzung wird für jede Kernel-Version ein eigenes Unterverzeichnis eingerichtet. Der Filesystem-Hierarchie-Standard enthält hier noch keine genauere Spezifikation. In der aktuellen Kernel-Implementierung wird für jede Kernel-Version ein entsprechendes Verzeichnis angelegt, in dem die Module, nach Subsystemen geordnet, gespeichert werden.

/mnt – Temporäre Mount-Möglichkeit

Der Systemverwalter muß oft „mal schnell“ ein zusätzliches Dateisystem einhängen. Das kann entweder eine weitere Festplattenpartition, eine Diskette oder ein Netzwerkverzeichnis, das mittels NFS angehängt wird, sein. Hierzu kann das Verzeichnis /mnt verwendet werden. Hier sollten in der Regel keine anderen Dateisysteme eingehängt sein.

Installationsprogramme sollten ein anderes Verzeichnis verwenden, damit es nicht zu Überschneidungen und Problemen kommt. Für Geräte, die ständig und auch von normalen (nicht-privilegierten) Benutzern angehängt werden, sollten spezielle Verzeichnisse angelegt werden. Dann können die entsprechenden Optionen für den mount-Befehl in die Datei /etc/fstab eingetragen werden. Diese Optionen müssen nicht mehr jedesmal angegeben werden, es genügt z. B. die Angabe des Gerätes oder Mount-Points. Mehr Informationen zu diesem Thema finden Sie im Abschnitt 4.5, *Das Programm mount*, auf Seite 98.

Auf meinen Systemen habe ich teilweise feste Mounts in verschiedenen Unterverzeichnissen unter dem Verzeichnis /mount, oder ich verwende den Automounter amd, um die entsprechenden Mounts durchzuführen. In der aktuellen Kernel-Version ist zusätzlich das autofs enthalten, das einen Automounter im Kernel implementiert.

Zusätzliche Software-Pakete in /opt

Das Verzeichnis /opt dient zur Speicherung von größeren Programmpaketen, die zusätzlich zum eigentlichen System installiert werden. Für jedes Software-Paket sollte ein eigenes Verzeichnis /opt/*Paket* eingerichtet werden, das die statischen Daten dieses Paketes enthält. Die ausführbaren Programme werden unter /opt/*Paket*/bin gespeichert, Manpages im entsprechenden man-Verzeichnis.

Lokal kann der Systemverwalter die Verzeichnisse /opt/bin, /opt/man usw. (analog zu /usr/local) einrichten. Dort können z. B. Skripten zum Aufruf der installierten Pakete oder andere Frontends installiert werden.

Variable Daten eines Pakets sollten unter /var/opt abgelegt werden, Konfigurationen unter /etc/opt. Lock-, PID- und Device-Dateien werden in den Unix-üblichen Verzeichnissen gespeichert.

In /opt werden normalerweise Programme gespeichert, die nicht mit der Distribution mitgeliefert werden und aus einer Quelle stammen, die der Systemverwalter nicht unbedingt unter eigener Kontrolle hat. So installiert man hier Pakete wie Star-Office, WABI oder KDE. Programme, die der Systemverwalter selbst kompiliert und installiert, wird man weiterhin in /usr/local unterbringen.

/proc – Prozeßinformationen

Das /proc-Dateisystem ist nicht real vorhanden und belegt auch keinen Platz auf der Festplatte. Hier stellt der Linux-Kernel interne Informationen für andere Prozesse zur Verfügung. So liest z. B. das Programm ps das /proc-Dateisystem, um die gewünschten Informationen über die laufenden Prozesse zu erhalten.

Auch Programme, die Netzwerkstatistiken anzeigen, benutzen oft das /proc-Dateisystem. Daher sollte dieses Dateisystem auf allen Linux-Rechnern verfügbar und an dieser Stelle angehängt sein. Dazu ist beim Übersetzen des Kernels die Frage nach dem „/proc filesystem support" mit „y" zu beantworten, und die Datei /etc/fstab sollte den entsprechenden Eintrag enthalten. Das ist bei allen aktuellen Distributionen der Fall.

Durch dieses Dateisystem sind auch kernel-nahe Programme weitgehend unabhängig von der verwendeten Kernel-Version und den intern verwendeten Datenstrukturen. Das Programm ps, das diese Informationen aus dem Gerät /dev/kmem (Kernel-Speicher) ausliest, ist immer von der verwendeten Kernel-Version abhängig und muß nach jedem Kernel-Update seine Datenstrukturen an den neuen Kernel anpassen. Nach internen Änderungen in Kernel-Strukturen ist dieses Programm oft nicht mehr lauffähig, so daß die meisten Anwender das /proc-Dateisystem verwenden.

Eine weitere interessante Anwendung für das /proc-Dateisystem ist die Möglichkeit, einen laufenden Linux-Kernel im Debugger zu beobachten. Zwar ist das Setzen von Breakpoints nicht möglich, es können aber interne Datenstrukturen angesehen werden:

```
(Linux):~# gdb /usr/src/linux/vmlinux /proc/kcore
```

Zur Kompatibilität mit anderen Systemen kann ein symbolischer Link mit dem Namen /dev/core auf die (virtuelle) Datei /proc/kcore angelegt werden. Diese Datei enthält ein Abbild des Kernel-Speichers im „core"-Format, das vom Debugger verwendet wird.

/root – Home-Verzeichnis für den Systemverwalter

Traditionell hatte der Benutzer root das Home-Verzeichnis /. Dies führte praktisch unvermeidbar dazu, daß einige Dateien in / angelegt wurden, was das Wurzelverzeichnis unübersichtlich groß machte. Um dieses Verzeichnis auch von der Anzahl der Einträge her klein zu halten, verwendet man heute oft das Verzeichnis /root als Home-Verzeichnis des Systemadministrators.

Dieses Verzeichnis sollte jedoch auf der root-Partition liegen, damit sich der Systemadministrator auch dann anmelden kann, wenn keine weiteren Partitionen angehängt sind. Es gibt login-Programme, die / automatisch als Home-Verzeichnis verwenden, wenn das in der Datei /etc/passwd festgelegte Verzeichnis nicht verfügbar ist, aber es existieren auch Programme, die eine Anmeldung ablehnen. In diesem Fall wäre dann auch der Benutzer `root` aus dem eigenen System ausgesperrt.

Elektronische Post (E-Mail) für den Benutzer `root` sollte an einen normalen Benutzer weitergeleitet werden. Dazu legt man eine Datei `~/.forward` an, in der der Name des Benutzers steht, der die Post erhalten soll. Alternativ kann auch ein `sendmail`-Alias eingerichtet werden. Ebenso sollte der Benutzer `root` nicht dazu verwendet werden, News zu lesen und zu schreiben oder täglich am System zu arbeiten.

/sbin – Zum Systemstart notwendige Systemprogramme

Das Verzeichnis `/sbin` enthält alle Programme, die zum Systemstart unbedingt notwendig sind, bevor das `/usr`-Dateisystem angehängt wird, und nur vom Systemadministrator benötigt werden. Programme, die auch nichtprivilegierte Benutzer benötigen, sollen entweder in `/bin` oder `/usr/bin` gespeichert werden, so daß diese keine `sbin`-Verzeichnisse im Suchpfad haben. Zu den wichtigen Programmen, die im Verzeichnis `/sbin` installiert sind, gehören unter anderem folgende:

- Für den Systemstart ist das Programm `init` zuständig. Der Systemadministrator kann damit auch den Runlevel, den Betriebsmodus des Linux-Systems, ändern, um z. B. das System in den Netzwerk-Server-Modus zu versetzen.
- Programme zur Dateisystemwartung und -reparatur, wie z. B. `mkfs*`, `fsck*` und `fdisk`. In diese Gruppe gehören auch noch die Programme `mkswap` und `swapon`. Insbesondere bei Rechnern mit nur wenig Hauptspeicher ist es oft notwendig, vor dem Anlegen oder Überprüfen der Dateisysteme zusätzlichen virtuellen Speicher einzurichten.
- Essentielle Netzwerkprogramme wie `ifconfig` oder `route`, damit das Netzwerk beim Systemstart initialisiert und die `/usr`-Partition auch mittels NFS angehängt werden kann.

Programme, die auch von Benutzern im Alltag verwendet werden, wie z. B. `ping`, Shells oder `tar` sollten im Verzeichnis `/bin` installiert werden, wenn diese Programme für den Systemstart oder Wiederherstellungsmaßnahmen notwendig sind. Die Trennung der Verzeichnisse `/bin` und `/sbin` wurde nicht aus Überlegungen zur Systemsicherheit heraus durchgeführt. Daher können (und sollen) diese Verzeichnisse für alle Benutzer lesbar und die darin enthaltenen Programme auch ausführbar sein. Ausnahmen sind z. B. für `setuid` oder `setgid`-Programme (siehe Abschnitt 5.5, *Berechtigungen für Dateien*, auf Seite 156) sinnvoll.

/tmp – Temporäre Dateien

Hier können Programme temporäre Dateien anlegen. Es wird jedoch nicht festgelegt, wie lange diese Dateien bestehen bleiben. Das /tmp-Verzeichnis kann z. B. bei einem Rechner mit großem Hauptspeicher in einer RAM-Disk liegen. Der FHS empfiehlt, das /tmp-Verzeichnis bei jedem Reboot zu löschen.

Bei anderen Unix-Systemen ist es üblich, daß das Verzeichnis /tmp beim Systemstart oder zu bestimmten Zeitpunkten geleert wird. Dazu kann ein entsprechend modifiziertes Skript aus Listing 2.1 verwendet werden. Dieses Shell-Skript löscht Dateien, die in den letzten drei Tagen nicht gelesen wurden, und alte, leere Verzeichnisse.

```
if [ -d /tmp ]; then
        cd /tmp && {
        find . -type f -atime +3 -exec rm -f -- {} \;
        find . ! -name . -type d -mtime +1 \
            -exec rmdir -- {} \; >/dev/null 2>&1; }
fi
```

Listing 2.1: Löschen des /tmp-Verzeichnisses

Bitte beachten Sie, daß dieses Skript nicht in Hinblick auf Sicherheit entworfen wurde und nichtprivilegierte Benutzer das System dazu veranlassen können, beliebige Dateien zu löschen. Die Red Hat-Distribution enthält hierfür das Programm tmpwatch, das in Hinblick auf Sicherheit entwickelt wurde. Für den privaten Rechner zu Hause reicht sicherlich das einfache Skript, aber in weniger überschaubaren Umgebungen ist es einfach zu unsicher.

Das /tmp-Verzeichnis muß für alle Benutzer schreibbar sein, weil viele Programme dort temporäre Dateien ablegen. Beispiele dafür sind crontab oder Mail-Reader, wenn ein externer Editor aufgerufen wird. Wenn das /tmp-Verzeichnis nicht schreibbar ist, werden sehr viele Programme den Dienst quittieren, wobei oft nicht klar ist, was die Ursache ist. Aus Sicherheitsgründen sollte bei dem Verzeichnis das t-Bit gesetzt werden, damit Benutzer nur eigene Dateien löschen können.

Genauso unangenehm ist aber auch ein volles tmp-Verzeichnis. Wenn Ihr Rechner sich einfach nur merkwürdig verhält, dann sollten Sie nach dem Inhalt und den Berechtigungen des /tmp-Verzeichnisses und dem zur Verfügung stehenden Plattenplatz schauen.

2.4 Die /usr-Hierarchie

Das /usr-Dateisystem belegt auf vielen Linux-Systemen den größten Anteil an Plattenplatz. Dort werden die meisten Programme, die mit einer Distribution mitgeliefert werden, installiert. Dieselbe Struktur, die hier beschrieben wird, kann (und sollte) unter /usr/local erneut eingerichtet werden. Dort installiert der Systemadministrator alle Programme, die er lokal für diesen Rechner oder Rechnerverbund zusätzlich zu dem benötigt, was die Distribution bereits mitbringt. Direkt nach der Erstinstallation sollte /usr/local keine Dateien enthalten.

Das /usr-Dateisystem enthält von verschiedenen Rechnern benutzbare Daten, die nicht im Schreibzugriff zugänglich sein müssen. Damit ist es möglich, das /usr-Dateisystem über NFS schreibgeschützt anzuhängen oder ein „Live"-Dateisystem von einer CD zu benutzen. Dies ist insbesondere zum „Reinschnuppern" in Linux und bei nur wenig verfügbarem Festplattenplatz eine Alternative zum Kauf einer neuen Festplatte. Nachteile sind langsame Zugriffe auf die Daten und Programme und gewisse Komfort-Einbußen, da die CD permanent eingelegt sein muß.

Für große Programmpakete wie z. B. TEX oder emacs sollten keine Verzeichnisse direkt unter /usr angelegt, sondern ein neues Verzeichnis unterhalb von /usr/lib verwendet werden. Damit soll verhindert werden, daß das /usr-Verzeichnis zu groß und damit unübersichtlich wird. Tabelle 2.3 enthält eine Übersicht über die normalerweise unter /usr enthaltenen Verzeichnisse.

/usr	**Die /usr-Hierarchie**
├ X11R6	Das X-Window-System
├ bin	Beinahe alle Programme
├ games	Spiele
├ include	Headerdateien für C-Programme
├ lib	Bibliotheken und Programmpakete
├ local	Lokale Installationen (zunächst leer)
├ sbin	Programme für den Systemadministrator
├ share	Architekturunabhängige Daten
└ src	Quellcode verschiedener Programme

Tabelle 2.3: Übersicht über die /usr-Hierarchie

Bis jedoch alle Programme an den Filesystem-Hierarchie-Standard angepaßt sind, sollten symbolische Links wie in Tabelle 2.4 angelegt werden. Wenn alle Programme, die ein Verzeichnis der alten, jetzt obsoleten Struktur benutzten, neu übersetzt sind, können diese Links entfernt werden. Bei den heute aktuellen Distributionen ist das in der Regel der Fall.

altes Verzeichnis	neues Verzeichnis
/usr/adm	/var/adm
/usr/preserve	/var/preserve
/usr/spool	/var/spool
/usr/tmp	/var/tmp
/var/spool/locks	/var/lock

Tabelle 2.4: Kompatibilitätslinks für /usr *und* /var

Das Verzeichnis /usr/X11R6

In diesem Verzeichnis wird das Release 6 des X-Window-Systems installiert. Dies ist sowohl der Pfad, in dem die Binärdistribution des XFree86-Teams installiert wird, als auch der Default-Pfad, wenn man X11R6 selbst übersetzen möchte. Zur Vereinfachung der Systemverwaltung und Installation von weiteren X-Programmen sowie zur Kompatibilität mit anderen Systemen können die in Tabelle 2.5 angegebenen symbolischen Links angelegt werden.

symbolischer Name	echter Name
/usr/bin/X11	/usr/X11R6/bin
/usr/lib/X11	/usr/X11R6/lib/X11
/usr/include/X11	/usr/X11R6/include/X11

Tabelle 2.5: Kompatibilitätslinks für X

/usr/bin – Programme

Das Verzeichnis /usr/bin ist das primäre Verzeichnis für Programme in einem Linux- oder Unix-System. Ausgenommen sind nur diejenigen Programme, die ausschließlich für den Systemadministrator gedacht sind (diese Programme werden in den entsprechenden sbin-Verzeichnissen gespeichert), die Programme, die vom Systemadministrator lokal in /usr/local für das betreffende System installiert wurden, und die zum Systemstart notwendigen Programme, die sich in /bin befinden müssen.

Bei der Erstellung von Skripten, die über den #!-Mechanismus gestartet werden, muß der komplette Pfad zu dem entsprechenden Interpreter angegeben werden. Der Kernel erkennt anhand der Zeichenfolge #!, daß das Programm nicht direkt gestartet werden kann, sondern von einem Interpreter abgearbeitet werden muß. Dazu wird der Interpreter geladen und diesem das Skript übergeben.

Der absolute Pfad ist kein Problem für sh- oder csh-Skripten, da diese Programme auf jedem Unix-System im Verzeichnis /bin zu finden sind. Problematischer ist es für Interpreter wie `perl`, `tcl` oder `python`, die oft an unterschiedlichen Stellen installiert werden. Dadurch können Skripten, die diese Interpreter verwenden, oft nicht unverändert von einem System zu einem anderen übertragen werden, weil der Pfad in der ersten Zeile des Skripts modifiziert werden muß. Der Filesystem-Hierarchie-Standard empfiehlt hier die Installation dieser Interpreter im Verzeichnis `/usr/bin` oder die Einrichtung symbolischer Links zu den Programmen. Dann können Skripten die Interpreter in `/usr/bin` referenzieren – unabhängig davon, in welchem Verzeichnis die Programme tatsächlich installiert sind.

`/usr/include` – Include-Dateien

Dieses Verzeichnis enthält die Header- oder Includedateien für die C-Bibliothek `libc`. Es enthält eine Reihe von Unterverzeichnissen, in denen die Headerdateien für verschiedene Sub-Systeme gespeichert werden. Die zur `libc` gehörenden Headerdateien sind nicht vollständig, es fehlen die kernel-spezifischen Headerdateien. Wichtig sind hier die symbolischen Links in die Kernel-Quellen (erstellt mit `make symlinks` im Kernel-Verzeichnis). Andernfalls können viele systemnahe Programme nicht übersetzt werden.

`/usr/lib` – Bibliotheken und Programmpakete

In diesem Verzeichnis werden die zur Programmierung notwendigen Bibliotheken und Objektdateien, aber auch interne Programme des GNU C-Compilers `gcc` gespeichert. Darüber hinaus findet man hier eine Reihe von anderen statischen Daten. Jedes Programmpaket, das statische, vom Prozessortyp abhängige Daten benötigt, sollte diese in einem Unterverzeichnis unter `/usr/lib` installieren.

Alte `sendmail`-Versionen wurden als `/usr/lib/sendmail` installiert. Daher ist in viele andere Programme dieser Pfad fest einkompiliert. Das Programm `sendmail` wird jetzt im Verzeichnis `/usr/sbin` installiert. Aus Kompatibilitätsgründen sollte daher ein entsprechender symbolischer Link angelegt werden. Das Verzeichnis `/usr/sbin` sollte für alle Benutzer lesbar und das Programm `sendmail` für alle Benutzer ausführbar sein. Das Programm `smail` wird ebenfalls in `/usr/sbin` installiert, es muß jedoch auch ein symbolischer Link mit dem Namen `sendmail` angelegt werden.

`/usr/local` – Lokal installierte Software

Hier kann und soll im wesentlichen dieselbe Hierarchie wie unter `/usr` eingerichtet werden. Hier kann der Systemadministrator lokal Programme installieren, die nicht Bestandteil einer Distribution sind. Nach der Installation einer Distribution soll diese Hierarchie bis auf die Verzeichnisse leer sein, so daß Programme der Distribution und nachträglich installierte Programme unterscheidbar sind. Diese Trennung erleichtert die Systemwartung sowohl bei der Installation oder dem Update der Distribution als auch bei der Installation von anderen Programmen.

/usr/local	Die /usr/local-Hierarchie
├ bin	Lokal installierte Programme
├ games	Spiele
├ include	Headerdateien für C-Programme
├ lib	Bibliotheken und Programmpakete
├ local	Lokale Installationen (zunächst leer)
├ sbin	Programme für den Systemadministrator
├ share	Architekturunabhängige Daten
└ src	Quellcode verschiedener Programme

Tabelle 2.6: Übersicht über die /usr/local-Hierarchie

Beim Upgrade der Distribution muß man damit rechnen, daß Programmdateien in `/usr` oder `/` überschrieben werden. Das Verzeichnis `/usr/local` liegt definitionsgemäß in der Verantwortung des lokalen Systemverwalters und wird daher nicht verändert. Zur Sicherheit kann man dieses Verzeichnis auch einfach aushängen (und aus der Datei `/etc/fstab` entfernen).

/usr/sbin – Weitere Systemprogramme

Hier findet der Systemadministrator eine Reihe von Programmen zur Systemverwaltung. Diese Programme werden jedoch nicht in Notfällen benötigt, sondern nur im normalen Betrieb. Üblicherweise findet man hier Netzwerkdämonen, Programme für die Systemadministration und Server, die im sogenannten Multiuser-Modus gestartet werden. Lokal installierte Programme für den Systemadministrator sollten im Verzeichnis `/usr/local/sbin` gespeichert werden.

/usr/share – Architekturunabhängige Daten

In der Anfangszeit von Linux wurden nur Intel-basierte PCs unterstützt. Daher gab es keine Unterscheidung zwischen prozessorabhängigen Daten und prozessorunabhängigen Daten. Heute sind Portierungen für praktisch alle Hardware-Plattformen verfügbar oder in Arbeit, so daß sich diese Situation geändert hat. Im Verzeichnis `/usr/share` findet man Daten, die statisch sind und von verschiedenen Rechnern mit verschiedenen Prozessorarchitekturen gemeinsam benutzt werden können.

Viele der hier gespeicherten Daten hat man früher unter `/usr/lib`, `/usr/man` oder `/usr/doc` gefunden. Aus Gründen der Abwärtskompatibilität können einzelne Verzeichnisse weiterhin unter /usr/lib eingerichtet sein; das liegt am Distributor.

Tabelle 2.7 enthält eine Übersicht über die hier möglichen Verzeichnisse. Da dieses Verzeichnis erst mit der Version 2.0 in den FHS aufgenommen wurde, wird diese Hierarchie bisher nur selten verwendet. Wenn die Version 2.0 ähnlich einmütig von allen Entwicklern und Distributoren akzeptiert wird, dann wird sich dies jedoch schnell ändern.

/usr/share	**Die /usr/share-Hierarchie**
├ dict	Wörterbücher aller Art
├ doc	Dokumentationen zu Paketen und FAQs
├ games	Statische Daten für Spiele
├ info	Online-Doku der GNU-Programme
├ locale	Daten für den National Language Support
├ man	Online-Handbuch
├ nls	National Language Support
├ misc	Verschiedene Daten
├ terminfo	Die Terminal-Datenbank
├ tmac	troff-Makros, die bei groff fehlen
└ zoneinfo	Zeitzoneninformationen

Tabelle 2.7: Übersicht über die /usr/share-Hierarchie

Viele der Konzepte, die für das /usr/share-Verzeichnis verwendet wurden, stammen aus den BSD-Projekten. Diese ebenfalls frei verfügbaren Systeme waren schon recht früh auf verschiedene Hardware-Plattformen portiert, so daß hier schon einiges an Erfahrung gesammelt wurde. Die Zeit wird zeigen, wie nützlich dieses Verzeichnis unter Linux sein wird.

Das Verzeichnis /usr/share/dict

In diesem Verzeichnis werden Wörterbücher, z. B. für ispell, gespeichert. Die Wörterbücher sollen als Namen die englische Bezeichnung für die Sprache erhalten und nach Möglichkeit einen einheitlichen Zeichensatz benutzen. Es ist nicht festgelegt, wie ein Wörterbuch, das nicht in einem ISO-Zeichensatz gespeichert ist, markiert wird.

/usr/share/man – Online-Dokumentation

In diesem Verzeichnisbaum werden die Manpages gespeichert. Die hier vorgestellte Struktur findet sich ebenfalls unter /usr/local/man für lokal installierte Programme und /usr/X11R6/man für Manpages zum X-Window-System. Die

Online-Dokumentation ist in folgende Sektionen unterteilt, wobei für jede Sektion ein Unterverzeichnis `man`*`Sektion`* vorhanden ist:

- 1 – **Kommandos**: Dokumentation der Kommandos, die ein Benutzer am Shell-Prompt aufrufen kann.
- 2 – **Systemaufrufe**: Betriebssystemaufrufe, die durch den Kernel abgearbeitet werden.
- 3 – **Funktionen der C-Bibliothek**: Die Dokumentation vieler Funktionen der Standard-C-Bibliothek.
- 4 – **Gerätedateien**: Beschreibung vieler spezieller Dateien (Devices) aus dem Verzeichnis `/dev`.
- 5 – **Dateiformate und Konventionen**: Beschreibung der Syntax und Bedeutung vieler Konfigurationsdateien, wie z. B. der Datei `/etc/passwd` oder `/etc/syslog.conf`.
- 6 – **Spiele**: Beschreibung der installierten Spiele.
- 7 – **Makrobeschreibungen und Standards**: Hinweise und Dokumentationen von Makropaketen (z. B. für `groff`) oder Standards wie z. B. Zeichensätzen.
- 8 – **Kommandos für den Systemadministrator**: Beschreibung der Kommandos, die nur vom Systemadministrator zur Systemverwaltung benutzt werden.

Das Verzeichnis `/usr/share/man` ist das primäre Manual-Verzeichnis. Hier finden sich alle Manpages zu den Programmen in `/` und `/usr`.

In anderen Verzeichnissen als `/usr/share/man` können einzelne Sektionen entfallen, wenn für diese Sektionen keine Handbuchseiten benötigt werden. Dies gilt z. B. für die Kategorie 4, die Gerätedateien, die üblicherweise nur unter `/usr/share/man` existiert, nicht aber unter `/usr/local/man`.

Manpages werden z. Zt. in englischer Sprache verteilt. Dennoch ist es wünschenswert, daß Programme in Zukunft auch mit übersetzten Manpages ausgestattet werden. Hier ist eine Gruppe von engagierten Benutzern rund um Martin Schulze an der Arbeit.

Für den geordneten, sprachabhängigen Zugriff ist es notwendig, für jede neue Sprache ein Unterverzeichnis anzulegen, in dem dann die eben erläuterte Struktur erneut aufgebaut wird. Für Handbuchseiten in englischer Sprache kann weiterhin der Pfad `/usr/share/man/man`*`Sektion`* verwendet werden, deutsche Handbuchseiten findet man unter `/usr/share/man/de_DE.88591/man`*`Sektion`*. Die Namen für die Verzeichnisse sind aus dem POSIX.1-Standard abgeleitet, eine genaue Erklärung finden Sie auf Seite 260.

Wenn eine Distribution bereits vorformatierte Manpages installiert, kann das im Verzeichnis `catman` geschehen. Das Installieren nur der formatierten Manpages wird allgemein als schlechter Stil angesehen. Benutzer können diese Dokumentation nur am Bildschirm ansehen, aber nicht als PostScript oder DVI-Datei ausgeben. Damit ist ein optisch ansprechender Ausdruck leider unmöglich.

/usr/share/misc – Verschiedenes

Viele Programme haben nur eine oder wenige Dateien, die unter `/usr/share` gespeichert werden können. Da es sich nicht lohnt, für jedes Programm ein eigenes Unterverzeichnis anzulegen, hat man sich entschieden, dieses Verzeichnis vorzuschlagen. Der FHS enthält eine Liste von Dateien, die hier gespeichert werden sollten.

`/usr/src` – Quelltexte von Programmen bzw. des Kernels

Hier sollten alle (nicht lokalen) Quelltexte gespeichert werden, die zur Übersetzung von Programmen oder des Kernels benötigt werden. Besonders wichtig sind hier die `include`-Dateien des Kernels, weil diese oft auch zum Kompilieren von Anwendungen notwendig sind. Jede Distribution, die den C-Compiler installiert, sollte hier mindestens diese `include`-Dateien ablegen.

Die Kernel-Quellen findet man üblicherweise im Verzeichnis `/usr/src/linux`. Wichtig ist, daß die zum Kernel gehörenden `include`-Dateien nicht in das Verzeichnis `/usr/include` kopiert werden, sondern daß ein symbolischer Link von `/usr/include/linux` auf `/usr/src/linux/include/linux` angelegt wird. Analog ist ein Link für das Verzeichnis `asm` anzulegen. Werden die `include`-Dateien kopiert, so erhält man eine Mischung aus alten und neuen Dateien, die die merkwürdigsten Fehler verursachen können. Für systemnahe Programme wie z. B. `DOSemu` ist es unbedingt notwendig, daß der Kernel selbst übersetzt wurde. Zumindest sollte jedoch ein `make config` durchgeführt werden.

Das Verzeichnis `/usr/src/linux` (oder sogar `/usr/src` selbst) kann ein symbolischer Link z. B. auf `/var/src` sein. Das ist für ein schreibgeschütztes `/usr`-Dateisystem sinnvoll, wie z. B. ein „Life"-Dateisystem auf einer CD.

In diesem Verzeichnis können Unterverzeichnisse angelegt werden. So strukturiert die BOGUS-Distribution hier nach den Zielverzeichnissen der Installation in Verzeichnisse wie `bin`, `usr.bin` oder `sbin`. Dies dient der Übersichtlichkeit und Wartbarkeit der Distribution.

2.5 `/var` – Variable Daten

Dies Verzeichnis enthält variable Daten. Da es erst mit FHS-kompatiblen Distributionen weite Verbreitung gefunden hat, ist auf vielen älteren Systemen immer noch keine saubere Trennung zwischen `/usr` und `/var` realisiert. Die Trennung ist sinnvoll, damit die oft größte Linux-Partition (`/usr`) nicht im Schreibzugriff eingehängt werden muß. Moderne Distributionen entsprechen auch hier in der Regel dem FHS.

Mit der Version 2.0 des FHS haben sich hier besonders viele Änderungen ergeben. Bis diese akzeptierter Bestandteil der Distributionen geworden sind, wird noch einige Zeit vergehen. Im wesentlichen sind diese Änderungen durch die Annäherung an andere Unix-Systeme bedingt.

Viele der hier angegebenen Verzeichnisse wurden eingeführt, damit einzelne Programme oder Programmpakete keine beschreibbare `/usr`-Partition erfordern. Daher ist eine Reihe der hier vorgestellten Verzeichnisse für viele Systeme optional, andere müssen für neue Software vom Systemadministrator angelegt werden. Solange noch nicht alle Programme völlig an diesen Standard angepaßt sind, wird der Systemadministrator immer wieder überlegen müssen, wie einzelne Programme sinnvoll konfiguriert und installiert werden.

/var	**Variable Daten**
├ `account`	Abrechnungsdaten (Prozeß-Accounting)
├ `cache`	Cache für Applikationsdaten
├ `games`	Variable Daten von Spielen
├ `lock`	Lock-Dateien
├ `log`	Log-Dateien und Verzeichnisse
├ `mail`	Postfächer der Benutzer
├ `opt`	Variable Daten aus `/opt`
├ `run`	PID-Dateien von Prozessen
├ `spool`	Verzeichnisse für Warteschlangen
├ `state`	Statusinformationen
├ `tmp`	Temporäre Dateien
└ `yp`	Network Information System

Tabelle 2.8: Übersicht über die `/var`-Hierarchie

In sehr alten Distributionen war `/var` ein symbolischer Link auf das Verzeichnis `/usr`. Dadurch war eine Trennung der beiden Verzeichnishierarchien unmöglich, da manche Programme `/var`, andere aber `/usr` verwendeten, um auf dieselbe Datei zuzugreifen. Wenn es schon notwendig ist, `/var` durch einen symbolischen Link zu repräsentieren, weil z. B. keine eigene /var-Partition angelegt wurde oder der Platz auf der root-Partition nicht mehr ausreicht, sollte dieser Link z. B. auf das Verzeichnis /usr/var zeigen.

Prozeß-Accounting (/var/account)

Dieses Verzeichnis enthält die variablen Daten des Prozeß-Accountings, sofern die Distribution dies unterstützt. Mit Hilfe des Accountings kann festgehalten werden, wann welcher Benutzer welches Kommando ausgeführt hat und welche Ressourcen benötigt wurden. Für viele private Systeme ist dies nicht notwendig, aber viele kommerzielle Rechenzentren rechnen z. B. nach verbauchter CPU-Zeit ab.

Wenn Ihre Distribution die entsprechenden Tools nicht mitliefert, dann finden Sie diese auf jedem GNU-Mirror als acct-6.3.tar.gz. Beachten Sie, daß die Rohdaten einen sehr großen Umfang annehmen. Daher sollten Sie regelmäßig diese Daten in eine Summenform überführen.

/var/cache – Cache für Applikationen

Mit der Version 2.0 des FHS wurde diese Verzeichnishierarchie neu eingeführt. Hier werden Daten gespeichert, die durch zeitintensive Berechnungen oder andere aufwendige Operationen erzeugt wurden. Wenn diese Daten bei späteren Läufen zur Verfügung stehen, dann können diese Aufgaben entfallen, statt dessen werden die bereits bestehenden Daten verwendet.

Denkbar sind hier WWW-Proxy-Caches, TeX-Fonts oder vorformatierte Manpages. Die Applikationen können das Löschen veralteter Daten selbst organisieren, aber der Administrator kann z. B. bei knappem Plattenplatz diese Daten (fast) bedenkenlos löschen.

Eingeführt wurde dieses Verzeichnis, damit der Administrator z. B. speziell für diese Daten eigene Sicherungsregeln definieren kann. Für viele private Systeme ist dies von eher untergeordneter Bedeutung, aber für öffentlich zugängliche Rechner, auf denen viel mit TeX gearbeitet wird, lohnt sich das Speichern der entsprechenden Fonts.

/var/cache/man – Lokal formatierte Manpages

Dieses (optionale) Verzeichnis ist dazu gedacht, bei einer schreibgeschützten /usr-Partition die lokal formatierten Manpages aufzunehmen. Die formatierten Manpages zu speichern ist oft sinnvoll, weil gerade bei großen Manpages das Formatieren relativ zeitaufwendig ist. Wenn die /usr-Partition schreibbar ist, dann können die formatierten Manpages auch direkt in /usr/man/cat[1-9] abgelegt werden. Empfohlen wird jedoch eines der folgenden Verfahren:

- Alle Manpages können mit dem Programm `catman` formatiert werden und dann in den `/usr/man/cat[1-9]` gespeichert werden. Damit wird das Programm `nroff` zur Formatierung von Manpages nicht mehr aufgerufen, wenn ein Benutzer sich eine Dokumentation ansehen möchte.
- Es wird keine formatierte Manpage abgespeichert. Damit wird bei jedem Aufruf des `man`-Programms die entsprechende Seite des Handbuches neu formatiert. Auf relativ langsamen Rechnern kann dies aber zu unangenehmen Verzögerungen führen, wenn eine große Manpage mehrfach hintereinander immer wieder neu formatiert wird.
- Die formatierten Manpages können unter `/var/man/catman` abgelegt werden. Dieses Verzeichnis dient dann als Cache für formatierte Manpages.

Die Struktur unter `/var/catman` muß nun auch die Verfügbarkeit von übersetzten Manpages und die verschiedenen Verzeichnisse, in denen Manpages abgelegt werden, reflektieren. Sollten Sie je in die Verlegenheit kommen, diese Verzeichnisse selbst erstellen zu müssen, so finden Sie einen Vorschlag für eine mögliche Struktur im FHS.

`/var/games` – Variable Daten von Spielen (Ranglisten)

Hier werden nur variable Daten von Spielen, wie Spielstände oder Punkte-Ranglisten gespeichert. Oft ist es sinnvoll, für die Spiele eine spezielle Gruppe (z. B. `games`) einzurichten und dieses Verzeichnis für diese Gruppe schreibbar zu machen. Statische Daten wie Level oder Hilfetexte werden im Verzeichnis `/usr/lib/games` abgelegt.

`/var/local` – Variable Daten aus `/usr/local`

Dieses Verzeichnis ist für die Speicherung von variablen Daten zu Programmen, die lokal vom Systemadministrator installiert wurden, vorgesehen. Da die Autoren des FHS nicht wissen, welche Programme lokal installiert werden, wird keine weitere Unterteilung dieses Verzeichnisses vorgegeben. Die Verwendung dieses Verzeichnisses ist Sache des Systemadministrators.

Sollten jedoch die Dateien in eine Kategorie passen, die hier bereits erklärt wurde, so sollten diese Dateien dort abgelegt werden. Das trifft z. B. für Lock-Dateien zu, die in `/var/lock` angelegt werden sollen.

`/var/lock` – Lock-Dateien

Alle Lock-Dateien, die zum Sperren von Geräten gegen mehrfache Benutzung verwendet werden, sollten im Verzeichnis `/var/lock` angelegt werden. Um die

/usr-Partition schreibgeschützt anhängen zu können, sollten dort keine Lock-Dateien angelegt werden.

Der Name einer Lock-Datei beginnt mit LCK.., gefolgt von dem Namen des zu sperrenden Geräts. Um das Gerät /dev/ttyS0 zu sperren, wird die Datei /var/lock/LCK..ttyS0 verwendet.

Alle Lock-Dateien sollen für jeden Benutzer lesbar sein und die Prozeßnummer des sperrenden Prozesses im Klartext enthalten. Dadurch kann jedes Programm prüfen, ob der Prozeß noch existiert, der den Lock angelegt hat.

Es ist sinnvoll, auf den symbolischen Link /dev/modem zu verzichten und statt dessen das echte Device zu verwenden. Lock-Dateien können dann ausschließlich für das echte Gerät erzeugt werden. Zum einen vermeidet man damit, daß ein Gerät unter zwei verschiedenen Namen angesprochen (und gesperrt) werden kann, zum anderen entspricht die Semantik des chown-Systemaufrufs unter Linux bei symbolischen Links nicht dem von anderen Systemen.

Die Standardisierung dieses Verzeichnisses sollte die Interoperabilität zwischen verschiedenen Programmen, bei denen die Synchronisation über Lock-Dateien stattfindet, deutlich verbessern. Das liegt zum einen daran, daß *alle* Programme hier ihre Lock-Dateien anlegen, zum anderen daran, daß im FHS ein Standardformat für den Inhalt der Datei festgelegt wird.

/var/log – Log-Dateien aller Art

Ein Unix-System schreibt, auch unabhängig von Programmen wie syslogd, eine Reihe von Log-Dateien. Diese dienen zur Systemüberwachung oder zur Fehlersuche. Beispiele für derartige Dateien sind lastlog für das Datum der letzten Benutzeranmeldung und wtmp für die Zeiten aller An- und Abmeldevorgänge.

Log-Dateien, die von root-Prozessen angelegt werden, können direkt in diesem Verzeichnis abgelegt werden. Werden Log-Dateien von Systemen wie News und UUCP erzeugt, die unter ihren eigenen Benutzerkennungen laufen, dann sollte man für jede Kennung ein eigenes Verzeichnis anlegen, das exakt für diese Kennung beschreibbar ist.

/var/mail – Postfächer der Unix-Benutzer

Das Verzeichnis /var/mail enthält die Mail der Benutzer im Unix-Format (mbox). Dieses Verzeichnis wurde von /var/spool/mail verschoben, um die Interoperabilität mit vielen anderen Systemen zu verbessern.

/var/opt – Variable Daten für Programme aus /opt

Dieses Verzeichnis dient zur Speicherung von variablen Daten der Pakete, die unter /opt installiert sind. Wie unter /opt sollte für jedes Paket ein eigenes Unterverzeichnis angelegt werden.

/var/run – PID-Dateien von Prozessen

Hier werden für Dämonen die PID (process id)-Dateien abgelegt, so daß die Prozeßnummer eines Hintergrundprozesses einfach festzustellen ist. Diese Dateien sollen *Programm*.pid heißen und die Prozeßnummer im Klartext enthalten. Damit ist es einfach, einem Hintergrundprozeß, wie z. B. dem syslog-Dämon, ein Signal zu schicken (siehe auch Listing 2.2).

```
(Linux):~# kill -HUP `cat /var/run/syslog.pid`
```

Listing 2.2: Verwendung von Lock-Dateien am Shell-Prompt

Dieses Verzeichnis soll auch für Unix-Domain-Sockets verwendet werden, die zur Kommunikation zwischen Programmen dienen. Da Dämonen unter verschiedenen Benutzer-IDs gestartet werden (die News-Dämonen z. B. laufen unter dem Benutzernamen news), muß dieses Verzeichnis für alle Benutzer beschreibbar sein. Aus Sicherheitsgründen sollte dann jedoch, wie bei den tmp-Verzeichnissen auch, das t-Bit gesetzt werden. Dadurch kann nur der Benutzer eine Datei löschen, die ihm selbst gehört. Eine Alternative dazu könnte sein, hier entsprechende Unterverzeichnisse einzurichten, die dann nur für den entsprechenden Benutzer oder ein spezielles Programm beschreibbar sind.

/var/spool – Verzeichnisse für Warteschlangen

Das /var/spool-Verzeichnis dient zur Zwischenspeicherung von uucp-Jobs, Druckausgaben oder anderen Aufgaben, die das System in der Zukunft zu erledigen hat. Oft werden die Daten automatisch gelöscht, nachdem der Auftrag durchgeführt wurde. Die genaue Aufteilung dieses Verzeichnisses bestimmt der Systemadministrator anhand der zur Verfügung stehenden Hard- und Software-Umgebung. Tabelle 2.9 enthält eine Übersicht über in /var/spool möglicherweise vorhandene Unterverzeichnisse.

/var/spool	**Spool-Verzeichnisse**
├ cron	Aufträge für cron und at
├ lpd	Warteschlangen des Drucksystems
├ mqueue	Warteschlange für ausgehende elektronische Post
├ news	Verzeichnis zur News-Speicherung und -auslieferung
├ rwho	Arbeitsdateien des rwho-Dämons
├ smail	Warteschlangen für smail
└ uucp	Warteschlangen für UUCP

Tabelle 2.9: Das Verzeichnis /var/spool im Überblick

Variable Statusinformationen – /var/state

Dieses Verzeichnis enthält variable Informationen über den Status einzelner Applikationen. Benutzer sollten niemals in die Verlegenheit kommen, hier Änderungen an Dateien durchzuführen zu müssen.

In alten Versionen des FHS existierte das Verzeichnis /var/lib. Dieses wurde durch /var/state ersetzt. Hier gespeicherte Daten sind persistent und bleiben auch nach einem Neustart des Systems erhalten.

Beispiele sind die Datenbank der Package-Verwaltung einer Distribution oder die locate-Datenbank. Hier sollten keine Log-Dateien oder Spool-Daten abgelegt werden.

Für einzelne Pakete können und sollen hier einzelne Verzeichnisse angelegt werden. Der FHS enthält hier einige Beispiele, diese sind besonders für Distributoren und Systemintegratoren interessant.

/var/tmp – Temporäre Dateien

Das Verzeichnis /var/tmp ist wie /tmp ein Verzeichnis für temporäre Dateien. Es wird benutzt, um die root-Partition, die auch das /tmp-Verzeichnis enthält, möglichst klein zu halten. Auch hier ist es die Entscheidung des Systemadministrators, wie lange Daten in /var/tmp bestehen bleiben. Die Daten sollten jedoch mindestens so lange erhalten bleiben wie im Verzeichnis /tmp.

/var/yp – Network Information Service (NIS)

Der Network Information Service (NIS) war früher unter dem Namen Yellow Pages (YP) bekannt. Mit diesem Service können Dateien wie passwd oder group zentral auf einem NIS-Server gepflegt werden. Alle Clients erhalten diese Daten über das Netz. Das Verzeichnis /var/yp dient zur Speicherung der zugehörigen

Daten. Näheres zur Konfiguration des *Network Information Service* wird im gleichnamigen Kapitel 22 auf Seite 565 beschrieben.

NIS sollte nicht mit der erweiterten Version NIS+ verwechselt werden. NIS+ verwendet als Verzeichnis `/var/nis`.

2.6 Die weitere Entwicklung des FHS

Der Filesystem-Hierarchie-Standard ist in der heute vorliegenden Form unter den Linux-Anwendern im allgemeinen als sinnvolle und vernünftige Absprache anerkannt. Dennoch gibt es weiterhin (und es wird diese Unterschiede vermutlich immer geben) deutliche Unterschiede zwischen den einzelnen Distributionen.

Immer wenn diese Unterschiede zu Problemen führen (können), dann wird in der entsprechenden Mailing-Liste darüber gesprochen. Zur Zeit gibt es eine Diskussion über die Integration von (kommerziellen) Paketen in den Standard und die Verwendung als Filesystem-Hierarchie-Standard auch für die *BSD-Systeme.

Obwohl zu vielen Fragen verschiedene Ansichten geäußert werden, die auch häufig zu „Flames" Anlaß geben könnten, so ist die Mailing-Liste eine sehr produktive Einrichtung. Aufgrund der teilweise sehr ausführlichen Diskussionen ist das Nachrichtenaufkommen dort im Vergleich zu anderen Mailing-Listen, sowohl was die Anzahl als auch den Umfang der Nachrichten betrifft, sehr hoch.

3 Ablauf eines Systemstarts

It's not so hard to lift yourself by your bootstraps once you're off the ground.
– Daniel B. Luten

Dem Start eines Computers ist etwas Magisches eigen. Üblicherweise wird der Vorgang auch als „boot strapping“ bezeichnet. Dabei kommt einem im deutschen Sprachraum das Bild eines sich selbst an den Stiefelschäften aus dem Sumpf ziehenden Baron von Münchhausen in den Sinn. Aber es finden sich (in diesem Fall) logische Erklärungen, die zeigen, daß jede Stufe des Vorgangs ganz bestimmte Ergebnisse der vorausgegangenen Phasen voraussetzt und keinesfalls irgendwie in der Luft hängt. Der Start eines Linux-PCs findet in den im folgenden aufgeführten Phasen statt:

- Ausführen des Power-On-Self-Tests (POST) des Basic-Input/Output-Systems (BIOS). Dieser ist oft in einem ROM oder Flash-EPROM gespeichert.
- Ausführen eines Boot-Laders von einer Diskette, Festplatte oder neuerdings auch von einem CD-ROM-Laufwerk aus. Viele Unix-Workstations können auch von einem angeschlossenen Band gebootet werden, die PC-Architektur gibt das aber nicht her.
- Start des Kernels durch den Boot-Lader.
- Abarbeiten der individuellen Systemkonfiguration via `init`.

In den folgenden Abschnitten konzentriere ich mich auf die Initialisierung der PC-Hardware durch das BIOS. Andere Systeme führen ähnliche Funktionen aus, allerdings möglicherweise in anderer Reihenfolge oder mit anderen Verfahren.

3.1 Das Basic-Input/Output-System (BIOS)

An erster Stelle im Bootvorgang steht das BIOS der Hauptplatine. Diese zumeist in EPROMS (neuerdings auch Flash-EPROMS) befindliche Software enthält eine Reihe von Funktionen, die BIOS-Interrupts, so z. B. `0x10` für die Bildschirmansteuerung oder `0x13` für Disketten- und Festplattenzugriffe. Damit war es möglich, kleinere Abweichungen in der Hardware-Ansteuerung durch entsprechende Anpassungen im BIOS auszugleichen – das war einer der Gründe für den Erfolg der IBM-kompatiblen PCs.

Jede Erweiterungskarte bzw. Komponente, die IBM-kompatibel sein will, muß auf entsprechende Aufrufe, z. B. zur Initialisierung durch das BIOS in definierter Art und Weise, reagieren. Hierdurch wurde eine gewisse Unabhängigkeit von spezifischen Peripheriegeräten geschaffen, was wesentlich zur Herausbildung des Marktes für IBM-kompatible Komponenten beigetragen hat. Eigentlich handelt es sich aber um eine Intel-Kompatibilität, genauer um eine Kompatibilität zum Intel-8088/86, da die im BIOS fest eingebrannte Software aus Instruktionen für diesen Prozessor besteht.

Es gibt eine Vielzahl unterschiedlicher BIOSe, nämlich für jeden Typ von Motherboard eine eigene BIOS-Version. Wie einzelne Funktionen realisiert wurden und in welcher Reihenfolge sie abgearbeitet werden, liegt zu einem gewissen Maß im Ermessen des jeweiligen Herstellers. Die folgende Übersicht über den Ablauf eines BIOS-Starts hat insofern exemplarischen Charakter.

Nach dem Einschalten der Stromversorgung wird das BIOS hardwaremäßig in den Speicherbereich von `0xF000:E000` bis `0xF000:FFFF` eingeblendet und der Programmzähler auf die Adresse `0xF000:FFF0` gesetzt, womit die Ausführung des BIOS-Codes beginnt. Der Prozessor startet im sogenannten Real-Mode, daher steht nur der Speicherbereich unterhalb von 1 MB zur Verfügung. Üblicherweise enthält das BIOS auch nur Code für diesen Modus, so daß es von Protected-Mode-Systemen wie Linux nicht verwendet werden kann (einige Funktionen des modernen PCI-BIOS können von Linux verwendet werden). Neue Linux-Versionen sind teilweise so groß, daß sie nicht mehr in das erste Megabyte Speicher geladen werden können. Ein Ausweg sind hier Kernel-Module oder die Erzeugung eines `bzImage`, das bereits im Protected Mode geladen wird.

Bevor das BIOS damit beginnt, sich selbst und die Peripherie des Computers zu testen, untersucht es den Speicherbereich zwischen dem Grafikadapter an der Adresse `0xA000` und seiner eigenen Startadresse nach BIOS-Erweiterungen anderer Steckkarten, z. B. von Netzwerkkarten. Karten mit eigenem BIOS werden an der BIOS-Signatur `0xAA55` bzw. `0x55AA` am Ende eines 32K-Blocks erkannt. Bereits vor dem endgültigen Booten des Systems werden hier Initialisierungen durchgeführt.

Danach führt das BIOS den Power-On-Self-Test (POST) durch: Die Funktionen des Prozessors selbst, die Register und einige Befehle werden überprüft. Falls der Prozessor defekt ist, wird der PC, logischerweise ohne Angabe von Gründen, angehalten. Bei manchen Fehlern geben einige BIOS-Versionen noch akustische Signale aus, die je nach Anzahl der Piepser Aufschluß über die Art des Fehlers geben. Danach werden Prüfsummen über das ROM selbst gebildet und mit den darin festgelegten Werten verglichen, um mögliche Defekte im ROM-BIOS oder, wenn es in den Hauptspeicher kopiert wurde, des betreffenden RAM-Bausteins zu finden.

Anschließend werden weitere Bauteile auf der Hauptplatine, wie Interrupt- und DMA-Controller, sowie der Hauptspeicher getestet und initialisiert. Fortgesetzt wird der POST mit dem Überprüfen von Tastatur, Disketten- und Plattenlaufwerken. Die Ergebnisse dieser Tests werden in BIOS-Variablen im Hauptspeicher abgelegt, und die Interrupt-Vektor-Tabelle wird initialisiert. Mittels des BIOS-Interrupts `0x19` wird das eigentliche Booten eingeleitet bzw. der „boot strap loader" aufgerufen.

Durch das frühe Initialisieren der Erweiterungskarten ist es möglich, daß eine Netzwerkkarte im Laufe des weiteren Boot-Vorgangs die Funktionen des Boot-Laders übernehmen kann. Diese Funktion wird verwendet, wenn man einen Rechner über das Netz bootet. Dies hat einige Vorteile:

- Auch wenn der Rechner ausgeschaltet ist, kann man auf dem Boot-Server Anpassungen in der Konfiguration vornehmen.
- Der Rechner braucht keine oder nur eine kleine Festplatte für eine Swap-Partition. Er ist damit ausgesprochen leise.
- Man kann einen Rechner relativ einfach umkonfigurieren, z. B. auf eine neue IP-Adresse oder einen neuen Kernel.

Natürlich hat diese Funktion auch Nachteile: Die Netzlast wird höher, und Dateizugriffe sind via NFS langsamer als auf eine lokale Festplatte. Wenn Sie diese Funktion nutzen möchten, dann finden Sie weitere Informationen in der Datei `Documentation/nfs-root.txt` in den Kernel-Quellen und in den Mini-HowTos `NFS-Root` und `NFS-Root-Client`.

Bei Systemen, die nicht auf Intel-Prozessoren basieren nennt, man das BIOS und die entsprechenden Initialisierungs- und Laderoutinen häufig PROM, Bootmonitor oder Console. Vielfach sind hier auch interaktive Funktionen zur Hardware-Prüfung oder Initialisierung untergebracht, die auch ohne jegliches Betriebssystem verwendet werden können. Außerdem sind in vielen Fällen leistungsfähige Boot-Lader implementiert, mit denen man beliebige Kernel oder via Netzwerk booten kann.

3.2 Laden von Diskette oder Festplatte

In einer für alle Betriebssysteme gleichen Reihenfolge wird versucht, das System zu starten. Die Reihenfolge, in der versucht wird von den verschiedenen Laufwerken zu booten, kann normalerweise im BIOS-Setup eingestellt werden. Früher wurde versucht zunächst von `/dev/fd0` (Laufwerk `A:`), danach von `/dev/hda` (Laufwerk `C:`), den ersten Sektor zu lesen. Heute hat man die Wahl, ob das Laufwerk `A:`, Laufwerk `C:`, ein SCSI- oder das CD-ROM-Laufwerk als Boot-Device verwendet werden soll. Bei Disketten wird dieser erste Sektor *Boot-Sektor*, bei Festplatten *Master Boot Record* (MBR) genannt. Er ist jeweils 512 Byte groß.

Viele Unix-Workstations können auch vom Band oder von CD gebootet werden, auch diese Funktionen sind nur in den neueren PC-BIOS-Versionen bzw. im BIOS des SCSI-Kontrollers implementiert. Wenn Ihr BIOS diese Funktion unterstützt, dann können Sie direkt von einer geeignet erstellten Linux-CD booten und das System installieren – ohne Disketten.

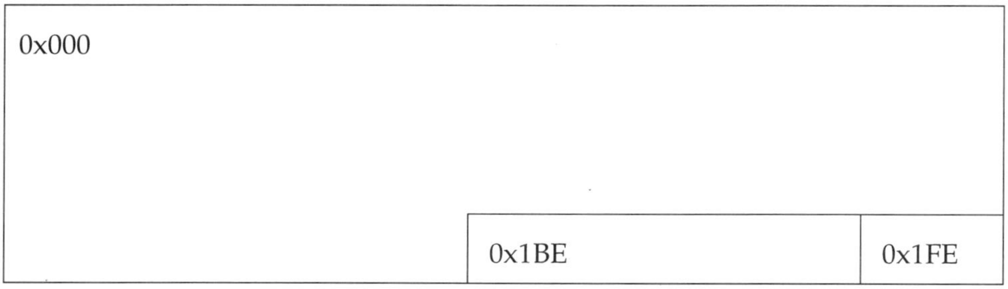

Offset:	0x000	Programmcode
	0x1BE	Partitionstabelle
	0x1FE	Magic Number (0xAA55)

Abbildung 3.1: Aufbau eines Master Boot Records

Im Master Boot Record (MBR, siehe Abbildung 3.1) einer Festplatte befinden sich vier, jeweils 16 Byte große Einträge, jeweils einer für jede der vier möglichen (primären) Partitionen. Ist eine solche Partition weiter unterteilt, wird sie erweiterte Partition genannt. Pro (erweiterter) Partition können bis zu vier sog. logische Laufwerke eingerichtet werden, d. h. es sind maximal 16 logische Laufwerke je Festplatte möglich. Der Aufbau des ersten Sektors einer erweiterten Partition entspricht aus Gründen der Einfachheit dem Aufbau des MBR.

Jeder der vier Partitionseinträge des MBR enthält neben Angaben zum Typ der Partition (z. B.: Linux = `0x83`, Linux Swap = `0x82`) und Angaben zu Beginn, Ende und Größe der Partition auch ein Bootflag, das anzeigt, ob die Partition „aktiv" ist und damit von ihr gebootet wird. Es kann immer nur eine primäre Partition durch das Bootflag als aktiv markiert sein, die dann vom Standard-MBR gebootet wird.

Der vor der Partitionstabelle des MBR liegende Programmcode lädt den Boot-Sektor der als aktiv markierten Partition und wird deshalb als Boot-Lader bezeichnet. Unabhängig vom benutzten Betriebssystem hat ein Boot-Lader beim Starten von einer Festplatte die Aufgabe, die aktive Partition zu bestimmen und unter Zuhilfenahme der BIOS-Routinen den Boot-Sektor dieser aktiven Partition zu laden. Dies ist auch die Funktion des Standard-MS-DOS-Boot-Sektors.

Wann immer es möglich ist, sollten Sie den MBR unverändert lassen und statt dessen z. B. `LILO` in den Boot-Sektor der Root-Partition installieren und diese aktivieren. Wenn Sie weitere Betriebssysteme installieren oder modernisieren wollen, dann können diese die Bootfähigkeit der Linux-Installation nicht gefährden.

Am Anfang gab es unter MS-DOS nur primäre Partitionen, und der Standard-MBR kann nur von solchen Partitionen das Betriebssystem laden – das MSDOS-`FDISK` kann deshalb nur primäre Partitionen aktivieren. Die MS-DOS-Bootsequenz sieht vor, daß der MBR den Boot-Sektor der aktiven Partition startet. Von diesem werden die Dateien `IO.SYS` und `MSDOS.SYS` geladen, in denen DOS gespeichert ist. Die moderneren Boot-Lader unter Linux bieten demgegenüber viele weitere Möglichkeiten, u. a. kann auch von logischen Laufwerken in erweiterten Partitionen gebootet werden.

3.3 Die Linux Boot-Lader

Gegenüber dem MS-DOS-Verfahren haben die moderneren Boot-Lader wie `LILO` unter Linux viele weitere Möglichkeiten, z. B. das Booten anderer Betriebssysteme, das Wechseln zwischen verschiedenen Versionen eines Betriebssystems und das Übergeben von Parametern beim Start des Kernels.

Die drei wichtigsten Boot-Lader für Linux auf der Intel-Plattform sind: `LILO`, `loadlin` und `syslinux`. Für die anderen Plattformen gibt es jeweils eigene Boot-Lader, z. B. SILO für Linux/Sparc, MILO für Linux/Alpha und `amiboot` für Linux/m68k (Amiga). In den folgenen Abschnitten werden wir uns nur mit der Intel-Plattform beschäftigen.

Allen Boot-Ladern ist die Fähigkeit gemeinsam, schon beim Aufruf oder zu einem bestimmten Zeitpunkt während des Ladens quasi „per Hand" übergebene Parameter oder Argumente zu akzeptieren. Diese Parameter beeinflussen entweder den Boot-Lader selbst, den Kernel, den `init`-Prozeß oder werden als Umgebungsvariablen abgelegt und können so zur Konfiguration der zu startenden Prozesse benutzt werden. Diese Angaben werden häufig als Kommandozeilenparameter des Kernels bezeichnet. Die Bezeichnung Boot-Parameter wäre jedoch treffender, da sie vielen Systemadministratoren vorwiegend in speziellen Konfigurationsdateien begegnen.

Die Parameter für die Boot-Lader selbst enthalten Dinge wie den Namen und Pfad der zu ladenden Kernel-Datei und Angaben zur Partition, auf der diese zu finden ist. Diejenigen Parameter, die die Boot-Lader nicht verstehen, werden einfach an den Kernel weitergegeben; was dieser selbst bzw. ein Gerätetreiber auswertet, bezieht sich zumeist auf das Vorhandensein und ggf. die Konfiguration bestimmter Hardware. Der Kernel wiederum übergibt die Parameter, die ihm unbekannt sind, oder das, was erkannt, aber nicht behandelt wird, an `init` weiter. Die Werte, die auch `init` nicht kennt, werden als Environmentvariablen im Format `variable=`*`wert`* abgelegt und können somit von einer Shell oder einem beliebigen anderen Programm ausgewertet werden.

Diese Flexibilität der verschiedenen beteiligten Programme in der Handhabung der Boot-Parameter hat aber auch zur Folge, daß Optionen nicht nur durchgereicht, sondern auch überschrieben werden können. Dies ist z. B. dann beabsichtigt, wenn in den Kernel fest einkompilierte Werte, etwa der Interrupt und der Port einer Netzwerkkarte, sich im nachhinein als falsch herausstellen.

Der Linux-Lader `LILO`

`LILO` von Werner Almesberger ist der meistbenutzte und ein recht vielseitiger Boot-Lader für Linux. Die Abkürzung `LILO` steht für Linux-Loader, `LILO` kann aber auch andere Betriebssysteme laden. Bei vielen Linux-Benutzern hat sich `LILO` zum erstenmal nach der Installation einer Linux-Distribution durch das Anzeigen des Textes `LILO` nach einem Neustart des Systems bemerkbar gemacht. Nach dem Drücken einer der Tasten [Umschalt], [Strg] oder [Alt], oder wenn entweder [Umschalt-Fest] oder [Rollen] eingeschaltet sind, zeigt `LILO` den `boot:`-Prompt und wartet auf eine Benutzeraktion, d. h. darauf, daß der Name einer zu ladenden Boot-Konfiguration eingegeben wird. Durch die Eingabe von [Tab] wird eine Liste der verfügbaren Konfigurationen auf den Bildschirm ausgegeben.

Das Paket `LILO` besteht aus zwei Teilen, die in gewisser Weise voneinander abhängen. Diese Teile sind:

- Das Programm `/sbin/lilo`. Es muß, sofern `LILO` als Boot-Lader verwendet wird, nach jeder Änderung an den Kernel-Dateien (meist `/vmlinuz`) aufgerufen werden. Dieses Programm bestimmt die Sektornummern, in denen das Kernel-Image gespeichert ist und vermerkt diese Liste in der Map-Datei.
- Verschiedene Boot-Sektoren, die andere Betriebssysteme (auch von der zweiten Platte) starten können oder ein Kernel-Image laden. Da diese Boot-Sektoren keine Kenntnisse von der internen Struktur, z. B. des Extended-2-Dateisystems haben, benötigen sie eine aktuelle Map-Datei.

Dies ist auch der größte Nachteil von `LILO`: Nach jeder Änderung am Kernel muß das Programm `lilo` aufgerufen werden, um die Map-Datei zu aktualisieren. Der Systemverwalter sollte außerdem darauf achten, daß immer ein Backup-Kernel zur Verfügung steht und in die `LILO`-Konfiguration eingebunden ist. Die von den *BSD-Systemen bekannte Funktion, einen beliebigen Kernel aus dem Dateisystem zu booten, ist leider nicht verfügbar.

`LILO` kann bis zu 16 verschiedene Konfigurationen booten und sowohl in den MBR als auch in den Boot-Sektor von primären Partitionen installiert werden. `LILO` kann

- auf einer Linux-Diskette als Boot-Sektor dienen,
- auf der ersten Festplatte als MBR fungieren und
- auf beliebigen primären Partitionen (außer Swap) der ersten Festplatte als Boot-Sektor installiert sein.

Demgegenüber kann es *nicht*

- auf einer MS-DOS-Diskette (oder irgendeiner anderen Nicht-Linux-Diskette) installiert werden,[1]
- in eine logische Partition installiert werden oder
- auf eine andere als die erste Festplatte installiert werden, wenn nicht ein dazu fähiger Boot-Lader vor `LILO` verwendet wird.

Die zuletzt genannte Beschränkung stellt jedoch keine wirkliche Einschränkung beim Entwurf einer Boot-Konfiguration dar, da `LILO` ein Kernel-Image von anderen als der ersten Festplatte laden kann. Es kann auch beliebige Partitionen, d. h. auch logische Laufwerke, auch auf weiteren Festplatten als root-Dateisystem benutzen.

Die Installation von `LILO` in den MBR oder den Boot-Sektor erfordert logischerweise `root`-Rechte. `LILO` wird über die Datei `/etc/lilo.conf` konfiguriert. Anschließend sollte vor der endgültigen Installation mit `/sbin/lilo -t` zunächst getestet werden, ob die in der Konfigurationsdatei befindlichen Befehle bekannt und syntaktisch korrekt sind, ob die angegebenen Kernel-Dateien gefunden wurden und die spezifizierten Partitionen existieren.

`LILO` konfigurieren

Zwar akzeptiert `LILO` auch Parameter, die am Boot-Prompt eingegeben werden, aber im Regelfall eines fertig konfigurierten Systems werden permanent gewünschte Einstellungen über die Konfigurationsdatei `/etc/lilo.conf` übergeben. Eine solche Datei kann z. B. wie in Listing 3.1 aussehen.

```
boot = /dev/hda2
compact
image = /vmlinuz
  label=linux
image = /vmlinuz.old
  label=linux.old
other = /dev/hda1
  table = /dev/hda
  label = msdos
```

Listing 3.1: Eine sehr einfache `LILO`-Konfiguration

Bei der in Listing 3.1 dargestellten Konfiguration werden drei Möglichkeiten der Boot-Konfiguration installiert. Der erste `image`-Eintrag definiert den Start des aktuellen Linux-Kernels `/vmlinuz` unter dem Namen `linux`, das ist der Default.

[1] Zu diesem Zweck kann `syslinux` benutzt werden.

Der zweite `image`-Eintrag sorgt dafür, daß der automatisch von `make zlilo` bzw. `make install` erzeugte Backup-Kernel ebenfalls gebootet werden kann. Mit dem Eintrag `other=` kann ein anderes System, hier MS-DOS oder Windows, gebootet werden. Die ersten beiden Zeilen im Listing 3.1 bestimmen, daß `LILO` im Boot-Sektor der Partition `/dev/hda2` installiert wird und versucht wird, mit möglichst wenigen Befehlen die Kernel von der Platte zu lesen.

Bei den `LILO`-Optionen unterscheidet man in globale und image-spezifische Optionen. Globale Optionen beziehen sich auf alle Kernel-Dateien und wirken unabhängig von der ausgewählten Konfiguration. Die anderen Optionen beziehen sich jeweils nur auf eine von mehreren bootbaren Konfigurationen. Im Beispiel sind die globalen Optionen linksbündig dargestellt, die image-bezogenen sind zwei Zeichen eingerückt. Ein Block image-bezogener Optionen wird entweder durch `image=` oder `other=` eingeleitet. Bis zu 16 verschiedene solcher Blöcke sind möglich – auch mehrere `other=`-Blöcke. `LILO` kennt die folgenden globalen Optionen:

`backup=`*`backup_file`*
: Vom ursprünglichen Boot-Sektor wird eine Sicherungskopie mit dem Namen *`backup_file`* erstellt. Sofern die Datei `/boot/boot.`*`Device`* nicht existiert, wird dort standardmäßig der alte Boot-Sektor gesichert.

`boot=`*`boot_device`*
: Gibt die Festplatte bzw. die Partition an, die den Boot-Sektor von `LILO` enthält. Wenn Sie den NT-Loader verwenden, können Sie auch eine 512 Bytes große Datei anlegen und diese in die Datei `boot.ini` aufnehmen. Genauere Informationen dazu finden Sie auf Seite 52.

`compact`
: Versucht, Leseanforderungen an benachbarte Sektoren auf dem Laufwerk zu bündeln. Damit wird die Ladezeit, insbesondere beim Laden von Disketten, deutlich reduziert.

`default=`*`name`*
: Der angegebene `image`- oder `other`-Eintrag wird als Standard zum Booten eingetragen. Wenn keine Angabe erfolgt, wird der erste `image`-Eintrag als Default-Wert verwendet.

`delay=`*`tsecs`*
: Wartezeit in Zehntelsekunden, bevor `LILO` das Default-Image lädt. Wenn kein `delay` angegeben ist, dann wird unmittelbar gebootet.

`disk=`*`device_name`*
: Mit diesem Eintrag beginnt ein Abschnitt in der Datei `/etc/lilo.conf`, in dem mit den Schlüsselwörtern `sectors=`, `heads=` und `cylinders=` die Geometrie des Boot-Devices bestimmt werden kann. Diese Funktion sollten Sie nur

einsetzen, wenn Sie die Platte mit anderen Parametern partitioniert haben, als diese selbst dem BIOS und damit `LILO` meldet. In der Regel sollten Sie diesen Eintrag nicht benötigen. Lesen Sie hierzu unbedingt die entsprechenden Abschnitte in der `LILO`-Dokumentation.

`fix-table`
: Ermöglicht es `LILO`, dreidimensionale Sektor-, Kopf- und Zylinderadressen in Partitionstabellen zu korrigieren. Beachten Sie, daß Sie damit möglicherweise unangenehme Interaktionen mit anderen Betriebssystemen auslösen können.

`force-backup=`*`backup_file`*
: Wie die Option `backup`, aber eine bereits existierende Backup-Datei wird überschrieben. Wenn `force-backup` zusammen mit `backup=` angegeben wird, ist nur die Option `force-backup` wirksam.

`ignore-table`
: Instruiert `LILO`, defekte Partitionstabellen zu ignorieren.

`install=`*`boot_sector`*
: Installiert die angegebene Datei als neuen Boot-Sektor. Wenn dieser Parameter nicht angegeben wird, verwendet `LILO` die Datei `/boot/boot.b` als `LILO`-Boot-Sektor.

`linear`
: Es sollen die linearen Sektoradressen anstelle von Zylinder-/Kopf-/Sektor-Adressen benutzt werden. Lineare Adressen werden zur Laufzeit umgesetzt und sind nicht von der Festplattengeometrie abhängig. Boot-Disketten, bei deren Erstellung `linear` benutzt wurde, funktionieren möglicherweise nicht korrekt, weil die BIOS-Funktionen zur Bestimmung der Festplattenparameter für Diskettenlaufwerke nicht verläßlich arbeiten.

`map=`*`map_file`*
: Gibt den absoluten Pfad und Namen der zu benutzenden map-Datei an; Standardwert ist `/boot/map`.

`message=`*`message_file`*
: Gibt den Namen der Datei an, in der am Bildschirm auszugebende Meldungen stehen. Diese Meldungen werden vor dem Boot-Prompt ausgegeben. Ein `0x0C`-Zeichen (Strg-L, Form-Feed) in dieser Datei löscht den Bildschirm, z. B. eine eventuell dort befindliche BIOS-Meldung. Die maximale Größe der Datei beträgt 64kByte. Wenn die Message-Datei geändert wird, muß die map-Datei durch den Aufruf von `lilo` neu erzeugt werden.

`nowarn`
: Fehlermeldungen bezüglich möglicher Probleme werden nicht ausgegeben.

`optional`
Macht alle Images optional, so daß keine Prüfungen durchgeführt werden.

`password=`*`password`*
Setzt ein Paßwort, das für alle Images oder `other`-Einträge abgefragt wird. Achten Sie darauf, daß normale Benutzer keine Leserechte auf die Datei `/etc/lilo.conf` erlangen und dieses Paßwort ausspähen können. `LILO` gibt eine entsprechende Warnung aus.

`prompt`
Zeigt den Bootprompt an, ohne daß zuvor eine Taste gedrückt werden muß. Wenn zusätzlich `timeout` nicht gesetzt ist, bleibt der Rechner an dieser Stelle stehen und wartet auf eine Eingabe.

`restricted`
Hebt einige durch `password` gesetzte Begrenzungen wieder auf. Es kann eine beliebige Konfiguration gebootet werden, aber die Eingabe von Parametern ist nicht erlaubt. Mit dieser Option können Sie z. B. den Aufruf des Single-User-Modus durch Unbefugte verhindern.

`serial=`*`parameter_string`*
Ermöglicht die Systemkontrolle über eine serielle Leitung, d. h. `LILO` akzeptiert Eingaben sowohl über das Keyboard als auch von dem Terminal, das an der seriellen Leitung angeschlossen ist. Das Schicken eines [Break] über die Leitung entspricht dem Drücken der Taste [Umschalt] an der Konsole und bringt den `boot:`-Prompt auf den Bildschirm.

Wenn der Zugang über die serielle Leitung eingeschaltet ist, sollten alle Konfigurationen mittels `password` gesichert sein, sofern der Zugang über diese serielle Leitung weniger sicher ist, als der zur Konsole selbst, z. B. wenn an der seriellen Schnittstelle ein Modem angeschlossen ist. Das Format des *`parameter_string`* hat die folgende Syntax: *`port,bpsParityBits`*. Die letzten drei Angaben können weggelassen werden. Wenn eine dieser drei Angaben nicht gemacht wird, müssen die nachfolgenden auch entfallen. Wenn nur der *`port`* angegeben wird, muß das Komma ebenfalls entfallen. Auf meinem System wird `serial=1,9600n8` für ein 9600-Baud-Terminal an `/dev/ttyS1` verwendet.

Wenn `serial=` gesetzt ist, wird der Wert für `delay` automatisch auf 20 Zehntelsekunden gesetzt. Mit der Einstellung `serial=0,2400n8` wird die erste serielle Schnittstelle mit den Standardwerten initialisiert. Damit kann ab Kernel-Version 2.2 ein serielles Terminal als einfache Konsole verwendet werden. Für ältere Kernel-Versionen existieren entsprechende Patches.

`timeout=`*`tsecs`*
bestimmt, wie lange auf Tastatureingaben gewartet wird. Wenn in der eingestellten Wartezeit keine Taste gedrückt wird, wird das Default-Image geladen.

Sofern bei `default=` nichts angegeben wurde, ist dies das erste aufgeführte Image. Dementsprechend wird auch die Paßwortabfrage abgebrochen, wenn innerhalb dieser Zeit keine Eingabe gemacht wurde. Der Standardwert für `timeout=` ist unendlich.

`verbose=`*`level`*
: Hiermit können Fehler- und Diagnosemeldungen für `LILO` eingeschaltet werden. Je größer der Wert ist, desto mehr Meldungen werden ausgegeben. Dieser Eintrag entspricht der Anzahl der `-v`-Optionen beim `LILO`-Aufruf.

Image-bezogene Optionen

Die global wirksamen Optionen können auch innerhalb der image-bezogenen Konfigurationsblöcke benutzt werden. `LILO` bietet über die global wirksamen Optionen hinaus noch folgende weitere Optionen, die *nur* innerhalb eines image-bezogenen Blocks benutzt werden können:

`append=`*`string`*
: Fügt die angegebene Zeichenkette an die Kernel-Kommandozeile an.

`literal=`*`string`*
: Verwendet die angegebene Zeichenkette als Kernel-Kommandozeile.

`ramdisk=`*`size`*
: Sorgt für die Erstellung einer RAM-Disk in der entsprechenden Größe (in kByte).

`read-only`
: Veranlaßt den Kernel, das `root`-Dateisystem nur im Lesezugriff anzuhängen. Damit kann auch für dieses Dateisystem ein `fsck` durchgeführt werden. Dies ist Standard bei allen Distributionen. Nach dem Prüfen des Dateisystems wird es erneut, diesmal im Schreibzugriff, gemountet. Die Parameter für die Anzahl und den Abstand der Prüfungen können mit dem Programm `tune2fs` konfiguriert werden.

`read-write`
: Das `root`-Dateisystem wird in Lese- und Schreibmodus angehängt.

`root=`*`root_device`*
: Das angegebene Device wird als `root`-Dateisystem verwendet.

`vga=`*`mode`*
: Ermöglicht die Veränderung der Bildschirmauflösung an der Konsole. Mit dem Parameter `vga=ask` hält der Kernel beim Booten an und fragt nach der gewünschten Auflösung. Der dort eingegebene Wert kann dann für den nächsten Systemstart hier angegeben werden. Danach muß noch `/sbin/lilo` ausgeführt werden. Zur Laufzeit kann dafür auch das Programm

`SVGATextMode` verwendet werden, das auch noch viele weitere Auflösungen einstellen kann.

`initrd=`*`Image`*
: Die Datei *`Image`* wird als RAM-Disk geladen. Ist dies nicht gewünscht, kann am `LILO`-Prompt `noinitrd` angegeben werden.

Es ist möglich, für eine Image-Datei mehrere Konfigurationen vorzunehmen, da `LILO` diese nicht im Image, sondern in sog. Image-Beschreibungen speichert. Für einen Eintrag kann ein weiterer Name mit `alias=`*`Aliasname`* vergeben werden.

Die Benutzung von `LILO` zusammen mit einem `UMSDOS`-Dateisystem ist zwar prinzipiell möglich, jedoch problematisch. Wenn unter DOS ein Defragmentierer aufgerufen wird, kann ein Kernel-Image an einen anderen Platz auf der Festplatte verschoben werden. In der Folge findet `LILO` unter Umständen das zu bootende Kernel-Image nicht mehr, und der Start des Systems scheitert. In einem solchen (Not-)Fall kann mit `loadlin` gestartet und `LILO` erneut installiert werden.

`LILO` und der Windows-Boot-Manager

Die Konfiguration des Windows-Boot-Managers erfolgt in der Datei `BOOT.INI`. Diese Datei ist möglicherweise mit den Attributen »System«, »Read-Only« und »Versteckt« gekennzeichnet. Bevor Sie diese Datei unter Windows bearbeiten können, müssen Sie diese Attribute möglicherweise mit dem Befehl `ATTRIB` entfernen. Die Datei `BOOT.INI` ist eine Textdatei, die den weiteren Verlauf des Systemstarts beschreibt.

Das Listing 3.2 zeigt eine einfache Boot-Konfiguration für Windows NT, Linux und MS-DOS. Dabei ist auf der `C:`-Platte MS-DOS (hier liegt auch die Datei `BOOT.INI`) und auf der `D:`-Partition Windows NT in einem NTFS-Dateisystem installiert. Der Standard-MBR bootet hierbei zunächst die aktive Partition, das ist die `C:`-Platte. Von dort aus wird der weitere Boot-Vorgang gesteuert.

```
[boot loader]
timeout=30
default=scsi(0)disk(1)rdisk(0)partition(3)\WINNT
[operating systems]
scsi(0)disk(1)rdisk(0)partition(3)\WINNT="Windows NT 4.0"
scsi(0)disk(1)rdisk(0)partition(3)\WINNT="NT [VGA-Modus]"
                /basevideo /sos
C:\bootsect.lnx="Linux"
C:\ = "MS-DOS"
```

Listing 3.2: Eine einfache Boot-Konfiguration für Windows

Der Boot-Menü-Eintrag für Linux in der vorletzten Zeile verweist auf die Datei `c:\bootsect.lnx`. Diese enthält den von `LILO` erzeugten Boot-Sektor, der dann den Linux-Kernel lädt. Dafür habe ich in der Datei `/etc/lilo.conf` den Eintrag `boot=/mount/dos/bootsect.lnx` vorgenommen, damit der von `LILO` erzeugte Boot-Sektor in diese Datei geschrieben wird (meine DOS-Partition ist unter `/mount/dos` eingehängt). Vor dem ersten Start von `LILO` muß diese Datei existieren und (mindestens) 512 Bytes groß sein, da `LILO` eine Sicherheitskopie des alten Boot-Sektors erstellen will. Man kann die Datei mit `dd if=/dev/zero of=/mount/dos/bootsect.lnx bs=512 count=1` erzeugen.

Vorteilhaft ist hier, daß man die Windows-Konfiguration praktisch unverändert läßt und damit viele Probleme umgeht. Der einzige mir bekannte Nachteil ist, daß man mindestens eine Partition haben muß, auf die beide Systeme zugreifen können. `LILO` muß dort den Boot-Sektor ablegen, der Windows-Boot-Manager muß ihn von dort lesen können.

Resümee

Der Boot-Lader `LILO` ist derzeit weit verbreitet, er hat aber einige gewichtige Nachteile. Der wichtigste ist, daß die Konfiguration sehr statisch ist. Nach jeder Änderung an der Konfigurationsdatei `/etc/lilo.conf`, der Message-Datei oder einem der Kernel-Images muß in jedem Fall das Programm `lilo` aufgerufen werden, das dann die entsprechende Map-Datei neu erstellt.

Vorteilhaft ist, daß `LILO` relativ einfach ist, da der Boot-Sektor keinerlei Informationen über den Aufbau des Dateisystems hat. Nachteilig ist, daß man nicht schnell mal einen beliebigen Kernel booten kann. Wenn man im Falle eines Falles alle in `LILO` eingerichteten Images verloren hat, dann wünscht man es sich, einen beliebigen Kernel aus einem beliebigen Verzeichnis starten zu können.

Weitere Informationen und Bezugsquellen	
ftp-Server:	`metalab.unc.edu`
ftp-Pfad:	`/pub/Linux/boot/lilo`
Dateiname:	`lilo.20.tar.gz`
Größe:	ca. 165 kByte

Der Boot-Lader GRUB

Wenn man GRUB als Boot-Lader verwendet, dann ist es wie bei Workstations möglich, die verschiedensten Kernel zu booten. Ein weiterer Vorteil ist, daß GRUB nicht nur Linux-Kernel booten kann, sondern auch für *BSD-Kernel verwendet werden kann. Sollte man also beide Systeme auf seinem System haben, dann benötigt man nur einen Boot-Lader. Weitere unterstützte Systeme sind Mach und

The Hurd, dabei hält sich GRUB an den Multiboot-Standard, so daß für andere Betriebssysteme diese Infrastruktur bereits bereitsteht.

GRUB besteht im wesentlichen aus einem Boot-Sektor, der den weiteren Lader startet (Stage1) und dem eigentlichen Lader, der in der Lage ist, verschiedene Dateisysteme (wie Extended-2, BSD FFS oder DOS FAT; das Dateisystem wird automatisch erkannt) zu lesen. Neben dem Booten von Unix-Kerneln können auch beliebige andere Partitionen angesprochen werden, so daß man GRUB auch als Boot-Menü und damit zum Booten von Windows oder OS/2 verwenden kann.

Die Konfiguration von GRUB

Beim Booten versucht GRUB zunächst, seine Konfigurationsdatei zu lesen. Wenn eine solche existiert, dann kann der Anwender das zu startende System aus einem Menü auswählen. Existiert keine Konfigurationsdatei, dann wechselt GRUB in die Kommandozeile (diese kann auch aus dem Menü heraus angesprungen werden).

In der Regel wird man die wichtigsten Systeme und Optionen in einer Konfigurationsdatei festlegen. Der Name dieser Datei ist beliebig, er muß nur bei der Installation des Boot-Sektors angegeben werden. Das Listing 3.3 zeigt eine einfache Konfiguration; eine vollständige Dokumentation der Optionen finden Sie in den Quellen zu GRUB.

```
# Wartezeit bis zum Start des Default-Image
timeout = 30

# Booten des Linux-Kernels von /dev/hda2
title= Linux Boot
root= (hd0,1)
kernel= (hd0,1)/boot/vmlinuz-2.0.34

# Booten von Windows NT 3.5 oder DOS
title=          Windows NT 3.5/DOS boot menu
root=           (hd0,1)
makeactive
chainloader=    +1
```

Listing 3.3: Eine einfache GRUB-Konfiguration

Die Konfigurationsdatei für GRUB kann unter Unix genauso bearbeitet werden wie unter DOS oder Windows. Wichtig ist nur, daß es eine Textdatei ist. Die Kodierung des Zeilenendes ist mit CR+LF oder mit LF erlaubt. Kommentare beginnen mit einem Nummernzeichen (#) in Spalte eins.

`GRUB` hat, genau wie `LILO`, globale und lokale Optionen. Globale gelten für `GRUB` selbst bzw. für alle Images. Die globalen Optionen sind:

`timeout =` *`Sekunden`*
: Dieser Eintrag setzt den Timeout, die Zeit in Sekunden, die `GRUB` wartet, bevor das Default-Image gestartet wird.

`default =` *`Nummer`*
: Bestimmt das Image, das gestartet wird, wenn der Benutzer keine Eingabe vornimmt. Die Zählung der Images beginnt bei Null, so daß der Default von Null das erste Image bootet.

`fallback =` *`Nummer`*
: Wenn beim Booten des ausgewählten Image ein Fehler aufgetreten ist, dann versucht `GRUB`, das Fallback-Image zu starten. Das funktioniert natürlich nur, wenn der Fehler noch innerhalb von `GRUB` auftritt.

`password =` *`Paßwort neue_Konfiguration`*
: Ohne diesen Eintrag kann jeder die einzelnen Images verändern oder neue Einträge generieren. Außerdem ist es möglich, im Kommandomodus einen beliebigen Kernel zu wählen und mit beliebigen Parametern zu booten. Dieser Eintrag macht diese Funktionen unzugänglich, solange nicht das korrekte Paßwort eingegeben wird. Danach wird eine neue Konfigurationsdatei verwendet, in der man beispielsweise bereits Images für den Single-User-Modus definieren kann.

Jedes Image beginnt mit dem Eintrag `title=` und wird implizit durch den Befehl `boot` beendet. Die Image-bezogenen Optionen sind:

`root=` *`Partition`* `[`*`hdbias`*`]`
: Verwendet die Partition *`Partition`* als root-Partition. Diese Partition wird von `GRUB` gelesen, um weitere Daten an den nächsten Lader weiterzugeben. Wenn die root-Partition nicht mit BIOS-Mitteln gelesen werden kann, weil sie z. B. hinter der 1-GByte-Grenze liegt, dann können Sie den Eintrag `rootnoverify=` verwenden, der auf das Lesen der Partition verzichtet. Der optionale Parameter `hdbias` ist nur für BSD-Systeme interessant.

`kernel=` *`Kernel-Image`* `...`
: `GRUB` lädt das angegebene Kernel-Image, das im Multiboot `a.out-`, ELF-, Linux- oder *BSD-Format vorliegen kann. Das Kommando selbst ignoriert den Rest der Zeile, dieser wird an den Kernel als Kommandozeile übergeben.

`initrd=` *`Datei`* `...`
: Lädt die initiale RAM-Disk für einen Linux-Kernel und übergibt die weiteren Parameter an den Kernel.

`makeactive`
: Markiert die als `root=` angegebene Partition als „aktiv". Das ist Voraussetzung für einige Betriebssysteme. Es können nur primäre Partitionen als aktiv markiert werden.

`chainloader=`
: Lädt die Datei oder den angegebenen Sektor als Chain-Loader. GRUB übergibt hierbei die Kontrolle z. B. an einen anderen Boot-Lader wie den von OS/2 oder Windows.

`pause=` *`Text`*
: Der angegebene Text wird auf den Bildschirm ausgegeben, und GRUB hält danach an. Ein `^G` im Text sorgt dafür, daß ein Beep ausgegeben wird.

`uppermem=` *`Kilobytes`*
: Normalerweise ist GRUB in der Lage, auch mehr als 64MByte Speicher zu erkennen und dem geladenen System mitzuteilen. Nur bei älteren Rechnern sollte es notwendig sein, mit Hilfe dieser Option die korrekte Speichergröße einzustellen.

`boot`
: Startet das angegebene Image.

`module=` *`Datei ...`*
: Lädt ein Multiboot-Modul. Module können komprimiert gespeichert werden und werden automatisch dekomprimiert.

`modulenounzip=` *`Datei ...`*
: Wie die Option `module=`, es wird aber nie die automatische Dekompression versucht.

GRUB hat noch keine Dateisysteme gemountet, kann aber Zugriffe auf Dateien über die Strukturen der verschiedenen Dateisysteme durchführen. Daher muß zu jedem Dateinamen zusätzlich der Name der Partition, auf der diese Datei gespeichert ist, angegeben werden. Die Syntax für die Angabe einer Partition ist:

(*`Disk`*[,*`Partition`*[,*`BSD-Slice`*]])

Als Disk kann `fd0/fd1` für das Diskettenlaufwerk verwendet werden; dann darf keine Partition angegeben werden. Wenn man `hd0/hd1` verwendet, kann der MBR angesprochen werden, indem keine Partition angegeben wird. Bei den Partitionen beginnt die Zählung wieder mit Null, so daß die erste Partition der ersten Festplatte als `(hd0,C)` bezeichnet wird. Diese Bezeichnungen sind durch die Device-Namen in den freien BSD-Varianten beeinflußt und daher nicht die unter Linux gewohnten.

Zusätzlich zu den normalen Partitionen, wie sie von DOS, Windows, OS/2 und Linux verwendet werden, kann GRUB auch mit den Slices der *BSD-Systeme umgehen. Dabei wird an die Partitionsnummer der Buchstabe angehängt, der die entsprechende Slice identifiziert.

Wenn GRUB einen Dateinamen erwartet, dann können Sie diesen direkt an die Partition als absoluten Pfad anfügen. Bei einigen Funktionen ist es außerdem möglich, einen Offset oder eine Sektornummer anzugeben (mit +*Sektornummer*).

Wenn Sie die Kommandozeile von GRUB benutzen, dann werden Sie die Vervollständigung zu schätzen lernen. Der Editor ist an die Funktionen und Tastenbelegung der bash angelehnt, aufgrund der geringen Größe aber nicht ganz so leistungsfähig. Die Tab-Taste zeigt entweder eine Liste der möglichen Befehle an oder mögliche Eingaben.

Die wichtigsten Kommandos für die interaktive Nutzung sind kernel= zur Auswahl des zu startenden Kernels und boot zum Starten des ausgewählten Kernels. Beachten Sie, daß im Gegensatz zu einigen Boot-PROMs an Workstations die Kernel-Parameter nach der kernel=-Option anzugeben sind. Das Kommando boot kennt keine weiteren Optionen.

Die Installation von GRUB

Die Installation von GRUB ist etwas schwieriger als diejenige von LILO. Bei LILO wird zunächst eine Konfigurationsdatei (/etc/lilo.conf) erstellt und diese dann von einem normalen Linux-Programm ausgewertet. Viele Distributionen enthalten ein bei der Installation automatisch startendes Konfigurationstool für LILO, so daß der Anwender zunächst wenig mit der Technik zu tun hat.

Das ist bei GRUB anders. Bisher enthält keine Distribution diesen Boot-Lader, außerdem fehlen Tools zur einfachen Konfiguration. Zudem besteht GRUB nur aus den entsprechenden Boot-Sektoren, so daß jede Konfiguration ausschließlich beim Booten vorgenommen werden kann. Mit einigen Tricks kann man sich das Leben allerdings wieder etwas vereinfachen.

Am besten beginnen Sie damit, eine Boot-Diskette mit GRUB zu erstellen. Das kann unter Linux mit den in Listing 3.4 dargestellten Befehlen geschehen. Anschließend können Sie von dieser Diskette booten. Sie landen zunächst in der Kommandozeile. Hier können Sie ein Kernel-Image auswählen und booten oder GRUB installieren.

```
(Linux):# dd if=bin/stage1 of=/dev/fd0 bs=512 count=1
(Linux):# dd if=bin/stage2 of=/dev/fd0 bs=512 seek=1
```

Listing 3.4: Erstellen einer generischen GRUB-Diskette

Die weitere Installation erfolgt mit dem Befehl install. Wenn Sie den Rechner mit der generischen Boot-Diskette gestartet haben, dann müssen Sie den vollständigen Befehl eingeben. Wenn Sie bereits eine vorkonfigurierte GRUB-Installation haben, dann können Sie diesen Befehl auch in die Konfigurationsdatei aufnehmen. Die Syntax des `install`-Befehls ist:

`install=`*`Stage1`* `[d]` *`Ziel Datei Adresse`* `[p]` `[`*`Konfiguration`*`]`

`GRUB` wird die Datei *`Stage1`* laden und prüfen, ob diese eine gültige `GRUB`-Datei ist. In diese Datei wird die Block-Liste der Stage2-Datei eingefügt und das Ergebnis als *`Ziel`* installiert. Die Adresse gibt an, in welchen Hauptspeicherbereich der Stage2 geladen werden soll. Unter Linux wird man 0x8000 verwenden, bei FreeBSD 0x2000, wenn man den Stage1_5-Lader verwendet. Wenn die Option `p` angegeben ist oder eine Konfigurationsdatei angegeben wurde, dann wird in den ersten Sektor der Stage2-Datei der Name dieser Datei aufgenommen.

Das klingt alles sehr kompliziert, ist aber nur halb so wild. Nehmen Sie einen Stift und einen Zettel, und schreiben sich den Befehl auf. Die Befehle in Listing 3.5 habe ich verwendet, um `GRUB` zunächst nur auf einer Diskette zu installieren.

```
install= (fd0)+1 (fd0) (hd0,2)/boot/grub/stage2 0x8000 p \
                       (hd0,2)/boot/grub/menu.lst
```

Listing 3.5: Installation von `GRUB` auf Diskette

Die Parameter im einzelnen bedeuten:

`(fd0)+1`
: Lese den ersten Sektor vom Diskettenlaufwerk, und verwende diesen als Boot-Sektor.

`(fd0)`
: Schreibe den Boot-Sektor wieder auf das Diskettenlaufwerk zurück, nachdem dort die Sektornummern der Stage2-Datei gespeichert wurden. Bei der Installation auf Festplatte geben Sie hier das Ziel an; entweder `(hd0)` für den MBR der ersten Platte oder `(hd0,`*`Partition`*`)` für die entsprechende Partition.

`(hd0,2)/boot/grub/stage2`
: Verwende diese Datei aus der angegebenen Partition als Stage2-Lader. Die Sektornummern dieser Datei werden im Boot-Sektor der ersten Stage vermerkt. Der Programmcode hier liest dann eventuell die Konfigurationsdatei, lädt den gewünschten Kernel usw.

`0x8000`
: Lade die Stage2 an die Adresse 0x8000. Unter Linux wird man keinen anderen Wert verwenden, unter FreeBSD kann es sinnvoll sein, Stage1_5 einzusetzen und die Adresse 0x2000 zu verwenden.

p
Vermerke den Namen der Konfigurationsdatei im Stage2-Lader.

(hd0,2)/boot/grub/menu.lst
Die Datei /boot/grub/menu.lst auf der Partition /dev/hda3 wird als Konfigurationsdatei verwendet.

Das große Problem bei der Installation von GRUB ist, daß kein Linux-Programm die Konfiguration vorbereitet, so daß man zumindest einmal den komplizierten install=-Befehl eingeben muß. Später kann man diesen Befehl allerdings in die Konfigurationsdatei aufnehmen, so daß er vor dem eigentlichen Booten ausgeführt wird.

Lohnt sich GRUB wirklich?

GRUB hat einige sehr nützliche Vorteile, insbesondere die Verwendbarkeit für Linux und *BSD-Systeme und die sehr flexible Konfiguration zur Laufzeit. Dafür muß man aber auch einige Nachteile in Kauf nehmen, insbesondere die komplexe Konfiguration und die geringe Unterstützung durch Tools und Distributionen. Dennoch kann sich der Einsatz von GRUB lohnen. Im Zweifelsfall installieren Sie GRUB auf einer Diskette und probieren es aus.

Weitere Informationen und Bezugsquellen	
ftp-Server:	ftp.uruk.org
ftp-Pfad:	/public/grub
Dateiname:	grub-0.5.tar.gz
Größe:	ca. 400 kByte
WWW-Seite:	http://www.uruk.org/~erich/grub/

Der Boot-Lader Choose-OS

Ein weiterer Boot-Lader ist chos (Choose-OS) von Tuomo Valkonen. chos ist genauso statisch wie LILO, allerdings ist die Syntax der Konfigurationsdatei etwas übersichtlicher (Listing 3.6).

Wie bei LILO besteht die Konfiguration aus einem globalen und einem imagebezogenen Teil. Eine nette Erweiterung gegenüber LILO ist, daß nicht nur einfache Texte als Message-Datei verwendet werden können, sondern auch Screen-Dumps, die zusätzliche Attribute zur Farbdarstellung enthalten. Das optisch ansprechende Auswahlmenü und die Möglichkeit, verschiedene Farben für den Text, das Menü und den selektierten Eintrag einzustellen, macht auf viele Anwender Eindruck.

Im Vergleich zu den anderen hier vorgestellten Boot-Ladern ist chos immer noch statisch, bringt jedoch mit vchos ein Konfigurationstool unter X mit. Die farbige

```
# Titel für das Auswahlmenü
banner=Was soll's denn heute sein?

# Wo wird der Boot-Lader installiert?
install=/dev/hda2

linux "Linux"
        image=/boot/vmlinuz


bootsect "DOS"
        image=/dev/hda1
```

Listing 3.6: Eine einfache `/etc/chos.conf`

Darstellung wird viele Anwender ansprechen, allerdings fehlt beispielsweise die Option für eine serielle Konsole. Wenn Sie möchten, dann können Sie `chos` einfach mal auf einer Diskette ausprobieren.

Weitere Informationen und Bezugsquellen	
ftp-Server:	`metalab.unc.edu`
ftp-Pfad:	`/pub/Linux/system/boot/loaders`
Dateiname:	`chos-0.84tar.gz`
Größe:	ca. 350 kByte

Der Boot-Lader `loadlin`

`loadlin` und `loadlinX` von Hans Lermen sind Programme, die unter MS-DOS laufen und es erlauben, Linux von MS-DOS aus zu starten. `loadlinX`[2] ist ein Präprozessor für `loadlin`, der eine Umsetzung der Kommandozeilenparameter vornimmt. Zusammen mit dem UMSDOS-Dateisystem ermöglicht `loadlin` ein „Reinschnuppern" in Linux, ohne daß eine Neupartitionierung der Festplatte notwendig wird. Diese Möglichkeit stellt insbesondere für Linux-Neulinge eine einfachere und sicherere Alternative zu `LILO` dar. `loadlin` ist auch dann nützlich, wenn etwa eine Soundkarte zunächst unter DOS mit einem speziellen Programm initialisiert werden muß, bevor sie unter Linux benutzt werden kann.

[2] Auch DOS 6.2 unterscheidet nicht zwischen Groß- und Kleinschreibung bei Befehlen; das große X in loadlinX dient nur zur Hervorhebung der unterschiedlichen Programmnamen.

Die Kombination von `loadlin` als Boot-Lader und UMSDOS als Dateisystem wird z. B. in Mario Valentes MINILINUX-Distribution verwandt. Auch bei Pat Volkerdings Slackware-Distribution ist es möglich, UMSDOS als Dateisystem und `loadlin` als Boot-Lader auszuwählen.

Um `loadlin` zu benutzen, muß zunächst Linux installiert werden, z. B. über eine Slackware-Distribution. Der bei den meisten Distributionen folgende Schritt, `LILO` in den Boot-Sektor zu installieren, wird jedoch übersprungen. Das Erstellen einer Boot-Diskette hingegen muß erfolgen, damit Linux zunächst von der Diskette gebootet werden kann. Der Kernel (`/vmlinuz`) wird dann auf die DOS-Partition kopiert. Sofern die DOS-Partition noch nicht durch die Installationsroutine gemounted wurde, kann dies z. B. via: `mount -t msdos /dev/hda1 /mnt` per Hand nachgeholt werden.

Das Programm `loadlin` bekommt als Parameter den DOS-Dateinamen des zu startenden Kernel-Image übergeben, z. B. `c:\linux\vmlinuz`. Das zweite Argument, z. B. `root=/dev/hda2`, enthält die als `root`-Dateisystem zu benutzende Partition. Nun wird nur noch die Angabe benötigt wird, ob die root-Partition read-only (`ro`) oder read-write (`rw`) eingehängt wird. Eine typische Kommandozeile sehen Sie in Listing 3.7.

```
C:\> c:\linux\loadlin c:\linux\vmlinuz root=/dev/hdb2 rw
```

Listing 3.7: Ein typischer Aufruf von `loadlin`

Wenn UMSDOS als Dateisystem verwendet wird, ist zu beachten, daß anstelle von `loadlin` der Präprozessor `loadlinX` benutzt werden sollte. Bei der Verwendung von `loadlinX` wird im Parameter `root=` als Argument nur noch das zu benutzende Laufwerk, z. B. die primäre DOS-Partition `C:` oder auch eines der Diskettenlaufwerke `A:` oder `B:`, übergeben. Eine Kommandozeile unter Verwendung von `loadlinX` sehen Sie in Listing 3.8.

```
C:\> c:\linux\loadlinX c:\linux\vmlinuz root=c: rw
```

Listing 3.8: Ein typischer Aufruf von `loadlinX`

Zu beachten ist, daß bei der Benutzung von UMSDOS das schreibgeschützte Einfügen des Dateisystems (`ro/read-only`) nicht möglich ist. Spezielle Boot-Parameter nur für `loadlin` sind nicht vorhanden.

Ein wesentlicher Vorteil von `loadlin` ist, daß weder der MBR noch der Startsektor der Linux-Partition verändert werden muß. Damit kann man problemlos zwischen den verschiedenen Systemen wechseln und diese auch aktualisieren. Hat man `LILO` in den MBR installiert, so wird er dort z. B. von der NT- oder Windows 95-Installation überschrieben. Außerdem stört er dort, wenn man Linux wieder entfernt.

Um das Laden mit `loadlin` zu automatisieren, können Sie unter DOS einen Boot-Selektor wie `BOOT.SYS` verwenden. Unter Linux sollten Sie ein Skript `/sbin/installkernel` erstellen, das den Kernel beim `make install` auf die DOS-Partition kopiert.

Weitere Informationen und Bezugsquellen

ftp-Server:	metalab.unc.edu
ftp-Pfad:	/pub/Linux/slackware/setup
Dateiname:	loadlin.exe
Größe:	ca. 15 kByte
Dateiname:	loadlinx.exe
Größe:	ca. 15 kByte

Der Boot-Lader syslinux

`syslinux` von H. Peter Anvin ist ein Boot-Lader, der den MS-DOS-Boot-Sektor bzw. die Dateien `IO.SYS` und `MSDOS.SYS` auf Disketten ersetzt. `syslinux` selbst ist ein MS-DOS Programm, mit dem aus MS-DOS-formatierten Disketten Linux-Boot-Disketten erstellt werden können. Unter DOS (oder mittels `mcopy`) werden eine oder mehrere Kernel-Dateien auf die MS-DOS-Diskette kopiert, und dann wird mit dem DOS-Befehl aus Listing 3.9 das Image in der Datei `a:vmlinux` als zu ladendes Kernelimage und die Boot-Parameter `root=/dev/hda1` als zu übergebendes Argument eingetragen. `syslinux` ändert den Boot-Sektor der Diskette und überträgt die Datei `LDLINUX.SYS` darauf.

```
c:\> syslinux a: vmlinuz root=/dev/hda1
```

Listing 3.9: Ein typischer Aufruf von `syslinux`

Beim Starten von einer mittels `syslinux` erzeugten Boot-Diskette wird, ähnlich wie bei `LILO`, nach dem Drücken einer der Tasten [Umschalt], [Alt], [Umschalt-Fest] oder [Rollen] ein Boot-Prompt angezeigt. An dieser Stelle ist es möglich andere Parameter als den Default-Boot-Parameter und einen anderen als den fest eingestellten Kernel-Dateinamen anzugeben, sofern er auf der Diskette vorhanden ist.

Falls auf der Diskette eine Datei namens `LINUXMSG.TXT` existiert, wird deren Inhalt beim Starten angezeigt. In diesem Fall wird auch der Boot-Prompt ausgegeben, auch wenn keine der o. g. Tasten gedrückt wurde.

Mit `syslinux` erstellte Boot-Disketten können ohne Probleme mit dem DOS-Programm `DISKCOPY` kopiert werden. Da jedoch immer mehr Distributionen im boot-fähigen CDs ausgestattet sind, wird dieses Verfahren nur noch relativ selten verwendet.

Weitere Informationen und Bezugsquellen	
ftp-Server:	metalab.unc.edu
ftp-Pfad:	/pub/Linux/Linux-boot
Dateiname:	syslx120.zip
Größe:	ca. 50 kByte

3.4 Start des Kernels

Nachdem einer der Boot-Lader das Kernel-Image, z. B. /vmlinuz, von der aktiven Partition in den Hauptspeicher geladen hat, muß der Kernel zunächst dekomprimiert werden. Der zusätzliche Aufwand, den die CPU hierbei leisten muß, fällt nicht ins Gewicht, da sie zu dieser Zeit überwiegend „Däumchen dreht" und die meiste Zeit auf das Eintreffen von Daten aus dem „Flaschenhals" DiskIO wartet. Insgesamt ist das Laden komprimierter Daten sogar schneller. Würde demgegenüber in einem System die CPU den Flaschenhals darstellen, so wäre das Benutzen unkomprimierter Daten günstiger; beim gegenwärtigen Stand der Bus- und Festplattentechnik ist dies aber auf absehbare Zeit nicht zu erwarten. Ein weiterer, in diesem Fall aber nicht so gewichtiger Vorteil der Kompression ist die Ersparnis von Plattenplatz.

Die Verwendung komprimierter Kernel ist notwendig geworden, da sie unkomprimiert größer als 704 kByte wurden (640 kByte „konventioneller DOS-Speicher" zuzüglich 64 kByte ungenutzter Datenbereich der Grafikkarten unter DOS) und der Prozessor sich zu diesem Zeitpunkt noch im Real Mode befindet, in dem nur Speicheradressen unterhalb von 1 MByte zur Verfügung stehen.

Die Einführung der komprimierten Kernel hat das eigentliche Problem nur verschleiert. Durch die vielen Treiber, die in den Kernel eingebunden werden können, stößt man jetzt wieder auf die Beschränkungen des Real-Modes, da der Kernel zunächst in den Speicher unterhalb 1 MByte geladen werden muß. Früher oder später wird der Boot-Lader im Protected-Mode laufen, so daß die Größe des Kernels nur noch durch den realen Hauptspeicher begrenzt ist.

Daher hat man mit dem bzImage und der initialen RAM-Disk initrd Möglichkeiten geschaffen, um diese Grenzen zu umgehen. Wenn Ihr Kernel wirklich so groß geworden ist und Sie keine Module verwenden können, so finden Sie die notwendigen Informationen in der Datei ./Documentation/initrd.txt in den Kernel-Quellen bzw. in der LILO-Dokumentation.

Die letzte Amtshandlung des Boot-Laders ist die Übergabe der Programmkontrolle an das entpackende (und logischerweise selbst nicht komprimierte) „Präfix“, das beim Kompilieren des Systems mittels der in dem Verzeichnis `/usr/src/linux/arch/i386/boot/compressed` liegenden Programme `xtract` und `piggyback` angefügt wurde. Der Prozessor wird jetzt in den Protected-Mode umgeschaltet, damit die Dekompressionsroutine das Image auf (virtuelle) Adressen ab drei Gigabyte (`0xC0000000`) entpacken kann. Der Programmzähler wird auf diese Adresse gesetzt. Somit die Programmkontrolle ein weiteres Mal, und diesmal an den eigentlichen Kernel, übergeben.

Unter dem Aspekt der Konfigurationsmöglichkeiten betrachtet, können beim Systemstart nach der Auswahl des Betriebssystems zwei Abschnitte unterschieden werden:

- Ermittlung und Überprüfung der Hardware-Ausstattung und
- Abarbeiten der Konfigurationsdateien und automatisches Starten von Programmen.

Im ersten Abschnitt (siehe: `arch/i386/boot/setup.S`) werden bereits vor dem Entpacken des Kernels Teile der Hardware-Ausstattung ermittelt. Dazu werden die entsprechenden BIOS-Variablen (für Disketten und Festplattenparameter sowie die angeschlossene Grafikkarte) ausgelesen und an einem sicheren Platz im Hauptspeicher vermerkt. Weitere Hardware-Tests erfolgen nach der Umschaltung in den 32-Bit-Modus, dazu jedoch später mehr (zur exakten Reihenfolge vgl.: `./linux/init/main.c`). Zunächst werden jedoch interne Funktionen und Tabellen des Systems initialisiert:

- Die Tabelle für die Speicherseitenverwaltung,
- die Belegung der Fehlerinterrupts und der IRQs,
- die Prozeßtabelle.

Anschließend wird der Scheduler gestartet und der Bildschirm initialisiert. Ab hier werden Meldungen nicht nur auf den Bildschirm ausgegeben, sondern auch mittels des `syslogd` verwaltet und möglicherweise in einer Datei gespeichert. Mehr zur Verwendung von `syslogd` finden Sie im Abschnitt *System-Logs* auf Seite 112. Diese Meldungen können später mit dem Programm `dmesg` erneut angezeigt werden.

An dieser Stelle erfolgt, im Zusammenhang mit der Initialisierung der entsprechenden Gerätetreiber, die bereits erwähnte zweite Phase des Hardware-Tests. Die Hardware wird mittels verschiedener Tests untersucht (sogenanntes Auto-Probing oder Auto-Detect). Anhand der Bildschirmmeldungen können Sie verfolgen, welche Geräte gefunden wurden. Wird hier für eine Controller-Karte keine oder eine falsche Meldung (z. B. andere IO-Ports oder Interrupts) ausgegeben, so werden Sie dieses Gerät später nicht ansprechen können. Eine Ursache für solche Probleme kann darin bestehen, daß mehrere Karten auf einen Interrupt oder dieselben IO-Ports eingestellt sind (entweder mittels Jumper oder Software-Konfiguration). Die automatische Hardware-Erkennung kann mit Hilfe von Kommandozeilenparametern für den Kernel beeinflußt werden. Lesen Sie dazu auch die aktuellen `README`-Dateien in den Kernel-Quellen.

Jetzt wird der Prozessor vom privilegierten (auch Kernel-Mode) in den nichtprivilegierten Modus[3] (User-Mode) geschaltet; ab jetzt läuft der erste Linux-Prozeß (mit der „Prozeßnummer“ 0). Dieser Prozeß unterscheidet sich nicht grundsätzlich von allen anderen Linux-Prozessen, läuft aber nur dann, wenn kein anderer Prozeß aktiv ist. Es handelt sich beim Prozeß 0 um den sogenannten `idle`-Prozeß, der im Fall der Prozessor-Nichtnutzung 100% der Systemressourcen belegt.

Vom Prozeß 0 aus wird mittels des Systemaufrufs `fork()`[4] der Prozeß 1 gestartet, der wiederum die weitere Initialisierung des Systems in Gang setzt. Hier ist die Hardware im Prinzip initialisiert, die `root`-Partition angehängt, und das Programm `init` wird ausgeführt. `init` wird bei Unix-Systemen häufig als „Vater aller Prozesse“ bezeichnet, was für Linux nicht ganz korrekt ist; eigentlich ist es hier der `idle`-Prozeß mit der Nummer 0. Es wird noch ein weiterer Prozeß gestartet, der für das regelmäßige Update der internen Informationen des Dateisystems auf der Festplatte sorgt. Das Verhalten dieses Prozesses kann mit dem Programm `bdflush` verändert werden.

Gemäß des Filesystem-Hierarchie-Standards (FHS-Version-2.0) sollte sich das `init`-Programm in `/sbin/init` befinden. Die tatsächliche Suchreihenfolge, die in `linux/init/main.c` festgelegt ist, ist jedoch `/etc/init`, `/bin/init` und `/sbin/init`. Wenn `init` dort nicht gefunden wird, wird versucht, `/etc/rc` oder `/bin/sh` zu starten, um die Instandsetzung eines derart „unordentlichen“ Systems zu ermöglichen. Mit aktuellen Kernel-Versionen ist es möglich, mit dem Kommandozeilen-Parameter `INIT=/bin/sh` eine Shell anstelle von `init` zu starten. Achten Sie hier darauf, daß dieser Befehl mit `root`-Privilegien gestartet wird und verwenden Sie nötigenfalls die Option `password=` in der `/etc/lilo.conf`.

Zum Abschluß der Initialisierung meldet sich der Kernel mit seiner Versionsnummer sowie seinem Erstellungsdatum. Zuvor wird jedoch das `init`-Programm gestartet. Damit ist der Systemstart aus der Sicht des Kernels abgeschlossen. Das System ist aber zu diesem Zeitpunkt noch nicht benutzbar, da keine Anmeldung erfolgen kann und keine Hintergrundprozesse (Dämonen) gestartet sind.

Parameter für den Kernel

Viele Initialisierungen (z. B. IO-Adressen für Erweiterungskarten) des Kernels können durch Kommandozeilenparameter beeinflußt werden. Diese Parameter werden dem Kernel vom Boot-Lader übergeben.

---

[3] Der privilegierte Modus ist nicht zu verwechseln mit dem Protected-Mode.

[4] Dieses fork() arbeitet insofern anders, als der Prozeß 0 eine Sonderrolle einnimmt: Er arbeitet mit demselben Speicherbereich wie Prozeß 1, insbesondere mit demselben Stack. Deshalb führt Prozeß 0 auch nur Operationen aus, die den Stack nicht benutzen. Zitiert nach [BBD+95].

`debug`
: Setzt `console_loglevel` auf 10 und schaltet somit die ausführlichen Konsolenmeldungen ein.

`mem=`*`size`*
: Setzt das Ende des physikalischen Speichers. Dies kann notwendig sein, wenn die RAM-Größe nicht automatisch ermittelt werden kann, z. B. bei Rechnern mit mehr als 64 MB RAM. Es kann auch nützlich sein, um defekten Speicher nicht zu verwenden, ohne diesen auszubauen oder die Performance eines Systems mit weniger Speicher zu prüfen.

`no387`
: Ein eventuell vorhandener mathematischer Coprozessor wird nicht benutzt.

`no-hlt`
: Verhindert das Benutzen bzw. Ausführen der HLT-Instruktion neuerer Intel-(kompatibler-)Prozessoren, wenn das System idle ist. Durch die Verwendung dieses Befehls wird die CPU weniger heiß, und Laptops verbrauchen deutlich weniger Strom. Allerdings kann diese Einstellung bei manchen Rechnern dazu führen, daß diese beim Booten einfach hängenbleiben.

`reserve=`*`port1,num1[,portn,numn]`*
: Nimmt IO-Ports und -Bereiche vom Auto-Probing aus. Dies ist zum Beispiel dann notwendig, wenn das Auto-Probing zum „Hängen" des Systems führt. *`port1`* stellt die erste Adresse dar, *`num1`* gibt die Anzahl der ab *`port1`* auszublendenden Adressen an.

`root=`*`device`*
: ändert das Gerät, das als `root`-Dateisystem verwendet wird. Hiermit werden die Angaben im Kernel-Image überschrieben. *`device`* ist entweder ein Gerätename wie etwa `/dev/hda3` oder eine hexadezimale Gerätenummer. Das Root-Device kann auch mit Hilfe des Programms `rdev` in das Kernel-Image geschrieben werden.

`ro` bzw. `rw`
: Die root-Partition wird read-only oder read-write in den Verzeichnisbaum eingefügt.

3.5 Tips & Tricks zur Boot-Konfiguration

Es ist leicht, das System unbenutzbar zu machen, wenn man an der Boot-Konfiguration herumbastelt. Leider sind derartige Fehler nicht einfach zu beheben, so daß man hierbei wirklich vorsichtig sein sollte. Auf den folgenden Seiten möchte ich einige Hinweise geben, wie man derartige Fehler verhindern und wie man sein System retten kann.

Der erste und wichtigste Tip ist, daß man *immer* ein zweites Boot-Medium greifbar haben sollte. Das kann entweder die Boot-Diskette (oder CD-ROM) der Distribution sein oder eine selbsterstellte Boot-Diskette. Wenn Sie einen eigenen Kernel erstellen (siehe auch den Abschnitt *Konfiguration des Kernels* auf Seite 80), dann können Sie den neuen Kernel zunächst mittels `make zdisk` auf eine formatierte Diskette schreiben und von dieser booten.

Wenn Sie `LILO` verwenden, dann sollten Sie zusätzlich zu den beiden Kerneln `/vmlinuz` und `/vmlinuz.old`, die bei der Kernel-Installation mit `make install` bzw. `make zlilo` automatisch erzeugt werden, eine zusätzliche Version aufheben. Wichtig ist, daß nach jeder Änderung an der Datei `/etc/lilo.conf` oder einem Kernel-Image *unbedingt* `lilo` neu aufgerufen werden muß. Warum? `LILO` merkt sich beim Aufruf die Sektoren, die das Kernel-Image enthalten, in der Map-Datei, und diese Sektoren ändern sich.

Bevor Sie `LILO` tatsächlich einsetzen, können Sie mit der Option `boot=/dev/fd0` in der Datei `/etc/lilo.conf` dafür sorgen, daß `LILO` nur den Boot-Sektor auf der Diskette verändert. Wenn Sie damit zufrieden sind, dann können Sie später den Boot-Sektor an eine geeignete Stelle auf der Festplatte kopieren (bzw. die `LILO`-Konfiguration ändern und `LILO` erneut aufrufen. Ein wichtiger Vorteil ist hier, daß Sie nicht in die Konfiguration Ihres laufenden Systems eingreifen, von Nachteil ist allerdings, daß Sie von Diskette booten müssen (mit der üblichen Gefahr von Boot-Sektor-Viren). Ich persönlich setze diese Funktion gerne zum Test einer neuen Konfiguration ein.

Wenn Sie die Wahl haben, wo Sie den `LILO`-Boot-Sektor installieren möchten, dann verwenden Sie möglichst den Boot-Sektor einer Linux-Partition, und markieren Sie diese als »aktiv« (boot-fähig). Damit lassen Sie den Master-Boot-Record unverändert, und können mittels `fdisk` schnell ein anderes System aktivieren. In der `LILO`-Konfiguration können dann andere Systeme zur Auswahl angeboten werden.

Wenn Sie bereits Windows 95 (bzw. 98) und Windows NT auf Ihrem System haben und den Boot-Manager dieser Systeme verwenden wollen, dann geht das natürlich auch. Das hat den Vorteil, daß man das bisherige Boot-Verfahren praktisch unverändert lassen kann. Mehr zu diesem Thema finden Sie im nächsten Abschnitt.

Wenn Sie Boot-Probleme haben, dann ist das wichtigste Ziel, keine Daten zu verlieren und möglichst schnell wieder ein lauffähiges System zu erhalten. Je nach Fehlerquelle und Situation sind verschiedene Strategien erforderlich. Die folgende Liste versucht, einen Überblick über die notwendigen Schritte zu geben – ein Kochrezept für jede Situation kann es aber nicht sein. Seien Sie vorsichtig!

- Bei Fehlern in den Boot-Skripten, die von `init` aufgerufen werden, kann es ausreichen, im Single-User-Mode zu booten und dann das Skript zu korrigieren oder zu deaktivieren.
- Wenn das Programm `init` nicht mehr startet, dann kann man möglicherweise mit der Kernel-Option `INIT=/bin/sh` eine Shell starten und dann mit Reparaturmaßnahmen beginnen.
- Falls der aktive Kernel nicht bootet, so kann man möglicherweise eine ältere Kernel-Version (`/vmlinuz.old`) verwenden. Achtung: Wenn Sie den neuen Kernel einfach mittels `make zlilo` neu übersetzen, überschreiben Sie auch die vorherige Sicherungskopie.
- Das System bootet gar nicht: Verwenden Sie eine Boot-Diskette oder die CD-ROM der Distribution.

In vielen Fällen werden nicht alle Partitionen eingehängt sein, dann können Sie diese manuell mit `mount -a` einhängen. Wenn die Root-Partition nur im Lesezugriff eingehängt ist, so müssen Sie diese erneut mit den richtigen Optionen einhängen. Auf meinem System geht das mit `mount -n -o remount,rw /dev/`*`root`* `/`, wobei ich als Root-Device `sda2` verwende.

3.6 Der `init`-Prozeß

Das gestartete `init`-Programm arbeitet seine Konfigurationsdatei `/etc/inittab` ab und startet die darin eingetragenen Programme und Prozesse. Wenn kein `init`-Programm gefunden wird, versucht der Kernel, eine Shell zu starten und `/etc/rc` darin auszuführen. Das Format der `/etc/inittab` ist bei `simpleinit` und den anderen beiden `init`-Strategien unterschiedlich.

Das Mischen verschiedener `inits` und `inittabs` kann das System unbrauchbar machen. Es ist in jedem Fall äußerst wichtig, vor der Umstellung einer `init`-Methode auf eine andere Backups der betroffenen Dateien und Programme zu machen sowie eine Boot- und Root-Diskette einschließlich Editor zu erstellen.

Parameter für `init`

Folgende Parameter werden von allen unter Linux verwendeten `init`-Varianten erkannt. Diese Parameter können vom Kernel an `init` weitergereicht werden.

`single`
: Startet das System im Single-User-Modus. Alle für Linux verfügbaren `init`-Programme verstehen mindestens den Parameter `single`.

auto
: Startet das System so, wie es in der Konfigurationsdatei /etc/inittab festgelegt wurde.

Das simpleinit-Programm

Das Programm simpleinit wird im util-linux-Paket von Rik Faith und damit auch in der Bogus-Distribution benutzt. simpleinit wurde von Peter Ørbæk geschrieben. Teile des Single-User-Modus stammen von Werner Almesberger. Obwohl simpleinit als init aufgerufen werden muß (es empfiehlt sich, einen Link anzulegen oder das Programm als init zu speichern), wird es allgemein als simpleinit bezeichnet, um es von anderen init-Programmen zu unterscheiden.

simpleinit hat grundsätzlich nur zwei verschiedene Modi, in die es das System versetzen kann. Der eine ist der normalen Multi-User-Modus, der erreicht wird, indem /etc/rc abgearbeitet und die Prozesse, die in die Datei /etc/inittab eingetragen sind, gestartet werden. Der andere Modus ist der Single-User-Modus für die Systemverwaltung. Dieser Modus wird gestartet, wenn eine von zwei Bedingungen gegeben ist: Entweder bekommt init beim Aufruf das Argument single übergeben, oder es findet beim Start die Datei /etc/singleboot vor. In beiden Fällen wird die Eingabe des root-Paßworts notwendig, wenn die Datei /etc/securesingle existiert und es die Datei /etc/passwd gibt und darin ein Paßwort für root vereinbart ist.

Das Format der /etc/inittab von simpleinit unterscheidet sich grundsätzlich vom Format, das vom System V und dem System-V-ähnlichen init benutzt wird. Die Initialisierungstabelle von simpleinit kann nicht für das System-V-init benutzt werden und umgekehrt. Eine /etc/inittab für simpleinit kann z. B. wie in Listing 3.10 aussehen.

Die Konfigurationsmöglichkeiten von simpleinit beschränken sich also auf die virtuellen Konsolen und seriellen Terminals. Die beiden System-V-init-Varianten bieten demgegenüber auch die Möglichkeit, weitere Prozesse zu starten und dies auch noch je nach Situation und in unterschiedlicher Zusammensetzung.

Das System-V-ähnliche init

Das von den Slackware-Distributionen verwendete System-V-ähnliche init-Verfahren ist an das Verfahren von HP-UX angelehnt. Es ist etwas einfacher, aber auch weniger flexibel als das echte System-V-init. Mittels der in /etc/inittab eingetragenen Konfiguration werden verschiedene andere Prozesse gestartet, z. B. eines oder mehrere der verschiedenen getty-Programme, die auf den virtuellen Konsolen und den seriellen Leitungen auf Benutzeranmeldungen und -eingaben warten. Ein `inittab`-Eintrag sieht sowohl beim echten System-V-`init` als auch beim System-V-ähnlichen `init` schematisch wie folgt aus:

```
# Kommentare werden durch das hash-Zeichen eingeleitet
# Leerzeilen werden ignoriert

# Das Format-Schema bei simpleinit ist wie folgt:
#tty-Leitung:termcap-Eintrag:Terminal-Programm
#    |                |                  +- Programmaufruf
#    |                +------------------- zu benutzender Eintrag
#    |                                     aus /etc/termcap
#    +------------------------------------ zu benutzendes Gerät

# Eintrag für die erste virtuelle Konsole
tty1:linux:/sbin/agetty 9600 tty1
#          |            |    +- 2. Parameter: Gerät
#          |            +------ 1. Parameter: Baudrate
#          +------------------- absoluter Pfad zum Programm

# Weitere Konsolen
tty2:linux:/sbin/agetty 9600 tty2
tty3:linux:/sbin/agetty 9600 tty3
tty4:linux:/sbin/agetty 9600 tty4

# Ein serielles Terminal auf der ersten seriellen Schnittstelle
ttyS0:dumb:/sbin/agetty 9600 ttyS0
```

Listing 3.10: Die Datei `/etc/inittab` für das Programm `simpleinit`

`id``:`*`runlevel`*`:`*`action`*`:`*`process`*

`id`
: Steht für einen eindeutigen Code zur Identifizierung eines Eintrags. Bei älteren Systemen (`a.out`-basierten und solchen mit einer `libc` älter als 5.3.12) darf dieser Eintrag nur aus zwei Zeichen bestehen, bei aktuellen Versionen sind bis zu vier Zeichen erlaubt.

`runlevel`
: Kann Werte von 1 bis 6 sowie S und A bis C annehmen (Groß- bzw. Kleinschreibung wird ignoriert). S steht z. B. für den Single-User-Modus, in dem der Systemadministrator üblicherweise Systemarbeiten durchführt. Wenn `init` als `telinit` aufgerufen wird, stehen darüber hinaus auch noch die Runlevel A, B und C zur Verfügung, mit denen spezielle Einstellungen via `inittab` aufgerufen werden können. Dies kann zum Starten bzw. Stoppen von verschiedenen Diensten genutzt werden.

`action`
: Gibt an, was in bezug auf den Prozeß bei einem Neustart (des Systems) oder seiner Beendigung geschieht (z. B. Neustart des Prozesses). In Tabelle 3.1 finden Sie eine Übersicht über die möglichen Aktionen.

`process`
: Enthält den Namen des zu startenden Programms mit den beim Start zu übergebenden Parametern.

Aktion	**Beschreibung**
`respawn`	Der Prozeß wird nach Beendigung erneut gestartet.
`wait`	`init` wartet auf das Ende des Prozesses.
`once`	Der Prozeß wird beim Wechsel in diesen Runlevel gestartet.
`boot`	Der Prozeß wird beim Systemstart erzeugt.
`bootwait`	Wie `boot`, aber `init` wartet auf das Ende des Prozesses.
`off`	Eintrag ohne Funktion.
`ondemand`	Start bei der Anforderung des Runlevels, aber kein Wechsel des Runlevels.
`initdefault`	Default-Runlevel.
`sysinit`	Start vor `boot` bzw. `bootwait`.
`powerwait`	Signal der UPS über Fehler in der Stromversorgung. Der `powerd`-Dämon muß laufen.
`powerfail`	Wie `powerwait`, aber `init` wartet nicht auf das Prozeßende.
`powerokwait`	Stromversorgung ist wieder ok.
`ctrlaltdel`	An der Konsole wurde Strg-Alt-Entf gedrückt.
`kbrequest`	Bearbeitung einer speziellen Tastenkombination.

Tabelle 3.1: Aktionen in der `inittab`

Das Listing 3.11 zeigt ein Beispiel für die Datei `/etc/inittab`. Eine ausführliche Dokumentation des Formats finden Sie auch in der Manpage zu `inittab(5)`.

Das Programm `telinit` ist ein Link auf `init` und bietet über die zusätzlichen Argumente `a`, `b` und `c` die erweiterte Möglichkeit zur Kontrolle des Systems: Es werden jeweils nur die Einträge mit dem Runlevel `a`, `b` und/oder `c` angesprochen. Es können z. B. nur die Programme des speziellen Runlevels `a` neu gestartet werden. Zwischen den numerischen Runleveln (1-6) kann ebenfalls mit dem Programm `telinit` gewechselt werden. Mit dem Parameter `q` wird das Programm `init` veranlaßt, die Datei `/etc/inittab` neu einzulesen.

```
# /etc/inittab: In dieser Datei wird der Ablauf des
#               Systemstarts festgelegt und was in jedem
#               Runlevel zu passieren hat.

# runlevel 5 wird gestartet, wenn nichts anderes angegeben wird.
id:5:initdefault:

# Systeminitialisierung, wird bei jedem Systemstart ausgefuehrt.
si:S:sysinit:/etc/rc.d/rc.S

# Es wird in den Single-User-Modus gewechselt.
su:S:wait:/etc/rc.d/rc.K

# Es wird in den Multi-User-Modus gewechselt.
rc:123456:wait:/etc/rc.d/rc.M

# Wenn an einer der virtuellen Konsolen <Strg><Alt><Entf>
# gedrueckt wird, wird ein Shutdown ausgefuehrt.  Berechtigte
# Benutzer stehen in der Datei /etc/shutdown.allow
ca::ctrlaltdel:/sbin/shutdown -t3 -rf now

# Virtuelle Konsolen
c1:12345:respawn:/sbin/agetty 38400 tty1
c2:12345:respawn:/sbin/agetty 38400 tty2
c3:45:respawn:/sbin/agetty 38400 tty3
c4:45:respawn:/sbin/agetty 38400 tty4
c5:45:respawn:/sbin/agetty 38400 tty5
c6:456:respawn:/sbin/agetty 38400 tty6
```

Listing 3.11: Ein Beispiel für das System-V-ähnliche `init`

System-V-`init`

Die verbreitete Slackware-Distribution verwendet von den Möglichkeiten des System-V-`init` nur einen geringen Teil. Andere Distributionen, wie z. B. Red Hat, S.u.S.E. und Debian, verwenden dieses `init` so, wie man es von anderen (System-V-) Unix-Systemen her gewöhnt ist. Dabei sind einige Runlevel reserviert, andere haben eine historisch gewachsene Bedeutung. In Tabelle 3.2 finden Sie eine entsprechende Übersicht.

Durch die differenziertere Verwendung der verschiedenen Runlevel ist die Initialisierung des Systems einfacher und flexibler zu steuern. Außerdem ist wesentlich übersichtlicher, welche Dämonen in welchem Runlevel gestartet bzw. gestoppt werden sollen. Zum Editieren der Runlevel kann das Programm `tksysv` verwendet werden, das Bestandteil einiger Distributionen ist.

Runlevel	Bedeutung
0	Shutdown (reserviert)
1	Single-User-Modus (reserviert)
2	Multi-User-Modus
3	Multi-User-Modus als Netz-Server
5	X-Workstation (xdm)
6	Reboot

Tabelle 3.2: Die verschiedenen Runlevel und deren Bedeutung

Der Ablauf eines Systemstarts ist zunächst ähnlich, wie in den vorigen Kapiteln skizziert. Zunächst werden, nach dem Laden des Kernels und dem Start von `init`, die Dateisysteme geprüft und die stets notwendigen Dämonen gestartet. Anschließend wird das Skript `/etc/rc` gestartet. Dieses Skript erhält als Parameter den gewünschten Runlevel. Den entsprechenden Aufruf in der Datei `inittab` finden Sie in Listing 3.12.

```
# Default runlevel.
id:5:initdefault:

# System initialization before anything else.
si::sysinit:/etc/bcheckrc

# /etc/rc takes care of runlevel handling.
l0:0:wait:/etc/rc 0
l1:1:wait:/etc/rc 1
l2:2:wait:/etc/rc 2
l3:3:wait:/etc/rc 3
l4:4:wait:/etc/rc 4
l5:5:wait:/etc/rc 5
l6:6:wait:/etc/rc 6
```

Listing 3.12: Änderungen in der Datei `/etc/inittab`

Für jeden Runlevel existiert ein Verzeichnis `/etc/rc.d/rc`*`Runlevel`*`.d`. Jedes dieser Verzeichnisse enthält Links auf sogenannte Start- und Stop-Skripten. Die Namen der Start- bzw. Stop-Skripten beginnen mit einem `S` bzw. `K`, gefolgt von einer zweistelligen Nummer. Die Skripten werden aufsteigend bezüglich dieser Nummer sortiert gestartet. Damit ist es möglich, zunächst das Netzwerkinterface zu aktivieren und dann die Client- und Server-Prozesse zu starten. Der letzte Teil des Namens beschreibt normalerweise den Typ des Services, der mit diesem Skript gesteuert wird.

Die Skripten selbst sind im Verzeichnis `/etc/init.d` gespeichert. In den Verzeichnissen für die entsprechenden Runlevel werden nur symbolische Links auf die Skripten gelegt, die gestartet bzw. gestoppt werden sollen. Das hat den Nachteil, daß die Konfiguration der gestarteten Dämonen nicht übersichtlich in einer Datei vorgenommen wird, sondern durch Links in einem Dateisystem. Ein Vorteil ist, daß dieses System sehr flexibel ist und auch auf anderen Unix-Systemen eingesetzt wird.

Die Skripten werden mit dem Parameter `start` bzw. `stop` aufgerufen und starten oder stoppen die entsprechenden Subsysteme. Damit ist es sehr einfach möglich, einen einzelnen Dienst manuell anzuhalten und neu zu starten (z. B. weil man die Konfiguration geändert hat oder den Dienst temporär nicht benötigt). In letzter Zeit sind bei einigen Distributionen weitere mögliche Parameter hinzugekommen, wie beispielsweise `restart`, `status` oder `list`. Im Zweifelsfall gibt das Skript eine entsprechende Hilfe aus, wenn man es ohne Parameter aufruft.

In Listing 3.13 finden Sie eine Übersicht über die auf meinem System verwendeten Skripten. Eine besondere Bedeutung haben die Stop-Skripten, die beim Wechsel in einen Runlevel bestimmte Services stoppen. Die Namen der Stop-Skripten beginnen mit `K`. Innerhalb eines Runlevels werden die Skripten nach aufsteigender Nummer abgearbeitet.

```
(Linux):/etc> ls -F rc*
rc0.d:
S20halt@

rc1.d:
S20single@

rc2.d:
K51syslog@   K60lpd@      S51syslog@   S60lpd@
K55cron@     K95gpm@      S55cron@     S95gpm@

rc5.d:
K51syslog@   K60lpd@      S51syslog@   S60lpd@
K55cron@     K95gpm@      S55cron@     S95gpm@

rc6.d:
S20reboot@
```

Listing 3.13: Skripten für das System-V-`init`

In der Regel wird sich der Umstieg auf ein anderes `init`-Verfahren nicht lohnen. Andererseits ist die Kompatibilität mit anderen (kommerziellen) Systemen sicherlich sinnvoll, insbesondere wenn man ständig zwischen verschiedenen Systemen wechselt. Dann ist es besonders sinnvoll, die Runlevel so zu belegen, wie man es von anderen Systemen her gewohnt ist.

Bei Rechnern mit wenig Hauptspeicher kann es sinnvoll sein, nur möglichst wenige und kleine Dämonen zu starten. In diesem Fall eignet sich z. B. das `simpleinit` in Kombination mit dem abgespeckten `bdflush` (ein erweiterter `update`-Dämon) anstelle eines System-V-`init` mit dem normalen `bdflush`. Beide Programme sind im Paket `util-linux` enthalten.

Wenn Sie Ihr System von einer Variante des `init`-Programms auf eine andere umstellen wollen, so müssen Sie für alle Fälle eine Boot- und Root-Diskette bereithalten. Nur mit einer Boot-Diskette kommen Sie nicht weiter, da möglicherweise das Programm `init` auf der Festplatte nicht funktionsfähig ist. Im schlimmsten Fall können Sie das System auch nicht im Single-User-Modus starten und müssen von Diskette booten. Glücklicherweise müssen Sie beim Umstieg vom System-V-ähnlichen `init` auf das System-V-`init` nur die Datei `/etc/inittab` verändern (und möglicherweise diese Änderungen zurücknehmen). Alle übrigen betroffenen Dateien werden durch gänzlich andere Dateien mit völlig anderen Namen ersetzt.

Das unter Linux verwendete `init` weicht in einer Beziehung von denen anderer Systeme ab: Es wird direkt in den angeforderten Runlevel gewechselt und nicht der Reihe nach alle kleineren Runlevel durchlaufen.

Der Systemstart der S.u.S.E.-Distribution

Die S.u.S.E.-Distribution hat einige Eigenheiten beim Systemstart. Zunächst liegen die Start-Skripten nicht unter `/etc`, sondern unter `/sbin`; es existiert in neueren Versionen allerdings ein entsprechender symbolischer Link. Die Argumentation für das `sbin`-Verzeichnis ist, daß die Start-Skripten Programme sind, die vom Administrator nicht angepaßt werden müssen. Damit sind Start/Stop-Skripten leider nicht direkt zwischen den Distributionen austauschbar, da hier auch Shell-Funktionen eingebunden werden, die auf anderen Systemen dann nicht gefunden werden. Es ist zwar einfach zu ändern, aber doch lästig.

Bei der Installation werden für jeden Dienst bereits die symbolischen Links in den verschiedenen Verzeichnissen angelegt. Das bedeutet aber noch lange nicht, daß der Dienst auch gestartet wird. Die gesamte Steuerung, welcher Dienst verfügbar sein soll, findet in der Datei `/etc/rc.config` statt. Diese Datei kann entweder manuell gepflegt werden, wenn man danach `SuSEconfig` aufruft, oder man überläßt das dem `YaST`.

Außerdem kann, wie es Red Hat tut, die Existenz von Konfigurationsdateien überprüft werden, so daß Dienste erst dann tatsächlich aktiv werden, wenn der Systemadministrator diese eingerichtet hat. Wenn Sie nicht wissen, warum das Skript nichts tut, dann starten Sie es einfach, indem Sie `sh -x` vor den Befehl schreiben. Jetzt wird ein ausführlicher Trace des Programmlaufs von der Shell ausgegeben.

Weitere Informationen und Bezugsquellen	
man-pages:	`init(8),inittab(5)`
ftp-Server:	`ftp.cistron.nl`
ftp-Pfad:	`/pub/People/miquels`
Dateiname:	`SysVinit-2.58.tar.gz`
Größe:	ca. 50 kByte

3.7 Stoppen des Systems

Unter Linux laufen, wie bei jedem anderen Unix-System, viele Prozesse im Hintergrund. Vor dem Ausschalten des Systems müssen diese Prozesse beendet werden, da sonst möglicherweise Daten verlorengehen. Ein weiterer Grund für das geordnete Stoppen des Systems ist, daß Linux auch Schreibzugriffe im Hauptspeicher puffert. Nach dem Ende eines Programmes sind also die Daten noch nicht auf der Festplatte verewigt. Dies erfolgt erst nach einem `sync`, der aber regelmäßig vom `update`-Dämon durchgeführt wird.

Das Standardverfahren zum Stoppen eines Unix-Systems ist der Aufruf des Befehls `shutdown`. Je nach Kommandozeilenparametern kann die Reaktion des Systems unterschiedlich aussehen. Als Parameter muß eine Zeit angegeben werden, nach der das System heruntergefahren wird. Der Zeitpunkt `now` steht für das sofortige Stoppen des Systems, andernfalls wird eine Zeit in Minuten angegeben. Vor dem Shutdown werden alle angemeldeten Benutzer gewarnt, daß eine Systemwartung bevorsteht.

Mit dem zusätzlichen Parameter `-h` (Halt) wird das System angehalten. Der Parameter `-r` (Reboot) sorgt für einen Neustart des Systems. Wird der Parameter `-f` angegeben, so wird ein fast-Reboot ohne Überprüfung der Dateisysteme durchgeführt. Dies ist in den `rc`-Skripten oft nicht mehr implementiert, da das Extended-2-Dateisystem über ein eigenes Flag für ein ordnungsgemäß heruntergefahrenes System verfügt.

Zur Vereinfachung existieren für häufig vorkommende Aufgaben entsprechende Abkürzungen. So steht je nach `init` z. B. `reboot` oder `init 6` für einen Neustart, `halt` oder `init 0` für Halt. Diese Programme sind Bestandteil des jeweiligen `init`-Systems. Weitere Informationen hierzu finden Sie in den entsprechenden Manpages.

Viele PC-Benutzer haben sich an die Tastenkombination Strg-Alt-Entf zum Neustart ihres Systems gewöhnt. Diese Tastenkombination kann auch unter Linux verwendet werden. Mit dem Befehl `ctrlaltdel` kann das Verhalten des Systems eingestellt werden. Die Option `hard` (Default) beim Drücken der magischen drei Tasten startet das System ohne `sync` neu (`hard_reset_now()` im Kernel). Bei der Option `soft` wird das Signal `SIGINT` an `init` gesendet, das den weiteren Shutdown steuert.

Damit nicht jeder Anwender das System stoppen kann, kann man die Funktion des Neustarts davon abhängig machen, daß ein autorisierter Benutzer an der Konsole angemeldet ist. Die Namen der berechtigten Benutzer werden dazu einfach in die Datei `/etc/shutdown.allow` aufgenommen. Eine Einschränkung auf einzelne Benutzer ist nur dann sinnvoll, wenn das System in keinem Fall einfach ausgeschaltet werden kann, also der Reset- und der Strom-Schalter nicht erreichbar sind.

4 Konfiguration und Administration

Die Anpassung eines Linux-Systems an die verwendete Hardware und die Bedürfnisse des Benutzers, auch Konfiguration genannt, umfaßt eine Reihe von völlig unterschiedlichen Aspekten. Für jeden größeren Bereich, der nicht in einem eigenen Abschnitt dieses Buches angesprochen wird, werden hier die wichtigsten Konfigurationsmöglichkeiten vorgestellt.

Viele Dinge können sowohl vom Systemadministrator für alle Benutzer des Systems als auch von jedem Anwender für sich selbst konfiguriert werden. Gerade diese Möglichkeit ist ein großer Vorteil gegenüber Ein-Benutzer-Systemen wie DOS oder OS/2. Dort ist eine Konfiguration normalerweise für das gesamte System gültig, unabhängig davon, ob andere Benutzer dieses Rechners dadurch beeinträchtigt werden oder nicht. Wer hat sich nicht schon über die verstellten Farben unter Windows oder die unsinnig angeordneten Icons unter OS/2 geärgert?

Bevor Sie jedoch mit der Konfiguration Ihres Systems beginnen, lesen Sie zunächst die Kapitel über das *Revision Control System* (Abschnitt 12.5 auf Seite 386) und *Emacs* (Kapitel 6 auf Seite 169), damit Sie nicht nur die Änderungen durchführen können, sondern auch die Möglichkeit haben, Ihre Änderungen nachvollziehbar zu dokumentieren. Gerade die einfache Nachvollziehbarkeit der Änderungen ist ein Vorteil gegenüber DOS- und Windows-Systemen, wo praktisch jedes Programm hinter dem Rücken des Anwenders systemweite Einstellungen in den Dateien `CONFIG.SYS`, `AUTOEXEC.BAT` und den Windows `*.INI`-Dateien vornimmt. Verschenken Sie diese Möglichkeit nicht durch übereilte Änderungen, bevor Sie mehr über das *Revision Control System* gelernt haben.

4.1 Kernel- und Hardware-Konfiguration

Zunächst wird beim *Systemstart* (siehe auch Kapitel 3, *Ablauf eines Systemstarts* auf Seite 41) vom Kernel die Hardware untersucht und gegebenenfalls initialisiert. Dies ist in der Regel problemlos, da viele Treiber ein sogenanntes Auto-Probing durchführen. Darunter versteht man die Überprüfung, ob sich an einer bestimmten IO-Adresse oder einem Interrupt eine entsprechende Schnittstelle oder Karte befindet.

Geräte, für die kein Treiber im Kernel vorhanden ist, werden nicht initialisiert und können nicht angesprochen werden. Treiber, bei denen das zugehörige Gerät nicht installiert ist, benötigen unnötig Speicherplatz im Hauptspeicher. Da der Kernel bei nur wenig verfügbarem Speicher nicht wie normale Anwendungsprogramme aus dem realen Speicher auf eine Festplatte ausgelagert werden kann, ist dieser Speicher für Anwendungen oder Puffer nicht verfügbar.

Bei der großen Anzahl von Treibern, die früher in den Kerneln der Distributionen eingebunden waren, konnte eine beträchtliche Menge Speicher belegt werden. Auch wird die Zeit, die das Betriebssystem zum Booten benötigt, zum Teil wesentlich verlängert. Mit der Verwendung von dynamisch ladbaren Modulen, die auch wieder aus dem Speicher entfernt werden können, wird dieser Aspekt immer weniger interessant. In vielen Fällen kann also der Standard-Kernel der Distribution ohne Probleme dauerhaft verwendet werden.

Einige NE2000-kompatible Netzwerkkarten sind dafür bekannt, daß sie den Rechner (genauer den Bus) anhalten, wenn andere Treiber auf diesen Adressen nach Geräten suchen. Daher sollten nur die notwendigen Treiber in den Kernel eingebunden werden. Auf diese Weise werden auch Konflikte bei der Initialisierung der Karten verhindert oder zumindest vermindert. Daher ist es in jedem Fall sinnvoll, einen neuen, speziell an die eigene Hardware angepaßten Kernel zu erstellen.

Zu vielen Funktionen, Optionen oder Treibern finden Sie in den Kernel-Quellen zusätzliche Informationen. In den meisten Fällen sind diese im Verzeichnis `./Documentation` abgelegt. Dort finden Sie auch Informationen über zusätzlich notwenige Programme und deren Bezugsquellen sowie möglicherweise über weiterführende Dokumentationen.

Konfigurieren des Kernels

Der Quellcode des Kernels befindet sich im Verzeichnis `/usr/src/linux`. Dort wird zunächst der Kernel konfiguriert und dann übersetzt. Die Konfiguration des Kernels erfolgt interaktiv und besteht aus einer Reihe von Fragen zur verwendeten Hard- und Software. Sie starten die Konfiguration mit dem Befehl `make config` (im Textmodus), `make menuconfig` (Menüs im Textmodus) oder `make xconfig` (unter X, Sie benötigen Tcl/Tk). Sie werden durch eine Reihe von Fragen geführt. Zu jeder Frage steht auch online ein Hilfetext zur Verfügung, den Sie durch die Eingabe von `?` oder die Anwahl des Help-Buttons erhalten.

Im folgenden Abschnitt wird zunächst nur auf die allgemeine Konfiguration des Kernels eingegangen, Informationen zu speziellen Einstellungen finden Sie in den entsprechenden Kapiteln (*Netzwerk*: Kapitel 15, *Dateisysteme*: Abschnitt 4.1). Weitere Informationen über den Kernel und die Installation finden Sie in der Datei `README` im Verzeichnis `/usr/src/linux` sowie in weiteren `README`-Dateien in den

Kernel-Quellen. Daneben existiert noch eine HowTo für die Kernel-Konfiguration, die ebenfalls zu Rate gezogen werden kann.

Zur Übersetzung des Kernels sind einige Development-Tools notwendig. Zunächst benötigt man den GNU-C-Compiler GCC mit den zugehörigen `binutils` (u. a. den Assembler `gas` und den Linker `gld`). Für die Erstellung des Boot-Sektors im Kernel wird der 16-Bit-Assembler `as86` benötigt. Die Ablaufsteuerung der Übersetzung übernimmt das Programm `make`, das im Abschnitt 12.1 auf Seite 373 genauer erläutert wird. Zur Erstellung der Dependencies wird ein einfaches C-Programm verwendet, das diese Aufgabe schneller als die entsprechende Funktion des C-Compilers ausführt. Für die Übersetzung des NCR-SCSI-Treibers ist außerdem `perl` notwendig.

Loadable module support

Viele Teile des Kernels können, sofern Sie nicht zum Start benötigt werden, als Modul übersetzt werden. Für diese Teile wird kein Hauptspeicher benötigt, solange sie nicht mit `insmod` in den Speicher geladen wurden. Mehr zum Umgang mit Modulen finden Sie im Abschnitt 4.3, *Kernel-Module*, auf Seite 92.

Die folgende Auflistung entspricht den Fragen, die bei der Konfiguration eines Linux-Kernel Version 2.0 gestellt werden. Bei der aktuelle Version 2.2 unterscheiden sich diese Fragen teilweise erheblich, teilweise sind diese auch unverändert geblieben. Für diese Version steht unter `http://www.suse.de/ ke/kernel/` eine deutsche Übersetzung vieler Hilfetexte zur Verfügung.

Prompt for development and/or incomplete code/drivers Im Standard-Kernel, auch wenn dieser als stabil deklariert wurde, sind oft neue oder geänderte Funktionen enthalten, die noch ausführlich getestet werden müssen. Diese speziellen Funktionen werden nur zur Auswahl angeboten, wenn hier mit „Y" geantwortet wird.

Enable loadable module support Sollen überhaupt Module geladen werden können? In der Regel sollten Sie diese Option aktivieren.

Set version information on all symbols for modules Module können nur in den Kernel geladen werden, zu dem sie passen. Sicher kann man sich nur sein, wenn die verwendete Kernel-Version genau dieselbe ist. Haben sich die internen Strukturen des Kernels nicht verändert, so können Module dennoch funktionieren. Mit den Versionsinformationen zu Modulen kann die Kompatibilität zu anderen Kernel-Versionen überprüft werden.

Kernel daemon support Mit dem Kernel-Dämon, der in dem Paket `modules` enthalten ist, kann der Kernel einen User-Prozeß (z. B. den `kerneld`) anstoßen, der dann bestimmte Funktionen ausführt. So kann z. B. beim Zugriff auf das CD-ROM Laufwerk zunächst der entsprechende CD-ROM-Treiber und dann das ISO-966

Dateisystem geladen werden. Mehr zu diesem Thema finden Sie im Abschnitt 4.3, *Kernel-Module*, auf Seite 92.

General Setup

Im nächsten Abschnitt der Kernel-Konfiguration werden allgemeine Einstellungen abgefragt. Es wird zu jeder Frage ein erläuternder Text angezeigt, anschließend die entsprechende Konfigurationsvariable (in runden Klammern) und die Voreinstellung (in eckigen Klammern). Alle Eingaben werden am Ende der Konfiguration gespeichert und bei der nächsten Konfiguration als Voreinstellung vorgeschlagen. Der Vorschlagswert wird mit [Enter] übernommen.

Kernel math emulation Die Emulation sollte nur eingeschaltet werden, wenn der Rechner einen i386- oder i486SX-Prozessor ohne mathematischen Koprozessor enthält. Dann wird dieser durch den Aufruf der entsprechenden Kernel-Routinen (auf Kosten der Geschwindigkeit) emuliert. Dies kann auch für Installations- oder Notfalldisketten und zum Test sinnvoll sein. Die Verwendung eines vorhandenen Koprozessors kann mit der LILO-Option `no387` verhindert werden. Mehr zur LILO und den möglichen Optionen finden Sie im Kapitel *Systemstart*, *Ablauf eines Systemstarts* auf Seite 41.

Networking support Wenn Ihr Rechner in ein Netzwerk integriert oder SLIP bzw. PPP verwendet werden soll, dann wählen Sie diese Option an. Dies gilt auch, wenn Sie nur das Loopback-Device benutzen wollen. Viele Programme, z. B. `lpd` oder `syslogd`, verwenden intern Netzwerkfunktionen, so daß Sie diese Funktion aktivieren sollten. Mehr zur Netzwerkkonfiguration finden Sie im Kapitel 15, *Linux in einer vernetzten Umgebung*, auf Seite 439.

Limit memory to low 16MB Die PC-Architektur hat aufgrund der Beschränkungen im Design oft das Problem, daß der Speicher oberhalb der 16-MB-Grenze nicht oder nicht vollständig benutzt werden kann. Das ist dann der Fall, wenn sogenannte BIOS-Erweiterungen Speicher knapp unterhalb der 16-MB-Grenze in den Speicher einblenden. Mit dieser Option kann der Speicher oberhalb der 16-MB-Grenze ignoriert werden, da nur zusammenhängender Speicher verwendet werden kann. Sinnvoller ist es jedoch, die verwendete Hardware, soweit möglich, entsprechend zu konfigurieren. Jeder zusätzlich verfügbare Speicher kann von Linux sinn-ᐧll verwendet werden, sei es als Cache oder für Programme oder Daten. Haben ıehr als 64 MB Speicher, so müssen Sie aufgrund von Beschränkungen im BIOS 'röße des Speichers mittels einer Kernel-Kommandozeile (z. B. `mem=128M`) an 'ernel übergeben.

ios support Moderne Rechner mit PCI-Bus haben ein BIOS (Basic-)utput-System), das auch unter Linux zur Ansteuerung der Hardware let werden kann. Wird diese Option aktiviert, so wird auch nach einer experimentellen Unterstützung für PCI-Bridges gefragt. Diese Frage kann ohne Bedenken mit „n“ beantwortet werden. Lesen Sie zu diesem Thema auch die PCI-HowTo.

System V IPC Diese Option ermöglicht es Anwendungsprogrammen, mittels IPC (Inter Process Communication) Daten auszutauschen. Da diese Option nur wenig zusätzlichen Speicher benötigt und von einigen Programmen (z. B. Datenbanken und dem DOS-Emulator) verwendet wird, sollte sie angewählt werden.

Kernel support for ELF binaries Linux verwendet bisher das traditionelle `a.out`-Format. Die Erstellung von Shared-Libraries erforderte aber einen recht hohen Aufwand. Dies und die Beschränkungen des `a.out`-Formates führten zur Implementierung des ELF (Executable and Linkage Format) unter Linux. Diese Option sollten Sie unbedingt mit „y“ beantworten.

Kernel support for JAVA binaries Dies ist ein „Marketing-Gag“, der dafür sorgte, daß Linux das erste System war, das Java-Programme direkt ausführen konnte. In der Version 2.1 wird diese Option durch eine flexiblere Funktion zum Laden beliebiger Programme ersetzt. Damit können Windows-, DOS- oder auf der Alpha-Plattform Intel-Programme direkt ausgeführt werden.

Compile kernel as ELF Zunächst ist es für die Verwendung von ELF völlig unerheblich, ob der Kernel selbst im ELF-Format vorliegt. Wenn Sie einen ELF-Compiler (GCC ab Version 2.7.x) verwenden, dann antworten Sie hier mit „y“.

Processor type Je nach Prozessor können, aufgrund von Weiterentwicklungen und Bugfixes, unterschiedliche Optimierungen durchgeführt werden. Für 386-Prozessoren optimierte Kernel laufen auf allen Prozessoren, für 486 und Pentium optimierte Kernel können nicht auf 386-Prozessoren verwendet werden. Wählen Sie hier die CPU an, die Sie verwenden.

Floppy, IDE and block devices

Normal floppy disk support Der Support für Diskettenlaufwerke ist notwendig, wenn z. B. das `root`-Dateisystem auf einer Diskette gespeichert ist oder von einer Diskette in die RAM-Disk geladen wird. Andernfalls kann der Treiber zu einem späteren Zeitpunkt als Modul geladen werden. Mehr zu Modulen finden Sie im Abschnitt 4.3, *Kernel-Module*, auf Seite 92.

Enhanced IDE/MFM/RLL disk/cdrom/tape/floppy support Dies ist der Treiber für IDE-Festplatten, neue IDE-CD-ROM-Laufwerke (ATAPI), entsprechende Bandlaufwerke oder Diskettenlaufwerke. Wird dieser Treiber angewählt, so hat man die Wahl zwischen einem alten, bewährten Treiber oder einer Neuentwicklung. Wird die Neuentwicklung verwendet, so wird zusätzlich nach dem Treiber für IDE/ATAPI-CD-ROM-Laufwerke gefragt. Dieser Treiber ist nicht für SCSI-CD-

ROM-Laufwerke oder ältere Laufwerke gedacht, die über eine eigene Controllerkarte verfügen oder an eine Soundkarte (nicht am IDE-Port) angeschlossen werden.

Additional block devices

Loopback device support Das Loopback-Gerät kann dazu verwendet werden, eine beliebige Datei als ein Block-Gerät zu mounten und auf das dort vorhandene Dateisystem zuzugreifen. Häufige Einsatzzwecke hierfür sind das Erstellen von Boot- und Root-Disketten, das Brennen von CDs und der Zugriff auf das Disk-Image für den DOS-Emulator.

Multiple devices driver support Linux unterstützt mit der Version 2.0 die Optionen RAID-0 (Striping) und RAID-1 (Mirroring). In der Version 2.1 wurde dies um RAID-5 erweitert. Für die Implementation ist dieser Treiber zuständig.

RAM disk support Der Kernel kann einen Teil des Hauptspeichers für eine RAM-Disk reservieren. Das ist sinnvoll für Boot- oder Notfalldisketten. Lesen Sie hierfür auch die Dokumentation in der Datei `ramdisk.txt`.

OLD (MFM/RLL) disk and IDE disk/cdrom support

XT harddisk support Dient zur Unterstützung von (alten) 8-Bit-Festplatten-Controllern mit eigenem BIOS, wie sie in PC/XTs verwendet wurden. Wenn Sie eine solche Festplatte in Ihrem Rechner haben, dann wissen Sie, was gemeint ist.

Networking Options

Wurde Netzwerk-Support angewählt, so sind jetzt einige Fragen zum Netzwerk zu beantworten. Die genaue Erläuterung dieser Werte finden Sie im Kapitel 15, *Linux in einer vernetzten Umgebung* auf Seite 439.

SCSI-Support

Dieser Abschnitt der Konfiguration befaßt sich ausschließlich mit der Konfiguration von SCSI-Hostadaptern und -Geräten. Ist Ihr Rechner nicht mit SCSI ausgestattet, so können Sie diesen Abschnitt überspringen, indem Sie diese Frage mit „n" beantworten. Andernfalls werden weitere Fragen gestellt. Da an einem SCSI-Controller in der Regel problemlos bis zu sieben Geräte betrieben werden können und sie teilweise erheblich schneller und leistungsfähiger sind als herkömmliche AT-Bus-Platten oder Streamer, sollte bei der Neuanschaffung für ein Unix-System ernsthaft über SCSI nachgedacht werden. Weitere Informationen über den Betrieb von SCSI-Geräten unter Linux finden Sie in der SCSI-HowTo.

SCSI disk support Wenn Sie SCSI-Festplatten benutzen, so müssen Sie diese Option einschalten. Andernfalls können Sie die Festplatten unter Linux nicht ansprechen.

SCSI tape support müssen Sie einschalten, wenn Sie einen SCSI-Streamer unter Linux betreiben wollen. Der Betrieb von sogenannten Floppy-Streamern (siehe auch Kapitel 8, *Datensicherung*, auf Seite 231) unter Linux ist aufgrund der mangelnden Datensicherheit nur als Notbehelf zu betrachten.

SCSI CDROM support dient zur Unterstützung von CD-ROM-Laufwerken, die am SCSI-Controller angeschlossen werden. Ohne diese Option können Sie diese Laufwerke nicht verwenden.

SCSI generic support ermöglicht den Betrieb von SCSI-Geräten, die nicht speziell unterstützt werden, mit Low-level-SCSI-Befehlen. Dieser Treiber wird für den Zugriff auf Scanner oder Funktionen, die in den Standardtreibern nicht implementiert sind, verwendet.

Hardware-Treiber Anschließend müssen Sie den zu Ihrem SCSI-Controller passenden Treiber in den Kernel einbinden. Andernfalls werden alle Geräte, die an diesem Controller angeschlossen sind, und der Controller selbst nicht erkannt und können nicht benutzt werden.

SCSI-Fehlermeldungen Ganz am Ende der Kernel-Konfiguration wird die Möglichkeit eröffnet, SCSI-Fehlermeldungen mit ausführlichen Texten zu versehen. Diese Option kostet etwas Speicherplatz, sollte aber in der Regel eingeschaltet werden.

Treiber für Netzwerkkarten

Die Auswahl der Treiber hängt von Ihrer Hardware und von dem verwendeten Anschluß ab. Genauere Informationen hierzu finden Sie im Kapitel 15, *Linux in einer vernetzten Umgebung*, auf Seite 439.

Das ISDN-Subsystem

Unter Linux kann eine Reihe von verbreiteten ISDN-Karten verwendet werden. Hier können Sie die entsprechenden Treiber auswählen und das Protokoll des Anschlusses (Euro-ISDN oder nationales ISDN) festlegen. Außerdem bestimmen Sie hier, welche Anwendungsprotokolle das ISDN-Subsystem unterstützen soll.

Treiber für CD-ROM-Laufwerke

Diese Treiber sind nur für CD-ROM-Laufwerke geeignet, die nicht an einem SCSI- oder IDE-Controller (ATAPI) angeschlossen sind. Unterstützt wird eine Reihe von Laufwerken (z. B. Sony, Mitsumi, Panasonic oder Aztech). Je nach Laufwerk kann es notwendig sein, daß Sie dem Kernel die Adresse des Controllers entweder in den Kernel-Quellen oder über eine LILO-Kommandozeile bekannt machen müssen.

Filesysteme

Linux unterstützt eine Reihe von Filesystemen. Jedes kann entweder direkt in den Kernel einkompiliert oder zur Laufzeit als Modul geladen werden. Häufig verwendete Dateisysteme sollten direkt in den Kernel aufgenommen werden, selten verwendete können später als Modul (siehe auch Abschnitt 4.3, *Kernel-Module*, auf Seite 92) nachgeladen werden. Das Filesystem, mit dem die `root`-Partition formatiert ist, muß unbedingt in den Kernel aufgenommen werden, da sonst auf diese Partition nicht zugegriffen werden kann.

Quota support Wenn Sie einen Rechner betreiben, auf dem viele Benutzer eingetragen sind, dann wird es oft vorkommen, daß einzelne Benutzer den zur Verfügung stehenden Platz weitgehend belegen. Auch die `root`-Reserve verhindert nicht, daß alle anderen Benutzer in ihrer Arbeit behindert werden. Sie können mit dem `quota`-System den Speicherplatz einschränken, den ein Benutzer belegen darf. Sie benötigen hierfür die `quota`-Programme.

Standard (minix) fs support Linux wurde zunächst unter Minix entwickelt, so daß es für einen einfachen Datenaustausch sinnvoll war, auch dieses Dateisystem lesen und schreiben zu können. Dieses Dateisystem ist sehr stabil, da es von Anfang an von Linux unterstützt wurde. Eine wesentliche Beschränkung ist, daß nur Partitionen kleiner als 64 MB erlaubt sind. Außerdem waren die Dateinamen zunächst auf eine Länge von 14 Zeichen[1] beschränkt, jetzt sind maximal 30 Zeichen erlaubt. Dieses Dateisystem wird noch heute gern zum Datenaustausch mittels Disketten eingesetzt, genauso wie das `xiafs`.

Extended fs support Aufgrund der Beschränkungen des Minix-Dateisystems wurde recht schnell ein neues Dateisystem entwickelt, das sogenannte „extended filesystem". Dieses Dateisystem wurde zum Standarddateisystem für viele Linux-Distributionen, da hier sowohl die Beschränkungen in der Partitionsgröße als auch in der Länge der Namen wesentlich weniger restriktiv waren. Dieses Dateisystem wurde durch das „extended-2-filesystem" abgelöst und existiert nur noch aus Kompatibilitätsgründen. In der Version 2.1 wurde der Quellcode für dieses Dateisystem bereits aus dem Kernel entfernt.

Second extended fs support Dieses Dateisystem ist heute der Standard für Linux. Es werden große Partitionen (größer als 2 GByte) und große Dateien unterstützt. Dateinamen können bis zu 255 Zeichen lang sein. Dieses Dateisystem ist aufgrund der Erfahrungen mit dem Extended-Dateisystem neu entwickelt worden, hat viel Raum für Erweiterungen und ist unter besonderer Berücksichtigung der Datensicherheit implementiert worden. Es ist gut gepflegt und verfügt über ein sehr leistungsfähiges `fsck`-Programm zur Konsistenzprüfung. Aufgrund verschiedener Features (z. B. der `root`-Reserve) ist es für Disketten nicht besonders gut geeignet.

---

[1] 14 Zeichen ist die maximale Länge von Dateinamen unter System V.

xiafs filesystem support Als die Beschränkungen des Minix-Dateisystems deutlich wurden und die Entwicklung des Extended-Dateisystems noch nicht abgeschlossen war, wurde dieses Dateisystem auf der Basis des Minix-Dateisystems entwickelt. Daher ist es ebenfalls sehr stabil, hat aber nicht die Features des Extended-2-Dateisystems.

DOS FAT fs support Die DOS-basierten Dateisysteme bilden im Linux-Kernel eine ganze Familie von Dateisystemen, die zum Teil auf dem gleichen Code basieren. Hier wird zunächst die allgemeine Unterstützung angefordert.

msdos fs support Zum Austausch von Daten mit anderen Rechnern oder Betriebssystemen ist dieses Dateisystem gut geeignet. Außerdem hat man damit die Möglichkeit, DOS-Partitionen beinahe transparent (DOS kennt keine Benutzer und Permissions) in das Linux-Dateisystem einzubinden.

umsdos: Unix like fs on top of std MSDOS FAT fs Dieses Dateisystem ist aus dem Wunsch heraus entstanden, daß Linux auch ohne Neupartitionierung auf eine bestehende DOS-Partition installiert werden kann. Die Geschwindigkeit und die Datensicherheit sind nicht so hoch wie beim Extended-2-Dateisystem, dennoch bietet es eine einfache Möglichkeit, Linux auszuprobieren, ohne neu partitionieren zu müssen.

VFAT (Windows-95) fs support Mit diesem Dateisystem können Sie auf Partitionen mit Windows-95-konformen Dateinamen zugreifen, allerdings wird unter Version 2.0 nicht die 32-Bit-Erweiterung aus Windows-95b unterstützt.

/proc filesystem support Viele Programme (wie z. B. `ps`) müssen auf interne Daten des Kernels zugreifen. Vor der Entwicklung des `/proc`-Dateisystems mußten diese Programme auf die entsprechenden Kernel-Adressen zugreifen. Dazu mußten sie Zugriff auf das Gerät `/dev/kmem` erhalten und die internen Datenstrukturen des Kernels kennen. Mit dem `/proc`-Dateisystem erhalten diese Programme die notwendigen Daten vom Kernel in aufbereiteter Form und sind damit nicht mehr direkt von Kernel-Versionen abhängig.

NFS filesystem support Wenn Ihr Linux-Rechner in ein Netzwerk eingebunden ist, so können Sie mit dem *Network File System* Daten von anderen Rechnern so benutzen, als wären sie auf Ihrem Rechner gespeichert. Näheres zur Konfiguration von NFS finden Sie im Kapitel 19, *Network File System (NFS)*, auf Seite 517.

SMB filesystem support Mit diesem Dateisystem können Sie Shares von Windows for Workgroups oder Windows NT unter Linux mounten. Mit dem Paket `samba` kann Linux auch als SMB-Server eingesetzt werden.

NCP filesystem support Wenn Sie als Netzwerkprotokoll IPX aktiviert haben, können Sie mit diesem Dateisystem auf Novell-Netware-Server zugreifen. NCP steht für NetWare Core Protocol. Mit den Paketen `lwared` oder `mars_new` kann Linux auch als NetWare-Server verwendet werden.

ISO9660 cdrom filesystem support Wenn Sie Support für ein CD-ROM-Laufwerk angewählt haben, so können Sie mit dem ISO9660-Dateisystem CDs in das Linux-Dateisystem einhängen. Dieser Standard definiert die Speicherung von Daten auf CDs. Linux unterstützt dabei die Rockridge Extensions, damit können auch Unix-Dateinamen und Permissions auf CDs gespeichert werden.

OS/2 HPFS filesystem support (read only) Mit diesem Dateisystem können Sie lesend auf OS/2-Partitionen, die mit HPFS (High Performance File System) formatiert wurden, zugreifen.

System V and Coherent filesystem support Wenn Sie auf Ihrem Rechner ein anderes Unix-System installiert haben, können Sie mit diesem Dateisystem möglicherweise auf diese Daten zugreifen.

Weitere Dateisysteme im Standard-Kernel sind das Amiga-Filesystem und das Unix-Filesystem (UFS). In der Version 2.2 dazugekommen ist der Treiber für das NT Dateisystem (NTFS) und die Jolliet-Erweiterungen, die lange Dateinamen auf Windows-CDs bereitstellen.

character devices

Im folgenden Abschnitt werden einzelne zeichenorientierte Geräte konfiguriert. Das sind zum einen spezielle serielle Karten (sogenannte Multiport-Karten), aber auch Drucker und Mäuse, die nicht an einer seriellen Schnittstelle angeschlossen sind.

Standard/generic serial support Der normale serielle Treiber kann als Modul kompiliert werden, wenn Sie keine serielle Maus haben oder die Schnittstellen nur selten benutzen.

Digiboard PC/Xx Support Kompiliert den Treiber für eine spezielle Schnittstellenkarte.

Cyclades async mux support Aktiviert den Treiber für die passende Cyclades-Multiport-Karte.

Stallion multiport serial support gilt analog für die entsprechenden Stallion-Produkte.

SDL RISCom/8 card support ist der Treiber für eine weitere Schnittstellenkarte.

Parallel printer support Wenn Sie an Ihrem Rechner einen Drucker am Druckerport (parallele Schnittstelle) angeschlossen haben, können Sie den entsprechenden

Treiber in den Kernel einkompilieren, indem Sie diese Option aktivieren. Andernfalls wird dieser Treiber als Modul übersetzt und kann zur Laufzeit in den Speicher geladen werden.

Busmouse-Support Es existieren für einige verbreitete Bus-Mäuse entsprechende Linux-Treiber. Die genaue Installation ist ausführlich in der Busmouse-HowTo beschrieben.

Support for user misc device modules Um nicht für jeden Treiber eine eigene Major-Number reservieren zu müssen, können Programmierer hier einfache Treiber, die beispielsweise nur eine oder zwei Minor-Numbers benötigen, einklinken.

Advanced Power Management BIOS support Viele Laptops sind mit Stromsparfunktionen ausgestattet. Diese können unter Linux verwendet werden, wenn Sie diese Funktion aktivieren.

Watchdog Timer Support Mit dieser Option wird ein Software-Wachhund aktiviert. Dieser kann dazu dienen, einen unbenutzbaren Rechner schnell unbeaufsichtigt zu rebooten. Lesen Sie hierzu auch die Datei `watchdog.txt`. Wenn Sie einen Server überwachen wollen, dann sollten Sie eine entsprechende Schnittstellenkarte installieren, da dieses Verfahren wesentlich besser als die reine Softwarelösung ist.

Sound

Die Konfiguration einer Soundkarte unter Linux ist eine Wissenschaft für sich. Daher verweise ich hier nur auf die Sound-HowTo, da ich selbst keine Soundkarte besitze.

Übersetzen des Kernels

Nach der Konfiguration muß nun der Quelltext des Kernels übersetzt werden. Zur Sicherheit sollte zunächst keine Installation mit LILO (dem Boot-Lader) erfolgen, sondern eine Boot-Diskette erstellt werden. Funktioniert das System auch mit dem neuen Kernel einwandfrei, so kann dieser dann mit `make install` installiert werden. Weitere Informationen zur Verwendung von `make` finden Sie in Abschnitt 12.1, *Das Programm make*, auf Seite 373. Die zur Übersetzung des Kernels notwendigen Befehle finden Sie im Listing 4.1. Weitere Informationen finden Sie auch in der Datei `/usr/src/linux/README`. Das Übersetzen des Kernels dauert je nach Prozessor und Speicherausbau zwischen wenigen Minuten (schneller Pentium) und mehreren Stunden (386SX mit 4 MB Speicher).

Anschließend sollte mit der eben erstellten Diskette neu gebootet und nach einem erfolgreichen Test der Befehl `make install` zur Installation des neuen Kernels ausgeführt werden. Falls in Ihrem System der Boot-Lader LILO installiert ist, ist dieser Befehl äquivalent zu dem Kommando `make zlilo`. Verwenden

```
(Linux):/usr/src/linux# make dep
(Linux):/usr/src/linux# make clean
(Linux):/usr/src/linux# make
(Linux):/usr/src/linux# make zdisk
(Linux):/usr/src/linux# make modules
(Linux):/usr/src/linux# make modules_install
```

Listing 4.1: Übersetzung des Kernels

Sie jedoch einen anderen Boot-Lader wie z. B. `loadlin`, dann können Sie ein Skript `/sbin/installkernel` anlegen, das alle Operationen zur Installation des neuen Kernels automatisch durchführt.

Update des Kernels

Ein Update des Kernels kann auf zwei Wegen erfolgen. Es kann entweder ein komplett neuer Kernel installiert werden, oder die Änderungen am Quellcode können mit dem Programmes `patch` (siehe auch den Abschnitt 11.2, *Patches erzeugen und einspielen*, auf Seite 324) auf die Kernel-Quellen übertragen werden.

Komplettinstallation des Kernels

Die Neuinstallation eines kompletten Kernels ist recht einfach. Zunächst sollten die alten Kernel-Quellen gesichert werden, so daß im Fehlerfall wieder der alte Kernel verwendet werden kann. Bei ausreichend Platz auf der Festplatte genügt es, den kompletten Pfad umzubenennen. Andernfalls kann es sinnvoll sein, den Kernel nach `make clean` in einem (komprimierten) Archiv (z. B. mit `tar`) zu speichern. Anschließend können die neuen Kernel-Quellen ausgepackt werden, und das bekannte Verfahren der Kernel-Konfiguration und Übersetzung wird durchlaufen. Viele systemnahe Programme sind darauf angewiesen, daß zumindest der Schritt `make config` durchgeführt wird. Die hier notwendigen Befehle finden Sie in Listing 4.2.

```
(Linux):/usr/src/linux# make clean
(Linux):/usr/src/linux# cd ..
(Linux):/usr/src# mv linux linux.old
(Linux):/usr/src# tar zxvf /tmp/linux-1.2.2.tar.gz
(Linux):/usr/src# cd linux
(Linux):/usr/src/linux# make config
...
```

Listing 4.2: Komplett-Update des Kernels

Patchen des Kernels

Die zweite Methode, den Kernel zu aktualisieren, ist das sogenannte Patchen des Kernels. Da sich der Quellcode von zwei Kernel-Versionen oft kaum unterscheidet, müssen bei einem Update erheblich weniger Daten übertragen werden. Ein Patch enthält genau die Änderungen von einer Version zur nächsten. Möchte man also einen um mehrere (viele) Versionen neueren Kernel verwenden, so ist es oft einfacher, die neuen Quellen zu besorgen, als alle Patches in der richtigen Reihenfolge anzuwenden.

Werden diese Voraussetzungen beachtet, so ist ein Update des Kernels recht einfach. Zur Veranschaulichung folgt die Darstellung des Updates von Kernel 1.2.1 auf die Version 1.2.2. Der wesentliche Vorteil von Patches ist, daß man alle Änderungen am Quelltext relativ übersichtlich vorfindet. Es empfiehlt sich bei etwas Programmiererfahrung unbedingt, einen Blick auf die Patches zu werfen, bevor man sie installiert. Das hier verwendete Programm `zmore` finden Sie in der verbreiteten Slackware Distribution nicht, statt dessen müssen Sie `zless` benutzen. Beispielhaft finden Sie die entsprechenden Befehle im Listing 4.3. Der Befehl `make mrproper` löscht neben allen Arbeitsdateien auch die alte Kernel-Konfiguration.

```
(Linux):/usr/src/linux# zmore /tmp/patch-1.2.2.gz
(Linux):/usr/src/linux# zcat /tmp/patch-1.2.2.gz|patch -p1
(Linux):/usr/src/linux# make mrproper
(Linux):/usr/src/linux# make config
...
```

Listing 4.3: Update des Kernels mittels `patch`

Nach einem Patch sollte nach eventuell fehlgeschlagenen Änderungen gesucht werden. Dazu kann mit dem Programm `find` (siehe auch den Abschnitt 11.1, *Suchen von Dateien mit dem Kommando `find`*, auf Seite 305) nach den entsprechenden Sicherungsdateien gesucht werden. Diese Dateien heißen je nach `patch`-Version `*.rej` oder `*#`. Fehlgeschlagene Änderungen sind ein schlechtes Zeichen, hier sollten je nach Erfahrung entweder ein komplett neuer Kernel eingespielt oder die Änderungen mit einem Editor von Hand durchgeführt werden. Wenn Sie selbst den Kernel modifiziert oder zusätzliche Patches installiert haben, dann kann das durchaus zu solchen Problemen führen.

Ebenfalls werden Sicherungskopien der erfolgreich veränderten Dateien angelegt. Diese Dateien heißen je nach `patch`-Version `*.orig` oder `*~`. Sie können später gelöscht werden. Weitere Informationen zu dem Programm `patch` finden Sie im Abschnitt 11.2, *Patches erzeugen und einspielen*, auf Seite 324.

4.2 Konfiguration der Hardware

Viele Treiber verwenden Auto-Probing, um die entsprechende Hardware zu finden und dann zu initialisieren. Dabei wird an verschiedenen IO-Adressen (Ports), Interrupts oder DMA-Kanälen nach charakteristischen Signaturen gesucht. Dies kann zum Absturz des Rechners führen, es können aber auch installierte Geräte nicht gefunden werden. In solchen Fällen können Sie einmal die Liste der zu prüfenden Adressen bzw. Interrupts im Kernel ändern, häufig aber auch die entsprechenden Parameter mittels der Kernel-Kommandozeilen einstellen. Dies setzt allerdings voraus, daß Sie einen entsprechenden Boot-Lader (siehe auch Kapitel 3, *Ablauf eines Systemstarts*, auf Seite 41) verwenden. Die Syntax der Kommandozeilenoption für den Kernel hängt von den einzelnen Treibern ab, daher finden Sie diese in den entsprechenden HowTo- bzw. `README`-Dateien dokumentiert.

Oft werden Multi-Serial-Karten nicht korrekt erkannt. Die entsprechenden Parameter (IO-Adresse und IRQ) können mit `setserial` eingestellt werden. Entsprechende Beispiele findet man in der verbreiteten Slackware-Distribution in der Datei `/etc/rc.d/rc.serial`.

Einige Treiber, z. B. CD-ROM-Treiber, unterstützen die Konfiguration des Verhaltens der Geräte über die `ioctl()`-Funktion. Hier kann z. B. der automatische Auswurf der Lade beim Abhängen des CD-ROM-Dateisystems ein- oder ausgeschaltet werden. Ein Beispiel, das direkt eingesetzt werden kann, ist das Paket `cdeject`. Die Parameter für ein QIC-02-kompatibles Bandlaufwerk können Sie mit dem Programm `setqic2` einstellen, wenn Sie diese nicht fest in den Kernel einkompiliert haben.

4.3 Kernel-Module

Einer der Kritikpunkte an Linux ist die Verwendung eines monolithischen Kernels anstelle des heute „modernen" Micro-Kernels. Diese Kritik ist jedoch nur teilweise berechtigt. Interessierte Leser seien hier auf eine Diskussion zwischen Linus Torvalds und Andrew S. Tannenbaum, dem Autor von Minix und Betriebssystemspezialist, verwiesen, in der die Vor- und Nachteile der Neuentwicklung von Linux diskutiert wurden. Diese Diskussion aus der Newsgruppe `comp.os.minix` finden Sie in der Datei `linux_is_obsolet` im `doc`-Verzeichnis der Linux `ftp`-Server.

Unter einem Micro-Kernel (wie z. B. Mach) versteht man einen minimalen Kernel, der nur die notwendigsten Funktionen (wie Speicher- und Prozeßmanagement oder Hardware-Treiber) enthält. Dateisysteme, Personalities (wie ein BSD- oder Unix-Interface) oder andere Funktionen werden später geladen und können im User-Space, also mit Hilfe von normalen Programmen, implementiert werden. Dadurch erhält man größere Flexibilität, aber erkauft sich diese durch höheren Verwaltungsaufwand. Da Linux zunächst auf (aus heutiger Sicht) recht langsamen 386er PCs entwickelt wurde, hat Linus Torvalds auf „moderne“ Konzepte wie einen Micro-Kernel verzichtet.

Im Lauf der Zeit haben sich aber auch einige Nachteile des bisherigen Konzepts gezeigt. So muß für einen neuen Treiber der Kernel beinahe vollständig neu übersetzt werden. Bei der Entwicklung eines Treibers muß nach jeder Änderung der Kernel neu gestartet werden, was mit einem Neustart des Rechners verbunden ist. Dadurch dauert die Entwicklung von Treibern länger, und die Anwender vermissen die Flexibilität anderer Systeme.

Aus dieser Erkenntnis heraus wurde das Konzept der Kernel-Module entwickelt. Dabei werden zur Laufzeit des Kernels (ohne einen Neustart des Rechners) Treiber oder andere Funktionen zum Kernel hinzugefügt (mit dem Programm `insmod`) oder wieder aus diesem entfernt (`rmmod`). Eine Liste der geladenen Module können Sie mit dem Befehl `lsmod` anzeigen.

Ein Modul ist eine beinahe normale Objektdatei, wie sie von C-Compiler erzeugt wird. Da ein Modul nicht allein funktionieren kann, sondern der Zugriff auf einige interne Kernel-Strukturen notwendig ist, müssen innerhalb des Kernels diese Symbole exportiert werden. Alle diese Symbole müssen in der Datei `linux/kernel/ksyms.c` definiert werden. Fehlt ein Symbol, so kann das Modul nicht geladen werden. Genauso muß die Kernel-Version entweder exakt passen (wenn der Kernel ohne `CONFIG_MODVERSIONS` übersetzt wurde), oder die Modul-Version muß mit der des Kernels verträglich sein. Diese Prüfungen werden anhand von Prüfsummen von dem Befehl `insmod` beim Laden des Moduls durchgeführt.

Im zweiten Schritt wird das Modul initialisiert, ein Treiber kann z. B. nach der zugehörigen Hardware suchen. Ist die Initialisierung nicht erfolgreich, so wird das Modul wieder aus dem Speicher entfernt. Andernfalls läuft das Modul genauso im Kernel-Space, als wäre es in den Kernel einkompiliert. Damit besteht voller Zugriff auf die gesamte Hardware, so daß bei der Programmierung eines neuen Moduls mit derselben Vorsicht (Datensicherungen, defensive Programmierung) wie im eigentlichen Kernel vorgegangen werden sollte.

Nach der Benutzung können Module, soweit sie nicht mehr benötigt werden, mit dem Befehl `rmmod` aus dem Kernel-Speicher entfernt werden. Dabei wird eine Clean-up-Funktion aufgerufen, die eventuell belegte Ressourcen wie Speicher, IO-Ports oder Interrupts wieder freigibt. Module, die noch aktiv sind, können nicht gelöscht werden.

Beim Laden von Modulen können Variablen, wie z. B. zu verwendende IO-Ports oder Interrupts, als Parameter angegeben werden. Diese Variablen werden von `insmod` vor der Initialisierung des Moduls verändert. Damit können langwierige und teilweise gefährliche Auto-Probes verhindert werden. In Listing 4.4 finden Sie ein Beispiel für das Laden und Entfernen eines Moduls.

```
(Linux):~# insmod sbpcd.o sbpcd=0x300,1
sbpcd.c v3.6-1 Eberhard Moenkeberg <emoenke@gwdg.de>
Scanning 0x300 (LaserMate)...
Drive 0 (ID=0): CR-562 (0.80) at 0x300 (type 0)
data buffer size: 8 frames.
(Linux):~# lsmod
Module:          #pages:  Used by:
minix               5
sbpcd              10
...Benutzung des Moduls...
(Linux):~# rmmod sbpcd
sbpcd module released.
```

Listing 4.4: Benutzung eines Kernel-Moduls

Die bei der Kernel-Konfiguration angewählten Module werden mit dem Befehl `make modules` übersetzt und mit `make modules_install` in das Verzeichnis `/lib/modules/`*`Kernelversion`* installiert. Die Module können auf verschiedene Arten geladen werden:

- Der Systemadministrator kann Module mit dem Befehl `insmod` laden.
- Mit dem Befehl `depmod` kann eine Art Makefile erstellt werden, die Abhängigkeiten von Modulen enthält. Anschließend kann mit dem Programm `modprobe` ein einzelnes Modul oder ein ganzer Stapel von Modulen geladen werden.
- Der Kernel kann mit Hilfe des `kerneld`-Dämon ein Modul bei Bedarf automatisch laden. Mit der Version 2.2 wurde `kerneld` durch das Programm `kmod` ersetzt. Die Implementation wurde einfacher, die Funktion ist für den Systemverwalter erhalten geblieben.

Die Programme `depmod`, `modprobe` und `kerneld` lesen die Konfigurationsdatei `/etc/conf.modules`. In dieser Datei können Aliasnamen für Module oder Parameter für das Laden der Module festgelegt werden. Damit ist es möglich, nur die notwendigsten Treiber und Funktionen in den Kernel einzukompilieren und den Rest dem `kerneld` zu überlassen. Ein Beispiel für die Datei `conf.modules` finden Sie in Listing 4.5.

Kommentare werden durch ein Nummernzeichen (#) eingeleitet und reichen bis zum Zeilenende. Mit dem Schlüsselwort `alias` kann ein Aliasname zu einem Modul festgelegt werden. So kann z. B. beim Zugriff auf ein zeichenorientiertes Gerät mit der Major-Nummer 27 (Aliasname) das `ftape`-Modul (echter Name) geladen werden. Wird als echter Name `off` angegeben, so wird das Modul nicht von `modprobe` oder `kerneld` geladen.

```
# Das Dummy-Device für das Netz
alias dummy0 dummy
#options dummy -o dummy0

# Aliasnamen für ISO-Dateisystem (CD)
alias iso9660fs isofs
alias cdfs isofs

# Aliasnamen für den Soundblaster-CD-ROM-Treiber
alias block-major-25 sbpcd
options sbpcd sbpcd=0x300,1

# Aliasnamen für a.out
alias binfmt-204 binfmt_aout
alias binfmt-267 binfmt_aout

# ftape-Treiber
alias char-major-27 ftape
```

Listing 4.5: Die Datei `conf.modules`

Mit `options` können Optionen angegeben werden, die beim Laden des Moduls verwendet werden. Damit kann der interne Name eines Moduls verändert (Option `-o`) oder eine Variable gesetzt werden. Die Schlüsselwörter `path` und `depfile` geben an, in welchem Pfad Module bzw. die Datei mit den Abhängigkeiten gespeichert werden. In der Regel müssen Sie diese Einstellungen nicht verändern.

Beim Systemstart erstellt man mit `depmod -a` die Datei `modules.dep`, die die Abhängigkeitsstruktur der Module enthält. Anschließend kann ein Modul mit `modprobe` *`Modul`* geladen werden, wobei eventuell notwendige Module automatisch vorher geladen werden.

Wesentlich bequemer ist die Verwendung von `kerneld`, der diese Funktion automatisch und für den Benutzer vollkommen transparent durchführt. Ein weiterer Vorteil des `kerneld` ist, daß unbenutzte Module automatisch aus dem Speicher entfernt werden. `kerneld` benötigt die Datei `modules.dep` und die Konfigurationsdatei `/etc/conf.modules`. Die meisten Distributionen enthalten heute den `kerneld`, der die Verwaltung der modularisierten Kernel übernimmt.

Aufgrund der Implementierung der Modul-Schnittstelle ist es jetzt auch möglich, daß Hardware-Anbieter Treiber für ihre Hardware nur als Binärcode freigeben. Die Hoffnung der Linux-Entwickler ist jedoch, daß aufgrund von Inkompatibilitäten bei zukünftigen Kernel-Versionen und der einfacheren Wartung von Treibern im Standard-Kernel dennoch der Quellcode freigegeben wird.

Viele Distributionen enthalten nur noch eine Boot-Diskette für alle Systeme. Damit entfällt die Auswahl einer (hoffentlich) passenden Boot-Diskette. Auf dieser sind dann *alle* Hardware-Treiber als Modul enthalten. Nach der Installation wird ein ebenfalls modularer Kernel mit den zugehörigen Modulen auf die Festplatte kopiert.

Was passiert aber, wenn das Root-Dateisystem auf einem Medium liegt, das nur mit Hilfe eines Kernel-Moduls angesprochen werden kann? Hier wird die Funktion `initrd` eingesetzt. Es wird eine initiale Ram-Disk erstellt, die alle Treiber enthält. Beim Einhängen des Root-Dateisystems werden alle notwendigen Module geladen, und anschließend wird die RAM-Disk wieder freigegeben.

Weitere Informationen und Bezugsquellen	
Manpages:	`insmod(1)`, `rmmod(1)`, `lsmod(1)`, `ksyms(1)` `depmod(1)`, `modprobe(1)`, `modules(2)`
`ftp`-Server:	`metalab.unc.edu`
`ftp`-Pfad:	`/pub/Linux/kernel`
Dateiname:	`modutils-2.0.0.tar.gz`
Größe:	ca. 115 kBytes

4.4 Systemkonfiguration

Eine Reihe von Einstellungen kann nur vom Systemadministrator vorgenommen werden, beispielsweise das Verwalten von Benutzerkennungen, Dateisystemen, Netzwerkanschlüssen und andere Einstellungen. Hier werden die Bereiche vorgestellt, die nicht in einem eigenen Kapitel besprochen werden (wie z. B. die *Netzkonfiguration*, siehe Kapitel 15, *Linux in einer vernetzten Umgebung*, auf Seite 439).

4.5 Dateisysteme und Datenträger

Unter Unix kennt man keine Laufwerksbuchstaben. Alle Daten sind in einen Verzeichnisbaum integriert und dort ansprechbar. Für Benutzer ist es vollkommen unerheblich, auf welcher physikalischen Festplatte oder welchem File-Server die Daten gespeichert sind. Wenn die Pfade zu den Dateien auf allen Rechnern im Netz gleich sind, dann merkt der Benutzer keinen Unterschied, ob er auf dem File-Server angemeldet ist oder an einem beliebigen Client.

Das Einhängen von Dateisystemen zum Aufbau der Verzeichnishierarchie ist normalerweise Aufgabe des Systemadministrators. Dennoch ist es üblich, daß auch nichtprivilegierte Benutzer auf mitgebrachte Datenträger wie Disketten, Magnetbänder oder CDs zugreifen können. Je nach Datenträger und Dateisystem bieten sich verschiedene Möglichkeiten an.

Das Paket mtools für DOS-Dateisysteme

Der Zugriff auf DOS-Disketten oder Festplatten-Partitionen kann mit Hilfe der mtools erfolgen. Dazu werden in der Datei /etc/mtools.conf die vorhandenen Laufwerke bzw. Partitionen eingetragen, soweit sie verfügbar gemacht werden sollen. Alternativ kann die Datei ~/.mtoolsrc verwendet werden bzw. die Datei, deren Name in der Umgebungsvariablen MTOOLSRC gespeichert ist.

Zur Verwendung der mtools muß der Benutzer Zugriffsrechte auf die entsprechenden Geräte haben. Das kann z. B. durch die Zuordnung zu einer speziellen Gruppe in der Datei /etc/group erfolgen, die dann auch Lese- und Schreibrechte auf die entsprechenden Gerätedateien hat (Listing 4.6). Alle Benutzer, die die Diskettenlaufwerke benutzen dürfen, werden zusätzlich in die Gruppe floppy aufgenommen.

```
(Linux):~# chgrp floppy /dev/fd[01]*
(Linux):~# chmod 660 /dev/fd[01]*
```

Listing 4.6: Setzen der Berechtigungen zum Zugriff auf Diskettenlaufwerke

Die Befehle für den Zugriff auf DOS-Datenträger sind die von DOS bekannten, wobei jedoch zur Unterscheidung von anderen Befehlen jedem Befehlsnamen ein „m" vorangestellt wird (mcopy, mformat, mtype, mcd usw.). Bei allen Programmen der mtools außer mformat kann das entsprechende Device mit automatischer Erkennung der Datenträgergröße verwendet werden. Da das Formatierprogramm die Größe nicht selbst ermitteln kann, muß hier das passende Gerät verwendet werden. Ein Beispiel für die Datei /etc/mtools.conf finden Sie in Listing 4.7. Die entsprechenden Dateisysteme dürfen grundsätzlich nicht gleichzeitig eingehängt sein, da sonst die Dateisysteme beschädigt werden können.

Auf den meisten unterstützten Plattformen können die mtools ohne weitere Konfiguration verwendet werden. Im Beispiel in Listing 4.7 werden zusätzlich noch die DOS-Partition und die virtuelle Diskette und Festplatte für den DOSemu verfügbar gemacht. Weitere Informationen zur Konfiguration der mtools finden Sie in der ausführlichen Info-Dokumentation.

Die aktuelle Version der mtools unterstützt das VFAT-Dateisystem vom Windows 95. Damit ist es möglich, lange Dateinamen auch auf Disketten zu speichern, und es ist wirklich problemlos möglich, derartige Dateien zu transportieren. Im Gegensatz zu mit tar oder cpio erstellen Disketten sind diese dann auch an einem DOS- oder Windows-PC lesbar.

```
drive a: file="/dev/fd0" exclusive
drive b: file="/dev/fd1" exclusive

# First SCSI hard disk partition
drive c: file="/dev/sda1"

#dosemu floppy image
drive m: file="/var/lib/dosemu/diskimage"

#dosemu hdimage
drive n: file="/var/lib/dosemu/hdimage" offset=3840
```

Listing 4.7: Auszug aus der Datei `/etc/mtools.conf`

Weitere Informationen und Bezugsquellen	
`ftp`-Server:	`ftp.gnu.org`
`ftp`-Pfad:	`/pub/gnu`
Dateiname:	`mtools-2.0.7.tar.gz`
Größe:	ca. 60 kByte

Das Programm `mount`

Eine weitere Möglichkeit, um auf Datenträger zuzugreifen, ist das Einhängen in den Linux-Verzeichnisbaum. Die meisten Partitionen werden beim Systemstart automatisch eingehängt und können, abhängig von den dort vergebenen Berechtigungen (siehe Kapitel 5, *Benutzer, Gruppen und Berechtigungen*, auf Seite 143) von allen Benutzern verwendet werden. Dazu wird in den Start-Skripten das Programm `mount` aufgerufen, das die Datei `/etc/fstab` auswertet. Die Zuordnung von Dateisystemen und deren Mount-Points ist statisch.

Der Befehl `mount` ist jedoch ein privilegierter Befehl, der nur vom Systemadministrator ausgeführt werden darf. Damit können normalerweise nichtprivilegierte Benutzer keine zusätzlichen Dateisysteme einhängen. Das Programm `usermount` bzw. das Programm `mount` aus dem Paket `util-linux` ist `setuid-root`-installiert und führt eine Reihe von zusätzlichen Prüfungen durch. Es können von Benutzern nur Dateisysteme angehängt werden, die in der Datei `/etc/fstab` mit der Option `user` eingetragen sind. Es können allerdings keine zusätzlichen Optionen angegeben werden.

Dabei ist zu beachten, daß diese Dateisysteme mit einer Reihe von zusätzlichen Optionen versehen werden, um Sicherheitsprobleme zu vermeiden. Besonders wichtig sind dabei die Optionen `nosuid` und `nodev`. Wenn die entsprechenden Dateisysteme nicht beim Systemstart angehängt werden sollen, so ist die Option noauto anzugeben.

```
# Gerät      Verzeichnis   Typ      Optionen              Freq Pass
/dev/hda3    /             ext2     defaults              1       1
/dev/hda5    /usr          ext2     defaults              1       2
/dev/sbpcd /mount/cdrom iso9660 user,nodev,ro,noauto
/dev/fd0     /mount/fd0    msdos    user,noauto
/proc        /proc         proc     defaults
/dev/hda2    none          swap     sw
```

Listing 4.8: Auszug aus der Datei /etc/fstab

Wenn ein Dateisystem in der Datei /etc/fstab eingetragen ist, so kann beim manuellen Anhängen in die Linux-Verzeichnishierarchie auf beinahe alle Optionen verzichtet werden. Die in Listing 4.9 gezeigten Befehle sind bei der in Listing 4.8 angegebenen /etc/fstab äquivalent.

```
(Linux):~# mount -t msdos /dev/fd0 /mount/fd0
(Linux):~# mount /dev/fd0
(Linux):~# mount /mount/fd0
```

Listing 4.9: mount-Befehle unter Verwendung der Datei /etc/fstab

In der Datei /etc/fstab kann eine Reihe von weiteren Optionen angegeben werden, wie z. B. die uid und gid, unter der DOS-Dateisysteme angehängt werden (DOS kennt keine Benutzerkennungen). Das fünfte Feld gibt die Frequenz an, mit der das Dateisystem mittels dump gesichert wird. Das sechste Feld gibt an, in welcher Reihenfolge die Dateisysteme beim Booten mittels fsck geprüft werden sollen. Oft wird hier das Root-Dateisystem mit einer 1 versehen und alle übrigen Dateisysteme mit einer 2. Aus Gründen der Geschwindigkeit sollte zu einem Zeitpunkt nur ein fsck je physikalischer Platte laufen. Das unter Linux verwendete fsck-Programm stellt dies auch ohne entsprechende Einträge in der Datei /etc/fstab sicher.

Das Programm mount versteht eine Reihe von Optionen, die zum Teil für die Systemsicherheit unbedingt notwendig sind. Andere Optionen sind wichtig für die bequeme und sichere Arbeit nichtprivilegierter Benutzer. Im folgenden werden einige wichtige Optionen näher erläutert. Diese können entweder in die Datei /etc/fstab eingetragen oder beim Aufruf des Programms mount nach der Option -o angegeben werden.

- nodev verhindert, daß auf einem Datenträger eine Gerätedatei verwendet werden kann, die aufgrund der zugeordneten Berechtigungen die Systemsicherheit gefährden könnte. Sämtliche Festplattengeräte (/dev/hd* und /dev/sd*) sollten nur für den Systemadministrator (und gegebenenfalls eine entsprechende Gruppe) lesbar (und schreibbar) sein. Andernfalls könnte ein Benutzer alle Daten von dieser Festplatte lesen oder gar manipulieren. Daher sollte bei allen entfernbaren Medien (auch bei CD-ROMs) diese Option angegeben werden. Das Gegenteil dieser Option ist dev.
- Die Ausführung von Programmen von diesem Gerät kann mit der Option noexec verboten werden. Die Option exec erlaubt die Ausführung von Programmen.
- Grundsätzlich kann die Ausführung von Programmen gestattet werden, aber speziell die Verwendung von suid-Programmen kann mit der Option nosuid verboten werden. Die Option suid erlaubt die Ausführung von suid-Programmen.
- Einige Partitionen werden beim Systemstart automatisch angehängt, andere nicht. Dies wird mit den Schlüsselwörtern auto und noauto, die nur in der Datei /etc/fstab sinnvoll sind, erreicht.
- Dateisysteme können sowohl im Schreib-/Lese-Zugriff (rw) als auch nur im Lese-Zugriff (ro) angehängt werden. CD-ROMs werden automatisch als schreibgeschützt erkannt und nach Ausgabe einer Warnung im Lesezugriff verfügbar gemacht. Diese Warnung können Sie durch die Option ro verhindern.
- Die root-Partition kann nicht abgehängt werden. Daher wird sie beim Start des Systems zunächst readonly angehängt. Nach der Dateisystemprüfung wird die Zugriffsart mit der Option remount auf Schreibzugriffe geändert. Beim Herunterfahren des Systems wird mit der Option remount wieder in den readonly-Betrieb gewechselt.
- Partitionen können mit der Option sync angehängt werden, damit Änderungen nicht zunächst im Puffercache gepuffert werden. Der Standardwert ist async, mit dem eine Pufferung erlaubt wird. Für Disketten kann es sinnvoll sein, alle Daten ungepuffert zu schreiben, bevor ein Benutzer die Diskette aus dem Laufwerk entfernt.
- Nichtprivilegierte Benutzer sollten auch Disketten oder CD-ROMs anhängen dürfen. Dazu wird in der Datei /etc/fstab die Option user eingetragen. Das System verwendet dann die Optionen noexec, nosuid und nodev als Voreinstellung. Der Systemadministrator kann diese Optionen in der Datei /etc/fstab überschreiben. Sie sollten die Option user nur zusammen mit

dem wirklichen Gerätenamen (z. B. `/dev/scd0`) verwenden und nicht mit einem symbolischen Link wie `/dev/cdrom`, da manche `mount`-Versionen dieses Dateisystem nicht wieder aushängen wollen.

- Bei jedem Zugriff auf eine Datei wird die `atime` (access time) dieser Datei verändert und auf der Festplatte gespeichert. Für Dateisysteme, bei denen dieses Verhalten nicht erwünscht ist, kann die Option `noatime` verwendet werden. Interessant ist das auf Laptops und für Verzeichnisse wie `/var/spool/news`.
- Die Option `defaults` impliziert die oben erläuterten Optionen `rw`, `suid`, `dev`, `exec`, `auto`, `nouser` und `async`.

Für einzelne Dateisysteme existieren weitere Optionen. So kennt das DOS-FAT-Dateisystem, genauso wie HPFS, keine Benutzerkennungen. Daher kann beim Anhängen dem gesamten Dateisystem eine Benutzer- und eine Gruppenkennung zugeordnet werden. Dies geschieht mit den Optionen `uid=` und `gid=`, denen jeweils die numerische Identifikation folgt. Auch die Zuordnung von Berechtigungen kann nur für das gesamte Dateisystem erfolgen. Dazu wird beim Anhängen des Dateisystems die `umask=` entsprechend angegeben. Weitere Optionen werden in der Manpage zu `mount(8)` ausführlich beschrieben.

Automatisches Mounten bei Bedarf

Das statische Mounten von Dateisystemen beim Systemstart ist für lokale Dateisysteme praktisch und notwendig. Anders sieht es bei beweglichen Datenträgern oder NFS-Volumes aus. Für Anwender ist es unangenehm, vor dem Zugriff auf den eingelegten Datenträger noch (technische) Befehle eingeben zu müssen. Für Diskettenzugriffe verwende ich daher die `mtools`.

CD-ROMs müssen unter Linux vor dem Zugriff in den Verzeichnisbaum eingehängt werden. Andere Systeme wie Solaris verfügen über das Programm `vold`, daseinen eingelegten Datenträger für den Benutzer verfügbar macht. Unter Linux kann hierfür der Automounter `amd` oder das `autofs` verwendet werden. Diese Programme überwachen Verzeichnisse und mounten das entsprechende Dateisystem bei Bedarf. Wird es eine Zeitlang nicht mehr benutzt, so wird das Dateisystem wieder aus dem Verzeichnisbaum entfernt.

Seine volle Leistungsfähigkeit entfaltet der Automounter erst bei der Verwendung im Netzwerk, daher finden Sie weitere Informationen dazu im Abschnitt 19.5, *Der Automounter*, auf Seite 523. In der neuesten Kernel-Version ist das `autofs` integriert, das in absehbarer Zeit den Automounter ablösen soll.

4.6 Drucken unter Linux

Unter Unix-Systemen funktioniert das Drucken deutlich anders, als man das beispielsweise von Windows her kennt. Unter Windows installiert man im Betriebssystem einen Druckertreiber, der von allen Programmen zur Druckaufbereitung verwendet wird. Für Programmierer ist dies recht einfach zu programmieren, allerdings sehen die Druckausgaben auf den verschiedenen Druckern immer wieder anders aus. Unter Unix ist zunächst jedes Programm selbst für die Aufbereitung zuständig, daher wird in vielen Fällen PostScript erzeugt, das dann gedruckt wird. Der Vorteil ist hier, daß die Druckaufbereitung nicht vom Druckertyp abhängt, der Nachteil ist, daß das Drucken für den Programmierer unter Unix kompliziert ist. Auf das X-Window-System hat hier keine wesentliche Verbesserung gebracht.

Der einfachste Weg zu drucken ist in der Regel, den Ausdruck innerhalb der Applikation zu einem PostScript Drucker zu schicken und diese Daten dann bei Bedarf in das Druckerformat umzuwandeln. Wie das genau geht, werden wir auf den folgenden Seiten sehen.

Zunächst muß zum Drucken unter Linux der entsprechende Druckerport vom Kernel erkannt und verwaltet werden. Dazu kann entweder ein paralleler oder serieller Anschluß verwendet werden. Hier wird im weiteren vom Anschluß des Druckers am Parallelport ausgegangen. Der Treiber für diesen Port kann entweder bei der Kernel-Konfiguration in den Kernel einkompiliert oder später als Modul geladen werden (siehe auch den Abschnitt 4.1, *Konfiguration des Kernels*, auf Seite 80). Wenn der Treiber in den Kernel einkompiliert wurde, sollte nach dem Neustart des Rechners eine Meldung ähnlich der in Listing 4.10 ausgegeben werden.

```
lp1 at 0x0378, using polling driver
```

Listing 4.10: Initialisierung des Parallelports durch den Kernel

Damit hat der Kernel die entsprechende Schnittstelle erkannt und initialisiert. Einige Parameter der Schnittstelle können mit dem Programm `tunelp` verändert werden. Zunächst wird der Treiber im sogenannten „Polling-Mode“ betrieben, in dem keine Interrupts zur Ansteuerung der parallelen Schnittstelle verwendet werden. Das System wird jedoch insgesamt weniger belastet, wenn der Druckerport im Interrupt-Betrieb benutzt wird. Dazu ist allerdings ein freier Interrupt erforderlich, und die verwendete Schnittstellenkarte muß diese Funktion unterstützen.

Eine weitere nützliche Option von `tunelp` ist `-C`, die besonders vorsichtige Prüfungen beim Drucken verlangt. Dadurch kann der Drucker zunächst ausgeschaltet bleiben. Die Daten werden solange zwischengespeichert und erst dann gedruckt, wenn der Drucker eingeschaltet wird. Ausführliche Informationen zu `tunelp` finden Sie in der entsprechenden Manpage. Weitere Informationen zum Drucken unter Linux finden Sie auch in der Printing-HowTo.

Zunächst sollte ein Test erfolgen, ob der Drucker tatsächlich von Linux aus angesprochen werden kann. Dies kann als `root` einfach mit dem Befehl `cat /etc/passwd > /dev/lp1` erfolgen. Unmittelbar nach diesem Befehl sollte der Drucker mit einem Ausdruck beginnen. Dabei kann es, abhängig vom Druckertyp, verschiedene Probleme geben.

Ein bei vielen Druckern auftretendes Phänomen ist der sogenannte Staircase-Effekt. Dabei wird eine neue Zeile nicht in der ersten Spalte der nächsten Zeile begonnen, sondern hinter dem letzten Zeichen der vorhergehenden Zeile. Die Ursache hierfür ist, daß in Texten unter Linux (und Unix) die einzelnen Zeilen mit dem Zeichen LF (Line Feed) getrennt werden. In Texten unter DOS erfolgt diese Trennung mit der Zeichenkombination CR und LF (Carriage Return und Line Feed). Viele Drucker sind so konfiguriert, daß unbedingt die Zeichen CR und LF notwendig sind, um eine neue Zeile zu beginnen. Dieses Problem kann auf zwei Arten gelöst werden:

- Der Text kann vor der Ausgabe entsprechend umgesetzt werden. Das kann zum Beispiel mit dem Programm `recode` (siehe auch Abschnitt 9.11, *Zeichensatzkonvertierung*, auf Seite 279) oder einem kurzen `sed`-Skript (Abschnitt 11.6, *Textdateien bearbeiten mit `sed`* auf Seite 341) erfolgen.

- Der Drucker kann entweder mittels einer Steuersequenz oder mit einer veränderten Einstellung der DIP-Schalter des Druckers so konfiguriert werden, daß das Zeichen LF als CR+LF interpretiert wird. Diese Einstellung hat auch bei der parallelen Verwendung unter DOS keine negativen Auswirkungen, da das zweite CR ignoriert wird. Bitte sehen Sie hierfür in Ihr Druckerhandbuch.

Ein weiteres Problem ist, daß unter Linux der ISO-Latin-1-Zeichensatz verwendet wird, unter DOS jedoch meist die Codepage 437 oder 850. Damit werden Umlaute und andere Sonderzeichen unterschiedlich kodiert, so daß Ausdrucke, die Umlaute enthalten, fehlerhaft sind. Hier kann entweder der Drucker durch eine geeignete Steuersequenz oder mittels DIP-Schaltern konfiguriert oder der Text entsprechend umgesetzt werden. Zu diesem Zweck eignet sich wieder das Programm `recode`.

Das direkte Ansprechen der Druckerschnittstelle, das wir zum Testen verwendet haben, hat verschiedene Nachteile:

- Die Schnittstelle muß für alle Benutzer beschreibbar sein.

- Der gleichzeitige Zugriff mehrerer Benutzer wird nicht koordiniert.

- Die Ausgabe muß immer für den Drucker fertig aufbereitet sein.

- Der Drucker muß eingeschaltet sein, wenn eine Druckausgabe erfolgen soll.

Alle diese Probleme können mit dem `lpr`-System gelöst werden. Unter Linux wird das auch von den BSD-Systemen bekannte System eingesetzt, nicht das `lp`-System von System V. Im folgenden Abschnitt wird zunächst der Drucker in das System eingebunden und anschließend die Aufbereitung der Ausgabe besprochen.

Das `lpr/lpd`-System

Das BSD-Drucksystem besteht aus einer Reihe von Programmen und Dateien, die zur Verwaltung von Druckaufträgen in Warteschlangen benutzt werden. Druckaufträge werden mit dem Programm `lpr` erstellt, sie können später mit dem Programm `lprm` gelöscht werden. Anstehende Druckaufträge werden mit `lpq` angezeigt. Der Systemadministrator kann mit dem Programm `lpc` das gesamte Drucksystem steuern. Die zentrale Konfiguration erfolgt in der Datei `/etc/printcap`. Für den Einsatz des `lpd` kann es notwendig sein, das Netzsystem minimal (für `loopback`) zu konfigurieren. Hinweise dazu finden Sie z. B. im Abschnitt 15.4, *Aktivierung der Netzwerkgeräte*, auf Seite 449.

Die Datei `/etc/printcap`

(Printer Capabilities) ist die zentrale Konfigurationsdatei für das BSD-Drucksystem. Diese Datei hat ein ähnliches Format wie die Datei `/etc/termcap`. Jedes Feld wird durch Doppelpunkte abgetrennt, die Fortsetzung von langen Zeilen erfolgt durch ein Backslash (\) am Zeilenende. Hier wird für jeden Drucker eingetragen, welche Warteschlangen für ihn zuständig sind und wie Druckdaten zu behandeln sind. Ein solcher Eintrag wird auch *Stanza* genannt.

Das Listing 4.11 zeigt einen Ausschnitt aus einer `/etc/printcap`-Datei. Dieser Auszug enthält nur die wichtigsten Einträge, die zunächst erläutert werden, bevor komplexere Einträge erstellt werden.

Ein einzelner Eintrag (Capability) besteht aus einem zweistelligen Kürzel. Alle Kürzel werden in der Manpage zu `printcap(5)` erläutert. Kürzel, die als Parameter einen String benötigen, werden von einem Gleichheitszeichen (=) gefolgt, numerische Parameter werden mit einem Nummernzeichen (#) abgetrennt.

```
lp|Standarddrucker:\
        :lp=/dev/lp1:\
        :sd=/var/spool/lpd/lp1:\
        :sh:\
        :mx#0:\
        :lf=/var/log/lpd:\
        :lo=/var/spool/lpd/lp1/lock/lpd.lock
```

Listing 4.11: Auszug aus der Datei `/etc/printcap`

- Das erste Feld gibt den Namen des Druckers an. Mehrere Namen können durch senkrechte Striche (|) getrennt angegeben werden. Der letzte Name ist normalerweise auch der ausführlichste.
- Der Wert `lp` (line printer) gibt die Schnittstelle an, die zum Drucken benutzt werden soll. Hier wird die lokale Schnittstelle `/dev/lp1` verwendet.
- Der Wert `sd` (spool directory) legt das Verzeichnis fest, in dem Druckaufträge zwischengespeichert werden. Je Warteschlange sollte ein eigenes Verzeichnis verwendet werden.
- Der Wert `sh` (suppress header) unterdrückt die Ausgabe der Header-Seite. Dies ist für Single-User-Systeme sinnvoll. Bei Druckern, die von mehreren Benutzern verwendet werden, sollte zumindest eine kurze Header-Zeile ausgegeben werden (`sb` = short banner). Wird ein Drucker aber von vielen Benutzern verwendet, dann ist die Ausgabe einer Trennseite zwischen den Listen sehr sinnvoll.
- Das Drucksystem nimmt standardmäßig nur Aufträge an, die kleiner als 1 MByte sind. Mit dem Wert `mx` kann diese Kenngröße verändert werden. Der Wert 0 steht dabei für unendliche Größe. Eine andere Möglichkeit, große Dateien zu drucken, ist die Verwendung des Schalters `-s` (symbolischer Link) beim Druck mit `lpr`. Sie dürfen eine derartige Datei nicht bearbeiten oder löschen, solange der Druck nicht endgültig erfolgt ist.
- Die Datei `/var/log/lpd` wird als Log-Datei verwendet. Der Name wird mit Hilfe der Capability `lf` festgelegt.
- Der Wert `lo` legt den Namen fest, der für die Lock-Datei verwendet werden soll.

Es können viele (verschiedene) Drucker in die Datei `/etc/printcap` aufgenommen werden. Der Standarddrucker des Systems heißt üblicherweise `lp`. Jeder Benutzer kann mit der Umgebungsvariablen `PRINTER` einen anderen Drucker als Standard setzen. Zusätzlich kann beim Aufruf von `lpr` mit dem Schalter `-P` ein anderer Drucker angewählt werden. Weitere Informationen über das Drucksystem und seine Konfiguration finden Sie in den Handbuchseiten zu `lpr(1)`, `lpq(1)`, `lprm(1)`, `lpd(8)`, `lpc(8)` und `printcap(5)` sowie in der Printing-HowTo.

Drucken auf entfernten Rechnern

Das `lpr`-System bietet auch die Möglichkeit, auf entfernten Rechnern zu drucken. Dazu muß natürlich zwischen diesen Rechnern eine Netzwerkverbindung bestehen. Mehr zum Thema Netzwerke finden Sie in Kapitel 15, *Linux in einer vernetzten Umgebung*, auf Seite 439.

Auf dem Druck-Server (der Rechner, an dem der Drucker physikalisch angeschlossen ist) muß der Zugriff auf den Drucker von anderen Rechnern aus zugelassen werden. Dazu wird der entsprechende Rechnername in die Datei `/etc/hosts.lpd` aufgenommen. Hier muß der Name eingegeben werden, der beim Reverse-Lookup zur IP-Adresse gefunden wird. Wenn Sie DNS verwenden, dann ist dies der Name inklusive Domain.

Auf dem Client, der jetzt auf am Server angeschlossene Drucker zugreifen darf, muß in der Datei `/etc/printcap` der entsprechende entfernte Drucker eingerichtet werden. Das erfolgt mit den Einträgen `rm` (remote machine) und `rp` (remote printer), siehe Listing 4.12. Es ist sinnvoll, die Namen der Druckerwarteschlangen (Printqueues) auf dem Server und den Clients identisch zu halten. Leider müssen sich die `/etc/printcap`-Dateien zwischen dem Server und den Clients unterscheiden, so daß diese nicht direkt im Netz verteilt werden können. Möglicherweise kann Ihnen das GNU-Programm `cfengine` hier helfen.

```
drucker|Am Server angeschlossener Drucker:\
        :lp=:\
        :rp=drucker-am-server:\
        :rm=server:\
        :sd=/var/spool/lpd/drucker:
```

Listing 4.12: `printcap` *für einen Druck-Client*

Neben dem von BSD-portierten `lpr` gibt es weitere Drucksysteme. Oft wird das PLP-System (Portable Line Printer) verwendet, manchmal auch LPRng (`lpr` next Generation). Beide Systeme sind zunächst analog zu dem hier vorgestellen `lpr` zu konfigurieren, haben aber für den einen oder anderen Zweck möglicherweise Vorteile.

PLP – das Portable Line Printer Spooler System

PLP (Portable Line Printer Spooler System) ist eine Neuimplementierung des BSD-`lpr`-Systems. Dabei wurde Wert auf eine flexiblere Konfiguration, mehr Sicherheit und bessere Interoperabilität mit anderen LPD-Systemen gelegt. Der originale BSD-`lpr` bezieht seine Konfiguration nur aus der Datei `/etc/printcap`, dort können nur Printqueues eingerichtet werden. Im Gegensatz dazu wertet PLP zusätzlich die Datei `plp.conf` aus, in der weitere Konfigurationen durchgeführt werden können.

Ebenfalls vereinfacht wurde die Administration von Druckern im Netzwerk. In der Datei `/etc/printcap` können Drucker in Abhängigkeit vom Rechner definiert werden. Damit kann eine Queue-Definition auf dem Server anders aussehen als auf dem Client, es kann aber auf beiden Rechnern dieselbe Datei verwendet werden. Außerdem können Einträge aus anderen Dateien gelesen werden, so daß der Administrator Queues sehr flexibel einrichten kann. Neben der Verteilung der vollständigen `/etc/printcap` kann man die Queue-Definitionen auch in einer eigenen NIS-Datenbank verwalten. Die PLP-Dokumentation enthält entsprechende Beispiele.

Im einfachsten Fall benötigt ein Client keine Datei `/etc/printcap`. Beim Aufruf von `lpr` kann mit Hilfe der `-P`-Option einfach die gewünschte Queue auf dem gewünschten Server angegeben werden, etwa mit `lpr -PQueue@Server`.

Ein weiterer Vorteil von PLP gegenüber dem BSD-`lpr` ist die Möglichkeit, einen Input-Filter auch für Remote-Printer einzurichten. Damit kann ein Linux-Rechner zwischen verschiedenen Formaten und Protokollen ohne großen Aufwand konvertieren.

Berechtigungen für den Zugriff auf die Drucker können global und je Queue in der Datei `/etc/printer_perms` vergeben werden. Dabei kann man für jeden Rechner und Benutzer abhängig vom Namen der Queue eine maximale Priorität festlegen. Standardpriorität ist X, A ist die höchste mögliche Priorität.

```
#host   user    group queue Op  priority  max Pg  current
*       root    *     *     R   A         0       0
*       *       *     *     R   C         0       0
```

Listing 4.13: Die Datei `printer_perms`

In den Namen steht das Fragezeichen (`?`) für genau ein beliebiges Zeichen, der Stern (`*`) für eine beliebige Anzahl von Zeichen. Ein Ausrufezeichen in der ersten Spalte sorgt dafür, daß der Zugriff verweigert wird, wenn die aktuelle Zeile auf die Operation paßt. Wird in der ersten Spalte eine Tilde (`~`) angegeben, so wird der Zugriff verweigert, wenn die Zeile nicht auf die Operation paßt. Im Gegensatz zur Markierung mit dem Ausrufezeichen wird die Suche nach weiteren Matches fortgesetzt.

In den ersten vier Feldern werden der Host-Name, der Benutzername, die Unix-Gruppe und der Queue-Name angegeben, so daß man je nach Rechner, Benutzer oder Queue eigene Berechtigungen vergeben kann. Dadurch kann die Datei groß und unübersichtlich werden, andererseits hat man hier wenigstens eine Kontrolle über die Zugriffsrechte. Wenn PLP mit NIS-Support übersetzt wurde, dann können Sie im Feld Host-Name oder Benutzer auch Netgroups mit `@nertgroup` angeben.

Das fünfte Feld enthält die für den Anwender erlaubten Operationen, dabei steht `C` für „Control“ und erlaubt die Verwendung von `lpc` und `lprm` für die angegebenen Queues. Zusätzlich ist natürlich das Drucken auf diese Drucker erlaubt. Das Zeichen `M` steht für „Move“ und gestattet das Verschieben von Jobs mit dem `lpc`-Kommando `move`. Das Drucken und das Entfernen von eigenen Druckjobs erlaubt der Eintrag `R` im Feld Operation.

Das Feld Priorität legt die maximal erlaubte Priorität fest. Erlaubt sind Einträge von `A-Z`, die Standardpriorität ist `X`. Die Priorität kann beim Aufruf von `lpr` mit der Option `-C` angegeben werden.

Die letzten beiden Spalten können dazu verwendet werden, die Anzahl der gedruckten Seiten zu beschränken. Das Feld `max` enthält die maximal erlaubte Anzahl von Seiten, das letzte Feld die aktuell gedruckten Seiten.

Neben den vielen neuen Optionen und Konfigurationsmöglichkeiten bietet PLP eine Reihe von Funktionen zur Fehlersuche. Das wichtigste Programm ist `checkpc`, das die Konfigurationsdateien liest und gefundene Fehler anzeigt. Wenn Sie die Option `-f` angeben, dann versucht `checkpc`, die Fehler zu beheben. Mehr Informationen hierzu finden Sie in der Manpage zu `checkpc(8)`. Beim Aufruf von `lpr` und `lpd` können Sie mit der Option `-D` Ausgaben zur Fehlersuche anfordern. Auch hier finden Sie weitere Details in der Man-Page.

Weitere Informationen und Bezugsquellen	
`ftp`-Server:	`ftp.iona.ie`
`ftp`-Pfad:	`/pub/plp`
Dateiname:	`plp-lpd-4.1.2.tar.gz`
Größe:	ca. 2,2 MByte
Mailing-Liste:	`plp@iona.ie`, anmelden mit „subscribe" an `plp-request@iona.ie`

LPR next generation

Patrick Powell, der ursprüngliche Autor von PLP, hat die Wartung an Justin Mason abgegeben und mit der Implementation von LPRng begonnen. LPRng ist wiederum eine Neuentwicklung, die kompatibel zum ursprünglichen BSD-`lpr`-System ist. Sie enthält viele der Funktionen von PLP, wurde aber basierend auf den bisher gesammelten Erfahrungen neu entworfen. Ein Grund für die Entwicklung von PLP und LPRng waren die Probleme mit [rfc1179]: Der RFC ist die Beschreibung einer (nämlich der BSD-) Implementation. Es wurden keine Erweiterungsmöglichkeiten vorgesehen, die Beschreibung ist unvollständig und in einigen Fällen undeutlich formuliert. Aus diesen Gründen sind viele LPD-Implementationen miteinander inkompatibel, das heißt, sie können nicht in jedem Fall Druckjobs austauschen. Diese Probleme sind für Anwender nur schwer zu durchschauen. Die LPRng-HowTo enthält einige weitere Informationen dazu.

Die Konfiguration von LPRng erfolgt in der Datei `/etc/lpd.conf`. Wie bei PLP ist das Drucken ohne Konfiguration bzw. `/etc/printcap` mit dem Aufruf `lpr -P`*`printer`*`@`*`host`* möglich. Der Vorteile gegenüber PLP ist ein erweitertes Format der `/etc/printcap`, das z. B. die Option `tc=` zum Einbinden einer weiteren Konfiguration kennt. Damit und mit zusätzlichen Optionen für die Generierung des `sd=`-Eintrages ist es einfacher komplexe `printcap`-Dateien zu erstellen.

Unter PLP kann zum Zugriff auf die `printcap`-Datenbank Hesiod oder NIS verwendet werden. In der Konfigurationsdatei `plp.conf` muß das entsprechend eingerichtet, werden und die Programme müssen geeignet kompiliert werden. LPRng kennt das Konzept eines `printcap`-Filters, ein Programm, das auf der Standardeingabe den Queue-Namen liest und den zugehörigen `printcap`-Eintrag auf der Standardausgabe ausspuckt. Damit ist der Anwender viel flexibler; insbesondere benötigt `lpd` keinerlei Kenntnisse über die verwendeten Zugriffsverfahren.

Wie bei PLP wird zur Fehlersuche das Programm `checkpc` mitgeliefert. Mit Hilfe dieses Programms ist es sehr einfach möglich, die verschiedensten Konfigurationsprobleme aufzuspüren und oft automatisch beheben zu lassen. Besonders hilfreich ist die Überprüfung der Zugriffsberechtigungen auf Programme, Dateien und Verzeichnisse.

LPRng hat wie PLP ebenfalls eine Datei, in der Zugriffsrechte auf die verschiedenen Queues und Funktionen vergeben werden können. Aufgrund der Erfahrungen mit PLP hat diese aber ein anderes Format erhalten. Im Vergleich zur BSD-Implementation wurden auch die Filtermöglichkeiten stark erweitert, LPRng kann aber mit dem `printcap`-Eintrag `:bkpf:` in das alte Format umgeschaltet werden. Insgesamt bietet LPRng viele nützliche Funktionen für Netzwerke mit anspruchsvollen Druckerkonfigurationen. Für einfache Netze ist bereits die BSD-Implementation in vielen Fällen ausreichend.

Weitere Informationen und Bezugsquellen	
`ftp`-Server:	`ftp.astart.com`
`ftp`-Pfad:	`/pub/LPRng`
Dateiname:	`LPRng-stable.tgz`
Größe:	ca. 840 KByte
Copyright:	nach Wahl: GPL, Artistic License oder kommerziell
Homepage:	`http://www.astart.com/LPRng`
Mailing-Liste:	`lprng@iona.ie`, Anmelden mit „subscribe“ an `lprng-request@iona.ie`

Druckerfilter

Unter Unix hat sich die Verwendung von PostScript als Standardformat für Druckaufträge eingebürgert. Der Vorteil dieses Formats ist, daß Ausdrucke auf allen Druckern praktisch identisch sind und man sich PostScript-Dateien am Bildschirm ansehen kann.

An viele PC-Systeme ist jedoch nur ein normaler Nadel- oder Tintenstrahldrucker angeschlossen, der nicht PostScript-fähig ist. Für viele gängige Druckertypen enthält das GNU-Programm GhostScript Treiber, so daß PostScript-Dateien auf diesen Druckern ausgegeben werden können. Dazu kann die Ausgabe des Programms `gs` mit `lpr` auf den Drucker ausgegeben werden. Diese Lösung ist auf Dauer nicht befriedigend, da stets ein Eingreifen des Benutzers notwendig ist. Außerdem werden die Kommandozeilen recht schnell sehr lang und unübersichtlich.

Zur Lösung dieses Problems kann ein sogenannter Druckerfilter verwendet werden, der die Druckdaten umsetzen kann. Dazu wird ein Input-Filter verwendet, der mit dem Befehl `file` versucht, den Typ der Datei festzustellen und dann die Ausgabe entsprechend umzuwandeln. Ein Input-Filter wird für jeden Druckjob neu gestartet. Ein Output-Filter, der zunächst genauso geeignet scheint, wird jedoch nur einmal gestartet, und weitere Druckjobs werden durch denselben Prozeß bearbeitet.

Bei der Erstellung von Druckerfiltern ist unbedingt auf die Systemsicherheit zu achten, da diese Programme unter der Kennung von `root`, `daemon` oder `lp` laufen, das ist abhängig vom verwendeten Printsystem. Insbesondere die Verwendung von GhostScript (`gs`) kann zu Sicherheitsproblemen führen, da PostScript eine vollständige Programmiersprache und der Zugriff auf beliebige Dateien möglich ist. Daher sollte unbedingt der Schalter `-dSAFER` angegeben werden, damit werden die Funktionen zum Löschen und Umbenennen von Dateien deaktiviert und Dateien können nur im Lesezugriff geöffnet werden.

Ein einfach zu installierender Druckerfilter ist das Paket `magic-filter` von H. Peter Anvin. Die Übersetzung und Installation erfolgt konform zum GNU-Standard. Das Programm `./configure` untersucht das System nach den zur Verfügung stehenden Programmen und paßt die Filter entsprechend an. Mit `make` werden die Programme übersetzt und mit `make install` installiert. Der Befehl `make install_filters` installiert alle Filter im Verzeichnis `/usr/local/bin`. Oft genügen jedoch ein oder zwei Filter für die angeschlossenen Drucker, so daß es sinnvoll ist, genau diese Filter von Hand zu kopieren. Diese Filter sind Konfigurationsdateien für das Programm `magicfilter`, das anhand des Beginns der Druckdaten entscheidet, wie die Daten umzuwandeln sind, um dann gedruckt zu werden.

Ein weiterer Druckerfilter ist `apsfilter` von Andreas Klemm. Das Grundprinzip dieses Filters ist ähnlich wie das von `magic-filter`, die Realisierung sieht jedoch etwas anders aus. Im wesentlichen basiert hier die Unterscheidung der verschiedenen Dateiformate auf dem Programm `file`, das seine Daten aus der Datei `/etc/magic` liest. Damit ist `apsfilter` abhängig von der Vollständigkeit der Datei `/etc/magic`.

`apsfilter` erstellt für jeden Drucker eine Reihe von Einträgen in der Datei `/etc/printcap`. Mit diesen Einträgen kann zum einen mit dem automatischen Filter gedruckt werden, es ist aber auch möglich, eine spezielle Bearbeitung vorzugeben, indem der passende Druckereintrag aus der `/etc/printcap` angegeben wird.

Weitere Informationen und Bezugsquellen	
ftp-Server:	metalab.unc.edu
ftp-Pfad:	/pub/Linux/system/Printing
Dateiname:	magicfilter-1.1b.tar.gz
Größe:	ca. 53 KB
ftp-Server:	ftp.informatik.rwth-aachen.de
ftp-Pfad:	/pub/Linux/local/packs/APSfilter
Dateiname:	aps-48.tgz
Größe:	ca. 130 KB

Drucken auf andere Netzwerkdrucker

In vielen Netzen sind nicht alle Drucker über TCP/IP ansprechbar, oft können diese nur mit dem NetWare-Protokoll oder dem LAN-Manager-Protokoll (SMB, Windows-Netzwerk) angesprochen werden. Da Linux in beide Netzwerke integriert werden kann, ist es möglich, auch diese Drucker für Unix-Queues zu verwenden.

Wenn das IPX-System installiert und konfiguriert ist (siehe Abschnitt 20.1, *Linux als Netware-Client und -Server*, auf Seite 533), dann kann mit dem Befehl `nprint` auf NetWare-Drucker gedruckt werden. Wenn Sie den Aufruf von `nprint` in einen Input-Filter des `lpr`-Systems aufnehmen, dann können Sie einen Linux-Rechner als Gateway zwischen den verschiedenen Systemen verwenden. In diesem Fall ist der Input-Filter ein einfaches Shell-Skript (Listing 4.14), das eine Ausgabe ausführt, an die die `lpr`-Entwickler nicht gedacht hatten.

```
#!/bin/sh
nprint -U nwuser -S nwserver -n
```

Listing 4.14: Ein einfacher Input-Filter zum Ansprechen von Netware-Queues

Im Listing 4.14 wird ein Netware-Benutzer ohne Paßwort verwendet. Alternativ kann eine Benutzerkennung verwendet werden, die mit einem Paßwort geschützt ist. In diesem Fall muß im Home-Verzeichnis von `root`, `daemon` oder `lp` (das ist von der Konfiguration des Drucksystems abhängig) die Datei `~/.nwclient`, wie in Abschnitt 20.1 beschrieben, eingerichtet werden.

Auf Drucker eines Windows-Netzwerks können Sie mit `smbclient` zugreifen. Dieses Programm ist Bestandteil des `samba`-Pakets. Mehr Informationen hierzu finden Sie im Abschnitt 20.2, *Linux als SMB-Client und -Server*, auf Seite 538.

Druckerfilter sind sehr einfache und nützliche Hilfsmittel bei der Lösung von komplexen Druckproblemen. Da man als Filter alles – vom einfachen Shell-Skript bis zu komplexen Programmen in beliebigen Programmiersprachen – verwenden kann und dabei keinen direkten Zugriff auf die Ausgaben des Skripts hat ist die Fehlersuche nicht immer einfach.

Einige einfache Tips: Sie haben die Möglichkeit, den Filter zunächst von einem Shell-Prompt aus zu testen, bevor Sie ihn als Filter in das Drucksystem einbinden. Der Filter muß für den Benutzer, unter dem das Spool-System läuft, ausführbar sein, bei einem Shell-Skript muß dieses auch lesbar sein. Um den Ablauf des Filters im Spool-System verfolgen zu können, müssen Sie Ausgaben entweder auf die Standardfehlerausgabe umlenken (die Standardausgabe ist für die Druckdaten reserviert) oder mittels Ausgabeumlenkung direkt in eine Datei schreiben. Alternativ können Sie auch das Programm `logger` zum Schreiben von `syslog`-Einträgen verwenden. Das Listing 4.15 zeigt verschiedene Beispiele für die Verfahren.

```
#!/bin/sh
echo "Start des Filters" > &2
...
echo "Mittendrin" >> /var/log/printer.log
...
logger -p daemon.debug -t lpr-filter "Ende des Filters"
```

Listing 4.15: Fehlersuche in Druckerfiltern

Die Standardfehlerausgabe eines Input-Filters wird auf die Konsole ausgegeben. Mit dem `printcap`-Eintrag `lf=`*`Datei`* kann die Ausgabe in eine Datei geschrieben werden. Diese Datei muß vor dem ersten Aufruf des Filters existieren, ansonsten werden entsprechende Syslog-Einträge in die Facility `lpr` geschrieben. Auf vielen Systemen werden diese Meldungen nicht in Dateien mitprotokolliert, bei der Fehlersuche sollten Sie diese Funktion unbedingt aktivieren.

4.7 System-Logs

Jedes Unix-System und die darauf laufenden Programme schreiben zur Kontrolle des Systemverhaltens und zur Fehlersuche eine Reihe von Log-Dateien. Im Prinzip kann jedes Programm selbst diese Dateien öffnen und mit Logs füllen. In vielen Fällen (z. B. beim Web-Server `apache`) geschieht das auch. Nachteil dieses Verfahrens ist, daß jedes Programm einzeln auf die entsprechenden Verzeichnisse zu konfigurieren ist und dafür möglicherweise sogar neu kompiliert werden muß.

Eine allgemein zugängliche und einheitliche Schnittstelle, mit deren Hilfe Programme Log-Dateien anlegen[2] und schreiben können, ist der `syslogd`-Dämon. Dieser Dämon wird mit Einträgen in der Datei `/etc/syslog.conf` konfiguriert. Dabei können Nachrichten getrennt nach Herkunft oder Wichtigkeit in verschiedene Dateien umgeleitet oder angezeigt werden.

In vernetzten Umgebungen ist es möglich, die Log-Dateien von einem speziellen Rechner führen zu lassen, dem sogenannten Log-Host. Bei einem Systemcrash eines Rechners hat der Log-Host diese Daten auf seiner lokalen Festplatte gespeichert, sie gehen also normalerweise nicht verloren. Ein weiterer Vorteil ist, daß ein Angreifer zwar in einen Rechner einbrechen kann, die Log-Dateien auf dem Log-Host sind aber zunächst sicher vor ihm. Außerdem ist es praktisch, wenn die Logs von verschiedenen Rechnern an zentraler Stelle gesammelt sind: Man kann viel einfacher darin suchen und Verknüpfungen finden.

Die Log-Einträge können abhängig von der Wichtigkeit und der Herkunft in unterschiedlicher Weise behandelt werden. In Tabelle 4.1 werden die verschiedenen Herkunftsarten (Facilities) beschrieben. Die meisten hier vorgestellten Herkunftsarten sind in ihrer Bedeutung festgelegt. Wenn Sie die Herkunftsarten `local0` bis `local7` verwenden, achten Sie auf eine entsprechende Dokumentation, mindestens in der Datei `/etc/syslog.conf`.

Herkunftsart	**Beschreibung**
`auth`	Für Sicherheits- bzw. Authorisierungsmeldungen
`authpriv`	Private Sicherheits- bzw. Authorisierungsmeldungen
`cron`	Meldungen von `cron` und `at`
`daemon`	Andere Dämonen des Systems
`kern`	Ausgaben des Kernels
`lpr`	Für Logs des `lpr`-Systems
`mail`	Nachrichten des Mail-Systems (`sendmail` u. a.)
`mark`	Aufnehmen von Marken in die Log-Dateien
`news`	Ausgaben des News-Systems
`syslog`	Nachrichten des `syslogd`-Dämons
`user`	Allgemeine Nachrichten (Standardwert)
`uucp`	Logs des UUCP-Systems
`local0-7`	Lokal verwendbare Herkunftsarten

Tabelle 4.1: Herkunftsarten für `syslogd`-Nachrichten

In jeder Herkunftsart kann eine Nachricht unterschiedliche Wichtigkeit (Priorität) haben. Anhand der Priorität kann `syslog` Nachrichten selektieren und unter-

[2]Bei vielen `syslogd`-Versionen müssen die Dateien vor dem Start z. B. mittels `touch` angelegt werden.

schiedlich behandeln. Tabelle 4.2 enthält die verschiedenen Prioritäten, nach absteigender Wichtigkeit geordnet.

Wichtigkeit	**Beschreibung**
`emerg`	Es wird ein Notfall signalisiert
`alert`	„Gelber Alarm, Schilde hoch!“
`crit`	Eine kritische Situation ist aufgetreten
`err`	Eine Fehlersituation wurde erkannt
`warning`	Eine Warnung
`notice`	Ein Hinweis
`info`	Informative Meldungen
`debug`	Ausgaben zur Fehlersuche
`none`	Ignorieren dieser Herkunftsart

Tabelle 4.2: Wichtigkeiten für `syslogd`-Nachrichten

Zur Erläuterung finden Sie in Listing 4.16 ein Beispiel für die Konfiguration des `syslogd`-Dämons. Beachten Sie, daß bei vielen `syslog`-Versionen die Herkunft der Nachrichten und das Ziel durch Tabulatoren voneinander getrennt werden müssen. Leerzeichen vor oder nach dem Ziel sind bei vielen `syslogd`-Implementationen nicht erlaubt.

```
# Facility.Level                Destination
kern.*                          /var/log/kernel
kern.emerg                      *
*.err                           /var/log/errorlog
*.emerg                         /dev/console
*.=debug                        /var/log/debug
*.=crit                         root,jochen
*.crit                          @loghost
```

Listing 4.16: Auszug aus der Datei `/etc/syslog.conf`

Alle Meldungen, die der Unix-Kernel (`kern.*`) ausgibt, werden in die Datei `/var/log/kernel` geschrieben. Der `syslogd`-Dämon erkennt an dem Schrägstrich (`/`) als erstem Zeichen, daß dieses Ziel eine Datei oder ein Gerät (Device) ist. Steht vor dem Dateinamen ein Minus-Zeichen (`-`), dann werden die Nachrichten in die Log-Datei geschrieben, es erfolgt aber keine Synchronisation der Puffer. Normalerweise versucht `syslogd`, die Daten möglichst direkt auf der Festplatte abzulegen. Das kann für Systeme mit sehr aktiven Log-Dateien eine erhebliche Systembelastung verursachen. Für weniger wichtige Log-Dateien kann der Systemverwalter hier möglicherweise die Systembelastung deutlich verringern.

Meldungen aus dem Kernel, die einen Notfall signalisieren, werden an alle angemeldeten Benutzer (`*`) geschickt. Alle Meldungen aller Systeme, die `err` oder wichtiger sind, werden in der Datei `/var/log/errorlog` protokolliert. Meldungen, die einen Notfall signalisieren, werden zusätzlich auf der Konsole protokolliert.

Will man vermeiden, daß auch wichtigere Nachrichten in ein Protokoll aufgenommen werden, so gibt man die Wichtigkeit mit einem Gleichheitszeichen (=) ein. Alle Nachrichten zur Fehlersuche (und keine anderen) werden in der Datei `/var/log/debug` protokolliert. Mit einem Ausrufezeichen (`!`) kann die Bedingung negiert werden. Mit dem Eintrag `kern.!=info` werden beispielsweise alle Nachrichten selektiert, die *nicht* die Priorität `info` haben. Die Verwendung der Zeichen = und `!` ist eine Erweiterung des unter Linux verwendeten `sysklogd`.

Die letzten beiden Zeilen in Listing 4.16 demonstrieren die Benachrichtigung der Benutzer `root` und `jochen` sowie die Übertragung von Nachrichten an einen anderen Rechner (`loghost`) zur Protokollierung. Als Übertragungsprotokoll wird UDP und der Port 514 verwendet.

Wenn Sie Nachrichten auf einem Log-Host speichern wollen, dann starten Sie dort den `syslogd`-Prozeß mit der Kommandozeilenoption `-r`. Andernfalls werden keine Nachrichten von fremden Rechnern angenommen, um zu verhindern, daß jeder Benutzer im Netz die Festplatte mit Hilfe des `logger`-Programms füllen kann. Weitere nützliche Optionen sind `-l`, gefolgt von einer Liste von Rechnern, deren Domain-Namen nicht gespeichert werden sollen, und `-s`, gefolgt von eine Liste von Domainnamen, die ebenfalls nicht im Log auftauchen sollen. Mit Hilfe von Firewall-Regeln können unter Linux einfach die Rechner bestimmt werden, die einen entfernten `syslog` verwenden dürfen.

Auf einem privaten System kann es sinnvoll sein, alle `syslog`-Nachrichten auf eine unbenutzte virtuelle Konsole, z. B. `/dev/tty12`, auszugeben. Dann kann man mit einem Tastendruck die letzten Log-Einträge sehen und eventuell notwendige Maßnahmen ergreifen. Den dazu notwendigen Eintrag in die Datei `/etc/syslog.conf` finden Sie im Listing 4.17. Beachten Sie, daß nicht jedes Unix einen `*.*`-Eintrag unterstützt. Für spezielle Bearbeitungen der Log-Dateien kann zusätzlich eine Named-Pipe (FIFO) mit `mkfifo` eingerichtet werden. `sysklogd` unterstützt FIFOs durch das Pipe-Zeichen (`|`) vor dem Dateinamen.

```
*.*                              /dev/tty12
```

Listing 4.17: Alle Meldungen auf die virtuelle Konsole `/dev/tty12`

Die Ausgabedateien müssen beim Start des `syslogd`-Dämons existieren. Wenn eine Datei noch nicht angelegt ist, so gibt der Dämon eine Fehlermeldung aus. Die entsprechende Datei kann dann mit dem Befehl `touch` *`Dateiname`* angelegt werden.

Nach einer Veränderung der Konfigurationsdatei `/etc/syslog.conf` muß der Dämon neu initialisiert werden. Dazu sendet man das Signal `HUP` an den laufenden `syslogd`, z. B. mit dem Befehl `` kill -HUP `cat /var/run/syslog.pid` ``. Zur Überprüfung, ob die gewünschte Nachricht auch korrekt protokolliert wird, kann der Befehl `logger -p`*`Herkunft.Wichtigkeit`* `"`*`Text`*`"` verwendet werden. Damit ist es allerdings auch möglich, verwirrende Meldungen abzusetzen und die Log-Dateien stark zu vergrößern.

Das Verhalten von `syslog` kann beim Start mit einigen Optionen bestimmt werden. Zur Laufzeit ist die Steuerung von wichtigen Funktionen mit Hilfe von Signalen möglich.

`-d` Versetzt den Dämon in den Fehlersuchmodus. Dabei läuft `syslogd` nicht im Hintergrund und gibt viele Nachrichten zur Fehlersuche aus. Wurde `syslogd` mit dieser Option gestartet, dann kann mit den Signal `SIGUSR1` die Ausgabe der Debug-Meldungen ein- bzw. ausgeschaltet werden.

`-h` Diese Option sorgt dafür, daß über das Netzwerk empfangene Nachrichten auch an andere Rechner weitergeleitet werden. In manchen Fällen mag das sinnvoll sein, Sie können damit aber auch sehr schnell eine Endlosschleife generieren. Benutzen Sie diese Option mit Vorsicht.

`-m` *`Intervall`*
In Log-Dateien, in denen nur sehr selten etwas passiert, kann mit der Option `-m` alle *`Intervall`* Minuten der Eintrag `-- MARK --` eingefügt werden.

`-n` Normalerweise startet `syslogd` im Hintergrund. Auf Rechnern, auf denen es unbedingt erforderlich ist, daß zu jedem Zeitpunkt ein `syslogd`-Programm läuft, kann man dieses durch `init` starten lassen und dafür sorgen, daß bei einem Abbruch das Programm neu gestartet wird. In diesem Fall ist die Option `-n` notwendig, damit `init` den Prozeß überwachen kann.

`-r` Nur mit dieser Option nimmt `syslogd` Nachrichten von anderen Systemen an. Die einfachste Möglichkeit, die erlaubten Systeme zu selektieren ist die Verwendung des Linux-internen Firewallings. Andernfalls kann *jeder* Benutzer im Netz bei Kenntnis der `syslog`-Konfiguration die Log-Verzeichnisse bis zum Rand füllen.

`-l` *`Host`*`[:`*`Host`*`...]`
Wenn Nachrichten von fremden Rechnern angenommen werden, dann wird normalerweise der vollständige Name (FQDN, inklusive Domain) mitgeloggt. Dadurch werden die Zeilen in den Log-Dateien lang und unübersichtlich. Mit der Option `-l` bestimmt der Systemverwalter die Rechnernamen, die nur in Kurzform (ohne Domain) gespeichert werden sollen.

`-s` *Domain*[:*Domain*...]
: Analog zur Option `-l` werden die Host-Namen aus den angegebenen Domains nur als kurze Namen gespeichert.

Insgesamt ist `syslogd` ein sehr nützliches Programm, das aber auch seine Schwächen hat. Zunächst kann die durch `syslog` erzeugte Systemlast sehr hoch werden, und jeder Benutzer kann beliebige Meldungen in die Log-Dateien einfügen. Außerdem werden die Log-Dateien immer größer, bis sie letzten Endes allen zur Verfügung stehenden Plattenplatz belegen.

Für die Zukunft denkbar und nützlich könnten verschiedene Erweiterungen sein. Nachrichten könnten zusätzlich zur Protokollierung in Textdateien auch in einer Datenbank gespeichert werden. Innerhalb der Datenbank könnte man viele Auswertungen einfacher durchführen als mit den verschiedenen Dateien. In die `syslog`-Konfiguration könnte das Umwälzen der Log-Dateien integriert werden. Warum sollte der Systemverwalter diese Informationen mehrfach pflegen?

Zu guter Letzt könnte man beliebige Herkunftsarten zulassen, die dann als Textinformation in der Datenbank gespeichert werden könnten. Mit diesen Änderungen könnte `syslogd` noch leistungsfähiger, nützlicher und einfacher werden. Derzeit ist mir aber kein Projekt bekannt, das an diesen Problemen arbeitet.

Automatisches Kürzen von Log-Dateien

Protokolldateien haben die unangenehme Eigenschaft, daß sie immer länger werden und immer mehr Plattenplatz benötigen. Daher sollten Log-Dateien regelmäßig geleert werden. Sinnvoll ist es hier, entweder die Logs dem Systemadministrator per Mail zuzuschicken oder eine Sicherungskopie anzulegen, so daß die alten Meldungen nicht unmittelbar gelöscht werden. Zum Teil (z. B. für das News-System oder UUCP) erfolgt das bereits durch Skripten, die zu dem entsprechenden System gehören. Für die anderen Log-Dateien kann ein eigenes Skript verwendet oder auf das Paket `prune` zurückgegriffen werden. In der Red Hat-Distribution ist das Programm `logrotate` enthalten.

Das Programm `logrotate` kann beliebige Dateien bearbeiten, alte Log-Dateien löschen oder komprimieren, eine beliebige Anzahl von alten Versionen aufheben und beliebige Befehle vor oder nach dem Rotieren ausführen. Das Kürzen von Log-Dateien kann täglich, wöchentlich oder monatlich angestoßen oder von der Größe der Log-Datei abhängig gemacht werden. Bis auf die nicht vorhandene Integration mit `syslogd` erfüllt `logrotate` praktisch jede Anforderung, die ein Systemverwalter an ein derartiges Programm stellt.

Bei einem Mehrbenutzer-System ist es notwendig und sinnvoll, daß nicht jeder Benutzer alle Log-Dateien lesen kann. So sollten z. B. Fehlermeldungen bei der Anmeldung, wo in den Meldungen Benutzernamen oder Paßwörter auftauchen könnten, nur für den Systemadministrator lesbar sein. Bei der Neuanlage einer Protokolldatei mit `touch` werden die Berechtigungen gemäß der eingestellten `umask` gesetzt. Dies können die falschen Permissions sein, daher sollten Log-Dateien nicht einfach gelöscht und mit `touch` neu angelegt werden. Besser ist es, die Dateien mit Hilfe der Ausgabe-Umleitung zurückzusetzen, beispielsweise mit dem Befehl `echo -n > Logfile`.

`logrotate` erstellt mit der Option `create` in der Konfiguration für eine Log-Datei eine leere Datei mit den angegebenen Berechtigungen (Eigentümer, Gruppe und Zugriffsmode). Das Listing 4.18 zeigt ein Beispiel für eine einfache Konfiguration. Genauere Informationen finden Sie in der Manpage zu `logrotate(8)`.

```
# Log-Dateien werden wöchentlich bearbeitet
weekly
# Vier Versionen (alte Log-Dateien) aufheben
rotate 4
# Fehlermeldungen gehen per E-Mail an 'root'
errors root
# Neue Log-Dateien werden angelegt
create
# Weitere Konfigurationen in diesem Verzeichnis suchen
include /etc/logrotate.d
```

Listing 4.18: Eine einfache Konfiguration für `logrotate`

Die in Listing 4.18 dargestellte Konfiguration gilt für alle Dateien, die mittels `logrotate` bearbeitet werden sollen. Für einzelne Dateien können diese Einstellungen jedoch gezielt angepaßt werden. Das Verzeichnis `/etc/logrotate.d` dient als Sammelstelle für die Konfiguration von `logrotate`, so daß jedes Paket, das ein Log-Dateien schreibendes Programm enthält, hier eine Basiskonfiguration ablegen kann. Beispiele für derartige Pakete sind UUCP, `apache` oder `samba`.

Das Listing 4.19 zeigt die Definition einer Log-Datei in `logrotate`. Ein Eintrag beginnt mit dem Namen der zu bearbeitenden Datei, in geschweiften Klammern werden die spezifischen Einstellungen angegeben. Das erste Beispiel in Listing 4.19 enthält nur ein Skript, das nach der Umwälzung der Datei ausgeführt wird. Hier wird nur der `syslogd` angestoßen, so daß er die neu angelegte Datei (die Option `create` in Listing 4.18) verwendet.

Als zweite Datei wird `/var/log/secure` von `logrotate` bearbeitet. Da diese Datei sicherheitsrelevante Daten enthält, wird sie mit speziellen Berechtigungen angelegt. Der Benutzer `root` hat Schreibzugriff, die Gruppe `admin` darf die entsprechende Datei lesen, aber jeder andere Benutzer hat keinen Zugriff auf diese Log-Datei. Außerdem wird diese Datei nur monatlich bearbeitet und sechs Monate lang aufgehoben.

```
/var/log/messages {
    postrotate
        /usr/bin/killall -HUP syslogd
    endscript
}
/var/log/secure {
    monthly
    rotate 6
    create 640 root admin
    postrotate
        /usr/bin/killall -HUP syslogd
    endscript
}
```

Listing 4.19: Ein Beispiel für einzelne Log-Dateien und `logrotate`

4.8 Shared Libraries

Die unter Linux verwendeten Shared Libraries werden nur einmal in den virtuellen Speicher geladen, selbst wenn mehrere Programme diese Bibliotheken benutzen. Daher kann der zur Verfügung stehende Speicher für andere Dinge, wie weitere Prozesse oder Platten-Cache, verwendet werden. Aus diesem Grund läßt sich auch ein Linux-System mit nur 8 MByte Hauptspeicher immer noch gut betreiben. Shared Libraries sind aufwärtskompatibel, solange sich die erste Ziffer der Versionsnummer (die Hauptversion oder *major version*) nicht verändert. Daher ist es relativ einfach möglich, eine neue, verbesserte Bibliothek zu benutzen.

Die Verwendung von Shared Libraries hat jedoch auch Nachteile. So müssen die benötigten Bibliotheken stets auf dem System verfügbar sein. Sollte der Systemadministrator diese Bibliotheken gelöscht haben oder sollten sie bei einem Systemabsturz beschädigt worden sein, so kann es notwendig werden, das System mit einer Notfalldiskette zu starten und entsprechende Reparaturen vorzunehmen. Zur Vermeidung solcher Probleme kann eine Reihe von Programmen statisch gelinkt werden, d. h. es werden keine Shared Libraries benötigt. Da diese Programme erheblich mehr Plattenplatz belegen, beschränkt man sich auf eine Reihe von wichtigen Programmen. Das können z. B. eine kleine, aber dennoch leistungsfähige Shell wie `sash` und Utilities wie `ln` sein. Ein statisch gelinktes `ln` findet man oft auch unter dem Namen `sln`.

Das Einbinden von Shared Libraries zur Laufzeit in Programme wird durch den dynamischen Linker `ld.so`, ebenfalls eine Shared Library, durchgeführt. Die von dem Programm benötigten Bibliotheken werden zur Laufzeit gesucht und in den Adreßraum des Prozesses geladen. Die von einem Programm benötigten Bibliotheken können mit dem Befehl `ldd` *`Programm`* angezeigt werden. Ein Beispiel für diesen Befehl finden Sie in Listing 4.20.

```
(Linux):~> ldd /usr/X11R6/bin/xterm
libXaw.so.6 (DLL Jump 6.0) => /usr/X11R6/lib/libXaw.so.6.0
libXt.so.6 (DLL Jump 6.0) => /usr/X11R6/lib/libXt.so.6.0
libX11.so.6 (DLL Jump 6.0) => /usr/X11R6/lib/libX11.so.6.0
libc.so.4 (DLL Jump 4.5pl26) => /lib/libc.so.4.6.20
```

Listing 4.20: Ausgabe des Befehls `ldd`

In der ersten Spalte wird die Bibliotheksversion ausgegeben, die mit dem Programm gelinkt wurde. In Klammern wird die exakte Versionsnummer der Bibliothek aufgeführt, auf der rechten Seite stehen die nun zur Laufzeit gefundenen Bibliotheken. Im Listing 4.20 wurde das Programm `xterm` mit der Bibliothek `libc-4.5.26` gelinkt, zur Laufzeit steht die (neuere) Version `libc-4.6.20` zur Verfügung.

Der dynamische Linker durchsucht eine Reihe von Verzeichnissen, um alle benötigten Bibliotheken zu finden. Dabei wird im einzelnen in folgenden Verzeichnissen gesucht:

- Zunächst wird in den Verzeichnissen gesucht, die in der Umgebungsvariablen `LD_LIBRARY_PATH` aufgeführt sind. Diese Variable wird bei Programmen, die `setuid` oder `setgid` sind, ignoriert. Andernfalls könnte jeder Benutzer beliebige Funktionen unter der Kennung des Dateieigentümers ausführen.
- In der Datei `/etc/ld.so.cache` wird eine Liste von Bibliotheken und Verzeichnissen gespeichert. Dies erfolgt mit dem Programm `ldconfig`.
- Die Datei `/etc/ld.so.conf` enthält eine Liste von Verzeichnissen, die von `ld.so` und `ldconfig` nach den passenden Bibliotheken durchsucht werden.
- Zuletzt wird in den Systemverzeichnissen `/usr/lib` und `/lib` nach Bibliotheken gesucht.

Update von Shared Libraries

Ein weiterer Vorteil von Shared Libraries ist, daß eine neue, verbesserte Version einer Bibliothek ohne größere Probleme installiert werden kann und Programme die neue, in der Regel leistungsfähigere und stabilere Version benutzen. Da jedoch die Shared Libraries zum Betrieb des Systems unbedingt notwendig sind, muß der Systemadministrator bei der Installation neuer Bibliotheken mit der gebotenen Vorsicht zu Werke gehen.

Der Zugriff auf die `libc`-Bibliothek erfolgt mit dem Namen `libc.so.4` (siehe auch Listing 4.20). Dies ist jedoch nicht die Bibliothek selbst, sondern ein symbolischer Link, der auf die aktuelle Bibliothek zeigt. Eine neue Bibliothek wird aktiviert, indem der symbolische Link auf die neue Version umgestellt wird. Der Link darf nicht gelöscht und dann neu angelegt werden, da das Programm `ln` nicht statisch gelinkt ist und die Shared Library ohne diesen Link nicht geladen werden kann. Die Verwendung von `ln` ist auch nicht notwendig; ein Update der Bibliotheken erfolgt sinnvollerweise mit dem (statisch gelinkten) Programm `ldconfig`.

Beim Update der Bibliothek `libc` sind weitere Punkte zu beachten. Sie sollten die entsprechenden Release-Notes lesen und die Anweisungen darin verstehen und ausführen. Dort werden dann auch die entsprechenden Headerdateien des C-Compilers und weitere notwendige Bibliotheken installiert, wie z. B. neue Versionen des dynamischen Linkers `ld.so`.

4.9 Anmeldung eines Benutzers

Ein Benutzer meldet sich bei einem Linux-System mit seinem Namen und seinem Paßwort an. Dies kann z. B. an der Konsole, an einem seriellen Terminal (oder einem seriell angeschlossenen PC mit einer Terminal-Emulation wie Telix), im Netzwerk mit `telnet` oder `rlogin` oder unter X mit `xdm` erfolgen. An der Konsole stehen mehrere virtuelle Bildschirme zur Verfügung, zwischen denen mit Alt-Fn umgeschaltet werden kann. Auf einem Terminal kann eine ähnliche Funktionalität mit dem Programm `screen` erreicht werden. Dieses Programm finden Sie auf jedem GNU-Mirror.

Im einfachsten Fall werden vom Programm `init`, gesteuert durch die Datei `/etc/inittab`, auf einigen virtuellen Konsolen die `getty`-Programme gestartet. Dieses Programm initialisiert das entsprechende Gerät (`tty`) und gibt wahlweise die Datei `/etc/issue` oder eine andere Meldung aus. Anschließend wird der `login:`-Prompt ausgegeben und der Benutzername gelesen. Erst danach wird die Kontrolle an das Programm `login` übergeben, das die Identität des Benutzers prüft, indem es das eingegebene Paßwort mit dem in der Datei `/etc/passwd` eingetragenen vergleicht.

So einfach, wie es zunächst beschrieben wurde, ist es in der Praxis nicht immer, da es unter Linux verschiedene `getty`-Programme gibt, die für unterschiedliche Situationen besonders geeignet sind. Im folgenden werden die verbreiteten `getty`-Versionen vorgestellt und deren Vor- und Nachteile für verschiedene Einsatzbereiche gegenübergestellt.

Bei einer Änderung an `getty`-Einstellungen kann es leicht vorkommen, daß keine Anmeldung mehr möglich ist, daher sollte stets eine Notfalldiskette verfügbar sein. Eine weitere Möglichkeit ist, zumindest eine virtuelle Konsole mit einer alten

Version oder einem komplett anderen `getty` zu betreiben. Als einfache Alternative kann hier das Programm `agetty` bzw. das interne `getty` des System-V-`init` verwendet werden.

Die Verwendung von sehr vielen `getty`-Programmen ist nicht zu empfehlen, da zum einen viele Prozesse Hauptspeicher benötigen und zum anderen bei jeder Anmeldung erneut das Paßwort eingegeben werden muß. Mit dem Programm `open` kann jedes beliebige Programm auf einer weiteren virtuellen Konsole gestartet werden, ohne daß dort eine Anmeldung erfolgen muß oder ein `getty` gestartet wurde.

Das Programm agetty

Das Programm `agetty` wurde von W. Z. Venema entwickelt und von Peter Ørbæk nach Linux portiert. Es wird mit der Kollektion `util-linux` von Rik Faith verteilt und ist ein relativ einfaches `getty`. Daher kann einerseits bei der Installation wenig falsch gemacht werden, andererseits ist es in der Anwendung relativ unflexibel. Der Einsatz von `agetty` auf den virtuellen Konsolen ist in der Kombination mit dem `simpleinit` problemlos, beim Anschluß von seriellen Terminals oder dem Einwählen per Modem eignet sich jedoch oft ein anderes `getty` besser.

Das Programm `agetty` sollte nur im Zusammenspiel mit dem `simpleinit` verwendet werden, da hier bereits `init` das korrekte Einstellen der Umgebungsvariablen `TERM` durchführt. Als Parameter werden die Baudrate des angeschlossenen Geräts und das zu verwendende `tty` erwartet. Die Reihenfolge der Parameter sollte bei diesem `getty` keine Rolle spielen. Das Beispiel in Listing 4.21 zeigt die Verwendung von `agetty` in Zusammenarbeit mit `simpleinit` für eine virtuelle Konsole und ein direkt angeschlossenes `vt100`-Terminal.

```
tty1:linux:/sbin/getty 9600 tty1
ttyS1:vt100:/sbin/getty -L 19200 ttyS1
```

Listing 4.21: Aufruf des `agetty` auf der `inittab` von `simpleinit`

Vor dem `login:`-Prompt wird die Datei `/etc/issue` angezeigt, wenn nicht die Option `-i` angegeben wurde. Bei der Anzeige werden einige spezielle Zeichenfolgen durch die entsprechenden Werte ersetzt, so daß z. B. stets die aktuelle Kernel-Version angezeigt werden kann. Die vollständige Liste der möglichen Variablen finden Sie in Tabelle 4.3.

Einige Distributionen erzeugen die Datei `/etc/issue` bei jedem Systemstart im Skript `/etc/rc.local` neu und tragen dort die aktuelle Kernel-Version ein. Bei der systemspezifischen Anpassung der Datei `/etc/issue` sollte dieses „Feature" unbedingt abgeschaltet werden.

Zeichenfolge	Ersetzung durch
`\s`	Name des Betriebssystems (Linux)
`\n`	Name des Rechners (Host-Name)
`\r`	Release des Betriebssystems (z. B. 1.2.3)
`\v`	Weitere Versionsinformationen
`\m`	Rechnerarchitektur (i386)
`\o`	Domain-Name
`\d`	Aktuelles Datum
`\t`	Aktuelle Uhrzeit
`\b`	Baudrate

Tabelle 4.3: Ersetzungen in der Datei `/etc/issue`

Beim Anschluß eines seriellen Terminals muß die Option `-L` angegeben werden, damit das Programm `agetty` das Terminal auch als lokal angeschlossen erkennt. Darüber hinaus können verschiedene Baudraten durch Kommata getrennt angegeben werden, zwischen denen mittels Break umgeschaltet werden kann.

Internes `getty` des System-V-Init

Zu dem System-V-Init existiert ein Patch, der ein einfaches `getty`, abgeleitet vom `agetty`, in das Programm `init` integriert. Ebenso ist ein einfaches `login` integriert, so daß eine Reihe von Fehlerquellen ausgeschlossen werden kann. Dadurch wird zum einen die Konfiguration einfacher, zum anderen kann ein guter Teil des Hauptspeichers für andere Zwecke verwendet werden, insbesondere, wenn viele `getty`-Programme gestartet werden und der Rechner über nur wenig Hauptspeicher verfügt.

Zur Konfiguration wurde das neue Schlüsselwort `igetty` für die `inittab` eingeführt, durch das das interne `getty` verwendet wird. Das folgende Beispiel zeigt die Verwendung in der Datei `inittab`.

```
i1:123456:igetty:tty1
```

Dieses interne `getty` ist nicht für Terminals oder Modems geeignet, da hier keine Konfigurationsmöglichkeiten für Baudraten und ähnliches bestehen. Für die virtuellen Konsolen ist es jedoch eine oft sinnvolle Alternative, wenn viele `getty`-Programme gestartet werden sollen.

Das Programm `getty_ps`

Das Programm `getty_ps` wurde ursprünglich von Paul Sutcliffe entwickelt und wird heute von Kris Gleason gepflegt. Dieses Programm eignet sich sowohl für den Betrieb auf den virtuellen Konsolen als auch für ein- und ausgehende Verbindungen über ein Modem. Aufgrund der größeren Flexibilität ist die Konfiguration etwas komplizierter als beim einfachen `agetty`, sie erfolgt fast vollständig zur Laufzeit. Bei der Übersetzung von `getty_ps` muß als einzige Konfiguration entschieden werden, ob das Programm gemäß dem Filesystem-Hierarchie-Standard konfiguriert und installiert werden soll. Tabelle 4.4 zeigt eine Übersicht über die verwendeten Pfade und Dateien.

Funktion	**Standardpfad**	**FHS-Pfad**
`gettydefs`	`/etc/gettydefs`	`/etc/gettydefs`
Konfiguration	`/etc/defaults/getty`	`/etc/conf.getty`
lokale Konfiguration	`/etc/defaults/getty.`*`Line`*	`/etc/conf.getty.`*`Line`*
Lock-Dateien	`/usr/spool/uucp`	`/var/lock`

Tabelle 4.4: Pfade und Dateien für `getty_ps`

Zunächst muß das `getty` in die Datei `/etc/inittab` aufgenommen werden. Dabei ist es wichtig, daß zumindest die Reihenfolge der Parameter richtig ist. Hinweise dazu liefert die Manpage. Außerdem kann das Programm auf einer freien Konsole zunächst ausprobiert werden, ohne in die Datei `inittab` eingetragen zu sein, indem einfach der Teil nach dem dritten Doppelpunkt direkt als Befehl eingegeben wird. Das Programm `getty` erwartet als Parameter mindestens das `tty`, auf dem eine Anmeldung erfolgen soll. Optional ist die Angabe der Geschwindigkeit und des Terminal-Typs, für den ein Eintrag in der Datei `/etc/termcap` existiert. Das folgende Beispiel zeigt je einen Eintrag in der Datei `/etc/inittab` für das System-V-`init` für eine virtuelle Konsole und ein serielles Terminal.

```
1:12345:respawn:/sbin/getty tty1 VC linux-28
S1:2345:respawn:/sbin/getty ttyS1 DT9600 vt220
```

Im zweiten Schritt muß die Datei `/etc/gettydefs` angepaßt werden. Das Format ist in der Manpage `gettydefs(5)` dokumentiert. Die Quellen des Programms `getty_ps` enthalten ein Beispiel, das zunächst unverändert eingesetzt werden kann. Dort sind die Standardwerte für die Initialisierung der Anschlüsse und der gewählten Geschwindigkeiten konfiguriert. Jede einzelne Zeile hat das folgende Format:

```
speed# init-flags # final-flags #login-string#next-speed
```

Nach jedem Eintrag ist eine Leerzeile notwendig. Die erste Zeile ist der Standardwert, falls beim Aufruf von `getty` keine Geschwindigkeit angegeben wird. Kommentare werden durch ein # am Zeilenanfang markiert. Nach Änderungen an dieser Datei sollte mit dem Befehl `getty -c` die Syntax dieser Datei überprüft werden, da bei Syntaxfehlern in dieser Datei keine Anmeldung ans System möglich ist.

`speed` ist die symbolische Angabe der Geschwindigkeit, die beim Aufruf von `getty` als Parameter angegeben wird. Wird bei `next-speed` dieser Wert erneut angegeben, so kann die Geschwindigkeit nicht verändert werden. Andernfalls kann mit der Taste [Break] zwischen den verschiedenen Geschwindigkeiten umgeschaltet werden.

Die Werte `init-flags` und `final-flags` bestimmen die initialen und endgültigen TERMIO-Einstellungen. Im Normalfall ist hier keine Änderung notwendig, für mein Terminal mußte jedoch das XON/XOFF-Protokoll ausgeschaltet werden. Dazu habe ich die Einstellungen `-IXON -IXOFF` zusätzlich in die `final-flags` aufgenommen. Die hier anzugebenden Flags sind genau die Parameter, die auch dem Programm `stty` bekannt sind. Interessierte Benutzer seien hier auf die Manpage zu `stty(1)` verwiesen.

Der `login-string` enthält den Text, der als Login-Prompt ausgegeben wird. Dabei wird, genau wie bei der Anzeige der Datei `/etc/issue`, eine Reihe von speziellen Zeichenfolgen ersetzt. Tabelle 4.5 enthält eine Auflistung dieser Zeichenfolgen und deren Ersetzungen.

Zeichenfolge	**Ersetzung durch**
`@B`	Baudrate
`@D`	Das aktuelle Datum (MM/DD/YY)
`@L`	Das aktuelle `tty`
`@S`	Name des Rechners (Host-Name)
`@T`	Die aktuelle Uhrzeit (HH:MM:SS)
`@V`	Version des Betriebssystems
`@@`	Ein einzelnes `@`-Zeichen
`\\`	Ein Backslash (`\`)
`\b`	Ein Backspace (Strg-H)
`\c`	Verhindert Zeilenvorschub
`\f`	Ein Formfeed (Strg-L)
`\n`	Ein New-Line (Strg-J)
`\r`	Ein Carriage-Return (Strg-M)
`\s`	Ein einzelnes Leerzeichen
`\t`	Ein Tabulator (Strg-I)
`\`*nnn*	ASCII-Zeichen mit Oktal-Wert *nnn*
`\@`	Ein `@`-Zeichen

Tabelle 4.5: Ersetzungen von `getty_ps`

Im letzten Schritt kann das Programm für jeden Anschluß speziell konfiguriert werden. Das betrifft zum einen die Datei `issue`, aber auch Geschwindigkeiten oder erweiterte Funktionen. Konfigurationen, die für alle Anschlüsse gelten, werden in der Datei `/etc/conf.getty` (bzw. `/etc/defaults/getty`) vorgenommen.

Für einen speziellen Anschluß heißt die Datei `/etc/conf.getty.`*`Line`* (bzw. `/etc/defaults/getty.`*`Line`*). Mit der Option `-d` kann eine andere Datei angegeben werden. Dies ist beim Test von Änderungen oft sinnvoll, damit die übrigen `getty`-Programme auf jeden Fall weiterhin lauffähig bleiben.

Die Konfigurationsdateien enthalten Zeilen der Form `NAME=`*`Wert`*. Es existiert eine ganze Reihe von Werten, die so zur Laufzeit verändert werden können. Die wichtigsten werden im folgenden vorgestellt, eine ausführliche Darstellung aller möglichen Einstellungen finden Sie in der Manpage `getty(1)`.

`SYSTEM=`*`name`*
: Die Zeichenfolge `@S` wird normalerweise durch den Host-Namen ersetzt. Mit dieser Einstellung kann ein anderer Name für das `getty` eingestellt werden.

`VERSION=`*`string`*
: Die Zeichenfolge `@V` wird im Normalfall durch die Version des Betriebssystems ersetzt. Statt dessen kann der hier angegebene Text verwendet werden. Beginnt der Text mit einem Slash (`/`), dann wird der Inhalt der angegebenen Datei angezeigt.

`ISSUE=`*`string`*
: `getty` zeigt beim Start den Inhalt der Datei `/etc/issue` an. Hier kann entweder ein anderer Text angegeben werden oder, wenn der String mit einem Slash (`/`) beginnt, eine andere Datei.

`LOGIN=`*`name`*
: *`name`* ist der komplette Pfad zu einem Programm, das anstelle des normalen `/bin/login` verwendet werden soll. Als Parameter wird der eingegebene Benutzername übergeben.

`CLEAR=`*`value`*
: `getty` löscht den Bildschirm, bevor die Datei `/etc/issue` ausgegeben wird. Wird hier der Wert `NO` eingetragen, so wird der Bildschirm nicht gelöscht.

Nach den allgemeinen Einstellungen folgt nun eine Reihe von Konfigurationsmöglichkeiten für die Verwendung von Modems bzw. seriellen Terminals in Verbindung mit `getty_ps`.

`INIT=`*`string`*
: Mit diesem Wert kann das Modem beim Start von `getty` initialisiert werden. Dazu kann z. B. der Eintrag `INIT="" ATZ\r` dienen. Die Zeichen werden als „Chat-Skript“ interpretiert, beginnend mit einem Text, der vom Modem erwartet wird.

HANGUP=*value*
Normalerweise unterbricht getty beim Start die Verbindung, so daß nach drei Fehlversuchen oder dem Ausloggen die Leitung getrennt wird. Wird hier der Wert NO eingetragen, so wird nicht aufgelegt, sondern einfach ein neuer Login-Prompt angezeigt. Dieselbe Funktion erfüllt die Kommandozeilenoption -h.

WAITCHAR=*value*
getty wartet mit der Ausgabe des Login-Promptes, bis ein Zeichen eingegeben wurde. Dies ist sinnvoll für direkt angeschlossene Terminals oder Modems, die stets Carrier Detect anzeigen.

DELAY=*seconds*
Zwischen dem ersten eingegebenen Zeichen und der Ausgabe des Login-Prompts wird normalerweise nicht gewartet. Mit dieser Option (oder der Kommandozeilenoption -r) kann eine Wartezeit festgelegt werden.

TIMEOUT=*number*
getty wartet unendlich lange auf einen Benutzernamen. Für Wahlverbindungen kann es sinnvoll sein, hier einen Timeout einzutragen. Allerdings sollte dann auch beim Ende/Neustart von getty aufgelegt werden.

CONNECT=*string*
Hier kann wieder eine Sequenz von Strings und Modembefehlen angegeben werden, mit der die Verbindung zwischen Modem und getty hergestellt wird. Das automatische Einstellen der Übertragungsgeschwindigkeit hat sich hierbei nicht als zuverlässig erwiesen.

WAITFOR=*string*
Mit diesem Parameter wird ähnlich wie bei WAITCHAR auf eine Zeichenfolge gewartet. Das Programm getty läuft erst weiter, wenn diese Zeichenfolge erkannt wurde. Im folgenden Beispiel wartet getty auf einen Anruf, der vom Modem mit dem String RING signalisiert wird. Anschließend wird abgenommen (ATA) und auf die Zeichenfolge CONNECT vom Modem gewartet. Die Zeichenfolge "" steht dabei für „nicht warten“.

```
WAITFOR=RING
CONNECT="" ATA\r CONNECT
```

Für den Modembetrieb ist es möglich, ein Login nur zu bestimmten Zeiten oder nach einer vorher festgelegten Abfolge von Klingeln und erneut anrufen zu gestatten. Diese Einstellungen können mit den folgenden Schlüsselworten gesteuert werden:

`RINGBACK=`*`value`*
: Wenn dieser Wert auf `YES` gesetzt wird, so wird ein Login nur erlaubt, wenn es ein- bis dreimal klingelt, dann aufgelegt wird und anschließend binnen 60 Sekunden erneut angerufen wird. Diese Werte können mit einer Reihe von weiteren Parametern verändert werden. `MINRINGS` und `MAXRINGS` bestimmen die minimale und maximale Anzahl von Klingelzeichen beim ersten Anruf. Die Werte `MINRBTIME` und `MAXRBTIME` geben die minimale bzw. maximale Zeit zwischen dem ersten und zweiten Anruf an.

`SCHED=`*`range1 range2 range3 ...`*
: `getty` erlaubt nur Anmeldungen in den Zeitspannen, die durch *`range`* festgelegt sind. Außerhalb dieser Zeiten sendet `getty` den `OFF`-String und wartet auf die nächste On-Zeit. Eine erlaubte Zeitspanne wird in der Form `d:hh:mm-d:hh:mm` angegeben. Dabei ist `d` der Tag der Woche (0 = Sonntag, 1 = Montag etc.), `hh` die Stunde und `mm` die Minute, zu der ein Zeitraum beginnt oder endet.

`OFF=`*`string`*
: Das Format dieser Einstellung ist dasselbe wie für den `INIT`-String. Dieser String wird an das Modem gesendet, wenn der Anschluß keine Logins mehr erlaubt. Damit kann z. B. am Modem die Auto-Answer-Funktion ausgeschaltet werden oder abgehoben werden, damit Anrufer ein Besetztzeichen erhalten.

Das Programm `getty_ps` ist auch in der Lage, mit einem Fido-Mailer zusammenzuarbeiten. Interessierte Anwender finden mehr Informationen dazu in der Manpage zu `getty(1)`.

Das Programm `getty_ps` ist ein flexibles und leistungsfähiges `getty`, das aber auch eine Reihe von Fallstricken bei der Konfiguration bereithält. Für den Einsatz von Modems oder seriellen Terminals lohnt sich der erhöhte Aufwand jedoch auf jeden Fall, da praktisch jeder Konfigurationswunsch erfüllt werden kann. Besonders nützlich ist die Fähigkeit, einzelne Anschlüsse unterschiedlich zu konfigurieren und damit unterschiedlich zu behandeln.

Weitere Informationen und Bezugsquellen	
`ftp`-Server:	`metalab.unc.edu`
`ftp`-Pfad:	`/pub/Linux/system/Serial`
Dateiname:	`getty_ps-2.0.7f.tar.gz`
Größe:	ca. 85 kByte

Das Programm uugetty

Das Programm `uugetty` gehört zum Paket `getty_ps` und wird im wesentlichen genauso konfiguriert. Es ermöglicht jedoch die Zusammenarbeit mit Programmen wie uucp auf einer seriellen Leitung, da Lock-Dateien angelegt werden, die die mehrfache, gleichzeitige Benutzung verhindern.

Linux stellt zwei Devices bereit, um mit einer seriellen Schnittstelle zu kommunizieren. Das sind zum einen die Geräte /dev/ttyS*, die für eingehende Verbindungen gedacht sind. Die Geräte /dev/cua* hingegen sind für ausgehende Anrufe gedacht. Damit kann der Kernel die Sperrverwaltung selbst durchführen. Dieses System funktioniert jedoch nur, wenn das Modem im Auto-Answer-Modus ist. Damit nimmt das Modem bei jedem Anruf nach einer festgelegten Anzahl von Klingelzeichen ab, auch wenn der Rechner nicht bereit ist oder keine Anmeldung erlaubt ist. Nimmt das getty beim Anruf selbst ab, dann muß für beide Arten der Verbindung das Gerät /dev/ttyS* verwendet werden und die Anwendungen müssen sich selbst um die Sperrverwaltung kümmern.

Der Filesystem-Hierarchie-Standard (siehe auch den Abschnitt */var/lock – Lock-Dateien* Seite 36) legt fest, daß Lock-Dateien im Verzeichnis /var/lock abgelegt werden. Nicht alle Programme verwenden dieses Verzeichnis, daher ist hier Vorsicht geboten. Nur wenn alle Programme die Lock-Dateien im richtigen Verzeichnis suchen bzw. anlegen und diese Dateien das richtige Format haben, funktioniert diese Sperrverwaltung zuverlässig. So verwenden einige Distributionen das Gerät /dev/modem zum Zugriff auf die serielle Schnittstelle, an der das Modem angeschlossen ist. Dann müssen alle Programme natürlich auch dieses Gerät verwenden (und sperren). Auf Dauer ist es sinnvoller, das echte Gerät (/dev/ttyS*) anzugeben, um diesen Problemen aus dem Weg zu gehen.

Nach diesen allgemeinen Erläuterungen nun zurück zum uugetty. Wird beim Start eine gültige Lock-Datei gefunden, so wartet uugetty, bis der Prozeß diesen Lock aufhebt, und beendet sich dann. Anschließend wird von init ein neues uugetty gestartet, das die Leitung neu initialisieren kann. Wird eine ungültige Lock-Datei gefunden (d. h. der Prozeß, der diese Datei erzeugt hat, existiert nicht mehr), so wird diese Datei gelöscht, und uugetty arbeitet wie gewohnt weiter.

Zur Laufzeit wird, wenn auf einen Anruf gewartet wird, regelmäßig nach Lock-Dateien gesucht, z. B. von uucp. Dann beendet sich uugetty, und das von init neu gestartete Programm kann das Modem neu initialisieren.

Wird keine Lock-Datei gefunden, so wartet uugetty auf eingehende Anrufe, ohne eine Lock-Datei zu erzeugen. Damit ist es möglich, das Modem für ausgehende Anrufe zu benutzen. Geht nun ein Anruf ein, so wird die entsprechende Lock-Datei erzeugt. Bei der Verwendung der RINGBACK-Funktion werden bereits beim ersten Anruf Lock-Dateien erzeugt, so daß der später zu erwartende zweite Anruf nicht von ausgehenden Calls gestört werden kann.

Das Programm mgetty

Das Programm mgetty wurde von Gert Döring entwickelt und wird zusammen mit sendfax in einem Paket verteilt. Dieses Paket ist in der Lage, sowohl ein- als auch ausgehende Anrufe zu gestatten, und kann dabei zwischen Daten- und Faxverbindungen unterscheiden. Ein weiteres Programm (vgetty) verwandelt Ihr Modem in einen Anrufbeantworter, sofern Ihr Modem diese Funktion unterstützt.

Zur Installation von mgetty müssen Sie die Datei policy.h-dist als policy.h kopieren und an Ihr System anpassen. Achten Sie hier besonders auf die korrekten Lock-Dateien. Diese Datei ist ausführlich kommentiert und enthält viele Informationen, die für den Betrieb von Fax-Modems nützlich sind. Das ausführliche Texinfo-Handbuch zu mgetty enthält weitere Hinweise für spezielle Modemtypen.

Da viele Konfigurationen zur Übersetzungszeit vorgenommen werden müssen, sollten Sie mgetty selbst übersetzen und die Quelltexte noch eine Zeitlang verfügbar halten, um weitere Anpassungen vornehmen zu können. Wenn Sie mit Ihrer Konfiguration zufrieden sind, so sichern Sie Ihre Änderungen, indem Sie einen context- oder unified-diff zwischen den Dateien policy.h-dist und policy.h dauerhaft speichern. Bei der Installation einer neuen Version oder notwendig gewordenen Anpassungen können Sie Ihre Änderungen direkt nachvollziehen (entweder von Hand, mit dem emacs-Mode ediff oder mit dem Programm patch).

Weitere Informationen und Bezugsquellen	
ftp-Server:	metalab.unc.edu
ftp-Pfad:	/pub/Linux/system/Serial
Dateiname:	mgetty+sendfax-0.98.tar.gz
Größe:	ca. 450 kByte

Arbeit an einem Terminal oder über eine Modem-Verbindung

Wenn Sie an Ihrem Rechner ein serielles Terminal angeschlossen haben, oder einen PC als Terminal verwenden oder sich mit einem Modem an ein anderes System anmelden, haben Sie nicht mehr den Komfort der virtuellen Konsolen unter Linux oder die Möglichkeit, mit gpm Daten zwischen den Konsolen mit Hilfe der Maus zu übertragen. In manchen Fällen kann man sich hier mit Emacs behelfen, aber oft ist das keine gute Idee.

In diesem Fall sollten Sie sich unbedingt das Programm GNU-screen ansehen. Dieses emuliert auf praktisch jedem Terminaltyp ein VT100 und verwaltet mehrere Sessions parallel. Sie können mit nur wenigen Tastendrücken zwischen den verschiedenen Sitzungen wechseln und Textdaten zwischen den simulierten Terminals übertragen. Tabelle 4.6 enthält eine Übersicht über die wichtigsten Tastenkombinationen.

Taste	Bedeutung
Strg-A	Escape
Strg-A, ?	Hilfe anzeigen
Strg-A, a	Ein Strg-A an die Anwendung senden
Strg-A, [	Copy
Strg-A,]	Paste
Strg-A, d	Detach
Strg-A, 0-9	Terminal 0-9 anwählen

Tabelle 4.6: Tastenkombinationen für `screen`

Außerdem können Sie sich einmal anmelden, `screen` verwenden und beim Abmelden nur in den Hintergrund schicken, aber nicht beenden. Diese Sitzung können Sie mit `screen -r` an einem anderen Terminal wieder aufnehmen.

Benutzerinformationen

Nach der erfolgten Anmeldung wird von dem Programm `login` die Datei `/etc/motd` (message of the day) angezeigt, bevor die Shell des Benutzers gestartet wird. In dieser Datei werden oft Meldungen untergebracht, die über die Systemverfügbarkeit oder neue Software informieren.

Wenn Sie auf Ihrem System `xdm` verwenden, dann können Sie das Programm `xmessage` verwenden, um eine Nachricht anzuzeigen. Andere Programme für diesen Zweck sind `xbanner` und `xmotd`.

4.10 Benutzerveränderbare Systemkonfiguration

Im folgenden Abschnitt werden die Möglichkeiten eines Benutzers erläutert, wie er, obwohl dies eigentlich Aufgabe des Systemverwalters ist, auch systemspezifische Dinge für seine Anmeldung verändern kann. Dies ist ein wesentlicher Vorteil eines Unix-Systems, da viele Probleme auch ohne Eingreifen des Systemverwalters gelöst werden können.

Bei vielen Dingen, insbesondere bei der Implementierung, ist eine Reihe von Sicherheitsüberlegungen zu berücksichtigen. Da jedoch der Quellcode des gesamten Systems zur Verfügung steht, ist es für erfahrene Unix-Kenner möglich, Sicherheitslücken durch das Studium der Programmquellen zu finden und dann zu beseitigen. Allgemein hält man Systeme, deren Quellcode verfügbar und damit überprüfbar ist, für sicherer als Systeme, die von außen nicht überprüfbar sind (security by obscurity).

4.11 Terminal-Konfiguration

Die Ansteuerung von Bildschirmgeräten (Terminals und der Konsole) erfolgt unter Unix mit Hilfe von Bibliotheken, die die Programme unabhängig von der verwendeten Hardware halten. Diese Bibliotheken lesen die Beschreibung der Terminals mit ihren Fähigkeiten und Befehlssequenzen aus sogenannten Terminal-Datenbanken.

Zunächst wurden Unix-Systeme mit einem Fernschreiber (*Typewriter*, TTY) bedient. Mit dem Aufkommen der ersten Terminals war es notwendig, auch diese Geräte zu unterstützen. Da es sehr viele verschiedene und natürlich inkompatible Terminals gab und gibt, wurde eine Methode gesucht, mit der Programme unabhängig vom verwendeten Terminal bleiben. Zunächst wurde im Rahmen des BSD-Systems die `termcap`-Bibliothek entwickelt. Auf den System-V-Systemen wurde die `curses`-Bibliothek entwickelt. Heutige Unix-Systeme unterstützen in der Regel beide Bibliotheken.

Die `termcap`-Datenbank

Eine verbreitete Datenbank ist `/etc/termcap` (*Terminal Capabilities*). Dies ist eine Textdatei, in die der Systemverwalter mittels eines Editors neue Einträge aufnehmen oder bestehende verändern kann. Da es jedoch unüberschaubar viele verschiedene Terminals gibt, ist diese Datenbank auf vielen Systemen nicht besonders aktuell oder gut gepflegt. Bei Problemen mit dieser Datenbank kann man versuchen, einen verbreiteten Standard zu verwenden (z. B. indem die Umgebungsvariable TERM auf den Wert `vt100` gesetzt wird), sofern dieses Terminal emuliert wird. Damit verliert man jedoch den Zugriff auf eventuell verfügbare Erweiterungen oder Verbesserungen des Geräts gegenüber dem Standard.

Aufgrund dieser Problematik ist es oft sinnvoll, sei es probeweise oder als dauerhafte Einrichtung, wenn einzelne Benutzer eine andere Terminal-Datenbank benutzen. Ein Benutzer hat verschiedene Möglichkeiten, um die Auswahl der Datenbank zu beeinflussen:

- Man kann entweder die Systemdatenbank `/etc/termcap` verwenden, indem nur die Umgebungsvariable TERM auf den richtigen Terminaltyp gesetzt wird.

- Ist die Systemdatenbank nicht geeignet, so kann ein Benutzer eine eigene Datenbank in seinem Home-Verzeichnis anlegen und dann aktivieren:

```
(Linux):~> cp /etc/termcap .termcap
(Linux):~> setenv TERMCAP $HOME/.termcap
```

- Der Eintrag aus der Termcap-Datenbank kann in die Umgebungsvariable `TERMCAP` kopiert und dann modifiziert werden.

In Listing 4.22 finden Sie ein Beispiel für einen Termcap-Eintrag. Das Format ist dasselbe wie in der Datei `/etc/printcap`. Die Bedeutung der einzelnen Einträge finden Sie in der Manpage zu `termcap(5)` oder der entsprechenden Info-Dokumentation. Wenn Sie nicht ganze Abende in den Untiefen der Terminal-Konfiguration verbringen wollen, dann lassen Sie am besten die Finger davon.

```
d0|vt100|vt100-am|vt100am|dec vt100:\
        :do=^J:co#80:li#24:cl=\E[;H\E[2J:sf=\ED:\
        :le=^H:bs:am:cm=\E[%i%d;%dH:nd=\E[C:up=\E[A:\
        :ce=\E[K:cd=\E[J:so=\E[7m:se=\E[m:us=\E[4m:\
        :ue=\E[m:md=\E[1m:mr=\E[7m:mb=\E[5m:\
        :rs=\E>\E[?3l\E[?4l\E[?5l\E[?7h\E[?8h:\
        :ks=\E[?1h\E=:\
        :ku=\EOA:kd=\EOB:kr=\EOC:kl=\EOD:kb=^H:\
        :ho=\E[H:k1=\EOP:k2=\EOQ:k3=\EOR:k4=\EOS:sr=\EM:\
        :ke=\E[?1l\E>:vt#3:xn:me=\E[m:is=\E[1;24r\E[24;1H:\
        :sc=\E7:rc=\E8:cs=\E[%i%d;%dr:pt:
```

Listing 4.22: Ein Beispiel für einen `termcap`-Eintrag

Weitere Informationen und Bezugsquellen	
`ftp`-Server:	`ftp.gnu.org`
`ftp`-Pfad:	`/pub/gnu`
Dateiname:	`termcap-1.3.tar.gz`
Größe:	ca. 300 kBytes

Die `terminfo`-Datenbank

Eine weitere Datenbank zur Ansteuerung von Terminals, die auf praktisch jedem Unix-System vorhanden ist, ist die `terminfo`-Datenbank. Diese Datenbank wird von der `ncurses`-Bibliothek verwendet. Die systemweit verwendete `terminfo`-Datenbank befindet sich im Verzeichnis `/usr/lib/terminfo`.

Zum schnelleren Zugriff auf die einzelnen Einträge in der Datenbank existiert für jeden Buchstaben ein Unterverzeichnis, in dem dann die mit diesem Buchstaben beginnenden Terminal-Beschreibungen angelegt werden. Diese Dateien werden aus dem zugehörigen Quelltext der Terminal-Beschreibung mit dem Programm `tic` (TermInfo-Compiler) erzeugt. Ist diese Datenbank unvollständig oder fehlerhaft, so kann jeder Benutzer in seinem Home-Bereich eine eigene Datenbank anlegen:

```
(Linux):~> cp -dR /usr/lib/terminfo terminfo
(Linux):~> setenv TERMINFO $HOME/terminfo
```

Der Standardpfad für eine benutzereigene `terminfo`-Datenbank ist das Verzeichnis `~/.terminfo`. Dieser Pfad wird z. B. von `tic` verwendet, wenn Sie als nichtprivilegierter Benutzer einen Terminfo-Eintrag kompilieren wollen. Kompilierte Einträge können Sie mit dem Befehl `infocmp` wieder in ein lesbares Format überführen.

Weitere Informationen und Bezugsquellen	
`ftp`-Server:	`ftp.gnu.org`
`ftp`-Pfad:	`/pub/gnu`
Dateiname:	`ncurses-1.9.8a.tar.gz`
Größe:	ca. 550 KByte

Dokumentationen

Eine wichtige Quelle für Dokumentationen ist unter Unix das `man`-Programm. Dieses Programm liest die vorhandene Dokumentation ein, formatiert sie und zeigt sie am Bildschirm an. Dabei kann der Suchpfad nach den Manpages vom Systemadministrator in der Datei `man.config` oder `manpath.config` im Verzeichnis `/etc` festgelegt werden. Jeder Benutzer kann jedoch einen eigenen Pfad vorgeben, indem er die Umgebungsvariable MANPATH setzt.

```
(Linux):~> setenv MANPATH $HOME/man:$MANPATH
```

Die `man`-Seiten findet man normalerweise in den Verzeichnissen `/usr/man`, `/usr/local/man` und `/usr/X11R6/man`. Da die Formatierung besonders bei großen Manpages relativ lange dauert, können die verbreiteten `man`-Programme die formatierten Seiten als `cat`-pages abspeichern und dann direkt von dort lesen.

Manpages können mit `groff` auch in PostScript oder DVI-Dateien umgewandelt werden. Damit ist ein optisch ansprechender Ausdruck möglich. Voraussetzung dafür ist jedoch, daß die `nroff`-Quellen der Manpages installiert sind. Folgender Befehl formatiert eine Manpage und speichert sie in einer PostScript-Datei ab.

```
(Linux):~> groff -Tps -mandoc /usr/man/man1/ls.1 > ls.ps
```

Manpages dienen zur schnellen Information über die Optionen und die Bedienung des Programms. Oft findet man dort auch einen Abschnitt mit Beispielen, aber selten ein Tutorial.

Wenn Sie nicht wissen, was ein Befehl tut, dann lesen Sie sich die Manpage durch, bevor Sie ihn ausprobieren. Wenn Sie einen Befehl für eine bestimmte Funktion suchen, so versuchen Sie es mit `apropos` *`Stichwort`*. Die stichwortartige Beschreibung zu einem Befehl können Sie mit `whatis` *`Befehl`* anzeigen. Zu praktisch jedem Befehl ist unter Linux eine Manpage vorhanden, die in der Regel die meisten Fragen beantwortet.

Ein anderes System zur Dokumentation wird vom GNU-Projekt verwendet. Dieses System (`texinfo`) ermöglicht es, aus einem Quelltext sowohl ein online-lesbares Dokument, die sogenannten Info-Dateien, mit dem Programm `makeinfo` zu erstellen als auch die Dokumentation mit TEX auszudrucken. Dieses Format ist das Standardformat für die Dokumentation der GNU-Programme. Diese Dokumentation ist als ausführliche Benutzerdokumentation mit Beispielen gedacht. Ausgedruckt kann man diese Dokumentation wie ein Buch lesen, auch das Format ist optisch ansprechend.

Die online-lesbaren Infodateien finden Sie im Verzeichnis `/usr/info` oder `/usr/share/info`, der Suchpfad nach diesen Dateien kann jedoch mit der Umgebungsvariablen `INFOPATH` verändert werden. Infodateien können Sie entweder mit dem Emacs-Info-Mode lesen oder mit dem eigenständigen Programm `info` oder `xinfo`.

```
(Linux):~> setenv INFOPATH $HOME/info:$INFOPATH
```

Weitere Informationen zu einzelnen Programmen findet man oft auch im Verzeichnis `/usr/doc`. Dort befinden sich man oft `README`-Dateien oder ausführliche Anleitungen. Viele Programme geben, wenn sie mit falschen Parametern oder der Option `-?`, `-h` oder `--help` aufgerufen wurden, eine kurze Bedienungsanleitung aus.

Bibliotheken

Wie oben bereits erläutert, werden unter Linux Shared Libraries verwendet. Diese Bibliotheken werden in den Adreßraum eines Prozesses eingeblendet und werden für alle Prozesse nur einmal geladen. Es ist jedoch möglich, daß diese Bibliothek Fehler enthält, die Programme eines Benutzers zum Absturz bringen. In solchen Fällen ist es sinnvoll, möglicherweise um eine Fehlerkorrektur zu testen, temporär eine eigene Shared-Library zu benutzen. Der Suchpfad nach diesen Bibliotheken kann mit Hilfe der Umgebungsvariablen `LD_LIBRARY_PATH` verändert werden.

```
(Linux):~> setenv LD_LIBRARY_PATH $HOME/lib:$LD_LIBRARY_PATH
```

Beim Start von Programmen, die nicht unter der normalen Kennung dieses Benutzers laufen, sondern `setuid` oder `setgid` installiert sind, wird der in der Variablen gesetzte Pfad ignoriert. Andernfalls könnte man beliebige Funktionen unter der `setuid`-Kennung ablaufen lassen.

Darüber hinaus kann der Benutzer mit der Umgebungsvariablen LD_PRELOAD eine zusätzliche Bibliothek bestimmen, die vor allen anderen Bibliotheken geladen wird. In dieser Bibliothek können z. B. einzelne Funktionen aus anderen Bibliotheken überschrieben werden, so daß einzelne Funktionen einfach verändert und getestet werden können.

4.12 Benutzerbezogene Konfiguration

Unix-Systeme stellen eine Reihe von Möglichkeiten bereit, mit deren Hilfe jeder Benutzer sich individuell seine Arbeitsumgebung einrichten kann. Aufgabe des Systemadministrators ist es hierbei zunächst, den Benutzern von Beginn an ein vernünftiges Arbeiten zu ermöglichen. Dazu sollte bei der Einrichtung einer neuen Benutzerkennung eine Standardumgebung installiert werden. Die hierzu notwendigen Dateien sollten im Verzeichnis `/etc/skel` abgelegt werden und können entweder von Hand oder durch ein Skript (siehe auch das Programm `useradd`) in das Home-Verzeichnis des neuen Benutzers kopiert werden. Dabei sollte natürlich dieser Benutzer auch Eigentümer der Dateien werden, damit er diese Dateien später nach eigenen Wünschen anpassen kann.

Moderne Shells verwenden das Zeichen Tilde (~), um das Home-Verzeichnis eines Benutzers zu referenzieren. Portabel (und damit z. B. in `sh`-Skripten verwendbar) ist nur der Zugriff über die Umgebungsvariable HOME. Der Befehl `cd` (bzw. `chdir`, change directory) ohne Parameter wechselt immer zurück in das Home-Verzeichnis, so daß zur Anzeige des aktuellen Verzeichnisses der Befehl `pwd` (print working directory) verwendet werden muß. Dieser Befehl ist oft ein interner Befehl der Shell. Aus Kompatibilitätsgründen mit dem POSIX.2-Standard existiert auch ein Programm `/bin/pwd`.

Die Namen der meisten Konfigurationsdateien beginnen mit einem Punkt (`.`), so daß diese Dateien bei einem `ls` nicht angezeigt werden. Zur Anzeige aller Dateien muß dann zusätzlich die Option `-a` (bzw. `--all` beim GNU `ls`) angegeben werden.

Auswahl einer interaktiven Shell

Bei der Anmeldung an einem Text-Terminal oder der Konsole wird die in der Datei `/etc/passwd` eingetragene Shell gestartet. Das wird normalerweise ein Programm wie die `bash` oder die `tcsh` sein. Diese Shell wird auch von dem Programm `xterm` gestartet, wenn kein Programmname als Parameter angegeben wird. Die Shell ist die erste Benutzerschnittstelle, die einem Anwender auf einem Unix-System begegnet. Daher ist die Verwendung einer geeigneten Shell wichtig, um effektiv arbeiten zu können.

Für interaktives Arbeiten wird gewöhnlich eine Shell verwendet, die das Editieren der Kommandozeile erlaubt und eine History-Funktion hat. Weiterhin sind die Kommando- und Dateinamen-Vervollständigung sehr nützliche Funktionen. Häufig verwendet man auch Aliasnamen, um lange Befehle abzukürzen oder spezielle Optionen stets anzugeben.

Die `csh` oder `tcsh`

Die `csh` (oder `tcsh`) wird oft als `login`-Shell verwendet. Sie ist für interaktives Arbeiten gut geeignet und verfügt über praktisch alle Funktionen, die man von einer Shell erwartet. Dennoch ist sie nicht die „optimale" Shell, da es Aufgaben gibt, die diese Shell nicht erfüllen kann. Eine ausführliche Beschreibung der Nachteile der `csh` findet man im Text „Why csh is considered harmful" von Tom Christiansen[3]. Dieser Text wird regelmäßig, z. B. in der Newsgruppe `comp.unix.shell`, gepostet und befindet sich im FAQ-Archiv auf `rtfm.mit.edu`.

Besonders erwähnenswert ist, daß die `tcsh` eine programmierbare Erweiterungsfunktion besitzt. Dort können z. B. Compilerflags oder andere Parameter einprogrammiert werden, die nur bei diesen Befehlen zur Verfügung stehen. Ein ausführliches Beispiel ist in den Quellen der `tcsh` enthalten.

Die `bash`

Die `bash` ist die Shell des GNU-Projekts, und auf vielen Linux-Systemen ist sie die Standard-Shell. Auch diese Shell verfügt über History-Funktionen und vervollständigt Programm- und Dateinamen.

Es existiert noch eine Reihe weiterer (auch frei verfügbarer) Shells, wie z. B. die `pdksh` oder `zsh`. Die Auswahl einer speziellen Shell wird immer von der Erfahrung und den Erwartungen des Benutzers abhängen.

Manche Systeme bieten keine Möglichkeit, die Shell zu ändern, da der Befehl `chsh` nicht existiert oder nicht alle Shells in der Datei `/etc/shells` eingetragen sind. Man kann sich dann damit behelfen, die neue Shell in einem Initialisierungsskript der `login`-Shell zu starten. Das sollte mit dem Befehl `exec` *`neue_Shell`* erledigt werden, so daß beim Beenden der Shell auch gleichzeitig die Sitzung beendet und nicht unnötig Speicher für eine zweite Shell belegt wird. Der Befehl `exec` ersetzt die gerade laufende Shell durch das als Parameter angegebene Programm. Sofern man zumindest noch eine interaktive Shell gestartet hat, kann mit diesem Befehl noch ein Programm gestartet werden, auch wenn die Meldung `no more processes` ausgegeben wird.

---

[3] `tchrist@mox.perl.com`

Die leistungsfähigste Shell – zsh

Eine weitere verbreitete Shell ist die zsh. Sie ist relativ kompatibel zu Bourne-Shell, hat aber viele Erweiterungen der csh und tcsh eingebaut. Wenn Sie eine sh-kompatible Shell mit programmierbarer Erweiterung suchen, dann ist die zsh genau das Richtige für Sie.

Nichtinteraktive Shells

Zur Programmierung von Shell-Skripten wird normalerweise die Bourne-Shell sh benutzt. Diese Shell findet man auf praktisch jedem Unix-System. Unter Linux ist die Shell /bin/sh häufig ein symbolischer Link auf die /bin/bash. Dies ist dann hinderlich, wenn man Shell-Skripte entwickeln möchte, die auch auf anderen Unix-Systemen laufen sollen. Die bash stellt, auch wenn sie mit dem Namen sh aufgerufen wird, eine Reihe von nützlichen Erweiterungen zur Verfügung. In diesen Fällen bietet sich die Verwendung der ash an, die man allerdings im interaktiven Betrieb selten verwenden wird. Hier ist die bash dann angenehmer zu bedienen, da sie über History- und Erweiterungsfunktionen verfügt. Auf einem durchschnittlichen Linux-System sind jedoch etliche Skripten (auch solche, die zum Systemstart notwendig sind) unter Benutzung von speziellen Features der bash geschrieben worden. Sie rufen allerdings in der ersten Zeile die /bin/sh auf.

Die csh sollte zur Programmierung von Skripten besser nicht eingesetzt werden, da man hier ebenfalls an die Grenzen der Shell stößt. Mehr Informationen zu diesem Thema finden Sie wiederum im Text „Why csh is considered harmful".

Shell-Initialisierung

Je nach Shell werden bei der Initialisierung verschiedene Dateien eingelesen. Für die weit verbreiteten Shells bash und tcsh werden hier die Konfigurationsdateien vorgestellt.

Der Systemadministrator sollte in den System-Profiles möglichst keine Aliasnamen für Programme definieren. Dies ist eine sehr benutzerspezifische Konfiguration, die demzufolge jeder Anwender für sich selbst erledigen sollte. Dennoch ist es manchmal sinnvoll, daß der Systemadministrator Aliasnamen (wie z. B. dir) anlegt, um z. B. beliebte Fehler auszuschließen oder das System insgesamt benutzerfreundlicher zu machen.

Initialisierung der tcsh

Zunächst wird von der tcsh die Datei /etc/csh.cshrc eingelesen. Wenn eine login-Shell gestartet wird, dann wird zusätzlich die Datei /etc/csh.login eingelesen. Damit ist die Initialisierung aufgrund der systemweit vorgegebenen Einstellungen abgeschlossen. Jeder Benutzer kann in seinem Home-Verzeichnis eine

Reihe von Dateien anlegen, in denen er für sich selbst weitere Einstellungen vornehmen kann. Zunächst wird die Datei `~/.tcshrc` eingelesen. Falls diese nicht vorhanden ist, liest die Shell die Datei `~/.cshrc` ein. Ist diese Shell eine `login`-Shell, so wird zusätzlich die Datei `~/.login` abgearbeitet.

Beim Verlassen einer `login`-Shell werden die Dateien `/etc/csh.logout` und `~/.logout` eingelesen und die darin enthaltenen Befehle ausgeführt.

Die Initialisierung der `bash`

Auch die `bash` kennt eine Reihe von Initialisierungsdateien. Dabei werden je nach Art der Shell und abhängig von angegebenen Kommandozeilenparametern unterschiedliche Dateien ausgeführt.

Wenn die `bash` als Login-Shell gestartet wird, so wird zunächst die Datei `/etc/profile` abgearbeitet. Existiert die Datei `~/.bash_profile`, so wird diese Datei eingelesen. Andernfalls wird die Datei `~/.bash_login` abgearbeitet, sofern diese existiert. Existiert keine dieser Dateien im Home-Verzeichnis, wird die Datei `~/.profile` eingelesen, wenn diese existiert.

Bei der Abmeldung vom System wird die Datei `~/.bash_logout` abgearbeitet. Dort können beispielsweise Arbeitsdateien gelöscht oder eine Sicherung der bearbeiteten Daten auf Diskette durchgeführt werden.

Die `sh` liest nur die Dateien `/etc/profile` und `~/.profile` ein, daher sollten Funktionen, die nur für die `bash` gelten sollen oder nur dort möglich sind, nur in den oben vorgestellten anderen Dateien aufgerufen werden. Andernfalls sind die entsprechenden Skripten nicht mehr in einer heterogenen Umgebung verwendbar.

Wird die `bash` als interaktive Shell gestartet, so wird die Datei `~/.bashrc` eingelesen. Wenn auch in Shells, die unter X gestartet werden, Aliasnamen gesetzt werden sollen, so sollte man hier einen entsprechenden Aufruf einfügen.

Schließlich kann die `bash` auch als nichtinteraktive Shell mit der Option `-posix` gestartet werden. Dann werden die Initialisierungen durchgeführt, die in den Dateien stehen, die in der Umgebungsvariablen ENV abgelegt sind.

Initialisierung der `zsh`

Der Ablauf bei der Initialisierung ist bei der `zsh` ähnlich, aber doch anders. Zunächst wird die Datei `/etc/zshenv` gelesen. Dort kann die Option `RCS` gesetzt werden, die das Lesen weiterer Konfigurationsdateien verhindert.

Nach der Datei `/etc/zshenv` wird die Datei `.zshenv` gelesen, die entweder im Verzeichnis `ZDOTDIR` oder `HOME` gesucht wird. Wenn die `zsh` mit der Option `-l` gestartet wird oder das erste Zeichen des Programmnamens ($0) ein Minuszeichen ist, dann werden die Dateien `/etc/zprofile` und `.zprofile` gelesen.

Ist die `zsh` interaktiv, dann werden die Dateien `/etc/zshrc` und `.zshrc` abgearbeitet. Wenn die `zsh` als Login-Shell gestartet wird, dann werden die Dateien `/etc/zlogin` und `.zlogin` gelesen.

Beim Abmelden werden die Dateien `/etc/zlogout` und `.zlogout` durchlaufen, sofern diese existieren. Wie man sieht, hat man als Benutzer der `zsh` viele verschiedene Konfigurationsmöglichkeiten.

4.13 Konfiguration von Editoren

Da auch die Benutzung von Editoren sehr vom persönlichen Geschmack abhängt, sollte jeder Benutzer für sich einen Standardeditor bestimmen, der dann von (fast) allen Programmen (wie z. B. `tin` oder `crontab`) verwendet wird. Ist keine der Umgebungsvariablen `EDITOR` oder `VISUAL` gesetzt, so wird der Standardeditor `vi` verwendet. Viele Benutzer verwenden lieber einen anderen Editor wie `joe` oder Emacs (siehe Listing 4.23).

```
(Linux):~> setenv EDITOR emacs
(Linux):~> setenv VISUAL emacs
```

Listing 4.23: Anpassen des Standardeditors

Schließlich kann noch praktisch jeder Editor an die speziellen Wünsche und Anforderungen des Benutzers angepaßt werden. Im folgenden werden nur die Konfigurationsdateien vorgestellt, ohne näher auf die Konfiguration selbst einzugehen.

Analog wird für die Anzeige von Manpages das Programm `more` verwendet. Jeder Benutzer kann ein anderes Programm für die Anzeige wählen, indem die Umgebungsvariable `PAGER` entsprechend gesetzt wird (siehe Listing 4.24). Oft wird hier das Programm `less`, das wesentlich leistungsfähiger als `more` ist, eingetragen. Andere Systeme verfügen über ein Programm `pg`.

```
(Linux):~> setenv PAGER less
```

Listing 4.24: Anpassen des Standard-Pagers

Der Editor `emacs`

Die Konfiguration und Anwendung dieses leistungsfähigen Editors wird genauer im Kapitel 6, *Der Editor Emacs*, ab Seite 169 beschrieben. Die benutzereigene Konfiguration finden Sie in der Datei `~/.emacs`.

Der Editor `joe`

Der Editor `joe` ist ein einfach zu bedienender WordStar-Clone, der von Joseph H. Allen[4] programmiert wurde. Dieser Editor wird für viele Umsteiger von DOS zunächst der am einfachsten zu bedienende sein. Der Editor wird vom Systemadministrator durch die Datei `/usr/lib/joerc` konfiguriert. Ein Benutzer kann diese Datei als `~/.joerc` kopieren und dann seinen eigenen Wünschen entsprechend modifizieren.

Der Autor hat weitere Konfigurationen für die bessere Emulation des WordStar- oder Turbo-C-Editors (`jstar`) und eine noch recht rudimentäre Emulation von Emacs (`jmacs`) erstellt. Alle Beispielkonfigurationen sind gut dokumentierte Textdateien, die mit einem beliebigen Editor bearbeitet werden können.

4.14 Tastaturbelegungen

Unter Linux kann die Tastaturbelegung sehr flexibel den eigenen Wünschen angepaßt werden. Das gilt sowohl für die Arbeit an der Konsole als auch für die Arbeit unter X. In diesem Abschnitt geht es nur um die Tastaturbelegung der Konsole. Hinweise zur Umbelegung von Tasten unter X finden Sie im Abschnitt *Tastaturbelegung unter X* auf Seite 215.

Die Tastaturbelegung für die Linux-Konsole wird mit dem Programm `loadkeys` durchgeführt. Dabei kann ein Dateiname als Parameter angegeben werden (z. B. `loadkeys de-latin1.map`). Diese Datei wird eingelesen, und die Tastaturbelegung wird entsprechend verändert. Das Programm `loadkeys` kann aber auch seine Eingabe von der Standardeingabe lesen. Das ist z. B. nützlich, wenn man die Tastaturbelegungen in komprimierter Form abspeichert (z. B. auf einer Boot- oder Notfalldiskette). Der Aufruf wäre dann beispielsweise:

```
zcat /etc/keytables/de-latin1.map.gz | loadkeys
```

Im Paket `kdb-0.90.tar.gz`, das es überall dort gibt, wo man auch einen aktuellen Linux-Kernel bekommt, befindet sich eine Reihe von Tastaturtabellen, darunter auch drei für deutsche Tastaturen. Diese Tastaturtabellen sind im Verzeichnis `/usr/lib/kbd/keytables` installiert.

[4] jhallen@world.std.com

- de.map: Hier sind die Umlaut-Tasten mit den folgenden Sonderzeichen belegt:

Taste	Zeichen	Umschalt-Zeichen
ö	[	{
ä	]	}
ü	@	\
ß	\	?

- de-latin1.map: Die Umlaut-Tasten liefern mit dieser Tastaturbelegung die erwarteten Umlaute. Dabei ist jedoch zu beachten, daß das Programm, mit dem man die Tastaturbelegung testet, 8-bit-clean (siehe auch Kapitel 10, *Anpassung an regionale Besonderheiten*, auf Seite 281) sein muß. Das trifft beispielsweise für die bash nicht direkt zu. Der vi-Clone elvis eignet sich recht gut zum schnellen Test einer neuen Tastaturbelegung, da das Programm 8-bit-clean ist.

- de-latin1-nodeadkeys.map: Die Akzent-Tasten sind hier, im Gegensatz zu der Tastaturbelegung de-latin1.map, nicht als dead-keys definiert. Damit wirken diese Tasten nicht wie unter de-latin1.map als Modifizierer, sondern geben das entsprechende Zeichen direkt aus.

Die Tastaturbelegung wird zunächst beim Systemstart durch das Programm loadkeys geladen. Es kann jedoch jeder Benutzer mit dem Programm loadkeys die Tastatur nach seinen Wünschen einrichten. Dabei kann auch die Tastatur in einen nicht mehr benutzbaren Zustand versetzt werden. Als Beispiel für die Veränderung der Tastaturbelegung kann die Datei de-latin1.map dienen.

Weitere Informationen und Bezugsquellen

Manpages:	loadkeys(1), dumpkeys(1), keytables(5), showkey(1)
ftp-Server:	ftp.funet.fi
ftp-Pfad:	/pub/OS/Linux/PEOPLE/Linus/
Paket:	kdb-0.90.tar.gz
Größe:	ca. 110 kBytes

5 Benutzer, Gruppen und Berechtigungen

Im Gegensatz zu Ein-Benutzer-Systemen wie MS-DOS oder MS-Windows verfügt Unix über eine Reihe von Sicherheitsmechanismen, die sowohl die Veränderung von Systemdateien verhindern als auch die Speicherung von privaten Daten ermöglichen. Auch ist die Einrichtung von Benutzergruppen für spezielle Aufgaben oder Projekte möglich. Die Berechtigungsprüfung erfolgt anhand der zugeordneten Gruppe und Benutzerkennung für Dateien, Verzeichnisse und Prozesse innerhalb des Kernels.

Nach der Installation sind auf einem Linux- oder Unix-System keine Benutzerkennungen eingerichtet, die von neuen Benutzern direkt verwendet werden können. Darüber hinaus sollte für alle bereits bestehenden Kennungen, wie z. B. `daemon`, `uucp` oder `news`, entweder ein Paßwort vergeben oder die Anmeldung grundsätzlich verboten werden. Der nächste Schritt nach der Installation sollte das Anlegen einer nichtprivilegierten Benutzerkennung sein. Die neue Kennung muß in die Datei `/etc/passwd` eingetragen werden. Das kann, je nach System, auf verschiedene Weisen durchgeführt werden.

- Eine neue Kennung kann einfach mit einem beliebigen Editor eingefügt werden. Dabei wird jedoch die Datei nicht gegen Änderungen durch andere Benutzer gesperrt, so daß es hier zu Zugriffskonflikten kommen kann, wenn mehrere Systemadministratoren gleichzeitig die Paßwortdatei bearbeiten. Für ein Ein-Benutzer-System spielt dies jedoch keine Rolle.

- Es kann eine spezielle Version eines Editors verwendet werden, die dann eine Lock-Datei anlegt, so daß andere Benutzer in der Zeit nicht verändernd auf die Datei `/etc/passwd` zugreifen können. Das Paket `util-linux` enthält das Programm `vipw`, mit dem die Paßwortdatei bearbeitet werden kann. Als Standardeditor wird `vi` verwendet, ein anderer Editor kann mit Hilfe der Umgebungsvariablen `EDITOR` konfiguriert werden.

- Die neue Kennung kann mit dem Programm `useradd` angelegt werden. Dabei wird dann automatisch auch das Home-Verzeichnis dieses Benutzers angelegt, und eventuell vorhandene Standardkonfigurationen aus `/etc/skel` werden in dieses Verzeichnis kopiert. Gerade bei der Einrichtung von vielen Kennungen bietet diese Möglichkeit den Vorteil, daß alle Benutzer eine einheitliche Umgebung vorfinden.

- Bei vielen Distributionen ist diese Funktion in das mitgelieferte Administrationstool (z. B. COAS unter Caldera, `linuxconf` unter Red Hat oder Yast unter S.u.S.E.) integriert. Mehr zu diesen Tools finden Sie in der Dokumentation zu Ihrer Distribution.

Jede Kennung besteht aus genau einer Zeile in der Datei `/etc/passwd`. Jede Zeile ist in eine Reihe von Feldern unterteilt, die jeweils durch Doppelpunkte getrennt sind und eine spezielle Bedeutung haben. Die Dokumentation dazu finden Sie auch in der Manpage `passwd(5)`.

`Kennung``:`*`Paßwort`*`:`*`uid`*`:`*`gid`*`:`*`Name`*`:`*`Verzeichnis`*`:`*`Shell`*

- Der Name der Benutzerkennung muß aus einem Wort bestehen und darf keine Sonderzeichen enthalten, darf also nur aus Buchstaben ohne Umlaute und Ziffern bestehen. Die Verwendung von Umlauten kann die unterschiedlichsten Effekte hervorrufen. Eine wesentliche Einschränkung ist, daß viele Mail-Systeme eine Adresse, die z. B. Umlaute enthält, verstümmeln. Der Name der Benutzerkennung muß systemweit eindeutig sein. Üblich ist die Verwendung von Vor- oder Nachnamen in Kleinbuchstaben sowie Spitznamen. In manchen Organisationen ist es üblich, numerische oder anders strukturierte Kennungen zentral zu vergeben.

  Unix-Systeme würden es prinzipiell erlauben, Benutzerkennungen in Groß- und Kleinbuchstaben gemischt anzugeben. Dabei ist die Groß- bzw. Kleinschreibung signifikant: Die Namen `Jochen` und `jochen` sind unterschiedlich. Einige Protokolle bzw. Programme beachten diese Unterscheidung jedoch nicht, so daß man Benutzerkennungen grundsätzlich in Kleinbuchstaben anlegen sollte.

- Bei der Einrichtung einer neuen Benutzerkennung sollte dieses Feld, das das verschlüsselte Paßwort enthält, zunächst leer bleiben. Das Paßwort kann als `root` erstmalig mit dem Befehl `passwd` *`Kennung`* gesetzt werden. Wenn eine Benutzerkennung eingerichtet werden soll, unter der keine Anmeldung erlaubt sein soll, so kann anstelle des verschlüsselten Paßwortes ein Stern (`*`) eingetragen werden. In Paßwörtern sollten keine Umlaute verwendet werden.

  Bei der Verwendung von Shadow-Paßwörtern wird das (verschlüsselte) Paßwort nicht in der Datei `/etc/passwd` gespeichert, sondern in der Datei `/etc/shadow`. Zur Verhinderung von Sicherheitsproblemen sollte jedoch unbedingt ein Stern (`*`) eingetragen werden. Das Paßwort wird mit der `libc`-Funktion `crypt()` verschlüsselt, deren Quellcode natürlich auch frei verfügbar ist.

- Die `uid`-Nummer (User-Identifikation) ist die eindeutige Kennung eines Benutzers, die auch vom Kernel intern zur Berechtigungsprüfung verwendet wird. Diese Nummer sollte für alle Benutzer des Systems eindeutig sein. Auf manchen Systemen werden mehrere Benutzerkennungen mit der `uid`-Nummer 0 angelegt und als `root`-Äquivalent verwendet. Es ist in diesem Fall besser, ein Programm wie `sudo` zu verwenden, das nebenbei auch noch ein Protokoll der eingegebenen Befehle schreibt.

- Die `gid`-Nummer (Group-Identifikation) gibt die Zuordnung eines Benutzers zu einer Benutzergruppe an. Damit ist es möglich, daß eine Gruppe von Benutzern Dateien gemeinsam bearbeiten oder einzelne Benutzer bestimmte Programme verwenden dürfen.

- Der Name im vierten Feld in der Datei `/etc/passwd` sollte der volle (reale) Name des Benutzers sein. Dies ist sinnvoll für Programme wie `finger`, aber auch bei der Verwendung von Mail und News. Der hier eingetragene Name kann mit dem Programm `chfn` geändert werden. Dieses Feld, das auch als `gecos`-Feld bekannt ist, kann auch die Nummer des Büros sowie die dienstlichen und privaten Telefonnummern aufnehmen.

- Jedem Benutzer ist ein Home-Verzeichnis zugeordnet, in das gewechselt wird, wenn der Benutzer sich am System anmeldet. Dieses Verzeichnis sollte für alle anderen Benutzer ausführbar sein, so daß z. B. der `finger`-Dämon in dieses Verzeichnis wechseln kann. Nur der Eigentümer sollte Schreibrechte besitzen. Will der Benutzer Daten vor dem Zugriff durch andere schützen, so sollten die Dateien in Unterverzeichnissen, die die entsprechenden Berechtigungen gesetzt haben, unterhalb des Home-Verzeichnisses gespeichert werden. Existiert das Home-Verzeichnis nicht, so bekommt der Benutzer je nach verwendetem `login` das Verzeichnis `/` als Home-Verzeichnis (und es wird eine entsprechende Warnung ausgegeben) oder die Anmeldung wird nicht durchgeführt.

- Nach der erfolgreichen Anmeldung beim System wird die im letzten Feld angegebene Shell gestartet. Die Shell kann von jedem Benutzer mit dem Programm `chsh` geändert werden. Dabei sind jedoch nur die Programme erlaubt, die in der Datei `/etc/shells` aufgeführt sind. Diese Shell sollte existieren, da sonst keine Anmeldung mehr möglich ist. Besonders unangenehm ist dies, wenn der Systemadministrator `root` keine gültige Shell hat. Eine gültige Shell ist auch für Zugriffe mittels `ftp` erforderlich (siehe auch Abschnitt 18.2, *Das File-Transfer Protokoll*, auf Seite 493). Beim `login` aus `util-linux` sind Parameter erlaubt, der Befehl wird dann mit Hilfe von `/bin/sh` als Shellskript ausgeführt.

```
root:4IIeEz9nkoE:0:0:System-Administrator:/root:/bin/bash
uucp:*:5:5::/usr/uucp:
jochen:EgIrRB.hrBU:40:6:Jochen Hein:/home/jochen:/bin/tcsh
gast::41:14:Gast-Account:/home/gast:/bin/tcsh
nobody:*:65534:65534:Nobody:/:/bin/false
```

Listing 5.1: Beispiel aus einer Paßwortdatei

In Listing 5.1 finden Sie einen Auszug aus einer Paßwortdatei. Dem Systemadministrator `root` ist ein Paßwort zugeordnet. Er hat stets die Benutzer- und Gruppen-Nummer 0. Diese Nummer dient im Kernel zur Berechtigungsprüfung, und der Wert 0 als User-Identifikation bedeutet Superuser-Privilegien. Damit ist unter Unix keine weitere Unterteilung der Administratorrechte möglich. Der nicht verabschiedete POSIX.1e-Standard sollte u. a. hierfür einen Standard definieren. Mehr zu diesem Thema finden Sie im Abschnitt 5.9, *Feiner unterteilte Berechtigungen oder der allmächtige Benutzer* `root`, auf Seite 163.

Als Home-Verzeichnis wird `/root` und als Shell die `bash` verwendet. Das Home-Verzeichnis und die Shell sollten in jedem Fall auf der `root`-Partition liegen, damit der Benutzer `root` sich auch im Single-User-Modus anmelden und arbeiten kann. Wenn Sie die Shell des Benutzers `root` ändern, stellen Sie sicher, daß Sie sich mit der neuen Shell anmelden können, bevor Sie sich vollständig abmelden.

In der zweiten Zeile ist eine Benutzerkennung für `uucp` eingerichtet. Für diesen Benutzer ist ein Stern (`*`) als Paßwort eingetragen, eine Anmeldung beim System ist mit dieser Kennung nicht möglich. Eine solche Kennung dient zur Verwaltung einer UUCP-Installation. Der Systemadministrator wechselt mit dem Befehl `su - uucp` auf diese Benutzerkennung, bevor er mit der Änderung an Konfigurationsdateien des UUCP-Systems beginnt.

Der Benutzer `jochen` hat eine von Null verschiedene, eindeutige Benutzernummer und ist der Gruppe 6 zugeordnet. In der Datei `/etc/group`, die Sie in Listing 5.8 finden, ist dieser Gruppennummer die Bezeichnung `users` zugeordnet. Diese Zuordnung ist nicht standardisiert. In einem Netzwerk, in dem Sie NFS verwenden, sollten die Dateien `/etc/passwd` und `/etc/group` weitgehend zwischen den verschiedenen Rechnern übereinstimmen. Diese Übereinstimmung können Sie am einfachsten mit Hilfe von *NIS*, dem *Network Information System*, erreichen. Mehr zu diesem Thema finden Sie im gleichnamigen Kapitel 22 auf Seite 565.

In der letzten Zeile finden Sie einen Gastzugang, der nicht mit einem Paßwort geschützt ist. Derartige Zugänge sind nur in Sonderfällen sinnvoll, da zumindest Lesezugriff auf zahlreiche Systemdateien besteht. Viele (bekannte) Sicherheitslücken setzen voraus, daß zumindest ein lokaler Zugang zum System besteht, was bei einer Benutzerkennung ohne Paßwort sofort der Fall ist.

Wenn es nicht bereits durch Skripten oder Programme wie `adduser` erledigt wurde, so muß jetzt das Home-Verzeichnis dieses Benutzers angelegt werden. Dieses Verzeichnis muß diesem Benutzer gehören und für diesen schreibbar sein. Für andere Benutzer und Dämonen sollte dieses Verzeichnis ausführbar sein, da z. B. der `finger`-Dämon in dieses Verzeichnis wechselt und die Dateien `.plan` und `.project` aus dem Home-Verzeichnis des Benutzers liest. Ein weiterer Vorteil ist, daß Benutzer in der Lage sind, untereinander Konfigurationsdateien zu lesen und so die eigene Umgebung besser an ihre Anforderungen anpassen können.

Konfigurationsdateien können in das Home-Verzeichnis kopiert werden, so daß neue Anwender eine vorkonfigurierte Umgebung vorfinden. Das Home-Verzeichnis eines Benutzers darf nur für diesen schreibbar sein. Andernfalls kann ein anderer Benutzer dort Dateien anlegen und damit die Berechtigungen dieses Benutzers erlangen. Dies gilt auch und besonders für Pseudo-Benutzer wie `uucp`, `mail` oder `news`.

5.1 Shadow-Paßwörter

In der Standard-Unix-Variante werden die verschlüsselten Paßwörter in der Datei `/etc/passwd` gespeichert. Da der zur Verschlüsselung verwendete Algorithmus bekannt ist (interessierte Leser finden die Quellen zur Funktion `crypt()` in der `libc`) und als sicher angesehen wird, ist es nur möglich, ein Paßwort zu „erraten“. Dazu wählt man Wörter aus einem Wörterbuch, verschlüsselt diese und vergleicht das Ergebnis mit dem in der Datei `/etc/passwd` gespeicherten Paßwort. Sind beide Zeichenketten gleich, so hat man das Paßwort erraten.

Es gibt Programme (z. B. `crack`), die genau dies durchführen. Dabei können etliche Regeln angewandt werden, die aus Wörtern des Wörterbuches durch unterschiedliche Groß-/Kleinschreibung oder das Anhängen von Ziffern mögliche Paßwörter erzeugen. Alle diese Regeln sind einfach zu konfigurieren. Damit sind prinzipiell alle Paßwörter, die in einem auch fremdsprachlichen Wörterbuch stehen oder stehen könnten, unsicher. Das Programm `npasswd` versucht, die Prüfungen, die Crack aufwendig mit der `crypt()`-Funktion durchführt, bereits bei der Eingabe des Paßwortes anzuwenden. Dieses Verfahren benötigt weit weniger Systemressourcen als `crack`, da die aufwendige Verschlüsselung vor dem Vergleich entfällt.

Sichere Paßworte können auf verschiedene Art und Weise generiert werden. Für die meisten Benutzer ist es sinnvoll, einen Spruch oder Satz aus einem Buch zu wählen und die Anfangs- oder Endbuchstaben der Wörter dieses Satzes zu verwenden. Dabei kann unvermittelt zwischen Groß- und Kleinschreibung gewechselt bzw. Ziffern oder Sonderzeichen (wie z. B. `,` oder `;`) eingefügt werden. Auch eine veränderte Reihenfolge oder vertauschte Buchstaben bieten Schutz gegen das einfache Erraten des Paßwortes.

Man sollte darauf achten, daß manchmal noch die deutsche Tastaturbelegung fehlt und einige Sonderzeichen nicht über die entsprechend beschrifteten Tasten abrufbar sind. Aus diesem Grund empfehlen sich keine Umlaute im Paßwort, außerdem ist bei manchen Systemen die Länge auf acht Zeichen beschränkt. Für sicherheitsrelevante Paßwörter empfiehlt sich das Auswürfeln des Paßworts mit Würfeln oder einem Zufallszahlengenerator. Eine entsprechende Tabelle finden Sie in Anhang B, *Paßwörter generieren*, auf Seite 643.

Achten Sie darauf, daß Sie Ihr Paßwort nicht aufschreiben oder auf andere Weise anderen Personen zugänglich machen. Anders sieht es beim Paßwort für den Systemadministrator aus, das auch in dessen Urlaub verfügbar sein sollte, z. B. im Firmensafe hinterlegt. Oft reicht zur Kompromittierung des Paßwortes auch ein Blick über die Schulter des Benutzers, der sich gerade anmeldet. Höfliche Leute wenden sich in solchen Fällen diskret ab.

Die Datei `/etc/passwd` muß für alle Benutzer lesbar sein, damit z. B. bei dem Befehl `ls -l` die Namen der Benutzer anstelle der numerischen Benutzeridentifikation angezeigt werden können. Wenn man die Paßwörter in einer weiteren, nur für den Systemadministrator lesbaren Datei speichert, können weiterhin alle Programme die in der Datei `/etc/passwd` gespeicherten Daten benutzen, haben jedoch keinen Zugriff auf die verschlüsselten Paßwörter. Alle Programme, die die Anmeldung durchführen, laufen unter der Kennung `root`, so daß auch das verschlüsselte Paßwort gelesen werden kann. Andere Anwender haben keinen Zugriff auf die Paßwörter und können damit auch keinen Wörterbuchangriff ausführen.

Diese Funktion ist in der Shadow-Password-Suite implementiert, die Paßwörter werden in der Datei `/etc/shadow` gespeichert. Weitere Funktionen des Shadow-Systems sind Paßwörter, die nach einer gewissen Zeit verfallen, so daß ein neues Paßwort gewählt werden muß. Die Gültigkeit von Paßwörtern sollte nicht zu kurz gewählt werden. Insbesondere wenn die Gültigkeit etwa einen Monat beträgt, neigen Benutzer dazu, ein Paßwort zu wählen und nur die Nummer des aktuellen Monats anzuhängen. Dies dient nicht der Systemsicherheit. In diesen Fällen ist es oft sinnvoller, wenn Paßwörter etwa ein halbes Jahr lang gültig sind.

Mit Shadow-Paßwörtern wird ein Unix-System sicherer, es können jedoch unbeabsichtigt neue Sicherheitsprobleme geschaffen werden. Jedes Programm, das sich mit der Anmeldung von Benutzern an das System beschäftigt, muß die Shadow-Routinen verwenden. Daher sollte, obwohl es für Shadow-Programme nicht notwendig ist, ein Stern (`*`) in das Paßwort-Feld in der Datei `/etc/passwd` eingetragen werden. Fehlt das Paßwort und benutzt ein Programm nicht die Shadow-Routinen, sondern die reguläre Paßwortdatei, kann die Anmeldung ohne Paßwort erfolgen.

5.2 Network Information Service – NIS

Eine weitere Möglichkeit, Benutzerkennungen zu verwalten, ist das *Network Information System NIS* oder NIS+, früher bekannt als YP (Yellow Pages). Dabei werden die Kennungen auf einem NIS-Server eingerichtet und dann über das Netzwerk von den NIS-Clients abgerufen. Damit müssen Benutzerkennungen nur einmal für das gesamte Netzwerk eingerichtet und gepflegt werden. Nähere Informationen zur Einrichtung und zur Verwendung von NIS bzw. NIS+ finden Sie in Kapitel 22, *Network Information System*, auf Seite 565.

5.3 Pluggable Authentication Modules

Auf einem Unix-System müssen viele verschiedene Programme eine Benutzerprüfung durchführen. Das beginnt mit `login`, dem `xdm` und diversen anderen Programmen für Anmeldungen unter X, und endet noch lange nicht mit beispielsweise dem `ftpd`-Dämon. Wenn Sie beispielsweise Ihr System auf die Verwendung von Shadow-Paßwörtern umstellen wollen, so müssen Sie alle diese Programme prüfen und neu übersetzen oder linken.

Die Änderung oder Erweiterung der Benutzerprüfung ist sehr aufwendig, aber oft genug notwendig. Als Ausweg hierzu wurde von Sun das Verfahren der *Pluggable Authentication Modules* (PAM) entwickelt. Hier werden die Konsumenten, also die Programme, die eine Benutzerprüfung durchführen wollen, von der eigentlichen Überprüfung entkoppelt. Damit kann dynamisch eine zusätzliche Prüfung eingebaut oder entfernt werden, ohne daß die einzelnen Programme davon direkt betroffen sind. Abbildung 5.1 zeigt die Struktur aus der Sicht des Programmierers.

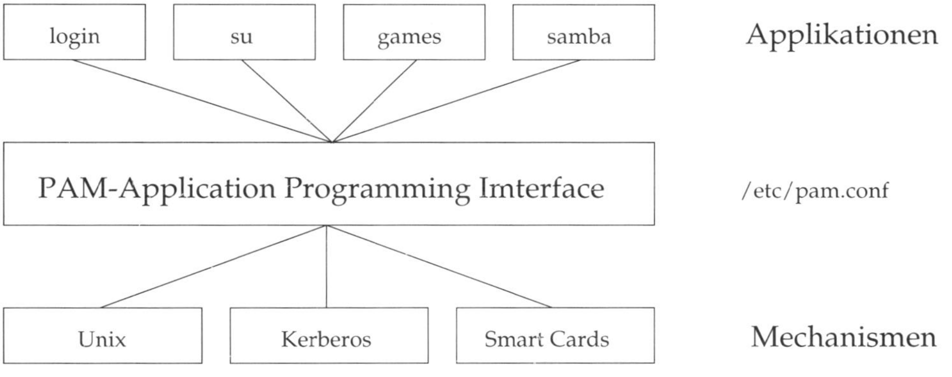

Abbildung 5.1: Struktur der Benutzerprüfung mit Pluggable Authentication Modules

Alle Programme, die sich mit Authentifizierung befassen, benutzen das einheitliche PAM-API (Pluggable Authentication Modules Application Programming Interface), das vollkommen unabhängig von der verwendeten Authentifizierungsmethode ist. Mit Hilfe der Datei `/etc/pam.conf` bzw. den Dateien im Verzeichnis `/etc/pam.d` kann der Systemadministrator die verwendeten Verfahren bestimmen. Diese Verfahren gestatten eine große Flexibilität bei der Auswahl und Konfiguration.

Bevor wir aber zu der Konfiguration kommen, noch einige Worte zu den Möglichkeiten von PAM. PAM beschäftigt sich neben der Authentifizierung mit dem Paßwort- bzw. User- und Session-Management. Die einzelnen Module sind austauschbar, können „gestapelt" werden, erstellen Log-Einträge und ermöglichen es, ein „Single-Logon" zu betreiben. Die Ideen hinter PAM und die Definition der Schnittstellen sind im `rfc86.0.txt` der Open Software Foundation erläutert.

Die eigenständige Implementation von PAM unter Linux ist in den Dateien `pam.txt`, `pam_modules.txt` und `pam_appl.txt` dokumentiert. Noch ist das Projekt in der Entwicklung, so daß hier noch einige Änderungen zu erwarten sind, dieses Verfahren könnte sich jedoch aufgrund der Flexibilität unter Linux schnell durchsetzen.

Die Konfiguration von PAM kann für jede Applikation einzeln angepaßt werden. Man hat die Möglichkeit, entweder die zentrale Datei `/etc/pam.conf` zu pflegen oder für jede Applikation eine Datei mit dem entsprechenden Namen im Verzeichnis `/etc/pam.d` anzulegen. Beide Lösungen haben ihre Vor- und Nachteile, ich tendiere zu der Abspeicherung im Verzeichnis `/etc/pam.d`. Wenn Sie hier einen Fehler machen, dann wird höchstens ein Dienst gestört, und die Dateien sind kleiner und übersichtlicher. Das Listing 5.2 zeigt den Eintrag für den `ftp`-Dienst in der Datei `/etc/pam.conf`.

```
# ftp authorization
# Dienst Typ     Steuerung  Modul
ftp    auth     required   /lib/security/pam_listfile.so \
       item=user sense=deny file=/etc/ftpusers onerr=succeed
ftp    auth     required   /lib/security/pam_unix_auth.so
ftp    auth     required   /lib/security/pam_shells.so
ftp    account  required   /lib/security/pam_unix_acct.so
ftp    session  required   /lib/security/pam_unix_session.so
```

Listing 5.2: Ein Ausschnitt aus der Datei `/etc/pam.conf`

In der ersten Spalte steht der Name des Dienstes. Wenn Sie das Verzeichnis `/etc/pam.d` verwenden, dann wird die Datei `/etc/pam.conf` ignoriert und dort die Datei `ftp` gelesen. Das Format dieser Datei ist bis auf das Fehlen der ersten Spalte identisch mit dem der Datei `/etc/pam.conf`. Existiert kein Eintrag für den gewünschten Dienst, dann wird der Eintrag `OTHER` bzw. die Datei `/etc/pam.d/other` gesucht und die dort vorgenommenen Einstellungen angewendet.

In der zweiten Spalte im Listing 5.2 wird festgehalten, für welchen Teil von PAM die Einträge gelten sollen. Möglich sind hier `auth`, `account`, `session` und `password`.

`auth`
: Die Applikation liest den Benutzernamen und das Paßwort ein, die entsprechenden Module von PAM prüfen die „Echtheit“ des Benutzers. Im einfachsten Fall kann keinerlei Prüfung erfolgen, was natürlich nicht besonders empfehlenswert ist. Es existieren Module, die das Verhalten von Unix nachbilden oder auch darüber hinausgehen können z. B. durch Abfrage einer SmartCard.

  Eine weitere Funktion dieser Module ist das „Credential Granting“. Das bedeutet, daß für den Benutzer das Recht auf die Benutzung gewisser Dienste erteilt wird.

`account`
: Mit dem Account-Management können z. B. Restriktionen bei der Anmeldung vergeben werden. Das können Einschränkungen der Zeiten sein, wann dieser Dienst in Anspruch genommen werden kann, oder die Einschränkung auf bestimmte Terminals. Ebenfalls denkbar ist hier die Überwachung von Systemressourcen, damit sich ein Benutzer beispielsweise nicht mehrfach anmelden kann.

  Für viele private Systeme sind diese Funktionen nicht notwendig, aber besonders bei viel benutzten, öffentlich zugänglichen Systemen kann der Einsatz derartiger Verfahren sinnvoll sein.

`session`
: Die hier aufgeführten Module sind für den Aufbau und das Ende der Sitzung zuständig. Hier können Umgebungsvariablen gesetzt oder andere Einstellungen, wie maximale Anzahl der Prozesse, vorgenommen werden. Außerdem kann es hier sinnvoll sein, den Beginn und das Ende der Sitzung zu protokollieren.

`password`
: Dient zum Ändern und Verwalten des Paßwortes. Mit Hilfe dieser Module kann z. B. ein Single-Login simuliert werden, indem alle Paßwörter zentral verwaltet werden.

Die dritte Spalte in der Datei `/etc/pam.conf` beschreibt, wann und wie ein Modul verwendet wird. Hier kann das „Stapeln“von Modulen eingestellt werden, indem für eine Applikation mehrere Einträge vorgenommen werden. Einige Beispiele hierfür werden wir im folgenden kennenlernen.

`required`
: Dieser Eintrag bedeutet, daß der erfolgreiche Durchlauf dieses Moduls erforderlich ist, damit die Prüfung dieses Typs erfolgreich ist. Der Benutzer kann nicht erkennen, in welchem Modul seine Anmeldung fehlgeschlagen ist, da erst alle weiteren Module durchlaufen werden.

`requisite`
: Der erfolgreiche Durchlauf dieses Moduls ist wie bei `required` erforderlich.

Bei einem Fehlschlag in diesem Modul wird allerdings die weitere Verarbeitung abgebrochen. Dieses Verfahren kann sinnvoll sein, wenn man keine vollständige Benutzerprüfung mehr durchführen will. Es ist allerdings möglich, daß ein Angreifer aufgrund des anderen Verhaltens Aufschlüsse über das System und darauf eingerichtete Benutzerkennungen erlangen kann.

`sufficient`
: Der Erfolg dieses Moduls beendet das gesamte Verfahren mit Erfolg. Ein Fehlschlag ist nicht endgültig, so daß in diesem Fall weitere Module aufgerufen werden können.

`optional`
: Dieses Modul ist nicht wichtig für den Erfolg oder Mißerfolg der Anmeldung. Ein solches Modul kann aber die Antwort der Applikation auf den Anmeldeversuch beeinflussen.

Die Dateinamen in der vierten Spalte der Datei `/etc/pam.conf` legen fest, welches Modul die angeforderte Funktion ausführt. Linux-PAM enthält eine Reihe von Modulen, mit denen das Verhalten von PAM analog zu den bekannten Unix-Verfahren eingerichtet werden kann. Zusätzlich sind aber noch Zeiteinschränkungen und viele andere Dinge möglich. Eine vollständigere und aktuellere Dokumentation finden Sie in der Datei `pam.txt`.

Die Zeile kann mit einem Backslash `\` fortgesetzt werden. Das erhöht die Übersichtlichkeit, wenn noch weitere Parameter angegeben werden sollen. Ein Beispiel dafür finden Sie in der ersten Zeile des Listings 5.2. Das Listing 5.3 zeigt zum Vergleich die Datei `/etc/pam.d/ftp`, die äquivalent zu den gezeigten Einträgen in der Datei `/etc/pam.conf` ist.

```
#%PAM-1.0
auth     required   /lib/security/pam_listfile.so \
    item=user sense=deny file=/etc/ftpusers onerr=succeed
auth     required   /lib/security/pam_pwdb.so shadow nullok
auth     required   /lib/security/pam_shells.so
account  required   /lib/security/pam_pwdb.so
session  required   /lib/security/pam_pwdb.so
```

Listing 5.3: Die Datei `/etc/pam.d/ftp`

Das Beispiel in Listing 5.3 zeigt eine Möglichkeit, wie mehrere Module für einen Dienst verwendet und damit gestapelt werden können. Die Dokumentation zu allen verfügbaren Modulen finden Sie in der Datei `pam.txt`, wenn Sie das PAM-System installiert haben.

In der ersten Zeile werden alle Benutzerkennungen aussortiert, deren Namen in der Datei `/etc/ftpusers` aufgeführt sind. In der Regel sind dort Kennungen wie `root` und verschiedene andere Systemkennungen eingetragen. Es wird das Modul `pam_listfile` verwendet, das den Namen der Datei und einige andere Parameter übergeben bekommt. Entscheidend ist hier, daß mit dem Parameter `onerr=succeed` die Bedingung so verändert wird, daß alle Benutzer, die nicht in dieser Datei aufgeführt sind, sich prinzipiell anmelden können.

Die zweite Zeile prüft anhand der Paßwortdatei (bzw. der Shadow-Datei) die Benutzerkennung auf Gültigkeit. Die dritte Prüfung, die beim Anmelden mittels `ftp` durchlaufen werden muß, ist die Validität der Shell (geprüft gegen die Datei `/etc/shells`). Damit kann mit drei relativ einfachen Modulen das Verhalten der normalen `ftp`-Anmeldung realisiert werden.

Das nächste Beispiel in Listing 5.4 zeigt die Konfiguration für das `rlogin`-Programm (siehe auch Abschnitt 18.4, *Die r-Tools*, auf Seite 499). Es wird geprüft, ob die Anmeldung von einem erlaubten Terminal erfolgt. In der zweiten Zeile wird durch das Modul `pam_rhosts_auth` geprüft, ob aufgrund der Datei `/etc/hosts.equiv` bzw. `~/.rhosts` die Anmeldung ohne Paßwort gestattet ist. Wenn dies der Fall ist, dann ist an dieser Stelle die Benutzerprüfung zu Ende.

```
auth       required      /lib/security/pam_securetty.so
auth       sufficient    /lib/security/pam_rhosts_auth.so
auth       required      /lib/security/pam_pwdb.so \
           shadow nullok
auth       required      /lib/security/pam_nologin.so
account    required      /lib/security/pam_pwdb.so
password   required      /lib/security/pam_cracklib.so
password   required      /lib/security/pam_pwdb.so \
           shadow nullok use_authtok
session    required      /lib/security/pam_pwdb.so
```

Listing 5.4: Die Datei `/etc/pam.d/rlogin` als zweites Beispiel

Ist die Anmeldung ohne Paßwort nicht möglich, so wird die normale Paßwortroutine des Unix-Systems verwendet. Wieder stellt man fest, daß man mit einigen wenigen und vergleichsweise einfachen Modulen das Verhalten traditioneller Unix-Systeme emulieren kann. Es ist zu erwarten, daß immer mehr Linux-Distributionen und andere Unix-Systeme diese Bibliothek enthalten werden. Der manuelle Umstieg ohne die Hilfe einer Distribution ist aus meiner Sicht nicht empfehlenswert.

Weitere Informationen und Bezugsquellen	
ftp-Host:	`tsx-11.mit.edu`
ftp-Pfad:	`/pub/linux/ALPHA/PAM/`
PAM-RFC:	`http://www.pilgrim.umass.edu/\` `pub/osf_dce/RFC/rfc86.0.txt`
Linux-PAM:	`http://www.kernel.org/pub/linux/libs/pam/`

5.4 Benutzergruppen

Eine Benutzerkennung wird bereits in der Datei `/etc/passwd` einer Gruppe zugeordnet. Welche Gruppe dies ist, kann mit dem Befehl `id` abgefragt oder in der Paßwortdatei nachgelesen werden. Diese Gruppe ist die Standardgruppe dieses Benutzers und wird z. B. verwendet, wenn eine Datei neu angelegt wird. Die Gruppenzuordnung einer bestehenden Datei kann mit dem Befehl `chgrp` *Gruppe Dateiname* verändert werden.

Der Eigentümer einer Datei kann (*nur* von dem Benutzer `root`) mit dem Befehl `chown` verändert werden. Damit ist es nicht möglich, Dateien zu „verschenken" und damit Sicherheitslücken zu schaffen oder Quotas zu umgehen.

Eine Gruppe wird in der Datei `/etc/group` definiert. Sie können eine Gruppe mit dem Befehl `groupadd` anlegen oder dazu einen beliebigen Editor verwenden. Auf größeren Systemen sollten Sie in jedem Fall `vigr` verwenden, damit die Datei während der Änderung gesperrt ist. Gerade auf aktiven Systemen mit mehreren Systemverwaltern passiert das schneller, als man erwartet.

Ein Benutzer kann mehreren Gruppen zugeordnet werden. Der entsprechende Benutzername wird hinter der Gruppe in der Datei `/etc/group` eingetragen, in der er zusätzlich zu der in der Datei `/etc/passwd` festgelegten Gruppe mit aufgenommen werden soll. Das Format der Gruppendatei ähnelt dem der Paßwortdatei, die Bedeutung der einzelnen Felder wird im folgenden genauer erläutert. Ein Benutzer kann mit dem Befehl `newgrp` eine andere Gruppe für die aktuelle Sitzung zu seiner Standardgruppe machen.

Gruppenname:*Paßwort*:*gid*:*Benutzerkennungen*

- Der Gruppenname ist wie bei der Benutzerkennung ein Wort, das keine Sonderzeichen enthält und die Gruppe eindeutig identifiziert.
- Wenn kein Paßwort angegeben ist, dann ist das Wechseln zu dieser Gruppe ohne Paßwort möglich, sofern der Benutzer bereits in dieser Gruppe eingetragen ist. Ist ein Paßwort vorhanden, so wird dieses von dem Programm `newgrp` abgefragt, wenn ein Benutzer in diese Gruppe wechseln will, der nicht in diese Gruppe eingetragen ist. Dieses Paßwort ist mit demselben Algorithmus wie in

der Paßwortdatei verschlüsselt und kann mit dem Befehl gpasswd geändert werden.

- Die Gruppennummer ist die eindeutige Identifikation einer Gruppe. Diese Nummer wird vom Kernel zur Berechtigungsprüfung verwendet.

- Im letzten Feld kann eine Liste von Benutzerkennungen angegeben werden, die dieser Gruppe bereits bei der Anmeldung zugeordnet werden. Ein Benutzer kann in bis zu 32 dieser „supplemental Groups" Mitglied sein und erhält damit möglicherweise mehr Zugriffsrechte auf einige Dateien, die einer dieser Gruppen zugeordnet sind.

Alle zugeordneten Gruppen des angemeldeten Benutzers erhält man mit dem Befehl `id` oder `groups`, ein Beispiel dafür finden Sie im Listing 5.5. Wenn Sie bei den Befehlen einen Benutzernamen als Parameter angeben, dann erhalten Sie die Gruppenzuordnung dieses Benutzers angezeigt.

```
(Linux):~> id
uid=40(jochen) gid=6(users) groups=6(users),7(projekt)
(Linux):~> groups
users floppy
```

Listing 5.5: Die Befehle `id` und `groups`

Im Listing 5.5 wird von dem Befehl `id` an erster Stelle die Benutzer-ID und als zweites die primäre Gruppe ausgegeben. Diese Gruppe bestimmt in der Regel die Gruppe, zu der eine neu angelegte Datei gehört. Sie können diese Gruppe mit Hilfe des Befehls `newgrp` wechseln. Das Listing 5.6 zeigt hierfür ein Beispiel.

Die weiteren Gruppen in der Ausgabe von `id` im Listing 5.5 sind die „supplemental Groups". Ein Benutzer hat auf Dateien über die Gruppenrechte jeweils den entsprechenden Zugriff, egal, ob er diese Gruppe als primäre oder supplementäre Gruppe hat.

```
(Linux):~> id
uid=40(jochen) gid=6(users) groups=6(users),7(projekt)
(Linux):~> newgrp projekt
(Linux):~> id
uid=40(jochen) gid=6(projekt) groups=6(users),7(projekt)
```

Listing 5.6: Wechseln der primären Gruppe mit `newgrp`

Der manuelle Wechsel zwischen den verschiedenen Gruppen ist jedoch unkomfortabel, und das Verfahren ist relativ fehleranfällig, wenn mehrere Benutzer in verschiedenen Gruppen oder Projekten zusammenarbeiten. Wenn ein Benutzer nicht auf die korrekte Verwendung der Gruppe achtet, dann haben die anderen Gruppenmitglieder keinen Zugriff auf die angelegten Dateien. Wie das so ist, fällt das natürlich erst auf, wenn der Benutzer gerade nicht greifbar ist, und man fängt an, den Systemverwalter zu suchen. Wir werden später in diesem Kapitel eine viel angenehmer zu benutzende Methode kennenlernen.

5.5 Berechtigungen für Dateien

Die Unterscheidung der Benutzer in verschiedene Gruppen kann für verschiedene Funktionen benutzt werden. Beispielhaft betrachten wir die in Listing 5.7 und 5.8 dargestellte Paßwort- und Gruppendatei.

```
root:4IIeEz9nkoE:0:0:System-Administrator:/root:/bin/bash
jochen:EgIrRB.hrBU:40:6:Jochen Hein:/home/jochen:/bin/tcsh
karl::41:6:Karl Eichwalder:/home/karl:/bin/tcsh
michael::42:6:Michael Kohl:/home/michael:/bin/tcsh
```

Listing 5.7: Auszug aus einer Paßwortdatei (`/etc/passwd`)

```
root::0:root
admin::3:root,bin,sys,adm,jochen
users::6:
projekt::7:jochen,karl
```

Listing 5.8: Auszug aus einer Gruppendatei (`/etc/group`)

Die Benutzer `karl` und `jochen` arbeiten an einem gemeinsamen Projekt und sind deshalb der Gruppe `projekt` zugeordnet. Die gemeinsam zu bearbeitenden Dateien werden im Verzeichnis `/home/projekt` gespeichert. Die Berechtigungen sind so vergeben, daß andere Benutzer (wie z. B. `michael`) diese Dateien nicht löschen oder verändern dürfen. Die Berechtigungen können mit dem Programm chmod gesetzt werden. Listing 5.9 zeigt ein Beispiel für die Vergabe von Berechtigungen bei Verzeichnissen.

Im ersten Feld (z. B. `drwxrws--t`) wird der Typ der Datei in der ersten Spalte angezeigt. Eine Liste aller Typen enthält Tabelle 5.1. Im Listing 5.9 sind beide Verzeichniseinträge wieder Unterverzeichnisse.

Die anderen neun Zeichen geben, in Dreiergruppen unterteilt, die Zugriffsrechte des Eigentümers, der Gruppe und aller anderen Anwender an. Dabei ist zwischen

```
(Linux):/home> ls -ldF jochen projekt
drwxr-x--x  16 jochen  users     2048 Apr 04 21:44 jochen/
drwxrws--t   2 jochen  projekt   1024 Mär 23 08:22 projekt/
```

Listing 5.9: Beispiel für die Berechtigungsvergabe

Dateityp	Bedeutung
-	Normale Datei
d	Ein Unterverzeichnis (directory)
p	Named Pipe
s	Socket
l	Symbolischer Link
c	Character Device
b	Block Device

Tabelle 5.1: Arten von Dateien im Dateisystem

Berechtigungen für den Zugriff auf Verzeichnisse und auf Dateien zu unterscheiden. Tabelle 5.2 listet die möglichen Rechte für Dateien mit Erklärungen dazu auf.

Zugriffsmode	numerisch	Bedeutung
r	4	Leseberechtigung
w	2	Schreibberechtigung
x	1	Programmausführung erlaubt
s	4	Start unter anderer Kennung (s-Bit, setuid)
s	2	Start unter anderer Gruppe (s-Bit, setgid)
t	1	Swap anstelle von demand loading

Tabelle 5.2: Berechtigungen für Dateien

Die s-Bits können bei dem Eigentümer oder bei der Gruppe gesetzt werden. Das Programm wird dann nicht unter der Kennung des angemeldeten Benutzers, sondern des Eigentümers bzw. der Gruppe der Datei gestartet (setuid). Dies kann, insbesondere wenn der Benutzer root Eigentümer der Datei ist, ein Sicherheitsproblem sein. Daher ist zumindest die Ausführung von Skripten unter anderen Kennungen nicht implementiert, da dies *immer* ein Sicherheitsrisiko darstellt (weitere Informationen zu diesem Komplex finden Sie in der Unix-FAQ und in der Security-FAQ).

Oft ist es möglich, die fehlenden Berechtigungen über eine zusätzliche Gruppe zu erlangen. So können z. B. die Geräte für Disketten (/dev/fd*) einer Gruppe floppy zugeordnet werden, die auch Schreibberechtigung für diese Geräte erhält.

Anschließend kann man die entsprechenden Benutzer zusätzlich in diese Gruppe aufnehmen.

Das `t`-Bit bei Programmen bewirkt bei manchen Unix-Systemen[1], daß das Programm nicht vom Dateisystem neu geladen wird, wenn der reale Speicher knapp wird, sondern vom Swapspace aus. Dies könnte für den Betrieb von großen Programmen von langsamen CD-ROM-Laufwerken aus einen bedeutenden Geschwindigkeitsvorteil ausmachen.

Shell-Skripten müssen im Gegensatz zu Binärprogrammen sowohl ausführbar als auch lesbar sein, da sie zur Ausführung von der Shell gelesen und interpretiert werden müssen. Bei Shell-Skripten wird vom Kernel das `setuid` bzw. `setgid`-Bit aus Sicherheitsgründen ignoriert. Schreiben Sie entweder einen kleinen C-Wrapper, oder implementieren Sie das Skript mit Hilfe von Perl, das den `setuid`-Mechanismus intern bereitstellt und viele Sicherheitsprüfungen durchführt.

Programme, die mit `setuid` oder `setgid` gestartet werden, sollten nach Möglichkeit für Benutzer nicht lesbar sein, um eventuellen Eindringlingen das Leben nicht zu leicht zu machen. Andernfalls kann z. B. mit `strings` festgestellt werden, welche Dateien gelesen und geschrieben werden, oder das Programm disassembliert[2] werden.

In Tabelle 5.3 sind die möglichen Berechtigungen für Verzeichnisse mit den zugehörigen Erklärungen aufgeführt. Das `s`-Bit für die Gruppe sorgt dafür, daß alle neu in diesem Verzeichnis angelegten Dateien automatisch dieselbe Gruppe bekommen wie das Verzeichnis. Daher ist dieses Bit im Beispiel in Listing 5.9 aktiviert worden.

Mode	numerisch	Bedeutung
`r`	4	Leseberechtigung
`w`	2	Schreibberechtigung
`x`	1	Wechsel in das Verzeichnis erlaubt
`s`	2	Dateien gehören automatisch zur selben Gruppe
`t`	1	Nur Eigentümer darf löschen (`t`-Bit, sticky-Bit)

Tabelle 5.3: Berechtigungen für Verzeichnisse

Eine Datei kann gelöscht werden, wenn der Benutzer Schreibzugriff auf das entsprechende Verzeichnis hat. Dazu muß er die Datei *nicht* lesen oder verändern dürfen. Bei den global schreibbaren Verzeichnissen wie `/tmp` wird daher das `t`-

[1] Unter Linux ist diese Funktion nicht implementiert, da man aufgrund der heute verwendeten schnellen Festplatten keinen Geschwindigkeitsvorteil erwartet.

[2] Da von den meisten Linux-Programmen der Quellcode verfügbar ist, wird man dies sowieso nicht machen :-)

Bit gesetzt. Damit kann nur noch der Eigentümer der Datei bzw. der Eigentümer des Verzeichnisses eine Datei löschen.

Im Beispiel 5.9 auf Seite 157 wurden die Rechte mit dem Programm `chmod` vergeben. Die genauen Parameter für die Rechte sind in Tabelle 5.4 sowohl in Ziffern als auch in Buchstaben aufgelistet. Je nach Erfahrung und Einsatzzweck wird man mal die numerische, mal die verbale Beschreibung bevorzugen. Mehr Informationen zur Vergabe von Berechtigungen finden Sie in der Manpage zu `chmod(1)`.

Verzeichnis	numerischer Modus	textuelle Angabe
`jochen`	`751`	`u=rwx,g=rx,o=x`
`projekt`	`3771`	`+t,u=rwx,g=wrxs,o+x`

Tabelle 5.4: Setzen von Rechten

Nach diesem Ausflug in das Unix-Berechtigungskonzept nun zurück zum Listing 5.9 auf Seite 157. In der zweiten Spalte wird der Link-Count der Datei oder des Verzeichnisses angegeben. Die meisten Dateien haben den Link-Count 1. Für jeden Hard-Link, der auf diese Datei verweist, wird dieser Wert um 1 erhöht. Verzeichnisse enthalten stets den Eintrag `.`, dies ist ein Hard-Link auf sich selbst. Daher hat jedes Verzeichnis mindestens den Link-Count 2. Ist ein weiteres Unterverzeichnis enthalten, so wird der Link-Count um 1 erhöht, da jedes Unterverzeichnis einen Eintrag `..` enthält, der auf das übergeordnete Verzeichnis verweist.

Unter Unix werden keine Dateien gelöscht. Die Befehle `rm` und `unlink` vermindern nur den Link-Count. Solange der Link-Count nicht Null ist oder die Datei noch von einem Programm verwendet wird, werden die Daten nicht von der Platte gelöscht. Das kann dazu führen, daß nach dem Löschen einer großen Log-Datei, die von `syslog` erzeugt wurde, der Platz immer noch belegt ist, solange der `syslog`-Dämon nicht neu gestartet wird (bis dahin ist die Datei noch in Benutzung, auch wenn kein benannter Verzeichniseintrag mehr dafür existiert).

Der Eigentümer der Datei wird im dritten Feld angezeigt. Die Gruppenzugehörigkeit findet man im vierten Feld. Das fünfte Feld gibt die Größe der Datei oder des Verzeichnisses an. Anschließend wird das Datum der letzten Änderung dieser Datei angegeben. Liegt die Änderung nur kurze Zeit zurück (weniger als ein halbes Jahr), so wird die Uhrzeit der Änderung mit angegeben, andernfalls das Jahr. Das letzte Feld enthält den Datei- oder Verzeichnisnamen.

Neben der Zeit der letzten Änderung verwaltet Unix noch zwei weitere Zeiten: die Zeit des letzten Dateizugriffs (Access-Time, `atime`) und die Change-Time (`ctime`) des zugehörigen i-Nodes. Die Change-Time wird beim Erzeugen der Datei, beim Umbenennen oder Verändern von Berechtigungen gesetzt; manchmal wird diese auch fälschlicherweise als Create-Time bezeichnet. Diese drei Zeiten kann man zur Suche nach Dateien verwenden und sich beispielsweise mit dem Programm `stat` anzeigen lassen.

5.6 Standardwerte für Berechtigungen

Neue Dateien gehören immer dem anlegenden Benutzer. Als Gruppe wird die Standardgruppe verwendet, die dem Benutzer in der Datei `/etc/passwd` zugeordnet ist. Die Gruppe, die zur Anlage von Dateien verwendet wird, kann mit dem Befehl `newgrp` gewechselt werden. Dabei werden Textdateien grundsätzlich mit der `rw`-Berechtigung (`666` bzw. `a=rw`), Programme, die der Compiler oder Linker erzeugt, mit der `rwx`-Berechtigung (`777` bzw. `a=rwx`) versehen. Von diesen Werten werden die Bits entfernt, die in der `umask` gesetzt sind. Bei einer `umask` von `027` wäre die endgültige Berechtigung `640` bzw. `u=rw,g=r,o=` für Textdateien und `750` bzw. `u=rwx,g=rx,o=` für Programme.

Die bestehende Einstellung der `umask` kann mit dem Befehl `umask` angezeigt und verändert werden. Dabei kann, wenn die `bash` als Shell verwendet wird, auch die symbolische Schreibweise anstelle der umgekehrten Bit-Schreibweise verwendet werden. Bei der Ausgabe der `umask` ist dabei die Option `-S` anzugeben. Bei der Eingabe wird die symbolische Schreibweise automatisch erkannt. Damit entfällt die Berechnung der Bitmask, die zum Ausblenden der nicht gewünschten Rechte benutzt wird. Die im Listing 5.10 angegebenen Schreibweisen sind äquivalent.

```
(Linux):~$ umask 027
(Linux):~$ umask u=rwx,g=rx,o=
(Linux):~> umask 027
```

Listing 5.10: Beispiele für die Einstellung der `umask`

Auf vielen Systemen sind die Standardberechtigungen so gesetzt, daß andere Benutzer grundsätzlich keinen Zugriff auf neu angelegte Dateien haben. Das hat den Nachteil, daß man eine möglicherweise sinnvolle Kooperation der Benutzer auf seinem System erschwert, da jeder Benutzer selbst auf die Vergabe entsprechender Berechtigungen achten muß. Hier ist es angenehmer, wenn neu angelegte Dateien grundsätzlich für alle anderen Benutzer lesbar sind. Wenn bestimmte Dateien nicht zugreifbar sein sollen, dann können diese in einem extra gesicherten Unterverzeichnis abgelegt werden.

Manchmal hat auch der Benutzer `root` eine `umask`, die dafür sorgt, daß normale Benutzer keine Dateien lesen dürfen, die von `root` bearbeitet wurden. Das mag in einigen Fällen der Sicherheit dienlich sein. Wenn aber beispielsweise die Datei `/etc/passwd` nicht mehr für alle Benutzer lesbar ist, dann zeigt der Befehl `ls -l` keine Benutzernamen mehr an. Auch hier muß man zwischen einer hohen Sicherheit und der einfachen Bedienbarkeit abwägen.

5.7 Berechtigungen und Gruppen im Einsatz

Man kann eine Gruppe auch als eine Rolle betrachten, in der ein Benutzer gerade auftritt. Jedesmal, wenn man die Rolle wechselt, also z. B. für ein anderes Projekt arbeitet, dann wechselt man auch die (primäre) Gruppe. Das kann z. B. mit dem Befehl `newgrp` erfolgen, aber man muß daran denken, auch die `umask` entsprechend einzurichten. Das Listing 5.11 zeigt ein Beispiel, wie es auf vielen Unix-Systemen üblich ist.

```
(Linux):~> id
uid=40(jochen) gid=6(users) groups=6(users),7(projekt)
(Linux):~> umask
22
(Linux):~> newgrp projekt
(Linux):~> id
uid=40(jochen) gid=6(projekt) groups=6(users),7(projekt)
(Linux):~> umask 002
(Linux):~> cd /home/projekt
... hier am Projekt arbeiten
(Linux):~> exit
```

Listing 5.11: Verwendung von supplementären Gruppen unter Unix

Die Red Hat-Distribution verwendet das Konzept der „User Private Groups". Jedem Benutzer wird als primäre Gruppe eine eigene, am besten mit demselben Namen wie seine Benutzerkennung benannte, Gruppe zugeordnet. Diese symbolisiert, daß der Benutzer zunächst in der Rolle des privaten Benutzers auftritt.

Als Standard-`umask` wird `002` verwendet. Alle Dateien sind also vom Benutzer und seiner eigenen Gruppe les- und schreibbar. Da jeder Benutzer zunächst eine private Gruppe hat, sind hier also die Rechte an neu angelegten Dateien für andere Benutzer nicht weiter gesetzt als mit anderen Schemata ohne private Gruppe und `umask 022`. Mit diesem Trick kann also die `umask` immer auf einen Wert eingestellt werden, bei dem alle Dateien und Verzeichnisse gruppenschreibbar sind. Seien Sie vorsichtig bei Programmen wie `ssh`, die prüfen, daß sicherheitsrelevante Konfigurationsdateien nur vom Eigentümer verändert werden können. Diesen Programmen fällt nicht auf, daß eine Datei oder ein Verzeichnis, die für eine private Gruppe schreibbar sind, kein Problem für die Sicherheit darstellen. `ssh` mit der Option `-v` gibt eine passende Meldung aus, so daß in diesem Fall das Problem einfach zu lokalisieren ist.

In der Regel wird man Dateien, die von einer Gruppe von Personen in ihrer jeweiligen Rolle gemeinsam bearbeitet werden sollen, in speziellen Verzeichnissen speichern. Wenn man jetzt dafür sorgt, daß dieses Verzeichnis der Gruppe gehört und für diese beschreibbar ist, dann können alle Mitglieder der Gruppe dort Dateien ablegen. Der zweite Trick ist, diesem Verzeichnis das s-Bit auf die Gruppe zu geben, so daß alle neu angelegten Dateien automatisch derselben Gruppe wie das Verzeichnis gehören. Das Listing 5.12 zeigt ein Beispiel, wie einfach es sein kann, mit „user private groups" zu arbeiten.

```
(Linux):~> id
uid=40(jochen) gid=6(users) groups=6(users),7(projekt)
(Linux):~> umask
2
(Linux):~> cd /home/projekt
... hier am Projekt arbeiten
(Linux):~> cd
```

Listing 5.12: Verwendung von supplementären Gruppen unter Unix

Mit dieser Methode kann man dafür sorgen, daß jeder Benutzer weiterhin private Dateien ablegen kann. Aber sobald er in einer neuen Rolle auftritt, werden alle Daten in diesem Verzeichnis mit den passenden Berechtigungen gespeichert. Für die normale Arbeit am Shell-Prompt sind diese Einstellungen ausreichend, aber möglicherweise sollten Sie die `umask` des `ftpd`-Programms in der `/etc/inetd.conf` anpassen. Wenn Sie Gruppenverzeichnisse mittels Samba exportieren, dann sollten Sie auch hier die entsprechende `umask` in der Datei `/etc/smb.conf` eintragen.

Ein weiteres Problem kann auftreten, wenn Sie Dateien zunächst in Ihrem Home-Verzeichnis erstellen und erst später in das Gruppen-Verzeichnis kopieren. Ein Kopieren ohne zusätzliche Parameter funktioniert problemlos, wenn Sie aber die Option `-p` für das Behalten der Änderungszeit und der Berechtigungen angeben, dann wird die Datei der falschen Gruppe zugeordnet und die anderen Mitarbeiter am Projekt haben keinen Schreibzugriff auf diese Datei.

5.8 Weitere Dateirechte

Die bisher vorgestellten Berechtigungen für Dateien erfüllen nicht alle Anforderungen, die an ein System zu stellen sind. Daher wurden im Extended-2-Dateisystem weitere Zugriffsrechte in Access Control Lists (ACL) implementiert. In dieser Liste können für jede einzelne Datei weitere Optionen zum Dateizugriff festgelegt werden. Tabelle 5.5 enthält eine vollständige Liste der möglichen Attribute in einer ACL. Die Änderung dieser Attribute erfolgt mit dem Programm `chattr`, die Anzeige mit `lsattr`.

Attribut	Wirkung
`a`	Nur Anfügen ist möglich (`APPEND`)
`c`	Datei komprimieren (nicht implementiert)
`d`	Die Datei wird nicht von `dump` gesichert
`i`	Die Datei ist immutable (nicht veränderbar): kein Löschen, Umbenennen, Schreiben und Linken erlaubt
`s`	Sichere Löschung der Datei
`S`	Synchrones Schreiben von Änderungen
`u`	Undelete ermöglichen (nicht implementiert)

Tabelle 5.5: Attribute für Access Control Lists

Mit diesen Mitteln ist es möglich, einzelne Dateien besser und flexibler zu schützen oder gezielter zu bearbeiten. So können Log-Dateien, die vom `syslogd`-Dämon erzeugt werden, das Attribut `a` erhalten, um sie vor der Änderung mit einem Editor zu schützen. Dieses Attribut verhindert allerdings die Bearbeitung von Log-Dateien mittels `prune` oder ähnlichen Programmen. Auch das Attribut `S` für synchrones Schreiben ist sinnvoll, damit möglichst alle Meldungen sofort auf der Festplatte gespeichert werden. Bei einem Absturz findet man hoffentlich auch die letzte Meldung, die Aufschluß über die Fehlerursache geben könnte.

Andere Unix-Systeme haben zusätzlich zu den Rechten für den Eigentümer, die Gruppe und andere Benutzer sogenannte Access Control Lists für einzelne Benutzer oder mehrere Gruppen. In einzelnen Fällen kann es durchaus sein, daß man diese Funktionen vermißt. Derzeit ist mir aber kein Projekt bekannt, das diese Funktionen unter Linux bereitstellen will. Wenn Sie allerdings nur eine Gruppe von Benutzern aus der Verwendung bestimmter Dateien ausschließen wollen, dann können Sie das mit Hilfe der Unix-Berechtigungen erreichen. Ordnen Sie die Datei der entsprechenden Gruppe mit `chgrp` zu, und entfernen Sie die Rechte für die Gruppe, erlauben Sie aber die Zugriffe für alle anderen Benutzer, etwa mit `chmod g=,o=rx` *`Programm`*.

5.9 Feiner unterteilte Berechtigungen oder der allmächtige Benutzer `root`

Unter Unix ist es üblich, daß der einzige, besonders ausgezeichnete Benutzer der Systemverwalter ist. Das ist der Benutzer `root`, identifiziert durch die Benutzernummer 0. In der Praxis erweist sich dies als viel zu unflexibel, da häufig andere Benutzer durchaus in der Lage sein sollen, einzelne Prozesse (geordnet) zu beenden, Drucker zu steuern oder das System zu starten.

Mehr Rechte mit sudo

Wenn man an der grundsätzlichen Einteilung unter Unix in Systemverwalter und „normale“ Benutzer nicht rütteln kann oder will, dann kann man das Programm `sudo` verwenden. Dieses Programm wird mit Hilfe der Konfigurationsdatei `sudoers` konfiguriert, in der festgelegt wird, welche Benutzer unter welchen Bedingungen welches Programm ausführen dürfen.

Dieses System hat, bei allen Vorteilen auch einige gewichtige Nachteile. Zunächst einmal die wichtigsten Vorteile:

- Gezielte Rechtevergabe an Benutzer, gesteuert über die Programmnamen
- Protokollierung aller aufgerufenen Befehle mit Hilfe des `syslogd`
- Keine Paßwortabfrage für bestimmte Benutzer oder Benutzergruppen
- Zusätzliche Authentifizierung durch die erneute Eingabe des Paßwortes des aufrufenden Users
- Caching der Authentifizierung für begrenzte Zeit
- Deutliche Erleichterung des „Schnell-mal-als-`root`-Anmeldens“

Dabei darf man die Nachteile nicht aus den Augen verlieren. Unix und seine Programme sind nicht mit dem Ziel der Rechteverteilung entworfen worden. Daraus ergeben sich auch die gewichtigsten Nachteile:

- Die Berechtigungsprüfung erfolgt in einem Anwendungsprogramm und nicht im Kernel, wo sie eigentlich hingehört.
- Man verläßt sich auf die Sicherheit der erlaubten Programme. Da dies kein Designziel bei der Implementation der Programme war, muß man mit extremen Sicherheitsproblemen rechnen.
- Aus dem letzten Punkt folgt, daß `sudo` nur in einer relativ überschaubaren Umgebung eingesetzt werden kann, ohne zu großen Sicherheitslücken zu führen.
- Es ist nicht sichergestellt, daß die Berechtigungen auf die vergebenen Programme beschränkt bleiben. Es ist also denkbar, daß ein Benutzer sich mit Hilfe eines erlaubten Programms unerlaubt die Rechte zu einem weiteren Programm verschafft.

Die Anwendung von `sudo` ist grundsätzlich sehr einfach. Wenn Sie für einen Befehl die Rechte des Systemverwalters benötigen, dann starten Sie das Programm einfach mit `sudo` *`Befehl`*. Der entsprechende Befehl wird dann mit der Kennung des Systemverwalters ausgeführt. Welcher Benutzer welchen Befehl starten darf, wird in der Datei `sudoers` (siehe Listing 5.13) festgelegt. Der Systemverwalter kann diese Datei mit dem Befehl `visudo` ändern.

```
# Host alias specification
Host_Alias          SERVER=server
Host_Alias          CLIENTS=client1,client2

# User alias specification
User_Alias          OPERATOR=michael

# Cmnd alias specification
Cmnd_Alias          LPR=/usr/bin/lprm,/usr/sbin/lpc

# Festlegung der Privilegien je Benutzer
#Wer                Wo=(als_Wer) Was
OPERATOR            SERVER=LPR
%wheel              ALL=(ALL)
+clientadm          CLIENTS=(ALL)
jochen              ALL=(root,uucp) NOPASSWD: ALL
```

Listing 5.13: Die Datei sudoers

In der Datei sudoers wird festgelegt, wer welche Befehle als welcher andere Benutzer ausführen darf. Im ersten Teil der sudoers können Aliasnamen für Rechner und Netze, Benutzer und Kommandos definiert werden, mit denen sich die weitere Konfiguration vereinfachen läßt.

Die eigentliche Konfiguration in Listing 5.13 befindet sich in den letzten Zeilen. Die in dem Alias OPERATOR definierten Benutzer dürfen auf den durch den Alias SERVER festgelegten Rechnern die im Alias LPR angegebenen Befehle ausführen. In unserem Beispiel ist das der Benutzer michael, der die Befehle lpc und lprm auf dem Rechner server ausführen darf. Mehrere Befehle, Benutzernamen oder Host-Namen werden durch Kommata voneinander getrennt.

Im nächsten Eintrag wird festgelegt, daß die Mitglieder der Unix-Gruppe wheel alle Befehle auf allen Rechnern verwenden dürfen. Der Name ALL ist ein interner Alias von sudo. In vielen Fällen sind in der Gruppe wheel die Systemverwalter zusammengefaßt, da auf manchen Unix-Systemen nur die Mitglieder dieser Gruppe den Befehl su aufrufen dürfen. Der Eintrag +clientadm verweist auf die Netgroup clientadm, in der in diesem Beispiel die Administratoren der Clients zusammengefaßt sein könnten.

Der letzte Eintrag in Listing 5.13 erlaubt dem Benutzer jochen die Ausführung aller Befehle als Benutzer root oder uucp, ohne daß ein Paßwort angegeben werden muß. Wenn die Systemverwalter diszipliniert sind, dann kann dieses Verfahren eine echte Erleichterung bei der Administration sein. Wird sudo ohne weitere Parameter aufgerufen, dann wird auf die Benutzerkennung root umgeschaltet. Mit der Option -u kann, sofern erlaubt, auch ein anderer Benutzer angegeben werden.

Beim ersten Start wird sudo normalerweise nach einem Paßwort fragen. Einzugeben ist *nicht* das root-Paßwort, sondern das eigene Paßwort. Schließlich soll sudo oft nur Teile der root-Rechte ermöglichen, so daß die entsprechenden Anwender nicht das Paßwort des Systemverwalters kennen sollten. In der Standardkonfiguration merkt sich sudo für fünf Minuten, daß die Eingabe des Paßwortes erfolgt ist, so daß nicht bei jedem Aufruf das Paßwort erneut eingegeben werden muß. Mit dem Befehl sudo -k wird dieser Merker gelöscht, so daß beim nächsten Aufruf wieder die Eingabe eines Paßwortes erforderlich ist.

Der Befehl sudo -l zeigt die erlaubten Befehle an. sudo schreibt mittels syslog ein Protokoll der eingegeben Befehle und Parameter. Als Standard wird die Facility local2 verwendet, bei der Übersetzung kann in der Datei options.h eine andere Kategorie eingestellt werden. Die weiteren Parameter und möglichen weiteren Einstellungen in der Datei sudoers entnehmen Sie bitte den Manpages sudo(8) und sudoers(5).

Am Ende des Kapitels finden Sie in der Info-Box die URL dieses Programms. Ich setze es selbst in einer überschaubaren Umgebung ein, halte aber die dadurch aufgeworfenen Sicherheitsprobleme für nicht vernachlässigbar. Was man also braucht, ist ein überdachtes und verbessertes, auf die Anforderungen aus der Praxis angepaßtes Berechtigungskonzept.

Capabilities unter Linux

Andere Systeme, wie Windows NT oder VMS, kennen eine ganze Reihe von verschiedenen Berechtigungen, die einzeln vergeben und wieder entzogen werden können. Unter VMS kann ein Benutzer sogar das Recht haben, sich bestimmte Berechtigungen zu verschaffen. Diese sind aber bei einer normalen Anmeldung nicht aktiv. Dadurch ist das System wesentlich besser kontrollierbar.

Im Rahmen der POSIX-Standardisierung ist ein spezieller Standard für die Unix-Sicherheit in der Entwicklung. Dieser Standard ist als POSIX.1e (früher POSIX.6) bekannt und auch nach vielen Jahren immer noch nicht verabschiedet.

Der Standard definiert eine Reihe von Security-Schnittstellen, wie z. B. Auditing, Access Control Lists oder die Aufteilung der root-Privilegien. Unter Linux existiert ein Projekt (Linux-Privs), das diese Features im Kernel und den entsprechenden User-Programmen implementiert. Noch sind diese Funktionen in der Entwicklung, ich hoffe aber, daß sie baldmöglichst Einzug in die Distributionen halten.

Weitere Informationen und Bezugsquellen	
`ftp`-Server:	`ftp.courtesan.com`
`ftp`-Pfad:	`/pub/sudo/`
Dateiname:	`cu-sudo.v1.5.3.tar.Z`
Größe:	ca. 300 kByte
Homepage:	`http://www.courtesan.com/courtesan/-products/sudo/`
Linux-Privs:	POSIX.1e für Linux
Homepage:	`http://parc.power.net/morgan/-Orange-Linux/linux-privs/index.html`

6 Der Editor Emacs

Emacs Makes All Computing Simple — *Eine Auflösung des Akronyms Emacs*

In der Dokumentation zum Emacs wird dieser als erweiterbarer, anpaßbarer, benutzerfreundlicher, selbstdokumentierender Editor bezeichnet. Das sind große Worte, die aber, verglichen mit anderen Editoren, nicht übertrieben sind. Das folgende Kapitel wird einige Funktionen des Emacs vorstellen, die ihn zu etwas Besonderem machen.

Der Editor Emacs wurde ursprünglich von Richard M. Stallman, dem Gründer der Free Software Foundation (FSF) und Begründer der GNU-Idee geschrieben. Die Anfänge dieses Editors reichen bis auf Vor-Unix-Zeiten zurück: Der erste Emacs (Editor MACroS) war ein Makro-Paket für TECO (Text Editor and COrrector) und lief auf der legendären PDP-11 von DEC.

Aus diesem Editor hat sich eine ganze Familie von Emacs-artigen Editoren entwickelt, die sowohl kommerziell als auch frei vertrieben werden. Das bekannteste Mitglied dieser Familie ist der GNU-Emacs, der immer noch von seinem Autor, Richard M. Stallman, gewartet wird. Außerdem gehören z. B. XEmacs, der aus einer Vorabversion des GNU-Emacs 19 entwickelt wurde, `jed`, MicroEmacs oder `jove` dazu.

Emacs ist recht groß und auf manchen Rechnern (insbesondere solchen mit wenig Speicher und CPU-Leistung) relativ langsam. Auf solchen Rechnern hat der Einsatz eines Emacs-Clones durchaus seinen Sinn. Allerdings unterscheidet sich die Bedienung in vielen Details vom Original, so daß ein ständiger Wechsel zwischen zwei Emacs-artigen Editoren recht anstrengend ist. Außerdem sind viele Lisp-Pakete einfach nicht einsetzbar, wenn man nicht (X)Emacs benutzt.

Viele Betriebssystem- und Computerhersteller liefern Emacs als zusätzliches Software-Paket mit. Andernfalls kann der Emacs auf praktisch jedem verbreiteten Unix-System selbst übersetzt werden, da er, wie alle GNU-Programme mit `./configure` automatisch konfiguriert wird. Emacs verlangt viel vom Betriebssystem, sowohl bei der Übersetzung als auch bei der Ausführung – dennoch ist er recht portabel.

Der Editor Emacs ist sehr mächtig; tatsächlich ist er ein Lisp-Interpreter, der es versteht, mit Texten umzugehen. Der Lisp-Dialekt von Emacs ist ein (vollwertiges) Lisp, das Emacs-Lisp (kurz elisp). Bei der Ausführung von Makros wird der unbedarfte Benutzer deshalb z. B. auch von Meldungen wie `Garbage collecting...` überrascht.

Diese Meldung teilt dem Benutzer mit, daß eine interne Funktion des Lisp-Interpreters abläuft, die nicht mehr benutzten Speicherplatz wieder freigibt. Da Lisp keine explizite Allozierung und Freigabe von Speicher kennt, wird diese Funktion regelmäßig (bzw. bei Speicherbedarf) aufgerufen.

Es gibt unzählige Anpassungen, Erweiterungen und Makros für den Emacs, die in elisp geschrieben sind. Diese Makros werden in Dateien gespeichert, die auf `*.el` enden. `*.elc`-Dateien sind entsprechende (Byte-)Kompilate, die vom Lisp-Interpreter schneller ausgeführt werden können. Diese Lisp-Programme, zusammen mit der wirklich ausführlichen und gut verständlichen Dokumentation sorgen für den immensen Platzbedarf des Emacs.

6.1 Welche Emacs-Version soll ich nehmen?

Die Familie der Emacs-Editoren besteht aus beinahe unüberschaubar vielen Varianten und mehr oder weniger kompatiblen Clones. Diese Vielfalt macht die Auswahl einer Version relativ schwierig, aber es gibt stets gute Gründe für die eine oder andere Wahl.

Als wohl am weitesten verbreitete Version findet man den GNU-Emacs, der direkt von der FSF unter Federführung von Richard Stallman entwickelt wird. Diese Version enthält eine recht gute Auswahl an zusätzlichen Lisp-Paketen und läuft sowohl unter X als auch auf einem Terminal. Unter X können verschiedene Fonts und Farben verwendet werden. Texte können, wenn dies gewünscht wird, im Rich-Text-Format mit Attributen abgespeichert werden.

Die härteste Konkurrenz dazu ist der XEmacs. Diese Version wurde zunächst für ein besseres X-Interface entwickelt, kann jetzt jedoch auch an einem Terminal verwendet werden. Spezielle Funktionen sind hier die Verwendung von Farben auf farbfähigen Terminals und unter X sowie die Möglichkeit, einen XEmacs-Prozeß sowohl von einem Terminal aus als auch unter X anzusprechen. Ein weiterer Vorteil ist, daß mehr Lisp-Pakete als zum Emacs mitgeliefert werden. Diese Pakete sind außerdem besser strukturiert gespeichert, so daß es einfacher ist, in einem Paket zu navigieren, das aus mehreren Dateien besteht.

Ein Nachteil des XEmacs ist, daß der Lisp-Interpreter und einige Funktionen nicht kompatibel zum GNU-Emacs sind – XEmacs ist halt nicht der „Standard-Emacs". Daher laufen viele Lisp-Erweiterungen nur mit dem GNU-Emacs oder einer älteren Version des XEmacs. XEmacs benötigt deutlich mehr Speicher und mehr CPU-Leistung als der GNU-Emacs. Die größere Leistungsfähigkeit fordert hier ihren Tribut.

Wenn im folgenden vom Emacs gesprochen wird, dann sind damit sowohl der GNU-Emacs als auch der XEmacs gemeint. In den meisten Fällen verhalten sich diese beiden sehr ähnlich oder identisch, so daß eine Unterscheidung keinen Sinn macht. An Stellen, wo sich diese beiden Versionen für den Benutzer oder die Konfiguration unterscheiden, wird darauf aber eingegangen.

Außerdem existiert eine ganze Reihe von (einfachen) Emacs-Clones. Diese Programme haben in der Regel den Vorteil, daß sie wesentlich weniger Platz auf der Festplatte oder im Hauptspeicher benötigen. Dafür vermißt man einige Features des „echten" Emacs:

- Manche Clones haben keine integrierte Programmiersprache, andere verwenden eine eigene Sprache und wieder andere eine abgespeckte und inkompatible Lisp-Version.
- Die Konfiguration erfolgt mit Hilfe anderer Dateien und einer anderen Syntax.
- Es gibt bei weitem nicht so viele Erweiterungen wie für den GNU-Emacs.

Immer wenn auf einem Rechner der Plattenplatz oder die verfügbare CPU-Leistung begrenzt ist, dann kann es sinnvoll sein, zumindest einen Emacs-Clone einzusetzen. Für den unbedarften Benutzer sind diese Programme wesentlich einfacher zu bedienen als z. B. der `vi`. Gerade ein Rechner, der von mehreren Benutzern gemeinsam verwendet wird, gerät bei der Verwendung des Emacs durch den doch recht großen Speicherbedarf leicht ins Swapping und wird damit unerträglich langsam.

6.2 Kompilieren des GNU-Emacs

Obwohl der GNU-Emacs natürlich im Quellcode vorliegt (er wird unter der GPL vertrieben), gibt es nur wenige Menschen, die ihn tatsächlich unter Linux selbst übersetzen. Das liegt zum einen am Umfang des Quellcodes (ca. 10 MByte komprimiert), zum anderen liegen fertig kompilierte Binärversionen für viele Systeme vor. Zur Übersetzung des GNU-Emacs benötigt man etwa 60 MByte Plattenplatz (ca. 30 MByte für den Quellcode, ca. 20 MByte für die Installation).

Die Platzanforderungen des XEmacs sind etwas größer, da viele zusätzliche elisp-Pakete mitgeliefert werden. Ich persönlich bevorzuge den XEmacs aufgrund der besseren Ausstattung mit elisp-Paketen und der Fähigkeit, verschiedene Fonts (unter X) und verschiedene Farben auf der Konsole darstellen zu können. Das ist aber eine persönliche Vorliebe, und man muß die zusätzlichen Funktionen gegen die größeren Hardware-Anforderungen abwägen.

Emacs ist nur zu einem relativ kleinen Teil in C geschrieben. Das sind der Lisp-Interpreter und die wichtigsten Operationen, die sogenannten Primitiven, mit Texten. Dadurch sind die zentralen Funktionen vergleichsweise schnell.

Alle weiteren Funktionen werden in Emacs-Lisp implementiert. Durch diese Hochsprache ist es relativ einfach möglich, den Emacs an die eigenen Bedürfnisse anzupassen oder eigene Lisp-Erweiterungen zu entwickeln. Die direkte Ausführung der Lisp-Programme durch den Interpreter ist relativ langsam, daher werden fast alle Lisp-Dateien mit dem „Byte-Compiler“ bearbeitet. Der dadurch erzeugte Byte-Code ist einfacher (und damit schneller) zu interpretieren.

Emacs wird wie die anderen GNU-Programme mit dem Befehl `configure` an das System angepaßt und kann dann mit `make` übersetzt und mit `make install` installiert werden. Viele der Optionen können mit `configure` eingestellt werden. Einige wichtige möchte ich hier vorstellen, die vollständige Liste finden Sie in der Datei `INSTALL`:

- `--prefix` bestimmt das Installationspräfix. Die Binärversionen in den Distributionen wurden meist mit `--prefix=/usr` übersetzt. Der Standardwert ist `/usr/local`.
- `--with-x-toolkit` bindet die X-Oberfläche, sofern auf dem Rechner vorhanden, ein, so daß unter X ein komfortableres Arbeiten (z. B. mit mausbedienbaren Menüs, weiteren Mausfunktionen und Syntax-Highlighting) möglich ist. Sinnvoll ist die Verwendung von `--with-x-toolkit=lucid`. Es werden hiermit bedienbare und gut aussehende Menüs eingebunden. Ohne den Zusatz `=lucid` würde das X-Toolkit verwendet werden, wo die Menüs nicht besonders gut aussehen.

Sollten Sie Probleme bei der Übersetzung von (X)Emacs haben, so werfen Sie einen Blick in die Dateien `./PROBLEMS` und `./etc/MACHINES`. Dort sind viele Probleme und deren Lösung für verschiedene Rechnertypen und Betriebssysteme dokumentiert. Einige ältere C-Compiler hatten echte Probleme, den Emacs zu übersetzen. Teilweise ließen diese Probleme sich beheben, indem man einzelne Module mit oder ohne Optimierung kompilierte, bei anderen waren Änderungen im Quelltext erforderlich. In der Regel sind die Editoren der Emacs-Familie aber sehr einfach zu installieren.

Zunächst wird der C-Kern übersetzt. Anschließend wird ein minimaler Emacs (`temacs`) gestartet, der die wichtigsten Lisp-Erweiterungen lädt. Dieses Programm wird dann aus dem Speicher auf Platte „gedumpt“. Dadurch ist das Laden von Emacs schneller, als wenn bei jedem Start zunächst der Interpreter und dann die wichtigsten Lisp-Pakete geladen würden. Zusätzliche Lisp-Pakete können geladen werden, wenn diese in der Datei `./lisp/site-init.el` angegeben sind.

Nach der Installation in das entsprechende Verzeichnis ist der Emacs dann einsatzbereit. Können oder wollen Sie Emacs nicht in ein Systemverzeichnis installieren, so können Sie beim `configure` die Option `--run-in-place` angeben und Emacs direkt aus dem Übersetzungsverzeichnis heraus ausführen. Dies kann sinnvoll sein, wenn Sie eine neue Version testen möchten oder diese nicht systemweit installieren können oder wollen.

Alle Konfigurationsoptionen für die Übersetzung von Emacs sind in der Datei `INSTALL` dokumentiert. Zusätzlich dazu finden Sie für viele Rechner- und Betriebssystemvarianten weitere Informationen, Tips und Bugfixes in der Datei

`./etc/MACHINES`. Darüber hinaus enthält dieses Verzeichnis noch eine Reihe weiterer interessanter Dateien, wie die Emacs-FAQ, weitere Dokumentationen zu Emacs und dem GNU-Projekt und einige nicht ganz ernstgemeinte Manpages.

6.3 Allgemeines zur Arbeit mit Emacs

Der Emacs ist ein „selbsterklärender" Editor. Auch ohne ein gedrucktes Handbuch und einen Guru in Ihrer Nähe können Sie mit Emacs sinnvoll arbeiten. Emacs zeigt Ihnen beim Start (Abbildung 6.1), wie Sie weitere Hilfe erhalten können. Sie können die Dokumentation direkt im Emacs lesen und in den Puffern viele Emacs-Kommandos (z. B. zum Suchen) verwenden. Die Dokumentation ist gut lesbar geschrieben und sehr ausführlich.

Sie können außerdem die im Texinfo-Format geschriebene Dokumentation selbst ausdrucken oder bei der FSF bestellen. Texte in diesem Format können am Bildschirm angezeigt werden (z. B. mit dem `info-mode`), als Buch gedruckt oder auch nach HTML konvertiert werden. Es muß von den Autoren nur ein Dokument gepflegt werden, die Inhalte der verschiedenen Medien sind konsistent, und die gedruckte Version ist ordentlich gesetzt und gut lesbar.

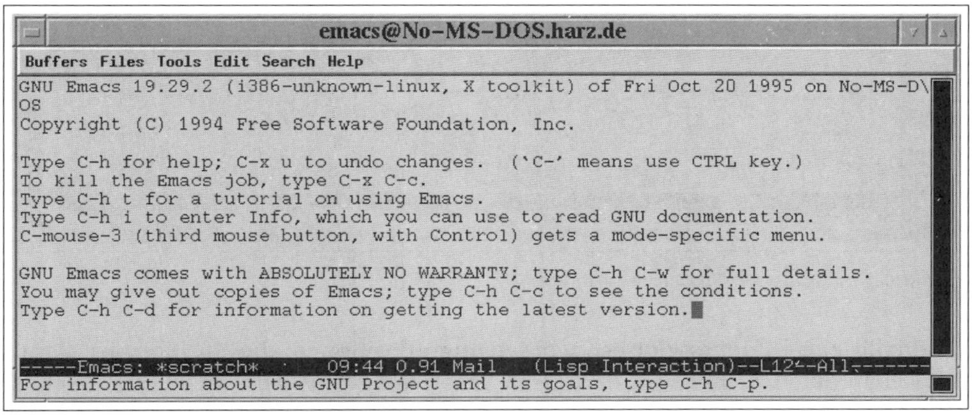

Abbildung 6.1: Der Begrüßungsbildschirm des Emacs

Mit Strg+h, t starten Sie das Tutorial, das Sie in die wichtigsten Begriffe und Funktionen des Emacs einführt. Das Durcharbeiten des Tutorials sollte nicht länger als eine halbe Stunde dauern, danach sollten Sie Emacs bequem für einfache Editiertätigkeiten verwenden können. Eine deutschsprachige Version des Tutorials ist bei GNU-Emacs und XEmacs enthalten.

Die Info-Dokumentation zu Emacs und praktisch allen GNU-Programmen können Sie mit Strg+h, i ansehen. Diese Darstellung wurde aus denselben Dateien erzeugt wie das gedruckte Handbuch. Bei der Anzeige werden die Querverweise zur Navigation in der Dokumentation benutzt. Wenn Sie Emacs unter X benutzen, so können Sie mit der mittleren Maustaste einzelnen Verweisen im Hypertext folgen.

Konzepte und Begriffe

Emacs verwaltet eine geladene Datei in einem Puffer. Puffer werden aber auch intern verwendet, um z. B. eine Auswahlliste anzuzeigen. Ein Puffer wird in einem Window angezeigt. Ein Window ist ein Ausschnitt aus einem Emacs-Fenster (unter X) oder ein Teil des Bildschirms, der einen Puffer darstellt. Unter X kann Emacs mehrere Fenster (Frame genannt) öffnen. In Abbildung 6.2 sehen Sie zwei Emacs-Frames, wobei der vordere Frame zwei Windows enthält.

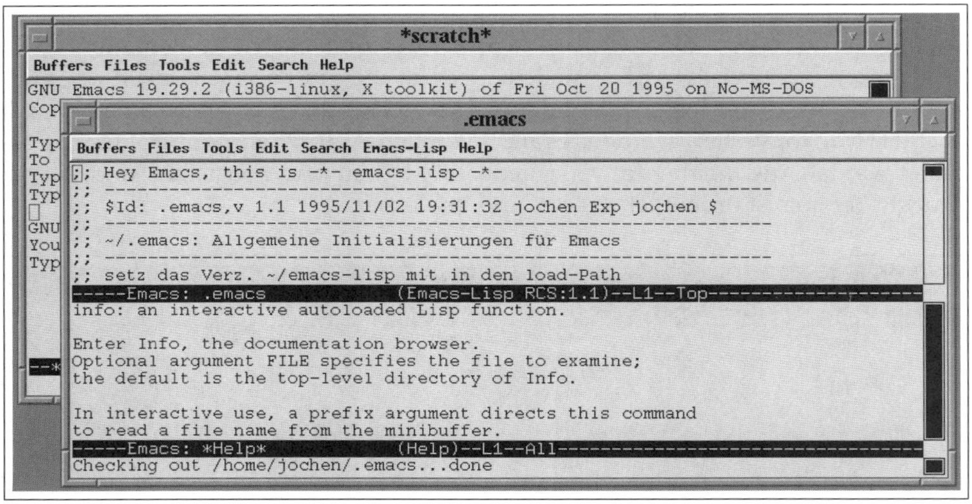

Abbildung 6.2: Emacs-Frames und -Windows

Innerhalb eines Puffers gibt es zwei wichtige Positionen: die Position des Points (zwischen dem Zeichen, auf dem der Cursor steht, und dem folgenden Zeichen) und die Position der Mark (einer Marke). Der Bereich zwischen Point und Mark heißt Region. Auf der Region (einem markierten Bereich) können viele Befehle ausgeführt werden.

Standardmäßig zeigt der GNU-Emacs die gesetzte Region nicht an. Wenn Sie möchten. daß die Region optisch dargestellt wird, so können Sie den Transient Mark Mode aktivieren (`M-x transient-mark-mode`). Der XEmacs hingegen zeigt die Region an, im Gegensatz zu GNU-Emacs auch auf der Textkonsole. Sie können die Darstellung der aktiven Region unter GNU-Emacs außerdem durch die in Listing 6.1 angegebenen Variablen Ihren Wünschen anpassen.

```
(transient-mark-mode t)
(set-face-background 'region "red")
(set-face-foreground 'region "yellow")
```

Listing 6.1: Verändern der Darstellung einer Emacs-Region

Zunächst konnte man Emacs nur mit Hilfe von Initialisierungsdateien in Emacs-Lisp konfigurieren. Die aktuellen Emacs-Versionen können außerdem mit Hilfe der `customize`-Funktion angepaßt werden. Die entsprechenden Einstellungen werden dann in der Datei `~/.emacs` abgespeichert und beim nächsten Start von Emacs eingelesen. Ich persönlich bevorzuge die Konfiguration mit Emacs-Lisp, da ich die entsprechenden Einstellungen kommentieren und die Dateien mittels RCS verwalten kann.

Unter jedem Window finden Sie die Modeline, in der Informationen zu der aktuellen Datei und den eingestellten Modi angezeigt werden. Dort finden Sie den Namen der geladenen Datei oder den Namen des Puffers, die Modes, die verwendet werden, und viele andere Informationen. So stehen z. B. am linken Rand die Zeichen `**` für einen modifizierten Puffer, die Zeichen `%%` für einen schreibgeschützten. Der Inhalt der Modeline kann (natürlich) auch den Bedürfnissen des Benutzers angepaßt werden, indem die Variable `modeline-format` verändert wird. Die Beschreibung dieser Variable erhalten Sie mit `C-h v modeline-format`.

In der letzten Zeile des Frames findet die Kommunikation mit dem Benutzer über den Minibuffer statt. Hier werden Meldungen ausgegeben (wie in Abbildung 6.2 dargestellt) oder Eingaben vom Benutzer verlangt. Wenn eine Funktion mit Hilfe der Maus aus einem Menü heraus aufgerufen wird, dann wird unter X eine Dialogbox geöffnet. Damit ist der Emacs einerseits durch Mausbedienung relativ komfortabel, aber erfahrene Benutzer können nur mit Hilfe der Tastatur schreiben.

Unter X kann Emacs zusätzlich zu den Tastenkombinationen auch über die in Abbildung 6.1 dargestellten Menüs bedient werden. Neuere Versionen des GNU-Emacs verfügen auch auf einem Text-Terminal über ein Menü, das Sie mit der F10-Taste (`tmm-menubar` oder `` M-` ``) aktivieren können. Leider ist die Bedienung dieser Menüs vollkommen anders, als man es von anderen Systemen (z. B. SAA) gewöhnt ist. Wenn Sie das Menü ein- oder ausschalten möchten, rufen Sie die Funktion `menu-bar-mode` auf. XEmacs stellt auf einem Text-Terminal keine Menüs dar und ist dort nur mit der Tastatur zu bedienen.

Für viele Dateiformate kennt Emacs eine spezielle Unterstützung (Modes) durch zusätzliche Tastenbelegungen und Funktionen. Modes existieren für praktisch alle verbreiteten Programmiersprachen, aber auch zur Durchführung der unterschiedlichsten Aufgaben. Jeder Puffer befindet sich in genau einem Major-Mode, wie z. B. `text` oder `emacs-lisp`.

Außerdem gibt es Minor-Modes, die das Verhalten des Puffers weiter beeinflussen können. Häufig verwendete Minor-Modes sind `auto-fill` (für automatischen Zeilenumbruch) oder `font-lock` (zur farblichen Hervorhebung von Kommentaren, Strings oder Schlüsselwörtern). In einem Puffer können mehrere verschiedene Minor-Modes aktiv sein. Für mich sind die vielen in der Regel sehr guten Modes *das* Argument für die Verwendung des Emacs.

Aufruf und Kommandozeilenoptionen

Wie jedem Editor kann dem Emacs beim Aufruf der Name einer oder mehrerer Dateien als Argument zum Editieren übergeben werden. Diese Dateien werden geladen und in verschiedenen Windows angezeigt. Wenn der Emacs ohne Argumente und Optionen aufgerufen wird, startet er standardmäßig mit der in Abbildung 6.1 dargestellten Meldung, die den Benutzer über das Tutorial, die Hilfe und die Lizenzbedingungen informiert.

Der (X)Emacs kann sowohl auf einem Text-Terminal als auch unter X verwendet werden. Wird Emacs unter X gestartet, so wird standardmäßig das X-Interface verwendet. Möchte man dennoch das Text-Interface verwenden, so muß man Emacs mit der Option `-nw` starten. Soll ein anderes X-Display, als durch die `DISPLAY`-Variable vorgegeben, verwendet werden, so kann dieses nach der Option `-display` (bzw. `-d`) angegeben werden.

Wenn der Emacs mit einem Verzeichnis als Argument gestartet wird, geht er automatisch in den `dired`-Modus (der Puffer enthält so etwas wie die Ausgabe von `ls -la`). In diesem Modus können u. a. Dateien geladen, gelöscht oder verschoben werden. Mehr zum `dired`-Mode finden Sie im Abschnitt *Der `dired-mode`* auf Seite 196.

Es können als Argumente auch beim Starten auszuführende Funktionen, z. B. via `-f ispell-change-dictionary` übergeben werden. Durch entsprechende Parametrisierung kann Emacs auch im Batch-Modus, d. h. ohne Benutzerinteraktion, betrieben werden, z. B. um aus einer Textdatei und einer Datei mit aufgezeichneten Benutzeraktionen (einzelnen Tastendrücken) eine neue Datei zu erzeugen. Dies kann z. B. sinnvoll sein, wenn eine Editiersitzung abgestürzt ist.

Der Emacs kann auch eine Zeilennummer als Argument erhalten (z. B. `+10`) und würde in der entsprechenden Datei zu der angegebenen Zeile springen. Dies wird z. B. von Programmen wie `elm` oder `tin` benutzt, um den Cursor auf den Beginn des Nachrichtentextes zu positionieren. Wenn man programmiert und einen Syntax-Fehler in Zeile 1437 hat, kann man mit dieser Option schnell in diese Zeile springen. Innerhalb von Emacs geht das mit der Funktion `goto-line`, die unter XEmacs auch mit `M-g` erreichbar ist.

Mit der Option `-q` kann das Laden der eigenen Konfigurationsdatei (`~/.emacs`) verhindert werden, wenn dort z. B. ein Fehler enthalten ist, der zunächst berichtigt werden muß. Auch für einen Bug-Report ist es sinnvoll, keine eigene Konfiguration zu verwenden, um den Fehler mit den Originaleinstellungen reproduzieren zu können.

Bedienung: Escape, Meta, Alt, Control und Shift

Eine weitere Auflösung der Abkürzung Emacs ist *Escape, Meta, Alt, Control und Shift*. Dies spielt auf die Bedienung des Editors mittels Tastenkombinationen an. Neben vielen Tastenkombinationen können praktisch alle Funktionen auch mit den ausführlichen Namen aufgerufen werden. Wenn Sie Emacs unter X oder den GNU-Emacs verwenden, dann können Sie einige Funktionen auch aus Menüs auswählen. Einsteiger werden oft das Menü verwenden. Erfahrene Benutzer erlernen im Laufe der Zeit viele Befehle und Tastenkombinationen und steigern damit ihre Arbeitsgeschwindigkeit. Die zusammen mit dem Emacs gelieferte Referenzkarte enthält die wichtigsten Befehle – sie ist auch in deutscher Sprache erhältlich.

Wenn im folgenden Tastenkombinationen, d. h. das Drücken von zwei Tasten gleichzeitig oder kurz nacheinander, dargestellt werden, geschieht dies in der Form `C-x` oder `M-<`. `C-x` bedeutet: Drücke die [Strg]-Taste und die [x]-Taste gleichzeitig, d. h. Steuerungstaste drücken und [x]-Taste kurz antippen. Die Schreibweise `M-<` steht für das Drücken der `Meta`-Taste und der <-Taste. Die Meta-Taste kann auch mit [Alt] oder [◇] beschriftet sein.

Ist keine `Meta`-Taste vorhanden (oder funktioniert sie nicht, weil sie nicht entsprechend konfiguriert ist) kann die [Esc]-Taste benutzt werden. Bei der [Esc]-Taste ist jedoch zu beachten, daß die Taste nur kurz gedrückt werden darf (wie zur Erzeugung eines einzelnen Buchstabens) und danach die zweite Taste der Tastenkombination folgen muß. Die `M-x`-Schreibweise wird nur für das Emacs-Kapitel verwendet, um konsistent mit der Emacs-Dokumentation zu bleiben.

Die Tabelle 6.1 enthält eine kurze Übersicht über die wichtigsten Tastenkombinationen. Weiterhin existiert eine (englische) Referenzkarte, die Sie in der Datei `/usr/share/emacs/`*`Version`*`/etc/refcard.tex` finden. Am Ende dieses Kapitels finden Sie außerdem die Bezugsquelle für eine deutsche Referenzkarte.

Neben diesen Tastenkombinationen können Sie viele Befehle auch direkt mit der Tastenkombination `M-x` (`execute-extended-command`) aufrufen. Anschließend können Sie im Minibuffer den entsprechenden Befehl eingeben. Dabei steht, wie z. B. beim Laden von Dateien auch, eine Erweiterungs- und History-Funktion (`Tab/Space` bzw. `M-p/M-n` oder die Cursor-Tasten) zur Verfügung.

Im Minibuffer komplettiert `Space` (in der Emacs-Dokumentation als `SPC` geschrieben) die Eingabe bis zum nächsten Bindestrich. Die `Tab`-Taste komplettiert bis zur nächsten Mehrdeutigkeit, die Enter-Taste (`RET`) komplettiert wie `Space`, führt jedoch einen vollständigen Befehl sofort aus.

Sparte	Tasten	Beschreibung
Exit	`C-x C-c`	Emacs verlassen
Sichern	`C-x C-s`	Pufferinhalt speichern
Ausführen	`M-x`	Lisp-Funktionen ausführen
Cursor bewegen	`C-n`, `C-p`	Nächste bzw. vorherige Zeile
	`C-f`, `C-b`	Nächste bzw. vorherige Spalte
	`C-a`, `C-e`	Anfang bzw. Ende der Zeile
	`M-a`, `M-e`	Satzweise vor bzw. zurück
Muffe-Taste	`C-g`	Letzten bzw. laufenden Befehl abbrechen
Undo	`C-x u`	Letzten Befehl rückgängig machen
Hilfe	`C-h`	
Quoted-Insert	`C-q`	Spezielle Zeichen einfügen
Präfix	`C-u`	Nächsten Befehl ohne Parameter starten
Fenster-Befehle	`C-x 2`	Aktuelles Fenster horizontal teilen
	`C-x 1`	Andere Fenster löschen
	`C-x 0`	Aktuelles Fenster löschen
	`C-x o`	Zum nächsten Fenster wechseln
Suchen	`C-s`	Inkrementelle Vorwärtssuche
	`C-r`	Inkrementelle Rückwärtssuche
	`M-%`	Suchen und Ersetzen
Makros	`C-x (`	Aufzeichnung beginnen
	`C-x )`	Aufzeichnung beenden
	`C-x e`	Letztes Makro ausführen
Kill und Yank	`C-k`	Bis Zeilenende löschen
	`C-w`	Region löschen
	`C-y`	Zuletzt Gelöschtes einfügen

Tabelle 6.1: Wichtige Emacs-Tastaturkürzel

Die Funktions- und Variablennamen innerhalb von Emacs sind ausführlich und sprechend, was aber die Benutzung des Emacs nicht beeinträchtigt. Vielmehr ist die Dokumentation sehr gut, so daß man mittels `apropos` die gesuchten Funktionen finden kann, und durch die Vervollständigungsfunktionen ist kein großer Tipp-Aufwand nötig. Im folgenden werden zusätzlich zu den Tastenkombinationen stets die entsprechenden Befehle in Klammern angegeben. Für jede Tastenkombination können Sie sich mit `C-h k` (`describe-key`) den auszuführenden Befehl und eine kurze Dokumentation ansehen.

Sollte wider Erwarten das System oder der Editor Emacs einmal abstürzen, so sind die gerade bearbeiteten Daten nicht verloren. Emacs speichert Ihre Daten regelmäßig in einer Auto-Save-Datei (`#`*`Dateiname`*`#`), die nach einem Systemabsturz zur Wiederherstellung verwendet werden kann. Beim Einlesen einer Datei, zu der eine Auto-Save-Datei existiert, wird der Benutzer darauf hingewiesen, daß er die Änderungen mit dem Befehl `M-x recover-file` wiederherstellen kann. Haben Sie viele Dateien editiert, so können Sie die gesamte Sitzung mit `M-x recover-session` wiederherstellen. Emacs präsentiert eine Liste der vorangegangenen Sitzungen, aus denen Sie die passende auswählen können. Bewegen Sie den Cursor auf die entsprechende Zeile, und drücken Sie `C-c C-c` (`recover-session-finish`).

Das Erstellen von Sicherheitskopien kann mit einer Reihe von Variablen konfiguriert werden. Ist die Variable `auto-save-default` nicht `nil`, so wird die Auto-Save-Funktion für jeden neuen Puffer aktiviert. Der Wert der Variablen `auto-save-interval` bestimmt, nach wie vielen eingegebenen Zeichen eine Sicherheitskopie erstellt wird. Mit der Variable `auto-save-timeout` wird bestimmt, nach wie vielen Sekunden ohne Benutzereingabe eine Auto-Save-Datei geschrieben wird.

Normalerweise ist die Auto-Save-Funktion beim Start von Emacs aktiv, und die Variable `auto-save-intervall` hat den Wert 300. Wenn in einem Puffer viele Zeichen gelöscht wurden, so deaktiviert Emacs die Auto-Save-Funktion, da diese dann unverhältnismäßig aufwendig ist. Sie können jedoch den Puffer mit `C-x k` (`kill-buffer`) löschen und die Datei neu laden, so daß Emacs wieder Auto-Save-Kopien erstellt.

Tutorial, Hilfe und Info-Mode

Bevor Sie eine Entscheidung über den Einsatz von Emacs als Editor treffen, arbeiten Sie unbedingt das Tutorial (`C-h t`; `M-x help-with-tutorial`) durch. Dort werden auch noch andere Möglichkeiten des Emacs, wie z. B. die Verwendung von Makros, vorgestellt. Nach dem Tutorial sollten Sie die wichtigsten Funktionen, wie Navigation im Puffer, Wechseln von Fenstern und Suchen/Ersetzen, beherrschen.

Im weiteren Einsatz erweist sich Emacs als ausführlich dokumentiert. Zunächst ist das gesamte Handbuch im Info-Format verfügbar, so daß Sie es mit dem in Emacs integrierten Info-Browser (`C-h i`; `M-x info`) lesen können. Sie können die Dokumentation aber auch mit TeX ausdrucken oder ein entsprechendes Buch erwerben.

Diese Dokumentation ist aber nur ein Teil der gesamten Dokumentation. Zu den meisten Variablen können Sie genauere Informationen mit dem Befehl `describe-variable` erhalten. Um diese Funktion auszuführen, verwenden Sie entweder die Tastenkombination `C-h v` oder `M-x describe-variable`. Den Namen der Funktion bzw. den Namen der Variablen müssen Sie nicht vollständig eingeben. Mit den Tasten TAB bzw. SPC wird der Name soweit wie möglich vervollständigt.

Die Dokumentation zu Lisp-Funktionen erhalten Sie mit der Tastenkombination C-h f (describe-function). Wenn Sie den Namen der Variablen oder Funktion nicht wissen können Sie mit C-h a (apropos) nach Funktionen oder Variablen suchen, die eine bestimmte Zeichenfolge enthalten. Die Suchergebnisse werden in einem Puffer angezeigt, in dem Sie mit normalen Emacs-Funktionen suchen können. Wenn Sie mit dem Cursor über einem Funktions- oder Variablennamen stehen, dann können Sie sich die zugehörige Dokumentation mit RET anzeigen lassen.

Die Tastenbelegungen eines bestimmten Modes erhalten Sie mit der Tastenkombination C-h m (describe-mode). Die Funktion, die mit einer bestimmten Taste aufgerufen wird, erfahren Sie mit C-h k (describe-key). Die Tastenkombination C-h C-k springt zu der Beschreibung der folgenden Tastenkombination in der Emacs-Info-Datei. Mit diesen Hilfsmitteln und den Quellen der Emacs-Lisp-Pakete, die häufig Informationen zur Konfiguration enthalten, sollten Sie den Emacs komplett an Ihre Bedürfnisse anpassen können. Einige beispielhafte Anpassungen werden im weiteren Verlauf dieses Kapitels vorgestellt.

Durch die Vergabe von sprechenden Namen für Variablen und Funktionen kann recht einfach mit dem Befehl apropos gesucht werden. Die Namen von Variablen und Funktionen folgen in der Regel gewissen Konventionen, so daß die Suche sehr häufig von Erfolg gekrönt ist. Dies ist einer der Gründe dafür, daß Emacs als „selbstdokumentierender" Editor bezeichnet wird.

6.4 Konfiguration

Emacs ist durch die weitgehende Programmierung in Emacs-Lisp sehr flexibel und an praktisch jede Anforderung anpaßbar. Zu vielen Aufgaben gibt es bereits fertige Pakete, die im Emacs-Lisp-Archiv gesammelt werden. Die Adresse des Archivs finden Sie in der Info-Box am Ende des Kapitels. Fast alle Pakete kennen eigene Variablen zur Konfiguration, die jeder Benutzer für sich einstellen kann.

Die customize-Funktion

Emacs ist sehr flexibel an die Anforderungen der Benutzer anzupassen. Für größere Änderungen kann es notwendig sein, einen eigenen Mode mit verschiedenen Lisp-Funktionen zu implementieren. Viele kleine Anpassungen erfordern oft nur das Zuweisen eines Wertes an eine Variable. Da viele Anwender kein Lisp können und auch nicht lernen wollen, haben die Entwickler die customize-Funktion implementiert. Diese Funktion kann über das Menü, die Funktion `customize` oder im XEmacs mit der Tastenkombination `C-h C` aufgerufen werden.

Der Benutzer kann sich dann durch einen Baum an Konfigurationsmöglichkeiten hindurchbewegen und jede vorgesehene Einstellung ändern. Dabei ist es möglich, diese Änderungen nur für die aktuelle Sitzung zu speichern oder permanent. Diese Einstellungen werden in den normalen Konfigurationsdateien untergebracht und können später manuell angepaßt werden.

Je nach einzustellendem Wert kann entweder aus einer Liste ausgewählt werden, eine Liste von Werten erfaßt werden oder ein einzelner Wert eingegeben werden. Damit ist diese Funktion sehr flexibel, und durch die Verweise auf die normale Emacs-Dokumentation auch recht gut beschrieben. Abbildung 6.3 zeigt die Einstellungen zu grundlegenden Editierfunktionen.

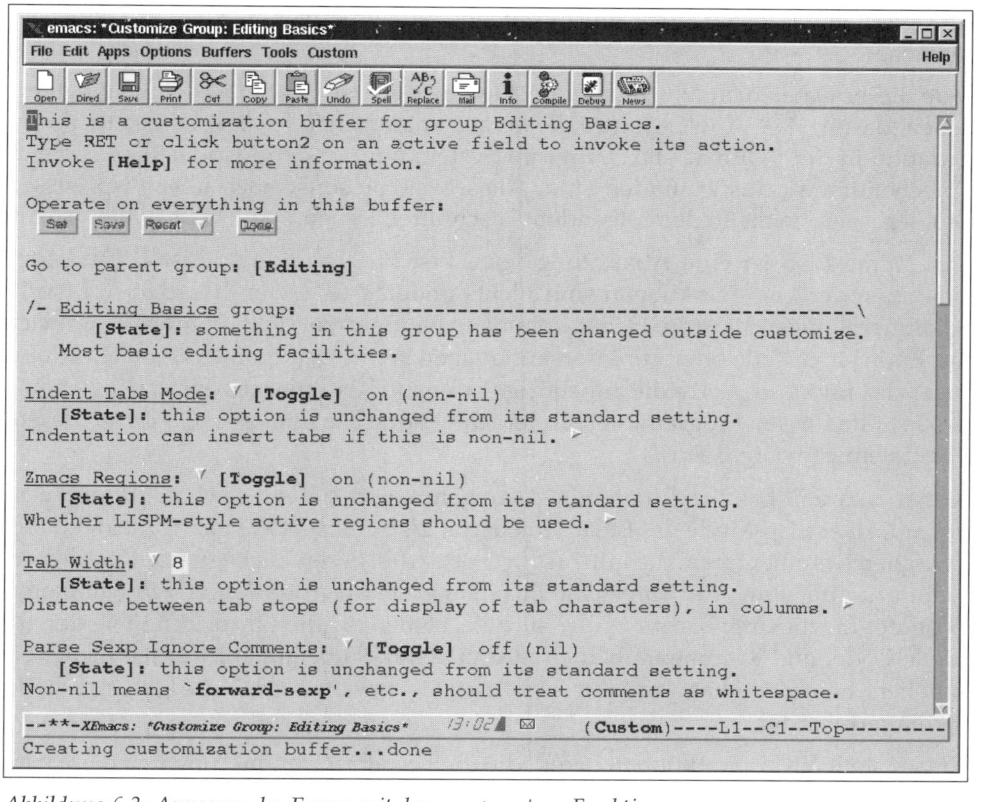

Abbildung 6.3: Anpassen des Emacs mit der `customize`-Funktion

Die `customize`-Funktion ist nützlich, wenn man ohne Studium der Dokumentation oder der Emacs-Lisp-Programme auskommen will oder um einfach nur eine

Übersicht über die möglichen, in `customize` vorgesehenen Optionen zu bekommen.

Konfigurationsdateien

Beim Laden des Emacs wird zunächst die Datei `~/.emacs` gelesen. Diese Datei enthält Emacs-Lisp-Befehle, mit denen das Verhalten oder Aussehen des Emacs verändert werden kann. In dieser Datei kann jeder Benutzer den Editor gemäß seinen Präferenzen konfigurieren. Anschließend wird, wenn die Variable `inhibit-default-init` nicht `nil` ist, die Datei `default.el` geladen.

Zusätzlich dazu kann es noch eine weitere systemweite Konfigurationsdatei (`site-init.el`) geben, die noch vor der Datei `~/.emacs` geladen wird. Das Laden dieser Datei kann mit der Kommandozeilenoption `-no-site-file` verhindert werden. Dies sollte aber nur in seltenen Fällen notwendig sein, z. B. zur Fehlersuche.

Jede dieser Dateien enthält Lisp-Code. Sie müssen Lisp in aller Regel nicht beherrschen, da für viele Anwendungsfälle bereits entsprechende Vorschläge zur Konfiguration in der (X)Emacs-FAQ, im Info-System oder in den Lisp-Dateien des entsprechenden Modus zu finden sind. Alles, was Sie sonst noch über Lisp wissen müssen, werden Sie in den folgenden Abschnitten lernen.

Der Name Lisp ist eine Abkürzung von „List Programming". Listen (und Programme oder Lisp-Funktionen sind nichts anderes als Listen) werden in Lisp in Klammern eingeschlossen. Daher kommt es häufiger vor, daß mehrere Klammern am Ende einer Zeile oder Funktion auftauchen. Beim Einfügen einer neuen Klammer wird im `lisp-mode` die zugehörige öffnende Klammer markiert. Dies ist eine große Hilfe für den Programmierer oder Anwender. Die Emacs-FAQ gibt zu diesem Thema einige weitere Tips.

Kommentare in Lisp beginnen mit einem Semikolon (`;`) und reichen bis zum Zeilenende. Der Lisp-Mode des Emacs (nicht der Lisp-Interpreter) unterscheidet dabei zwischen Kommentaren, die mit ein, zwei oder drei Semikola beginnen. Diese markieren Kommentare, die unterschiedlich eingerückt werden sollen. Ein Semikolon bedeutet Einrückung bis zur Spalte 40, zwei stehen für die Einrückung wie der aktuelle Code, und Kommentare, die mit drei Semikola beginnen, werden nicht verschoben. Eine Zeile kann mit der Taste `Tab` (`lisp-indent-line`) entsprechend formatiert werden.

Emacs stellt einige Funktionen bereit, die die Lisp-Programmierung beinahe zu einem Vergnügen machen. Die oben bereits erwähnte Anzeige der zugehörigen öffnenden Klammer ist nur ein Beispiel. Sie können eine Konfigurationsdatei auswerten, ohne Emacs zu verlassen, indem Sie den Befehl `eval-buffer` verwenden. Eine Region können Sie mit `eval-region` an den Lisp-Interpreter übergeben. Diese Funktionen sind im `elisp-mode` und im `*scratch*`-Puffer verfügbar. Der *scratch*-Puffer wird der Lisp Interaction-Mode verwendet, in dem Befehle eingegeben und ausgeführt werden können.

Weitere nützliche Funktionen sind eval-defun (M-C-x, Evaluieren der Funktionsdefinition, in der sich der Cursor befindet) und eval-last-sexp (C-x C-e, den letzen Lisp-Ausdruck ausführen). Dadurch ist es in vielen Fällen möglich, iterativ zu programmieren oder neue Konfigurationseinstellungen zu testen.

```
;; vergrößert den Puffer am Ende nicht
(setq next-line-add-newlines nil)
;; aktuelle Zeilennummer in der Modeline anzeigen
(setq line-number-mode 't)
;; Highlight der Suchergebnisse
(setq search-highlight 't)
;; Standard-Mode ist "text-mode"
(setq default-major-mode 'text-mode)
;; Zeilenumbruch automatisch
(add-hook 'text-mode-hook 'turn-on-auto-fill)
```

Listing 6.2: Einfache Befehle für die Datei ~/.emacs

Das Listing 6.2 enthält einige Befehle, die Sie möglicherweise in Ihre ~/.emacs-Datei aufnehmen möchten. Die einzelnen Befehle werden im folgenden näher erklärt, bevor wir auch kompliziertere Konfigurationen durchführen. Lisp besteht aus Ausdrücken, die in Klammern eingeschlossen sind. Diese Ausdrücke können auch als Listen interpretiert werden. Direkt nach der Klammer steht die auszuführende Funktion, danach die Parameter der Funktion. Funktionen geben teilweise einen Wert zurück, der dann als Parameter für einen anderen Funktionsaufruf dienen kann.

Variablen werden mit der Funktion set bzw. setq verändert. Die in Listing 6.3 gezeigten Funktionsaufrufe sind äquivalent (das 'q' in setq steht für „Quote", also das einfache Anführungszeichen '). Mit einem Quote wird die Auswertung des folgenden Ausdrucks verhindert. Im obigen Beispiel tauchen die Werte t und nil mehrfach auf. Diese Werte haben in Lisp eine spezielle Bedeutung und stehen für TRUE und FALSE (bzw. für die leere Liste, *n*ot *i*n *l*ist).

```
(setq next-line-add-newlines nil)
(set 'next-line-add-newlines nil)
```

Listing 6.3: Vergleich von set *und* setq

Zurück zu den Beispielen in Listing 6.2. Emacs vergrößert den Puffer automatisch, wenn man mit dem Cursor über das Dateiende hinausblättert. Oft ist dies störend (der Puffer wird modifiziert, obwohl keine „echten" Änderungen durchgeführt wurden) und nicht erwünscht. Der erste Lisp-Ausdruck stellt dieses Verhalten ab.

Der zweite Ausdruck in Listing 6.2 sorgt dafür, daß in der Modeline stets die aktuelle Zeilennummer angezeigt wird. Mit der Variablen `mode-line-format` bzw. `modeline-format` unter XEmacs können Sie das Format der angezeigten Modeline genauer bestimmen. Wenn Sie die Nummer der aktuelle Spalte ebenfalls in der Modeline angezeigt bekommen möchten, dann können Sie die Funktion `column-number-mode` aufrufen.

Die dritte Einstellung sorgt dafür, daß Suchergebnisse durch eine Hervorhebung deutlich angezeigt werden. Ansonsten kann es passieren, daß man nach einer Suche erst eine Weile nach dem Cursor Ausschau halten muß, um dort den gefundenen Begriff zu sehen.

Die letzten beiden Ausdrücke steuern das Verhalten von Emacs, wenn kein spezieller Mode für einen Puffer vorhanden ist. Normalerweise befindet sich ein solcher Puffer im `fundamental-mode`. Oft enthält dieser lediglich natürlichsprachlichen Text, so daß der `text-mode` angemessen wäre. Mit dem vorletzten Ausdruck wird dieser Mode als Standard verwendet, wenn keine speziellen Anpassungen verfügbar sind.

Bei vielen Anwendungsfällen ist es sinnvoll, wenn ein Text automatisch an Wortgrenzen umbrochen wird. Dieses Verhalten wird von einem Minor-Mode (`auto-fill-mode`) implementiert. Der letzte Lisp-Ausdruck aus Listing 6.2 schaltet diesen Minor-Mode immer dann an, wenn ein Puffer in den `text-mode` versetzt wird.

Sie sollten Ihre Anpassungen ausführlich dokumentieren, so daß andere von Ihren Erfahrungen profitieren können und Sie selbst den Überblick behalten. Meine Emacs-Konfigurationsdateien verändern sich relativ regelmäßig, deshalb werden sie mit dem *Revision Control System* (siehe auch den gleichnamigen Abschnitt 12.5 auf Seite 386) verwaltet. Das erfordert zwar einige Disziplin, macht aber Änderungen nachvollziehbar.

Es reicht nicht immer aus, die Werte einzelner Variablen anzupassen. Emacs stellt an vielen Stellen sogenannte Hooks zur Verfügung, die Benutzer verwenden können, um spezielle Funktionen auszuführen. So wird bei jedem Lesen einer Datei der Hook `find-file-hook` aufgerufen, und die darin enthaltenen Befehle werden ausgeführt. Viele andere Lisp-Pakete ermöglichen die flexible Erweiterung ihrer Funktionalität durch eine Reihe von Hooks. Die Namen der Hooks und deren Bedeutung finden Sie in der Dokumentation zu dem entsprechenden Modus.

In der Regel werden Benutzer zusätzliche Funktionen in den Hook aufnehmen. Die zusätzlichen Funktionen können mit der Funktion `add-hook` in den Hook aufgenommen werden. Soll nicht nur eine Funktion ausgeführt werden, so muß eine

```
;; Direktes Einfügen in den Hook
(add-hook 'text-mode-hook 'turn-on-auto-fill)

;; unbenannte Funktion in den Hook aufnehmen
(add-hook 'text-mode-hook
          (lambda ()
             (turn-on-auto-fill)))

;; Benannte Funktion in den Hook aufnehmen
(defun my-text-mode-hook ()
       (turn-on-auto-fill))
(add-hook 'text-mode-hook 'my-text-mode-hook)

;; Hook löschen; remove-hook löscht einzelne Aufrufe
(setq text-mode-hook nil)

;; Hook auf definierten Wert setzen
(setq text-mode-hook 'turn-on-auto-fill)
```

Listing 6.4: Erweitern und Setzen von Hooks

(eventuell unbenannte) Funktion erzeugt werden, die in den Hook aufgenommen wird. Beispiele für die Verwendung von Hooks finden Sie in Listing 6.4. Das direkte Setzen eines Hooks, der nichts anderes als eine Variable ist, mit `setq` sollten Sie nur in wirklichen Sonderfällen verwenden, weil Sie möglicherweise andere Einstellungen als gewollt verändern.

Einige weitere Dinge können mit X-Ressourcen (`~/.Xresources`) konfiguriert werden. Eine komplette Liste der veränderbaren Ressourcen finden Sie in der Manpage, beim GNU-Emacs sind das im wesentlichen die Größe des Fensters, der verwendete Font und die Farben. XEmacs nutzt viel mehr Features des X-Window-Systems, daher kann man dort deutlich mehr Anpassungen vornehmen. Für den XEmacs sind das alle Farben, die verwendeten Fonts und diverse Einstellungen für die Maus.

Zusammen mit dem XEmacs werden die Beispieldateien `sample.emacs` und `sample.Xdefaults` installiert. In diesen finden Sie bereits viele Tips und Anregungen für die Konfiguration des XEmacs. Viele einfache Konfigurationstips finden Sie außerdem in der FAQ zu Emacs (bzw. XEmacs).

Große Konfigurationsdateien

Wenn Sie Emacs für viele Tätigkeiten einsetzen, so werden Sie für viele Modes eigene Konfigurationen erstellen. Die meisten Modes kann man zwar ohne vorherige

Konfiguration verwenden, aber manchmal möchte man ein weiteres Zusatzpaket integrieren oder einfach spezielle Funktionen nutzen. In jedem dieser Fälle werden Sie einige Einträge in die Datei `~/.emacs` aufnehmen müssen.

Einfache Editoren bieten diesen Komfort und diese Flexibilität nicht. Sie sollten aber zumindest am Anfang nur wenige Einstellungen vornehmen und sich langsam die Funktionen des Emacs erschließen. Es ist nicht besonders sinnvoll, einfach die Konfiguration eines anderen Emacs-Benutzers zu verwenden, da sich Emacs dann in einigen Funktionen nicht wie im Handbuch beschrieben verhält. Da das unbedarfte oder unerfahrene Anwender verwirren könnte, sollten Sie mit der unbesehenen Weitergabe Ihrer Konfiguration vorsichtig sein.

Bei vielen verschiedenen Anpassungen wird die Datei `~/.emacs` relativ schnell groß und unübersichtlich, und das Laden und Ausführen der Datei dauert relativ lange. In diesem Fall bietet es sich an, die Konfigurationen in eine andere Datei als `~/.emacs` auszulagern und diese mit der Funktion `byte-compile-file` zu kompilieren.

In der Praxis erweist es sich als nützlich, für jedes größere Lisp-Paket eine eigene, relativ kleine Konfigurationsdatei anzulegen und diese nötigenfalls automatisch beim Start von Emacs kompilieren zu lassen. Dadurch wird die Konfiguration übersichtlicher und ist leichter zu pflegen. Zusammengehörige Einstellungen sind jeweils in einer relativ kleinen Datei gespeichert. Außerdem hat dies den Vorteil, daß die Konfigurationen zu einem Paket nicht über die ganze `~/.emacs`-Datei verteilt sind.

Wenn Sie jede der Dateien unter einer Versionsverwaltung halten, können Sie immer Ihre Änderungen nachvollziehen. Gerade wenn man zwischen GNU-Emacs und XEmacs sowie verschiedenen Rechnern wechselt, kann das sehr hilfreich sein. In Listing 6.5 finden Sie ein Beispiel für die Datei `~/.emacs`, in der die meisten Konfigurationen ausgelagert sind.

Die Datei `~/.emacs` enthält dann eine Reihe von einfachen, global gültigen Einstellungen, wie z. B. die in Listing 6.2 gezeigten, und für jedes größere Paket, das mit einer Reihe von Variablen und Hooks konfiguriert wird, einen Aufruf der Funktion `byte-compile-if-newer-and-load`. Dann ist auch das Byte-Kompilieren der modifizierten Konfigurationsdateien recht schnell, da jede Datei selbst nur sehr klein ist. Die Datei `emacs.init.el` könnte dann aus einer Reihe von Zeilen bestehen, die denen in Listing 6.6 ähneln.

Durch die Zusammenfassung aller Anpassungen zu einem Modus oder Paket können Sie diese auf einen Blick erfassen. Dies ist zur Fehlersuche recht nützlich und bietet die Möglichkeit, Ihre Einstellungen ohne großen Aufwand gezielt an andere Benutzer weiterzugeben. Kopieren Sie nicht einfach die Dateien, da dort häufig sehr persönliche Einstellungen vorgenommen werden, sondern extrahieren Sie die Einstellungen für den Modus, um den es gerade geht.

```
;; das Verzeichnis ~/emacs-lisp in den load-Path aufnehmen
(setq load-path
      (append (list (expand-file-name "~/emacs-lisp/"))
              load-path))

;; Trick, um die .el-Datei neu zu kompilieren,
;; wenn sie neuer als die .elc-Datei ist
(defun byte-compile-if-newer-and-load (file)
  "Byte compile file.el if newer than file.elc"
  (if (file-newer-than-file-p (concat file ".el")
                              (concat file ".elc"))
      (byte-compile-file (concat file ".el")))
  (load file))

;; Die init-Datei eventuell kompilieren und dann laden
(byte-compile-if-newer-and-load "~/emacs.init/emacs.init")
```

Listing 6.5: Eine minimale `.emacs`*-Datei*

```
;; Gnus: Der beste Newsreader überhaupt
(byte-compile-if-newer-and-load "~/emacs.init/gnus.conf")
;; Einstellungen für die Rechtschreibprüfung
(byte-compile-if-newer-and-load "~/emacs.init/ispell.conf")
```

Listing 6.6: Die Datei `emacs.init.el`

Dateilokale Konfiguration

Neben der Konfiguration, die in den Initialisierungsdateien festgelegt wird, kennt Emacs noch die puffer- oder dateilokale Konfiguration. Dies sind oft Variablen, die für jeden Puffer einen anderen Wert annehmen können. Das sind z. B. Tastaturbelegungen, Einstellungen zur Auto-Save-Funktion und vieles andere mehr. Sie können bei vielen Dateitypen diese (und andere) Variablen permanent in der Datei als lokale Variablen speichern.

Lokale Variablen werden am Ende der Datei gespeichert, in der Regel in einem Kommentar der verwendeten Programmiersprache. Eingeleitet wird der Block der lokalen Variablen durch den Text `Local variables:`, das Ende des Blocks ist mit dem Text `End:` erreicht. Dazwischen finden Sie den Namen einer (puffer-lokalen) Variablen, gefolgt von einem Doppelpunkt und dem neuen Wert dieser Variablen. Damit kann z. B. ein spezieller Einrückstil für bestimmte Dateien vorgegeben werden.

```
% Local Variables:
% mode: latex
% TeX-master: "master"
% End:
```

Listing 6.7: Ein Beispiel für lokale Variablen in einem LaTeX-Quelltext

In Listing 6.7 finden Sie ein Beispiel für lokale Variablen in einem LaTeX-Quelltext. Diese Variablen werden vom `auctex`-Modus ausgewertet, der leider nicht zum Standardumfang von GNU-Emacs gehört; XEmacs enthält dieses Paket. Dieser Modus ist für TeX- und LaTeX-Dateien verwendbar, die Variable `mode` wählt für diese Datei stets den LaTeX-Modus an. Die Datei ist eine von mehreren dieses Dokuments, die von LaTeX zu bearbeitende Hauptdatei heißt `master.tex`.

Ist die Variable `enable-local-variables t`, so werden wie in Listing 6.7 definierte lokale Variablen in jedem Fall entsprechend verändert. Ist der Wert `nil`, so werden diese Variablen ignoriert. Jeder andere Wert für die Variable `enable-local-variables` führt dazu, daß der entsprechende Block angezeigt und der Benutzer gefragt wird, ob die dort enthaltenen Variablen gesetzt werden sollen.

Mit Hilfe dieses Mechanismus können auch im Emacs Makro-Viren implementiert werden, da viele Funktionen des Emacs durch Variablen beeinflußt werden und außerdem Hooks nichts anderes als Variablen mit einem speziellen Inhalt sind. Man sollte also lokale Variablen bei fremden Dokumenten nicht blind übernehmen, sondern prüfen und gegebenenfalls die Nachfrage verneinen.

Mit der Variable `ignored-local-variables` können Sie außerdem bestimmte Variablen von der Verwendung als dateilokale Variable gezielt ausschließen. Das Listing 6.8 enthält als Beispiel die Standardeinstellung des XEmacs. Mit dieser Einstellung kann verhindert werden, daß bei einer Datei zunächst nachgefragt wird und für alle weiteren Dateien diese Nachfrage ausgeschaltet werden kann. Zusätzliche Variablen können Sie in die Liste aufnehmen.

```
;;; Folgende Variablen können nicht pufferlokal sein.
(setq ignored-local-variables '(enable-local-eval))
```

Listing 6.8: Die Variable `ignored-local-variables`

6.5 Emacs als Server – Einer für alles

Verschiedene Programme, z. B. `elm`, `tin` oder `crontab`, können einen beliebigen Editor zum Editieren einer Mail bzw. eines Textes aufrufen. In der Regel benutzen diese Programme die Umgebungsvariable `EDITOR` bzw. `VISUAL`, in der sich der Name des Editors befindet. Enthalten diese Variablen keinen Wert, so wird `vi` als Standardeditor verwendet. Dieses Verfahren hat den Vorteil, daß der Anwender nur einen Editor lernen muß, da nicht jedes Programm eine eigene Editorfunktion implementiert.

Wenn in einer der Variablen `EDITOR` bzw. `VISUAL` einfach `emacs` steht, wird bei jedem Aufruf ein neuer Emacs-Prozeß gestartet. Dies ist unpraktisch, da es Zeit und Speicher kostet. Außerdem können die Emacs-Prozesse nicht gegenseitig auf ihre Puffer zugreifen.

Echte Emacs-Benutzer erledigen daher fast alles innerhalb des Emacs, den sie einmal beim Einloggen starten und dann bis zum Ausloggen nicht mehr beenden. Das ist möglich, da der Emacs für viele Funktionen eigene Modi enthält. So kann ein Anwender seine Mail mit RMAIL, VM oder Gnus lesen, ohne Emacs zu verlassen. Analog kann als Newsreader statt `tin` Gnus verwendet werden.

Es ist auch möglich, einen bereits laufenden Emacs als Editor für einen neuen Puffer, z. B. von `elm` aus, zu benutzen, indem Emacs als Server konfiguriert wird. Dazu muß innerhalb von GNU-Emacs die Funktion `server-start` aufgerufen werden. Das läßt sich durch einen entsprechenden Eintrag in der Datei `~/.emacs` automatisieren. Die Umgebungsvariable `EDITOR` muß dann auf den Wert `emacsclient` gesetzt werden.

Das hat zur Folge, daß, immer wenn eine Anwendung `emacsclient` aufruft, eine Nachricht an den GNU-Emacs-Server geschickt wird, in der dieser aufgefordert wird, eine bestimmte Datei in einen neuen Puffer zu laden. Der Client gibt die Meldung `Waiting for Emacs` aus und wartet auf das Ende der entsprechenden Server-Session. Arbeiten Sie auf den virtuellen Konsolen, so müssen Sie auf die Konsole mit Emacs wechseln (dazu können Sie ein Programm wie `chvt` oder `switchto` verwenden). Unter X aktivieren Sie das entsprechende Fenster.

Wenn der Text im Server fertig bearbeitet ist, wird mit `C-x #` der Puffer verlassen und gegebenenfalls der vorher editierte Puffer wieder im Fenster gezeigt. Danach wird eine Nachricht an das Programm `emacsclient` geschickt, in der dieses aufgefordert wird, sich selbst zu beenden. Die Programme, die `EDITOR` bzw. `VISUAL` benutzen, warten darauf, daß der dahinterstehende `emacsclient` beendet wird. Für diese Programme ergibt sich also kein Unterschied zum direkten Aufruf eines Editors.

Das Verfahren mit Emacs-Client und -Server funktioniert auch auf Textkonsolen. Hier ist es sinnvoll, Emacs auf einer virtuellen Konsole zu starten und das Mailprogramm auf einer anderen, da es schneller ist, die Konsole zu wechseln, als den

Emacs komplett zu laden. Besonders beim XEmacs dauert das Laden der Konfiguration sehr lange, so daß sich dieses Verfahren lohnt.

XEmacs als Server – noch mehr Features

Die Funktionen, die GNU-Emacs als Server bereitstellt, sind nicht immer ausreichend. So ist es nicht möglich, einzelne Lisp-Ausdrücke durch den bereits laufenden Prozeß auswerten zu lassen. Außerdem ist es nicht möglich, den Emacs-Prozeß „mal eben" auf einen anderen Bildschirm, z. B. am Arbeitsplatz eines Kollegen oder über eine Modem-Verbindung anzusprechen. In der aktuellen Version vom XEmacs ist dies alles implementiert.

Damit sich GNU-Emacs und XEmacs nicht in die Quere kommen, verwendet XEmacs andere Lisp-Funktionen und Programme. Sie sollten Ihre Emacs-Lisp-Dateien allerdings so verfassen, daß Sie diese mit beiden Editoren verwenden können. Das ist hilfreich, falls auf einem neuen Rechner (noch) kein XEmacs existiert oder Sie häufig zwischen beiden Umgebungen wechseln müssen.

Der Server wird beim XEmacs mit der Funktion `gnuserv-start` gestartet. Das Listing 6.9 zeigt ein Beispiel, wie man zwischen GNU-Emacs und XEmacs innerhalb von Lisp-Funktionen unterscheiden kann.

```
;; Läuft XEmacs oder GNU-Emacs?
(defvar running-xemacs
        (string-match "XEmacs\\|Lucid" emacs-version))

(cond
 ((not running-xemacs)
  ;; GNU-Emacs-spezifischer Code
  (server-start))
 (t
  ;; XEmacs-spezifischer Code
  (gnuserv-start)))
```

Listing 6.9: Automatisches Starten des Emacs-Servers für GNU-Emacs und XEmacs

Anschließend kann mit dem Programm `gnuclient` genauso gearbeitet werden wie mit `emacsclient`. Der einzige Unterschied ist, daß die Bearbeitung der Puffer auch von einem anderen Rechner aus erfolgen kann. Dieses Verfahren kann dazu führen, daß Ihr Editor von beliebigen Benutzern aus dem Netzwerk gesteuert werden kann. Daher sind einige Sicherheitsmechanismen implementiert.

Sie können entweder eine host-basierte Authentifizierung oder besser eine Art Paßwortabfrage durchführen. Eine host-basierte Authentifizierung sollten Sie nach

Möglichkeit nicht verwenden, da andernfalls *jeder* Benutzer dieses Rechners auf Ihren Editor zugreifen kann (dieses Verfahren ist mit dem `xhosts`-Programm für X-Sitzungen vergleichbar, siehe auch den Abschnitt *Rechnerweise Zugriff erlauben mit `xhost`* auf Seite 226). Die Variable `GNU_SECURE` enthält den Namen einer Datei, in der die Namen der erlaubten Hosts gespeichert sind.

Besser ist es, wenn Sie analog zu `xauth` die Authentifizierung mit „magischen Cookies" verwenden. Wenn Emacs korrekt installiert wurde, dann kann dazu das Programm `xauth` (siehe auch den Abschnitt *Benutzerbezogenen Zugriff erlauben mit `xauth`* auf Seite 226) verwendet werden, als Display-Nummer wird 999 verwendet. Ein entsprechender `MAGIC-COOKIE` wird von `gnuserv` automatisch erzeugt. Auf welchen Host Sie zugreifen möchten, müssen Sie beim Aufruf von `gnuclient` entweder mit der Option `-h` oder der Umgebungsvariablen `GNU_HOST` angeben. Welche Ports verwendet werden, sollten Sie in der Manpage zu `gnuclient(1)` nachlesen.

Besonders interessante Erweiterungen gegenüber GNU-Emacs sind die Programme `gnuattach` und `gnudoit`. Mit `gnuattach` kann ein bereits laufender XEmacs-Prozeß dazu veranlaßt werden, zusätzlich Eingaben auf dem aktuellen TTY anzunehmen. Dies ist nützlich, wenn man mit einem Modem eingeloggt ist oder am Arbeitsplatz eines Kollegen sitzt und keinen neuen XEmacs starten kann oder will. Es kann allerdings vorkommen, daß die Tastaturbelegung und die Farben nicht zu dem aktuellen Terminal passen, da diese Einstellungen oft nur beim Start des XEmacs durchgeführt werden.

Das Programm `gnudoit` wird dazu verwendet, Lisp-Ausdrücke durch XEmacs auswerten zu lassen. Beispiele für den Aufruf finden Sie z. B. in der Manpage zu `gnudoit`. Mit dieser Methode können Sie einen laufenden XEmacs von außen steuern – die Sicherheitsimplikationen sind dieselben wie bei `gnuattach`.

6.6 Tastaturbelegung

Neben dem Aufruf von Funktionen über Menüs, vordefinierten Tastaturkürzeln und dem Aufruf durch `M-x` *`Kommando`* können praktisch alle Tasten mit Emacs-Funktionen belegt werden. Emacs unterscheidet dabei zunächst zwischen einer globalen, über alle Modi gültigen Belegung und einer möglicherweise für einzelne Modi angepaßten lokalen Belegung (lokale Keyboard-Maps).

Beachten Sie, daß viele Modi einzelne Tasten in einer lokalen Tabelle neu definieren, so daß sich die Belegung zwischen Puffern ändern kann und eine globale Anpassung in einem einzelnen Modus möglicherweise nicht wirksam ist. In Listing 6.10 finden Sie Beispiele für die Anpassung der globalen und einer lokalen Tastaturtabelle. Beachten Sie, daß die Darstellung vieler Tasten in GNU-Emacs und XEmacs unterschiedlich ist, das wird sich vermutlich auch in absehbarer Zeit nicht ändern. Die Unterschiede in der Programmierung der Tastaturbelegung sind in den Listings 6.11 und 6.12 dargestellt.

```
;; Globale Anpassungen
(global-set-key [home]                'beginning-of-line)
(global-set-key [end]                 'end-of-line)
(global-set-key "\C-cg"               'goto-line)

;; Anpassung der LaTeX-Tastaturbelegung
(defun my-latex-mode-hook ()
  (define-key LaTeX-mode-map '[delete] 'delete-character))
(add-hook 'latex-mode-hook 'my-latex-mode-hook)
```

Listing 6.10: Anpassung der Tastaturbelegung

Zunächst werden die Tasten [Pos1] und [Ende] so belegt, daß der Cursor an den Zeilenanfang bzw. das Zeilenende gestellt wird. Die Standardeinstellung von Emacs ist hier, daß zum Anfang bzw. Ende des Puffers gesprungen wird. Hier werden symbolische Namen für die Tasten (`[home]` und `[end]`) verwendet, die Emacs intern auf die entsprechenden Tasten des Terminals legt. Dadurch ist es möglich, mit relativ einfachen Mitteln auf verschiedenen Terminals und Tastaturen eine einheitliche Tastaturbelegung festzulegen.

Beachten Sie, daß einige Tastenkombinationen wie [Umschalt]-[F1] nur unter X eindeutig definiert sind. Außerdem sind etliche Tasten auf den verschiedenen Terminals oder Terminal-Emulationen nicht verfügbar, so daß sich die Tastaturbelegung zwischen verschiedenen Betriebssystemen oder Terminals deutlich unterscheiden kann. Im Emacs sind aber Konfigurationen für die gängigen Terminals enthalten, außerdem wird die `terminfo`- bzw. `termcap`-Datenbank ausgelesen.

In der dritten Zeile von Listing 6.10 wird der Befehl `goto-line` auf die Tastenkombination `C-c g` gelegt (im XEmacs ist diese Funktion mit `M-g` erreichbar). Alle bisher erläuterten Belegungen beziehen sich auf die globale Tastaturtabelle. Zum Festlegen dieser Belegungen wird die elisp-Funktion `global-set-key` verwendet, die Sie auch interaktiv aufrufen können.

Viele Modi haben zusätzlich zu den Standardtasten weitere Tasten belegt. Diese Änderungen sind in einer moduslokalen Tastaturtabelle hinterlegt. Alle dort nicht veränderten Tasten behalten ihre globale Belegung. Einzelne Modi, wie z. B. der `dired`-Modus verändern die Funktionen sehr vieler Tasten.

Im zweiten Teil des Listings 6.10 wird die [Entf]-Taste im LaTeX-Modus so belegt, wie man das von anderen Editoren gewöhnt ist. In der aktuellen Version von AUCTeX ist diese Einstellung nicht mehr notwendig. Möglicherweise kann Ihnen aber dieses

Beispiel bei anderen Modi helfen. Die Belegung der Backspace- und Delete-Tasten ist unter Unix leider nicht konsistent und heftig umstritten.

Besonders bei der Verwendung von Sondertasten (wie Funktionstasten, Umschalt- oder Steuerungstaste) unterscheidet sich die Syntax bei der Tastenbelegung zwischen XEmacs und GNU-Emacs. Diese Unterschiede entstehen durch die Differenzen bei der Implementierung der beiden Versionen und werden vermutlich auch in absehbarer Zeit nicht verschwinden. Ein Beispiel für die verschiedenen Tastaturbelegungen finden Sie im Abschnitt zum `text-mode` auf Seite 194.

Wenn Sie die Belegung einer Taste wissen möchten, so erfahren Sie diese mit `C-h k` (`describe-key`). Die Dokumentation zu einer Funktion erhalten Sie mit der Tastenkombination `C-h f` (`describe-function`). Wenn Sie die Taste suchen, die eine bestimmte Funktion aufruft, so verwenden Sie `C-h w` (`where-is`). Sie werden nach einem Funktionsnamen gefragt und bekommen eine Liste der mit dieser Funktion belegten Tasten angezeigt.

6.7 Emacs-Erweiterungen (Modi)

Die besondere Leistungsfähigkeit erhält Emacs erst durch die vielen zur Verfügung stehenden Modi. Mit diesen Modi wird Emacs für verschiedene Dateitypen oder Aufgaben speziell angepaßt, so daß ein Emacs-Benutzer viele Vorteile durch zusätzliche Funktionen oder Tastenkombinationen hat. Oft kann Emacs zur Syntax der Dateien Hilfestellung geben, so daß beliebte Fehler, wie eine fehlende schließende Klammer, vermieden werden können.

Basierend auf der Syntax der Programmiersprache kann Emacs auch eine farbliche Hervorhebung von Schlüsselwörtern, Kommentaren und Literalen durchführen. Dadurch ist es oft viel einfacher, sich in fremden Programmen oder Texten zurechtzufinden.

Alle verfügbaren Modi zu beschreiben würde den Rahmen dieses Buches sprengen, daher wird im folgenden nur eine kleine Auswahl vorgestellt. Viele Modi gehören bereits zum Standardumfang von Emacs, und es werden von Version zu Version mehr. Außerdem können Sie zusätzliche Modi aus dem Emacs-Lisp-Archiv bekommen. Die Bezugsquelle finden Sie am Ende dieses Kapitels. Erfahrene Emacs-Benutzer können Modi auch selbst entwickeln. Mehr Informationen dazu finden Sie im Emacs-Lisp-Handbuch.

Emacs erkennt oft, z. B. anhand des Dateinamens oder der Erweiterung, welcher Modus zu verwenden ist. Sie können Emacs aber auch eine Hilfestellung geben liefern, indem Sie in der ersten Zeile der Datei den Text `-*-` *`Mode`* `-*-` einfügen. In den Quelltexten zu diesem Buch verwende ich folgenden Text:

```
% Hey Emacs, this is -*- LaTeX -*-
```

Emacs erkennt an der Zeichenkette `-*-`, daß danach der Name des zu verwendenden Modus folgt. Der Name wird wieder mit der Zeichenfolge `-*-` abgeschlossen, der einleitende Text ist nur ein Kommentar. Im obigen Beispiel wird der `auctex`-Modus angewiesen, diese Datei als LaTeX-Quelltext zu betrachten. Oft erkennt Emacs das aufgrund des Anfangs der Datei auch selbständig, aber das funktioniert nicht immer perfekt.

Der `fundamental-mode`

Wird Emacs mit einer Datei gestartet, für die kein spezieller Modus zur Verfügung steht, so wird in den `fundamental-mode` gewechselt. Dieser Modus stellt praktisch keine speziellen Funktionen bereit. Man kann daher alle anderen Modi als Erweiterungen und Anpassungen des `fundamental-mode` betrachten.

Viele Benutzer verwenden als Standardmodus den `text-mode`. Ein Beispiel für diese Einstellung finden Sie in Listing 6.2 auf Seite 183.

Der `text-mode`

Emacs kennt bestimmte Charakteristika eines Textes. Zunächst kennt er Worte und kann auf Worten verschiedene Kommandos ausführen: Worte löschen (`kill-word`, `M-d`), überspringen (`forward-word`, `M-f` oder `C-right` und `backward-word`, `M-b` oder `C-left`) oder deren Rechtschreibung überprüfen (`ispell-word`, `M-$`). Dies unterscheidet den Emacs nicht von anderen Editoren.

Darüber hinaus kennt der Emacs aber auch höhere Konstrukte eines (natürlichsprachigen) Textes, nämlich Sätze und Absätze. Ein Satz wird mit einem Interpunktionszeichen, gefolgt von zwei Leerzeichen, beendet, dies ist eine amerikanische Satzkonvention. Damit ist es möglich, Kommandos (wie z. B. `kill-sentence`, `M-k`) auf Sätze anzuwenden oder satzweise durch den Text (`backward-sentence`, `M-a` und `forward-sentence`, `M-e`) zu springen. Diese Funktionen können natürlich auf geeignete Tastenkombinationen (z. B. Meta-Cursortasten) gelegt werden.

Mit den Tasten `M-}` (`forward-paragraph`) und `M-{` (`backward-paragraph`) kann man sich absatzweise bewegen. Diese Funktionen sind zunächst nur für natürlichsprachige Texte interessant, werden aber analog in verschiedenen Modi für Programmiersprachen verwendet. Das ist einer der großen Vorteile von Emacs: Man muß viele Funktionen nur einmal lernen und kann diese dann in den verschiedenen Modi verwenden. So muß man nicht für jedes Programm oder jede Programmiersprache einen neuen Editor lernen.

Das Listing 6.11 zeigt ein Beispiel für die entsprechende Tastaturbelegung im GNU-Emacs. Hierbei ist zu beachten, daß diese Tastaturkombinationen nur unter X in einem für den Emacs auswertbaren Format geliefert werden. Daher wird diese Belegung so nicht auf der Konsole funktionieren.

```
(global-set-key [C-up]   'backward-sentence)   ; M-a
(global-set-key [C-down] 'forward-sentence)    ; M-e
(global-set-key [M-up]   'backward-paragraph)  ; M-{
(global-set-key [M-down] 'forward-paragraph)   ; M-}
```

Listing 6.11: Tastaturbelegung von GNU-Emacs

Das Listing 6.12 zeigt die Anpassungen für XEmacs. Diese Syntax ist übersichtlicher als die des GNU-Emacs, es ist jedoch nicht zu erwarten, daß hier die beiden Entwicklungslinien wieder zusammenfließen werden.

```
(global-set-key [(control prior)]  'beginning-of-buffer)
(global-set-key [(control next)]   'end-of-buffer)
(global-set-key [(meta up)]        'backward-paragraph)
(global-set-key [(meta down)]      'forward-paragraph)
```

Listing 6.12: Tastaturbelegung für dem XEmacs

Eine Erweiterung gegenüber dem `fundamental-mode` ist die Lisp-Funktion `ispell-complete-word` (`M-TAB`), mit der ein Wort automatisch ergänzt wird, wenn es im `ispell`-Wörterbuch enthalten ist. Das verwendete Wörterbuch wird mit der Funktion `ispell-change-dictionary` eingestellt. Die aktuelle Version von `ispell` kann im Zusammenspiel mit einem deutschen Wörterbuch auch für deutsche Texte verwendet werden.

Der `text-mode` stellt bereits einfache Funktionen zur Textformatierung bereit:

- `TAB` zum Springen zum nächsten Tabulator-Stop,
- `M-s`, um eine Zeile zu zentrieren, und
- `M-S` zum Zentrieren des ganzen Absatzes.

Auf meinem System ist der `auto-fill-mode` aktiviert (siehe Listing 6.4). Für die Bearbeitung normaler Texte ist dies sinnvoll, bei der Bearbeitung von Konfigurationsdateien oder anderen speziell formatierten Texten, wie z. B. Mail-Headern, ist diese Funktion eher hinderlich.

Der dired-mode

Der dired-Modus (directory-editor) stellt ein Verzeichnis in einem Emacs-Puffer dar, in dem dieses Verzeichnis „editiert" werden kann. Dateien können angezeigt, umbenannt, editiert oder kopiert werden. Darüber hinaus stehen noch etliche weitere Funktionen wie chmod zur Verfügung. Der dired-Mode kann auf verschiedene Arten erreicht werden:

- durch den Aufruf des Emacs mit einem Verzeichnis als Argument, z. B. mit dem Befehl emacs . im einfachsten Fall,
- durch das Aufrufen der Funktion dired (mit M-x dired),
- durch C-x d (nicht zu verwechseln mit C-x C-d, was zu einem kurzen Directory-Listing führt) oder
- durch den Aufruf des entsprechenden Menüs.

Der Puffer zeigt im dired-Mode in etwa das, was auf einer Textkonsole durch den Befehl ls -la ausgegeben wird. Das Format der Ausgabe kann mit der Variablen dired-listing-switches verändert werden. Das Ändern des Textes in diesem Puffer ist nicht sinnvoll, so daß viele Tasten mit speziellen Kommandos belegt werden. Eine Übersicht über die wichtigsten Kommandos finden Sie in Tabelle 6.2. In diesem Puffer kann wie in einem normalen Textpuffer nach Strings (z. B. Dateinamen) gesucht werden.

Der dired-Modus arbeitet mit Markierungen der Dateien. Ist keine Datei markiert, so wird die aktuelle Datei verwendet. Die aktuelle Datei ist durch die Cursor-Position bestimmt. Marken werden durch die Taste m gesetzt. Eine (unvollständige) Übersicht über mögliche Tastenkombinationen finden Sie in Tabelle 6.2, die komplette Dokumentation finden Sie im Info-System.

Darüber hinaus kennt dired weitere Kommandos zur Bearbeitung von Verzeichnissen (Erzeugen, Einblenden in das Listing). Mit Hilfe des dired-Modus kann also die komplette Dateiverwaltung erledigt werden; der Einsatz eines anderen Tools ist nicht notwendig. Man bleibt also in einer gewohnten Umgebung, und die Dateiverwaltung ist im Vergleich zu vielen X-Filemanagern sehr schnell. Weitere Informationen über die Verwendung von dired und die Konfigurationsmöglichkeiten finden Sie im Info-System.

Dateien auf anderen Rechnern mit ange-ftp bearbeiten

Der Editor Emacs ist nicht nur in der Lage, lokal gespeicherte Dateien zu bearbeiten. Er stellt sowohl eine Oberfläche für das ftp-Programm bereit als auch die Möglichkeit, Dateien auf entfernten Rechnern zu bearbeiten. Dazu wird eine ftp-Verbindung zum betreffenden Rechner aufgebaut und das dortige Verzeichnis in

Taste	Funktion
g	Neuaufbau des Verzeichnisses
k	Löschen der Datei aus dem Listing
M-k	Löschen aller markierten Dateien aus dem Listing
m	Markieren der Datei oder des Verzeichnisses
u	Aufheben der Markierung
M-DEL	Aufheben aller Markierungen
c	Datei kopieren
r	Datei umbenennen
d	Datei zum Löschen markieren
x	Löschen ausführen
X	Löschen der mit * markierten Dateien
#	Löschmarkierung der Auto-Save-Dateien
~	Löschmarkierung der Backup-Dateien
!	Shell-Kommando ausführen
C/U	Komprimieren/Dekomprimieren der Datei
M	Zugriffsrechte der Datei ändern
O	Eigentümer der Datei ändern
G	Gruppenzugehörigkeit ändern
f	Editieren der Datei (oder e)
v	Anzeige der Datei

Tabelle 6.2: Die wichtigsten dired-Kommandos

einem dired-Puffer angezeigt. Damit kann auch auf entfernten Rechnern komfortabel mit Dateien gearbeitet werden.

Im einfachsten Fall sind keine weiteren Konfigurationen notwendig. Der Name der zu bearbeitenden Datei wird dabei in der Form /*Benutzer*@*Rechner*:*Datei* angegeben. ange-ftp fragt nach dem Paßwort des Benutzers und überträgt die Datei auf den lokalen Rechner. Anschließend kann die Datei wie gewohnt bearbeitet werden und wird beim Speichern wieder mittels ftp auf den entfernten Rechner übertragen.

Der Mode arbeitet mit dem dired-Modus zusammen, so daß es auch möglich ist, auf entfernten Rechnern Dateiverwaltung zu betreiben – eine Datei mit ftp zu übertragen funktioniert genauso wie das lokal Kopieren. Wenn man als Benutzername ftp oder anonymous angibt, kann man sich natürlich auch auf öffentlichen ftp-Servern umsehen.

Sollte die Verbindung aufgrund eines Time-Outs unterbrochen werden, so baut ange-ftp diese bei Bedarf automatisch wieder auf. Für den Benutzer stellt sich die entfernte Datei wie ein ganz normaler Puffer dar. Es können also alle Kommandos verwendet werden, die auf Emacs-Puffern arbeiten. Der einzige Unterschied ist die langsamere Übertragung der Dateien über das Netzwerk.

Falls Sie entfernte Rechner nur über ein Gateway erreichen können, so können Sie trotzdem `ange-ftp` verwenden. Dazu müssen Sie den Namen des Gateways in die Variable `ange-ftp-gateway-host` eintragen. Mehr zur Konfiguration eines Gateways finden Sie in der Info-Dokumentation.

Auch wenn Sie keinen Internet-Anschluß haben, kann die Verwendung von `ange-ftp` sinnvoll sein. Viele Benutzer arbeiten in der Regel nur unter X und verwenden (dies ist der Standardwert unter Linux) `xauth` zur Autorisierung der Clients. Damit kann aus einem `xterm` nach dem Befehl `su` zum Erlangen der Superuser-Privilegien kein X-Client gestartet werden. Entweder kann man den Magic-Cookie (siehe auch den Abschnitt *Benutzerbezogenen Zugriff erlauben mit* *`xauth`* auf Seite 226) mittels `xauth` übertragen oder die Zugriffe aller lokalen Clients mit `xhost` erlauben.

In einem größeren Netz ist die Verwendung von `xhost` nicht empfehlenswert und die Übertragung der X-Authority nicht besonders bequem. In diesem Fall können Sie die Anmeldung des Benutzers `root` mittels `ftp` gestatten und `ange-ftp` verwenden. Die meisten Rechner verbieten jedoch aus Sicherheitsgründen den `ftp`-Zugriff als `root`. Mein Tip in diesen Fällen ist die Verwendung der `ssh`, mehr dazu finden Sie im Abschnitt 18.5, *Die Secure-Shell* *`ssh`* auf Seite 505.

Der `outline-mode`

Bei der Bearbeitung von größeren Dateien verliert man leicht den Überblick und blättert dann nur noch wild hin und her. Ein weiteres Problem ist, daß die inhaltliche Struktur sich in der Datei kaum widerspiegelt. Abhilfe kann hier der `outline-mode` schaffen. Dieser Modus kann sowohl als Major- als auch als Minor-Modus (`outline-minor-mode`) verwendet werden, so daß auch innerhalb von Lisp-, LaTeX- oder C-Dateien die Funktionen des `outline-mode` benutzt werden können.

Die Emacs-Funktion zur Anzeige der NEWS (`C-h n`, `view-emacs-news`, also der Änderungen in der aktuellen Version) verwendet den `outline-mode`. In diesem Buffer können Sie nur die Überschriften anzeigen lassen und nur von einzelnen Abschnitten die verdeckten Knoten aufklappen und lesen. Die Funktionen lassen sich auch mit Hilfe des Menüs aufrufen; Tabelle 6.3 enthält eine Übersicht über die wichtigsten Tastenkürzel.

Die Entscheidung, was eine Überschrift ist und in welcher Reihenfolge Überschriften ineinander geschachtelt sind, wird mit der Variablen `outline-regexp` beeinflußt. Zeilen, die am Zeilenanfang auf den regulären Ausdruck passen, sind Überschriften. Dabei sind längere Matches untergeordnete Überschriften.

Für spezielle Anpassungen stellt der `outline-mode` den Hook `outline-mode-hook` zur Verfügung. Dieser Hook wird, sofern definiert, nach dem `text-mode-hook` aufgerufen.

Tasten	Funktion	Bedeutung
C-c C-n	outline-next-visible-heading	Zur nächsten sichtbaren Überschrift
C-c C-p	outline-previous-visible-heading	Zur vorherigen sichtbaren Überschrift
C-c C-f	outline-forward-same-level	Analog in der aktuellen Ebene
C-c C-b	outline-backward-same-level	
C-c C-u	outline-up-heading	In der Hierarchie aufsteigen
C-c C-t	hide-body	Verstecken aller Texte
	show-all	Alles im Buffer anzeigen
C-c C-d	hide-subtree	Text und Unterknoten unsichtbar machen
C-c C-s	show-subtree	Text und Unterknoten anzeigen
C-c tab	show-children	Nur direkte Subtitel anzeigen
C-c C-c	hide-entry	Den folgenden Text unsichtbar machen
C-c C-e	show-entry	Den folgenden Text ausklappen
C-c C-l	hide-leaves	Text verstecken, Subtitel bleiben sichtbar
C-c C-k	show-branches	Alle Titel anzeigen, aber keinen Text

Tabelle 6.3: Tastaturbelegung des `outline-mode`

Weitere Emacs-Modi

Neben den bisher vorgestellten Modi existieren noch viele weitere, die z. T. bereits im Standardumfang von Emacs enthalten sind. Dazu zählen z. B. ein Modus zum Anzeigen von Manpages (`M-x man`), der `shell-mode` oder ein Kalender (`M-x calendar`). Jeder dieser Modi ist im Lisp-Quellcode verfügbar und flexibel konfigurierbar. Beispiele für Modi, die ich auf meinem Rechner einsetze sind:

- `Gnus` als Mail- und Newsreader; besondere Features sind das Splitten der Mail in verschiedene Gruppen (z. B. Mailing-Listen), das automatische Löschen von Mail aus Mailing-Listen, das Lesen von entfernten News-Servern und ausgefeiltes Scoring.
- `bbdb` (Big Brothers Database) als kleine Adreßverwaltung, die in Gnus integriert ist und dort Mail-Adressen und Signaturen verwalten kann.

- `psgml` zum Editieren von SGML-Dokumenten, z. B. von HTML-Seiten (ist beim XEmacs im Standardumfang enthalten). Es können aber beliebige DTDs verarbeitet werden.
- `calendar/diary` als Terminkalender mit Warnfunktion
- `zenirc` als IRC-Client
- Modi für verschiedene Programmiersprachen wie C, Lisp, Java Perl, AWK oder COBOL
- `shell-mode` als Ersatz für die History-Funktion in anderen Programmen.
- `ispell` zur Rechtschreibprüfung

Eine ausführliche Dokumentation zu diesen Modi finden Sie im Info-System und in den Lisp-Quellen der Modi. Selbst wenn Sie kein Lisp können, finden Sie in den Kommentaren viele Hinweise auf Konfigurationsmöglichkeiten und neue Ideen.

6.8 Nützliche Minor-Modi

Zusätzlich zu dem Major-Modus kann jeder Puffer noch in eine Reihe von Minor-Modi versetzt werden, die spezielle Funktionen bereitstellen können, die in mehr als einem Modus nützlich sein können. Im folgenden Abschnitt möchte ich einige dieser Minor-Modi vorstellen, die z. T. das Leben eines Unix-Anwenders deutlich erleichtern können.

Der `auto-fill-mode`

Viele Benutzer möchten, daß ein eingegebener Text automatisch am Ende der Zeile umbrochen wird. Im `auto-fill-mode` wird beim Drücken der Taste `Space` oder `Return` umbrochen, wenn der Cursor hinter der Position `fill-column` steht. Soll trotz `auto-fill-mode` dennoch nicht automatisch umbrochen werden, so muß vor der Leer- oder Enter-Taste `C-q` (`quoted-insert`) gedrückt werden. Damit wird die besondere Bedeutung der Tasten aufgehoben.

Den rechten Rand können Sie betimmen, indem Sie mit dem Cursor auf die passende Spalte gehen und dann `C-x f` (`set-fill-column`) drücken. Wenn Sie eine bestimmte Spalte angeben, so können Sie diesen Parameter mit Hilfe eines Präfixarguments bestimmen. Mit `C-u` leiten Sie das Präfix ein, geben die gewünschte Zahl ein und drücken dann die gewünschte Tastenkombination. Die Angabe eines Präfixes ist bei vielen Funktionen möglich, z. B. bei der Cursorbewegung.

Wenn Sie einen linken Rand haben möchten, so können Sie ein Fill-Präfix definieren. Schreiben Sie einmal das Präfix an den Anfang einer Zeile, stellen Sie den Cursor an das Ende des Präfixes, und drücken Sie `C-x .` (`set-fill-prefix`). Dieses

Präfix wird bei allen neu eingefügten Zeilen automatisch aufgenommen. Auch der Befehl `M-q` (`fill-paragraph`) beachtet diese Einstellung.

Eine weitere nützliche Funktion ist `M-s` (`center-line`) zum Zentrieren einer Zeile. Zusätzlich gibt es noch die Funktionen `center-paragraph` und `center-region`, die einen Absatz bzw. den markierten Bereich (die Region) zentriert darstellen.

Manchmal kann es sinnvoll sein, einen Text im Blocksatz abzuspeichern. In der Regel verwendet man für diese Zwecke zwar eine Textverarbeitung, aber auch Emacs hat die entsprechenden Funktionen. Mit `set-justification-`*`Option`* können die Absätze in der Region formatiert werden. Gültige Werte für *`Option`* sind `left`, `right`, `center`, `full` oder `none`.

Der `abbrev-mode`

Ein weiterer nützlicher Modus ist der `abbrev-mode`, ein Minor-Modus, der selbst definierte Abkürzungen expandiert und damit die Tipparbeit erheblich vermindern kann. So kann z. B. die Eingabe `mfg M-Space` zu „mit freundlichen Grüßen" expandiert werden. Dabei können sowohl global (d. h. für alle Modi) gültige als auch modusspezifische Abkürzungen definiert werden.

Eine globale Abkürzung kann mit `C-x a g` (`add-global-abbrev`) definiert werden. Diese Funktion liest das unmittelbar vor dem Point stehende Wort ein und fragt im Minibuffer eine Abkürzung dafür ab. Wollen Sie mehrere Wörter (z. B. drei) abkürzen, so müssen Sie die Anzahl mit einem Präfix angeben: `C-u 3 C-x a g`. Modusspezifische Abkürzungen können Sie mit der Tastenkombination `C-x a l` (`add-mode-abbrev`) definieren.

Abkürzungen werden in der Datei `~/.abbrev_defs` gespeichert. Den Namen der Datei können Sie verändern, indem Sie den gewünschten Dateinamen in der Variablen `abbrev-file-name` speichern. Mit dem Emacs-Kommando `write-abbrev-file` speichern Sie die erfaßten Abkürzungen für die nächste Sitzung.

Befindet sich der Puffer nicht im `abbrev-mode`, so werden Abkürzungen nur mit der Tastenkombination `M-Space` expandiert. Befindet sich der Puffer im `abbrev-mode`, so wird die Abkürzung expandiert, wenn unmittelbar danach ein Leerschritt, ein Punkt oder ein anderes Interpunktionszeichen eingegeben wird. Dies ist nicht immer gewünscht, so daß die Expandierung mit der Tastenkombination `C-q` (`quoted-insert`) verhindert werden kann. Wurde eine Abkürzung unbeabsichtigt expandiert, so können Sie das mit der Tastenkombination `C-x u` (`advertised-undo`) oder dem Befehl `M-x unexpand-abbrev` rückgängig machen.

Um einen Überblick über die definierten Abkürzungen zu bekommen, verwenden Sie die Funktionen `list-abbrevs` und `edit-abbrevs`. Weitere Informationen zur Verwendung von Abkürzungen finden Sie im Info-System.

Die bisher vorgestellten Abkürzungen werden zwar vom Benutzer erzeugt, sind aber relativ statisch. Emacs kennt auch sogenannte „dynamische Abkürzungen". In diesem Fall wird im Puffer ein Wort gesucht, das mit derselben Buchstabenfolge beginnt, wie der zu expandierende Begriff. Die Erweiterung erfolgt aber nicht dynamisch, sondern muß mit `M-/` (`dabbrev-expand`) manuell ausgelöst werden.

Farbige Hervorhebungen

Unter X können Emacs (und XEmacs, dieser auch auf der Konsole) entsprechend der Syntax der Datei z. B. Schlüsselworte, Kommentare oder konstante Zeichenketten (Strings) farblich hervorheben. Dies ist besonders sinnvoll bei Dateien, die einer gewissen Syntax gehorchen müssen, wie z. B. Programm-Quelltexten, LaTeX-Dateien oder `nroff`-Dateien. In Emacs ist diese Funktion durch den Minor-Modus `font-lock-mode` implementiert, der für jeden Buffer getrennt ein- oder ausgeschaltet werden kann. GNU-Emacs bietet mit der Funktion `(global-font-lock-mode t)` die Möglichkeit, diesen Modus immer zu aktivieren.

Das Listing 6.13 zeigt die Konfiguration des `c-mode` für die Verwendung von Font-Lock. Die Funktion `turn-on-font-lock` schaltet das Font-Locking immer ein, die Funktion `turn-off-font-lock` deaktiviert es. Wenn Sie in einem Buffer das Font-Locking neu durchführen möchten, dann können Sie die Funktion `font-lock-fontify-buffer` verwenden.

```
(add-hook 'c-mode-hook 'turn-on-font-lock)
```

Listing 6.13: Aktivieren des `font-lock-mode` für C-Programme

Font-Lock basiert auf der Unterscheidung von Kommentaren, Schlüsselwörtern, Variablen und Zeichenketten aufgrund von regulären Ausdrücken. Für die meisten Modi sind die entsprechenden Ausdrücke bereits vordefiniert, die in der Regel auch sehr gut funktionieren. Für die Darstellung werden unterschiedliche Faces verwendet. Ein Face besteht aus einem Font und den verwendeten Farben. Unter XEmacs können in einem Buffer verschiedene Fonts verwendet und auch auf der Konsole Farben dargestellt werden; hier ist das Font-Locking wesentlich leistungsfähiger als unter GNU-Emacs. Im XEmacs können Faces mit dem Befehl `edit-faces` verändert werden.

Auf langsamen Rechnern dauert die Fontifizierung einer großen Datei relativ lange. Hier können die Modi `lazy-lock-mode` oder `fast-lock-mode` helfen. Lazy-

Lock führt das Font-Locking erst dann durch, wenn der entsprechende Teil der Datei angezeigt werden soll. Fast-Lock speichert einen Cache der bereits erfolgten Fontifizierung ab. Beide Modi tun dies nur ab einer gewissen Größe der Datei. Diese Modi sollten nur einzeln verwendet werden; die Info-Dokumentation von GNU-Emacs enthält eine Übersicht über die Vor- und Nachteile der beiden Modi. Das Listing 6.14 zeigt die Einstellung für Lazy-Lock.

```
; Lazy-Lock aktivieren
(autoload 'turn-on-lazy-lock "lazy-lock"
  "Unconditionally turn on Lazy Lock mode.")
(add-hook 'font-lock-mode-hook 'turn-on-lazy-lock)
```

Listing 6.14: Aktivierung des `lazy-lock-mode`

Die Einstellungen für die verschiedenen Faces können bei aktuellen Emacs-Versionen auch mit Hilfe des Customize-Menüs vorgenommen werden. Wenn Sie also mit Lisp nichts zu tun haben wollen, dann können Sie (fast) alles auch dort einrichten.

Rechtschreibprüfung „on the fly"

Emacs wird nicht nur zum Programmieren benutzt, sondern auch zum Schreiben von Dokumentationen, Mails, Texten oder Büchern. In Zusammenarbeit mit dem externen Programm `ispell` kann der Text innerhalb von Emacs auf korrekte Rechtschreibung geprüft werden. In der Standardversion wird Emacs ein englisches Wörterbuch verwenden. Mit den in Listing 6.15 dargestellten Befehlen kann auf ein anderes Wörterbuch umgeschaltet werden.

```
; Wörterbuch 'deutsch8' verwenden (mit ISO-Umlauten)
(setq ispell-dictionary "deutsch8")
```

Listing 6.15: Verwendung eines deutschen Wörterbuchs

`ispell` verwendet ein einfaches Wörterbuch, sowie eine Affix-Datei, in der beschrieben wird, wie konjugiert und dekliniert wird. Damit ist `ispell` in der Lage, viele Texte auf korrekte Rechtschreibung zu prüfen. Es erkennt jedoch keine Grammatikfehler oder die Verwendung eines falschen Falles oder der falschen Zeit. Dafür wäre eine wesentlich ausgefeiltere Methode der Texterkennung notwendig, für die derzeit keine freien Programme zur Verfügung stehen.

Vollständige Texte kann man mit `ispell-buffer` prüfen. Das ist, gerade bei größeren Texten aufwendig und fehlerträchtig und außerdem ziemlich langweilig. Bei Mail- oder News-Artikeln kann man sich behelfen, indem man die Rechtschreibprüfung im `message-send-hook` automatisch aufruft. Man braucht sich dann nicht mehr dazu zu zwingen, Artikel von `ispell` prüfen zu lassen, es kann aber dennoch aufwendig sein. Bei anderen Modi gewinnt man mit diesem Verfahren gar nichts.

Besser ist es, wenn Emacs den eingegebenen Text sofort („on the fly") überprüft und möglicherweise falsch geschriebene Wörter optisch markiert. Diese Funktion kennt man von neueren Word-Versionen. Wenn man sich erstmal daran gewöhnt hat, dann ist `flyspell` eine echte Hilfe. `flyspell` ist nicht im Emacs enthalten, sondern nur als Zusatzpaket zu erhalten. Eine Bezugsquelle finden Sie am Ende des Kapitels. Eine Zusatzfunktion prüft auf Wiederholungen von Wörtern und markiert beispielsweise „der der".

`flyspell` arbeitet mit dem externen Programm `ispell` zusammen, daher muß auch hier wieder das passende Wörterbuch ausgewählt werden. Anschließend muß der `flyspell-mode` in den gewünschten Modi aktiviert werden. Das können Sie durch den manuellen Aufruf von `fly-spell-mode` oder mit dem entsprechenden Hook erreichen. Mit der Funktion `global-flyspell-mode` kann der `flyspell-mode` für alle Modi eingeschaltet werden, die in der Variablen `flyspell-global-modes` gespeichert sind. In Listing 6.16 finden Sie ein Beispiel.

```
; Default-Dictionary für flyspell
(setq flyspell-default-dictionary "deutsch8")
; Flyspell für den Message-Mode, SGML-Mode und LaTeX-Mode
(global-flyspell-mode)
(setq flyspell-global-modes
      '(message-mode sgml-mode latex-mode))
```

Listing 6.16: Aktivieren der Rechtschreibprüfung in einigen Modi

So angenehm wie der `flyspell-mode` ist, er hat auch seine Nachteile. Zunächst ist nicht jeder Text für eine Rechtschreibprüfung geeignet, insbesondere wenn zu viele Fremdwörter, Abkürzungen oder Namen nicht im Wörterbuch enthalten sind. Die Erstellung eines privaten Wörterbuchs hilft hier etwas weiter, ist aber nicht der Weisheit letzter Schluß. Ein weiteres Problem ist, daß der Aufruf von `ispell` nach praktisch jedem Wort auf langsamen Rechnern störend wirkt.

Die wesentliche Vorteil von `flyspell` ist die unauffällige Prüfung des Textes schon während der Erfassung, so daß ein lästiger zusätzlicher Schritt entfällt. Selbst auf meinem langsamen Laptop ist dieser Modus aktiviert, da die Vorteile die Nachteile bei weitem überwiegen.

6.9 Sonstige Erweiterungen

Die Vorstellung einiger mit Emacs mitgelieferter Modi sollte nun einen Vorgeschmack darauf geliefert haben, was mit Emacs alles möglich ist. In den folgenden Kapiteln wird immer dann, wenn für einen bestimmten Zweck ein Emacs-Modus verfügbar ist, dieser zumindest erwähnt.

Da es weltweit viele Emacs-Benutzer gibt, wurden auch sehr viele Emacs-Lisp-Erweiterungen geschrieben. Um die lokal entstandenen Funktionen und Modi auch anderen zugänglich zu machen, können diese im Emacs-Lisp-Archiv abgelegt werden. Dort sollten Sie beinahe alles finden, was Sie jemals zu Emacs an Erweiterungen suchen werden. Auch zur Suche in diesem Archiv gibt es einen speziellen Emacs-Modus.

6.10 Informationsquellen

An dieser Stelle folgt eine Zusammenfassung möglicher Informationsquellen zum Emacs und den Emacs-Modi.

Weitere Informationen und Bezugsquellen	
Manpage:	`emacs(1)`
Info-System:	`Emacs`
FAQs:	Emacs bzw. XEmacs
Newsgroups:	`comp.emacs`, `gnu.emacs.help`
`ftp`-Server:	`ftp.gnu.org`
Pfad:	`/pub/gnu`
Datei:	`emacs-19.34.tar.gz`
Größe:	ca. 10 MBytes
`ftp`-Server:	`ftp.th-darmstadt.de`
Pfad:	`/pub/editors/xemacs`
Datei:	`xemacs-19.15.tar.gz`
Größe:	ca. 15 MBytes
Elisp-Archiv:	`cis.ohio-state.edu`
Deutsche Refcard:	`http://www.inf.tu-dresden.de/~sr1/-projects/emacs-refcard/index.html`
`flyspell`:	`http://kaolin.unice.fr/~serrano`

7 Das X-Window-System

Das *X-Window-System*[1] ist *das* plattformunabhängige und netzwerktransparente Grafiksystem. Das sind große Worte, die tatsächlich berechtigt sind.

X ist plattformunabhängig, weil es Portierungen für alle verbreiteten Plattformen gibt. Ursprünglich unter Unix und VMS, eingesetzt gibt es Versionen für Windows jeder Ausprägung und für OS/2.

Dabei können X-Programme auf einem anderen Rechner ablaufen als dort, wo die Benutzerinteraktion stattfindet. Diese Rechner können verschiedene Prozessoren und Betriebssysteme haben, das ist völlig unerheblich. Dennoch kann sich ein entfernt laufendes X-Programm vollkommen in den lokalen Desktop integrieren, so daß dies auch für den Benutzer oft irrelevant ist.

X basiert auf einem Client/Server-Konzept. Der X-Server ist ein Programm, das die Verwaltung des Bildschirms und der Eingabegeräte wie Tastatur und Maus übernimmt und diese als Dienste den X-Clients anbietet. X-Clients sind Programme, die die Dienste des X-Servers in Anspruch nehmen, indem sie Fenster auf dem Bildschirm darstellen lassen oder auf Eingaben warten.

Die Kommunikation zwischen dem X-Server und den X-Clients findet mit Hilfe des X-Protokolles statt. Dieses kann lokal auf einem Rechner verwendet werden oder mittels TCP/IP im Netz übertragen werden. Andere Protokolle sind möglich, spielen aber heute praktisch keine Rolle mehr.

7.1 Look&Feel unter X

X erzwingt kein spezielles Look&Feel der Oberfläche. Fenster sind Flächen auf dem Bildschirm, das Aussehen und die Art der Bedienung wird von den X-Clients selbst bestimmt. Die Rahmen um die Fenster werden weder vom Client noch vom X-Server verwaltet. Hierfür ist ein spezieller Client, der *Window-Manager* verantwortlich. X stellt die Technologie bereit und schreibt keine Policy vor. Dadurch ist X sehr flexibel, das hat aber auch Nachteile. In der Konsequenz sehen die Clients (Anwendungsprogramme) unter X nicht so einheitlich aus, wie man das z. B. vom Macintosh oder von MS-Windows her kennt.

Es gibt im Standard-X keinen Style-Guide. Die frei verfügbare X-Implementation und die zur Programmierung mitgelieferten Bibliotheken sind oft nur Beispielim-

---

[1] Oft falsch als X-Windows bezeichnet.

plementationen. Insbesondere ist die Programmierung mit der Xlib oder dem X-Toolkit aufwendiger, als man das von anderen Grafiksystemen her kennt.

Als Beispiel für ein Toolkit zur Oberflächenprogrammierung wurden die „Athena-Widgets" mitgeliefert. Diese sind vom Look heute nur als veraltet zu bezeichnen, das Feel ist gewöhnungsbedürftig. Obwohl manche Ideen, wie z. B. die Bedienung der Scroll-Balken erheblich von dem heute üblichen Schema abweichen, ist eine schnelle und präzise Verwendung möglich. Aus den verschiedensten Gründen hat sich dieses Beispiel nicht als Standard durchsetzen können, aber viele freie X-Programme verwenden diese Benutzeroberfläche. Es gibt zwei spezielle Anpassungen, einmal für das Look&Feel von Windows 95 und einen 3D-Look. Die gängigen Distributionen enthalten diese Bibliotheken als Option, heute bevorzugen Programmierer aber oft andere Toolkits.

Eine (noch) verbreitete Oberfläche ist OpenLook, das von Sun entwickelt wurde und heute frei (auch für Linux) verfügbar ist. Sun entwickelt diese Oberfläche und die zugehörigen Schnittstellen nicht weiter, so daß praktisch keine neuen Anwendungen für OpenLook entwickelt werden.

Die meisten kommerziellen Systeme verwenden heute *OSF/Motif* als Benutzeroberfläche, das aber nicht frei verfügbar ist. Es existiert jedoch mit `lesstif` eine freie Implementierung des Motif-Standards, die unter praktisch allen Plattformen lauffähig ist. Außerdem können Sie bei praktisch allen Distributoren eine Motif-Lizenz erwerben. Dabei gibt es Unterschiede zwischen der Developer-Version, die das Entwickeln (und Übersetzen) von Motif-Programmen ermöglicht, und der Runtime-Version, die nur den Motif-Window-Manager (`mwm`) und die Shared-Libraries enthält.

In letzter Zeit entwickelt sich das *Common Desktop Environment* (CDE) immer mehr zum Standard bei kommerziellen Systemen. Diese Benutzeroberfläche basiert auf Motif, enthält jedoch einige zusätzliche Features und Programme. Auch dieses Produkt ist kommerziell, es ist jedoch möglich, eine Linux-Portierung zu erwerben. Unter Linux und den *BSD-Systemen hat CDE praktisch keine Bedeutung, da es zusätzlich zu erwerben ist und andere Toolkits zur Verfügung stehen. Vorteilhaft ist der Einsatz von CDE nur, wenn man auf Kompatibilität zu kommerziellen Systemen angewiesen ist.

Neben diesen Toolkits gibt es noch eine ganze Reihe von anderen Bibliotheken, die oft ein eigenes Look&Feel implementieren. Das hat zur Folge, daß viele verschiedene Bibliotheken auf dem System installiert sein müssen, Platz im Hauptspeicher belegen und Anwender durch das unterschiedliche Aussehen und die verschiedenartige Bedienung verwirrt werden. Eine Konzentration der freien Unix-Systeme auf CDE ist durch die Einschränkungen der kommerziellen Lizenz nicht zu erwarten.

Die Probleme sind vielen Entwicklern bekannt und behindern diese bei der Implementation von portabler und benutzerfreundlicher Software. Das KDE-Projekt (The K Desktop Environment) hat einen kompletten Desktop implementiert. Hierbei steht im Vordergrund, daß die Programme sich einheitlich bedienen lassen, einfach mit Hilfe von Menüs zu konfigurieren sind und dem Anwender den ganzen Komfort eines modernen GUIs geben. Im Rahmen des KDE-Projekts wurde nicht nur ein Desktop mit vielen kleinen Tools implementiert und in verschiedene Sprachen übersetzt, sondern auch mit der Implementation von größeren Programmen begonnen. Insbesondere in das Office-Paket K-Office werden große Erwartungen gesetzt.

Dabei soll aber nicht vergessen oder darüber hinweggetäuscht werden, daß unterhalb von KDE ein Unix steckt. Der Anwender soll die Vorteile diese Betriebssystems natürlich weiter nutzen dürfen. KDE ist nicht nur unter Linux lauffähig, obwohl es in erster Linie dort entwickelt wird. Damit steht zum erstenmal eine freie, stabile, konsistente und moderne Benutzeroberfläche als freie Software zur Verfügung.

Einige Anwender waren mit den Lizenzbedingungen, die die Weitergabe einer modifizierten `qt`-Version untersagen nicht zufrieden und haben hat sich ein weiteres Desktop-Projekt entwickelt: GNOME (GNU Network Object Model Environment). Dieses Projekt basiert auf dem `gtk`-Toolkit, das im Rahmen von The GIMP entstanden ist. Im Gegensatz zu KDE wird nur freie Software verwendet.

Zu beiden Desktop-Projekten gehört ein Style-Guide, der vorschreibt, wie Applikationen aussehen und wie sie zu bedienen sind. Das ist einer der ersten Schritte zu einem konsistenten Desktop, der auch für Einsteiger einfach zu bedienen ist. Trotz der relativ kurzen Zeit, die seit dem Start der Projekte vergangen ist, gibt es schon einiges zu sehen und zu probieren.

Es ist zu hoffen, daß Programme, die für das eine System entwickelt wurden auch weiterhin unter der anderen Oberfläche lauffähig bleiben und daß die Entwickler sich nicht verzetteln. Der Anwender hat heute die Wahl zwischen zwei ausgereiften und leistungsfähigen Desktop-Oberflächen. Welche Auswirkungen das in der Zukunft auf die kommerziellen Systeme haben wird, bleibt abzuwarten.

Weitere Informationen und Bezugsquellen	
Lesstif:	`http://www.hungry.com/products/lesstif`
The K Desktop Environment:	`http://www.kde.org`
The GNOME Desktop project:	`http://bananoid.nuclecu.unam.mx/gnome`

7.2 Geschichte und Konzept

Das X-Window-System wurde ab 1984 am Massachusetts Institute of Technology (MIT) im Rahmen des Projekts „Athena" in Zusammenarbeit mit der Digital Equipment Corporation entwickelt. Anfang 1986 gab es die Vorläuferversion von X11, das X10; die erste Version des X11-Systems, X11R1, wurde im September 1987 veröffentlicht. Die aktuelle Version ist X11R6.4. Das *X-Konsortium*, das die Entwicklung von X übernommen hatte, hat diese nun eingestellt und mit neuen Projekten auf der Basis von X begonnen. Derzeit wird X von „The Open Group" (`http://www.opengroup.org`) weiterentwickel. , Diese Organisation wird von vielen Herstellern mitgetragen, die bereits am X-Konsortium beteiligt waren.

Das Ziel der X11-Entwicklung ist die Schaffung von Standardschnittstellen auf allen Ebenen des X-Window-Systems im Rahmen einer firmenübergreifenden Kooperation. Im der „Open Group", die die Entwicklung von X steuert und koordiniert, sind praktisch alle im Unix-Umfeld aktiven Firmen vertreten, so daß hier eine einheitliche Entwicklung sichergestellt ist. So arbeiten Clients und Server der verschiedenen Hersteller auch bei verschiedenen Versionen von X gut zusammen.

X ist zunächst nur die Spezifikation eines Protokolls zur netzwerktransparenten Darstellung und Übertragung von Grafiken und Events. Dieses Protokoll ist in der `Xlib` implementiert und für alle Interessierten öffentlich zugänglich dokumentiert. Das vom X-Konsortium vertriebene Release ist eine Beispielimplementierung des Protokolls und einiger X-Server. Zunächst entwickelten die beteiligten Firmen nur Beispiel-Server für ihre eigene Hardware; die Zahl der Server wuchs jedoch mit jedem neuen Release.

1988 übernahm mit dem Release R2 das X-Konsortium die Federführung bei der X11-Entwicklung vom MIT. Am X-Konsortium sind viele namhafte Firmen beteiligt, neben DEC auch IBM, Sun und Hewlett Packard. Die Liste der Mitglieder enthält fast alles, was in der Computerwelt Rang und Namen hat. Die meisten Aktivitäten des X11-Konsortiums werden per E-Mail abgewickelt. Die vorgeschlagenen Spezifikationen werden einem öffentlichen „review" unterzogen, das an das RFC-Verfahren im Internet erinnert. Interessenten können unter `http://www.x.org/ftp/pub/DOCS/XConsortium` nähere Informationen finden.

In dieser Zeit war X praktisch ausschließlich für (größere) Unix-Workstations verfügbar. X stellte (für die damalige Zeit) hohe Anforderungen an die Hardware und das Betriebssystem. Im Mai 1990 publizierte Thomas Röll als Teil des X386-Projekts einen frei verfügbaren X11R4-Server für PC-Unix-Systeme. Auf diesem Server basierend wurde von der Firma SGCS (Snitily Graphics Consulting Services), für die Thomas Röll anschließend arbeitete, eine Folgeversion erstellt, die jedoch recht instabil war.

Daraus entwickelte sich das „The XFree86 Project", das die Version 1.2 des X386-Servers verbessern wollte. Heute ist XFree86 für viele unterschiedliche Betriebssysteme frei verfügbar. Einige kommerzielle Unix-Hersteller liefern anstelle einer eigenen Version von X das XFree86-System aus oder verweisen bei Problemen mit der eigenen Implementation auf möglicherweise neuere X-Server aus dem XFree86-Projekt. Um an der Weiterentwicklung von X teilhaben zu können, wurde die non-profit-Organisation „The XFree86 Project, Inc." gegründet, die Mitglied im X-Konsortium wurde. Das XFree86-Projekt finanziert sich nur durch Spenden. Mehr Informationen zu XFree86 finden Sie im WWW unter `http://www.xfree86.org`.

X-Server gibt es aber nicht nur für Unix. Auch für OS/2 und Windows existieren Portierungen, die durchaus benutzbar sind. Wenn Sie jedoch meistens mit Unix-Systemen arbeiten und Ihren PC nur als X-Terminal verwenden, dann ist XFree86 sicher die bessere Wahl als ein Windows mit einem entsprechenden Aufsatz.

Die X-Software unterliegt nicht der GPL, sie ist auch nicht Public Domain – das Copyright liegt bei den verschiedenen, an der Entwicklung beteiligten Organisationen. Trotzdem ist die X-Distribution frei verfügbar und kann ohne Lizenzgebühren weitergegeben werden. Hierin bestehen deutliche Parallelen zu den Regelungen der GPL. Abweichend von der GPL können diese Programme auch in proprietären Systemen verwendet werden, ohne daß der Quellcode verfügbar sein muß. Einzelne Anwendungs- und Zusatzprogramme, insbesondere aus dem `/Contrib`-Bereich, sind aber durchaus Public-Domain-Software, unterliegen der GPL oder anderen Lizenzbestimmungen.

Aufgrund dieser Lizenzbestimmungen und der Leistungsfähigkeit dieses Konzeptes wurde X11 zum Standardgrafiksystem für Unix-Workstations. Praktisch jeder Hersteller liefert zu seinem System ein (eventuell) angepaßtes X11 mit. Die Quellen der Beispielimplementation sind jedoch frei verfügbar (z. B. bei `ftp.x.org`), so daß einzelne Systemadministratoren das Window-System auch selbst kompilieren und installieren können. Dies ist nicht schwer, da das Verfahren gut dokumentiert ist; es wird allerdings relativ viel Plattenplatz benötigt.

Neben dem X-System selbst vertreibt das X-Konsortium auch einige Programme als „Contributed"-Software. Diese Programme werden nicht vom X-Konsortium gepflegt, sondern nur über diesen Weg vertrieben. Vor jedem neuen Release wird eine Sammlung an Programmen und Tools zusammengestellt, die bereits an die neue Version angepaßt sind. Diese werden dann zusammen mit den X-Quellen auf Magnetband bzw. CD-ROM vertrieben. Anwender mit einer guten Internet-Anbindung können die Programme auch mittels `ftp` von `ftp.x.org` erhalten.

7.3 Konfiguration der XFree86-Server

In früheren Versionen war die Konfiguration von XFree86-Servern eine Wissenschaft für sich. Die X-Server können, wenn man die Konfigurationsdatei `/etc/XF86Config` manuell anpaßt, die Hardware (Grafikkarte und Monitor) bis an die Belastungsgrenzen (und darüber hinaus) ausnutzen. Das setzt jedoch eine genaue Kenntnis der verwendeten Hardware und der Verfahren voraus, denn möglicherweise kann man mit ungültigen Einstellungen seinen Monitor beschädigen. Kurz gesagt, für den normalen Anwender ist dies nicht zu empfehlen.

Mit der Release 3.2 von XFree86 wird nun mit `XF86Setup` ein grafisches Tool zur Konfiguration der Server mitgeliefert. Dieses Tool führt Sie menügesteuert durch die Konfiguration. Wichtig ist einzig und allein, daß Sie die verwendete Hardware (Maus, Grafikkarte und Monitor) kennen und deren Leistungsdaten, die Sie im Handbuch finden, parat haben. Alternativ können Sie das (ältere) Skript `xf86config` verwenden, das ebenfalls zu XFree86 gehört. In der SuSE-Distribution ist das Tool `sax` enthalten, das die Konfiguration des X-Servers nochmals vereinfacht.

Wenn Sie hier Werte eingeben, die über die Leistungsfähigkeit Ihrer Grafikkarte bzw. Ihres Monitors hinausgehen, so können Sie diese Geräte beschädigen. Wenn Sie sich jedoch genauer für die Konfiguration interessieren, so können Sie die Datei `XF86Config` mit einem Editor bearbeiten. Das Format und die möglichen Einstellungen sind in der Manpage `XF86Config(5)` dokumentiert.

Ein wichtige Tastenkombination, die Ihnen bei der Konfiguration (und später auch) behilflich sein kann, ist z. B. Strg+Alt+Backspace zum Abbrechen des X-Server-Prozesses. Wenn Ihr Monitor das Bild nicht synchronisieren kann, dann sollten Sie den X-Server unbedingt beenden, um Schäden an Ihrem Monitor zu vermeiden. Moderne Monitore erkennen, daß sie das Bild nicht darstellen können, und schalten sich ab, ältere Bildschirme fangen an zu flimmern oder zu piepsen. In diesem Fall sollten Sie den Server sofort beenden. Die Tastenkombination Strg+Alt+Backspace können Sie mit dem Eintrag `DontZap` im Abschnitt `ServerFlags` in der Datei `/etc/XF86Config` unwirksam machen.

Bei der Konfiguration können Sie (für eine Farbtiefe) verschiedene Auflösungen einrichten. Zwischen diesen Auflösungen können Sie mit Strg+Alt+Keypad-+ bzw. Strg+Alt+Keypad-- umschalten. Zum Wechsel zwischen den verschiedenen Farbtiefen müssen Sie leider den Server beenden und neu starten (z. B. mit `startx -- -bpp 16` für 16 Bit Farbtiefe).

Sie können auch mehrere X-Server auf einem Rechner starten, indem Sie das zu verwendende Display als Parameter angeben. Der erste X-Server wird (automatisch) das Display `:0` erhalten, den zweiten Server können Sie mit `startx -- :1` starten. Dabei können Sie selbstverständlich für jeden Server eine andere Farbtiefe verwenden.

Software-Konfiguration

Das X-Window-System definiert nur die Schnittstelle zwischen X-Clients und dem X-Server. Über das Aussehen oder die Benutzung (Look&Feel) der Anwendungen oder des Systems werden praktisch keine Annahmen gemacht. Dadurch ist zum einen das System sehr flexibel, zum anderen aber nicht einfach zu konfigurieren.

Die X-Oberfläche kann für zwei Benutzer auf einem System vollkommen unterschiedlich aussehen und auch in der Benutzung deutliche Unterschiede aufweisen. Glücklicherweise ist dies unter Unix problemlos möglich. Für die Betreuung von Anwendern ist es jedoch sinnvoll, wenn der Systemverwalter eine Umgebung vorgibt, die für die meisten Anwender benutzbar ist, damit nicht zu viele Programme und Umgebungen unterstützt werden müssen. Auf kommerziellen Unix-Systemen ist diese Umgebung häufig CDE, unter Linux und anderen freien Systemen werden KDE und GNOME die Favoriten sein. Wenn Sie möchten, dann können Sie das kommerzielle CDE für Linux erwerben oder auch auf anderen Systemen durch KDE oder GNOME ersetzen.

Prinzipiell gibt es zwei Möglichkeiten, das X-Window-System zu starten. Beide Möglichkeiten haben ihre Berechtigung und werden unterschiedlich konfiguriert. Dennoch können auf einem System beide Varianten parallel benutzt werden.

Start des X-Window-Systems mit `startx`

Jeder Benutzer kann, wenn er im System angemeldet ist, das X-Window-System mit dem Befehl `startx` starten. Dabei wird durch die Datei `~/.xinitrc`, die vom Programm `xinit` gelesen wird, bestimmt, welche Clients (Anwendungen) zu starten sind. Das sind z. B. ein XTerm und der Window-Manager.

Hat der Benutzer diese Datei nicht in seinem Homeverzeichnis, so wird die Systemdatei `/usr/X11R6/lib/X11/xinit/xinitrc` verwendet. Dieses Verfahren ist dann sinnvoll, wenn nicht ständig ein X-Server gestartet sein soll, z. B. weil der Rechner über relativ wenig RAM verfügt. Leider prüfen die Standardprogramme von XFree86 nicht, ob der Benutzer tatsächlich an der Konsole angemeldet ist, so daß auch über das Netz angemeldete Anwender einen X-Server auf der Konsole starten können. Das kann für einen dort angemeldeten Benutzer recht verwirrend sein und ist ein Sicherheitsproblem.

Beim Start mittels `startx` können dem Server weitere Optionen übergeben werden. So kann z. B. mit `startx -- -bpp 16 :1` ein zweiter Server mit einer höheren Anzahl an Farben gestartet werden. Alle Optionen beim Aufruf eines X-Servers finden Sie in der `Xserver(1)`-Manpage dokumentiert. Ebenfalls ein guter Einstieg ist die allgemeine Einführung in der Manpage `X(1)`. Welcher Server von `xinit` gestartet wird, kann durch eine Reihe von Möglichkeiten bestimmt werden:

- Als Standard wird das Programm `X` gestartet. Dies kann ein Link auf den korrekten Server sein.
- Existiert die Datei `/usr/X11R6/lib/X11/xinit/xserverrc`, so wird diese ausgeführt. Der verwendete Dateiname kann mit der Umgebungsvariable `XSERVERRC` überschrieben werden.
- Jeder Benutzer kann in seinem Home-Verzeichnis die Datei `~/.xserverrc` anlegen, die zum Start des X-Servers verwendet wird.

Bei dieser Art, das X-Window-System zu starten, kann der Anwender zusätzliche Parameter an den X-Server übergeben, um zum Beispiel eine andere Farbtiefe einzustellen. Das Listing 7.1 zeigt ein Beispiel für die Datei `~/.xserverrc`, in der der X-Server mit einer Farbtiefe von 16 Bit gestartet wird, egal, was in der Konfigurationsdatei `XF86Config` eingetragen ist.

```
#!/bin/bash
# Starten des X-Servers mit Optionen, siehe Xserver(1)
exec Xwrapper -bpp 16 "$@"
```

Listing 7.1: Ein Beispiel für die Datei `~/.xserverrc`

Anmeldung unter X mit dem X-Display-Manager

Alternativ zur Anmeldung an der Konsole kann mit Hilfe des Programms `xdm` (X-Display-Manager) die Anmeldung direkt unter X durchgeführt werden. Dabei wird als Konfigurationsdatei zum Start der Clients `~/.xsession` verwendet. Ist diese Datei nicht vorhanden, so wird ebenfalls der Systemstandard in der Datei `Xsession`[2] verwendet.

Ist die Anmeldung, z. B. aufgrund von Fehlern in der Datei `~/.xsession`, nicht möglich, so kann eine Notfallsitzung gestartet werden, wenn das Paßwort nicht mit [Enter], sondern mit [Alt]+[F1] bestätigt wird. Mögliche Fehlermeldungen findet man bei dieser Form der Anmeldung in der Datei `~/.xsession-errors`. Auch wenn Sie normalerweise keine Besonderheiten feststellen können, sollten Sie ab und zu einen Blick in diese Datei werfen.

Die Anmeldung unter X ist nur bei Rechnern mit hinreichend viel Hauptspeicher und einem guten Monitor sinnvoll. Dann allerdings erreicht man eine große Ähnlichkeit mit kommerziellen Betriebssystemen auf Workstations, genauer gesagt: Die Systeme sind praktisch nicht voneinander zu unterscheiden. Kommerzielle Unix-Systeme verwenden als Display-Manager das CDE-Programm `dtlogin`, das KDE-Projekt hat `kdm` entwickelt. Bei diesen Programmen kann der Anwender mit Hilfe eines Menüs den zu startenden Window-Manager auswählen oder eine Notfallsitzung starten.

Neben dem Start der Sitzung auf dem lokalen Rechner kann Linux auch als *X-Terminal* verwendet werden. Auf einen X-Terminal läuft praktisch nur ein X-Server, der die Hardware verwaltet. Die Anmeldung erfolgt dabei auf einem (fremden) Unix-Rechner irgendwo im Netz.

Die Auswahl des Rechners, auf dem die Anmeldung erfolgen soll, erfolgt durch den `chooser`. Auf dem entfernten Rechner muß der X-Display-Manager `xdm` ge-

[2] Je nach Distribution finden Sie diese Datei im Verzeichnis `/etc/X11/xdm` oder `/var/X11/xdm`.

startet und die Anmeldung erlaubt sein. Das ist standardmäßig der Fall und wird in der Datei `/etc/X11/xdm/Xaccess` konfiguriert.

Es gibt, je nach Anforderung, verschiedene Möglichkeiten, den X-Server auf dem X-Terminal zu starten. Im einzelnen sind das:

- `X -broadcast`, wobei im lokalen Subnetz nach Rechnern mit einem laufenden `xdm` gesucht wird. Läuft auf dem lokalen Rechner auch ein `xdm`, so ist auch eine lokale Anmeldung möglich.
- `X -query` *`Host`*, um das Anmeldebild eines bestimmten Rechners zu erhalten und
- `X -indirect` *`Host`* holt die Liste der möglichen Systeme vom Rechner *`Host`*.

Es gibt kommerzielle X-Terminals, die auf Linux basieren. Es ist außerdem möglich, einen Linux-Kernel über das Netz zu booten und das Root-Dateisystem mittels NFS anzuhängen. Damit lassen sich plattenlose Systeme implementieren, die auch als X-Terminal dienen können. Alternativ kann man das Linux-System von der Festplatte laden, aber die Dateisysteme nur im Lesezugriff einhängen. Für `/var` kann man eine kleine RAM-Disk verwenden. Ein derartig eingerichteter Linux-Rechner kann wie ein X-Terminal im laufenden Betrieb ausgeschaltet werden.

Mit der Verfügbarkeit des Java-Development-Kits und der direkten Unterstützung von Java im Kernel ist Linux als Netzwerk-Computer geeignet. Gegenüber anderen Lösungen hat man Vorteile durch die Verwendung von normaler PC-Hardware und die Möglichkeit, daß sich der Rechner zu einer „echten" Linux-Workstation auswächst.

Tastaturbelegung unter X

Auch die Belegung der Tastatur kann unter X weitgehend verändert werden. Dazu dient das Programm `xmodmap`. In der Regel werden Sie nur wenige Änderungen an der Tastaturbelegung vornehmen, da XFree86 die Tastaturbelegung der Konsole übernimmt. Sollten Sie dennoch umfangreichere Änderungen vorhaben, so empfiehlt sich die Benutzung von `xkeycaps`, das Sie im Contrib-Verzeichnis auf `ftp.x.org` finden. Weiterhin hilfreich ist das Programm `xev`, das alle Events (Ereignisse, Tastendrücke, Mausbewegungen), die es erhält, im Klartext ausgibt.

Insbesondere bei X-Applikationen, die die Motif-Libraries benutzen, werden häufig spezielle Tastaturbelegungen benutzt, die insbesondere bei statisch gebundenen Anwendungen fehlen. Diese Anwendungen sollten dann eine Datei `XKeysymDB` enthalten, in der die fehlenden Verknüpfungen von Tasten und Funktionen erfolgen. Diese Datei wird entweder als `/usr/lib/X11/XKeysymDB` oder `/usr/openwin/lib/XKeysymDB` abgelegt. Durch die Zuweisung eines entsprechenden Pfades auf die Umgebungsvariable `$XKEYSYMDB` kann eine andere Datei verwandt werden. Ohne diese Datei oder durch das Fehlen von Einträgen kann es zu Fehlermeldungen ähnlich wie bei „unknown keysyms" kommen.

Mit dem Programm `xmodmap` können Sie auch die Maus als „Linkshänder-Maus" umkonfigurieren. Da alle Standardskripten beim Start einer X-Session die Datei `~/.xmodmap` auswerten, tragen Sie dort die Zeile aus Listing 7.2 ein.

```
pointer = 3 2 1
```

Listing 7.2: Vertauschen der Maus-Buttons für Linkshänder

X-Ressourcen

X ist nicht nur im Look&Feel weitgehend an die Bedürfnisse des Benutzers anpaßbar, auch die einzelnen Clients sind in der Regel sehr flexibel zu konfigurieren. Dazu dient das Konzept der Ressourcen. In den Ressourcen werden Werte gespeichert, die systemweit festgelegt sind oder vom Benutzer überschrieben werden können. Die systemweit gültigen Ressourcen werden im Verzeichnis `/usr/X11R6/lib/X11/app-defaults` gespeichert. Dort finden Sie für praktisch jeden X-Client eine Datei mit Ressourcen.

Welche Ressourcen ein Anwendungsprogramm liest und welche zu dessen Konfiguration verwendet werden können, entnehmen Sie der entsprechenden Manpage im Abschnitt `RESOURCES`. Einige dieser Einstellungen können dem Client auch beim Start als Kommandozeilenoption mitgegeben werden. Jeder Benutzer kann aber für sich selbst eigene Einstellungen festlegen. Dazu kann die Datei `~/.Xresources`[3] angelegt werden. Diese Datei wird beim Start von X (bzw. nach der Anmeldung) automatisch in den Skripten `~/.xinitrc` und `~/.xsession` mit dem Kommando `xrdb` geladen.

Änderungen an dieser Datei werden in einer bestehenden Sitzung nicht automatisch aktiv, sondern müssen erst mittels eines Kommandos, z. B. `xrdb -merge .Xresources`, in das X11-System eingelesen werden. Technisch werden diese Daten im X-Server gespeichert, der den Applikationen die entsprechenden Werte liefert.

Ressourcen können in einer Reihe von verschiedenen Formen angegeben werden. Dabei werden die spezielleren gegenüber den weniger speziellen bevorzugt. Die Angabe von

```
rxvt.background:          lightblue
```

[3] Auf manchen Systemen wird die Datei `~/.Xdefaults` verwendet.

veranlaßt speziell das Programm `rxvt`, die Farbe `lightblue` als Hintergrundfarbe zu verwenden. Bei dem Eintrag

```
*background:    white
```

wird die Hintergrundfarbe für alle Clients auf die Farbe `white` gesetzt. Sind beide Einträge in den Ressourcen vorhanden, dann verwendet `rxvt` die dafür vorgesehene Farbe, während alle anderen Clients eine andere Hintergrundfarbe verwenden.

Wenn Sie Programme nicht in den Systemverzeichnissen installieren können, dann können Sie in der Umgebungsvariablen `XAPPLRESDIR` die zu durchsuchenden Verzeichnisse angeben. Insgesamt macht diese Konfigurationsmethode einen etwas hausgemachten Eindruck und kann vom Bedienungskomfort her nicht mit modernen Systemen mithalten. Andererseitsist das System sehr flexibel und auf jedem X-Server verfügbar.

Konfiguration von Desktops

Von einer modernen grafischen Benutzeroberfläche erwartet man, daß auch die Konfiguration mit Hilfe von entsprechenden Tools durchgeführt werden kann und man nicht darauf angewiesen ist, Textdateien mit einem Editor zu bearbeiten. Die Beispielimplementation des X-Window-Systems erfüllt diese Anforderung nicht – das schaffen erst darauf aufsetzende Benutzeroberflächen.

CDE, GNOME und KDE enthalten alle entsprechende Programme, mit denen die Farben, der Bildschirmhintergrund und vieles mehr eingestellt werden kann. Erfahrene Benutzer können die erstellten Dateien wieder mit einem Editor bearbeiten, notwendig ist das in der Regel nicht mehr. Insbesondere die Programme der freien Desktops GNOME und KDE sind sehr flexibel und doch einfach mit den entsprechenden Menüs einzurichten.

Andere Konfigurationsmöglichkeiten

Ein weiteres Programm, um X anzupassen, ist `xset`. Sie können den Tastaturklick ein- oder ausschalten und in der Lautstärke verändern. Wenn Sie die Beschleunigung der Maus ändern wollen, dann verwenden Sie ebenfalls `xset`. Außerdem können Sie mit diesem Programm dynamisch die Suchpfade nach Fonts verändern. Dabei können Sie folgende Optionen verwenden:

- `fp=`*`Pfad`*`[,...]`
  Verwendet genau die angegebenen Verzeichnisse als Suchpfad nach Fonts. Normalerweise werden hier Verzeichnisse und/oder Font-Server angegeben.

- `fp default`
  Setzt den Suchpfad nach Fonts auf den Standardwert des Servers zurück. Wenn

Sie eine Einstellung getestet haben und wieder auf die Originaleinstellungen wechseln möchten, dann können Sie diese Option verwenden.

- `fp rehash`
  Initialisiert den Fontpfad mit der aktuellen Einstellung. Dabei werden die Verzeichnisse nach neuen Fonts durchsucht. Um einen neuen Font zu installieren, können Sie diesen in ein Systemverzeichnis kopieren und dort `mkfontdir` aufrufen. Erst der anschließende Aufruf von `xset fp rehash` macht die Daten im X-Server verfügbar, wenn Sie diesen nicht neu starten wollen.

- `-fp` *`Pfad`*`[,...]` oder `fp-` *`Pfad`*`[,...]` Entfernt die angegebenen Verzeichnisse aus dem Suchpfad.

- `+fp` *`Pfad`*`[,...]` oder `fp+` *`Pfad`*`[,...]` Fügt die angegebenen Verzeichnisse oder Font-Server an den Anfang oder das Ende des bestehenden Suchpfads an.

Benutzung eines Font-Servers

Bei der Installation des X-Window-Systems wird bereits eine Reihe von Fonts mitgeliefert. Diese benötigen allerdings relativ viel Platz auf der Festplatte. Wenn Sie in einem Netz mehrere Unix-Systeme haben, dann können Sie alle benötigten Fonts auf einem Rechner installieren und dort den Font-Server `xfs` starten. Auf den anderen Rechnern tragen Sie in der Datei `/etc/XF86Config` oder mit `xset` diesen Rechner als Font-Server im Format `tcp/`*`hostname`*`:`*`Port`* ein. Der Standardport für `xfs` ist 7100.

Dieses Verfahren hat Vorteile für relativ alte Rechner ohne mathematischen Koprozessor, da hier der X-Server die Berechnung der Fonts durchführt und dies recht lange dauern kann. Der X-Server scheint während dieser Zeit zu hängen. Der `xfs` läuft asynchron zum X-Server, so daß es sich gerade bei alten Rechnern lohnen kann, diesen lokal zu starten.

Die verbreiteten X-Server sind außerdem nicht in der Lage, True-Type-Fonts darzustellen. Es gibt jedoch einen speziellen Font-Server (`xfstt`), der verwendet werden kann. Damit steht jedem X-Programm die gesamte Auswahl der auch für Windows verfügbaren True-Type-Schriften zur Verfügung.

Beim Start von `xfstt` geben Sie mit der Option `--dir` an, in welchem Verzeichnis Ihre True-Type-Fonts gespeichert sind. Ist auf Ihrem Rechner bereits ein normaler Font-Server gestartet, so müssen Sie mit der Option `--port` einen anderen, noch nicht belegten Port verwenden und diesen auch in der Konfiguration des X-Servers angeben.

Weitere Informationen und Bezugsquellen	
ftp-Server:	metalab.unc.edu
ftp-Pfad:	/pub/Linux/X11/fonts/Xfstt-0.9.10.tar.gz
Größe:	ca. 80 kByte

7.4 Window-Manager

Das Aussehen (die „Dekoration") und das Verhalten der Fenster prägt entscheidend das Look&Feel eines Window-Systems. Unter X wird dieser Teil durch den sogenannten Window-Manager implementiert. Der *Window-Manager* unter X ist kein Teil des X-Window-Systems selbst, sondern ein Client (Anwendungsprogramm) wie jedes andere auch.

Das hat den Vorteil, daß X selbst keine Vorschriften zum Aussehen und zur Bedienung macht (machen kann) und daß auch bei einem „beschäftigten" X-Client das System immer noch gut reagiert. Auch bei Windows NT kann eine Anwendung das Verschieben oder Verkleinern des eigenen Fensters verhindern, so daß das System für den Benutzer zunächst „steht".

Window-Manager bestimmen das Layout der Titelzeile der Fenster, der Fensterrahmen, die Art und Weise der Icon-Darstellung und gegebenenfalls die Anzahl und Anordnung von mehreren virtuellen Desktops. Der Window-Manager ist außerdem verantwortlich für den Keyboard-Fokus, also dafür welche Anwendung Tastatureingaben erhält. Je nach Vorliebe kann man einen Klick in das Fenster oder auf die Titelzeile verlangen, um den Keyboard-Fokus zu übertragen. Ich persönlich bevorzuge die Möglichkeit, daß stets das Fenster, über dem der Maus-Cursor steht, den Fokus hat.

Es gibt eine ganze Reihe von Window-Managern, die recht unterschiedliche Eigenschaften haben, neuere befolgen meist das „Inter-Client Communication Conventions Manual" (ICCCM). Das ICCCM ist eines der offiziellen Dokumente des X-Konsortiums, die das X-Window-System bzw. die X-Umgebung definieren. Dieses Dokument ist in der aktuellen Version 2.0 Bestandteil von X11R6. Diese Dokumentation ist im Internet unter `ftp://ftp.x.org/xc/doc/specs/ICCCM` zu finden. Das ICCCM legt die Konventionen fest, denen Applikationen folgen müssen, um mit anderen Clients (auf demselben Server) zusammenzuarbeiten. Die im ICCCM festgelegten Spezifikationen können auch als Protokoll angesehen werden. Insbesondere die Interaktion zwischen dem Window-Manager und den Applikationen sowie der Selektionsmechanismus (Cut&Paste) sind hierbei kritische Punkte.

Jeder der verfügbaren Window-Manager hat spezielle Funktionen und damit Vor- und Nachteile. Ein nützliches Feature ist die Darstellung von virtuellen Screens oder Desktops. Damit können auch auf kleinen Monitoren viele Fenster übersicht-

Programm	Beschreibung
`twm`	„Tab Window Manager": Standard-Window-Manager im X11
`awm`	„Ardent Window Manager": beliebt bei Hackern, hat Features (dynamische Menüs), die andere nicht bieten
`olwm`	„Open Look Window Manager": Sun's Window-Manager
`mwm`	„Motif Window Manager"
`fvwm`	„? Virtual Window Manager": schlanker, konfigurierbarer Window-Manager (mwm-Emulation)

Tabelle 7.1: Übersicht über verschiedene Window-Manager

lich untergebracht werden. In Tabelle 7.1 finden Sie eine Aufstellung über eine Reihe von verbreiteten Window-Managern. Unter Linux wird häufig ein Programm aus der `fvwm`-Familie verwendet, der in diesem Buch ein eigener Abschnitt gewidmet ist.

Welchen Window-Manager Sie verwenden, hängt ganz von Ihren persönlichen Vorlieben ab. Der einzige Window-Manager, der auf jedem (auch kommerziellem) Unix vorhanden ist, ist der `twm`. Dies ist zunächst die einzige Option für eine einheitliche Systemumgebung. Das Aussehen und die Bedienung entsprechen allerdings nicht mehr dem Stand der Dinge.

Bei kommerziellen Systemen ist derzeit der Motif-Window-Manager Standard. Sie können unter Linux den `fvwm` im Motif-Kompatibilitätsmodus verwenden, den Motif-Clone `lesstif` verwenden oder einen kommerziellen `mwm` einsetzen. Aber auch andersherum kann es sinnvoll sein, auf den anderen Systemen den `fvwm` zu installieren; oft ist dies allerdings nicht möglich.

Window-Manager und die Desktops GNOME und KDE

Die Projekte GNOME und KDE haben es sich zur Aufgabe gemacht, den Benutzern einen einfach und einheitlich zu bedienenden Desktop zur Verfügung zu stellen. Der Window-Manager ist ein Aspekt, der die Benutzung des Systems deutlich beeinflußt. Im Rahmen von KDE wird ein eigener Window-Manager implementiert, der sich daher sehr gut in das übrige System einpaßt. Wenn man alle Features von KDE nutzen will, so kommt man zur Zeit nicht um die Verwendung des eigenen Window-Managers herum.

Im Rahmen von GNOME geht man dieses Problem anders an. Im Prinzip kann jeder beliebige Window-Manager verwendet werden, es ist jedoch eine Programmierschnittstelle veröffentlicht, die es jedem Window-Manager erlaubt, die zusätzlichen Features des GNOME-Desktops zu unterstützen und auszunutzen. Die ersten freien Window-Manager sind bereits entsprechend angepaßt.

Der Window-Manager fvwm

Unter Linux wird sehr häufig der fvwm, die neue Version fvwm2 oder die spezielle Abart fvwm95 verwendet. Dieser Window-Manager ist vom Standard-twm abgeleitet, benötigt aber deutlich weniger Speicher. Dennoch ist dieser Window-Manager sehr leistungsfähig, kann z. B. einen virtuellen Desktop darstellen und ist flexibel konfigurierbar. Beinahe alles, was man sich an Konfigurationsoptionen wünscht, ist hier implementiert. Die systemweite Konfiguration finden Sie in der Datei /usr/X11R6/lib/X11/fvwm/system.fvwmrc. Jeder Benutzer kann durch die Datei ~/.fvwmrc eigene Einstellungen vornehmen.

In diesem Abschnitt wird die Konfiguration der Version 2 des fvwm vorgestellt. Da die Reihenfolge der Einträge wichtig ist, werden die verschiedenen Optionen hier in der im Standard system.fvwmrc gegebenen Reihenfolge dargestellt. Es sei hier nur im Vorgriff auf später folgende Abschnitte erwähnt, daß es neben dem fvwm selbst auch eine Reihe von Zusatzprogrammen, die sogenannten Module, gibt, deren Konfiguration auch im .fvwmrc erfolgt. Die Standarddatei ist ausführlich kommentiert, so daß, zusammen mit der Manpage zu fvwm, die Konfiguration relativ einfach zu meistern ist.

- Unter X gibt es zwei Möglichkeiten, wie Fenster den Fokus bekommen, also zum aktuellen Fenster werden. Der fvwm verwendet normalerweise „Focus follows mouse“. Mit dem Schlüsselwort ClickToFocus kann alternativ das Anklicken des Fensters mit der Maus den Fokus übertragen. Aktive Fenster werden automatisch in den Vordergrund geholt, wenn die nach AutoRaise angegebene Anzahl Millisekunden abgelaufen ist.

- Der fvwm kann mehrere Desktops verwalten. Die Größe wird mit dem Eintrag DeskTopSize festgelegt. Zwischen den verschiedenen Desktops kann mittels Tastatur (Strg-Cursor) oder Maus umgeschaltet werden. Dabei wird der Mauszeiger an den Bildschirmrand bewegt. Nach Ablauf der hinter EdgeResistance angegebenen Zeit wird der sichtbare Teil des Desktops um EdgeScroll Prozent des Bildschirms verschoben. Der zweite Parameter nach EdgeResistance gibt die Zeit an, die gewartet wird, wenn ein Fenster mitbewegt wird.

- Für Kompatibilität zum mwm (Motif-Window-Manager) können einige Einstellungen vorgenommen werden.

- Die Plazierung der Fenster kann durch verschiedene Einstellungen beeinflußt werden.
  - Interaktives Positionieren der Fenster ist die Defaulteinstellung.
  - RandomPlacement steht für beliebige Positionen.
  - SmartPlacement versucht, einen freien Platz auf dem Bildschirm zu finden. Klappt das nicht, wird interaktives oder random-Placement verwendet.

- `StubbornPlacement` verhindert das Überdecken von Programmen, die zu Icons reduziert wurden.

- Auch die Menüs, die mittels Mausklick auf dem Hintergrund (dem Root-Window) erscheinen, können beliebig verändert werden.
- Zusammen mit dem `fvwm` wird eine Reihe von Modulen installiert. Auch diese werden in der Datei `.fvwmrc` konfiguriert. Eine genauere Vorstellung einiger Modules folgt weiter unten.
- Viele Funktionen des `fvwm` können auch durch Funktionstasten ausgelöst werden. Sinnvoll kann das für das Übertragen des Fokus, z. B. mittels Alt-Tab, sein.

Nach der Änderung der Konfiguration muß der `fvwm` neu gestartet werden. Dazu ist bei vielen anderen Window-Managern das Beenden der Sitzung notwendig, aber der `fvwm` kann mittels eines Menüeintrags einfach neu gestartet werden.

Die fvwm-Modulen

Viele Funktionen, die einige Benutzer wünschen, erfordern viel Speicherplatz, der bei anderen Benutzern problemlos eingespart werden kann. Der `fvwm` unterstützt dies durch die Verwendung von Modulen, die spezielle Funktionen ausführen.

- `GoodStuff`
  Dieses Modul erzeugt eine Icon-Leiste, mit deren Hilfe häufig benötigte Programme mit einem Mausklick gestartet werden können. Diese Leiste kann von jedem Benutzer einfach konfiguriert und beliebig am Bildschirm positioniert werden. Damit diese Leiste erscheint, muß das Modul beim Start des `fvwm` ebenfalls gestartet werden.
- `FvwmAudio`
  Mit diesem Modul ist es möglich, an bestimmte Window-Aktionen bestimmte Sounds zu binden, d. h. immer wenn der Close-Button selektiert wird, ist das Geräusch einer zerbrechenden Scheibe zu hören (vorausgesetzt, es ist ein Soundtreiber samt Hardware vorhanden und eingebunden).
- `FvwmBacker`
  Ermöglicht es, jedem Desktop einen eigenen Bildschirmhintergrund zuzuordnen und diesen bei einem entsprechenden Wechsel auch anzuzeigen. Es lassen sich beliebige Programme zu diesem Zweck benutzen, z. B. `xv`, `xsetroot`, `xpmroot`, `xearth` etc.
- `FvwmBanner`
  Zeigt das `fvwm`-Logo in der Mitte des Bildschirms für fünf Sekunden an. Kann auch von der Kommandozeile aus aufgerufen werden.
- `FvwmIconBox`
  Verwaltet eine Box mit Icons für die gestarteten Programme.

- `FvwmPager`
  Ermöglicht das Umschalten zwischen den virtuellen Desktops durch einfaches Anklicken in einem Übersichtsfenster. Dieses Fenster kann auch in die Icon-Leiste des `GoodStuff` integriert werden.

- `FvwmSave`
  Hiermit kann das Layout (die Größe und Position) der aktiven Applikationen in die Datei `~/new.xinitrc` geschrieben werden. Diese Datei muß dann natürlich von `~/.xsession` bzw. `~/.xinitrc` verwendet werden.

- `FvwmWinList`
  Zeigt eine Liste der offenen Fenster an. Ein Fenster kann aktiviert werden, indem einfach auf den entsprechenden Eintrag dieser Liste geklickt wird.

Andere Window-Manager

Wenn Sie Motif verwenden, dann ist dort der `mwm` enthalten. Dies ist ein Window-Manager, der mit anderen Motif-Applikationen harmoniert und durch den Style-Guide beschrieben ist. Heute wird dieser Window-Manager nur noch relativ selten verwendet, da kommerzielle Systeme in der Regel mit CDE ausgestattet sind.

Das `lesstif`-Projekt enthält eine freie Implementation des `mwm`, der auf dem `fvwm` basiert. Dieser hat jedoch die Fähigkeit behalten, virtuelle Desktops zu verwalten, allerdings wurde die Syntax der Konfigurationsdatei kompatibel zum Original gestaltet. Beide Programme lesen die Datei `~/.mwmrc`.

CDE und KDE enthalten ebenfalls einen eigenen Window-Manager. Unter CDE wird der `dtwm` verwendet, der auf dem `mwm` basiert. Im Rahmen des KDE-Projekts wird der `kwm` eingesetzt.

Weitere ansehenswerte Window-Manager sind AfterStep, der das Look&Feel der OpenStep-Systeme nachahmt, und Enlightenment, der graphisch besonders ausgefallen ist. Für welchen Window-Manager Sie sich auch entscheiden, unter Linux werden Sie sicher einen für Ihre Anforderungen passenden finden.

7.5 Allgemeine X11-Kommandozeilen-Optionen

Viele X11-Anwendungsprogramme, u. a. alle Programme, die mittels des X-Toolkits (der Bibliothek `libXt`) entwickelt wurden, „erben" einige Kommandozeilenoptionen, die beim Initialisieren der Bibliothek automatisch ausgewertet werden. Auch wenn ein Anwendungsprogramm laut seiner Manpage keine Möglichkeit hat, z. B. die Größe und Lage eines Fensters beim Aufruf festzulegen, ist dies oft möglich, weil die übergebenen Optionen zunächst vom X-Toolkit ausgewertet und auch verstanden werden. Im folgenden werden einige dieser allgemeingültigen Kommandozeilenoptionen kurz dargestellt. Alle Optionen werden in der Manpage zu `X(1)` erläutert. Beachten Sie, daß der Programmierer möglicherweise die Bibliothek `libXt` nicht verwendet hat und diese Optionen daher nicht erkannt werden.

- Bildschirm
  Mit der Option `-display` werden der Name des Hosts und die Bildschirmnummer des X-Servers angegeben. Dabei wird eine eventuell vorhandene Umgebungsvariable `DISPLAY` ignoriert. Als Parameter kann z. B. `erbse:0.0` angegeben werden. Normalerweise wird die Umgebungsvariable `DISPLAY` den korrekten Wert enthalten, es sei denn, Sie benutzen X im Netz. Genaueres zur Verwendung von X im Netz finden Sie im Abschnitt 7.6, *Zugriffskontrolle*, auf Seite 226.

- Größe und Lage von Fenstern
  Mit der Option `-geometry` wird die anfängliche Größe und Lage eines Fensters spezifiziert. Eine gültige Geometrie wäre z. B. `-geometry 81x24+0+0`. Das Fenster der Größe 81 mal 24 Pixeln (`xterm` verwendet hierbei Textspalten und Zeilen) wird in der linken oberen Ecke des Bildschirms geöffnet. Das Programm `xwininfo` gibt unter anderem diese Informationen aus, plazieren Sie also das Fenster an der gewünschten Stelle, und starten Sie das Programm `xwininfo`. Die ausgegebene `geometry` verwenden Sie dann beim nächsten Start als Parameter für die Option `-geometry`.

  Mit `-0-0` als Position wird die linke untere Ecke des Bildschirms als Startpunkt für die linke untere Ecke des Fensters verwendet. Wenn Sie als Startpunkt die Breite bzw. Höhe des Bildschirms angeben, so startet das Programm auf dem jeweils rechts bzw. unten gelegenen Desktop.

- Farben
  Sowohl die Vorder- als auch die Hintergrundfarbe eines X-Clients können mit der Option `-fg` oder `-foreground` bzw. `-bg` oder `-background` verändert werden.

- Fonts
  Mit der Option `-fn` bzw. `-font` kann der zu verwendende Font festgelegt werden.

- Fenster-Titel
  Zur besseren Unterscheidung können mit der Option `-title` Fenstern desselben Programms unterschiedliche Titel zugewiesen werden. Diese Option verwende ich häufig, wenn ich bestimmte Programme wie z. B. `top` auf verschiedenen Rechnern starte.

- X-Ressourcen
  Beim Start des Programms können, z. B. zum Testen verschiedener Einstellungen, einzelne Ressourcen mit der Option `-xrm` überschrieben werden. Beim permanenten Einsatz sollten diese Einstellungen in der Datei `~/.Xresources` eingetragen werden.

7.6 Zugriffskontrolle

X ist ein netzwerktransparentes Window-System. Programme können auf dem einen Rechner (z. B. eine leistungsfähige Workstation) laufen und ihre Fenster auf einem einfachen X-Terminal, einem Linux-Rechner oder einem X-Server unter Windows darstellen. Der Server, der die Fenster darstellt, kann durch zwei Verfahren bestimmt werden:

- Das Setzen der Umgebungsvariablen `DISPLAY`. Dabei wird der Host-Name des Servers, gefolgt von der Nummer des Displays angegeben. Nach dem Befehl `export DISPLAY=dorin:0` werden die neu gestarteten Clients die Fenster auf dem Rechner `dorin` darstellen. Dabei wird der erste X-Server verwendet, der dort gestartet wurde.

- Die Standardkommandozeilenoption `-display` zur Angabe des X-Servers. Der Befehl `xterm -display dorin:0` öffnet ein Shell-Fenster auf dem Rechner `dorin`. Die Shell selbst (und das Programm `xterm`) laufen dabei auf dem lokalen Rechner.

Es ist aber nicht sinnvoll, wenn jeder Benutzer auf jeden X-Server zugreifen kann – leider ist das jedoch bei vielen kommerziellen X-Servern oder X-Terminals die Standardeinstellung. Zum einen können Bildschirmausgaben und Tastatureingaben mit Programmen wie `xspy` mitgelesen werden, zum anderen können Clients auch Tastatureingaben untergeschoben werden. Dies kann ein echtes Sicherheitsproblem darstellen, da man dieses als Benutzer nicht in jedem Falle mitbekommt.

Insbesondere wenn Sie unter X ein Paßwort eingeben müssen (z. B. wenn Sie `su` ausführen), sollten Sie im `xterm` die Option „secure Keyboard" anwählen (Strg-linke Maustaste). Nur damit können Sie sicherstellen, daß nur ein Programm die Eingaben erhalten kann.

Ein X-Server, der über TCP/IP verfügbar ist, belegt den Port 6000 plus die Nummer des Displays. Der X-Server zum Display :0 belegt also Port 6000, der X-Server zum Display :1 den Port 6001. Mit Hilfe von Scan-Tools ist es einfach möglich festzustellen, auf welchen Rechnern ein X-Server läuft. Die Server des XFree86-Projekts schreiben Log-Dateien, in denen, je nach Server-Konfiguration, alle oder alle fehlgeschlagenen Verbindungen protokolliert werden. Damit ist es in einigen Fällen möglich, Hack-Versuche zu erkennen.

Rechnerweise Zugriff erlauben mit `xhost`

Um trotz der Sicherheitsbedenken die Flexibilität von X zu erhalten, sind ausgeklügelte Sicherheitsmechanismen notwendig. Bis zum Release 4 (X11R4) war nur die Zugriffskontrolle über den Rechnernamen möglich. Da auch heute noch viele Rechner mit X11R4 im Einsatz sind, wird dieses Verfahren hier erläutert. Bei moderneren X-Releases sollten Sie das im nächsten Abschnitt vorgestellte Verfahren (`xauth`) verwenden. In der Praxis wird trotz aller Sicherheitsbedenken häufig `xhost` verwendet.

Standardmäßig ist der Zugriff von anderen Systemen aus nicht erlaubt; das Eingeben des Kommandos `xhost +` erlaubt den Zugriff von beliebigen Rechnern aus. Einige kommerzielle X-Terminals oder X-Server verwenden diese Einstellung, die Manipulationen Tür und Tor öffnet. Wenn Sie diese Einstellung irgendwo entdecken, sollten Sie sie sofort entfernen. Es ist zwar bequem, sich um diese Dinge nicht kümmern zu müssen, ruiniert aber die Sicherheit des gesamten Systems.

Der Befehl `xhost -` verhindert dementsprechend den allgemeinen Zugriff. In der Regel wird man den Zugriff nur für einen bestimmten Rechner mit dem Befehl `xhost` *`Host-Name`* freigeben. Unmittelbar nachdem der Client sein Fenster geöffnet hat, können Sie das Öffnen weiterer Fenster von diesem Rechner aus mit `xhost` *`-Host-Name`* verhindern. Mit dieser Methode können Sie das Zeitfenster verkleinern, in dem Sie angreifbar sind, aber wirklich sicher ist das Verfahren nicht.

Benutzerbezogenen Zugriff erlauben mit `xauth`

Wie bereits oben erwähnt, ist das host-basierte Verfahren nicht besonders sicher. Jeder Benutzer mit einem Account auf dem entsprechenden Rechner kann sich Zugriff zu diesem X-Server verschaffen. Daher wurde mit X11R5 ein weiteres Autorisierungsverfahren implementiert. Dabei wird die Zugriffsberechtigung nicht durch den Rechnernamen bestimmt, sondern durch eine Art Paßwort (ein Magic-Cookie). Die Verwaltung der Zugriffsberechtigungen erfolgt mit dem Programm `xauth`. Beim Start des X-Servers (bzw. der Anmeldung mit `xdm`) wird ein zufälliger Schlüssel erzeugt und in der Datei `~/.Xauthority` gespeichert.

Jeder Client, der diesen Cookie kennt, ist zum Zugriff auf den Server berechtigt. Wenn Sie also den „magischen Keks" im Klartext auf einen anderen Rechner übertragen, dann kann er prinzipiell mit einem Packet-Sniffer abgehört und für einen Einbruch verwendet werden. Der Magic-Cookie wird von `xdm` bei jeder Anmeldung neu erzeugt, so daß eine alte Zugangsberechtigung nicht noch einmal verwendet werden kann.

Haben Sie auf den entsprechenden Rechnern das gleiche Home-Verzeichnis (z. B. via NFS), so haben Client und Server direkten Zugriff auf den Schlüssel. Läuft der Client auf einem Rechner, der keinen Zugriff auf den Schlüssel hat, so muß dieser vorher übertragen werden. Das Listing 7.3 zeigt ein Beispiel für die Anwendung von xauth. Wenn Sie oft mit verschiedenen Rechnern arbeiten, können Sie sich entsprechende Aliasnamen definieren. Beachten Sie, daß Magic-Cookies nicht in der Kommandozeile zu xauth auftauchen sollten. Andernfalls kann der Schlüssel, z. B. aus der Prozeßliste, ausgelesen werden.

```
(Linux):~> xauth list
No-MS-DOS/unix:0  MIT-MAGIC-COOKIE-1 66e15be3b61c812e0df5
(Linux):~> xauth extract - | rsh dorin xauth merge -
(Linux):~> rsh dorin xterm -display `hostname -f`:0
```

Listing 7.3: Die Verwendung von `xauth`

Wenn Sie sich nicht mit Hilfe von xdm anmelden, so sollten Sie beim Start des X-Servers den magischen Keks neu generieren. Die S.u.S.E.-Distribution enthält hierfür eine Beispieldatei xserverrc.secure, die Sie als ~/.xserverrc kopieren und verwenden können. Für andere Distributionen können Sie möglicherweise das Skript aus Listing 7.4 verwenden. Dieses Skript arbeitet nur für das Display :0. Wenn Sie weitere X-Server mittels startx starten, so müssen Sie die Nummer des Servers aus den Parametern extrahieren und als Variable verwenden.

```
#!/bin/sh
cookie="MIT-MAGIC-COOKIE-1 \
`cat /proc/interrupts | md5sum | cut -f1 -d ' '`"
host=`hostname -f`
unix="$host/unix:0"

xauth -f $HOME/.Xauthority source - <<-EOF
add $host:0 $cookie
add $unix  $cookie
EOF

exec X -auth $HOME/.Xauthority "$@"
```

Listing 7.4: Ein einfaches Beispiel für die Datei `~/.xserverrc`

Secure Shell unter X

Wie wir gesehen haben, ist die sichere Verwendung von X mit etwas Aufwand verbunden. Viele Anwender schreiben sich Skripten, die zunächst die magischen Kekse auf einen fremden Rechner transportieren, und dann via Remote-Shell das entsprechende Programm starten, wobei die `DISPLAY`-Variable entsprechend angepaßt werden muß.

Im Prinzip ist dieses Skript für spezielle Anwendungen relativ einfach. Wenn es aber unter mehreren Betriebssystemen und über Domain-Grenzen hinweg (das kann wiederum zu Sicherheitsproblemen führen) funktionieren soll, dann wird das Skript recht schnell sehr kompliziert. Außerdem werden die magischen Kekse oft im Klartext übertragen, und ein Angreifer ist in der Lage, das X-Protokoll auf dem Netzwerk mit einem Sniffer mitzulesen und zu analysieren.

Wenn Sie häufiger die Display-Umleitung verwenden, dann sollten Sie in jedem Fall die `ssh` verwenden. Leider ist diese nicht Bestandteil der üblichen Unix-Systeme, aber der Installationsaufwand lohnt sich in jedem Fall. Die Lizenzbedingungen gestatten leider nur die nichtkommerzielle Nutzung, allerdings sind kompatible, freie Programme in der Entwicklung.

Zunächst wird die Authentifizierung verbessert, indem nicht mehr die IP-Adresse, sondern ein Public-Key-Verfahren verwendet wird. Der zweite wichtige Aspekt ist, daß die gesamte Sitzung verschlüsselt wird. Damit können auch mit einem Packet-Sniffer keine Daten mehr ausgespäht werden. Die Verschlüsselung gilt auch für die X-Umleitung, die von der `ssh` automatisch verwendet wird. Und das beste am Schluß: `ssh` ist aufrufkompatibel zur `rsh`, so daß Ihre Benutzer sich nicht umgewöhnen müssen.

Weitere Informationen und Bezugsquellen	
Homepage:	`http://www.ssh.fi`
`ftp`-Server:	`ftp.cert.dfn.de`
`ftp`-Pfad:	`/pub/tools/net/ssh`
Dateiname:	`ssh-1.2.21.tar.gz`
Dateigröße:	ca. 1 MByte

7.7 Tools und nützliche Programme für X

Für X stehen nicht nur viele Anwendungen, wie Textverarbeitungen, Editoren oder Tabellenkalkulationen zur Verfügung. Beinahe genauso wichtig sind die Tools, die im täglichen Einsatz immer wieder benötigt werden. Viele dieser Tools gehören zur Standarddistribution von X11, andere gehören zur Contrib-Software, wieder andere werden auf anderen Wegen verteilt.

Standard-Tools

Die Standard-Tools gehören zur X-Distribution. Einige Hersteller ersetzen diese Programme z. T. durch eigene Programme oder liefern kein derartiges Tool mit.

So wird das Standard-XTerm, das Shell-Fenster unter X, oft ersetzt (`aixterm` unter AIX, `dxterm` unter Digital-Unix oder ULTRIX). Leider sind diese Terminals oft nicht korrekt in den Termcap- oder Terminfo-Dateien der anderen Systeme eingetragen. Nur das Vorhandensein der Standard-Tools ermöglicht daher in einem heterogenen Netz eine einheitliche Arbeitsumgebung.

- Als Shell-Fenster wird `xterm` verwendet, unter Linux manchmal auch `rxvt`, das weniger Speicher benötigt. Die Desktops GNOME und KDE verfügen jeweils über eigene Terminal-Emulatoren, man kann jedoch jederzeit ein normales `xterm` starten.
- Das Programm `xprop` gibt Informationen (Properties) zu Clients aus.
- Die Eigenschaften eines Fensters werden von `xwininfo` angezeigt. Diese Informationen enthalten beim Root-Window (dem Hintergrund) auch die aktuell verwendete Farbtiefe.
- Mit dem Programm `xwd` kann der aktuelle Bildschirminhalt in einer Datei gespeichert werden. Ein solcher Screenshot kann mit dem Programm `xwud` wieder angezeigt werden. Diese Programme sind nicht komfortabel, gehören aber zur Standarddistribution von X11 und sollten daher auf jedem System verfügbar sein. Im nächsten Abschnitt finden Sie Verweise auf komfortablere Programme.
- Verschiedene Einstellungen wie Tastaturklick, Sound oder der Bildschirmschoner können mit dem Programm `xset` durchgeführt werden.
- Wenn Sie Informationen über Ihren Server benötigen, starten Sie das Programm `xdpyinfo`. Informationen über einen Client erhalten Sie mit dem Programm `xwininfo`.
- Das Programm `editres` kann zur Anzeige und Veränderung von X-Ressources verwendet werden. Nur zur Anzeige kann das Programm `viewres` verwendet werden.
- `xev` zeigt die X-Events an, die z. B. bei Tastendrücken erzeugt werden.
- Mit `xmodmap` kann man die Tastaturbelegung verändern. Ein grafisches Frontend ist `xkeycaps`, das allerdings nicht zum X-Core gehört, sondern als Contrib-Software verteilt wird.
- `xman` ist ein einfaches Programm zur Anzeige von Manpages. Viele Benutzer verwenden `tkman`, das allerdings Tcl/Tk, eine Skript-Sprache mit X-Anbindung, voraussetzt.
- Mit `xmag` können Sie sich Teile des Bildschirms vergrößert darstellen lassen.

- Weitere Tools sind `xclock` zur Anzeige der Uhrzeit, `xlock` zum Sperren des Bildschirms, `xload` zur Anzeige der Auslastung des Systems, `xeyes` als auf den Mauszeiger schielendes Augenpaar und `xconsole` zum Lesen von Meldungen des Betriebssystems.

Contributed Tools

Neben den Tools aus der X-Distribution gibt es eine Reihe von weiteren nützlichen Programmen. Viele dieser Programme wurden von ihren Entwicklern dem X-Projekt zur Verfügung gestellt („contributed") und werden vom X-Konsortium verteilt. Nur die wenigsten dieser Programme werden üblicherweise vom Hersteller mitgeliefert, sie können jedoch selbst installiert werden. Beachten Sie dazu auch den Abschnitt 12.2, *Das Programm `imake`*, auf Seite 377.

- XTrap ist als Server/Library-Erweiterung implementiert und kann dazu benutzt werden, eine X-Session aufzuzeichnen und wiederzugeben. Es ist als `ftp.x.org:/contrib/XTrapV33_X11R5.tar.Z` verfügbar.
- `xcb` ist ein mehrfacher Cut&Paste-Puffer.
- `xse` (Version 2.1) ist ein Interface zu der Xlib-Routine Xsendevent und ermöglicht es, einem X-Fenster bzw. der darin laufenden Applikation bestimmte Tastatur- oder Mausereignisse zu senden, d. h. die Eingaben eines Benutzers zu simulieren.
- `xgrab` ermöglicht die komfortable Erstellung von Bildschirmbildern. Die Bildschirmbilder in diesem Buch wurden mit Hilfe dieses Tools als PostScript-Dateien abgespeichert und in das LaTeX-Dokument eingebunden.

7.8 Infoquellen

Weitere Informationen und Bezugsquellen	
Manpages:	`X(1),XF86config(5)`
Newsgruppen:	`comp.windows.x`
Mailing-Liste:	`xpert[-request]@x.org` gatewayed mit comp.windows.x
Name:	comp.windows.x FAQ,
Größe	ca. 240 kByte
Name:	comp.windows.x x-faq/speedups
Größe	ca. 670 Zeilen

8 Datensicherung

Only wimps use tape backup: real *men just upload their important stuff on ftp, and let the rest of the world mirror it.* – *Linus B. Torvalds*

8.1 Notwendigkeit der Datensicherung

Die Durchführung der Datensicherung zählt für viele Benutzer zu den ungeliebten, weil vermeintlich unproduktiven Tätigkeiten. Dennoch sollte sich ein Systemadministrator, und das ist auch der Betreiber eines Ein-Benutzer-Systems, ernsthafte Gedanken über die Sicherheit seiner Daten machen. Eine Reihe von Benutzerfehlern und Problemen kann dafür verantwortlich sein, daß Daten verlorengehen oder verfälscht werden.

An eine gute Datensicherung ist eine Reihe von Kriterien anzulegen: Die Sicherung sollte möglichst unbeaufsichtigt ablaufen, die Sicherungsmedien sollten von den Programmen selbst verwaltet werden, und die Daten sollten einfach und zuverlässig wiederhergestellt werden können. Bei ernsthafter Computernutzung ist eine Datensicherung unverzichtbar, will man nicht das Risiko eines schmerzhaften Datenverlustes eingehen.

Aufgrund von Unvorsichtigkeiten bei der Verwendung von „gefährlichen" Befehlen können erhebliche Datenmengen verlorengehen. Unter Unix kann einfach ein kompletter Verzeichnisbaum, z. B. mit dem Befehl `rm -rf *`, ohne Nachfrage gelöscht werden.

Zur Vermeidung solcher Probleme können, anstelle der gefährlichen Befehle, Aliasnamen mit vorsichtigeren Einstellungen verwendet werden. Für die Programme `rm`, `cp` und `mv` finden Sie entsprechende Beispiele im Listing 8.1.

```
(Linux):~> alias rm 'rm -i -v'
(Linux):~> alias cp 'cp -i -v -b'
(Linux):~> alias mv 'mv -i -v -b'
```

Listing 8.1: Beispiele für Aliasnamen

Die Option `-i` (`--interactive`) sorgt für eine Nachfrage beim Löschen oder Überschreiben von Dateien. Die Option `-v` (`--verbose`) veranlaßt die Ausgabe der Dateinamen. Bei den Befehlen `cp` und `mv` kann zusätzlich mit der Option

`-b` (bzw. `--backup`) die Erstellung von Sicherheitskopien eingestellt werden. Es können auch mehrere Versionen einer Datei als Sicherungskopie vorgehalten werden. Die genaue Verwaltung von Sicherheitskopien wird mit der Umgebungsvariablen `VERSION_CONTROL` oder der Option `-V` (bzw. `--version-control`) eingestellt. Nähere Informationen dazu liefert `man cp`.

Das Programm `rm` löscht Dateien unwiderruflich. Unter Linux existiert kein Programm `undelete`. Die Funktionalität kann entweder durch einige Shell-Skripten bzw. Aliasnamen oder durch ein spezielles `delete/undelete`-System erreicht werden (z. B. vom MIT). Leider haben praktisch alle Lösungen dieses Problems, solange sich nicht vom Kernel implementiert sind, Nachteile, so daß viele Anwender mit wirklich gelöschten Dateien leben.

Ein weiteres Problem ist, daß mit einer einfachen Shell-Funktion, nämlich der Ausgabeumleitung, eine Datei ohne Rückfrage überschrieben wird. Dies kann bei der Verwendung der `bash` mit der Einstellung `set -o noclobber` verhindert werden. Eine bestehende Datei kann nur noch mit der Angabe von >| anstelle von > überschrieben werden. Benutzer der `tcsh` können das Überschreiben von Dateien aufgrund einer Ausgabeumleitung mit dem Befehl `set noclobber` erreichen. Die Datei wird überschrieben, wenn statt > die Zeichenfolge `>!` verwendet wird. Die Kombination >| bewirkt bei der `tcsh`, daß sowohl die Standardausgabe als auch Standardfehlerausgabe gemeinsam umgeleitet werden.

Der Systemadministrator kann unter Unix alle Dateien löschen oder verändern. Daher sollte die Benutzerkennung `root` nur zur Systemadministration verwendet werden, aber nicht für die tägliche Arbeit. Ein nichtprivilegierter Benutzer kann nur eine begrenzte Menge von Dateien löschen oder verändern, so daß die Gefahr des Komplettverlustes aller Daten nicht gegeben ist.

Viele Einsteiger in Unix verwenden die Benutzerkennung `root` auch zur täglichen Arbeit. Bei der Verwendung einer nichtprivilegierten Benutzerkennung erhält man manchmal die Meldung „Permission denied". Erscheint diese Meldung beim Start von Programmen, die für jeden Benutzer ausführbar sein sollen, dann ist das System schlecht konfiguriert. Die Arbeit, die in die korrekte Konfiguration investiert werden muß, zahlt sich langfristig (durch die erhöhte Sicherheit aufgrund der Berechtigungsprüfung des Kernels) aus.

Ein Systemadministrator sollte, besonders vor „gefährlichen" Aktionen, stets die Kommandozeile mehrfach überprüfen, bevor ein Befehl ausgeführt wird. So bietet es sich bei der Erstellung von Schleifen oder anderen Befehlen, die viele Dateien bearbeiten sollen, an, diese zunächst nur „trocken" ablaufen zu lassen, indem vor dem eigentlichen Befehl ein `echo` eingetragen wird (Listing 8.2).

Der erste Befehl zeigt die Liste aller zu bearbeitenden Dateien an. Im zweiten Befehl werden diese Dateien dann tatsächlich gelöscht. Eine andere Möglichkeit, die Ausgabe des oberen Befehls weiterzuverwenden ist das Umleiten der Ausgabe in eine Shell. Der dritte Befehl in Listing 8.2 sorgt dafür, daß für jede gefundene Da-

```
(Linux):~# find . -name \*~ -exec echo rm {} \;
(Linux):~# find . -name \*~ -exec rm {} \;
(Linux):~# find . -name \*~ -ok rm {} \;
```

Listing 8.2: Trockenes Ausführen gefährlicher Befehle

```
(Linux):~# find . -name \*~
(Linux):~# rm $(find . -name \*~)
```

Listing 8.3: Trockenes Ausführen gefährlicher Befehle, noch eine Möglichkeit

tei gefragt wird, ob der Befehl tatsächlich ausgeführt werden darf. Eine weitere Möglichkeit zum Löschen von Sicherheitskopien ist in Listing 8.3 dargestellt.

Bei einem Stromausfall oder Systemabsturz werden mitunter nicht alle Daten auch auf der Festplatte abgelegt. Linux, wie andere Unix-Systeme und moderne Versionen des MS-DOS-Caches `smartdrv`, implementieren einen Schreib-Cache, in dem auch Schreibzugriffe gepuffert werden, bevor die Daten tatsächlich auf die Festplatte geschrieben werden. Damit ist das Schreiben auf die Festplatte wesentlich schneller für die Anwendung erledigt, so daß diese andere Funktionen ausführen kann.

Nach einem Systemabsturz kann sich das Dateisystem in einem nicht mehr wiederherstellbaren Zustand befinden, so daß einige Daten verloren sind. Im schlimmsten Fall ist auch ein Totalverlust der Daten denkbar, wenn die interne Struktur des Dateisystems nicht mehr konsistent ist. Das unter Linux sehr verbreitete Extended-2-Dateisystem ist in Hinblick auf eine weitgehende Reparierbarkeit implementiert worden, so daß diese Probleme relativ selten auftreten. Die meisten Fehler dieser Art sind bisher durch Hardware-Defekte aufgetreten.

Der erste auf dem Dateisystem vorhandene Superblock, der die wichtigsten Informationen über dieses Dateisystem enthält, kann beschädigt sein. Das Programm zur Prüfung von Extended-2-Dateisystemen, `e2fsck` oder `fsck.ext2`, kann mittels der Kommandozeilenoption `-b` angewiesen werden, eine Sicherheitskopie des Superblocks zu verwenden. Das Listing 8.4 zeigt ein mögliches Vorgehen. Der erste Superblock befindet sich im ersten Block, weitere Superblöcke findet man alle 8192 Blöcke innerhalb der Partition.

Durch die Struktur des Linux-Verzeichnisbaums und die leistungsfähigen Dienstprogramme ist es relativ einfach möglich, die Benutzer- und Konfigurations-Dateien zu sichern. Schon in der Standardinstallation stehen die dafür notwendigen Mittel zur Verfügung, wenn man z. B. `/home` auf einer eigenen Partition unterbringt.

```
(Linux):~# fsck.ext2 -f -v /dev/hdb1
e2fsck 0.5b, 14-Feb-95 for EXT2 FS 0.5a, 94/10/23
e2fsck: Bad magic number in super-block while trying to
open /dev/hdb1

The filesystem superblock is corrupt.  Try running e2fsck
with an alternate superblock using the -b option.  (8193
is commonly an alternate superblock; Hence,
'e2fsck -b 8193 <device>' may recover the filesystem.)
(Linux):~# fsck.ext2 -f -v -b 8193 /dev/hdb1
```

Listing 8.4: Beispiel für einen beschädigten Superblock

Wichtig ist jedoch, daß nicht nur die Sicherung der Daten auf ein Medium ohne Fehler durchgeführt wird. Der Systemadministrator sollte auch die Wiederherstellung von einzelnen Dateien, und nach Möglichkeit auch die des gesamten Systems, testen. Erst danach kann man sicher sein, daß die Daten tatsächlich gesichert wurden und wiederhergestellt werden können. Dieser Test sollte sinnvollerweise nach Änderungen an der verwendeten System-Software (Kernel, Hardware-Treiber, Bibliotheken, Datensicherungssystem) oder der Hardware erneut durchgeführt werden.

Insbesondere ist es sinnvoll, eine Notfalldiskette zu erstellen, die alle notwendigen Treiber und Programme zur Wiederherstellung des Systems enthält. Dann kann zunächst ein Minimalsystem von der Diskette gebootet werden, so daß keinerlei Daten von der Festplatte benötigt werden. Damit ist es praktisch immer möglich, eine Datensicherung wiederherzustellen, selbst wenn das System auf der Festplatte nicht mehr lauffähig ist.

Es existieren einige frei verfügbare Pakete zur Erstellung von Notfalldisketten, die vom Systemadministrator an die lokalen Gegebenheiten angepaßt werden müssen. Im Zweifelsfall sind die Boot- und Root-Diskette der entsprechenden Distribution ein guter Startpunkt. Moderne Systeme und Distributionen können auch von CD booten, das ist dann besonders einfach. Einige Pakete zur Erstellung von Notfall- und Boot-Disketten findet man auf dem `ftp`-Server `metalab.unc.edu` im Verzeichnis `/pub/Linux/system/Recovery`.

8.2 Plattenfehler überstehen mit RAID

Moderne Festplatten sind aus der Sicht des Betriebssystems relativ lange Zeit fehlerfrei. Wenn jedoch der erste Fehler gemeldet wird, dann wird es Zeit, diese Platte auszutauschen. In der Regel wird man noch eine Datensicherung durchführen und diese dann auf einer neuen Festplatte wieder einspielen.

In der Zeit, in der die Daten gesichert und zurückgespielt werden und die Festplatte ausgetauscht wird, ist kein Systembetrieb möglich. Das Ziel ist es also, selbst beim Auftreten eines Plattenschadens das System noch bis zur nächsten betriebsarmen Zeit laufen zu lassen, um dann in Ruhe den Austausch der Festplatte vornehmen zu können. Moderne SCSI-Adapter und Platten sind teilweise „Hot-Plug"-fähig, können also im laufenden Betrieb ausgetauscht werden, aber das geht nicht immer.

Mit Hilfe der RAID-Technologie (Redundant Array of Inexpensive Disks) hat man ein Verfahren entwickelt, das in der Lage ist, den Ausfall einer oder mehrerer Platten ohne Datenverlust zu überstehen. Leider schützt diese Technik nicht vor versehentlichem Löschen oder Inkonsistenzen nach einem Systemabsturz.

Die RAID-Technologie kennt eine Reihe von Levels, die die Art der Speicherung der Daten genauer beschreiben. Heute sind im wesentlichen die folgenden Level im Gebrauch:

- RAID-Level 0 dient dazu, mehrere Platten oder Partitionen zu einer größeren (virtuellen) Partition zusammenzufassen. Dabei gibt es zwei Varianten: das einfache Aneinanderhängen der Teile (`concat`) und das sogenannte Striping. Beim Striping werden aufeinanderfolgende Blöcke nicht auf einer Platte hintereinander angeordnet, sondern in Streifen über alle beteiligten Platten verteilt. Man erreicht hierbei eine größere Leistung, insbesondere wenn die Festplatten an verschiedenen SCSI-Adaptern angeschlossen sind. Hierbei sinkt jedoch die Datensicherheit, da mit einem Datenverlust zu rechnen ist, wenn eine der beteiligten Platten defekt ist.

- Die Datensicherheit wird mit RAID-1, dem sogenannten Mirroring, verbessert. Hier wird jeder Block parallel auf zwei oder mehr Platten geschrieben, so daß beim Ausfall einer Festplatte weiter auf die Daten zugegriffen werden kann. Beim Lesen kann die Last auf mehrere Platten verteilt werden, so daß ein höherer Datendurchsatz möglich ist. Die Kosten für diese Lösung sind relativ hoch, da alle Festplatten doppelt ausgelegt werden müssen.

- Bei RAID-4 wird zusätzlich zu den Daten eine sogenannte Parität gespeichert. Wenn eine Festplatte aus dem Plattenverbund ausfällt, so können die Daten aus allen anderen Platten immer noch rekonstruiert werden. Der wesentliche Nachteil dieser Lösung liegt darin, daß jeder Schreibvorgang auch auf der Paritätsplatte stattfinden muß. Vorteilhaft ist, daß vergleichsweise wenige zusätzliche Festplatten benötigt werden.

- Häufig wird RAID-5 verwendet, das die Vorteile von RAID-4 mit einer über alle Platten verteilten Parität verbindet. Dadurch sinkt der Datendurchsatz nicht in dem Maße, wie es bei RAID-4 der Fall ist.

Alle diese Lösungen können mittels spezieller Hardware (SCSI-Adapter mit einem entsprechenden Disk-Array) oder Software realisiert werden. Die aktuellen Entwicklerversionen des Linux-Kernels implementieren diese Funktionen.

Bevor Sie sich zu früh freuen: RAID ist nicht die Lösung aller Probleme. Mit RAID kann man sich gegen den Ausfall einer Festplatte absichern. Arbeitet jedoch der entsprechende Festplatten-Controller fehlerhaft, dann nützt auch die zuverlässigste Spiegelung nichts. Genausowenig hilft RAID gegen Systemabstürze oder versehentliches Löschen der Daten. Sie sollten also auch mit RAID eine regelmäßige Datensicherung durchführen.

Weitere Informationen und Bezugsquellen	
ftp-Server:	ftp.kernel.org
ftp-Pfad:	/pub/linux/daemons/raid
Datei:	raidtools-0.41.tar.gz
Größe:	ca. 40 kByte
Homepage:	http://linas.org/linux/raid.html

8.3 Medien zur Datensicherung

Bei den heute verbreiteten Festplattengrößen ist eine komplette Datensicherung auf Disketten praktisch unmöglich. Der dafür notwendige Zeit- und Datenträgeraufwand steht in keinem Verhältnis zur zu erwartenden Sicherheit. Dennoch ist die Sicherung von kleinen Datenmengen, die sehr häufig gesichert werden sollen, auf Disketten durchaus möglich und sinnvoll. Die Texte dieses Buches wurden nach jeder Änderung auf Diskette gesichert.

Für eine bequeme und automatische Datensicherung ist es notwendig, daß die Daten einer Sicherung auf ein Medium passen, so daß die Anwesenheit des Systemadministrators (z. B. zum Bandwechsel) nicht erforderlich ist. Damit können Datensicherungen nachts ohne Eingriffe durchgeführt werden.

Häufig werden Magnetbänder als Sicherungsmedien verwendet. Magnetbänder sind preiswert und trotz des sequentiellen Zugriffs ausreichend schnell. Es gibt eine Reihe von verschiedenen Standards für Magnetbänder und die entsprechenden Laufwerke bzw. Schnittstellen, an denen die Laufwerke angeschlossen werden. Besonders bekannt sind die QIC-Standards (Quarter-Inch-Cartridge).

Floppy-Streamer

Auf PC-Systemen sind Floppy-Streamer, die an den Disketten-Controller angeschlossen werden, sehr verbreitet. Diese Geräte können Magnetbänder mit QIC-40-

oder QIC-80-Format lesen oder schreiben. In letzter Zeit gibt es auch hier Systeme mit größerer Kapazität.

Diese Art von Streamern muß sehr zeitgenau angesteuert werden, was unter einem Multitasking-Betriebssystem nicht immer machbar ist. Daher läßt die Datensicherheit oft zu wünschen übrig. Bei einer Neuanschaffung sollte ernsthaft über einen SCSI- oder DAT-Streamer (DAT = Digital Audio Tape) nachgedacht werden. Auch das Fassungsvermögen der QIC-80-Bänder ist mit 120 MByte ohne Kompression für die heute verbreiteten Festplatten- und Partitionsgrößen zu klein. Der Wert von 250 MByte Fassungsvermögen mit Kompression, der von Herstellern und Händlern angegeben wird, ist insbesondere für bereits gepackte Daten nicht erreichbar.

Zum Betrieb eines solchen Streamers ist der `ftape`-Treiber notwendig. Dieser Treiber ist im Standard-Kernel enthalten und kann entweder einkompiliert oder als Modul zur Laufzeit in den Kernel geladen werden. Da man ein Tape in der Regel nicht ständig benötigt, kann man den Treiber mit Hilfe des `kerneld` automatisch laden.

Unter Linux heißen die Device-Dateien für den Floppy-Streamer `/dev/rft0` bis `/dev/rft3` bzw. `/dev/nrft0` bis `/dev/nrft3` für die No-Rewind-Geräte. Aus Gründen der Kompatibilität zu älteren Systemen kann man den Floppy-Streamer oft auch unter `/dev/ftape` bzw. `/dev/nftape` ansprechen.

QIC-02-Streamer

Ein weiterer Schnittstellenstandard ist QIC-02. Hier werden die Bandgeräte an eine zusätzliche Controller-Karte angeschlossen. Daher entfallen die Timing-Probleme des Floppy-Tape-Treibers, es werden aber zur Ansteuerung ein freier Interrupt, ein DMA-Kanal und freie IO-Adressen benötigt. Auch ist das Fassungsvermögen der hier verwendeten Magnetbänder höher als die oben angegebenen 120 MByte.

SCSI-Streamer

Auch für SCSI-Streamer gibt es eine Reihe von Standards (QIC-150/520/625). Sie unterscheiden sich durch Fassungsvermögen, Aufzeichnungsverfahren und die Abmessungen der Kassetten. Aus der Sicht von Linux ist es praktisch ohne Bedeutung, welcher Laufwerkstyp benutzt wird, nur der SCSI-Controller muß unterstützt werden.

Modern sind heute (SCSI-)DAT-Laufwerke, die ein sehr großes Fassungsvermögen (bis zu 4 GByte) haben. Damit können auch größere Partitionen ohne Bandwechsel gesichert werden. Leider sinkt nach mehrfacher Verwendung der Kassetten die Datensicherheit durch den sehr hohen Abrieb im Betrieb. Sie sollten daher das Laufwerk regelmäßig reinigen und nach einer gewissen Anzahl von Schreibvorgängen auf einem Band dieses eventuell austauschen. DLT-Laufwerke haben dieses Problem nicht, sind aber auch um einiges teurer.

Für SCSI-Bandlaufwerke müssen bei der Kernel-Konfiguration sowohl der Support für den entsprechenden SCSI-Controller, als auch die Unterstützung für SCSI-Bandlaufwerke (`SCSI tape support`) angewählt werden. Das Bandlaufwerk ist unter `/dev/st0` bzw. `/dev/nst0` ansprechbar. Auf anderen Unix-Systemen wird ein Bandlaufwerk häufig als `/dev/rmt0` angesprochen.

Sicherung über ein Netzwerk

Unter Linux kann, wie unter jedem anderen Unix, die Datensicherung auf einem Bandgerät erfolgen, das an einen anderen im Netzwerk erreichbaren Rechner angeschlossen ist. Es kann bei einer großen Anzahl von Rechnern im Netzwerk sinnvoll sein, einen Backup-Server einzurichten. An dieses System werden dann leistungsfähige Bandgeräte angeschlossen, und möglichst alle Rechner des Netzwerkes werden über dieses System gesichert.

Damit ist es möglich, eine zentrale Datensicherung durchzuführen, so daß nur an einer Stelle eine Bandverwaltung stattfinden muß. Dort können auch besondere Maßnahmen, wie die Auslagerung von Kassetten relativ einfach organisiert werden. Außerdem muß sich nicht mehr der lokale Anwender oder Administrator um die Datensicherung kümmern, sondern er kann z. B. eine entsprechende Dienstleistung des Rechenzentrums in Anspruch nehmen.

Nachteile sind der Aufwand bei der Koordination und Konfiguration des Systems sowie eine höhere Belastung des Netzes. Außerdem kann die Sicherung wesentlich länger dauern als bei einem schnellen lokalen Bandgerät. Wenn Sie viele (vernetzte) Rechner zu sichern haben, sollten Sie in jedem Fall eine netzweite Lösung verwenden.

Spezielle Datenträger

In seltenen Fällen werden auch Wechselplatten, MOs oder WORMs (Write Once Read Many Times) zur Datensicherung verwendet. Aufgrund der hier anfallenden Kosten werden diese Datenträger nur selten benutzt. Mit dem Aufkommen günstiger CD-Brenner und dem Preisverfall der Rohlinge werden wichtige Daten immer häufiger zur Datensicherung auf CD gebrannt.

8.4 Strategien zur Datensicherung

Die Strategie zur Datensicherung wird von vielen lokalen Faktoren bestimmt. Der Systemadministrator muß entscheiden, welche Daten wie oft gesichert werden sollen und welche Anzahl von Sicherungsmedien hierfür notwendig ist. Außerdem ist die Abfolge von vollständigen und inkrementellen Datensicherungen zu bestimmen. Bei vollständigen Sicherungen werden, bis auf einige Ausnahmen, alle Dateien gesichert. Bei einer inkrementellen Datensicherung werden alle Dateien, die seit der letzten Sicherung verändert wurden, erneut gesichert.

Umfang und Zeitpunkt der Datensicherung

Zunächst sollte die Frage geklärt werden, welche Daten wie häufig gesichert werden sollen. Dazu bietet sich bei vielen Linux- und Unix-Systemen eine Staffelung ähnlich der folgenden an. Die genauen Zeiträume und betroffenen Verzeichnisse oder Dateisysteme sollte der Systemadministrator aufgrund der lokalen Gegebenheiten festlegen.

In der Regel sollten Sie versuchen, die Daten in einer betriebsarmen Zeit zu sichern. Zum einen sind dann normalerweise weniger Daten Veränderungen unterworfen, zum anderen belastet die Datensicherung auch das System nicht unerheblich, so daß Sie Ihre Anwender weniger stören.

Wenn Sie eine wirklich konsistente Datensicherung erhalten wollen, dann sollten Sie die Sicherung im Single-User-Mode durchführen. In der Praxis wird sich das aber in vielen Fällen nicht durchführen lassen. Außer bei der Sicherung von Datenbanken kann man aber in der Regel mit diesen Problemen leben.

Dateiklassen

Nicht alle Dateien müssen täglich gesichert werden. Bei vielen Dateien, die nur sehr selten verändert werden, kann eine wöchentliche Sicherung durchaus ausreichend sein. Bei anderen ist eine tägliche Sicherung bereits zu wenig. Häufig bietet sich die Unterscheidung der Dateien gemäß der folgenden Struktur an. Diese Entscheidung bleibt aber dem Systemadministrator überlassen.

Sicherung von Benutzerdaten

Benutzerdaten, die unter Linux meist im Verzeichnis `/home` abgelegt werden, werden laufend verändert und sollten häufig gesichert werden. In kommerziellen Umgebungen empfiehlt sich hier die tägliche (inkrementelle) Sicherung der veränderten Daten. Zusätzlich sollte mindestens einmal in der Woche eine vollständige Sicherung durchgeführt werden. Der Verlust der Arbeit, die von mehreren Programmierern oder Mitarbeitern an einigen Tagen erledigt wurde, kann erhebliche Kosten verursachen.

Auf privat genutzten Systemen kann, je nach Einschätzung des Benutzers oder Systemadministrators, eine wöchentliche oder monatliche Datensicherung sinnvoll sein. Je nach Datenmenge kann möglicherweise stets eine Komplettsicherung eingeplant werden, das vereinfacht das Handling ungemein. Längere Abstände zwischen zwei Datensicherungen sind selten sinnvoll, wenn Sie regelmäßig mit Ihrem System arbeiten.

Konfigurationsdateien

Ebenfalls variabel sind die in `/etc` und `/var` gespeicherten (Konfigurations-) Dateien. Hier ist zum Teil extrem viel Arbeit und Wissen versteckt, so daß diese Daten regelmäßig gesichert werden sollten. Dies trifft insbesondere für die Netzwerk- und Mail-Konfiguration zu.

Diese Dateien sollten auf jeden Fall vor einem System-Update gesichert werden. Es ist oft sinnvoll, diese Dateien zunächst in ein neues Verzeichnis (z. B. `/etc.old`) zu kopieren, so daß sie nach dem Update direkt eingesehen werden können. Damit können viele Einstellungen, die an einem Linux- oder Unix-System vorgenommen wurden, leicht erneut durchgeführt werden.

Gerade diese Einstellungen dienen zur Anpassung an die Bedürfnisse der Benutzer und erleichtern die tägliche Arbeit. Solange diese Anpassungen nicht zumindest vom Systemadministrator geprüft wurden, ist die neue Installation noch kein vollwertiger Ersatz für die alte Installation. Moderne Distributionen wie Debian, Red Hat oder S.u.S.E. sind updatefähig, so daß Sie jetzt in vielen Fällen eine Neuinstallation vermeiden können.

Die `/usr`-Partition

Die auf der `/usr`-Partition gespeicherten Daten und Programme sind relativ statisch und können meist vom Installationsmedium neu eingespielt werden. Dennoch kann es auch hier sinnvoll sein, in größeren Zeitabständen, z. B. vor dem Update wichtiger Software-Pakete, eine Datensicherung durchzuführen.

Die Verfügbarkeit der Installation, z. B. auf CD, bedeutet aber noch lange nicht, daß diese Daten auch ohne Probleme von der CD gelesen werden können. Es ist immer ein Glücksspiel, sich auf genau eine Sicherung zu verlassen, die möglicherweise fehlerbehaftet sein kann.

Es gibt Administratoren, die das `/usr`-Dateisystem mit der Option `ro` für Read-Only einhängen. Da das System nicht auf diese Partition schreibt, ist die Wahrscheinlichkeit für einen Datenverlust geringer. Außerdem wird nach einem System-Crash kein `fsck` durchgeführt, so daß das System bereits nach sehr kurzer Zeit wieder verfügbar sein kann. Allerdings lohnt sich dieses Verfahren nur dann, wenn Sie wirklich selten Programme austauschen oder andere Änderungen durchführen.

Lokal installierte Programme

In einigen Fällen, wenn besonders viele Programme lokal auf der `/usr/local`-Partition installiert und wesentliche Veränderungen an den Programmen vorgenommen wurden, kann es sinnvoll sein, auch diese Partition (regelmäßig) zu sichern. Bei nur wenigen Programmen kann es einfacher sein, diese neu zu installieren. Dazu sollten selbstverständlich die Quellen der Programme gesichert oder die Installationsmedien aufgehoben werden.

Nicht sicherungswürdige Verzeichnisse

Die Verzeichnisse `/tmp`, `/var/tmp` und andere Verzeichnisse zum Speichern temporärer Dateien (z. B. `/usr/local/tmp`) sowie das Pseudo-Dateisystem `/proc` müssen nicht gesichert werden. Daher sollte man diese Verzeichnisse stets von der Datensicherung ausschließen. Je nach Entscheidung des Systemadministrators kann dazu auch ein Dateisystem wie `/var/cache` zählen.

Abfolge von inkrementeller und vollständiger Datensicherung

Die Durchführung einer inkrementellen Datensicherung ist sinnvoll, wenn zwischen den einzelnen Sicherungen nur relativ wenige Dateien verändert werden. Zunächst muß mit einer vollständigen Datensicherung begonnen werden, damit jede Datei auf mindestens einem Medium gesichert wurde. Anschließend müssen nur die jeweils veränderten Dateien erneut gesichert werden.

Die vollständige Wiederherstellung einer Datensicherung ist aufwendig, wenn die letzte vollständige Sicherung bereits weit zurückliegt und in der Zwischenzeit viele inkrementelle Datensicherungen erfolgt sind. Im Fall eines Datenverlustes muß zunächst die komplette Sicherung zurückgeladen werden und anschließend in der richtigen Reihenfolge alle seitdem erfolgten inkrementellen Sicherungen. Daher sollten regelmäßig vollständige Datensicherungen durchgeführt werden, um die Anzahl der inkrementellen Sicherungen zu beschränken. In der Praxis hat sich z. B. eine vollständige Sicherung in der Woche bei täglicher inkrementeller Sicherung bewährt.

Eine andere Möglichkeit ist die Durchführung einer vollständigen Sicherung jeden Monat, einer wöchentlichen inkrementellen Sicherung aller seit der letzten monatlichen Sicherung veränderten Daten sowie die tägliche inkrementelle Sicherung bezüglich der letzten Wochensicherung. Werden bei der inkrementellen Sicherung fast alle Dateien erneut gesichert, so ist es wesentlich sinnvoller, eine Komplettsicherung durchzuführen. Der Bedarf an Sicherungsmedien unterscheidet sich in diesem Fall kaum, aber die Handhabung ist wesentlich einfacher.

Anzahl der benötigten Medien zur Datensicherung

Im nächsten Schritt sollte die Anzahl der Mediensätze für die Datensicherung festgelegt werden. Als Mindestanforderung sind zwei unabhängige Mediensätze zu verwenden, besser jedoch mehr.

Die einfachste Variante ist die Verwendung der Medien des jeweils ältesten Backups für die aktuelle Sicherung. Dabei sollten aber aus Gründen der Datensicherheit mindestens drei Medien verwendet werden. Vorstellbar ist z. B. folgendes Szenario: Eine Datensicherung wird gestartet, aber aufgrund eines Fehlers oder Benutzereingriffs abgebrochen. Anschließend muß eine Datei aus der letzten Datensicherung zurückgeladen werden. Dieses Medium ist jedoch defekt und verursacht Lesefehler. Bei nur zwei Bändern ist dann keine verwendbare Datensicherung verfügbar, die Daten sind verloren.

Wenn bestimmte Daten für längere Zeit aufbewahrt werden müssen, so z. B. monatliche Sicherungen für jeweils ein Jahr und mindestens eine jährliche Sicherung permanent, so sind natürlich mehr Medien notwendig. Unternehmen, die von der elektronischen Datenverarbeitung abhängig sind, bringen oft ausgewählte Sicherungen in einem feuerfesten Schrank oder in einem externen Unternehmen unter, um auch vor Feuer oder anderen Katastrophen gefeit zu sein. Wichtig ist in jedem Fall, daß die magnetischen Medien kühl, trocken und außerhalb von magnetischen Feldern gelagert werden.

8.5 Programme zur Datensicherung

In den folgenden Abschnitten wird eine Reihe von Programmen zur Datensicherung vorgestellt. Dabei wird nach Programmen unterschieden, die nur die Daten von der Festplatte lesen und auf ein Sicherungsmedium schreiben oder umgekehrt, und solchen Programmen, die dabei auch noch die Verwaltung von vollständigen und inkrementellen Datensicherungen durchführen. Diese Programme speichern eine Liste der gesicherten Dateien, so daß das entsprechende Medium direkt angefordert werden kann.

Low-level-Programme

Im einfachsten Fall kann die Datensicherung mit den dafür geeigneten Standard-Unix-Dienstprogrammen durchgeführt werden. Die einzelnen Programme werden mit einigen Beispielen vorgestellt, um die internen Abläufe, die ähnlich in den komplexeren Datensicherungssystemen benutzt werden, durchschaubarer zu machen.

Diese Programme sichern entweder alle Daten des Systems, einer Partition oder eines Verzeichnisbaums. Über einen entsprechenden `find`-Befehl (siehe auch Abschnitt 11.1, *Dateiverwaltung*, auf Seite 305) oder andere Parameter können nur die seit der letzten Datensicherung veränderten Dateien gesichert werden.

Dieser Weg führt zu einer Reihe von Skripten, mit denen die Handhabung der Programme und der verwendeten Medien vereinfacht werden soll. In den meisten Fällen ist es jedoch besser, ein Programmpaket zur Datensicherung zu verwenden. Viele solche Pakete sind frei verfügbar, die Auswahl eines speziellen Systems ist von einer Reihe von Faktoren abhängig und sollte vom Systemadministrator lokal getroffen werden.

Das Programm `tar`

Das Programm `tar` (Tape Archiver) diente zunächst zur Speicherung von Archiven mit Dateien auf Magnetbänder. Heute werden auch Disketten, Dateien oder Netzwerklaufwerke unterstützt.

Ältere `tar`-Versionen konnten nur Dateien, Verzeichnisse und Links sichern, nicht jedoch die Gerätedateien (Devices in `/dev`). Dies war nur im Programm `cpio` implementiert. GNU-`tar` ist auch in der Lage, spezielle Dateien (Gerätedateien und Pipes) zu sichern, so daß nicht mehr `cpio` verwendet werden muß.

Auspacken von Archiven Das Programm `tar` komprimiert die Daten nicht, sondern faßt nur die einzelnen Dateien in einem Archiv zusammen. Die Komprimierung kann (nur) bei GNU-`tar` durch die Option `-z` eingeschaltet werden. Beim Standard-`tar` muß die Ein- oder Ausgabe durch einen entsprechenden Komprimierer bearbeitet werden. Die Erweiterung des Dateinames mit `.Z` steht dabei für die Komprimierung mit `compress`, die Erweiterung `.gz` für die Verwendung von `gzip`. Bei der Speicherung von komprimierten `tar`-Archiven auf DOS-Datenträgern wird die Erweiterung `.tar.gz` zu `.tgz` verkürzt. Analog gilt das für mit `compress` gepackte Archive, die statt `.tar.Z` dann `.taz` genannt werden.

Viele Programmpakete werden im `tar`-Format verbreitet. Zur Verringerung der zu übertragenden Datenmengen sind die Dateien in der Regel komprimiert. Als Packer wird entweder `compress` oder `gzip` verwendet. Da `gzip` wesentlich besser komprimiert und die mit `compress` gepackten Daten lesen kann, wird hier nur das Programm `gzip` verwendet. Das Paket `bc-1.02.tar.gz` wird vom Standard-Unix-`tar` mit dem Befehl

```
(Linux):~> zcat bc-1.02.tar.gz | tar -xvf -
```

entpackt. Die Optionen können hier mit dem Minuszeichen (`-`) eingeleitet oder auch direkt angegeben werden. Dabei bedeutet die Option `-x` (`--extract`), daß das entsprechende Archiv entpackt werden soll. Die Option `-v` (`--verbose`) veranlaßt, daß `tar` eine Liste der Dateien in dem Archiv auf die Standardausgabe ausgibt. Nach der Option `-f` (`--file`) wird der Dateiname des Archivs angegeben. Der Name `-` steht beim Lesen eines Archivs für die Standardeingabe und beim Schreiben für die Standardausgabe. Ist kein Dateiname angegeben, so wird als Standardwert `/dev/rmt0` verwendet. Dieser Wert kann mit der Umgebungsvariablen `TAPE` verändert werden. Benutzer eines Floppy-Tape-Streamers verwenden dazu folgenden Befehl:

```
(Linux):~> setenv TAPE /dev/rft0
```

Wird ein Dateiname der Form *`Host-Name`*`:`*`Device`* angegeben, so erfolgt die Datensicherung auf dieses Netzwerkgerät. Dazu ist wie bei dem Programm `rsh` oder `rlogin` der entsprechende Eintrag in die Datei `~/.rhosts` bzw. `/etc/hosts.equiv` notwendig. Soll auf dem entfernten Rechner eine andere Benutzerkennung verwendet werden, so kann diese mit derselben Syntax angegeben werden wie bei dem Programm `rcp`. Im folgenden Beispiel wird der Floppy-Streamer des Rechners `atlantis` mit der Benutzerkennung `hein` benutzt.

```
(Linux):~> tar -zxvf hein@atlantis:/dev/rft0
```

Das Archiv kann auch zunächst entkomprimiert und dann mit `tar` bearbeitet werden. Dabei wird jedoch mehr Plattenplatz belegt, weil das Archiv unkomprimiert vorliegt.

```
(Linux):~> gunzip bc-1.02.tar.gz
(Linux):~> tar -xvf bc-1.02.tar
```

Die zusätzliche Option `-z`, die nur im GNU-`tar` implementiert ist, bewirkt, daß der Komprimierer `gzip` intern aufgerufen wird. Dadurch erübrigt sich der explizite Aufruf des Kompressionsprogrammes.

```
(Linux):~> tar -zxvf bc-1.02.tar.gz
```

Erstellen von Archiven Zum Erstellen von Archiven dient die Option `-c` (`--create`). Nach der letzten Option (meist `-f`, gefolgt von einem Dateinamen), wird eine Liste der zu archivierenden Dateien und Verzeichnisse angegeben. Das obige Archiv kann aus den Dateien neu erstellt werden durch:

```
(Linux):~> tar -zcvf bc-1.02.tar.gz bc-1.02
```

Bei der Datensicherung auf Magnetband ist es sinnvoll, wenn das Band möglichst lange ununterbrochen läuft. Jede neue Positionierung kostet unverhältnismäßig viel Zeit. Daher kann es sinnvoll sein, auf die Kompression der Daten vollständig zu verzichten und die Blockgröße (Option `-b` bzw. `--block-size`) entsprechend zu vergrößern.

Ein Archiv kann mit der Option `-t` (`--list`) überprüft werden. Wenn gleichzeitig die Option `-v` (`--verbose`) angegeben ist, wird eine erweiterte Liste der im Archiv enthaltenen Dateien ausgegeben.

```
(Linux):~> tar -ztvf bc-1.02.tar.gz
```

Mit der Option `-M` (`--multi-volume`) werden Archive erstellt, die sich über mehrere Datenträger erstrecken können. Dabei ist es jedoch nicht möglich, dieses Archiv zu komprimieren. Dies wäre auch nicht sinnvoll, da sonst nach einem Lesefehler auf dem Sicherungsmedium alle weiteren Daten nicht mehr lesbar wären.

Das Programm `tar` kann durch die Optionen `-g` (bzw. `--listed-incremental`) und `--newer` auch inkrementelle Datensicherungen durchführen. Dann muß jedoch der Anwender sich die Daten der letzten Sicherung notieren und eine Liste der gesicherten Dateien selbst verwalten. Dies wird im Normalfall durch Skripten realisiert. Es existieren eine Reihe von Backup-Skripten, die einfach verwendet werden können. Ein Beispiel für ein Skript zur inkrementellen Sicherung der `home`-Verzeichnisse ist in Listing 8.5 abgedruckt.

```
#!/bin/bash
# Inkrementelle Datensicherung
now=`date`
then=`cat date.dump`
tar --create  --verbose --file /dev/rft0 --block-size 126 \
        --after-date "$then"\
        --label "Dump from $then to $now"\
      /home
echo $now > date.dump
```

Listing 8.5: Beispiel für ein Skript zur inkrementellen Datensicherung

Zur Überprüfung der Datensicherung sollte stets die Option `-W` (bzw. `--verify`) angegeben werden.

Sollen einzelne Dateien von der Sicherung ausgeschlossen werden, so kann mit der Option `-X` eine Datei angegeben werden, die eine Liste mit regulären Ausdrücken enthält. Die Dateien, deren Namen zu den regulären Ausdrücken passen, werden nicht in das Archiv mit aufgenommen. Im Beispiel 8.6 werden alle Objekt- und Backup-Dateien nicht gesichert.

```
(Linux):~> cat exclude
*~
*.o
(Linux):~> tar -zcvXf exclude archiv.tgz .
```

Listing 8.6: Ausschließen von Dateien aus der Sicherung

Spezielle Funktionen Das Programm `tar` kann auch verwendet werden, um ganze Verzeichnisbäume zu kopieren. Programme wie `cp` oder `rcp` lösen beim Kopieren die symbolischen Links auf und kopieren die Datei selbst anstelle des Links. Bei der Verwendung von `tar` bleiben diese Links erhalten.

```
(Linux):~> tar -cf - . | ( cd /tmp ; tar -xvf -)
```

Das Starten einer neuen Shell auf der rechten Seite des Pipe-Symbols kann unterbunden werden, indem mittels der Option `-C` (`--directory`) in das dort angegebene Verzeichnis gewechselt wird.

```
(Linux):~> tar -cf - . | tar -xvCf /tmp -
```

Bei einem Netzwerk kann der eine `tar` auf einem anderen Rechner gestartet werden. Damit können dann Verzeichnisbäume über ein Netzwerk kopiert werden.

```
(Linux):~> rsh Host tar -cf - . | tar -xvCf /tmp -
```

Hier werden Dateien einfach kopiert. Zur Verringerung der Netzlast kann es sinnvoll sein, einen Abgleich zwischen den Verzeichnissen vorzunehmen und nur die veränderten Dateien zu übertragen bzw. überzählige Dateien zu löschen. Dazu kann das Programm `rdist` verwendet werden.

Das Programm `tar` ist bei verschiedenen Systemen auch in der Lage, Dateien mit „Löchern" (*holes, sparse files*) zu erzeugen. Dabei werden in den Dateien enthaltene Null-Zeichen nicht gespeichert, was z. B. bei Shared Libraries einigen Plattenplatz sparen kann. Dazu wird die Option `-S` (`--sparse`) verwendet, die aber nicht auf allen Unix-Systemen korrekt implementiert ist.

Das Programm cpio

Ein ebenfalls verbreitetes Programm zur Datensicherung ist `cpio`. Dieses Programm benötigt als Eingabe eine Liste der zu sichernden Dateien. Daher wird `cpio` oft gemeinsam mit `find` (siehe Abschnitt 11.1, *Dateiverwaltung*, auf Seite 305) eingesetzt. In der GNU-Distribution ist im Paket `cpio` auch das Programm `mt` enthalten. Dieses Programm dient zur Steuerung des Bandlaufwerks (Spulen und Löschen von Bändern, Statusabfrage des Streamers).

Ein Archiv auf einer Diskette wird z. B. durch folgenden Befehl erstellt:

```
(Linux):~> find . | cpio -o -v -O /dev/fd0H1440
```

Das Programm `find` generiert zunächst eine Liste der zu sichernden Dateien. Es sind alle Möglichkeiten zur Selektion verfügbar, die `find` anbietet. Die Kombination von `cpio` und `find` ist daher sehr flexibel. Die hier verwendeten Optionen des Programms `cpio` sind `-o` (`--create`) für die Erstellung eines neuen Archivs, `-v` (`--verbose`) für die Ausgabe des Namens jeder gesicherten Datei und `-O`, gefolgt von einem Datei- oder Gerätenamen. Ist die Option `-O` nicht angegeben, wird das Archiv auf die Standardausgabe geschrieben. Auch hier ist es möglich, ein Gerät im Netzwerk als Ausgabegerät zu verwenden. Die Syntax entspricht dabei der bei dem Programm `tar` erläuterten.

Obiges Archiv kann mit dem folgenden Befehl wieder eingelesen werden:

```
(Linux):~> cpio -i -v -I /dev/fd0H1440
```

Die Option `-i` (`--extract`) bedeutet, daß ein Archiv eingelesen und die Dateien daraus extrahiert werden sollen. Die Option `-I`, gefolgt von einem Datei- oder Gerätenamen, weist `cpio` an, daß das Archiv nicht von der Standardeingabe, sondern aus der entsprechenden Datei oder dem angegebenen Gerät gelesen werden soll.

Auch hier kann es zunächst sinnvoll sein, sich ein Inhaltsverzeichnis des Archivs zu verschaffen. Dazu wird die Option `-t` (`--list`) verwendet.

```
(Linux):~> cpio -t -v -I /dev/fd0H1440
```

Das Programm afio

Das Programm `afio` ist eine deutlich verbesserte Variante von `cpio`. Die Kommandozeilenoptionen sind denen von `cpio` ähnlich, so daß hier auf eine ausführliche Beschreibung der einzelnen Optionen verzichtet wird.

Eine wesentliche Erweiterung ist, daß einzelne Dateien (mit `gzip`) komprimiert werden können, bevor sie in das Archiv aufgenommen werden. Diese Art der Komprimierung, die mit der Kommandozeilenoption `-Z` aktiviert wird, ist wesentlich sicherer als das gesamte Archiv zu komprimieren. Bei einem Lesefehler ist nur die aktuelle Datei nicht wiederherstellbar. Die fehlerhafte Datei wird übersprungen und die nächste Datei aus dem Archiv extrahiert und anschließend entkomprimiert. Aufgrund der höheren Datensicherheit trotz Komprimierung wird dieses Programm von einer Reihe von Paketen zur Datensicherung verwendet.

Das Programm dump

Das Programm `dump` ist von anderen Unix-Systemen bekannt. Da auch die interne Struktur des Dateisystems angesprochen wird ist für jedes Dateisystem eine angepaßte Version von `dump` notwendig. Für Linux existieren nur Portierungen für das Extended-2-Dateisystem und das Minix-Dateisystem. Das Programm `dump` für das Minix-Dateisystem kann nur vollständige Sicherungen erzeugen und wird im folgenden nicht weiter betrachtet. Zur Zeit existiert von der Portierung für das Extended-2-Dateisystem nur eine Alpha-Version, die einige bekannte Fehler enthält. Diese Version finden Sie auf `tsx-11.mit.edu` im Verzeichnis `/pub/linux/packages/ext2fs` unter dem Namen `dump-0.3.tar.gz`.

Das Programm `dump` ist zum einen ein Low-level-Programm, da es z. B. von dem Paket `amanda` benutzt wird. Zum anderen ist es aber auch ein High-level-Programm, weil in der Datei `/etc/dumpdates` das Datum und der Level der letzten Datensicherung gespeichert werden und damit die Verwaltung der verschiedenen Sicherungsstufen (inkrementellen Sicherungen) durchgeführt wird. Die Datensicherung wird mit dem Programm `restore` wieder zurückgespielt.

Das Programm dump ist vom richtigen Format der Datei /etc/fstab abhängig. Der Eintrag defaults bei den Optionen ist nicht erlaubt. Das Programm quittiert den Dienst mit einem 'Segmentation fault', ohne eine Fehlermeldung auszugeben.

Eine vollständige Sicherung der Home-Verzeichnisse auf ein Floppy-Tape erfolgt durch folgenden Befehl:

```
(Linux):~> dump 0Bbuf 120000 1000 /dev/rft0 /home
```

Der Parameter 0 (dump-Level) steht für einen vollständigen Dump des Dateisystems. Die verschiedenen dump-Level können für inkrementelle und differentielle Sicherungen verwendet werden. Die Option u dient zur Aktualisierung der Datei /etc/dumpdates, in der eine Liste aller erfolgreichen dump-Läufe geführt wird. Anhand dieser Liste werden auch inkrementelle Sicherungen durchgeführt.

Wenn das Programm dump die Bandlänge nicht korrekt erkennt und astronomisch viele Bänder anfordert, so müssen entweder die Bandlänge und die Schreibdichte mit den Optionen s und d angegeben oder die Größe und Anzahl der Blöcke auf dem Band mit den Optionen B und b eingestellt werden.

Die Wiederherstellung der Daten kann interaktiv (i) oder ohne Benutzereingriff erfolgen (r). Dabei verwaltet restore die einzuspielenden inkrementellen Datensicherungen anhand der in der Datei /etc/dumpdates festgehaltenen Daten.

```
(Linux):~> restore rf /dev/rft0
```

Bei der interaktiven Wiederherstellung erhält man eine einfache Shell, in der mittels ls und cd navigiert werden kann. Einzelne Dateien oder Verzeichnisse können mit add angefordert oder später mit delete wieder aus der Anforderung entfernt werden. Mit dem Befehl extract wird das Band eingelesen und die entsprechenden Dateien wieder hergestellt.

High-level-Programme

Die Verwendung von Low-level-Programmen hat einige Nachteile. So muß der Systemadministrator Skripten zur Erstellung von vollständigen und inkrementellen Sicherungen schreiben. Dabei muß auch eine Verwaltung von verschiedenen Mediensätzen durchgeführt werden. Außerdem ist es sinnvoll, daß eine Liste aller gesicherten Dateien geführt wird, so daß bei der Wiederherstellung einzelner Dateien sofort bekannt ist, welches Magnetband eingelegt werden muß.

Das Linux Backup Utility

Das Linux Backup Utility lbu ist ein Skript, das eine Oberfläche für die Programme tar und gzip bereitstellt. Diese Oberfläche wird mit dem Programm dialog gestaltet, das auch bei der Kernel-Konfiguration benutzt wird. Daher ist dieses Paket einfach zu bedienen und für private Linux-Systeme ausreichend leistungsfähig, obwohl keine inkrementellen Datensicherungen möglich sind.

Besonders erwähnenswert ist die ausführliche Dokumentation (Manpage) zur Bedienung dieses Dienstprogrammes und die Möglichkeit, eine Datensicherung vorzubereiten und zu einem späteren Zeitpunkt starten zu lassen. Dazu werden die Unix-Dienstprogramme `cron` und `at` (siehe auch Abschnitt 11.4, *Kommandos automatisch starten*, auf Seite 331) benutzt. Bei Sicherungen, die zu einem späteren Zeitpunkt durchgeführt werden sollen, sind Multi-Volume-Sicherungen nicht erlaubt. Dazu wäre ein Benutzereingriff notwendig, aber der Benutzer möglicherweise nicht anwesend.

Die Installation ist sehr einfach, da das Programm ein Shell-Skript ist. `lbu` ist ein interaktives Programm, es sind keine Konfigurationsdateien anzupassen. Das Programm speichert jedoch einige Einstellungen in der Datei `~/.lburc`, so daß nicht jeder Wert erneut eingegeben werden muß.

```
(Linux):/# tar zxvf /tmp/Lnx-Bkp-Util-v1.10.tgz
```

Das Datensicherungssystem amanda

`amanda` (Advanced Maryland Automated Network Disk Archiver) ist ein Datensicherungssystem, das für große Datenmengen, die auf vielen Rechnern gespeichert sind, konzipiert wurde. Die Sicherung erfolgt dabei zunächst mit Standardprogrammen wie `dump` und `tar`. Die Daten werden dann über das Netzwerk zum Backup-Server transportiert. Dort können die Daten zunächst auf einer Spool-Partition abgelegt werden und dann mit der maximal möglichen Geschwindigkeit auf das Band geschrieben werden.

Es ist eine Bandverwaltung implementiert, die das unbeabsichtigte Überschreiben eines Bandes verhindern soll und dafür sorgt, daß beim Zurückladen der Datensicherung auch das richtige Band eingelegt ist.

Diese Software ist ein komplettes, konfigurierbares System zur Datensicherung, das aus einer Reihe von Programmen besteht. Die Programme sind in C geschrieben und recht portabel. Sie unterteilen sich in die Server-Programme, die nur auf dem Backup-Server installiert werden müssen und die Client-Programme. Die Server-Programme sind aufgrund der verwendeten Systemschnittstellen nur bedingt portabel. Die auf den Clients installierten Programme sind durch die bereits erfolgte Portierung auf diverse Unix-Derivate praktisch überall lauffähig.

Für ein privates Linux-System ist diese Software sicherlich überdimensioniert. In großen Netzwerken ermöglicht `amanda` die Sicherung aller beteiligten Workstations, auch wenn diese unter den verschiedensten Unix-Varianten betrieben werden.

Die Installation ist deutlich aufwendiger als bei `lbu`, da spezielle Einstellungen für den Datentransfer über das Netzwerk notwendig sind. Außerdem besteht `amanda` aus einer Reihe von Programmen für die Durchführung und das Zurückladen der Datensicherung, aber auch aus Programmen zur Administration des Systems. Da ein Systemadministrator, der ein Datensicherungskonzept für ein Netzwerk erstellen soll, wesentlich tiefer in die Materie einsteigen muß, als das hier möglich ist, werden hier die Installation und Konfiguration nicht weiter beschrieben. Die Dokumentation zu `amanda` ist ausführlich und beschreibt die Installation und Konfiguration.

Das Datensicherungspaket backup

Das `backup`-Paket benutzt das Programm `afio` als Archivierer. Im Gegensatz zu `tar` werden einzelne Dateien vor dem Archivieren komprimiert. Dieses Verfahren ist wesentlich sicherer, als das gesamte Archiv zu komprimieren, da bei einem Band- oder Diskettenfehler nur die betroffene Datei nicht wiederherstellbar ist. Bei einem insgesamt mit `gzip` komprimierten Archiv sind alle nach der Fehlerstelle gespeicherten Daten verloren.

Sie können sich eine Reihe von Einstellungen vornehmen, so daß flexibel verschiedene Partitionen oder Verzeichnisse sowohl vollständig als auch inkrementell gesichert werden können. Dieses Paket ist einfach zu bedienen und dennoch flexibel und leistungsfähig. Für ein privates Linux-System kann dieses System eine gute Wahl sein. Das vom selben Autor, Karel Kubat, neu entwickelte Programm `tob` (Tape Oriented Backup) ist noch einfacher zu bedienen und zu konfigurieren und soll dieses Paket ersetzen.

Die Installation besteht aus dem Auspacken des Archivs und dem Kopieren der benötigten Programme in den Suchpfad (Listing 8.5). Anschließend müssen noch die Volumes konfiguriert werden, die gesichert werden sollen.

```
(Linux):~# cd /usr/local/etc
(Linux):.../etc# tar zxf /tmp/backup-1.03.tar.gz
(Linux):.../etc# cd backup
(Linux):.../backup# cp auxbin/afio /usr/local/bin
(Linux):.../backup# cp auxbin/icm* /usr/local/bin
(Linux):.../backup# rm -rf auxbin
(Linux):.../backup# echo /home > volumes/home.startdir
(Linux):.../backup# echo /home/lost+found > volumes/home.exclude
```

Listing 8.7: Die Installation von `tob`

Nach diesen Vorbereitungen kann das Datensicherungssystem mit dem Befehl `backup` gestartet werden. Wenn kein Parameter angegeben ist, dann wird eine Hilfe mit den bekannten Parametern und kurzen Erklärungen dazu ausgegeben. Zum Start der vollständigen Sicherung des Volumes `home` auf ein am Disketten-Controller angeschlossenes Bandlaufwerk verwendet der Systemadministrator folgenden Befehl:

```
(Linux):~# backup -full home /dev/rft0
```

Eine (darauf folgende) inkrementelle Sicherung wird zu einem späteren Zeitpunkt durch den folgenden Befehl gestartet:

```
(Linux):~# backup -incremental home /dev/rft0
```

Eine Liste aller bisher durchgeführten Sicherungen wird mit der Option `-backups` angezeigt. Eine Liste aller gesicherten Dateien, die zu einem Muster (regulärer Ausdruck, siehe auch Abschnitt 11.3, *Suchmuster (Reular Expressions)*, auf Seite 325) passen, wird mit dem Befehl

```
(Linux):~# backup -which Muster
```

erstellt. Wird kein Muster angegeben, so wird die Liste aller gesicherten Dateien angezeigt. Dateien können mit dem Befehl

```
(Linux):~# backup -restore /dev/rft0 Muster
```

aus der Datensicherung gelesen werden. Die Dateien werden relativ zum aktuellen Verzeichnis abgelegt, so daß Dateien nicht überschrieben werden, wenn der Systemadministrator den Befehl nicht im `/`-Verzeichnis aufruft. Besonders nützlich, auch für andere Datensicherungssysteme, ist die ausführliche Dokumentation in der Datei `GENERAL.DOC`.

Das Paket `tob`

Für Datensicherungen auf Magnetbänder kann das Skript `tob` (Tape Oriented Backup) verwendet werden. Dieses Paket ist aus dem oben erläuterten Paket `backup`, das von Karel Kubat, dem Autor, nicht mehr unterstützt wird, entstanden.

Dieses Paket ist einfacher zu installieren und besser zu konfigurieren als `backup`. Ein Umstieg ist nicht schwierig, da die Definitionen der Volumes mit nur kleinen Änderungen weiterhin verwendet werden können. Dieses Paket ist derzeit wohl die beste Wahl für den privaten Anwender. Auch hier wird das Programm `afio` als Archivierer verwendet. Es ist möglich, sowohl vollständige als auch inkrementelle Datensicherungen durchzuführen. Die Installation besteht aus wenigen Schritten, die Sie in Listing 8.8 finden.

Die `*.exclude`-Dateien unterscheiden sich von denen des `backup`-Pakets durch das vorangestellte Caret (^). Ansonsten können die Konfigurationsdateien dieses Pakets unverändert verwendet werden.

Vor der Benutzung muß auch dieses Paket noch konfiguriert werden. Der Autor hat eine Reihe von Konfigurationsdateien im Verzeichnis `sample-rc` erstellt. Eine dieser Dateien sollte als `/etc/tob.rc` kopiert und dann an die Systemumgebung angepaßt werden. Die Beispielkonfigurationen unterscheiden sich durch den Archivierer, der benutzt wird, und andere Einstellungen, wie z. B. das Gerät, auf dem die Sicherung erfolgt. Folgende Beispielkonfigurationen werden mitgeliefert:

```
(Linux):~# cd /usr/src
(Linux):/usr/src# tar zxf /tmp/tob-0.04.tar.gz
(Linux):/usr/src# cd tob
(Linux):/usr/src/tob# cp tob /sbin
(Linux):/usr/src/tob# cp afio /bin
(Linux):/usr/src/tob# rm -rf auxbin
(Linux):/usr/src/tob# mkdir /etc/tob
(Linux):/usr/src/tob# cd /etc/tob
(Linux):/etc/tob# echo /home > volumes/home.startdir
(Linux):/etc/tob# echo ^/home/lost+found > volumes/home.exclude
```

Listing 8.8: Die Installation von `tob`

- Die Konfiguration `tob.rc.afioz` benutzt das Programm `afio` zur Erstellung von komprimierten Archiven. Dabei werden die Dateien vor der Aufnahme in das Archiv komprimiert. In der Beispieldatei wird vor der Datensicherung das Modul `ftape.o` geladen und danach wieder aus dem Speicher entfernt.
- Die Datei `tob.rc.remote-afioz` gibt ein Beispiel für die Sicherung über ein Netzwerk. Es sind jedoch auch andere Möglichkeiten als die dort vorgestellte denkbar.
- Die Konfiguration `tob.rc.tar` verwendet das Programm `tar` als Archivierer.
- Die Datei `tob.rc.tarz` enthält eine Beispielkonfiguration für eine komprimierte Sicherung mit `tar`.

Für viele der möglichen Einstellungen sind Standardwerte definiert. Daher kann eine Konfigurationsdatei sehr kurz sein. Hier wird eine Konfiguration für die Sicherung mit `afio` auf einen Floppy-Streamer erläutert.

```
# Das Verzeichnis, in dem die Volume-Beschreibungen
# und Dateilisten gespeichert werden.
TOBHOME="/etc/tob"
# Gerät, auf dem die Sicherung erfolgen soll
BACKUPDEV="/dev/rft0"
# Laden des ftape-Moduls aus /lib/modules/<kernel-version>
PRECMD="insmod /lib/modules/`uname -r`/ftape.o"
# Löschen des Moduls nach der Sicherung
POSTCMD="rmmod ftape"
```

Listing 8.9: Die Datei `/etc/tob.rc` *bei der Verwendung von* `ftape`.

Es ist eine Reihe von weiteren Einstellungen möglich, so daß `tob` flexibel an verschiedene Hard- und Software-Umgebungen angepaßt werden kann. Alle möglichen Einstellungen sind in der (ausführlichen) Dokumentation beschrieben, die in der Datei `doc/tob.txt.gz` zu finden ist. Diese Datei kann mit dem Befehl `zmore tob.txt.gz`[1] angezeigt und gelesen werden. Die Benutzung ähnelt der des Pakets `backup`. Das oben definierte Volume `home` wird mit dem folgenden Befehl vollständig gesichert:

```
(Linux):~# tob -full home /dev/rft0
```

Mit der Option `-fullcount` anstelle von `-full` wird keine Datensicherung durchgeführt, sondern die Größe der Sicherung berechnet und ausgegeben. Eine (darauf folgende) inkrementelle Sicherung wird durch den folgenden Befehl gestartet:

```
(Linux):~# tob -diff home /dev/rft0
```

Auch hier kann die Größe der Sicherung berechnet werden. Dazu wird die Option `-diff` durch `-diffcount` ersetzt.

Mit der Option `-backups` wird eine Liste der durchgeführten Datensicherungen angezeigt. Eine Liste aller Dateien, die zu einem Muster (dieses ist wieder ein regulärer Ausdruck) passen, wird mit dem folgenden Befehl erstellt und angezeigt:

```
(Linux):~# tob -find Muster
```

Wird kein Muster angegeben, so wird eine Liste aller gesicherten Dateien angezeigt. Dateien, die dem angegebenen Muster entsprechen, können aus der Datensicherung ausgelesen werden mit dem Befehl:

```
(Linux):~# tob -restore /dev/rft0 Muster
```

Die Dateien werden relativ zum aktuellen Verzeichnis abgelegt, es sei denn, ein weiterer Parameter bestimmt das entsprechende Verzeichnis. Dateien werden nicht überschrieben, wenn der Systemadministrator den Befehl nicht im `/`-Verzeichnis aufruft.

Das Programm `tbackup`

Das Paket `tbackup` wurde entwickelt, um einfach auch große Datenmengen auf Disketten(!) sichern zu können. Dabei wird eine Reihe von Fehlern erkannt, die die Datensicherung mit `tar` zum Abbruch bringen oder unbrauchbar machen. Beispielhaft seien hier Lese-/Schreibfehler auf Disketten oder einfach ein vergessener Diskettenwechsel genannt. Es können inkrementelle Datensicherungen durchgeführt werden. Ebenso ist es wie bei allen anderen Paketen möglich, einzelne Dateien wiederherzustellen. In diesem Paket wird auch `afio` als Archivierer benutzt.

[1] In der verbreiteten Slackware-Distribution heißt der Befehl `zless`.

Besonders erwähnenswert ist auch hier die mitgelieferte ausführliche Dokumentation, die auch eine Anleitung zum Erstellen von Notfalldisketten enthält. In der Datei `/usr/lib/tbackup/README` ist die Installation und Konfiguration (`/etc/tbackup/Config`) ausführlich beschrieben. Die Erstellung einer Notfalldiskette ist in der Datei `/usr/lib/tbackup/rescue/CREATE` beschrieben. Im selben Verzeichnis findet man auch eine Reihe von Programmen, die bei der Erstellung einer Notfalldiskette nützlich sein können.

Das Paket `tbackup` enthält für praktisch jede Funktion ein eigenes Programm, und wird im Gegensatz zu den anderen Paketen nicht über Kommandozeilenoptionen gesteuert. Eine Datensicherung wird mit dem Befehl `tbackup` gestartet, das Zurückladen erfolgt mit dem Programm `trestore`. Weitere Befehle sind `tlist` (Dateiliste einer Datensicherung neu erstellen) und `tguess` (Größe einer Sicherung berechnen).

`tbackup` ist nicht für die Sicherung auf Magnetbänder oder den Hintergrundbetrieb entwickelt worden. Die Benutzung von Magnetbändern ist mit Einschränkungen möglich. Die Durchführung von Datensicherungen mittels `cron` oder `at` ist nicht vorgesehen.

Das Programm `tkbackup`, das ebenfalls auf `metalab.unc.edu` zu finden ist, ist eine Tcl/Tk-Oberfläche für das eben vorgestellte Paket `tbackup`.

Das Programm `KBackup`

Das Programm `KBackup` von Karsten Balladuer basiert auf `afio` und `tar`. Zur Performance-Verbesserung kann das Programm `multibuf` verwendet werden. Genauso ist die Sicherung auf ein an einem anderen Rechner angeschlossenen Bandlaufwerk möglich.

Als Benutzerschnittstelle wird `dialog` verwendet, daher ist die Bedienung recht einfach. Besondere Features sind aus meiner Sicht das Packen oder Verschlüsseln der Sicherung. Außerdem kann man eine Sicherung mittels `at` einplanen und diese unbeaufsichtigt durchführen lassen. Wenn Sie ein Programm suchen, das einfach und ohne Konfigurationsaufwand zu benutzen ist, dann ist `KBackup` eine gute Wahl.

8.6 Fazit und weitere Infos

Alle hier vorgestellten Programme sind gut dokumentiert und zur Durchführung von Datensicherungen geeignet. Für den privaten Anwender, der seine Daten auf ein Magnetband sichern möchte, ist vermutlich `tob` die beste Wahl. Bei der Verwendung von Disketten als Sicherungsmedium sollte das Paket `tbackup` eingesetzt werden. Für anspruchsvolle Aufgaben, wie die Einrichtung eines Backup-Servers sollte `amanda` verwendet werden.

Weitere Informationen und Bezugsquellen	
`ftp`-Server:	`ftp.gnu.org`
`ftp`-Pfad:	`/pub/gnu`
Paket:	`tar-1.11.tar.gz`
Größe:	ca. 210 kByte
Paket:	`cpio-2.3.tar.gz`
Größe:	ca. 110 kByte
`ftp`-Server:	`tsx-11.mit.edu`
`ftp`-Pfad:	`/pub/linux/packages/ext2fs`
Paket:	`dump-0.3.tar.gz`
Größe:	ca. 80 kByte
`ftp`-Server:	`ftp.cs.umd.edu`
`ftp`-Pfad:	`/pub/amanda/`
Paket:	diverse Dateien
Größe:	ca. 150 kByte
`ftp`-Server:	`metalab.unc.edu`
`ftp`-Pfad:	`/pub/Linux/system/Backup`
Paket:	`afio-2.4.tgz`
Größe:	ca. 60 kByte
Paket:	`Lnx-Bkp-Util-v1.10.tgz`
Größe:	ca. 85 kByte
Paket:	`backup-1.03.tar.gz`
Größe:	ca. 75 kByte
Paket:	`tob-0.04.tar.gz`
Größe:	ca. 85 kByte
Paket:	`tbackup-0.8.tgz`
Größe:	ca. 150 kByte
Paket:	`tktbackup`
Größe:	ca. 20 kByte
Paket:	`kByteackup-1.2.9.tar.gz`
Größe:	ca. 770 kByte

9 National Language Support

Anybody who has a mail gateway that isn't 8-bit clean these days should be shot.
– Linus B. Torvalds

Das Betriebssystem Unix wurde in den USA entwickelt. Daher enthalten fast alle verfügbaren Unix-Systeme und -Programme Abhängigkeiten von der verwendeten englischen Sprache (für Meldungen, Menüs und Dokumentationen) und ihres Zeichensatzes (US-ASCII; für Vergleiche von Zeichenketten und die Bearbeitung von Texten).

Das ist bei Linux nicht anders, obwohl das System zunächst von einem Finnen entwickelt wurde. Linux ist als Unix-kompatibles System entwickelt worden, und es wurden viele der existierenden Unix-Programme verwendet.

Für eine weite Verbreitung von Unix und Linux außerhalb der USA ist es notwendig, diese impliziten Abhängigkeiten zu entfernen und für den Benutzer konfigurierbar zu machen. Dies soll mit Hilfe des *National Language Support* (NLS) ermöglicht werden. Das Ziel ist es, daß sich ein Unix-System so verhält, als wäre es speziell für den Kulturkreis des Benutzers entwickelt worden.

Die allgemeine Unterstützung von NLS bezeichnet man auch als *Internationalisierung*, die Übersetzung von Texten in eine spezielle Sprache bzw. die Anpassungen an einen speziellen Kulturkreis als *Lokalisierung*.

Auf den folgenden Seiten wird zunächst der POSIX-Standard vorgestellt, soweit er Funktionen des NLS beschreibt. Dabei wird das Hauptaugenmerk auf die Benutzung von NLS aus der Sicht des Anwenders gelegt, nicht auf die Programmierung. Es werden die verschiedenen Bereiche vorgestellt, die im Rahmen von NLS vom Anwender verändert werden können, und Beispiele dazu angegeben.

Dieser Standard wird in Zukunft von immer mehr Programmen verwendet werden. Damit wird sich die Konfiguration eines Unix/Linux-Systems zur Unterstützung der deutschen Sprache und des ISO-Latin-1-Zeichensatzes auf das Setzen von wenigen Umgebungsvariablen mit den Kommandos `export` oder `setenv`, je nach der benutzten Shell, beschränken.

Im nächsten Kapitel wird die Konfiguration von einzelnen Programmen auf die Verwendung des in Deutschland benutzten ISO-Latin-1-Zeichensatzes beschrieben, soweit sie nicht von vornherein damit umgehen können und diese Anpassungen noch nicht mit Hilfe des NLS durchgeführt werden können. Außerdem spielen auch Aspekte wie das Papierformat eine Rolle.

9.1 NLS in der Welt der freien Software

Zur Zeit existieren im Bereich der Freeware nur wenige Programme, die NLS verwenden. Nicht alle Unix-Systeme unterstützen NLS in der C-Bibliothek, obwohl sowohl der POSIX-Standard als auch der ANSI-C-Standard die meisten der hier vorgestellten Funktionen definieren. Auch ist vielen Programmierern und Systemadministratoren erst in letzter Zeit klar geworden, daß diese Funktionen für die Akzeptanz des Systems bei den Benutzern wichtig sind.

Freie Software lebt von der Portierung auf möglichst viele Plattformen, deshalb wird aufgrund der relativ geringen Verbreitung nur selten NLS verwendet. Die Free Software Foundation hat jetzt auch die Bedeutung der Lokalisierung der Programme des GNU-Projekts für viele Benutzer erkannt und implementiert derzeit die erforderlichen Änderungen in ihren Programmen. Bis jedoch alle Programme angepaßt sind, wird noch einige Zeit vergehen.

Vielen US-amerikanischen Programmierern sind andere Zeichensätze als US-ASCII[1], wie z. B. der in Europa verbreitete ISO-8859-1-Zeichensatz, der oft auch als ISO-Latin-1 bezeichnet wird, unbekannt. Darüber hinaus werden in vielen Programmen Zeichen mit dem gesetzten achten Bit als spezielle Zeichen (Meta-Zeichen) interpretiert (z. B. in der `bash` oder in alten Versionen des Editors `emacs`) oder als nicht druckbare Zeichen angesehen.

Nicht druckbare Zeichen werden von vielen Programmen entweder nicht oder nur kodiert durch ihren ASCII-Wert ausgegeben. Andere Programme kappen einfach das achte Bit, so daß plötzlich ganz andere Zeichen ausgegeben werden. All dies verhindert z. Z. die uneingeschränkte Verwendung von Umlauten aus dem ISO-8859-1-Zeichensatz auf Unix-Systemen.

Durch die große Verbreitung von Unix-Systemen, zu denen auch Linux gehört, beginnt sich die Situation jedoch zu verändern, so daß immer mehr Programme auch mit dem ISO-Latin-1-Zeichensatz umgehen können. Programme, die Zeichen mit gesetztem achten Bit verarbeiten können, nennt man *8-bit-clean*. Damit können dann z. B. alle Zeichen des ISO-8859-1-Zeichensatzes dargestellt und benutzt werden.

Ein Zeichensatz mit 256 Zeichen reicht nicht aus, um alle (weltweit) möglichen Zeichen darstellen zu können. Ein weiterer Standard, der diesen Problembereich definiert, ist Unicode, der einen 16-Bit-Zeichensatz beschreibt. In der aktuellen Version unterstützt Linux auch den Unicode-Standard auf der Konsole, die meisten Anwendungen jedoch nicht. Mehr Informationen zu Unicode finden Sie unter `http://www.unicode.org`.

[1]US-ASCII ist ein 7-Bit-Zeichensatz, der z. B. keine Umlaute enthält. Er entspricht jedoch für die Zeichen mit ASCII-Codes von 0 bis 127 dem ISO-Latin-1-Zeichensatz.

Problematisch ist, daß jedes Programm auf eine andere Weise konfiguriert werden muß, anstatt die durch den POSIX-Standard definierten Umgebungsvariablen auszuwerten. Zur Zeit werden jedoch eine Reihe von Programmen dahingehend überarbeitet, daß sie sich nach dem von der POSIX-Gruppe definierten Standard konfigurieren lassen.

9.2 POSIX National Language Support

Der National Language Support stellt eine Reihe von Kommandos (Befehlen) und Funktionen der C-Bibliothek zur Verfügung, damit Programme von der verwendeten Sprache oder dem benutzten Zeichensatz unabhängig sind. Dies erfordert, daß kein Programm Annahmen über Zeichensätze oder andere lokal unterschiedliche Ressourcen macht, sondern diese Informationen zur Laufzeit bekommt. Das wiederum bedeutet, daß viele Programme zunächst überarbeitet werden müssen, damit sie diese Routinen benutzen und nicht wie bisher mit einem bestimmten Zeichensatz (zumeist US-ASCII) und einer festgelegten Sprache (meist Englisch) arbeiten.

Der zentrale Begriff im NLS ist die *Lokale*. Eine Lokale beschreibt alle Ausprägungen, die für ein Land oder einen Sprachraum von besonderer Bedeutung sind, und dient zur Anpassung von Programmen an lokal unterschiedliche Konventionen. Eine Lokale wird durch die verwendete Sprache, das Land und den Standardzeichensatz bestimmt. Die vollständige Ausprägung der Lokalen kann mit einer Reihe von Umgebungsvariablen bestimmt werden:

- Der Wert der Umgebungsvariablen `LC_ALL`, falls diese Variable gesetzt ist. Dieser Wert hat Vorrang vor allen anderen hier beschriebenen Variablen. Diese Variable bestimmt die zu verwendende Lokale für alle Kategorien. Mit dieser Variablen kann man die Verwendung von NLS ausschalten, indem man diese auf den Wert `C` setzt.
- Falls die Umgebungsvariable `LC_ALL` nicht gesetzt ist, wird der in der `LC_`*`Kategorie`*-Variablen gespeicherte Wert verwendet, falls die zur gesuchten Kategorie passende Variable gesetzt ist. Eine ausführliche Beschreibung aller Kategorien folgt weiter unten.
- Der Wert der Umgebungsvariablen `LANG` für alle Kategorien, die nicht speziell konfiguriert wurden, und für den Fall, daß die Variable `LC_ALL` nicht gesetzt ist. In der Regel wird man mit Hilfe der Variablen `LANG` die zu verwendende Lokale einstellen, man kann aber für einzelne Kategorien andere Lokale verwenden.
- Programme verwenden die Standard-Lokale „C" oder „POSIX", also das, was im ANSI-C-Standard definiert ist, wenn keine der oben angegebenen Variablen gesetzt ist.

Damit kann jeder Benutzer für sich selbst die Verwendung von Lokalen einrichten oder mit der Standard-Lokale arbeiten. Es ist hierbei auch möglich, daß grundsätzlich die Standard-Lokale verwendet wird, bei der Formatierung von Geldbeträgen jedoch die in Deutschland üblichen Regeln angewendet werden. Ein Beispiel hierfür finden Sie in Listing 9.1.

```
(Linux):~> setenv LANG C
(Linux):~> setenv LC_MONETARY de_DE.88591
```

Listing 9.1: Setzen von NLS-Umgebungsvariablen in der `tcsh`

Will man nun testweise alle Lokale-Kategorien auf einen neuen Wert setzen, so kann man das mit der Umgebungsvariablen `LC_ALL` erreichen. Anschließend wird der Wert dieser Variablen für alle Kategorien benutzt, unabhängig davon, wie die anderen Variablen eingestellt sind. Ein Beispiel finden Sie in Listing 9.2.

```
(Linux):~> setenv LC_ALL en_US.88591
```

Listing 9.2: Überschreiben der Lokale-Einstellungen

Wenn Sie die Einstellungen nur für ein einziges Programm ändern wollen, so können Sie dieses mit dem Programm `env` starten. Sie können beliebige Umgebungsvariablen mit den neuen Werten angeben und am Ende der Kommandozeile das auszuführende Programm angeben. Das Listing 9.3 enthält ein Beispiel für die Verwendung von `env`.

```
(Linux):~> printenv | grep LANG
LANG=german
(Linux):~> env LANG=C printenv | grep LANG
LANG=C
```

Listing 9.3: Temporäres Setzen von Umgebungsvariablen mit `env`

9.3 Namen von Lokalen

Die Auswahl einer Lokalen erfolgt durch das Setzen von Umgebungsvariablen. Die oben beschriebenen Umgebungsvariablen enthalten dann als Wert den Namen einer Lokalen. Die grundsätzliche Struktur der Bezeichnung einer Lokalen ist:

```
Sprache[_Land][.Zeichensatz][@Option][,Version]
```

Unter Linux wird die Form `Sprache_Land.Zeichensatz` verwendet. In Tabelle 9.1 finden Sie einige Beispiele für unter Linux verwendete Lokale-Namen.

Lokale	Sprache	Land	Zeichensatz
de_DE.646	deutsch	Deutschland	ISO 646
de_DE.88591	deutsch	Deutschland	ISO-8859-1
de_CH.88591	deutsch	Schweiz	ISO-8859-1
de_AU.88591	deutsch	Österreich	ISO-8859-1
en_US.88591	englisch	USA	ISO-8859-1
en_UK.88591	englisch	Großbritannien	ISO-8859-1
C	englisch	Standard-Lokale	US-ASCII
POSIX	englisch	äquivalent zu C	US-ASCII

Tabelle 9.1: Beispiele für Lokale-Namen

Die `Sprache` ist zwei Zeichen lang und besteht nur aus Kleinbuchstaben. Die Kurzformen für die einzelnen Sprachen sind im ISO-Standard 639 festgelegt.

Das `Land` ist ebenfalls eine zwei Zeichen lange Abkürzung, die diesmal nur aus Großbuchstaben besteht. Die Kurzformen für die Ländernamen sind im ISO-Standard 3166 definiert.

Der `Zeichensatz` beschreibt einen Standard der Kodierung von Zeichen. Wenn dieses Feld nur Ziffern enthält, dann ist dies die Nummer des entsprechenden internationalen (ISO-) Standards. Wenn kein Zeichensatz angegeben ist, dann kann angenommen werden, daß der Zeichensatz US-ASCII verwendet wird. Sollte es nicht möglich sein, den Standard nur mit Ziffern zu beschreiben, so sollen nur noch Kleinbuchstaben zusätzlich verwendet werden, keine Trennsymbole wie Punkt (`.`) oder Komma (`,`).

Wird in einem Land nur ein Zeichensatz verwendet, so kann dieses Feld entfallen. In Ländern, in denen mehrere Standards verwendet werden, sollte hier unbedingt die Kodierung angegeben werden.

Der optionale Parameter `Version` kann an das `Zeichensatz`-Feld, durch ein Komma getrennt, angehängt werden. Damit kann zum Beispiel zwischen verschiedenen Sortierreihenfolgen (System- oder lexikalische Sortierung) unterschieden werden. Normalerweise sollte dieses Feld nicht benutzt werden.

Die Lokalen „C" und „POSIX" haben eine besondere Bedeutung. Diese Lokalen sind zueinander äquivalent und werden immer dann verwendet, wenn der Benutzer keine andere Lokale eingestellt hat. Das Programm benutzt dann die im ANSI-C-Standard festgelegten Einstellungen. Dies ist auch die Lokale, die jedes

Programm benutzt, es sei denn, der Programmierer hat explizit die Benutzung des NLS durch einen Aufruf der Funktion `setlocale()` verlangt.

Die binäre Beschreibung einer Lokalen wird im Verzeichnis `/usr/share/locale` (bzw. `/usr/lib/locale` in einem `a.out`-System) gespeichert. In diesem Verzeichnis befindet sich für jede unterstützte Lokale ein Unterverzeichnis, das den Namen der Lokale trägt. In diesen Verzeichnissen befindet sich für jede Kategorie der Lokale eine Datei mit dem Namen der Kategorie.

Die binären Dateien zur Beschreibung einer Lokale werden mit Hilfe des Programms `localedef` aus einer Quelldatei erzeugt. Eine genauere Beschreibung des Programms folgt später.

Wenn Sie auf Ihrem System die GNU-C-Library (auch als libc6 bekannt) installiert haben, dann können Sie auch die Aliasnamen verwenden, die in der Datei `/usr/share/locale/locale.alias` definiert sind. Leider sind die Lokale-Namen nicht standardisiert, so daß Sie auf unterschiedlichen Systemen möglicherweise verschiedene Namen verwenden müssen.

9.4 Kategorien im NLS

Es folgt eine ausführliche Beschreibung der verschiedenen Kategorien einer Lokalen. Als Bezeichnung für die Kategorie wird der Name der zugehörigen Umgebungsvariablen verwendet. Es werden auch Beispiele angegeben, die die Auswirkungen für den Anwender deutlich machen sollen. In Tabelle 9.2 finden Sie eine Übersicht über die Lokale-Kategorien.

Variable	Kurzbeschreibung
`LC_COLLATE`	Sortierung von Zeichen und Zeichenketten
`LC_CTYPE`	Zuordnung von Zeichen zu Zeichenklassen
`LC_MESSAGES`	Sprache für Meldungen und Manpages
`LC_MONETARY`	Informationen über Formatierung von Geldbeträgen
`LC_NUMERIC`	Formatierung von Zahlen
`LC_RESPONSE`	Sprache für Antworten
`LC_TIME`	Formatierung von Datum und Uhrzeit

Tabelle 9.2: Übersicht der Lokale-Kategorien

Wenn Sie die Beispiele nachvollziehen möchten, dann benötigen Sie neben einer relativ aktuellen ELF-`libc` auch die entsprechenden Lokale-Definitionen. Diese finden Sie z. B. bei den Quellen der GNU-C-Library. Alle anderen hier gezeigten Funktionen sind seit der letzten Auflage in die verschiedenen Programme integriert worden.

Die Kategorie LC_MESSAGES – Nachrichten

Die Sprache von Nachrichtentexten einzelner Programme und von Meldungen aus der C-Bibliothek wird durch die Umgebungsvariable `LC_MESSAGES` bestimmt. Diese Kategorie ist in der Linux-C-Bibliothek `libc` seit der Version 4.5.26 implementiert.

Die Veränderung dieser Kategorie hat für den Benutzer beinahe unmittelbare Auswirkungen, da sich das Verhalten des Systems spürbar ändert. Hat der Benutzer einen deutschen Nachrichtenkatalog für die C-Bibliothek installiert, so werden alle Meldungen in deutscher Sprache ausgegeben, wenn die Variable `LC_MESSAGES` gesetzt ist. Ein Beispiel für einen deutschen Nachrichtenkatalog ist in den Quellen der Linux-C-Bibliothek enthalten.

Nachrichtentexte werden nicht mehr direkt von den Programmen ausgegeben, sondern aus einem sogenannten Nachrichtenkatalog gelesen. Aufgrund von unterschiedlichen Werten der Variablen `LANG` (bzw. `LC_MESSAGES` oder `LC_ALL`) wird dann der entsprechende Katalog geöffnet und die Nachricht daraus entnommen. Ist kein Nachrichtenkatalog vorhanden, so werden die Meldungen in der Standardsprache (meist Englisch) ausgegeben. Die Meldungen in der Standardsprache sind noch direkt im Programm vorhanden, so daß kein Nachrichtenkatalog benötigt wird, wenn man nur die Standardsprache eines Programms verwenden will.

Die Übersetzung der Meldungstexte eines Programms in eine andere Sprache erfordert nicht dessen Neukompilierung. Außerdem kann ein Programm auf einem System von verschiedenen Benutzern in unterschiedlichen Sprachen verwendet werden, wenn für jede Sprache der entsprechende Nachrichtenkatalog vorhanden ist.

Zur Speicherung von Nachrichtenkatalogen sind zwei Verzeichnisse vorgesehen, die von der C-Bibliothek standardmäßig durchsucht werden:

- `/usr/shar/locale/`*`Lokale`* für Programme, die unter `/` oder `/usr` gespeichert sind.
- `/usr/local/share/locale/`*`Lokale`* für Programme, die vom Systemadministrator lokal im Verzeichnis `/usr/local` installiert wurden.

In diesen Verzeichnissen befindet sich für jede installierte Lokale ein Verzeichnis, das den Namen dieser Lokalen trägt. In diesem Verzeichnis sind die einzelnen Nachrichtenkataloge gespeichert. Der deutsche Nachrichtenkatalog der C-Bibliothek wird dann z. B. in der Datei `/usr/share/locale/de_DE.88591-/libc.cat` gespeichert. Nach dieser Einführung finden Sie ein Beispiel für die Auswirkungen eines Nachrichtenkatalogs in Listing 9.4.

Der Suchpfad für Nachrichtenkataloge ist jedoch auch durch den einzelnen Benutzer einstellbar, indem dieser die Umgebungsvariable `NLSPATH` setzt. Dabei steht `%L` für den Namen der Lokalen (z. B. angegeben durch `LANG`) und `%N` für den Programm- oder Paketnamen. Der Standardpfad könnte dann z. B. in der folgenden Form angegeben werden:

```
(Linux):~> setenv LC_MESSAGES de_DE.88591
(Linux):~> touch /
touch: /: Keine Berechtigung
(Linux):~> setenv LC_MESSAGES C
(Linux):~> touch /
touch: /: Permission denied
```

Listing 9.4: Ein Beispiel für die Verwendung von Nachrichtenkatalogen

```
NLSPATH="/usr/lib/locale/%L/%N.cat:/usr/local/lib/locale/%L/%N.cat"
```

Das Verfahren, Nachrichten aus Nachrichtenkatalogen zu lesen, ist nicht Bestandteil des ANSI-C- oder POSIX-Standards. Daher wird unter Linux der von X/Open vorgeschlagene Standard verwendet. Das Erstellen eines Nachrichtenkatalogs wird im Abschnitt 9.7, *Nachrichtenkataloge erstellen mit `gencat`*, auf Seite 270 beschrieben.

Das GNU-Projekt verwendet mit `gettext` eine für den Programmierer einfachere Schnittstelle, um Nachrichten zur Laufzeit aus Dateien auszulesen. Damit bedeutet die Möglichkeit, Nachrichten zu übersetzen, für den Programmierer einen Mehraufwand von nur drei Zeichen je Nachricht. Außerdem gehören zu dem Paket eine ausführliche Dokumentation, eine Reihe von Programmen, die das Abmischen von zwei Versionen eines Message-Katalogs erleichtern und ein ausgefeilter Emacs-Modus für Übersetzer.

Programme geben nicht nur Meldungen und Texte aus, sondern verlangen oft nach der Bestätigung, daß eine bestimmte Funktion tatsächlich ausgeführt werden soll. Auf eine solche Frage kann mit „Ja" oder „Nein" geantwortet werden. Diese Antwort ist jedoch auch von der verwendeten Sprache abhängig.

Programme sollten bei einer Ja/Nein-Abfrage diese Kategorie benutzen. Da es verschiedene Möglichkeiten gibt, eine solche Frage zu beantworten, wird intern mit einem regulären Ausdruck (regular expression) gearbeitet. Das Programm ist dafür verantwortlich zu prüfen, ob die Antwort zu einem der regulären Ausdrücke paßt. In Tabelle 9.3 finden Sie einige Beispiele für entsprechende reguläre Ausdrücke.

Sprache	Ja-Antwort	Nein-Antwort
C/POSIX	[yY][[:alpha:]]	[nN][[:alpha:]]
de_DE.88591	[jJ][[:alpha:]]	[nN][[:alpha:]]

Tabelle 9.3: Mögliche reguläre Ausdrücke für Ja/Nein-Antworten

Die Kategorie LC_CTYPE – Zeichenklassen

Der verwendete Zeichensatz wird über die Umgebungsvariable `LC_CTYPE` eingestellt. Der Standardzeichensatz in Deutschland ist ISO-8859-1 (ISO-Latin-1). Damit wird jedoch nicht der richtige Zeichensatz geladen oder unter X ein passender Font verwendet, sondern nur den Programmen die Information über den gewünschten Zeichensatz zur Verfügung gestellt. Zeichensätze können für die Konsole mit `setfont` geladen werden. Für X-Programme kann man Fonts mit dem Programm `xfontsel` auswählen und dann entweder den Programmen direkt als Kommandozeilenparameter angeben oder in die X-Ressourcen eintragen.

Hier wird die Zuordnung von Zeichen zu Zeichenklassen (z. B. Groß- und Kleinbuchstaben, druckbare Zeichen) festgelegt. Damit können z. B. Umlaute als Groß- oder Kleinbuchstaben konfiguriert werden, für die dann auch die Umsetzungen in Groß- oder Kleinbuchstaben richtig arbeiten.

In der Standard-Lokalen „C" werden nur die durch US-ASCII definierten Zeichen behandelt. Auch hier finden Sie ein Beispiel[2] in Listing 9.5.

```
(Linux):~> cat Umlaute
Diese Zeile enthält Umlaute, ein ä, ein ö, ein ü
(Linux):~> env LC_CTYPE=ISO-8859-1 strings Umlaute
Diese Zeile enthält Umlaute, ein ä, ein ö, ein ü
(Linux):~> env LC_CTYPE=C strings Umlaute
Diese Zeile enth
lt Umlaute, ein
, ein
, ein
(Linux):~> setenv LC_CTYPE C
(Linux):~> tr '[:lower:]' '[:upper:]' < Umlaute
DIESE ZEILE ENTHÄLT UMLAUTE, EIN ä, EIN ö, EIN ü
(Linux):~> setenv LC_CTYPE ISO-8859-1
(Linux):~> tr '[:lower:]' '[:upper:]' < Umlaute
DIESE ZEILE ENTHÄLT UMLAUTE, EIN Ä, EIN Ö, EIN Ü
```

Listing 9.5: Ein Beispiel für die Verwendung von Zeichensätzen

Der Befehl `strings` zeigt alle Zeichenketten einer (Binär-) Datei an, die vermutlich Klartext enthalten. In der C-Lokale, d. h. unter Verwendung des US-ASCII-Zeichensatzes, sind Umlaute Sonderzeichen, die nicht angezeigt werden. Im Zeichensatz ISO-8859-1 sind Umlaute jedoch als druckbare Zeichen definiert und werden deshalb als Wortbestandteile mit ausgegeben.

[2]Es wird das Programm `strings` aus dem Paket `util-linux-1.10` benutzt, als Shell die `tcsh`. Das Programm `strings` aus den GNU-`binutils` beachtet keine Lokale.

Viele Programme, wie z. B. emacs, alte Versionen von tcsh oder less beachten die eingestellte Lokale nicht, sondern fragen direkt den Wert der Variablen LC_CTYPE ab. Dabei erwarten die Programme den Wert ISO-8859-1, wenn der ISO-Latin-1-Zeichensatz benutzt werden soll, und verwenden dann eigene Routinen. Auch in der C-Bibliothek (libc5) ist die Lokale ISO-8859-1 für die Kategorie LC_CTYPE fest einprogrammiert, so daß keine binäre Beschreibung dieser Lokale benötigt wird. Für die GNU-libc kann man sich eine entsprechende Beschreibung mit dem Programm localedef generieren.

Wenn Sie die GNU-C-Bibliothek verwenden, dann sollten Sie die Umgebungsvariable LC_CTYPE in der Regel nicht einzeln setzen. Wollen Sie dies dennoch tun, um beispielsweise ein noch nicht angepaßtes Programm mit dem Wert ISO-8859-1 in dieser Variable zu starten, dann können Sie zur Erleichterung des Übergangs eine Lokale mit diesem Namen erzeugen, die nur die Kategorie LC_CTYPE enthält.

Die Kategorie LC_COLLATE – Sortierreihenfolge

Die Sortierreihenfolge für Zeichen und Zeichenketten (Strings) wird über die Variable LC_COLLATE eingestellt. In der Standard-Lokale wird nach der ASCII-Kodierung der Zeichen sortiert. Das ist oft sinnvoll, da Vergleiche in diesem Fall schnell sind. Oft möchte man jedoch Zeichen zusammenfassen, die völlig unterschiedliche Kodierungen haben, aber unmittelbar hintereinander einsortiert werden sollen. So sortiert man beispielsweise im Telefonbuch die Umlaute direkt zu den zugehörigen Vokalen. Dieses Verhalten kann durch die Generierung einer entsprechenden Lokale erreicht werden.

Die dadurch definierte Sortierreihenfolge wird von den C-Funktionen strcoll() und strxfrm() verwendet, nicht jedoch von der Funktion strcmp(), so daß nur jene Programme die gewählte Lokale beachten, die sowohl einen Aufruf der Funktion setlocale() durchführen als auch die lokale-beachtenden Funktionen verwenden.

Die Kategorie LC_TIME – Datum und Uhrzeit

Ein weiterer Unterschied in verschiedenen Ländern ist die Formatierung der Uhrzeit und des Datums. Die zu verwendenden Regeln werden durch die Variable LC_TIME bestimmt.

In den USA wird ein Datum üblicherweise im Format MM/TT/JJJJ angegeben, in Großbritannien ist TT/MM/JJJJ üblich. In Deutschland verwendet man die Schablone TT.MM.JJJJ. Das Datum „9. Juni 1994“ würde in den verschiedenen Ländern wie in Tabelle 9.4 angegeben formatiert werden:

Land	formatiertes Datum
USA	06/09/1994
Großbritannien	09/06/1994
Deutschland	09.06.1994

Tabelle 9.4: Formatierte Daten in verschiedenen Lokalen

Durch diese Kategorie werden auch Monats- und Tagesnamen sowie deren dreistellige Kürzel in die eingestellte Sprache übersetzt. In Listing 9.6 finden Sie ein Beispiel, wie sich der Programm `date` verhält, wenn die Lokale beachtet wird.

```
(Linux):~> setenv LC_TIME C
(Linux):~> date +"%A, %d. %B %Y, %X %Z"
Monday, 05. December 1994, 21:33:14 MET
(Linux):~> setenv LC_TIME de_DE.88591
(Linux):~> date +"%A, %d. %B %Y, %X %Z"
Montag, 05. Dezember 1994, 21:33:06 MET
```

Listing 9.6: Das Programm `date` und die eingestellte Lokale

Die Kategorie `LC_NUMERIC` – Numerische Formatierung

Bei der Formatierung von Zahlen können unterschiedliche Symbole als Dezimalpunkt und Tausenderseparator verwendet werden. Außerdem kann die Gruppierung anders als in Tausendergruppen vorgenommen werden. Die Variable `LC_NUMERIC` bestimmt die hierfür zu verwendenden Regeln.

Land	Betrag
USA	1,234.56
Deutschland	1.234,56

Tabelle 9.5: Beispiele für die Formatierung von Gleitkommazahlen

Andere Unix-Systeme als Linux haben für die Formatierung spezielle Bibliotheken, die mit dem Programm gelinkt werden müssen, wenn man die internationalisierten Funktionen benutzen will. Eine derartige Bibliothek ist für Linux nicht verfügbar. Die entsprechenden Funktionen (`printf` und `scanf`) sind in der Standard-C-Bibliothek implementiert.

Die Kategorie `LC_MONETARY` – Formatierung von Geldbeträgen

Bei Geldbeträgen gibt es unterschiedliche Trennsymbole, aber auch in jedem Land jeweils verschiedene Symbole zur Markierung eines Geldbetrags. Dabei ist eine Reihe von Eigenheiten zu beachten:

- Es können unterschiedliche Zeichen als Dezimalpunkt verwendet werden. Diese und die folgende Einstellung sind analog zu der für die Kategorie `LC_NUMERIC` beschriebenen.
- Es können unterschiedliche Zeichen als Tausendertrennung verwendet werden.
- Die Formatierung kann von der üblicherweise benutzten Tausender-Trennung abweichen, indem z. B. nach vier Stellen ein Trennsymbol eingefügt wird. Dabei kann die Formatierung eine unterschiedliche Anzahl der Stellen für jede Gruppe von Ziffern vorschreiben.
- Das internationale Symbol der Währung (z. B. DEM für Deutsche Mark) ist für jedes Land eindeutig.
- Ein lokales Währungssymbol (z. B. DM für Deutsche Mark) wird als Kurzform verwendet, wenn keine Verwechslungsgefahr mit anderen Währungen besteht. So ist ein Dollar (`$`) in den USA ein US-Dollar, in Kanada jedoch ein kanadischer Dollar.
- Die Anzahl der Nachkommastellen bei Geldbeträgen kann je nach Land unterschiedlich sein.
- Es können unterschiedliche Zeichen als Vorzeichen für Geldbeträge verwendet werden.
- Die Position des Vorzeichens kann je nach positivem oder negativem Betrag vor oder nach dem Betrag stehen. Es ist möglich eine Leerstelle zwischen Betrag und Vorzeichen einzufügen.

In der GNU-C-Bibliothek ist die Funktion `strfmon` implementiert, die die gesamte Formatierung nach den Wünschen des Programmierers und der Benutzer durchführt.

9.5 Erstellen einer Lokale-Definition

Eine Lokale-Definition wird zunächst als Text erstellt und dann mit Hilfe des Programms `localedef` in die interne Darstellung übersetzt. Eine Lokale-Definitionsdatei enthält alle Informationen, die benötigt werden, um eine Lokale zu erstellen. Die Datei besteht aus einem Vorspann, der allgemeine Daten enthält, und aus verschiedenen Teilen, wobei jeder Teil eine Lokale-Kategorie beschreibt.

Es existieren bereits für eine Reihe von Sprachen und Ländern, insbesondere für den deutschen Sprachraum, fertige Lokale-Definitionen. Daher verzichte ich hier auf eine ausführliche Beschreibung der Syntax und verweise auf die entsprechenden Handbücher (`locale(5)`, `charmap(5)`). Für kleinere Anpassungen reicht in der Regel auch ein Blick in die Quellen der Lokale-Definition.

Nach einer Änderung des Quelltextes muß die Binärbeschreibung der Lokale neu erstellt werden. Dies geschieht mit dem Programm `localedef`. Die Parameter von `localedef` werden ausführlicher im Abschnitt 9.9, *Programme zur NLS-Unterstützung*, auf Seite 275 vorgestellt. Der Befehl in Listing 9.7 erstellt die `de_DE.88591`-Lokale.

```
(Linux):~# localedef -c -f/usr/lib/nls/charmap/ISO-8859-1 \
        -i /usr/lib/nls/src/de_DE de_DE.88591
```

Listing 9.7: Erstellen einer Lokale mit `localedef`

9.6 Nachrichtenkataloge erstellen mit GNU-gettext

Die Internationalisierung von Programmen sowie die nachfolgende Lokalisierung erfordert einen nicht unerheblichen Aufwand von Programmierern und Übersetzern. Die Programme des GNU-Projekts werden oft in freiwilliger Arbeit erstellt und gewartet, so daß jede Möglichkeit genutzt werden muß, Abläufe zu vereinfachen. Daher wurde von Ulrich Drepper[3] das `gettext`-Paket entwickelt.

Zunächst ist dies die Bibliothek `libintl`, die die Laufzeitroutinen zum Lesen der Message-Kataloge enthält. Das GNU-Projekt verwendet intern anstelle der `gettext()`-Aufrufe das Makro `_()`, so daß für jede Übersetzung nur drei Zeichen mehr getippt werden müssen.

Basierend auf den Aufrufen von `gettext()` bzw. `_()` können die Nachrichtentexte maschinell mit dem Programm `xgettext` extrahiert und in einer speziell formatierten Datei gespeichert werden. Diese Datei heißt im GNU-Jargon `po`-Datei für „portable object".

Eine `po`-Datei enthält zunächst nur die Originalmeldungen und Platzhalter für die Übersetzungen. Der Übersetzer kann diese Meldungen nun manuell in die ent-

[3] drepper@cygnus.com

sprechende Sprache übertragen. Dabei wird ihm als Hilfe ein Emacs-Mode für `po`-Dateien an die Hand gegeben, der ihm viele Tätigkeiten abnimmt oder erleichtert.

Mit dem Befehl `msgfmt` wird die übersetzte `po`-Datei in die interne Darstellung (`mo`-Datei für „machine object") überführt. Diese wird von den `gettext()`-Routinen aus der Bibliothek `libintl` verwendet.

Problematisch ist wie bei allen Programmen das Verfahren, um neue Versionen möglichst schnell anzupassen. Zu diesem Zweck können mit `msgmerge` zwei `po`-Dateien miteinander verglichen werden. Passende Einträge werden übernommen, gelöschte Einträge in der Zieldatei auskommentiert und neue Einträge aufgenommen. Mit den Funktionen des `po`-Modus kann der Übersetzer im Emacs sehr schnell die entsprechenden Meldungen auffinden und anpassen.

Für die Fälle, in denen keine exakte Zuordnung möglich ist, generiert `msgmerge` sogenannte „Fuzzy-Einträge". Auch diese können vom Übersetzer mit wenigen Tastendrücken aufgespürt werden. Damit wird das sonst aufwendige und fehlerträchtige Verfahren wesentlich vereinfacht. Die ersten Ergebnisse liegen in den aktuellen GNU-Programmen vor und können sich sehen lassen.

9.7 Nachrichtenkataloge erstellen mit `gencat`

Um Texte eines Programms einfacher in verschiedene Sprachen übersetzen zu können, extrahiert man die Texte aus dem Quelltext des Programms. Im Programm werden dann Funktionen aufgerufen, die die Texte aus der entsprechenden Datei, dem Nachrichtenkatalog, auslesen.

Dieses Verfahren hat den Vorteil, daß die Texte nicht mehr über den gesamten Quellcode verteilt, sondern an einer zentralen Stelle gespeichert sind. Darüber hinaus muß dem Übersetzer nicht der gesamte Quellcode zur Verfügung stehen. Es genügt, wenn er die Nachrichtentexte manipuliert. Er sollte aber dennoch ein gewisses Verständnis für das Programm und seine Programmierung mitbringen. Außerdem muß das Programm zur Verwendung von neu übersetzten Texten nicht kompiliert werden.

Als Textdateien gespeicherte Nachrichtenkataloge sind für den Programmierer und Übersetzer recht einfach zu handhaben. Jedoch ist die Suche nach einzelnen Nachrichten zur Laufzeit des Programms ineffizient. Daher werden Nachrichtenkataloge mit Hilfe des Programms `gencat` in eine interne Form übersetzt.

Hier möchte ich als Beispiel den Nachrichtenkatalog einer älteren Linux-`libc` beschreiben. Die Quellen der Nachrichtenkataloge sind in den Quellen der C-Bibliothek enthalten. Moderne Versionen verwenden GNU-`gettext`, aber für die Portabilität auf andere Systeme ist das `gencat`-Programm immer noch nützlich.

Bei der libc sind die Nachrichten in eine Reihe Dateien aufgeteilt, die im Verzeichnis ./libc-linux/nls/linux/German zu finden sind. Die Erweiterung des Dateinamens (.m) steht hier für Nachrichtenkatalog. Eine Übersicht der implementierten Kataloge finden Sie in Tabelle 9.6.

Datei	**Kurzbeschreibung**
auth.m	Authentifizierung
clnt-misc.m	Diverses
errlist-u.m	Unbekannte Fehler
errlist.m	Alle Fehlercodes der Funktion perror()
getopt.m	Meldungen aus dem getopt-Bereich
h-errlist.m	Fehler in Zusammenhang mit Hosts
net-misc.m	Diverse Netzwerkmeldungen
rpc-errlist.m	Fehlercode aus der RPC-Lib
rpc-misc.m	Diverses aus der RPC-Lib
siglist-u.m	Unbekannte Fehler zu Signalen
siglist.m	Texte zu Signalen

Tabelle 9.6: Die Dateien des libc-Nachrichtenkatalogs

```
$set 1 #ErrorList
$ #0 Original Message:(Unknown error)
# Unbekannter Fehler

$ #1 Original Message:(Operation not permitted)
# Keine Berechtigung dazu

$ #2 Original Message:(No such file or directory)
# Datei oder Verzeichnis existiert nicht

$ #3 Original Message:(No such process)
# Prozeß nicht gefunden
```

Listing 9.8: Der Anfang der Datei errlist.m

In Listing 9.8 finden Sie als Beispiel den Beginn der Datei errlist.m. Die erste Zeile bestimmt die Nummer der Gruppe für die in der Datei definierten Nachrichten. Das Schlüsselwort set muß in jeder Datei existieren. Im zweiten Feld steht die Nummer der Gruppe, die in diesem Nachrichtenkatalog eindeutig sein muß. Das dritte Feld bestimmt den Namen (ohne das #-Symbol), unter dem diese Gruppe von Nachrichten auch angesprochen werden kann. Dies sind Interna zur Verwaltung der Nachrichten, die für die Übersetzung von Nachrichten keine Rolle spielen, aber für die effiziente Verarbeitung notwendig sind.

Die zweite Zeile identifiziert die Nachricht eindeutig. Wichtig für die interne Verarbeitung sind hier nur das $-Zeichen und das zweite Feld, die Nummer der Nachricht (ohne das #-Symbol). Anstelle der Nachrichten- oder Gruppennummer kann unter Linux auch ein symbolischer Name verwendet werden. Alles weitere ist ein Kommentar und für die weitere Verarbeitung ohne Bedeutung. Es ist jedoch sinnvoll, hier den Text der Originalnachricht aufzunehmen, damit man bei der Übersetzung oder bei Änderungen immer auch den ursprünglichen Text vor Augen hat.

Die dritte Zeile (ohne das #-Symbol) ist der Text der aktuellen Nachricht. Die zweite und dritte Zeile beschreiben also gemeinsam genau eine Nachricht. Diese Art der Beschreibung wiederholt sich für jede Nachricht in dem Nachrichtenkatalog.

Bei der Übersetzung von Nachrichten in andere Sprachen muß man nur die Textzeilen übersetzen, also genau die Zeilen, die mit einem #-Symbol beginnen. Zeilen mit einem $-Zeichen in der ersten Spalte dürfen nicht verändert werden. Die Textdateien werden in das Binärformat übersetzt mit dem Befehl:

```
(Linux):.../libc-linux/nls/linux/German> gencat -new libc.cat *.m
```

Anschließend muß der neu erstellte Nachrichtenkatalog noch dort gespeichert werden, wo die C-Bibliothek den Katalog auch liest. Dazu verschiebt man den Katalog entweder in das Verzeichnis `/usr/lib/locale/`*`Lokale`* oder setzt die Umgebungsvariable `NLSPATH` entsprechend.

Leider wird durch die Aufrufe der `catgets()`-Funktion, die die Nachrichten dann aus dem Nachrichtenkatalog liest, der Quelltext der Programme schlechter lesbar. Das ist einer der Gründe dafür, daß das GNU-Projekt mit `gettext` eine eigene Lösung implementiert hat.

9.8 Probleme durch Lokale

Bei Problemen oder Fehlern ist es immer eine gute Idee, zunächst die Lokale auf einen Standardwert zu setzen, um dann zu überprüfen, ob eventuell die Verwendung einer anderen Lokalen zu diesem Problem geführt hat.

Man sollte außerdem beachten, daß es viele Programmierer von freier Software gibt, die kein Deutsch sprechen. Protokolle mit deutschen Fehlermeldungen sind dann völlig unverständlich. In diesen Fällen sollte man also eine gemeinsame sprachliche Basis suchen. Das wird in den meisten Fällen die englische Sprache sein. Andernfalls bekommt man, wenn der Programmautor sich die Mühe macht, eine Mail mit der Frage: `What does this mean: "Datei oder Verzeichnis nicht gefunden?"`.

9.9 Programme zur NLS-Unterstützung

Zur Bearbeitung und zum Test von Lokalen gibt es eine Reihe von Programmen. Das eine ist das Programm `locale`, das die Definition aus den binären Dateien ausliest und in lesbarer Form am Bildschirm darstellt. Ein weiteres Programm ist `localedef`, das eine textuelle Beschreibung einer Lokale in das interne Binärformat übersetzt. Zur Erstellung, Aufbereitung und Anzeige von Nachrichtenkatalogen stehen die Programme `xtract`, `gencat` und `dspmsg` zur Verfügung.

Das Programm `locale`

Das Programm `locale` dient zur Anzeige der verwendeten Lokale. Dabei können sowohl die eingestellten Kategorien als auch die dort benutzten Werte angezeigt werden.

```
(Linux):~> echo $LANG
de_DE.88591
(Linux):~> echo $LC_CTYPE
ISO-8859-1
(Linux):~> locale
LANG=de_DE.88591
LC_COLLATE="de_DE.88591"
LC_CTYPE=ISO-8859-1
LC_MONETARY="de_DE.88591"
LC_NUMERIC="de_DE.88591"
LC_TIME="de_DE.88591"
LC_MESSAGES="de_DE.88591"
LC_RESPONSE="de_DE.88591"
LC_ALL=
```

Listing 9.9: Ein Beispiel für das Programm `locale`

Das Listing 9.9 zeigt ein Beispiel für die Ausgabe des Programms `locale`. Die Werte, die in Hochkommata (`"`) eingeschlossen sind, wurden nicht vom Benutzer gesetzt, sondern nach dem oben geschilderten Verfahren aus den gesetzten Variablen abgeleitet.

Das Programm kann auch alle Daten einer Kategorie ausgeben. Je nach gewählter Kategorie kann die Ausgabe recht lang werden. Daher finden Sie in Listing 9.10 eine der Kategorien, die nur wenige verschiedene Werte definieren.

Dabei bedeutet die Option `-c`, daß der Name der Kategorie ausgegeben werden soll, auch wenn nur der Wert eines einzelnen Feldes abgefragt wird. Die Option `-k`

```
(Linux):~> locale -ck LC_NUMERIC
LC_NUMERIC
decimal_point=","
thousands_sep="."
grouping="3;0"
```

Listing 9.10: Eine Kategorie mit `locale` *komplett ausgeben*

bewirkt, daß auch die Feldnamen, gefolgt von einem Gleichheitszeichen, ausgegeben werden. Der Wert dieses Feldes wird dann in doppelte Anführungszeichen (`"`) eingeschlossen.

Weitere Optionen sind `-a` zum Anzeigen aller global verfügbaren Lokalen im System und `-m` zur Anzeige aller installierten `charmap`-Dateien, in denen die Kodierungen der Zeichensätze beschrieben werden. In einer `charmap`-Datei, die im Verzeichnis `/usr/share/i18n/charmap` installiert wird, wird die Zuordnung von symbolischen Namen für Zeichen zu den Kodierungen, z. B. im ISO-Latin-1-Zeichensatz, festgelegt. Durch die Verwendung von symbolischen Namen für Zeichen kann der Quelltext der Lokale-Definition unverändert für verschiedene Zeichensätze verwendet werden. Bei der Erstellung der Lokale mit dem Programm `localedef` ist lediglich die entsprechende `charmap`-Datei anzugeben.

Mit Hilfe des Programms `locale` kann man z. B. in Shell-Skripten eine Benutzerantwort auswerten. Ein entsprechendes Beispiel finden Sie in Listing 9.11.

```
#!/bin/bash
echo -n "Are you sure? "
read response
if printf "%s\n" "$response"|grep -Eq "$(locale yesexpr)" ; then
  echo "Yes, you are sure"
else
  if printf "%s\n" "$response"|grep -Eq "$(locale noexpr)" ; then
    echo "No, you aren't sure"
  else
    echo "Invalid response"
  fi
fi
```

Listing 9.11: Die Verwendung von `locale` *in einem Shell-Skript*

Das Programm `localedef`

Das Programm `localedef` dient zur Erstellung oder Veränderung von Lokalen. Dazu wird der Quelltext der Lokale-Definition entweder von der Standardeingabe gelesen oder, wenn die Option `-i` angegeben wurde, aus der angegebenen Datei. Mit der Option `-f` kann außerdem der verwendete Zeichensatz bestimmt werden. Die binäre Beschreibung wird mit einem Namen versehen; dies ist der einzige notwendige Parameter.

Die Eingabedateien werden gelesen und dabei auf korrekte Syntax geprüft. Dabei werden eventuelle Fehlermeldungen oder Warnungen ausgegeben. Beim Auftreten von Fehlern wird keine Ausgabedatei erzeugt. Warnungen können mit der Option `-c` ignoriert werden, so daß trotz der Meldungen eine binäre Lokale-Datei erzeugt wird, die dann von der C-Bibliothek benutzt werden kann.

Die Ausgabedateien des Programms `localedef`, die die Lokale-Beschreibung in einem internen Format enthalten, werden im Pfad `/usr/share/locale` erzeugt. Dort wird ein Verzeichnis mit dem Namen der Lokale erstellt, in dem dann die binäre Beschreibung gespeichert wird. Dazu ist es erforderlich, daß der Benutzer Schreibrechte in diesem Verzeichnis hat. Dies ist normalerweise nur für den Systemadministrator der Fall. Listing 9.12 zeigt ein Shell-Skript, das alle verfügbaren deutschsprachigen Lokale-Dateien erzeugt.

```
#! /bin/bash
# Erstellen aller de-Lokale-Dateien
for locale in de_AT de_BE  de_CH  de_DE  de_LU ; do
    localedef -c -f /usr/lib/nls/charmap/ISO-8859-1 \
        -i /usr/lib/nls/src/$locale $locale.88591
done
```

Listing 9.12: Erzeugen von Lokale-Dateien mit `localedef`

Die GNU-C-Bibliothek wird zusammen mit den entsprechenden Lokale-Dateien verteilt, so daß in Zukunft diese Installation durch die Distributionen selbst vorgenommen wird. Zusammen mit dem *Deutschen Linux HowTo Projekt* und den übersetzten Manpages kommt man dem Ziel eines wirklichen deutschen Linux-Systems immer näher.

Das Programm `gencat`

Das Programm erzeugt einen binären Nachrichtenkatalog aus dem (übersetzten) Quelltext. Das Programm kennt einige Kommandozeilenoptionen, die angeben, wie der Nachrichtenkatalog erstellt werden soll.

Zur Einführung folgen nun einige Beispiele für die Verwendung von `gencat`. Das Programm `gencat` erzeugt aus der Quelldatei `msg.m` den Nachrichtenkatalog `msg.cat`:

```
(Linux):~> gencat msg.cat msg.m
```

Dabei kann eine Header-Datei erzeugt werden, die die symbolischen Namen der Nachrichten internen Nummern zuordnet. Damit kann der Programmierer mit sprechenden Namen arbeiten und muß sich um die korrekte interne Darstellung nicht sorgen:

```
(Linux):~> gencat msg.cat msg.m -h msg-nls.h
```

In diesen Fällen wird nur der entsprechende Teil des Nachrichtenkatalogs neu in das interne Format übersetzt und damit aktualisiert. Mit der Option `-new` wird der alte Katalog gelöscht und ein völlig neuer Katalog erstellt:

```
(Linux):~> gencat -new msg.cat msg.m -h msg-nls.h
```

Außerdem kann die Headerdatei für die C-Dialekte K&R-C (`-lang C`), ANSI-C (`-lang ANSIC`) und C++ (`-lang C++`) erstellt werden:

```
(Linux):~> gencat -new -lang ANSIC msg.cat msg.m -h msg.h
```

Das Programm xtract

Das Programm `xtract` extrahiert alle Zeichenketten aus einem C-Programm, so daß diese Strings gesammelt in einer Datei gespeichert sind und dann übersetzt werden können. Das Programm `xtract` liest aus der Standardeingabe und gibt eine Nachrichtendatei auf die Standardausgabe aus.

```
(Linux):~> xtract < source_code.c > message_file.m
```

Die resultierende Message-Datei ist noch nicht für das Programm `gencat` verwendbar, aber doch eine erhebliche Erleichterung für den Programmierer. Es fehlt lediglich die `$set`-Anweisung.

Das Programm dspmsg

Das Programm `dspmsg` liest eine einzelne Nachricht aus einem Nachrichtenkatalog aus, formatiert sie mit Hilfe des Programms `printf` und gibt das Ergebnis auf die Standardausgabe aus. Wird die gewünschte Nachricht nicht im Nachrichtenkatalog gefunden, so wird der als Parameter angegebene Text ausgegeben. Mit

Hilfe des Programms `dspmsg` kann man auch in Shell-Skripten unterschiedliche Sprachen verwenden. Ein Beispiel aus dem Paket `nslutils` ist in Listing 9.13 abgedruckt.

```
#!/bin/sh
export NLSPATH="./%N.cat"
export LANG=de_DE.88591

dspmsg -s 1 messages 1 "Are you sure? "

read response
if printf "%s" "$response"|grep -Eq "`locale yesexpr`";then
        dspmsg -s 1 messages 2 "Yes, you are sure\n"
else if printf "%s\n" "$response"|grep -Eq "`locale noexpr`";then
        dspmsg -s 1 messages 3 "No, you aren't sure\n"
else
        dspmsg -s 1 messages 4 "Hm, what did you say?\n"
fi
fi
```

Listing 9.13: Die Verwendung von `dspmsg` in Shell-Skripten

Weitere Informationen und Bezugsquellen	
Manpages:	`locale(1)`, `localedef(1)`, `locale(5)`, `charmap(5)`, `gencat(1)`, `xtract(1)`
Newsgruppen:	`comp.soft.international`
	`de.comp.standards`, `comp.std`
Mailing-Liste:	`LI-international@li.org`
	`de@li.org` (GNU-l10n für Deutschland)
Paket:	`locale-tutorial-0.8.txt.gz`
ftp-Server:	`metalab.unc.edu`
ftp-Pfad:	`/pub/Linux/utils/nls/catalogs/Incoming`
Größe:	ca. 15 kByte
Paket:	`gettext-0.10.tar.gz`
ftp-Server:	`pre.ai.mit.edu`
ftp-Pfad:	`/gnu`
Größe:	ca. 400 kByte

9.10 Programmierung mit NLS

Dieses Buch ist nicht als Programmierbuch konzipiert. Dennoch möchte ich hier Hinweise geben, welche Funktionen benutzt werden können, und verweise immer auf die entsprechenden Manpages.

Allgemeine Hinweise

Jedes Programm sollte zu Beginn die Funktion `setlocale(LC_ALL, "")` aufrufen. Damit benutzt es diejenige Lokale, die der Benutzer eingestellt hat. Ohne diesen Funktionsaufruf benutzt das Programm immer die „C"- oder „POSIX"-Lokale. Bei der Entwicklung von Programmen, die relativ leicht an nationale Besonderheiten anzupassen sein sollen, sind einige Dinge zu beachten:

- Datenfelder, die ein Zeichen enthalten (`char`), müssen Sie immer als `unsigned char` definieren. Bei der Übersetzung von fremden Programmen kann es notwendig sein, den Compiler-Schalter `-funsigned-char` zu verwenden.

- Nehmen Sie niemals an, daß druckbare oder benutzbare Zeichen nur sieben Bit lang sind, also z. B. keine Prüfung auf ein nicht gesetztes achtes Bit vornehmen. Zum Beispiel entfernt folgender Code das achte Bit eines Zeichens `(ch & 0x7f)`, oder es werden nur Zeichen mit 7-Bit-Code als Eingabe akzeptiert durch Abfragen wie: `if ( ch <= 0177 )`

- Benutzen Sie die Standard-Funktionen `isprint()`, `isgraph()` usw., anstatt diese Funktionen selbst zu realisieren. Zunächst scheint der Aufwand für eine eigene Implementierung nur gering, aber darunter leiden die Portierbarkeit des Programms, die Möglichkeit der Anpassung an andere lokale Gegebenheiten und die Geschwindigkeit, da diese Funktionen sowohl in der GNU-`libc` als auch in der Linux-C-Bibliothek als Makros definiert sind.

- Verwenden Sie niemals die (unportable) Funktion `toascii()` oder `isascii()`, da diese Funktion nicht durch einen Standard definiert ist und außerdem die Verwendung von 8-Bit-Zeichen verhindert.

Tabelle 9.7 enthält eine Gegenüberstellung von Funktionen, die die eingestellte Lokale beachten nicht, und solchen, die das tun. Für neue Programme sollten die letzteren Funktionen verwendet werden, um die weiteren Anpassungen für den National Language Support zu vereinfachen.

Andere Unix-Systeme als Linux haben als X/Open-Erweiterung zum ANSI-C-Standard folgende Funktionen in der C-Bibliothek implementiert:

- Die Funktion `nl_langinfo()` hat in etwa die Funktion, die das Programm `locale` in Shell-Skripten übernehmen kann, nämlich eine einheitliche Schnittstelle zum Zugriff auf die Lokale bereitzustellen. Bedauerlicherweise definiert

Ohne Lokale-Support	Mit Lokale-Support
`strcmp()`	`strcoll()`, `strxfrm()`
`ctime()`	`strftime()`

Tabelle 9.7: Funktionen mit und ohne NLS

der POSIX.2-Standard zwar die Auswirkungen einer Lokale, jedoch nicht die C-Programmierung.

- Die Funktion `rpmatch()` prüft, ob der übergebene Parameter eine Zeichenkette (String) ist, der entweder zu dem regulären Ausdruck paßt, der eine „Ja"-Antwort beschreibt, oder zu dem regulären Ausdruck, der eine „Nein"-Antwort beschreibt. Paßt die Antwort zu keinem der beiden regulären Ausdrücke, so wird ein Fehlercode zurückgeliefert.

Nachrichtenkataloge

Zur Verwendung der Nachrichtenkataloge wurden einige Funktionen durch das X/Open-Konsortium standardisiert:

- `catopen()` zum Öffnen eines Nachrichtenkatalogs.
- `catgets()` zum Lesen von Nachrichten aus dem Katalog. Wird die Nachricht nicht im Katalog gefunden, so wird der Text als Meldung geliefert, der als Standardtext angegeben wurde.
- `catclose()` um den Nachrichtenkatalog nach der Benutzung wieder zu schließen.

Die genaue Syntax und Semantik der Funktionsaufrufe sind in den entsprechenden Manpages beschrieben.

9.11 Zeichensatzkonvertierung

Zur Umsetzung von Textdateien zwischen verschiedenen Zeichensätzen gibt es eine Reihe von Programmen. Das wohl leistungsfähigste Programm ist GNU-`recode`, mit dem Texte aus den und in die unterschiedlichsten Zeichensätze konvertiert werden können. Darunter sind Zeichensätze wie ASCII (IBM-PC-Codepage 437), ISO-8859-1 (ISO-Latin-1) und EBCDIC (IBM-Großrechner). Auch Textformate wie LaTeX oder HTML (Hypertext Markup Language) sind als mögliche Kodierung verwendbar. Die Zuordnung von Zeichen aus unterschiedlichen Zeichensätzen wird dabei durch Tabellen gesteuert. Eine Änderung der Tabellen erfordert jedoch eine Neu-Übersetzung des Programms.

Eine einfache Verwendung ist die Konvertierung von Texten aus dem und in das DOS-Format. Dabei sind zwei Umsetzungen durchzuführen.

- Unter DOS wird meist die IBM-Codepage 437 verwendet, unter UNIX der ISO-Latin-1-Zeichensatz. Buchstaben, die auch durch den ASCII-Zeichensatz definiert sind, benötigen keine Umsetzung, Umlaute werden aber z. B. unterschiedlich kodiert.
- Unter DOS wird das Zeilenende einer Textdatei durch die Zeichenfolge CR+LF (Carriage Return und Line Feed), unter UNIX jedoch nur durch LF dargestellt.

Damit man sich nicht die Namen der zugehörigen Zeichensatztabellen merken muß, kann man sich z. B. folgende Aliasnamen definieren, die für diesen Zweck völlig ausreichen:

Für die GNU-Bash:

```
(Linux):~$ alias fromdos='/usr/local/bin/recode ibmp:lat1'
(Linux):~$ alias todos='/usr/local/bin/recode lat1:ibmp'
```

Für die tcsh:

```
(Linux):~> alias fromdos '/usr/local/bin/recode ibmp:lat1'
(Linux):~> alias todos '/usr/local/bin/recode lat1:ibmp'
```

Eine ausführliche Dokumentation zur Implementierung und Arbeitsweise von `recode` finden Sie in der Info-Dokumentation, die Sie z. B. mit dem Editor Emacs lesen können. Der POSIX.2-Standard verlangt hier die Implementierung des `iconv`-Programms. Es existiert jedoch bisher keine freie Implementierung dieses Programms.

Weitere Informationen und Bezugsquellen	
Info-System:	Recode
`ftp`-Server:	`ftp.gnu.org`
`ftp`-Pfad:	`/pub/gnu`
Größe:	ca. 290 kByte

10 Anpassung an regionale Besonderheiten

In diesem Abschnitt werden die Konfiguration einzelner Programme zur Verwendung von Umlauten, die Umbelegung der Tastatur und die Verwendung von DIN-A4 als Standardpapier dargestellt. Ich möchte mich hier auf die Beschreibung der notwendigen Einstellungen beschränken und zur weiteren Information jeweils auf die zugehörige Dokumentation der Programme verweisen.

Dieser Abschnitt beschreibt in zwei Abschnitten Linux-spezifische Konfigurationen, nämlich bei der Tastaturbelegung für die Konsole und für XFree86. Alle weiteren Abschnitte sind auch von Benutzern anderer Unix-Systeme verwendbar.

10.1 Tastaturbelegung an der Konsole

Eine ausführliche Beschreibung zu Tastaturbelegungen finden Sie im gleichnamigen Abschnitt 4.14 auf Seite 141. Wenn Sie einfach eine der dort vorgestellen Tastaturtabellen laden, benötigen Sie keine weiteren Informationen.

Für die meisten Anwender sind die Tastaturbelegungen `de`, `de-latin1` und die Variante `nodeadkeys` ausreichend. Dennoch kann es vorkommen, daß man die eine oder andere Taste anders oder zusätzlich belegen will. Glücklicherweise muß man in diesem Fall keine vollständig neue Tastaturtabelle erstellen, sondern kann eine neue Datei (z. B. `/etc/keytables/local.map`) nur mit den Änderungen erstellen. In den `rc`-Skripten wird diese Datei mit `loadkeys` geladen und die Tastatur entsprechend eingerichtet.

In der deutschen Sprache verwendet man verschiedene Sorten von Anführungszeichen, öffnende („) und schließende (“) sind die normalerweise verwendeten. Im normalen ISO-8859-1 Zeichensatz sind diese Zeichen nicht enthalten. Ersatzweise kann man dann laut Duden die französischen Anführungszeichen (»«) verwenden. Das Listing 10.1 zeigt ein Beispiel, wie die Tastenkombination AltGr-, (`keycode 51`) das öffnende Anführungszeichen (») liefert und AltGr-. (`keycode 52`) das entsprechende schließende («).

Meistens verwende ich jedoch die *Compose*-Taste zum Erzeugen von Zeichen, die nicht auf der normalen Tastatur verfügbar sind. Als Compose-Taste habe ich die rechte Strg-Taste konfiguriert, diese liefert den Keycode 97 (das kann man mit dem Programm `showkey` erfahren). Die vorletzte Zeile aus Listing 10.1 sorgt dafür, daß

```
keycode  51 = comma semicolon guillemotright
keycode  52 = period colon guillemotleft
keycode  97 = Compose
compose '>' '>' to '»'
compose '<' '<' to '«'
```

Listing 10.1: Zusätzliche Tastaturbelegung mit `loadkeys`

aus der Kombination rechte-Strg-Taste und zweimal > das Zeichen » entsteht. Analog gilt das für die letzte Zeile und das schließende Anführungszeichen «.

10.2 Zeichensatz ISO-Latin-1 verwenden

Linux verwendet unmittelbar nach dem Systemstart einen modifizierten IBM-Grafikzeichensatz. Dieser Zeichensatz enthält sowohl einen Teil der ISO-8859-1-Zeichen aus dem Bereich 127-255, aber auch eine Reihe von Grafikzeichen, die z. B. vom Programm `mc` zur Darstellung von Rahmen verwendet werden. Mit diesem Zeichensatz können jedoch nicht alle Zeichen des ISO-Latin-1-Zeichensatzes dargestellt werden.

Dies erfolgt durch das Laden des entsprechenden Zeichensatzes und der zugehörigen Umsetztabelle sowie durch die anschließende Aktivierung des neu geladenen Zeichensatzes:

```
(Linux):~> setfont iso01.f14
(Linux):~> mapscrn trivial
(Linux):~> echo -e '\033(K'
```

Das Laden des Zeichensatzes und der Umsetztabelle gilt für alle virtuellen Konsolen, die Umschaltung mittels der ESC-Sequenz jedoch nur für die aktuelle Konsole. Nach dieser Umschaltung ist leider die Ausgabe des Programms `mc` kaum lesbar, da die Rahmen nicht mit den korrekten Zeichen aufgebaut sind. Die hier verwendeten Programme und Zeichensätze findet man ebenfalls im Paket `kbd-0.89.tar.gz`.

10.3 Tastaturbelegung unter X11

Seit der Version XFree86 2.1.1 liest XFree86 die Tastaturtabelle des Linux-Kernels aus und setzt die eigene Tastaturbelegung im Rahmen des Möglichen genauso. Die einzige Ausnahme dabei sind spezielle Kombinationen und Zeichen, wie z. B. die sogenannten „dead-keys“ (die Tilde [~] oder die Accent-Tasten [`] und [´]). Für die Belegung dieser Tasten verwendet man das Programm `xmodmap`. Dazu werden beim Start der X-Window-Umgebung mit `startx` folgende Dateien verwendet, falls sie vorhanden sind:

- Die systemweite Belegung der Tastatur unter XFree86 wird in der Datei `/usr/lib/X11/xinit/.Xmodmap` vorgenommen.
- Eine benutzerbezogene Tastaturbelegung kann jeder Anwender für sich selbst in der Datei `~/.Xmodmap` definieren.

```
! Aktivieren der linken Alt-Taste als Meta-Key
keycode 0x40 =  Meta_L

! BackSpace erzeugt BackSpace und Delete erzeugt Delete
keycode 0x6B =  Delete
keycode 0x16 =  BackSpace

! Wenn man nicht die de-latin1-nodeadkeys.map benutzt
keycode 0x31 =        asciicircum     degree
keycode 0x23 =        plus            asterisk asciitilde
```

Listing 10.2: Die Datei `~/.Xmodmap` zur Tastaturbelegung unter X

Im Listing 10.2 finden Sie ein Beispiel für eine benutzereigene Tastaturbelegung. Zur Aktivierung der linken [Alt]-Taste als Meta-Key und zur Verwendung der [AltGr]-Taste (rechte [Alt]-Taste) muß man in der Datei `XF86Config` oder bei einer älteren XFree86-Version in der Datei `Xconfig` im Abschnitt zur Tastaturkonfiguration die in Listing 10.3 abgedruckten Einträge aufnehmen. Das Programm `xf86config` tut dies automatisch.

```
Section "Keyboard"
  Protocol "Standard"
  AutoRepeat 500 5
  ServerNumLock
  LeftAlt Meta          # Linke Alt-Taste ist die Meta-Taste
  RightAlt ModeShift    # Rechte Alt-Taste ist AltGr
# ScrollLock ModeLock # ScrollLock hält rechte Alt-Taste
# RightCtl Compose      # Rechte Strg- ist die Compose-Taste
EndSection
```

Listing 10.3: Die Tastaturanpassung in der Datei `XF86Config`

Damit im XTerm auch die Tasten Pos1 und Ende mit der erwarteten Belegung zur Verfügung stehen, fügen Sie die in Listing 10.4 abgedruckten Zeilen in Ihre `~/.Xresources` ein.

```
*vt100.translations: #override \
        <Key>Home:        string(0x1b) string("[1~") \n\
        <Key>Insert:      string(0x1b) string("[2~") \n\
        <Key>Delete:      string(0x1b) string("[3~") \n\
        <Key>End:         string(0x1b) string("[4~") \n\
    Ctrl<Key>Left:        string(0x1b) string("b")\n\
    Ctrl<Key>Right:       string(0x1b) string("f")\n
```

Listing 10.4: Tastaturbelegung im `xterm`

Wenn anschließend Programme wie `joe` oder `emacs` im XTerm nicht auf diese Tasten reagieren, so muß die Datei `/etc/termcap` ebenfalls angepaßt werden. Für das Gerät `xterm` sollten folgende Einträge innerhalb der Termcap vorhanden sein:

```
:kh=\E[1~:kI=\E[2~:kD=\E[3~:kH=\E[4~:
```

Zur Erstellung eigener Tastaturbelegungen unter X verwendet man z. B. ein Programm wie `xkeycaps`, mit dem sich eine Eingabedatei für `xmodmap` menügesteuert unter X erstellen und testen läßt.

Das Programm wurde dem X-Konsortium zur Verfügung gestellt (contributed), damit es als Beigabe zum X-Window-System verteilt werden kann. Daher findet man das Programm auf dem ftp-Server `ftp.x.org` und allen Systemen, die diesen Server spiegeln.

Weitere Informationen und Bezugsquellen

Manpages:	`xkeycaps(1x)`,
Paket:	`xkeycaps-2.25.tar.gz`
ftp-Server:	`ftp.x.org`
ftp-Pfad:	`/R5contrib`
Mirror-Server:	`ftp.gwdg.de`
Mirror-Pfad:	`/x11/x.org/contrib/applications`
Größe:	ca. 140 kByte

10.4 Verwendung von Umlauten auf Shell-Ebene

Nach der Anmeldung am Linux-System wird zunächst eine Shell gestartet, die Eingaben des Benutzers entgegennimmt und Programme startet. In der Regel sollte man für Dateinamen keine Sonderzeichen wie z. B. Umlaute verwenden. Auf vielen (älteren) UNIX-Systemen kann es dabei zu Problemen kommen, weil man solche Dateien nur mit Mühe wieder löschen kann.

Bei einigen Unix-Systemen muß man das entsprechende Terminal-Device erst in den passenden Modus versetzen, in dem 8-Bit-Zeichen übertragen werden können. Dazu dient je nach System:

- `stty pass8` bei BSD-Systemen
- `stty -istrip -8` bei SYSV-Systemen

Die entsprechende Initialisierung sollte man jedoch nur vornehmen, wenn die Ein-/Ausgabe der Shell mit einem Terminal assoziiert ist, da sonst (z. B. bei einem `rsh`-Aufruf) eine Fehlermeldung ausgegeben wird. Dazu verwendet man je nach Shell:

- bei der `csh` oder `tcsh`:

  ```
  tty -s
  if ($status == 0) stty cs8 -istrip -parenb
  ```

- oder bei der Bourne-Shell `sh` oder deren verbesserten Versionen, wie z. B. `bash`, `ksh` oder `sh`:

  ```
  tty -s
  if [ $? = 0 ]; then
  stty cs8 -istrip -parenb >&0
  fi
  ```

Arbeitet man unter X, so muß der dort verwendete Terminal-Emulator auch 8-bit-clean sein, also Umlaute und andere Sonderzeichen, die nicht im US-ASCII-Zeichensatz enthalten sind, unverändert lassen. Dies trifft für das Programm `xterm` zu. Ältere `xterm`-Versionen benötigen jedoch die im Listing 10.5 angegebenen Einstellungen in der Datei `~/.Xresources`.

```
XTerm*EightBitInput:    true
XTerm*EightBitOutput:   true
```

Listing 10.5: Erzwingen des 8-Bit-Modus für alle XTerm-Fenster

Außerdem muß ein ISO-Latin-1-Font verwendet werden, der auch die Umlaute zur Darstellung enthält. Einen geeigneten Font kann man mit dem Programm `xfontsel` auswählen und mit der folgenden Zeile, wieder in der Datei `~/.Xresources`, aktivieren:

```
XTerm*vt100*font: -adobe-courier-*-*-*-*-14-*-iso8859-1
```

Das häufig verwendete Programm `rxvt` ist ebenfalls 8-bit-clean, verfügt jedoch über die Kommandozeilenoption `-8`, die diesen Modus auch explizit einschaltet. Viele Terminal-Emulatoren kommerzieller Betriebssysteme, wie z. B. `dxterm` von DEC für das Betriebssystem ULTRIX, müssen durch die oben angegebenen `stty`-Befehle konfiguriert werden.

GNU-Bash

Die Bash benutzt die GNU-`readline`-Bibliothek, die auch in verschiedenen anderen Programmen, wie z. B. dem GNU-Debugger `gdb`, benutzt werden. Diese Bibliothek stellt den Programmen verschiedene Funktionen zur Verfügung, um Zeilen vom Benutzer eingeben zu lassen. Der Benutzer kann mit verschiedene Editieroptionen (`vi`- oder Emacs-Mode) und außerdem einer History-Funktion arbeiten.

Die hier vorgestellte Konfiguration wird von allen Programmen beachtet, die die GNU-`readline`-Bibliothek benutzen. Dazu erstellt man im eigenen Home-Verzeichnis eine Datei `~/.inputrc` mit dem im Listing 10.6 gezeigten Inhalt.

Weitere Informationen und Bezugsquellen	
Manpages:	`bash(1)`
Info-System:	`bash`
Newsgruppen:	`de.comp.gnu`
	`de.comp.standards`
	`comp.unix.questions`
	`comp.unix.shell`
	`gnu.bash.bugs`
Paket:	`bash-2.0.1.tar.gz`
`ftp`-Server:	`ftp.gnu.org`
`ftp`-Pfad:	`/pub/gnu`
Größe:	ca. 1.5 MByte

tcsh-Turbo C-Shell

Die `tcsh` ist eine verbesserte Variante der `csh`. Wesentliche Vorteile für den Benutzer sind eine gute History und die Programmierbarkeit der Vervollständigung. Aktuelle Versionen der `tcsh` können problemlos mit Umlauten umgehen, wenn die passende Lokale installiert und aktiviert ist.

```
# Ab der Version 1.13 der GNU-bash ist diese Shell
# (endlich) 8-Bit-fähig.  Hier sehen Sie die entsprechenden
# Einstellungen.  Diese Entstellungen gelten nicht nur
# für die bash, sondern für alle Programme, die die
# Readline-Bibliothek benutzen.

set meta-flag on
set convert-meta off
set output-meta on           # Neu mit Bash-1.14

# Tastaturbelegung für die Bash, so daß die
# Cursor-Tasten sowie Pos1 und Ende funtionieren

"\e[1~": beginning-of-line   # Pos1
"\e[4~": end-of-line         # Ende
"\e[A": previous-history     # Cursor nach oben
"\e[B": next-history         # Cursor nach unten
"\e[3~": delete-char         # Entfernen
"\e[D": backward-char        # Cursor links
"\e[C": forward-char         # Cursor rechts
"\"": self-insert            # Doppelte Anführungszeichen
```

Listing 10.6: Anpassung der `readline`-Bibliothek mit der Datei `~/.inputrc`

Auf meinem System erkennt die `tcsh` die Tasten [Einfg], [Entf], [Pos1] und [Ende] nicht korrekt. Dies kann man ändern, indem man die in Listing 10.7 gezeigten Befehle in eine der Initialisierungsdateien der tcsh aufnimmt. Folgende Dateien dienen zur Initialisierung der tcsh: `/etc/csh.cshrc`, `/etc/csh.login`, `$HOME/.tcshrc`, `$HOME/.cshrc` und `$HOME/.login`. Nähere Informationen darüber, wann welche Initialisierungsdatei abgearbeitet wird, finden Sie im Online-Handbuch zu `tcsh` (`man 1 tcsh`).

```
# Tastaturbelegung für Pos1 (Home), Ende (End),
#                      Entf (Del) und Einfg (Ins)

bindkey ^[[1~ beginning-of-line        # Pos1
bindkey ^[[4~ end-of-line              # Ende
bindkey ^[[3~ delete-char              # Entf
bindkey ^[[2~ overwrite-mode           # Einfg
```

Listing 10.7: Initialisierung der `tcsh` für Umlaute

Die `tcsh` stellt eine Reihe von komfortablen Funktionen zur Verfügung, wie z. B. eine programmierbare Programm-, Dateinamen- und Optionenvervollständigung oder eine automatische Korrektur für (vermeintliche) Tippfehler. Die Korrektur wird jedoch nur nach einer Rückfrage vorgenommen. Den Text dieser Frage kann jeder Benutzer verändern (Listing 10.8).

```
set correct=all
set prompt3='%BIst es so besser?%b %R (y|n|e) ? '
```

Listing 10.8: Anpassen der Nachfrage bei der automatischen Korrektur

In den Quellen der `tcsh` findet man eine Beispielkonfiguration zur Programmierung der Vervollständigungsfunktion. Nach der Anpassung an die eigene Umgebung kann damit sehr schnell und komfortabel gearbeitet werden.

Weitere Informationen und Bezugsquellen	
Manpages:	`tcsh(1)`
Newsgruppen:	`comp.unix.questions`
	`comp.unix.shell`
Paket:	`tcsh-6.06.tar.gz`
`ftp`-Server:	`tesla.ee.cornell.edu`
`ftp`-Pfad:	`/pub/tcsh`
Größe:	ca. 525 KByte

Weitere Shells

Es gibt noch eine Reihe von Shells, die zum Teil weit verbreitet sind oder für spezielle Zwecke eine sinnvolle Erweiterung des Systems darstellen.

- Die `ash`, die als sehr kleine Shell oft auf root- oder Installationsdisketten verwendet wird. Da Shell-Skripten unter Linux oft Features der Bash benutzen, sind diese Skripten nicht auf andere Unix-Systeme, die nur eine einfache `sh` implementiert haben, portierbar. Benutzt man jedoch die `ash`, so sind diese Skripten oft auch unter der Standard-Shell `sh` lauffähig. In der Manpage zu `ash` sind die Inkompatibilitäten genauer beschrieben.

  Die `ash` verfügt nicht über Kommando-Historie, Line-Editing-Features oder Vervollständigung und ist deshalb sehr klein. Dennoch kann diese Shell ohne Probleme Umlaute verarbeiten.

- Die `zsh` ist eine sehr leistungsfähige Shell, die Features der `bash` und der `tcsh` in sich vereinigt. Die `zsh` ist 8-bit-clean.

- Die `pdksh`, eine freie Version der Korn-Shell `ksh`, ist im `vi`-Mode 8-bit-clean, im Emacs-Mode nicht. Dort sieht man im Quellcode, daß das achte Bit gedankenlos entfernt wird.
- Die C-Shell (`csh`) ist 8-bit-clean. Die nach Linux portierten Quellen findet man auf dem `metalab`-ftp-Server.
- Die `sash` ist eine Stand-alone-Shell, die viele System-Utilities bereits als Built-in-Befehle verfügbar macht. Mit einer statisch gelinkten `sash` kann man viele Probleme noch beheben, wenn zum Beispiel ein Link auf die aktuelle Version der Shared-Libraries gelöscht wurde. Diese Shell kann mit Umlauten umgehen, bietet jedoch keine komfortable Benutzeroberfläche mit History oder Edit-Keys. Die `sash` ist 8-bit-clean.

Alle hier aufgeführten Shells finden Sie auf `metalab.unc.edu` im Verzeichnis `/pub/Linux/system/Shells`.

10.5 Umlaute in Editoren

Eine der wesentlichen Programmgruppen, bei denen man gern Umlaute benutzen möchte, sind Texteditoren. Für viele Anwender ist es wesentlich einfacher, Umlaute direkt einzugeben, als irgendwelche Umschreibungen dafür zu benutzen. Daher ist es bei Editoren besonders wichtig, daß sie 8-bit-clean sind oder entsprechend konfiguriert werden können. In diesem Abschnitt werden verschiedene Editoren kurz vorgestellt und notwendige Anpassungen gezeigt.

`vi`-Clones

Auf jedem Unix-System gehört ein `vi` oder ein entsprechender Clone zum Lieferumfang. Egal wie man zu `vi` steht, man sollte zumindest einfache Funktionen darin ausführen können. Alle verbreiteten `vi`-Clones wie `elvis`, `vim` und `nvi` (BSD-`vi`) sind 8-bit-clean.

Der Editor GNU-Emacs

Ab der Version 19.26 beachtet der Emacs nun auch die Umgebungsvariable LC_CTYPE. Daher ist bei der Verwendung von Emacs 19.26 und neueren Versionen nichts anderes notwendig, als der Umgebungsvariablen LC_CTYPE den Wert `ISO-8859-1` zuzuweisen. Mit der in der Beta-Phase befindlichen Version 20 wird sich hier sicher einiges ändern, da diese Version die Multi-Language Extensions (MULE) integriert hat. Das Listing 10.9 zeigt die Einstellungen, die ich für den GNU-Emacs 19.34 verwende.

```
(if (string-equal (getenv "LC_CTYPE") "ISO-8859-1")
    (progn
      (standard-display-european t)
      (require 'iso-syntax)))    ; Umlaute in Worten

; Auch für Emacs 19.27!
;
(set-input-mode (car (current-input-mode))
                (nth 1 (current-input-mode))
                0)
```

Listing 10.9: Erweiterung für die Datei `~/.emacs`

Emacs bietet noch einige spezielle Modi zur Verarbeitung von Texten mit Umlauten. So gestattet der `iso-syntax`-Modus die Verwendung der wortbezogenen Befehle auch auf Worte, die Umlaute enthalten. Der `iso-cvt`-Modus speichert Texte mit TEX- oder News-Umlauten ab, so daß man sich um eine Konvertierung vor dem Versand oder der Benutzung keine Gedanken machen muß. Das ist jedoch problematisch, wenn die Umlaute erhalten bleiben sollen.

Eine moderne Emacs-Version ist der XEmacs, der früher auch unter dem Namen Lucid-Emacs bekannt war. Diese Emacs-Implementierung kann problemlos mit Umlauten umgehen.

Weitere Informationen und Bezugsquellen	
Manpages:	`emacs(1)`
Info-System	`Emacs`
Newsgruppen	`de.comp.gnu`
	`de.comp.editors`
	`gnu.emacs.help`
	`comp.editors`
	`comp.editors.emacs`
Paket:	`emacs-19.34.tar.gz`
`ftp`-Server:	`ftp.gnu.org`
`ftp`-Pfad:	`/pub/gnu`
Größe:	ca. 7,5 MByte

Der Editor `joe`

Der Editor `joe` ist in der Bedienung weitgehend Wordstar-kompatibel und damit für viele Neueinsteiger vertrauter als `vi` oder Emacs. Joe ist ab der Version 1.0.9 8-bit-clean, erfordert jedoch einen Eintrag in seiner Initialisierungsdatei `~/.joerc` oder /usr/lib/joerc, damit er Zeichen mit gesetztem achten Bit unverändert anzeigt (siehe Listing 10.10).

```
 Kommentare beginnen nach Spalte 1,
 Befehle in Spalte 1 sind aktiv

-asis    Characters 160 - 254 shown as-is    (Jetzt aktiv)
```

Listing 10.10: Anpassungen für den Editor joe

Weitere Informationen und Bezugsquellen	
Manpages:	joe(1)
Newsgruppen	comp.editors
Paket:	joe23.tar.Z
ftp-Server:	ftp.std.com
ftp-Pfad:	/pub/gnu
Größe:	ca. 300 kByte

Ein weiterer Editor, der für ehemalige DOS-Anwender einfach zu bedienen ist, ist pico. Dieser Editor ist von Haus aus 8-bit-clean und befindet sich im Archiv von pine, einem Mail- und Newsreader.

10.6 Anpassungen von einzelnen Programmen

In diesem Abschnitt werden die Konfigurationen von Programmen vorgestellt, die in keine der bisher behandelten Kategorien gehören. Weitere Informationen zu diesem Thema finden Sie auch in der German-HowTo.

Das Programm less

Das GNU-Programm less kann Umlaute problemlos darstellen, wenn die entsprechenden Lokale-Dateien installiert und aktiviert sind. Alte Versionen von less haben die Umgebungsvariable LESSCHARSET ausgewertet, andere den Wert ISO-8859-1 in der Variablen LC_CTYPE.

Das Programm less bietet die Möglichkeit, den am unteren Bildschirmrand stehenden Text über Kommandozeilenoptionen zu ändern. Dazu kann man entweder einen Aliasnamen definieren oder die Optionen in der Umgebungsvariable LESS speichern (siehe Listing 10.11).

```
setenv LESS "$LESS -Pm?f%f .%bb/%B  %lb/%L  %pb \% $ "
setenv LESS "$LESS -PM?f%f .%bb von %B Bytes, \
%lb von %L Zeilen, %pb \% $ "
setenv LESS "$LESS -P=?f%f .?m(Datei %i von %m) \
.?lbZeile %lb?L/%L. .Byte %bB?s/%s. ?e ( Ende ) :?pB%pB\%..%t"
```

Listing 10.11: Verändern der Texte in `less`

Weitere Informationen und Bezugsquellen	
Manpages:	less(1), lesskey(1)
Newsgruppen	de.comp.gnu
	gnu.utils.bugs
Paket:	less-257.tar.gz
ftp-Server:	ftp.gnu.org
ftp-Pfad:	/pub/gnu
Größe:	ca. 150 kByte

Das Programmpaket groff

Das Programm groff ist ein Textformatierer, der im nroff oder troff-Format gesetzte Texte in eine Reihe von Ausgabeformaten übersetzen kann. Will man den Text in ein direkt lesbares Format überführen, so wählt man als Ausgabe-Device nicht ascii, sondern latin1 (mit der Kommandozeilenoption -T latin1), damit auch Umlaute in der Ausgabe erscheinen.

Zu dem Formatiersystem gehört auch noch eine Reihe von Programmen, wie z. B. gtbl zum Setzen von Tabellen oder geqn zum Setzen von Formeln. Auch beim Aufrufen dieser Programme ist das Ausgabe-Device entsprechend anzupassen.

Bei der Übersetzung von groff ist darauf zu achten, daß das configure-Skript, das vor dem eigentlichen make gestartet werden muß, rät[1], daß A4 als Papierformat verwendet wird. Dies kann man sicherstellen, indem man vor dem Start des configure-Skripts die Umgebungsvariable PAGE auf den Wert A4 setzt.

Ist in der Konfigurationsdatei /usr/lib/groff/font/devps/DESC die Zeile ^paperlength 841890 enthalten, so gibt groff im PostScript-Format den formatierten Text auf A4-Papier aus. Andernfalls, wenn nämlich das Programm groff nicht für A4-Papier konfiguriert wurde, kann man diesen Wert dort eintragen. Den gleichen Eintrag kann man in der Datei

[1] Anders kann man den Algorithmus nicht bezeichnen.

`/usr/lib/groff/font/devdvi/DESC` vornehmen, wenn auch die DVI-Ausgabe für A4-Papier formatiert werden soll.

Die Einstellung des Papierformats wird nicht durch Standards definiert, daher ist hier ein manuelles Eingreifen notwendig. Das gilt für einige der anderen Programme genauso.

Weitere Informationen und Bezugsquellen	
Manpages:	`groff(1)`
Newsgruppen	`de.comp.gnu`
	`gnu.groff.bug`
Paket:	`groff-1.09.tar.gz`
`ftp`-Server:	`ftp.gnu.org`
`ftp`-Pfad:	`/pub/gnu`
Größe:	ca. 840 kByte

Das Programm `man`

Das `man`-Programm dient zur Formatierung und Anzeige von einzelnen Seiten des Online-Handbuchs (auch Manpages genannt). Dabei werden in bester Unix-Manier verschiedene Utilities benutzt, um diesen Zweck zu erreichen. Bei der Verwendung von deutschen Manpages ist eine Reihe von Dingen zu beachten:

- Zunächst werden die Manpages mit Hilfe von `groff` formatiert. Dabei ist der Aufruf von `groff` und den anderen Programmen aus diesem Paket so zu ändern, daß auch Umlaute benutzt werden können.
- Eventuell wird das Programm `col` aufgerufen. Dieses Programm filtert in der Eingabe möglicherweise vorhandene umgekehrte Zeilenvorschübe heraus, so daß in der Ausgabe nur noch normale Vorschübe vorkommen. Das ist bei `groff` nicht nötig, aber für andere Formatierprogramme, z. B. für Versionen von `nroff`. Das Programm `col` ist im Paket `util-linux-1.10.tar.gz` enthalten und beachtet die eingestellte Lokale.
- Anschließend wird der Text durch `less` oder `more` angezeigt.

Umlaute in Manpages werden also nur angezeigt, wenn alle beteiligten Programme richtig konfiguriert sind. Je nach benutztem `man`-Programm muß man unterschiedliche Aktionen durchführen.

In Listing 10.12 finden Sie einen Auszug aus der Datei `/usr/lib/man.config` für das Programm `man`. Es arbeitet mehrsprachig, d. h. es benutzt Message-Kataloge und zeigt abhängig vom Wert der Variablen LANG die entsprechende Manpage an.

```
TROFF                /usr/bin/groff -Tps -mandoc
NROFF                /usr/bin/groff -Tlatin1 -mandoc
EQN                  /usr/bin/geqn -Tps
NEQN                 /usr/bin/geqn -Tlatin1
TBL                  /usr/bin/gtbl
COL                  /usr/bin/col
REFER                /usr/bin/grefer
PIC                  /usr/bin/gpic
VGRIND
GRAP
PAGER                /usr/bin/less -s -M -i
```

Listing 10.12: Auszug aus der Datei `man.config`

Das Satzsystem TEX/LATEX

Für TEX und LATEX gibt es eine Reihe von Zusatzpaketen, die die Arbeit mit dem Satzsystem vereinfachen oder sie an deutsche Besonderheiten anpassen.

- TEX und LATEX sollen auch deutsche Wörter trennen können. Dazu muß man das entsprechende Formatfile mit der Trenntabelle für die deutsche Sprache generiert haben. Das ist in der aktuellen Slackware-Version und bei dem `teTeX` von Thomas Esser bereits der Fall.

- Es sollen die deutschen Begriffe für „Chapter", „Section" usw. benutzt werden. Dazu verwendet man die Style-Option `german.sty` oder `german3.sty`.

- Als Papierformat soll A4 verwendet werden, also verwendet man die Style-Option `a4.sty` für mäßig gefüllte Seiten oder `a4wide.sty` für die bessere Ausnutzung der Papierfläche.

- In früheren Versionen von LATEX wurden Umlaute als `"a` eingegeben. Dies ist unkomfortabel und nicht besonders gut lesbar. Heute kann man in seinem Text die Umlaute schreiben, wie man mag, man muß nur LATEX mitteilen welchen Zeichensatz man verwendet hat. Das geschieht mit Hilfe des Befehls `\usepackage[latin1]{inputenc}` in der Präambel.

- Der Standard-LATEX-Style für Briefe (`letter.sty`) ist für den deutschen Sprachraum nicht besonders geeignet. Als Ersatz kann man z. B. die Style-Option `dinbrief.sty` oder `gletter.sty` verwenden.

Im aktuellen Filesystem-Hierarchie-Standard ist festgelegt, daß TEX und LATEX mit den zugehörigen Dateien in dem Pfad `/usr/lib/texmf` installiert werden. Die deutschen Anpassungen installiert man dann z. B. im Verzeichnis `$TEX/tex/language/german`. Fast alle Linux-Distributionen bringen ein vollständiges TEX-System mit; sollten dennoch einzelne Styles fehlen, so finden Sie diese bei `ftp.dante.de`.

Das Programm dvips

Das Programm `dvips` dient zur Erstellung von PostScript-Dateien aus den von TEX, LATEX oder `groff` erzeugten DVI-Dateien[2]. Deutsche Anwender müssen zunächst nur die Verwendung von A4-Papier einstellen. Das Programm `dvips` kann mit der Option `-t a4` veranlaßt werden, A4-Papier zu verwenden. Besser ist es allerdings, diese Option entweder systemweit in der Datei `/usr/lib/texmf/dvips/config.ps` oder in der Datei `~/.dvipsrc` für einen Benutzer festzulegen. Im Listing 10.13 finden Sie den entsprechenden Abschnitt aus der Datei `config.ps`. Jeder Benutzer kann diese Datei auch als `~/.dvipsrc` in seinem Home-Verzeichnis anlegen.

```
% Paper size information.  First definition is the default.
%
% If your default is a4 uncomment the following definition
% and comment out the letterSize definition.
%
@ a4size 210mm 297mm
@+ ! %%DocumentPaperSizes: a4
@+ %%PaperSize: a4
@+ %%BeginPaperSize: a4
@+ a4
@+ %%EndPaperSize
%
%@ letterSize 8.5in 11in
%
%@ letter 8.5in 11in
%@+ %%PaperSize: Letter
%@+ %%BeginPaperSize: Letter
%@+ letter
%@+ %%EndPaperSize
```

Listing 10.13: A4-Papier im Programm `dvips`

[2]DVI = Device Independent

Das Programm xdvi

Das Programm xdvi zeigt eine DVI-Datei unter X an. Dabei wird der Rand des Papiers als eine schwarze Linie um den Text herum angezeigt. Deshalb sollte man auch xdvi auf das verwendete Papierformat konfigurieren. Das geht zum einen mit der Kommandozeilenoption -paper a4, aber auch über eine Einstellung in der Datei ~/.Xresources (siehe Listing 10.14). Alternativ können Sie beim Aufruf von xdvi die Option -paper a4 angeben, das ist aber auf die Dauer eher lästig.

```
! Setting for DIN A4
XDvi.paper:     a4
```

Listing 10.14: Anpassungen für xdvi

Das Texinfo-System

Mit Hilfe des Texinfo-Systems können Dokumentationen sowohl online mit dem Info-Modus des Editors emacs oder externen Programmen, wie z. B. xinfo, gelesen werden. Es ist jedoch auch möglich, diese Dokumentation in Buchform auszudrucken. Dieses Format ist das Standardformat für Dokumentationen des GNU-Projektes der Free Software Foundation.

Um das A4-Papierformat bei Ausdrucken einzustellen, verwendet man den Befehl @afourpaper zu Beginn des Dokuments. Eine Texinfo-Dokumentation beginnt dann mit den folgenden Zeilen:

```
\input texinfo    @c -*-texinfo-*-
@afourpaper
```

Die Online-Komponente, d. h. der Info-Mode des Editors Emacs, verträgt ohne Probleme Umlaute in der Dokumentation. Zur Formatierung mit TeX benötigt man jedoch eine Änderung der texinfo.tex-Datei, so daß Umlaute auch in Verweisen verwendet werden können. Diese Änderungen befinden sich zur Zeit im Test.

Das Programm GhostScript (gs)

Das Programm GhostScript (gs) ist ein PostScript-Interpreter, der PostScript-Dateien auf einer Reihe von nicht PostScript-fähigen Druckern und anderen Ausgabegeräten (X, Linux-Konsole) darstellen kann. Auch dieses Programm verwendet das US-Papierformat (letter) als Standard. Die Kommandozeilenoption -sPAPERSIZE=a4 schaltet auf das A4-Format um.

Das Programm `ghostview`

Das Programm `ghostview` ist eine X-Oberfläche für GhostScript. Hier kann das Papierformat entweder über den entsprechenden Menüpunkt oder durch folgenden Eintrag in der Datei `~/.Xresources` eingestellt werden:

```
! Setting for DIN A4
Ghostview.pageMedia:   A4
```

`termcap`, `curses` und `ncurses`

Zur portablen Ansteuerung von Terminals oder der Konsole existieren verschiedene Bibliotheken, mit deren Hilfe man unabhängig vom verwendeten Terminal programmieren kann. Ist jedoch diese Bibliothek nicht 8-bit-clean, wie die BSD-`curses`-Bibliothek, so sind auch die Programme, die diese Bibliothek verwenden, nicht 8-bit-clean.

Die `termcap`-Bibliothek ist 8-bit-clean, so daß hier Umlaute korrekt verarbeitet werden. Wird jedoch von einem Programm die `curses`-Bibliothek benutzt, sollte man statt dessen die leistungsfähigere `ncurses`-Bibliothek benutzen.

Das Programm `ispell`

Das Programm `ispell` prüft Texte auf Rechtschreibfehler. Im Internet findet man die Versionen 3.1 und 4.0. Die aktuelle und leistungsfähigere Version ist 3.1, da die Version 4.0 nicht für fremdsprachige Texte, z. B. in deutscher Sprache, geeignet ist. Zur Übersetzung und Benutzung von `ispell` benötigt man Wörterbücher für die gewünschten Sprachen. `ispell` kann sowohl mit TeX-Umlauten als auch mit ISO-Latin-1-Umlauten umgehen.

Es ist möglich, `ispell` von Emacs aus zu benutzen. Mit dem Aufruf aus Listing 10.15 wird als Standardwörterbuch die deutsche Wortliste verwendet. `ispell` ist leider nicht besonders gut an die deutsche Sprache angepaßt, kann aber dennoch eine gute Hilfe darstellen.

```
; Wörterbuch 'deutsch8' verwenden (mit ISO-Umlauten
(setq ispell-dictionary "deutsch8")
```

Listing 10.15: Standardwörterbuch für `ispell` im Emacs

Weitere Informationen und Bezugsquellen	
ftp-Server:	ftp.informatik.uni-kiel.de
ftp-Pfad:	/pub/kiel/dicts
Dateiname:	hk-deutsch.tar.gz

10.7 Texte in X-Programmen

Viele X-Programme, insbesondere solche, die zur Standardversion von X gehören, lesen die Texte ihrer Widgets[3] aus den X-Ressources (app-defaults). Diese können auch in verschiedenen Sprachen auf einem System vorhanden sein und werden gemäß den Werten der Variablen `LANG` gelesen.

Beim Start des X-Window-Systems werden die Systemressourcen, die in der Datei `/usr/lib/X11/xinit/.Xresources` gespeichert sind, und die benutzerspezifischen Ressourcen (`~/.Xresources`) in den Speicher geladen. In diesen Dateien können häufig vorkommende Texte systemweit oder benutzerabhängig gesetzt, also z. B. in der deutschen Übersetzung verwendet werden. Dazu muß jedoch das entsprechende Anwendungsprogramm den Text natürlich aus der entsprechenden Ressource lesen. Man kann z. B. die in Listing 10.16 angegebenen Definitionen in seine `~/.Xresources` aufnehmen.

```
! Übersetzung von häufig vorkommenden Label-Texten
*yes.Label:      Ja
*no.Label:       Nein
*cancel.Label:   Abbruch
*ok.Label:       Weiter
*OK.Label:       Weiter
*quit.Label:     Verlassen
*open.Label:     Öffnen
```

Listing 10.16: Deutsche Übersetzungen für Standardressourcen

Beim Start eines X-Clients (einer Anwendung) durchsucht das System eine Reihe von Verzeichnissen nach den zugehörigen Ressourcen. Dabei spielt eine Reihe von Variablen eine Rolle:

- Die Zeile `*customization: -color` in den beim Start von X geladenen Ressourcen bewirkt, daß auch nach einer Ressource mit `-color` als letztem Teil des Namens gesucht wird. Das Programm `xterm` lädt dann seine Ressourcen aus der Datei `XTerm-color`, falls diese Datei existiert, sonst aus der Datei `XTerm`.

[3]Widgets sind vorgefertigte Elemente einer X-Oberfläche, z. B. Dialogboxen.

- Die Umgebungsvariable `LANG` erweitert den Suchpfad nach Ressourcen, so daß auch sprachabhängige Ressourcen (Übersetzungen) möglich sind. Ist die Variable `LANG` gesetzt, so werden beim Start eines X-Clients zunächst die Ressourcen im Pfad `/usr/X11R6/lib/X11/$LANG/app-defaults` gesucht, andernfalls werden die Ressourcen aus dem Standardpfad `/usr/X11R6/lib-/X11/app-defaults` benutzt.

  Jeder Benutzer kann jedoch auch in seinem Heimatverzeichnis diese Dateien speichern. Auch hier wird der Wert der Variablen `LANG` mit in den Suchpfad eingebaut.

- Der Host-Name des Rechners, auf dem der X-Server läuft. Das muß nicht der Rechner sein, auf dem der Client gestartet wurde. Bei Start des Servers werden Ressourcen aus der Datei `~/.Xresources-`*hostname* gelesen, wenn diese Datei existiert. Andernfalls wird die Datei `~/.Xresources` benutzt.

- Der Suchpfad nach Ressourcen kann auch mit den Umgebungsvariablen `XAPPLRESDIR`, `XFILESEARCHPATH` und `XUSERFILESEARCHPATH` verändert werden.

Mit diesen Mitteln kann ein Benutzer die X-Applikationen in vielen Bereichen konfigurieren. Das gilt auch für eine Reihe von Texten in Menüs oder Dialogboxen, aber leider nicht für alle Texte.

10.8 Zeitzonen und Sommerzeit

Konfiguration der Zeitzone

Bei der Installation eines Linux-Systems wird man nach der verwendeten Zeitzone gefragt. Deutschland liegt in der Zeitzone `MET` (Middle European Time). Durch diese Einstellung kann auch die Umschaltung auf Sommerzeit (DST = Daylight Saving Time) automatisiert werden. Die Termine der Zeitumstellung werden mit Hilfe der zur Zeitzone MET festgelegten Regeln berechnet.

Die Zeitzone wird konfiguriert, indem man im Verzeichnis `/usr/lib/zoneinfo` einen Link namens `localtime` auf die Datei `MET` legt. Außerdem sollte man einen entsprechenden Link mit dem Namen `posixrules` anlegen. Das erfolgt z. B. mit den Kommandos:

```
(Linux):~# cd /usr/lib/zoneinfo
(Linux):/usr/lib/zoneinfo# ln -sf MET localtime
(Linux):/usr/lib/zoneinfo# ln -sf MET posixrule
```

Änderungen an der Zeitzone sollten nur im Single-User-Modus durchgeführt werden. Außerdem ist es sinnvoll, anschließend den Rechner neu zu starten, weil sonst im Hintergrund laufende Prozesse eine andere Uhrzeit haben als neu gestartete Programme. Das kann zu schwer verständlichem Fehlverhalten führen.

Technischer Hintergrund

Auf einem System, das Linux als Betriebssystem verwendet, muß man drei verschiedene Uhrzeiten unterscheiden:

- Die Zeit der CMOS-Uhr, die auch von anderen Systemen wie z. B. MS-DOS benutzt wird. Diese Zeit kann entweder im BIOS-Setup, unter MS-DOS mit dem `time`-Kommando oder unter Linux mit dem Kommando `clock` eingestellt werden.
- Die interne Zeit des Linux-Systems ist stets GMT (Greenwich Mean Time) oder neuerdings UTC (Coordinated Universal Time). Beim Systemstart wird die Zeit aus der CMOS-Uhr mit Hilfe des Programms `clock` ausgelesen und die Linux-Uhr entsprechend gestellt.
- Die Zeit, die die Benutzerprozesse nach außen darstellen. Diese Zeit wird aus der internen Zeit des Linux-Kernels berechnet und durch die Einstellung der Zeitzone beeinflußt, so daß schließlich die lokale Zeit angezeigt wird.

Die CMOS-Uhr ist bei der Verwendung von MS-DOS oder OS/2 in der Regel auf die lokale Zeit eingestellt. Systeme wie MS-DOS sind ohne Zusatzprogramme nicht in der Lage, Zeitzonen zu verwenden.

Bei der Installation von Linux kann man die CMOS-Uhr auf der lokalen Zeit eingestellt lassen. Damit wird auch unter anderen Betriebssystemen die richtige Uhrzeit verwendet.

Entscheidet man sich jedoch dafür, die CMOS-Uhr auf GMT umzustellen, zeigt MS-DOS eine Uhrzeit an, die um eine Stunde abweicht. In der Sommerzeit beträgt die Abweichung zwei Stunden.

Beim Start des Linux-Systems wird z. B. in der Datei `/etc/rc.d/rc.local` mit dem Programm `hwclock` die CMOS-Uhr ausgelesen und die Linux-interne Uhr gestellt. Wenn die CMOS-Uhr auf GMT steht, dann ist der Schalter `-u` anzugeben. Analog funktioniert mit der Option `-w` das Stellen der CMOS-Uhr von Linux aus.

CMOS-Uhr	Linux-Zeit setzen	CMOS-Uhr stellen
Lokale Zeit	`/sbin/clock -s`	`/sbin/clock -w`
GMT/UTC	`/sbin/clock -u -s`	`/sbin/clock -u -w`

Tabelle 10.1: Linux- und CMOS-Uhr im Vergleich

Damit ist die Linux-interne Uhr auf GMT-Zeit gestellt. Dies ist der Standard für Unix-Systeme. Benutzerprogramme, wie z. B. `date` oder `xclock`, setzen die Linux-interne Zeit mit Hilfe der in der Datei `localtime` festgelegten Regeln in die aktuelle Uhrzeit um. Beim Setzen der CMOS-Zeit mit `/sbin/clock -w` wird die CMOS-Uhr auf die Zeit gesetzt, die das Programm `date` dem Benutzer anzeigt.

Weitere Informationen und Bezugsquellen	
Manpages:	`date`, `clock`, `zic`, `zdump`
Paket:	`util-linux-1.10.tar.gz`
`ftp`-Server:	`ftp.cs.unc.edu`
`ftp`-Pfad:	`/pub/faith/linux/utils`
Größe:	ca. 400 kByte

11 Unix-Tools

„Keep it simple, stupid“ – *Ein Design-Ziel von Unix*

Ein großer Vorteil von Unix sind die vielen mitgelieferten Tools, die die Arbeit am Computer erleichtern. Einige dienen dazu, Dateien zu finden oder Programme regelmäßig auszuführen. Andere können Textdateien relativ komfortabel und schnell bearbeiten. Für praktisch jede (einfache) Aufgabe existiert ein kleines, einfach zu bedienendes Programm. Verschiedene Programme können flexibel miteinander kombiniert werden, was die Einfachheit, Eleganz und Leistungsfähigkeit von Unix ausmacht.

Mit der Shell, den Unix-Tools und `awk` oder anderen Skriptsprachen lassen sich leicht Skripten oder Programme schreiben, die dem Systemverwalter die lästigen Routineaufgaben, wie zum Beispiel das regelmäßige Kürzen der Log-Dateien, abnehmen können. Auch viele andere Aufgaben, wie die Bearbeitung von Textdateien jeder Art, z. B. für Ad-hoc-Auswertungen, können mit den Unix-Dienstprogrammen mit relativ geringem Aufwand durchgeführt werden. Dazu müssen jedoch die Möglichkeiten der einzelnen Tools zumindest grundsätzlich bekannt sein, damit man für das Problem das passende Werkzeug oder einen geeigneten Lösungsweg wählen kann.

Ein Unix-System kann als „Werkzeugkasten“ mit einer Reihe von einfachen Werkzeugen betrachtet werden. Die Kombination von verschiedenen Programmen, die einzeln nur einen Bruchteil der Arbeit erledigen können, kann dem Programmierer oder Systemverwalter oft stundenlange stupide Tätigkeiten ersparen. Die Kombination der Programme erfolgt durch Kontrollstrukturen, z. B. der Shell, und die einfache Weiterleitung der Daten mittels Pipes. In diesem Fall spielen einige Design-Entscheidungen eine wichtige Rolle:

- Jedes Programm soll eine (einfache) Aufgabe erledigen.
- Programme lesen von der Standardeingabe. Das kann eine Datei, eine Pipe oder das Terminal des Benutzers sein.
- Programme schreiben ihre Ergebnisse auf die Standardausgabe. Das kann eine Datei, eine Pipe oder das Terminal des Benutzers sein.
- Programme dürfen keine zusätzlichen Ausgaben auf der Standardausgabe erzeugen. Für Fehlermeldungen wird die Standardfehlerausgabe verwendet.
- Programme geben über den Erfolg oder Nicht-Erfolg des Laufes durch den Rückgabewert (Return-Code oder Exit-Code) Aufschluß.

Die Unix-Utilities können sehr einfach miteinander kombiniert werden und damit Aufgaben lösen, an die die Programmierer der Utilities niemals denken konnten. Bei größeren Projekten oder Programmen sollte man aber dennoch über die Programmierung in C oder einer anderen Programmiersprache nachdenken. Shell-Programme sind langsam und trotz aller Bemühungen relativ fehleranfällig, dafür sehr gut für „Schnellschüsse" und einfache Prototypen geeignet.

Die meisten der Standardprogramme, die unter Linux verwendet werden, entstammen dem GNU-Projekt. Das Ziel des GNU-Projekts (GNU is Not Unix), das von Richard M. Stallman ins Leben gerufen wurde und jetzt von der Free Software Foundation verwaltet wird, ist die Implementation eines verbesserten, freien Unix-Betriebssystems (The Hurd, ausgeschrieben „Herd of Unix Replacing Daemons"). Diese GNU-Programme sind freie Neuimplementierungen der bekannten Unix-Programme. Dabei wird viel Wert darauf gelegt, die in der originalen Implementierung vorhandenen Beschränkungen, wie maximale Zeilenlänge oder die Verarbeitung nur von druckbaren ASCII-Zeichen , zu entfernen. Außerdem ist die Konformität zum POSIX-Standard ein wesentliches Ziel, sofern sie der Weiterentwicklung von The Hurd nicht im Wege steht.

Dies ist die Ursache dafür, daß GNU-Tools sich oft etwas anders als die entsprechenden Programme anderer (älterer) Unix-Systeme (z. B. auf BSD- und System-V-Derivaten) verhalten. Bei inkompatiblen Erweiterungen beachten die GNU-Programme in der Regel die Option `--posix` oder die Umgebungsvariable `POSIXLY_CORRECT`. Dadurch werden die Erweiterungen abgeschaltet und das Programm verhält sich genauso, wie es im Standard festgelegt ist, auch wenn dies manchmal nicht dem entspricht, was der Benutzer erwartet. Ein Beispiel hierfür ist der `df`-Befehl. Der POSIX-Standard legt fest, daß die Ausgabe in 512-Byte-Blöcken erfolgt, das GNU-Programm `df` verwendet als Standard die Ausgabe in den gewohnteren Kilobytes. In der Regel sind die Abweichungen und Erweiterungen als solche dokumentiert, so daß man dennoch in der Lage ist, relativ portable Skripten zu schreiben.

GNU-Erweiterungen sind oft nützlich und komfortabel, auch wenn sie dem POSIX-Standard widersprechen oder Erweiterungen dazu sind. Auf vielen kommerziellen Systemen installiert daher der Systemverwalter die GNU-Tools zusätzlich zu den bereits vorhandenen Unix-Versionen. Ein weiterer Vorteil ist, daß die GNU-Tools auf allen unterstützten Plattformen praktisch identisch sind. Auf verschiedenen kommerziellen Unix-Systemen findet man oft unterschiedliche und inkompatible Versionen der verschiedenen Programme, möglicherweise mit verschiedenen, kaum zu umgehenden Fehlern. In diesem Fall dienen die GNU-Programme oft dazu, eine einheitliche Oberfläche für Anwender oder Skripten zu schaffen.

11.1 Dateiverwaltung

Ein komplettes Linux-System besteht aus mehreren tausend Dateien. Die Suche nach einer Datei kann da manchmal fast aussichtslos erscheinen. Zum Glück gibt es aber Tools, die die Suche nach Dateien erleichtern. Es gibt das (Unix-) Kommando `find`, das im aktuellen Verzeichnisbaum Dateien nach bestimmten Kriterien finden kann. Eine andere Möglichkeit besteht darin, das GNU-Tool `locate` zu verwenden. Dieses durchsucht eine mit `updatedb` erstellte Datenbank nach dem Dateinamen.

Suchen von Dateien mit dem Kommando `find`

Mit dem Kommando `find` können Sie Dateien nach vielen verschiedenen Kriterien im Dateisystem suchen und finden. `find` kann eine Liste der gefundenen Dateien ausgeben, die dann von anderen Programmen, wie zum Beispiel dem `awk` (siehe Abschnitt 11.5, *Die Programmiersprache awk*, auf Seite 334), weiterverarbeitet werden kann. Oder man gibt dem Kommando `find` einen anderen Unix-Befehl an, der für jede gefundene Datei ausgeführt wird.

Dem Kommando `find` können als erster Parameter ein oder mehrere Ausgangsverzeichnisse angegeben werden, andernfalls beginnt die Suche im aktuellen Verzeichnis. Es werden alle dort enthaltenen Unterverzeichnisse durchsucht. Die Verschachtelungstiefe kann durch die Option `-maxdepth` eingeschränkt werden, mit der Option `-xdev` oder `-mount` kann die Suche auf ein Dateisystem begrenzt werden.

Danach können Sie verschiedene Suchkriterien angeben, die für die Dateien gelten sollen. Mögliche Kriterien sind z. B. der Dateiname (oder Suchmuster dafür), der Typ der Datei oder die letzte Zugriffs- oder Änderungszeit oder die Statusänderungszeit. Um zum Beispiel nach dem Namen einer Datei zu suchen, gibt man `-name` *`Dateiname`* ein. Eine tabellarische Übersicht über die wichtigsten Kriterien finden Sie in Tabelle 11.1. Beachten Sie, daß sich GNU-`find` z. T. deutlich von anderen `find`-Versionen unterscheidet.

Die verschiedenen Ausdrücke werden implizit durch UND verknüpft. Der in Tabelle 11.1 angegebene Parameter `-a` ist also nur in seltenen Fällen notwendig. Die erzwungene Reihenfolge der Auswertung durch die runden Klammern ist eher notwendig, wenn man mit komplexen, mit UND und ODER verknüpften Bedingungen arbeitet. In der Praxis findet man derartige Konstruktionen in der Regel in Skripten versteckt, manuell werden meist nur recht einfache Suchen durchgeführt.

Mit einem Parameter muß dem Kommando `find` noch mitgeteilt werden, was zu tun ist, wenn eine passende Datei gefunden wurde. Hier besteht die Möglichkeit, einfach nur den Dateinamen auszugeben (Option `-print`) oder andere Unix-Programme, mit dem gefundenen Dateinamen als Parameter, zu starten (Option

Option	Bedeutung
`-mindepth`	Minimale Pfadlänge
`-maxdepth`	Maximale Pfadlänge
`-xdev`	Nur das aktuelle Dateisystem durchsuchen
`-atime`	Suche nach der Accesstime der Datei
`-mtime`	Suche nach der Modifikationszeit
`-ctime`	Suche nach der Zeit der letzten Statusänderung
`-mmin`	Zeit in Minuten statt in Tagen
`-anewer` *`Datei`*	Modifikation neuer als von der Datei *`Datei`*
`-empty`	Findet nur leere Dateien oder Verzeichnisse
`-uid` *`uid`*	Dateieigentümer hat die UID *`uid`*
`-user` *`name`*	Die Datei gehört dem Benutzer mit dem Namen `varname`
`-gid` bzw. `-group`	Analog für die Gruppenzugehörigkeit
`-inum` *`i-Node`*	Die Datei hat die angegebene i-Node-Nummer
`-name` *`Muster`*	Der Name der Datei entspricht *`Muster`*
`-newer` *`Datei`*	Findet Einträge neuer als *`Datei`*
`-nouser` bzw. `-nogroup`	Benutzernummer bzw. Gruppennummer nicht bekannt
`-regex` *`Muster`*	Regulärer Ausdruck für das *gesamte Suchergebnis*
`-perm` *`Mode`*	Berechtigungen des Verzeichniseintrags
`-size` *`Größe`*	Größe der Datei, Default in 512-Byte-Blöcken
`-type` *`Typ`*	Typ der Datei, siehe Tabelle 11.2
`-a` bzw. `-o`	Verknüpfung der Bedingungen mit UND bzw. ODER
`!` bzw. `-not`	Negierung der folgenden Bedingung
`( ... )`	Erzwingung einer bestimmten Auswertungsfolge

Tabelle 11.1: Übersicht über die wichtigsten `find`-Kriterien

Parameter	Bedeutung
`b`	Block-Gerät
`c`	zeichenorientiertes Gerät
`d`	Verzeichnis (directory)
`p`	Named Pipe (FIFO)
`f`	Reguläre Datei
`l`	Symbolischer Link
`s`	Socket

Tabelle 11.2: Parameter für die `-type`-Option von `find`

`-exec`). Das GNU-Programm `find` verwendet als Standardaktion `-print`, wenn nichts angegeben wurde; andere Unix-Systeme tun dies auch, – oder auch nicht. Wenn Sie portabel bleiben wollen, geben Sie stets `-print` mit an. In Listing 11.1 wird nach allen Dateien im Verzeichnis `/etc` gesucht, deren Name dem Muster `*net*` entspricht.

```
(Linux):/$ find /etc -name '*net*' -print
/etc/rc.d/rc.inet1
/etc/rc.d/rc.inet2
/etc/inet
/etc/inetd.conf
/etc/networks
```

Listing 11.1: Suche nach Dateien mit `find`

Durch den Parameter `/etc` wird das Verzeichnis bestimmt, das durchsucht werden soll. Aufgrund des Parameters `-name '*net*'` sucht `find` nach Dateinamen, deren Name dem Suchmuster `*net*` entspricht. Der zu suchende Dateiname sollte in einfache Anführungszeichen gesetzt werden, damit die Shell, die `find` aufruft, die Sonderzeichen nicht interpretiert. Durch den Parameter `-print` wird `find` angewiesen, den kompletten Dateinamen auszugeben.

Wenn Sie die Option `-printf` angeben, so können Sie die Ausgabe durch eine Formatangabe modifizieren. Dadurch können Sie z. B. das Änderungsdatum, den Eigentümer oder die Dateigröße in die Ausgabe aufnehmen. Die Manpage zu `find` enthält eine vollständige Übersicht über die möglichen Formatierungen. Außerdem sind weitere Ausgabeformate einstellbar. So kann mit `-print0` kein Zeilenvorschub, sondern ein Null-Byte als Trennzeichen zwischen den einzelnen Namen verwendet werden. Das kann notwendig sein, um mit Dateinamen umgehen zu können, in denen ein Zeilenvorschub enthalten ist.

Anstatt die gefundenen Dateinamen nur aufzulisten, kann ein Unix-Kommando mit dem Dateinamen als Parameter gestartet werden. Dies geschieht durch die Verwendung von `-exec`. Dabei wird für jede gefundene Datei ein neuer Prozeß erzeugt. Enthält das Suchergebnis viele Dateien, so sollte einer der ebenfalls in Listing 11.2 angegebenen Befehle verwendet werden, die nur einen oder wenige zusätzliche Prozesse erzeugen. Dabei wird entweder ein Mechanismus der Shell oder das Programm `xargs` (siehe den Abschnitt *Überlange Parameterzeilen* auf Seite 315) verwendet.

```
(Linux):~$ find . -name '*.bak' -exec rm -f {} \;
(Linux):~$ rm -f $(find . -name '*.bak')
(Linux):~$ find . -name '*.bak' | xargs rm -f
```

Listing 11.2: Ausführen von Befehlen mit `find`

Alle Beispiele in Listing 11.2 löschen alle Dateien mit der Endung `.bak`. Der Parameter `-exec` führt für jede gefundene Datei das Kommando `rm -f` aus. Die beiden geschweiften Klammern in der ersten Zeile sind der Platzhalter für den gefundenen

Dateinamen. Durch das Semikolon erkennt der Befehl `find` das Ende des Parameters `-exec`. Da die Shell das Semikolon als Trennzeichen zwischen verschiedenen Befehlen auswerten würde, muß es z. B. mit einem Backslash (\) maskiert werden.

Wenn Sie sich nicht sicher sind, ob der angegebene Befehl wirklich bei allen Dateien ausgeführt werden soll, verwenden Sie die Option `-ok` anstelle von `-exec`. Hier fragt `find` bei jeder gefundenen Datei nach, ob das Ausführen des angegebenen Kommandos erwünscht ist.

Ein weiterer interessanter Verwendungszweck der Option `-exec` ist in Verbindung mit dem Kommando `grep` zu sehen. So ist es zum Beispiel leicht möglich, Dateien zu finden, *in* denen eine bestimmte Textstelle vorhanden ist. Das Beispiel in Listing 11.3 listet alle Dateien auf, in denen der eigene Host-Name eingetragen ist. Das Beispiel kann je nach Umfang des Dateisystems recht lange laufen, da *alle* Verzeichnisse durchsucht werden.

```
(Linux):/# find / -type f -exec grep -l `hostname` {} \;
/etc/profile
/etc/HOSTNAME
/etc/hosts
/etc/nntpserver
/etc/ftpaccess
```

Listing 11.3: `find` in Kombination mit `grep`

In Kombination mit dem Kommando `cpio` (Seite 246) oder `afio` (Seite 247) kann man mit `find` auch leicht ein einfaches Datensicherungssystem erstellen. Ein sehr einfaches Beispiel finden Sie in Listing 11.4. In der Regel ist jedoch die Verwendung eines kompletten Sicherungssystems die bessere Wahl (siehe auch Kapitel 8, *Datensicherung*, auf Seite 231).

```
(Linux):~$ find . -print|afio -oZf /dev/fd0
./.profile
./.emacs
./diary
...
(Linux):~$ touch .backup
(Linux):~$ find . -newer .backup -print|afio -oZf /dev/fd0
./.bash_history
```

Listing 11.4: Datensicherung mit `find` und `cpio`

Nach der Installation einer Linux-Distribution müssen noch einige Dateien manuell angepaßt werden, z. B. die Datei `/etc/printcap`. Nach und nach werden immer mehr Änderungen durchgeführt, um das System an die eigenen Bedürfnisse anzupassen. Dies geschieht entweder manuell oder mit den Tools der Distribution. Um nun für eine Sicherung herauszufinden, welche Dateien alle verändert wurden, kann man gleich nach der Installation eines Linux-Systems in `/root` die Datei `Install_Date` anlegen (siehe Listing 11.5).

```
(Linux):/root# date > /root/Install_Date
```

Listing 11.5: Anlegen einer Datei, die das Installationsdatum enthält

Es ist nicht notwendig, das Datum in der Datei zu sichern, aber man kann so das Datum immer wieder herstellen, falls das Änderungsdatum der Datei versehentlich, z. B. mit `touch`, verstellt wurde. Dann kann man später jederzeit alle veränderten Dateien wiederfinden (siehe Listing 11.6). Ein weiteres, möglicherweise interessantes Datum ist der letzte Neustart des Systems, das man z. B. in dem Skript `rc.local` in eine Datei speichern kann.

```
(Linux):/# find / -newer /root/Install_Date -print
/etc/profile
/etc/printcap
```

Listing 11.6: Alle nach der Installation geänderten Dateien finden

Einige der jetzt aktuellen Distributionen können ohne Probleme und Neuinstallation auf eine neue Version aufgerüstet werden. Trotzdem kann es sinnvoll sein, auf diese Art und Weise eine Sicherung seiner Anpassungen durchzuführen. Man kann alle geänderten Dateien auf einen neuen Rechner übertragen und dort anpassen oder eine Datensicherung durchführen. Oft reicht es aber schon zu wissen, welche Dateien geändert wurden, um mehr über das System zu erfahren.

Das Programm `find` ist ein sehr flexibles und leistungsfähiges Tool für die Suche nach Dateien. Der Benutzer kann nach Namen, Größe, Eigentümer und anderen Bedingungen selektieren, Bedingungen verknüpfen und eine oder mehrere Aktionen auslösen. Nützlich kann die Erstellung einer Dateiliste mit der Aktion `-printf` sein, die neben dem Namen noch weitere Informationen, wie Dateieigentümer, Berechtigungen oder die Größe enthält. Die vollständige Dokumentation zu `find` finden Sie in der Manpage bzw. der Texinfo-Dokumentation.

Suchen mit `locate`

Ein Nachteil des Kommandos `find` ist, daß die Suche in großen Dateisystemen oder gar auf Netzlaufwerken sehr lange dauert. Außerdem besteht die Gefahr, daß find bei falschen symbolischen Links und entsprechenden Parametern in einer Endlosschleife hängenbleibt. Aber es gibt noch eine andere Methode, Dateien zu finden, nämlich das GNU-Programm locate.

Das Kommando locate durchsucht anstelle des Dateisystems eine Datenbank nach dem gewünschten Dateinamen. Diese Unix-Datenbank wird mit dem Kommando updatedb erzeugt. Erst nachdem eine Datenbank erstellt ist, kann mit dem locate-Befehl gearbeitet werden. Die Suche geht nun sehr viel schneller als mit dem find-Kommando, aber möglicherweise ist die Datenbank nicht auf dem letzten Stand, so daß nicht alle Dateien gefunden oder bereits gelöschte Dateien immer noch angezeigt werden. locate warnt den Benutzer, wenn die Datenbank älter als acht Tage ist. Ein weiterer Nachteil gegenüber find ist, daß nur die Suche nach Mustern im Dateinamen unterstützt wird.

Das Kommando updatedb durchsucht alle Verzeichnisse, die in den Umgebungsvariablen SEARCHPATHS und NFSPATHS angegeben sind. Mit dem Suchmuster in der Variablen PRUNEREGEX können Dateinamen oder ganze Pfade davon ausgeschlossen werden, in die Datenbank aufgenommen zu werden. Standardmäßig sind dies die Verzeichnisse /tmp, /usr/tmp und /var/tmp. Es empfiehlt sich, das /proc Verzeichnis auch in diesen Ausdruck mit einzubauen. Das /proc-Dateisystem enthält nur Daten, die den internen Status des Systems darstellen, und diese ändern sich sehr schnell.

Sie sollten zunächst die Home-Verzeichnisse der Benutzer von der Suche ausnehmen, da auch nicht lesbare Verzeichnisse vom Systemverwalter durchsucht würden. Wenn Sie Ihren Benutzern auch eine Datenbank über alle Home-Verzeichnisse zur Verfügung stellen möchten, starten Sie zumindest diesen Suchlauf als Benutzer nobody. Andernfalls kann jeder Benutzer auch eine zusätzliche Datenbank für seine Verzeichnisse anlegen und standardmäßig von locate durchsuchen lassen. Das Listing 11.7 enthält ein Beispiel für die Erstellung und Abfrage einer eigenen locate-Datenbank.

```
(Linux):~> updatedb --localpaths=/home/jochen \
? --output=update.db
(Linux):~> locate -d update.db:/var/lib/locatedb passwdtab
```

Listing 11.7: Erstellen einer eigenen locate-Datenbank

Das Kommando updatedb sollte in die crontab eingetragen werden (Beispiel siehe Listing 11.34 auf Seite 332), damit die Datenbank regelmäßig auf den neuesten Stand gebracht wird. Die Datenbank befindet sich üblicherweise in dem Verzeichnis /var/lib. Der Name (locatedb) der Datenbank, die normalerweise durch updatedb erzeugt wird, kann durch Setzen der Variablen LOCATE_DB überschrieben werden. So kann man sich beispielsweise für jede CD eine Datenbank anlegen.

Dem Kommando `locate` können mit dem Parameter `-d` auch *mehrere* Datenbanknamen, durch Doppelpunkte getrennt, angegeben werden.

In dem folgenden Beispiel (siehe Listing 11.8) wird eine Datenbank unter dem Namen `cd_linux2_1.codes` im Verzeichnis `~/locate` angelegt, die den Inhalt der CD enthält. Nachdem die Datenbank angelegt ist, kann mit dem Befehl `locate` mit der Option `-d ~/locate/cd_linux2_1.codes` in dieser Datenbank gesucht werden.

```
(Linux):~# export LOCATE_DB=~/locate/cd_linux2_1.codes
(Linux):~# export SEARCHPATHS='/CD'
(Linux):~# export PRUNEREGEX=' '
(Linux):~# updatedb
(Linux):~# locate -d ~/locate/cd_linux2_1.codes ftape
```

Listing 11.8: Aufbereitung einer Suchdatenbank für eine CD

Die Nachteile dieses Systems liegen darin, daß die Unix-Datenbank möglichst häufig aktualisiert werden muß, da sonst neuere Dateien nicht gefunden werden können oder bereits gelöschte Dateien immer noch angezeigt werden. Auch ist die Suche selbst nicht so flexibel wie beim `find`-Kommando. Es kann nicht nach Datum, Eigentümer oder dergleichen gesucht werden, sondern nur nach dem Dateinamen. Außerdem ist ein Lauf von `updatedb` relativ aufwendig, da ein `find` über die gesamte Festplatte durchgeführt wird.

Alles in allem lohnt sich der Einsatz von `locate` immer dann, wenn Sie viele Benutzer auf Ihrem System haben und der Rechner über genügend „ruhige" Zeiten verfügt, in denen die Datenbank neu aufgebaut werden kann. Wenn Sie auf Ihrem System feststellen, daß Sie häufig Dateien anhand ihres Namens suchen, dann lohnt sich `locate` auf einem privaten System; bei mir wird `updatedb` alle vier Stunden aufgerufen.

Wo ist das Programm xyz?

Sucht man den kompletten Namen einer ausführbaren und im Suchpfad(!) stehenden Datei, so kann man die langwierige Suche mit `find` umgehen. Anstatt das Programm `find` zu verwenden, sollte man das Kommando `which` benutzen. Bei der `tcsh` ist `which` ein interner Befehl der Shell. Benutzer der `bash` können den Aliasnamen `type -path` verwenden. In manchen Unix-Systemen heißt das Kommando auch `ewhich`, `whereis` oder `whence`.

Das Kommando `which` durchsucht den kompletten Pfad, der in der Variablen `PATH` steht, nach dem gewünschten Dateinamen. Die Reihenfolge, in der der Pfad abgearbeitet wird, entspricht genau der, die auch die Shell benutzen würde.

```
(Linux):/$ which gawk
/usr/bin/gawk
```

Listing 11.9: Die Verwendung von `which`

Mit dem Kommando `whereis` kann man nicht nur Programme, sondern auch die zugehörigen Manpages finden. Mit der Option `-b` wird nur nach Programmen und mit der Option `-m` nur nach den Manpages gesucht. Weitere Optionen und die durchsuchten Pfade finden Sie in der Manpage zu `whereis`.

Mit dem `bash`-Kommando `type -all -path` kann man feststellen, ob zwei verschiedene Versionen eines Programms im Pfad liegen, z. B. in `/usr/bin` und `/usr/local/bin`, und welche davon gestartet werden würde. Dies festzustellen kann hilfreich sein, wenn man ein Programm neu installiert hat und dennoch die alte Version gestartet wird.

Ein Programm wie `which` ist immer dann sinnvoll, wenn man den Pfad zu einem Programm benötigt. Das kann bei der Installation und Anpassung von Shell-Skripten genauso der Fall sein wie bei der Fehlersuche. Programme wie `strings` oder `ldd` arbeiten mit Dateien und nicht mit Programmen aus dem Suchpfad.

Was ist denn das für eine Datei?

Ein Unix-System besteht aus praktisch unüberschaubar vielen Dateien. Genauso unüberschaubar ist die Anzahl der Dateitypen. Es gibt Textdateien, Binärprogramme, Shell-Skripten, Bilder und viele mehr. Oft kann man dem Namen, genauer gesagt der Erweiterung, entnehmen, was das für eine Datei ist, manchmal versagt aber dieser Trick. Unter Unix ist es zwar üblich, daß die Endung den Typ der Datei angibt, im Gegensatz zu Windows ist es aber nicht notwendig.

Das Programm `file` öffnet die Datei und versucht, in der Datei `/etc/magic` einen passenden Eintrag zu finden. Anhand von „magischen Kennungen" und ähnlichem wird versucht, den Dateityp zu bestimmen. Manchmal ist die Ausgabe von `file` überraschend genau, manchmal greift das Programm auch daneben. Das Listing 11.10 zeigt einige Beispiele für die Ausgaben von `file`.

```
(Linux):~> file /vmlinuz /bin/ls announce
/vmlinuz: Linux/x86 kernel image, version 2.0.30
/bin/ls:  ELF 32-bit LSB executable, Intel 80386,
version 1, dynamically linked, stripped
announce: International language text
```

Listing 11.10: Das Programm `file`

Die Ausgaben von `file` sind nur so gut wie die zugrundeliegende Datenbank in `/etc/magic`. Gerade kommerzielle Systeme haben hier oft relativ kleine und alte Versionen. Moderne Linux-Systeme enthalten sehr gute Versionen dieser Datei. Oft findet man auch einzelne Dateitypen in neuen Programmen definiert, so daß man diese Datei einfach ergänzen kann.

Weitere Informationen und Bezugsquellen	
`ftp`-Server:	`ftp.deshaw.com`
`ftp`-Pfad:	`/pub/file`
Dateiname:	`file-`*X*`.`*YY*`.tar.gz`
Größe:	ca. 80 kByte

Wo kommt die Datei denn her?

Heutige Linux-Distributionen basieren auf sogenannten Paketen, die jeweils einen Teil des Systems enthalten. Die Verwaltung der Pakete wird von einem Paket-Manager wie `rpm` (Red Hat Package Manager) oder `dpkg` (Debian Package Manager) durchgeführt.

Wenn man nicht weiß, zu welchem Paket eine Datei gehört, kann die entsprechende Funktion des Paket-Managers verwendet werden. Bei `rpm` kann neben dem Namen des Pakets auch die zugehörige Beschreibung oder die Liste aller in diesem Paket enthaltenen Dateien angezeigt werden. Das Listing 11.11 zeigt einige Beispiele. Die RPM-HowTo ist genauso lesenswert wie die entsprechende Web-Seite (`http://www.rpm.org`).

```
(Linux):~> rpm -qf /usr/bin/units
units-1.0-10
(Linux):~> rpm -qif /usr/bin/units
Name        : units          Distribution: Manhattan
Version     : 1.0                  Vendor: Red Hat Software
...
(Linux):~> rpm -qlf /usr/bin/units
/usr/bin/units
/usr/lib/units.lib
/usr/man/man1/units.1
```

Listing 11.11: Abfrage der Paket-Datenbank mit `rpm`

Die Option `-q` allein prüft, ob das entsprechende Paket auf dem System installiert ist, und gibt die Versionsnummer des Pakets aus. Wird, wie im ersten Beispiel in Listing 11.11, zusätzlich die Option `-f` verwendet, dann ist der folgende Parameter nicht der Name eines Pakets sondern ein Dateiname. `rpm` sucht dann in seiner

Datenbank nach einem installierten Paket, das diese Datei enthält, und gibt den Paketnamen aus.

Das zweite Beispiel im Listing 11.11 verwendet zusätzlich die Option `-i`, die eine recht ausführliche Beschreibung des Pakets anzeigt. Aus Platzgründen ist die Ausgabe hier nicht vollständig abgebildet. Im letzten Beispiel wird mit Hilfe der Option `-l` eine Liste aller in dem gesuchten Paket enthaltenen Dateien angezeigt. `rpm` hat noch viele weitere Funktionen, die dem Systemverwalter das Leben sehr erleichtern können, schauen Sie einfach mal in die Manpage.

Andere kleine Helfer

Es gibt noch ein paar andere kleine Helfer, die hauptsächlich in Shell-Programmen verwendet werden. Für die effiziente Erstellung von Shell-Skripten muß man zumindest die prinzipiellen Möglichkeiten der Utilities kennen. Die genaue Syntax der Befehle kann in der Regel schnell in der Manpage nachgeschlagen bzw. ausprobiert werden. Machen Sie sich keine Sorgen darüber, daß Sie sich die Optionen nicht merken können – dafür gibt es das Online-Handbuch in den Manpages. Die GNU-Utilities reagieren auf die Option `--help` und geben dann eine recht knappe Hilfeseite aus. Andere Unix-Utilities erkennen die Option `-h` oder `-?` und geben eine kurze Übersicht über die Syntax aus.

Der **basename** einer Datei

Das Kommando `basename` trennt den Dateinamen von einem kompletten Pfad ab. Der Befehl `basename` kann z. B. in Kombination mit dem `find`-Kommando Verwendung finden. Der Befehl `find` liefert, wie oben beschrieben, den kompletten Pfad der gesuchten Dateien. Soll nur der Dateiname ausgegeben werden, so kann dies mit dem Kommando `basename` erfolgen (siehe Listing 11.12).

```
(Linux):/$ find / -name '*.conf' -exec basename {} \;
ld.so.conf
syslog.conf
host.conf
inetd.conf
resolv.conf
lilo.conf
dosemu.conf
```

Listing 11.12: Die erste Verwendung von `basename`

Das Kommando `basename` kann auch eine angegebene Erweiterung (Extension) vom Dateinamen abtrennen. Ein Beispiel finden Sie in Listing 11.13. Damit ist es

z. B. möglich, eine Reihe von Dateien mit einer anderen Erweiterung zu versehen. Zu diesem Zweck kann allerdings auch das Programm `mmv` verwendet werden, das diesen Aufgabentyp flexibler erledigen kann.

```
(Linux):/$ find / -name '*.conf' -exec basename {} '.conf' \;
ld.so
syslog
host
inetd
resolv
lilo
dosemu
```

Listing 11.13: Die zweite Verwendung von `basename`

Der Pfad einer Datei – `dirname`

Das Kommando `dirname` arbeitet ähnlich wie der Befehl `basename`, es wird aber der Pfadname ohne den Dateinamen ausgegeben. Wenn der als Parameter übergebene Name kein Verzeichnis enthält, dann wird ein Punkt (`.`) für das aktuelle Verzeichnis angezeigt. Ein Beispiel finden Sie in Listing 11.14.

```
(Linux):/$ dirname /etc/rc.d/rc.local
/etc/rc.d
(Linux):/$ dirname /vmlinuz
/
(Linux):/$ dirname vmlinuz
.
```

Listing 11.14: Die Verwendung des Programms `dirname`

Überlange Parameterzeilen

Wenn man Ausgaben, z. B. die des `find`-Befehls, als Eingabe von anderen Befehlen verwenden will, kann es passieren, daß die maximal erlaubte Länge der Kommandozeile (bei Linux 2.0 128 kByte) nicht ausreicht und die Meldung „Commandline too long" ausgegeben wird. Die einzige Abhilfe ist, die Daten nicht vollständig in der Kommandozeile zu übergeben, sondern sie in handliche Teile zu zerlegen und erst dann zu übergeben. Das Kommando `xargs` erzeugt aus der Standardeingabe eine Kommandozeile, die an den angegebenen Befehl weitergeleitet wird. Wenn die Kommandozeile die maximal erlaubte Länge überschreitet, wird der angegebene Befehl mehrfach nacheinander oder gleichzeitig mit jeweils einem Teil der Parameter aufgerufen. Die Fehlermeldung „Commandline too long" wird bei der Verwendung von `xargs` nie wieder auftauchen.

Wenn man mit dem `find`-Befehl in Kombination mit dem `grep`-Befehl Dateien nach Inhalten durchsuchen will, so bekommt man vom `grep` zwar die Zeilen ausgegeben, in denen sich der gesuchte Text befindet, aber nicht den Dateinamen. Hier gibt es mehrere Möglichkeiten:

- Übergeben Sie als zusätzlichen Parameter die Datei `/dev/null` an `grep`.
- Genügt die Ausgabe der Dateinamen, so können Sie die Option `-l` an `grep` übergeben.
- Mehrere Dateien können gleichzeitig mit `xargs` durchsucht werden. Ein Beispiel finden Sie in Listing 11.15.

Dadurch, daß der `grep`-Befehl nicht für jede Datei einzeln aufgerufen wird, wie es `find` mit der Option `-exec` macht, werden jetzt auch die Dateinamen mit ausgegeben. Außerdem ist diese Variante „freundlicher" zu anderen Benutzern, da weniger Systemressourcen in Form von Prozessen, Speicher und Prozessorzeit benötigt werden.

```
(Linux):/# find /etc -type f -print | xargs grep LUENE02
/etc/hosts:192.168.10.1 LUENE02.goe.de LUENE02
/etc/HOSTNAME:LUENE02.goe.de
/etc/rc.d/rc.inet1:/sbin/ifconfig dummy LUENE02
/etc/rc.d/rc.inet1:/sbin/route add LUENE02
/etc/hosts,v:127.0.0.1          LUENE02.goe.de LUENE02
/etc/hosts,v:127.0.0.1  LUENE02.goe.de LUENE02
```

Listing 11.15: Die Verwendung von `xargs`

`xargs` funktioniert in der Regel sehr gut, in der Kombination mit `find` und Dateinamen kann es jedoch dazu führen, daß Dateinamen, die einen Zeilenvorschub enthalten, falsch interpretiert werden. Die einzige Abhilfe ist, bei `find` statt `-print` die `-print0`-Aktion zu verwenden. Damit `xargs` die Parameter richtig interpretiert, muß hier die Option `-0` angegeben werden. Da das Null-Zeichen in Dateinamen nicht erlaubt ist, kann hier ein Benutzer des Systems keinen Unsinn mehr anstellen.

Oft stellt sich das Problem, eine Reihe von Dateien umzubenennen. Leider kann der Befehl immer nur *eine* Datei umbenennen (`mv *.c *.c.bak` funktioniert aufgrund der Expansion der Sterne durch die Shell nicht). Statt dessen kann man entweder eine kleine `for`-Schleife verwenden, den Befehl `mmv` oder den Befehl `xargs` mit der Option `-n1 -i`. Die Beispiele in Listing 11.16 kopieren aus dem aktuellen Verzeichnis alle Dateien, die mit `*.c` enden, in das Verzeichnis `backups` und versehen jede Datei mit der Endung `.bak`.

Dies ist ein Beispiel dafür, daß unter Unix oft mehrere Wege zum Erfolg führen. Diese Wege können sich aber in Sachen Komfort und Ressourcenverbrauch zum Teil extrem voneinander unterscheiden. Echte Unix-Kenner kombinieren die zur Verfügung stehenden Tools schnell und elegant und gehen dabei sparsam mit den Systemressourcen um.

```
(Linux):~/src$ ls *.c | xargs -n1 -i cp {} backups/{}.bak
(Linux):~/src$ for i in *.c ; do
>     mv $i  backup/`basename $i .c`.bak ;
> done
```

Listing 11.16: Verschieben bzw. Umbenennen von mehreren Dateien

Durch die Option `-n1` des Befehls `xargs` wird jeder Dateiname einzeln an den `cp`-Befehl übergeben. Durch die Option `-i` ersetzt `xargs` alle geschweiften Klammern durch den aktuellen Dateinamen (ähnlich wie beim Kommando `find` mit der Option `exec`). Anstelle des Kopierbefehls könnte z. B. auch der Vergleich der Dateien mittels `diff` stehen.

11.2 Verarbeiten von Textdateien

Zur Verarbeitung von Textdateien stellt Unix einige Programme zur Verfügung. Praktisch alle Konfigurationsdateien, Programmquellen und Textdateien sind einfache ASCII-Dateien, die ohne spezielle Programme bearbeitet werden können. Dies ist einer der Gründe, warum es unter Unix so viele effiziente Werkzeuge in diesem Bereich gibt. Mit `sed`, `tr`, `awk` und anderen hier vorgestellten Tools lassen sich Textdateien einfach be- und verarbeiten. Es gibt noch viele andere Programme, die hilfreich sein können, wie z. B. `perl` oder Python.

`awk` und `sed` sind Werkzeuge, die eine Skriptsprache zur einfachen Verarbeitung von Textdateien zur Verfügung stellen. Je nach Anwendungszweck kann man `awk` oder `sed` bevorzugen. Will man bestimmte Daten aus Textdateien herausfiltern oder weiterverarbeiten, bietet es sich an, dies mit `awk` zu erledigen. Soll eine Textdatei stellenweise verändert werden, kann das am besten mit `sed` getan werden.

Mit dem Kommando `grep` kann nach Textstellen in Textdateien gesucht werden. Andere kleine Tools wie z. B. `cut` oder `tr` erledigen einfache Aufgaben, die auch mit `awk` oder `sed` lösbar sind, aber durch die Kompaktheit der Programme ist die Ausführungszeit oft erheblich kürzer.

In Dateien nach Textstellen suchen

Der Befehl `grep` (global regular expression print) durchsucht beliebige Textdateien nach einem angegebenen Suchmuster, einem sogenannten *regulären Ausdruck* (*Regular Expression*). Solche Suchmuster werden von verschiedenen Programmen in ähnlicher Form verwendet, daher wird die Erläuterung der Suchmuster in einem gesonderten Abschnitt beschrieben (siehe Abschnitt 11.3, *Suchmuster (Regular Expressions)*, auf Seite 325).

Das Kommando `grep` arbeitet zeilenorientiert. Das heißt, die Eingabedatei oder die Standardeingabe wird Zeile für Zeile auf eine Übereinstimmung mit dem Suchmuster überprüft. Alle Zeilen, die zu dem Suchmuster passen, werden auf die Standardausgabe ausgegeben. Das Beispiel in Listing 11.17 gibt alle Zeilen der Datei `/etc/services` aus, die die Zeichenfolge `ftp` enthalten.

```
(Linux):~$ grep ftp /etc/services
ftp             21/tcp
tftp            69/udp
sftp            115/tcp
```

Listing 11.17: Eine einfache Anwendung von `grep`

Das Kommando `grep` beachtet, wie fast alle Unix-Tools, Groß- und Kleinschreibung. Soll der `grep`-Befehl die Groß- und Kleinschreibung ignorieren, so muß der Parameter `-i` angegeben werden. Sollen alle Zeilen ausgegeben werden, die das angegebene Suchmuster *nicht* enthalten, so kann dies durch den Parameter `-v` geschehen.

GNU-`grep` implementiert zwei weitere Varianten, `egrep` (bzw. `grep -E`) und `fgrep` (bzw. `grep -F`). Die Unterschiede liegen darin, daß `grep` die „Basic Regular Expressions“ verarbeitet. `egrep` kann zusätzlich mit den „Extended Regular Expressions“ umgehen. `fgrep` ist das alte „fast“-`grep`, das nur konstante Strings sucht.

`grep` kann mit der Option `-n` dazu veranlaßt werden, zusätzlich zu den Fundstellen auch die Zeilennummer auszugeben. Die Option `-l` sorgt dafür, daß `grep` nur die Namen der Dateien, die das Suchmuster enthalten, ausgibt, nicht aber den Text, der in der Zeile enthalten ist. Bei der Suche in Texten ist es oft sinnvoll, zusätzlich zu der Fundstelle einige Zeilen Kontext anzuzeigen, dazu dient z. B. die Option `-C`. Mehr zu den Kommandozeilenoptionen von `grep` finden Sie in der zugehörigen Manpage.

Um mit `gzip` komprimierte Dateien durchsuchen zu können, gibt es den Befehl `zgrep`. Mit diesem Befehl muß die Datei nicht erst entpackt und anschließend wieder komprimiert werden, um darin zu suchen. Genauso können komprimierte Dateien mit `zcat` oder `zmore` angezeigt werden. Unterschiede zwischen komprimierten Dateien können mit `zdiff` angezeigt werden.

Transformieren von Zeichen mit `tr`

Das Kommando `tr` kann einzelne Zeichen schneller transformieren als `sed` oder `awk`. `tr` ist allerdings auf die Bearbeitung einzelner Zeichen ausgelegt und kennt keine Suchmuster oder Kontextabhängigkeiten. Will man zum Beispiel alle Kleinbuchstaben in einer Datei als Großbuchstaben ausgeben, so erfolgt das mit dem Aufruf aus Listing 11.18.

```
(Linux):~$ echo 'Hallo' | tr '[a-z]' '[A-Z]'
HALLO
(Linux):~$ echo 'Hallo' | tr '[:lower:]' '[:upper:]'
HALLO
```

Listing 11.18: Die Verwendung von `tr`

Die Parameter ähneln regulären Ausdrücken, repräsentieren aber nur einfache Zeichenketten. In Tabelle 11.3 finden Sie eine Übersicht über die erlaubten Zeichenklassen.

Zeichenklasse	Bedeutung
`alnum`	Die Buchstaben a-z und Ziffern
`alpha`	Die Buchstaben a-z in Groß- und Kleinbuchstaben
`blank`	Horizontaler Whitespace (Leerzeichen und Tabulatorzeichen)
`cntrl`	Steuerzeichen
`digit`	Ziffern
`graph`	Druckbare Zeichen ohne Leerzeichen
`lower`	Kleinbuchstaben
`print`	Druckbare Zeichen inklusive Leerzeichen
`punct`	Satzzeichen
`space`	Horizontaler oder vertikaler Whitespace
`upper`	Großbuchstaben
`xdigit`	Hexadezimale Ziffern (0-9 und A-Z)

Tabelle 11.3: Zeichenklassen für das Programm `tr`

Sollen z. B. alle Ziffern aus einer Datei herausgefiltert werden, so kann dies wie in Listing 11.19 geschehen. Die Option `-d` („delete") bedeutet, daß die angegebenen Zeichen aus der Eingabedatei herausgelöscht werden sollen. Eine häufige Anwendung für `tr` ist das Löschen des überflüssigen Carriage-Returns (`\r`) aus Windows-Texten.

```
(Linux):~$ echo 'Die Geheimzahl ist 4711!' | tr -d '[0-9]'
Die Geheimzahl ist !
```

Listing 11.19: Eine weitere Verwendung von `tr`

Mit `tr` können Sie nicht nur lesbare Zeichen modifizieren, sondern Zeichen auch als Oktalwerte eingeben. Für viele häufig zu bearbeitende Zeichen sind außerdem spezielle Symbole definiert, die aus einem Backslash (\), gefolgt von einem Zeichen, bestehen. Tabelle 11.4 enthält eine Übersicht über die gebräuchlichsten Sonderzeichen. Eine vollständige Tabelle aller Sonderzeichen finden Sie in der Manpage zu `tr`.

Zeichen	**Bedeutung**
`\f`	Seitenvorschub, Control-F
`\r`	Carriage-Return, Control-M
`\t`	Das Tabulatorzeichen, Control-T
`\\`	Ein einfacher Backslash
`\`*`ooo`*	Oktale Zeichendarstellung

Tabelle 11.4: Sonderzeichen für `tr`

Als abschließendes Beispiel finden Sie in Listing 11.20 den Aufruf für die sogenannte Cäsar-Chiffre (auch als ROT13 bekannt). Bei dieser sehr einfachen Kodierung wird jeder Buchstabe durch den im Alphabet um 13 Stellen verschobenen Buchstaben ersetzt. Das Entschlüsseln kann einfach durch die erneute Anwendung der Kodierung durchgeführt werden – Sicherheit kann man damit nicht erreichen. Gelegentlich wird dieses Verfahren im Usenet verwendet, um die Pointe eines Witzes oder eventuell beleidigende Passagen unkenntlich zu machen.

```
(Linux):~> echo 'Hallo Welt!' | tr a-zA-Z n-za-mN-ZA-M
Unyyb Jryg!
(Linux):~> echo 'Unyyb Jryg!' | tr a-zA-Z n-za-mN-ZA-M
Hallo Welt!
```

Listing 11.20: Implementation der Cäsar-Chiffre mit `tr`

Zwischen den `tr`-Programmen in BSD- und System-V-Systemen existieren subtile Unterschiede, die die Portierung von Shell-Skripten, die `tr`-Aufrufe enthalten, erschweren. Die Unterschiede und das genaue Format der Parameterstrings sind in der Manpage zu `tr` ausführlich beschrieben. Dort finden Sie auch eine Reihe von Beispielen.

Felder in Zeilen bearbeiten mit cut

Um bestimmte Teile einer Zeile aus einer Datei auszugeben, kann das Kommando `cut` verwendet werden. Dafür eignet sich zwar auch `awk`, `cut` ist aber oft schneller, da es nicht so flexibel und leistungsfähig wie `awk` ist. Das Kommando `cut` kann sowohl bestimmte Felder, die durch ein bestimmtes Zeichen, z. B. durch den Doppelpunkt wie in der Datei `/etc/passwd`, getrennt sind, isolieren oder zeichenweise ausschneiden. Das Beispiel in Listing 11.21 zeigt, wie aus einer Datei die Zeichen an der Stelle 1 bis 11 ausgegeben werden.

```
(Linux):~$ cut -b1-11 artikel.dat
11340556671
11366671332
30113434287
```

Listing 11.21: Zeichenweises Abschneiden mit `cut`

Im nächsten Beispiel (siehe Listing 11.22) sollen die Namen aller Benutzer aus der Datei `/etc/passwd` ausgegeben werden. Das Feld, in dem der Name steht, ist das fünfte Feld. Alle Felder sind durch den Doppelpunkt (`:`) getrennt. Der Parameter `-d` setzt das Feldtrennzeichen (*Delimitor*). Mit dem Parameter `-f5` wird das fünfte Feld ausgewählt, das den ausgeschriebenen Benutzernamen (Real-Name) enthält.

```
(Linux):/$ cut -d: -f5 /etc/passwd
Systemverwalter
New-Admin
Carsten Schabacker
Karl Eichwalder
```

Listing 11.22: Felder aus der Datei `/etc/passwd` *ausschneiden*

Textdateien vergleichen

Mit dem Programm `diff` lassen sich Dateiinhalte vergleichen. Häufig fragt man sich, worin sich Dateien unterscheiden. Das kann bei Sicherungskopien, verschiedenen Versionen einer Datei oder bei Änderungen und Anpassungen, die andere

Benutzer durchgeführt haben, sinnvoll sein. In Listing 11.23 finden Sie zwei Dateien, die in den folgenden Beispielen verwendet werden.

```
(Linux):~/examples> cat hello.c
#include <stdio.h>
main()
{
  printf("Hello World!\n");
}
(Linux):~/examples> cat hallo.c
#include <stdio.h>
main()
{
  printf("Hallo Welt!\n");
}
```

Listing 11.23: Anwendungen für das Programm `diff`

Das Programm `diff` kann die Unterschiede zwischen zwei Dateien sehr flexibel darstellen. Das betrifft sowohl das Umfeld der Unterschiede (nur die betreffenden Zeilen oder einige Zeilen davor und danach) als auch die Darstellung selbst. Die beiden Dateien können nebeneinander auf dem Bildschirm ausgegeben werden. Einige Beispiele für die Anwendung des Befehls `diff` finden Sie im Listing 11.24.

Im ersten Beispiel wird ein einfacher `diff` verwendet. Die Ausgabe ist ein `sed`-Skript, das zur automatischen Änderung auf anderen Rechnern verwendet werden kann. Ein Nachteil dieser Skripten ist, daß der Kontext der Änderungen nicht beachtet wird. Daher ist diese Funktion nur bei absolut identischen Dateien sinnvoll.

Besser ist die Erstellung von Context-`diffs` (`-c`) bzw. Unified-`diffs` (zweites Beispiel im Listing 11.24). Die Erstellung von Context-`diffs` ist ein Bestandteil des Standard-Unix-Programms, Unified-`diffs` sind eine Erweiterung der GNU-Version. Ich persönlich halte Unified-`diffs` für besser lesbar. In beiden Fällen können Sie die Änderungen mittels `patch` in leicht modifizierte Dateien einspielen. Beachten Sie, daß die `patch`-Programme einiger Unix-Systeme keine unified-`diffs` verarbeiten können. Wenn Sie also Patches zwischen verschiedenen Systemen austauschen müssen, dann sollten Sie sich auf Context-`diffs` beschränken.

Das dritte Beispiel im Listing 11.24 zeigt die Darstellung der beiden Versionen nebeneinander. Dies ist bei Dateien mit kurzen Zeilen und einem Terminal mit vielen Spalten oft geeignet, um schnell einen Überblick über die Änderungen zu bekommen.

Der Editor Emacs hat spezielle Modi (`ediff` und `emerge`), um komfortabel die Unterschiede zwischen Dateien anzuzeigen und möglicherweise die Datei-

```
(Linux):~/examples> diff hello.c hallo.c
4c4
<   printf("Hello World!\n");
---
>   printf("Hallo Welt!\n");

(Linux):~/examples> diff -u hello.c hallo.c
--- hello.c     Sun Nov  5 10:44:09 1995
+++ hallo.c     Sun Nov  5 10:45:04 1995
@@ -1,5 +1,5 @@
 #include <stdio.h>
 main()
 }
-  printf("Hello World!\n");
+  printf("Hallo Welt!\n");
 }

(Linux):~/examples> diff -y --width=40 hello.c hallo.c
#include <stdio.h>                #include <stdio.h>
main()                            main()
{                                 {
  printf("Hello World!\n");  |      printf("Hallo Welt!\n");
}                                 }
```

Listing 11.24: Anwendungen für das Programm `diff`

en entsprechend anzupassen. Dabei werden die Unterschiede unter X in verschiedenen Farben angezeigt, und Änderungen können mit einem Tastendruck durchgeführt werden. `ediff` kann unter Emacs für zwei oder drei Dateien (`ediff`, `ediff3`), Puffer (`ediff-buffers`, `ediff-buffers3`) oder Verzeichnisse (`ediff-directories`, `ediff-directories3`) verwendet werden. Daneben können auch Revisionen aus dem *Revision Control System* (siehe den gleichnamigen Abschnitt 12.5 auf Seite 386) verglichen werden.

Beim Aufruf von `ediff` fragt Emacs nach zwei Dateien, die miteinander verglichen werden sollen. Diese Dateien werden in zwei Puffer geladen, Puffer `A` und Puffer `B`. Mit einzelnen Tastendrücken können Sie sich nun in diesen Dateien bewegen. Die Taste `?` liefert ein Menü mit der Tastaturbelegung. Kopieren Sie sich eine beliebige Datei (z. B. `/etc/profile`) zweimal, und modifizieren Sie eine Kopie an beliebigen Stellen. Anschließend verwenden Sie `ediff`, um diese Änderungen anzusehen und eventuell auch in der zweiten Datei durchzuführen.

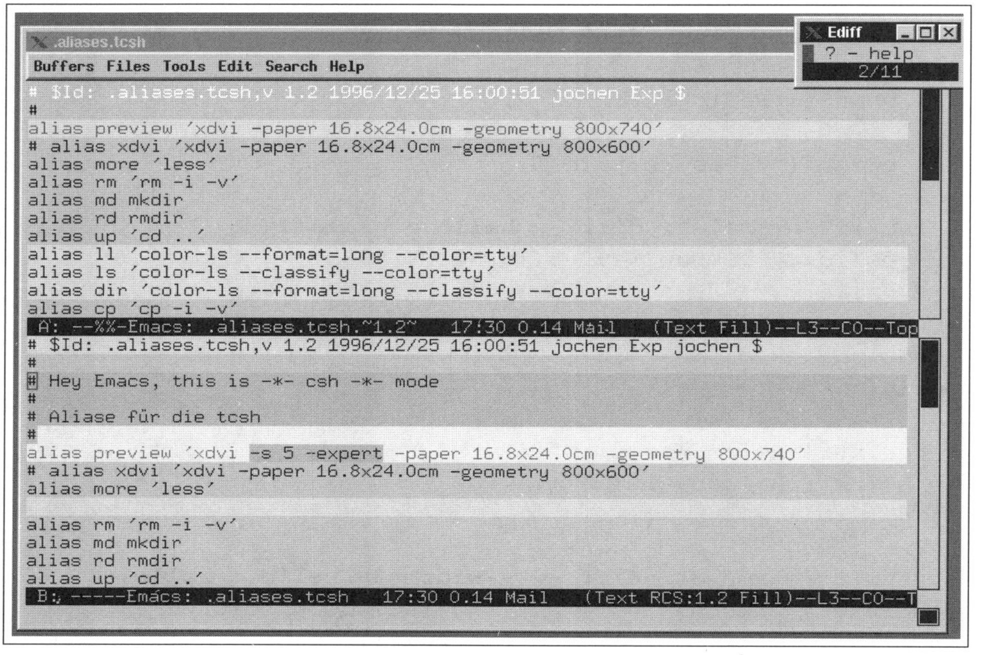

Abbildung 11.1: Der `ediff`*-Mode des Emacs in Aktion*

Patches erzeugen und einspielen

Viele Programme, die unter Linux eingesetzt werden, werden im Quellcode verteilt. Wenn der Autor eine neue Version herausgibt, so sind oftmals die Änderungen im Vergleich zu dem gesamten Quellcode relativ klein. In solchen Fällen ist es sinnvoll, nur die Änderungen zu veröffentlichen bzw. von einem `ftp`-Server zu holen, um die Netzbelastung und Übertragungskosten möglichst gering zu halten. Eine Datei, die nur die Änderungen zwischen zwei Versionen enthält, wird Diff oder Patch (Flicken) genannt. Diese Änderungen können mit dem Kommando `patch` automatisch durchgeführt werden.

Diese Dateien werden mit dem Programm `diff` erzeugt. Dabei können sowohl normale Diffs als auch Context- (`-c`) oder Unified-Diffs (`-u`) erzeugt werden. Normale Diffs sind im Vergleich kleiner als Context- oder Unified-Diffs, können aber nur in absolut identische Dateien eingebracht werden, da das Umfeld zu den Änderungen fehlt. Context- und Unified-Diffs enthalten (in einem etwas unterschiedlichen Format) jeweils einige Zeilen Kontext zu den Änderungen, so daß die Änderungen notfalls von Hand eingebaut werden können. In der Regel wird man die Änderungen allerdings mit dem Programm `patch` einbauen.

Die Änderungen zwischen den einzelnen Versionen des Linux-Kernels werden als Patches veröffentlicht, so daß diese Patches hier als Beispiel dienen sollen. Zunächst betrachten wir mit Hilfe des Programms `head` (siehe auch den Abschnitt *Den Anfang von Dateien anzeigen* auf Seite 348) den Beginn einer solchen Datei (in Listing 11.25). Der Patch enthält die Namen der geänderten Dateien mit dem Pfad `linux`.

Wird der Patch im Verzeichnis `/usr/src` angewandt, so muß der komplette Pfad erhalten werden. Dies geschieht mit Hilfe der Option `-p0`. In der Regel kann diese Option auch weggelassen werden. Werden aber Dateien neu angelegt, so werden diese im falschen Verzeichnis angelegt.

Wird der Patch im Verzeichnis `/usr/src/linux` angewandt, so kann mit der Option `-p1` der erste Verzeichnisname entfernt werden. Die Angabe der Option `-s` bewirkt, daß nur bei einem Fehler eine Bildschirmmeldung ausgegeben wird.

```
(Linux):/usr/src# zcat 1.2-patches/patch-1.2.13.gz | head
diff -u -r -N v1.2.12/linux/Makefile linux/Makefile
--- v1.2.12/linux/Makefile       Tue Jul 25 12:39:54 1995
+++ linux/Makefile       Wed Jul 26 09:43:44 1995
@@ -1,6 +1,6 @@
 VERSION = 1
 PATCHLEVEL = 2
-SUBLEVEL = 12
+SUBLEVEL = 13

 ARCH = i386
```

Listing 11.25: Beginn eines Kernel-Patches

11.3 Suchmuster (Regular Expressions)

Ein *Suchmuster* (engl. *Regular Expression*) ist ein Ausdruck, eine Schablone, die mit einer Zeichenkette verglichen wird. Eine Zeichenkette kann einer Schablone entsprechen, muß es aber nicht. Oft werden Suchmuster verwendet, um festzustellen, ob eine Zeichenkette dem Suchmuster entspricht (z. B. vom Kommando `grep`), oder um bestimmte Zeichenketten durch andere zu ersetzen (z. B. mit dem Kommando `sed`).

Die Suchmuster werden von vielen Unix-Programmen, wie z. B. `awk`, `sed`, `grep` oder `perl` verwendet. Jedes dieser Programme verwendet einen Teil der hier beschriebenen Ausdrücke. Zum Teil wird die Bedeutung leicht abgewandelt. In eigenen Programmen können Sie die entsprechenden Funktionen (`regcomp()`, `regexec()`, `regerror()` und `regfree()`) der C-Bibliothek verwenden. Mehr

Informationen über diese Funktionen finden Sie in der Manpage zu diesen Funktionen. In [Fri1998] werden reguläre Ausdrücke sehr ausführlich behandelt.

Ein Suchmuster ist eine Schablone, die aus Zeichen besteht. Manche dieser Zeichen haben eine besondere Bedeutung. Diese Zeichen werden im folgenden Text „Jokerzeichen" (oder „Wildcards") genannt. Einige dieser Jokerzeichen stehen für ein *bestimmtes* oder für ein *beliebiges* Zeichen, andere für eine *Menge* von Zeichen. Sollen diese Jokerzeichen ihre besondere Bedeutung verlieren, so muß ein Backslash (\) vorangestellt werden.

Zuerst werden die Jokerzeichen beschrieben, die einem einzelnen Zeichen entsprechen. Die am häufigsten verwendeten Jokerzeichen sind die Zeichen, die sich selbst entsprechen, wie z. B. das `a`. Das Beispiel in Listing 11.26 zeigt die Verwendung von einem Suchmuster, das aus drei solchen Zeichen besteht. Es werden alle Zeilen aus der Datei `datei` ausgegeben, die die Zeichenfolge `abc` enthalten.

```
(Linux):~$ grep abc datei
```

Listing 11.26: Ein einfacher regulärer Ausdruck

Das nächste oft verwendete Zeichen ist der Punkt (`.`). Dieses Zeichen ist ein Jokerzeichen mit einer besonderen Bedeutung: Es ist der Platzhalter für *ein* beliebiges Zeichen. Das Beispiel in Listing 11.27 gibt alle Zeilen aus, die den Buchstaben `a` enthalten, dann ein beliebiges Zeichen und dann das Zeichen `c`, also `abc` und `afc`, aber nicht `ac`.

```
(Linux):~$ grep 'a.c' datei
```

Listing 11.27: Noch ein einfacher regulärer Ausdruck

Soll geprüft werden, ob eine Buchstabenfolge aus einer bestimmten Menge von Zeichen an einer bestimmten Stelle steht, so kann dies durch das Zusammenfassen in eckige Klammern (`[` und `]`) geschehen. Das erste Beispiel in Listing 11.28 liefert alle Zeilen aus der Datei, die den Buchstaben `a`, dann entweder `d`, `e` oder `f` und dann den Buchstaben `c` enthalten. Im Beispiel ist der reguläre Ausdruck jetzt in einfache Anführungszeichen eingeschlossen – das ist sinnvoll, damit nicht jedes einzelne Shell-Sonderzeichen einzeln maskiert werden muß.

Das zweite Beispiel liefert alle Zeilen, die einen kleinen Buchstaben zwischen dem `a` und dem `c` enthalten. Durch einen Bindestrich können Bereiche angegeben werden. So entspricht der Ausdruck `[a-z]` den ASCII-Kleinbuchstaben, `[A-Z]` sind die ASCII-Großbuchstaben. Es können auch Bereiche kombiniert werden: `[a-z0-9]` entspricht allen Kleinbuchstaben und allen Ziffern.

```
(Linux):~$ grep 'a[def]c' datei
(Linux):~$ grep 'a[a-z]c' datei
(Linux):~$ grep 'a[^0-9]c' datei
```

Listing 11.28: Weitere Beispiele für reguläre Ausdrücke

Das dritte Beispiel liefert alle Zeilen der Datei, die zwischen dem Buchstaben `a` und `c` *keine* Ziffer haben. Das Caret-Zeichen (^) als erstes Zeichen einer Zeichenmenge besagt, daß der Ausdruck in den eckigen Klammern logisch umgedreht wird.

Bei sogenannten Extended Regular Expressions, wie sie von `egrep` verwendet werden, können als Menge auch Zeichenklassen wie z. B. `[:lower:]` oder `[:upper:]` angegeben werden. Diese Zeichenklassen enthalten, wenn z. B. die deutsche Lokale verwendet wird, auch die Umlaute. Beachten Sie, daß diese Zeichenklassen innerhalb einer Menge angegeben werden müssen, so daß der resultierende reguläre Ausdruck je zwei öffnende bzw. schließende eckige Klammern enthält. In Tabelle 11.5 finden Sie eine Übersicht über alle Zeichenklassen.

Zeichenklasse	Bedeutung
`[:alpha:]`	Alle Buchstaben
`[:upper:]`	Alle Großbuchstaben
`[:lower:]`	Alle Kleinbuchstaben
`[:digit:]`	Alle Ziffern
`[:xdigit:]`	Alle Hexadezimalziffern
`[:space:]`	Alle Leerzeichen-Äquivalente
`[:punct:]`	Alle Trennzeichen
`[:alnum:]`	Alle Buchstaben und Ziffern
`[:print:]`	Alle druckbaren Zeichen
`[:graph:]`	Druckbare Zeichen ohne das Leerzeichen
`[:cntrl:]`	Alle Steuerzeichen
`[:blank:]`	Leerzeichen oder Tabulator

Tabelle 11.5: Zeichenklassen in regulären Ausdrücken

Weitere sehr wichtige Jokerzeichen sind das Sternchen (*) und das Plus (+). Diese Zeichen sind Wiederholungsoperatoren. Der Ausdruck *vor* dem Sternchen darf beliebig oft oder auch gar nicht vorkommen. Der Ausdruck vor einem Plus muß mindestens einmal auftauchen, darf sich aber beliebig oft wiederholen. Der Ausdruck im nächsten Beispiel (siehe Listing 11.29) listet alle Zeilen auf, die nach dem Buchstaben `a` eine beliebige Anzahl von Ziffern und dann den Buchstaben `c` enthalten. Es wird auch der Ausdruck `ac` gefunden, da der Buchstabe `b` beliebig oft, also auch gar nicht auftauchen kann.

```
(Linux):~$ grep 'a[0-9]*c' datei
```

Listing 11.29: Wiederholungen in regulären Ausdrücken

Ausdruck	Bedeutung
.	*Ein* beliebiges Zeichen
[abc]	Eine Menge bestimmter Zeichen an dieser Stelle
[^abc]	Wie oben, aber entgegengesetzte Bedeutung
*	Wiederholt den vorangegangenen Ausdruck beliebig
+	Wiederholt den vorangegangenen Ausdruck mindestens einmal
^	Zeilenanfang
$	Zeilenende

Tabelle 11.6: Reguläre Ausdrücke

Andere nützliche Jokerzeichen sind der Zirkumflex (`^`, Caret-Zeichen) am Beginn und das Dollarzeichen (`$`) am Ende eines regulären Ausdrucks. Diese beiden Zeichen stehen für den Zeilenanfang und das Zeilenende. Sollen z. B. alle Kommentarzeilen aus einem Shellprogramm ausgegeben werden, so kann das durch den in Listing 11.30 angegebenen Ausdruck geschehen. Um alle Leerzeilen zu finden, kann man den Ausdruck `^$` verwenden.

```
(Linux):~$ grep '^#.*'
```

Listing 11.30: Das letzte Beispiel für reguläre Ausdrücke

Tabelle 11.6 enthält eine Übersicht über die wichtigsten Jokerzeichen. Reguläre Ausdrücke werden unter Unix ständig verwendet (z. B. im Editor, am Shell-Prompt oder als Parameter zu `grep`). Durch den geschickten Einsatz von regulären Ausdrücken lassen sich viele Aufgaben wesentlich vereinfachen. Andererseits können reguläre Ausdrücke recht kompliziert werden und sind dann nur noch schwer nachvollziehbar.

Weitere Sonderzeichen werden in der Manpage zu `grep` erklärt. Wenn Sie mehr zu regulären Ausdrücken wissen möchten, finden Sie eine ausführliche Dokumentation in [Fri1998].

11.4 Kommandos automatisch starten

Oft ist es erwünscht, daß z. B. rechenintensive Programme oder Programme, die exklusiven Zugriff auf den Rechner benötigen, zu einem späteren Zeitpunkt, z. B.

in der Nacht, ausgeführt werden. Das kann mit dem Kommando `at` veranlaßt werden. Sollen bestimmte Programme regelmäßig zu einer bestimmten Zeit gestartet werden, so kann das Kommando `crontab` verwendet werden, mit dem die Steuertabellen für `cron` verwaltet werden.

Kommandos später ausführen (at)

Um ein Kommando einmalig zu einer bestimmten Uhrzeit auszuführen, kann man das Kommando `at` verwenden. Anwendungen des `at`-Kommandos sind z. B. das Ausführen einer aufwendigen Datenbankverarbeitung zu einem Zeitpunkt, an dem der Rechner nicht besonders stark ausgelastet ist. Zu diesem Zweck würde sich übrigens auch der Befehl `batch` besonders gut eignen, da er die angegebenen Befehle erst dann ausführt, wenn die Systembelastung unter eine bestimmte Grenze gesunken ist. Das Beispiel in Listing 11.31 zeigt, wie man um 20:00 Uhr die Datei `/etc/nologin.ttyS1` löschen kann.

Um welche Uhrzeit der Befehl `at` genau gestartet wird, hängt davon ab, wie oft der `atrun`-Befehl ausgeführt wird. Dieser wird in meinem System z. B. nur alle fünf Minuten aufgerufen (siehe den Abschnitt *Kommandos regelmäßig ausführen (crontab)*, auf Seite 331).

```
(Linux):~# at 20:00
> rm -f /etc/nologin.ttyS1
> Ctrl-D
Job c00c95ff4.00 will be executed using /bin/sh
```

Listing 11.31: Start eines Programms mit `at`

Der Befehl `at` erwartet die auszuführenden Befehle von der Standardeingabe. Nach dem Eingeben der Befehle muß die Tastenkombination Strg+d als Endemarkierung gedrückt werden. Damit wird der Auftrag in die Jobqueue (Warteschlange) eingefügt. Um sich zu vergewissern, ob der Befehl `at` das Kommando auch richtig abgespeichert hat, kann man mit dem Kommando `atq` die Warteschlange auflisten lassen.

```
(Linux):~# atq
Date                          Owner    Queue    Job#
20:00:00 02/03/95             root     c        c00c95ff4.00
```

Listing 11.32: Ausgabe des Befehls `atq`

Das Datum und die Uhrzeit geben an, wann der Auftrag ausgeführt werden soll. Der entsprechende Eigentümer des Auftrags sowie eine Identifikationsnummer werden aufgelistet. Soll ein Job doch nicht ausgeführt werden, dann kann man diesen mit dem Kommando `atrm` wieder aus der Jobqueue entfernen (siehe Listing 11.33).

```
(Linux):~# atrm c00c95ff4.00
```

Listing 11.33: Entfernen eines `at`-Jobs mit `atrm`

Das Kommando `at` akzeptiert die Zeitangaben in verschiedenen Formaten. Die Uhrzeit kann in der Form `HH:MM` oder `HHMM` angegeben werden. Es wird auch `midnight` (Mitternacht), `noon` (Mittag) oder `teatime` (4 Uhr nachmittags) akzeptiert.

Neben der Zeitangabe kann auch das Datum des Tages angegeben werden, wann das Programm die Aktionen starten soll. Das Datum kann z. B. in dem Format `DD.MM.YY` oder `MM/DD/YY` angegeben werden. Man kann die Zeitangaben auch relativ zur aktuellen Zeit oder zum aktuellen Datum angeben. Soll ein Kommando z. B. in zwei Stunden gestartet werden, so muß man `+2 hours` als Zeit vorgeben. Mit `+2 days` kann man ein Kommando in zwei Tagen starten.

Das Kommando `at` liest die auszuführenden Befehle normalerweise von der Standardeingabe. Es kann aber auch eine Datei (Shell-Skript) durch die Option `-f` *`Datei`* angegeben werden. Wenn das auszuführende Kommando Ausgaben auf die Standardausgabe oder die Standardfehlerausgabe machen will, werden diese dem Benutzer, der das `at`-Kommando ausgelöst hat, per Unix-Mail zugestellt.

Der Systemverwalter kann die Verwendung des Kommandos `at` mit den zwei Dateien `/etc/at.allow` und `/etc/at.deny` kontrollieren. Existiert die Datei `/etc/at.allow`, so dürfen nur die Benutzer das Kommando `at` ausführen, die in dieser Datei aufgelistet sind. Wenn diese Datei nicht existiert, aber die `/etc/at.deny` angelegt ist, so dürfen *alle* Benutzer das Kommando `at` verwenden, außer denen, die in `/etc/at.deny` aufgelistet sind. Fehlen beide Dateien, so darf nur der Systemverwalter (`root`) das Kommando `at` verwenden.

Batch-Verarbeitung simulieren mit `batch`

Das Programm `at` führt den angegebenen Befehl in praktisch jedem Fall zur angegebenen Uhrzeit aus. Ist der Rechner zu diesem Zeitpunkt extrem belastet, so möchte man manchmal die Ausführung des Prozesses verhindern bzw. zu einem späteren Zeitpunkt einplanen. Der Befehl `batch` plant ein Programm wie `at` ein, führt dieses aber nur aus, wenn die Auslastung des Rechners dies zuläßt. Ansonsten ist Bedienung analog zum Befehl `at`.

Serialisierung von Programmen

Eine weitere Anforderung kann die Serialisierung einiger Programme sein. Ein Beispiel hierfür ist die Verwendung eines kommerziellen Compilers, der zu einem Zeitpunkt auf einem System nur einmal gestartet sein darf. Zur Abarbeitung von `make`-Jobs kann man z. B. eine Print-Queue einrichten, die die entsprechenden Compiler-Aufrufe durchführt. Da in dieser Queue stets nur ein Job aktiv sein kann, werden alle Anforderungen serialisiert.

Für Linux-Anwender sollte es nur selten notwendig sein, zu solchen Maßnahmen zu greifen. Auf anderen Systemen, wo viele Programme durch entsprechende Sperren und Lizenzmanager gesichert sind, kann die Serialisierung aber sinnvoll sein.

Kommandos regelmäßig ausführen (`crontab`)

Das Kommando `at` führt ein Kommando nur einmal aus. Sollen bestimmte Kommandos regelmäßig zu bestimmten Zeiten ausgeführt werden, so kann man dies durch einen Eintrag in die `crontab`-Datei erreichen. Dazu wird der gleichnamige Befehl `crontab` verwendet. Mit der `crontab`-Datei lassen sich regelmäßig durchzuführende Routineaufgaben automatisch erledigen. Anwendungsbeispiele sind z. B. das Erzeugen von Indexdateien, die Überwachung des Systems nach verschiedenen Kriterien oder das Löschen von Log-Dateien.

Die `crontabs`, die mit dem Kommando `crontab` angelegt werden, werden im Verzeichnis `/var/spool/cron` abgespeichert. Diese Dateien dürfen nicht direkt geändert werden, sondern müssen durch das Kommando `crontab` mit der Option `-e` bearbeitet werden. Es wird dann der Editor, der in der Umgebungsvariablen `EDITOR` bzw. `VISUAL` eingetragen ist, mit der aktuellen `crontab` gestartet. Nach der Änderung der Datei wird diese wieder in das Systemverzeichnis kopiert und der `crond`-Dämon veranlaßt, diese Datei neu einzulesen. Der Dämon `crond` führt die Befehle in diesen Dateien regelmäßig aus.

Weitere Optionen von `crontab` sind `-l` zur Anzeige der aktuellen Tabelle und `-r` zum Ersetzen der Datei. Achtung: Die Option `-r` löscht die aktuelle Tabelle, wenn kein Dateiname einer neuen Tabelle angegeben wird.

Anzeigen einer `crontab`

Eine vorhandene `crontab` kann durch den Befehl `crontab` mit der Option `-l` ausgegeben werden. Die in Listing 11.34 gezeigte `crontab` führt das Kommando `atrun` alle fünf Minuten aus (siehe den Abschnitt *Kommandos später ausführen (`at`)* auf Seite 329). Außerdem wird jeden Tag um 22:00 Uhr die Datei `/etc/nologin.ttyS1` gelöscht und um 7:06 Uhr wieder angelegt[1].

---

[1] Diese Datei wird vom `mgetty` ausgewertet.

```
(Linux):~# crontab -l
# Run the 'atrun' program every 5 minutes
# This runs anything that's due to run from 'at'.
# See man 'at' or 'atrun'.
0,5,10,15,20,25,30,35,40,45,50,55 * * * *   /usr/lib/atrun
00 22 * * * rm -f /etc/nologin.ttyS1
06 07 * * * touch /etc/nologin.ttyS1
# generate database for locate
0 04,12 * * * updatedb
```

Listing 11.34: Beispiel für eine crontab-Datei für root

Bei der Ausführung der Programme werden automatisch die Umgebungsvariablen LOGNAME und HOME auf die Werte aus der Datei /etc/passwd gesetzt, die Variable SHELL jedoch stets auf /bin/sh. Die Login-Skripten oder andere Initialisierungen der Shell werden nicht durchlaufen.

Weitere Variablen können durch den Eintrag *Variable = Wert* in der crontab-Datei gesetzt werden. Dabei wird die Variable MAILTO direkt von cron verwendet, um den Mail-Empfänger der Programmausgaben zu ermitteln. Ist kein MAILTO angegeben, dann wird der Eigentümer der crontab verwendet. Wenn der Eintrag eine leere Zeichenkette enthält, dann wird keine Mail versendet.

Aufbau der crontab

Alle Zeilen, die mit dem Nummernzeichen (#) beginnen, sind Kommentarzeilen und werden vom cron-Dämon (crond) ignoriert. Die ersten fünf durch Leerzeichen getrennten Worte bestimmen, wann das Kommando ausgeführt werden soll. Die erste Zahl sind die Minuten, danach folgen die Stunden, anschließend der Tag, der Monat und schließlich der Wochentag. Ein Sternchen (*) bedeutet, daß der Befehl zu jeder Zeit ausgeführt werden soll. Nach den Zeitangaben folgt schließlich das auszuführende Kommando. Es können auch Bereiche, z. B. 20-23, angegeben werden.

Soll ein Programm alle zehn Minuten ausgeführt werden, so kann die crontab einen der in Listing 11.35 angegebenen Einträge enthalten. Beachten Sie, daß nur der erste Eintrag mit allen cron-Versionen funktioniert. Die Notation /10 ist eine Erweiterung des unter Linux häufig verwendeten Vixie-cron. Eine ausführliche Beschreibung des Formates einer crontab-Datei sowie der Vixie-Erweiterungen finden Sie in der Manpage crontab(5).

Manche cron-Versionen verlangen eine Leerzeile am Ende der Datei, aber vertragen keine Kommentare oder Leerzeilen. Im Zweifelsfall finden Sie unter /var/log/cron bzw. der System-Log-Kategorie daemon weitere Informationen.

```
# Der folgende Befehl wird alle zehn Minuten gestartet
# Dieser Eintrag ist Standard auf System-V-Rechnern
0,10,20,30,40,50 * * * * touch /tmp/cron_is_running
# Alle zehn Minuten starten, Vixie-Cron-Erweiterung
0-59/10 * * * * touch /tmp/cron_is_running.2
# Und noch etwas einfacher
*/10 * * * * touch /tmp/cron_is_running.3
```

Listing 11.35: Befehle alle zehn Minuten ausführen

Die Benutzung von `cron` kann durch die Dateien `/etc/cron.allow` und `/etc/cron.deny` reguliert werden. Wenn eine Datei `/etc/cron.allow` existiert, dann dürfen nur die Benutzer, die in dieser Datei aufgeführt sind, dieses Tool benutzen. Wenn die Datei `/etc/cron.deny` existiert, so werden die Benutzer von der Verwendung von `cron` ausgeschlossen, die in dieser Datei aufgeführt sind. Wenn keine der Dateien existiert, so kann je nach Kompilierung des `cron`-Dämons entweder jeder Benutzer oder nur `root` dieses Tool benutzen.

Weitere Beispiele

In Listing 11.36 soll ein Programm morgens um 6 Uhr und abends um 22 Uhr gestartet werden, aber nur wochentags (montags-freitags). Dasselbe Programm kann natürlich in weiteren Einträgen erneut verwendet werden. So lassen sich einfach unterschiedliche Rhythmen für Arbeitstage und Wochenenden definieren.

```
0 6,22 * * * 1-5 /usr/lib/uucp/uucico -r1 -spertron
```

Listing 11.36: Zweimal täglicher Aufruf von Montag bis Freitag

Ein Programm soll wie in Listing 11.37 an jedem 1. des Monats um 2:00 Uhr gestartet werden. Dabei ist jedoch keine Einschränkung auf spezielle Wochentage oder gar Feiertage möglich. Wenn Sie einen Wochentag, wie z. B. Sonntag, angeben, dann wird das Programm *zusätzlich* an allen Sonntagen ausgeführt. Es gibt keine einfache Möglichkeit, Jobs immer am letzten Tag eines Monats ausführen zu lassen.

```
0 2 1 * * clean_logs
```

Listing 11.37: Monatliches Ausführen eines `cron`-Jobs

Um ein Programm jeden Sonntag auszuführen, kann der in Listing 11.38 angegebene Eintrag verwendet werden. Sie können Monate und Wochentage als Nummer und als ausgeschriebenen Namen verwenden. cron erkennt die dreistelligen Kürzel der englischen Monatsnamen und Tagesbezeichnungen. Wenn Sie diese Notation verwenden, sind Aufzählungen nicht mehr erlaubt.

```
0 1 * * sun clean_up
```

Listing 11.38: Job einmal in der Woche ausführen

Wenn Sie auf einem aktiv benutzten System arbeiten, dann kann es sinnvoll sein, cron-Jobs nicht zu „runden" Zeiten wie 12:00 Uhr einzuplanen, sondern Zeiten wie 11:37 Uhr zu verwenden. Wenn fünf Programme um Mitternacht gestartet werden, dann belastet das den Rechner mehr, als wenn man diese über einen längeren Zeitraum verteilt startet.

Mehr Informationen zu cron und seinen Möglichkeiten finden Sie in der Manpage. Unter Linux wird in der Regel der sehr gute Vixie-cron von Paul Vixie verwendet, der über einige Erweiterungen gegenüber dem Standard-Unix-cron verfügt.

11.5 Die Programmiersprache awk

Mit dem Kommando awk lassen sich strukturierte Textdateien verarbeiten, und z. B. als formatierte Tabelle ausgeben. Der Name awk setzt sich aus den Initialen der Erfinder dieser Sprache zusammen: Alfred V. Aho, Peter J. Weinberger und Brian W. Kernighan. Mit dem Kommando awk steht eine der Programmiersprache C in gewisser Weise ähnliche und doch ganz andere Interpretersprache zur Verfügung.

Ein awk-Programm besteht aus Funktionsblöcken, die wie in C in geschweifte Klammern eingeschlossen sind. Zu jedem Funktionsblock kann eine Bedingung angegeben werden, wann (für welche Zeilen) diese Funktion ausgeführt werden soll. Diese Bedingung kann ein sogenannter regulärer Ausdruck (*Regular Expression*) oder eine „normale" Bedingung (z. B. ein Vergleich) sein. Der Funktionsblock wird für jede Zeile ausgeführt, die dieser Bedingung entspricht. Der Funktion wird als Parameter $0 die komplette Eingabezeile übergeben, so daß diese dort verarbeitet werden kann.

Wenn keine Bedingung angegeben wird, dann werden die Anweisungen in dem Funktionsblock für jede Zeile der Eingabe ausgeführt. Wenn mehrere Bedingungen zutreffen, so werden die Funktionsblöcke aller passenden Bedingungen ausgeführt.

Es gibt noch zwei spezielle Bedingungen: BEGIN und END. Der Funktionsblock, der hinter BEGIN angegeben ist, wird ausgeführt, bevor die erste Zeile der Eingabedateien eingelesen wird. Dort ist der Platz zum Initialisieren von Variablen oder für andere Vorbereitungen.

Die Anweisungen hinter der Bedingung END werden nach dem Lesen der letzten Zeile der Eingabedateien ausgeführt. Hier können zum Beispiel Fußtexte oder berechnete Summen ausgegeben oder andere abschließende Bearbeitungen durchgeführt werden.

Ein erstes Beispielprogramm in awk

Die ganze Beschreibung hört sich komplizierter an, als der Vorgang tatsächlich ist. Zum besseren Verständnis folgt in Listing 11.39 ein kleines Beispiel. Für alle Zeilen der Datei /etc/services, die den String ftp enthalten, wird der angegebene Funktionsblock ausgeführt. Dieser gibt einfach nur die komplette aktuelle Zeile aus.

Das Beispiel hat das gleiche Ergebnis, wie beim Kommando grep beschrieben. awk kann diese Zeile aber noch weiterverarbeiten. Soll z. B. nur der Servicename ausgegeben werden und nicht die komplette Zeile, so muß in dem Beispiel nur \$0 gegen \$1 ausgetauscht werden. Damit wird nur das erste Wort der Zeile ausgegeben.

```
(Linux):~$ awk '/ftp/ { print $0; }' /etc/services
ftp             21/tcp
tftp            69/udp
sftp            115/tcp
```

Listing 11.39: Ein erstes awk-Beispiel

Um das awk-Programm herum können Sie sich eine Schleife vorstellen, die für jede Zeile der Eingabe durchlaufen wird. Um so lästige Dinge wie das Öffnen und Schließen vom Dateien und das Erkennen des Dateiendes braucht sich ein awk-Programm in vielen Fällen nicht zu kümmern.

Trennen von Feldern

Der awk trennt die Eingabezeile in Wörter auf. Auf diese Wörter kann durch die Parameter \$1, \$2, \$3 usw. zugegriffen werden. Die Trennzeichen, die zur Trennung der Wörter verwendet werden, stehen in der Variablen FS (Field Separator). Standardmäßig werden die Wörter durch Leerzeichen getrennt, daran kann der Programmierer aber sehr einfach Änderungen vornehmen.

Entweder wird das Trennzeichen in der speziellen BEGIN-Funktion oder über den Kommandozeilenparameter -F*Zeichen* verändert. Das Beispiel in Listing 11.40 gibt nur das erste Wort der entsprechenden Zeile aus. Die Wörter werden jetzt durch den Schrägstrich (/) voneinander getrennt. Als Beschreibung für die Trennsymbole sind auch reguläre Ausdrücke erlaubt. Damit kann awk an viele Eingabeformate einfach angepaßt werden.

```
(Linux):~$ awk -F'/' '/ftp/ { print $1; }' /etc/services
ftp             21
tftp            69
sftp            115
```

Listing 11.40: Ein zweites awk-Beispiel

Sie können den Feldtrenner auch ändern, ohne die Kommandozeilenoption -F zu benutzen. In diesem Fall verwenden Sie eine BEGIN-Funktion, in der die Variable FS gesetzt wird. Das entsprechende Beispiel finden Sie in Listing 11.41.

```
(Linux):~$ awk 'BEGIN { FS="/" } /ftp/{ print $1 }' /etc/services
ftp             21
tftp            69
sftp            115
```

Listing 11.41: Ein drittes awk-Beispiel

Für größere awk-Programme ist die Kommandozeile zu awk nicht der geeignete Ort. Zum einen hat man keinen vernünftigen Editor zur Hand (womöglich Emacs mit dem awk-Modus), zum anderen steht das Programm später möglicherweise nicht mehr zur Verfügung. Ein awk-Programm kann dann entweder mit awk -f *Datei* oder, falls der #!-Mechanismus benutzt wird und das Skript lesund ausführbar ist, direkt ausgeführt werden. Das Beispiel aus Listing 11.41 würde dann z. B. wie in Listing 11.42 geschrieben werden. Diese Variante ist bei größeren Programmen auch deutlich übersichtlicher und erlaubt die Verwendung von ausführlichen Kommentaren und die Verwaltung der Skripten mittels RCS.

```
#!/usr/bin/awk -f
BEGIN {
  FS="/";
}
/ftp/ {
  print $1;
}
```

Listing 11.42: Ein awk-Skript

Wenn Sie Emacs als Editor für awk-Skripten verwenden, dann hilft Ihnen der awk-mode. Funktionsblöcke werden automatisch korrekt eingerückt, und Kommentare, die mit einem Nummernzeichen eingeleitet werden und bis zum Zeilenende reichen, erkannt. Dieser Modus ist ein etwas veränderter C-Modus, da sich awk und C sehr ähnlich sind. Wenn Sie das Font-Lock-Paket verwenden, dann werden Kommentare, Zeichenketten und Schlüsselwörter auch farblich hervorgehoben.

Interne Variablen

awk kennt neben FS und $*n* noch weitere interne Variablen mit besonderer Bedeutung. Auf diese Variablen kann der Programmierer lesend zugreifen. Schreiben ist nur für einige Variablen erlaubt. In Tabelle 11.7 finden Sie die wichtigsten Variablen mit ihrer Bedeutung aufgelistet. Das Skript in Listing 11.43 gibt die Anzahl der Zeilen der Datei /etc/services aus und verwendet dazu die interne Variable NR.

Variable	Bez. (engl.)	Bez. (deut.)	Bemerkung
FS	Field-Separator	Feldtrennzeichen	Default: Leerzeichen
NF	Number of Fields	Anzahl der eingelesenen Felder	nur zur Ausgabe
RS	Record-Separator	Satztrennzeichen	Standard „\n“
NR	Number of Records	Anzahl der bisher eingelesenen Datensätze	nur zur Ausgabe

Tabelle 11.7: Interne awk-Variablen

```
(Linux):~$ awk 'END { print NR; }' /etc/services
184
```

Listing 11.43: Verwendung der internen Variable NR

Sie können mit awk viele andere Unix-Befehle mit wenig Aufwand simulieren. Das kann dann sehr hilfreich sein, wenn das System beschädigt wurde und nur noch wenige Dinge benutzbar sind. Die Info-Datei zu gawk enthält einige Beispiele dafür.

Ausgabebefehle

Die Ausgabe von Text kann mit den awk-Kommandos print oder printf erfolgen. Der Befehl printf kann Variablen formatiert ausgeben. Die Syntax der Formatierungsanweisungen entspricht der der gleichnamigen C-Funktion. Ein

Beispiel für die Formatierung von Zahlen und Zeichenketten finden Sie im Listing 11.47 auf Seite 340. Eine vollständige Übersicht über die möglichen Formatieroptionen finden Sie in den Info-Seiten bzw. der Manpage zu `gawk`.

Arithmetische Operationen

Die Programmiersprache `awk` kennt die meisten in C bekannten arithmetischen Operationen, wie `+`, `-`, `*`, `++` und `+=`. Damit ist es möglich, auch kompliziertere Berechnungen durchzuführen. `awk` kennt keine typisierten Variablen, es kann also mit jeder Variablen gerechnet werden, sofern sie eine Zahl enthält.

Bei Bedingungen zu Funktionsblöcken können auch mehrere Bedingungen verknüpft werden, wie es auch in C durchgeführt wird (`||` für ODER, `&&` für UND sowie `!` für NOT). Zusammen mit den verfügbaren Kontrollstrukturen (`if`, `while do` und `for`) ist `awk` eine vollständige Programmiersprache.

`awk` hat immer dann Vorteile, wenn Texte vergleichsweise einfach bearbeitet werden sollen und die Entwicklung schnell abgeschlossen sein muß. Man erkauft sich diese Vorteile durch eine relativ langsame Ausführungsgeschwindigkeit.

Interne Funktionen

`awk` hat auch eingebaute Funktionen, sowohl für arithmetische Operationen, wie `exp`, `sqrt` usw., als auch für Operationen mit Zeichenketten, wie z. B. `substr` oder `index`. Eine ausführliche Beschreibung aller internen Funktionen und Beispiele dazu finden Sie in der Info-Dokumentation zu GNU-`awk` oder in der Manpage `gawk(1)`.

Schauen Sie einfach mal in die Info-Seiten von `gawk`, um sich einen Überblick über die internen Funktionen zu verschaffen. Sie können sie sich natürlich nicht alle merken, aber Sie sollten ein Gefühl dafür bekommen, welche Funktionen es gibt und wie Sie diese einsetzen können.

Assoziative Arrays

`awk` kennt sogenannte *assoziative Arrays*. Im Gegensatz zu normalen Variablen, die eine Zahl oder Zeichenkette enthalten, können in Arrays (oder Feldern) (praktisch) beliebig viele Werte gespeichert werden. Der Zugriff auf einen einzelnen Wert erfolgt dabei über einen Index. In den assoziativen Arrays von `awk` wird kein numerischer Index verwendet, sondern ein beliebiger Wert (egal ob Zahl oder Zeichenkette). Damit lassen sich auch komplizierte Suchvorgänge einfach programmieren. Das Listing 11.44 enthält ein Beispiel für die Verwendung assoziativer Arrays. Bekommen Sie keinen Schreck, hier werden tatsächlich viele Funktionen verwendet, die Sie bisher noch nicht kennengelernt haben.

```
#!/usr/bin/awk -f
# Prüfen des Plattenplatzes auf ausreichenden Freiplatz
# Aufruf:  df -k -P | $0

BEGIN {
  FS = "[ \t]*";              # Leerzeichen oder Tabulatoren
  while ( (getline < "/etc/freespace.conf") > 0 ) {
    if ( ($1 != "#") && ($2 != "")) {
      min_free[$1] = $2; # kein Kommentar
    }
  }
}

{
  fs=$1; size=$2; used=$3; free=$4; pct_used=$5; mount=$6;
  if ( min_free[mount] != "" ) {
    if ( free <= min_free[mount] )
      printf("%s has %d KB free, wanted was %d KB\n",
             mount, free, min_free[mount]);
  }
}
```

Listing 11.44: Assoziative Arrays in awk

Im BEGIN-Teil wird die Konfigurationsdatei /etc/freespace.conf gelesen, und die Daten werden in das interne Array min_free eingelesen. Als Index wird der Name eines Dateisystems verwendet – es können in awk also auch Zeichenketten als Indizes verwendet werden. Das Einlesen geschieht mit dem Befehl getline, das Ende der Datei wird mit Hilfe einer while-Schleife erkannt.

Im awk-Skript wird die Ausgabe des Befehls df -k -P als Standardeingabe erwartet. Für jedes Dateisystem wird mit Hilfe des assoziativen Arrays geprüft, ob ein minimaler Freiplatz angegeben wurde, und dieser entsprechend geprüft.

In einem Programm kann stets über alle Elemente des Arrays eine Schleife ausgeführt werden, egal ob ein numerischer Index verwendet wird oder nicht. Zur Fehlersuche verwendete ich zunächst den in Listing 11.45 angegebenen END-Teil.

Eine sinnvolle Anwendung von awk

Zum Abschluß folgt nun eine *sinnvolle* Anwendung von awk, die deutlich macht, für welchen Zweck awk am besten geeignet ist. Ich habe mit dem SQL-Befehl „unload“ Daten aus einer Datenbank exportiert. Als Feldtrennzeichen haben ich das

```
END {
  for ( i in min_free )
    printf("FS %-30s min_free %d\n", i, min_free[i]);
}
```

Listing 11.45: Eine Schleife über ein assoziatives Array

Nummernzeichen (#) verwendet. Die Datendatei hat den in Listing 11.46 dargestellten Inhalt.

```
134076#Skywalker#Luke#11256.01#
334521#Solo#Han#12.56#
422110#Vader#Darth#1198.00#
```

Listing 11.46: Testdaten für das letzte Beispiel

Ein awk-Skript (siehe Listing 11.47) soll zur formatierten Ausgabe der Daten verwendet werden. Außerdem soll der Umsatz der Kunden summiert und ausgegeben werden. Die Ausgabe des Skripts finden Sie im Listing 11.48.

```
#!/usr/bin/awk -f
BEGIN {
  FS="#";
  sum=0;
  print( "Kd.Nr.  Name            Vorname             Umsatz");
  print( "------  --------------  ---------------- --------");
}
{
  printf( "%d  %-15s  %-15s  %8.2f\n", $1, $2, $3, $4);
  sum+=$4;
}
END {
  print( "------  --------------  ---------------- --------");
  printf("                        Gesamtsumme:    %9.2f\n",sum);
  print( "                                         =========");
}
```

Listing 11.47: Ein letztes awk-Beispiel

Haben Sie Lust auf awk bekommen? Dann testen Sie es einfach einmal. Beachten Sie aber, daß GNU-awk gegenüber dem Standard-awk einige (nützliche) Erweiterungen enthält. Neben GNU-awk gibt es noch eine Reihe von anderen awk-Versionen. So finden Sie auf vielen kommerziellen Unix-Systemen oawk (das histo-

```
Kd.Nr.  Name             Vorname            Umsatz
------  ---------------  ----------------  --------
134076  Skywalker        Luke              11256.01
334521  Solo             Han                  12.56
422110  Vader            Darth              1198.00
------  ---------------  ----------------  --------
                         Gesamtsumme:      12466.57
                                           =========
```

Listing 11.48: Ausgabe des Beispiels aus Listing 11.47

rische Programm) und nawk (die entsprechende neue Version). Nützliche Bücher sind [Her94] und [Dou90].

11.6 Textdateien bearbeiten mit sed

sed steht für „Stream-Editor". Der sed ist ein waschechter Editor, aber anders als „normale" Editoren, wie z. B. der emacs, arbeitet sed nicht interaktiv, sondern kommandoorientiert. Das heißt, sed werden in einer Befehlsdatei oder der Kommandozeile Editierbefehle vorgegeben, die dann für die Eingabedatei oder die Standardeingabe ausgeführt werden.

Das Listing 11.49 zeigt ein kleines Beispiel für die Anwendung von sed. Der Befehl ps zeigt die gerade laufenden Programme des Benutzers an. In der ersten Zeile steht normalerweise eine Überschriftszeile, die bei der automatischen Weiterverarbeitung stört[2]. Diese erste Zeile soll nicht ausgegeben werden. Also wird die Ausgabe des Befehls ps durch eine Pipe an den sed weitergeleitet. Der sed-Befehl 1d bedeutet, daß die erste Zeile gelöscht werden soll.

```
(Linux):~$ ps | sed '1d'
   95 p 1 SW    0:04 (bash)
11109 p 6 S     0:06 -bash
11110 p 5 SW    0:05 (bash)
11111 p b SW    0:04 (bash)
11811 p 5 S     2:02 emacs
12716 p 6 R     0:00 ps
12717 p 6 R     0:00 sed 1d
```

Listing 11.49: Ein einfaches Beispiel für sed

[2] ps kennt eine Option -h zur Unterdrückung dieser Zeile, das soll uns in diesem Beispiel aber nicht stören.

Alle sed-Befehle bestehen aus nur einem Buchstaben. Die Befehle werden durch ein Zeilenende in der Kommandodatei oder durch ein Semikolon getrennt. Jedem Befehl kann eine Adresse oder ein Adreßbereich zugeordnet werden. Die Adresse kann durch Angabe der Zeilennummern, im obigen Beispiel die 1, festgelegt werden, oder es kann ein Suchmuster (regulärer Ausdruck) angegeben werden. Der Befehl wird dann für jede Zeile, die diesem Suchmuster entspricht, ausgeführt. Nach der Angabe der Adresse folgt direkt der Befehl. Im obigen Beispiel ist es der Befehl d (*delete*). Manche Befehle erwarten Parameter, die direkt nach dem Befehl angegeben werden.

Der sed arbeitet die Eingabe zeilenweise ab. Soll ein Befehl für eine bestimmte Zeilennummer ausgeführt werden, so wird diese dem Befehl vorangestellt. Es kann aber auch ein Bereich von Zeilen angegeben werden. Der Anfang und das Ende des Bereichs werden durch ein Komma getrennt. Beispiele für die Verwendung von Zeilennummern finden Sie im Listing 11.50. Die Ausgaben der Befehle sind hier aus Platzgründen nicht abgedruckt – probieren Sie die Befehle einfach einmal aus.

```
(Linux):~> head /etc/services | sed -e '1d'
(Linux):~> head /etc/services | sed -e '1,5d'
(Linux):~> head /etc/services | sed -e '$d'
```

Listing 11.50: Beispiele für die Verwendung von Zeilennummern

Das erste Beispiel im Listing 11.50 löscht, wie bereits dargestellt, die erste Zeile aus der Eingabe. Der zweite Befehl löscht die Zeilen 1 bis 5 aus der Eingabe, das nächste Beispiel löscht die letzte Zeile. Das Dollarzeichen ist der Platzhalter für die letzte Zeile.

Ist die Zeilennummer unbekannt, für die ein sed-Befehl ausgeführt werden soll, so kann ein regulärer Ausdruck als Suchmuster verwendet werden. Hier kann auch ein Adreßbereich angegeben werden, indem zwei reguläre Ausdrücke durch ein Komma getrennt werden. Es ist natürlich möglich, den Beginn mit einer Zeilennummer und das Ende mit einem regulären Ausdruck oder umgekehrt zu beschreiben. Das Listing 11.51 enthält einige Beispiele für die Verwendung von Suchmustern in sed, die Ergebnisse sind ebenfalls nicht abgedruckt.

```
(Linux):~> head /etc/services | sed -e '/^#/d'
(Linux):~> head /etc/services | sed -e '/tcp/d'
(Linux):~> head /etc/services | sed -e '/[A-Z]/d'
(Linux):~> head /etc/services | sed -e '/tcpmux/,/ftp/d'
```

Listing 11.51: Suchmuster in sed

Der erste Aufruf in Listing 11.51 löscht alle Zeilen, die eine Raute (#) in der ersten Spalte enthalten, aus der Eingabedatei. In vielen Unix-Dateien werden auf diese Weise Kommentare markiert, die so sehr einfach entfernt werden können.

Das zweite Beispiel in Listing 11.51 löscht alle Zeilen, die das Wort „tcp" enthalten, und das dritte Beispiel löscht alle Zeilen, die mindestens einen großen Buchstaben enthalten. Das letzte Beispiel löscht einen Block von Zeilen, wobei die erste Zeile die Zeichenkette „tcpmux" und die letzte „ftp" enthält, aus der Eingabedatei.

Neben dem Kommando `d` (*delete*) für „Zeile löschen" gibt es noch weitere Kommandos, die nun im folgenden einzeln erläutert werden. Allen diesen Kommandos muß, wie eben beschrieben, eine Adresse angegeben werden, für die diese Kommandos ausgeführt werden. Es werden nur die wichtigsten Kommandos beschrieben, eine vollständige Übersicht finden Sie in der Manpage.

Weiterführende Informationen sowie eine praxisorientierte Einführung in `awk` und `sed` finden Sie in [Her94] (deutsch) und [Dou90] (englisch). Beide Bücher sind Standardwerke zu diesem Thema und lesenswert.

- `a\`
  `text` (*append*)

  Dieser Befehl hängt an die angegebene Adresse den Text *`text`* an.

- `d` (*delete*)

  Es wird die komplette Zeile zur angegebenen Adresse gelöscht.

- `i\`
  `text` (*insert*)

  Der Text *`text`* wird vor der angegebenen Adresse ausgegeben.

- `q` (*quit*)

  Beim Erreichen der angegebenen Adresse wird der `sed` beendet.

- `r` *`Dateiname`* (read file)

  Der Inhalt der Datei *`datei`* wird hinter der angegebenen Adresse angehängt.

- `s/`*`regex`*`/`*`replacement`*`/`*`flags`* (*search and replace*)

  Dieser Befehl entspricht der „Suchen-und-Ersetzen"-Funktion der meisten Texteditoren. Es wird das Textstück, das dem Suchmuster *`regex`* entspricht, durch die in *`replacement`* angegebene Zeichenkette ersetzt. Dieser Befehl ist der wohl am häufigsten verwendete `sed`-Befehl. In Kombination mit dem `find`-Befehl kann man in vielen Dateien die gleichen Änderungen vornehmen.

  Ein Beispiel: Man will den Host-Namen ändern, aber man weiß nicht, in welchen Dateien dieser versteckt ist. Also läßt man den `sed` in allen vom `find` gefundenen Dateien den alten Host-Namen (im Beispiel `spock`) gegen den neuen Host-Namen austauschen (`kirk`):

(Linux):~$ **find / -type f -exec sed 's/spock/kirk/g' {} \;**

Mit dem Parameter `flags` kann man angeben, ob dieser Austausch immer durchgeführt werden soll (Flag „g“) oder ob der Austausch maximal null- bis neunmal ausgeführt werden soll. Durch das Flag 1 wird z. B. nur das erste Vorkommen von `regex` durch `replacement` ersetzt.

- `y/zeichen1/zeichen2/` (yank)

  Alle Zeichen, die in `zeichen1` vorkommen, werden durch die Zeichen in `zeichen2` ersetzt. Damit lassen sich Zeichen, genau wie beim Kommando `tr` (siehe den Abschnitt *Transformieren von Zeichen mit `tr`* auf Seite 319), transformieren. Denkbar wäre z. B. ein Umlautefilter für DOS-Zeichensätze nach ISO-Latin-1 oder umgekehrt.

`sed` wird häufig verwendet, um automatisch Änderungen an Konfigurationsdateien (z. B. bei der Installation von Software) durchzuführen. Die `configure`-Skripten des GNU-Projekts erzeugen mit Hilfe von `sed` die systemabhängigen Makefiles aus allgemeinen Eingabedateien.

Ein weiteres Beispiel für die Verwendung von `sed` ist das Programm `dtree`. Es wird eine grafische Darstellung der Dateisystemhierarchie angezeigt. Das Programm, das aus dem Linux-Journal vom September 1996 stammt, ist im Listing 11.52 abgedruckt.

```
#!/bin/sh
( cd ${1-.} ; pwd )
find ${1-.} -type d -print \
  | sort -f \
  | sed -e "s,^${1-.},," \
        -e "/^$/d" \
        -e "s,[^/]*/\([^/]*\)$,\`-----\1," \
        -e "s,[^/]*/,|      ,g"
```

Listing 11.52: Das Programm `dtree` als Anwendung von `sed`

Der Programmablauf sieht zunächst sehr verwirrend aus, ist aber bei genauerer Betrachtung relativ einfach. Im ersten Schritt wird der Name des obersten Verzeichnisses in der Liste ausgegeben. Der zweite Befehl durchsucht die Festplatte nach Verzeichnissen, die unterhalb des als Parameter angegebenen Verzeichnisses liegen. Diese Liste wird mit `sort` sortiert und dann durch eine Reihe von `sed`-Befehlen aufbereitet.

Der erste `sed`-Befehl löscht aus allen Zeilen den (gemeinsamen) Startpfad. Dieser ist in der gesamten Liste konstant und durch die bereits erfolgte Ausgabe nicht weiter interessant. Der zweite `sed`-Befehl (`/^$/d`) löscht alle Leerzeilen. Die nächsten beiden Befehle sorgen für die grafische Aufbereitung der Darstellung: Zunächst wird für jedes neue Unterverzeichnis ein waagrechter Strich erzeugt, anschließend ein senkrechter Strich ergänzt.

Dieses Programm ist nicht perfekt, da die grafische Darstellung nicht in jedem Fall korrekt ist. In jedem Fall gewinnt man jedoch einen guten Überblick über die Struktur des Verzeichnisses – und das Programm zeigt, wie man mit einer Kombination von einfachen Befehlen eine bestimmte Aufgabe lösen kann.

11.7 Weitere nützliche Utilities

Der Werkzeugkasten Unix ist noch lange nicht erschöpft. Viele weitere Programme können Unix-Benutzern und Administratoren das Leben weiter erleichtern. Dazu gehören weitere Programmier- und Skriptsprachen, wie z. B. `perl` (Practical Extraction and Report Language), `python` oder `tcl` (Tool Command Language), und Utilities. Eine komplette Aufzählung oder gar Referenz würde den Rahmen dieses Buches sprengen, so daß wir hier nur noch wenige Programme kurz vorstellen. Das Literaturverzeichnis gibt einige Hinweise zu verbreiteten Unix-Skriptsprachen und der zugehörigen Literatur.

Eine ausführliche Beschreibung der Optionen zu den hier vorgestellten Programmen, finden Sie in den entsprechenden Manpages. Hier geht es darum, einen Überblick über die zur Verfügung stehenden Programme zu bekommen, um das richtige Werkzeug für eine Aufgabe auswählen zu können. Anschließend schlägt man die entsprechenden Optionen nach und probiert diese gegebenenfalls mehrfach (z. B. in einer Pipe) aus, bis das gewünschte Ergebnis erreicht ist.

Die wichtigsten Utilities finden Sie in den Paketen `fileutils`, `sh-utils` und `textutils` aus dem GNU-Projekt. Wenn Sie wissen, daß es ein Programm gibt, das für Ihre Aufgabe geeignet sein könnte, können Sie die passenden Optionen aus der Dokumentation entnehmen. Aus diesem Grunde sollten Sie zumindest eine grobe Beschreibung der Programme aus diesen Paketen gesehen haben, z. B. die aus der `whatis`-Datenbank.

Dateien sortieren

Eine der am häufigsten vorkommenden Aufgaben in der EDV ist das Sortieren von Daten. Zum einen sind sortierte Daten oft übersichtlicher, zum anderen ist es manchmal für die weitere Verarbeitung unbedingt erforderlich, daß die Daten sortiert sind. Ausgereifte Sortieralgorithmen sind bereits im Programm `sort` implementiert.

Das Programm `sort` kann Dateien sortieren, zusammenmischen und auf Sortiertheit prüfen. Dabei kann nach bestimmten Feldern oder Spalten sortiert werden, die auch numerische Werte enthalten können. Außerdem kann die Sortierreihenfolge umgekehrt werden. Damit lassen sich praktisch alle Sortieraufgaben auch in Shell-Skripten erledigen.

Normalerweise sortiert das Programm `sort` nach Feldern, die durch einen leeren String zwischen einem Nicht-Space-Zeichen und einem White-Space getrennt sind. Das Trennzeichen kann mit der Option `-t` geändert werden. Die Sortierfelder werden mit der Option `-k` bestimmt. Dabei kann das Feld und darin ein Offset in der Form `-k` *`Feld`*`[.`*`Offset`*`]` angegeben werden. Natürlich können Sie auch rückwärts (Option `-r`) oder nach Zahlen (Option `-n`) sortieren.

`sort` hat zwei weitere Modi: `-c`, um eine Datei auf Einhaltung der Sortierreihenfolge zu prüfen, und `-m`, um mehrere Dateien zusammenzumischen. Wenn Sie große Dateien bearbeiten wollen, dann ist es möglich, daß der Platz im `/tmp`-Verzeichnis nicht ausreicht. Mit der Umgebungsvariablen `TMPDIR` oder der Option `-T` können Sie ein anderes Verzeichnis angeben.

Mehrfachzeilen finden oder löschen mit `uniq`

Bei einigen Aufgaben ist es nicht sinnvoll, wenn identische Zeilen (gemäß einem bestimmten Feld) mehrfach auftauchen. Doppelte Zeilen können mit dem Befehl `uniq` gelöscht werden. Manchmal sind nur die Zeilen interessant, die doppelt (Option `-d` bzw. `--repeated`) oder einfach (Option `-u` bzw. `--unique`) in der Datei gespeichert sind. Die Anzahl der Wiederholungen wird ausgegeben, wenn die Option `-c` bzw. `--count` angegeben wird.

Über verschiedene andere Optionen (u. a. `--skip-fields` und `--skip-chars` sowie `--check-chars`) kann der Teil der Zeile, der für den Vergleich herangezogen wird, genauer bestimmt werden. Standardmäßig wird die gesamte Zeile verwendet.

Dieser Befehl wird oft im Zusammenhang mit `sort` verwendet. Wenn mehrere Dateien zusammengemischt werden, ist es vielfach störend, wenn Zeilen doppelt auftauchen. In diesen Fällen sortiert man die Daten und bereinigt die Ausgabe danach mit Hilfe des Programms `uniq`.

Sortierte Dateien vergleichen

Das Programm `diff` findet Unterschiede in beliebigen Textdateien und generiert eine Ausgabe, die maschinell weiterverarbeitet werden kann. Beim Vergleich sortierter Dateien kommt es häufig nicht auf die maschinelle Änderbarkeit an, sondern mehr auf eine übersichtliche Darstellung. Hier kommt das Programm `comm` ins Spiel. Die Darstellung umfaßt drei Spalten: in der ersten Spalte findet man die Zeilen, die nur in der ersten Datei enthalten sind, in der zweite Spalte analog die

Zeilen für die zweite Datei. In der dritten Spalte werden alle Zeilen ausgegeben, die in beiden Dateien enthalten sind.

Mit den Optionen `-1`, `-2` bzw. `-3` kann die Anzeige der ersten, zweiten oder dritten Spalte ausgeblendet werden. Beachten Sie, daß die Ausgabe nur bei sortierten Dateien sinnvoll ist, da `comm` sonst aus dem Tritt kommt.

Umgebungsvariablen verändern

In Skripten oder bei regelmäßig (via `cron`) zu startenden Programmen müssen oft spezielle Umgebungsvariablen vorgegeben werden. Dazu kann das Programm `env` verwendet werden. Damit können problemlos Umgebungsvariablen temporär für einen Prozeß und dessen Kindprozesse verändert werden.

In Listing 11.53 finden Sie ein einfaches Beispiel. Hier wird das Programm `printenv` verwendet, das einzelne oder alle Umgebungsvariablen ausgibt. Mit diesem Programm können Sie sich schnell einen Überblick über die gesetzten Umgebungsvariablen verschaffen.

```
(Linux):~> printenv LANG
de_DE.88591
(Linux):~> env LANG=C printenv LANG
C
```

Listing 11.53: Ein Beispiel für die Verwendung von `env`

Ein weiteres Einsatzgebiet für den Befehl `env` ist das dynamische Linken mit einer speziellen Bibliothek. So kann man für einzelne Programme, die z. B. eine ältere `libc`-Version benötigen als das übrige System, die Variable `LD_LIBRARY_PATH` setzen. Der dynamische Linker verwendet diese Variable, um die benötigten Bibliotheken zu laden, sofern das Programm nicht `setuid` oder `setgid` ist. Wäre das Programm mit speziellen Rechten versehen und könnte jeder Benutzer einen anderen Suchpfad nach Shared-Libraries angeben, so könnte beliebiger Programmcode mit erweiterten Rechten ausgeführt werden.

Ein weiteres Einsatzgebiet ist das temporäre Ausschalten des National Language Support, indem die Variable `LC_ALL` auf den Wert „C“ gesetzt wird. Dies ist immer dann sinnvoll oder notwendig, wenn einzelne Programme NLS nicht oder fehlerhaft verwenden, der Rest des Systems jedoch entsprechend eingerichtet ist. Im Laufe der Zeit sollte es aber immer seltener notwendig sein, derartige Maßnahmen zu ergreifen.

Den Anfang von Dateien anzeigen

Oft reicht es, nur den Anfang einer Datei anzuzeigen, um den Inhalt oder die Aktualität der Datei festzustellen. Der Start von Programmen wie `more` oder `less` ist in diesem Fall vollkommen unnötig. Das kleine Programm `head` erfüllt genau diesen Zweck und zeigt standardmäßig nur die ersten zehn Zeilen der Datei an. Mit der Option `-n` *`Zeilen`* oder kurz `-`*`Zeilen`* kann eine beliebige Anzahl Zeilen angezeigt werden. Mit der Option `-c` *`Bytes`* kann eine bestimmte Anzahl Bytes angezeigt werden.

Das Ende einer Datei anzeigen

Das Gegenstück zu `head` ist `tail`, das das Ende einer Datei anzeigt. BSD-Versionen von `tail` sind bei relativ kleinen Dateien in der Lage, diese in umgekehrter Reihenfolge der Zeilen auszugeben. Das GNU-Projekt verwendet zu diesem Zweck das Programm `tac`.

Mit der Option `-n` *`Zeilen`* werden analog zu `head` die letzten Zeilen angezeigt. Wird die Option `+n` *`Zeilen`* angegeben, so wird ab dieser Zeile gedruckt. Damit lassen sich Dateien auch mit `tail` in mehrere Teile zerlegen. In der Regel wird man dazu aber das Programm `split` verwenden.

Oft möchte man eine Log-Datei beobachten, die immer länger wird. Programme wie `more` lesen die Datei komplett ein, so daß neu hinzukommende Meldungen nicht angezeigt werden. Das Programm `tail` zeigt mit der Option `-f` immer das aktuelle Ende der Datei an.

Zeichenketten in Binärdateien ausgeben

Mit dem Programm `strings` lassen sich Zeichenketten aus Binärdateien herausfiltern. Das kann z. B. nützlich sein, um festzustellen, auf welche Dateien das Programm zugreifen will, oder um „versteckte“ Funktionen zu entdecken. Das GNU-`strings` (aus den `binutils`) liest standardmäßig nicht alle Teile eines Programms, so daß der Schalter `-a` angegeben werden sollte.

Systemaufrufe von Programmen verfolgen

Mit dem Linux-Tool `strace`[3] lassen sich kompilierte Programme „debuggen“. Es werden alle Systemaufrufe mitprotokolliert. Damit kann man z. B. feststellen, auf welche Dateien das Programm zugreift. Die Ausgaben von `strace` können mit dem Kommandozeilenparameter `-o` *`Dateiname`* in die angegebene Datei ge-

[3] Unter Solaris heißt ein ähnliches Programm `truss`.

schrieben werden. Außerdem ist es möglich, die zu protokollierenden Systemaufrufe mit `-etrace=`*`syscall`* einzuschränken.

Diese Funktion ist immer dann nützlich, wenn ein Programm eine unvollständige oder unverständliche Fehlermeldung ausgibt, wie etwa „file not found" ohne Angabe des entsprechenden Dateinamens. Wenn man nicht weiß, welche Dateien von einem Programm als Konfigurationsdateien verwendet werden, dann kann ein Aufruf von `strace` darüber Aufschluß geben. Diese Funktion kann allerdings nur verwendet werden, wenn das zu verfolgende Programm nicht `setuid` oder `setid` ist.

Funktionsaufrufe in Programmen verfolgen

Die Verfolgung von Systemaufrufen, wie sie durch `strace` möglich ist, hilft nicht in jedem Fall weiter, da nicht jeder Funktionsaufruf innerhalb eines Programms in einen Systemaufruf umgesetzt wird. Analog zu `strace` verfolgt `ltrace` den Aufruf von Bibliotheksfunktionen anstelle von Systemaufrufen und zeigt möglicherweise ebenfalls nützliche Informationen an.

Dateien in verschiedenen Formaten ausgeben

Manchmal ist es notwendig, eine Datei genauer zu untersuchen. In vielen Fällen kommt man mit Programmen wie `strings` relativ weit, aber manchmal benötigt man wirklich den genauen Überblick über die in der Datei enthaltenen Zeichen. Für derartige Fälle kann das Programm `od` verwendet werden. Als Default gibt `od` die Daten in oktaler Darstellung aus, man kann jedoch eine andere Darstellung wählen. Das Listing 11.54 zeigt einige einfache Beispiele für die Formatierung der Ausgabe mit `od`.

```
(Linux):~> echo 'Hallo Welt' | od
0000000 060510 066154 020157 062527 072154 000012
0000013
(Linux):~> echo 'Hallo Welt' | od -x
0000000 6148 6c6c 206f 6557 746c 000a
0000013
(Linux):~> echo 'Hallo Welt' | od -a
0000000   H   a   l   l   o  sp   W   e   l   t  nl
0000013
```

Listing 11.54: Das Programm od

Wenn Sie Binärdateien editieren müssen, so bietet `emacs` mit dem `hexl-mode` einen entsprechenden Modus an. Sie können einen Buffer mit `M-x hexl-mode` in eine Hex-Darstellung umschalten. Ein Beispiel für diese Darstellung finden Sie in Abbildung 11.2. Die erste Spalte enthält den Offset in dem Buffer, der mittlere Teil die Darstellung der Zeichen als Hexadezimalcode und der rechte Teil die Anzeige als Text.

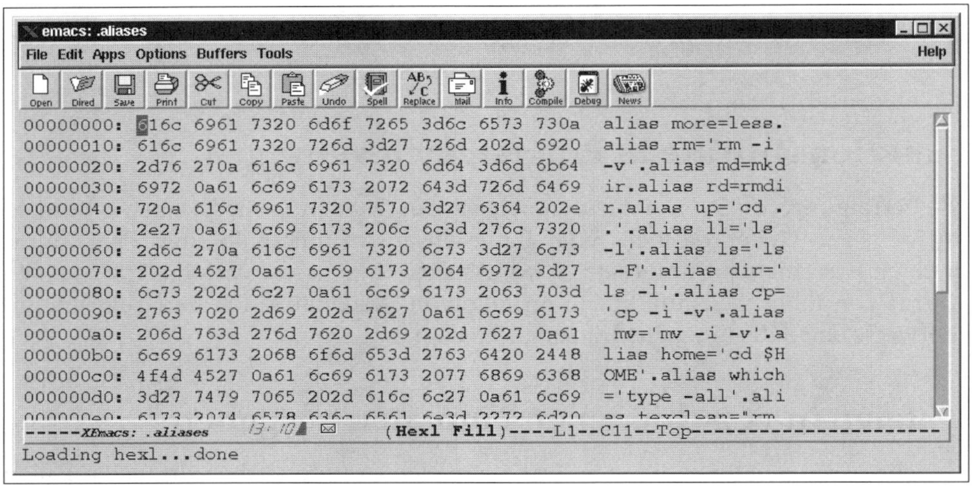

Abbildung 11.2: Der `hexl-mode` in Aktion

Einfache ASCII-Zeichen (ohne Umlaute) können einfach durch Drücken der entsprechenden Tasten eingefügt werden, so daß dieses Zeichen das vorher an dieser Stelle vorhandene Zeichen überschreibt. Ist eine Taste nicht mit `self-insert` belegt ist, kann dieses Zeichen mittels `C-q` eingefügt werden. Wenn Sie nach `C-q` Ziffern eingeben, so werden diese als oktale Darstellung eines Zeichens interpretiert.

Mit `M-C-x`, `M-C-o` bzw. `M-C-d` können Sie ein Zeichen in Hexadezimal-, Oktalbzw. Dezimaldarstellung einfügen. Den `hexl-mode` verlassen Sie mit `C-c C-c` (`hexl-mode-exit`).

Neben Emacs gibt es eine Reihe von Programmen, wie z. B. `bpe` (Binary Patch Editor), mit denen Binärprogramme editiert werden können. Beachten Sie aber, daß das Verändern von binären Dateien in jedem Fall nicht ungefährlich ist. Sie sollten daher vor den Änderungen eine Sicherheitskopie der betreffenden Datei erstellen.

11.8 Die Shell als Bindeglied zwischen den verschiedenen Programmen

Shells sind nicht nur eine Benutzerschnittstelle, sondern auch relativ leistungsfähige Programmiersprachen. Jeder Unix-Benutzer hat eine Login-Shell, die bei der Anmeldung automatisch gestartet wird. Im Prinzip ist dies ein ganz normales Programm. Oft wird hier z. B. automatisch ein Branchenpaket gestartet. Für die interaktive Benutzung eines Unix-Systems wird hier eine Shell gestartet. Verbreitet sind die Bourne- oder Korn-Shell sowie die C-Shell und deren jeweilige Ableger.

Die Shell übernimmt zunächst die Benutzerinteraktion und startet die gewünschten Programme. Außerdem können alle Shells auch als Programmiersprache verwendet werden – zum einen um die Initialisierungsdateien zu verfassen, aber auch für weitere Shell-Skripten.

Kontrollstrukturen wie Verzweigungen und Schleifen sind in der Shell intern realisiert. Für fast alle anderen Funktionen werden die üblichen Unix-Programme verwendet. Aus Performance-Gründen sind jedoch viele Funktionen wie `echo` oder `pwd` intern realisiert. Da der POSIX-Standard diese Funktionen beschreibt, sind in der Regel interne und externe Kommandos kompatibel.

Der folgende Abschnitt wird einige Funktionen zur Programmierung mit der `bash` vorstellen, die aber auch für die interaktive Bedienung oft sehr hilfreich sind. Beachten Sie, daß andere Unix-Systeme oft nur über eine Original-`sh` oder `ksh` verfügen, so daß einzelne Erweiterungen der `bash` nicht überall verwendet werden können.

Praktisch alle modernen Unix-Systeme unterstützen den `#!`-Mechanismus zum Starten von Shell-Skripten. Dazu muß nach dieser Zeichenfolge der Pfad zum Interpreter komplett angegeben werden. Dadurch ist bei Skripten, die unverändert auf verschiedenen Systemen laufen sollen, die Wahl des Interpreters beschränkt. Oft kommen nur die `/bin/sh` oder die `/bin/csh` in Frage, wobei man die `csh` als Skript-Sprache meiden sollte. Gründe für diese Einstellung finden Sie in dem Text *Why csh is considered harmful* von Tom Christiansen[4]. Dieser Text wird regelmäßig, z. B. in der Newsgruppe `comp.unix.shell`, gepostet und findet sich im FAQ-Archiv auf `rtfm.mit.edu`.

Auf praktisch allen modernen Unix-Systemen ist außerdem die Korn-Shell `ksh` verfügbar. Die Skript-Sprache ist zu derjenigen der `sh` kompatibel, unter Linux sind jedoch die `bash` und die `tcsh`, eine erweiterte und verbesserte Version der C-Shell, wesentlich weiter verbreitet.

Für die interaktive Benutzung sind interaktive Funktionen wie Aliasnamen, History und ein guter Kommandozeileneditor wichtig. In Shell-Skripten spielen diese

[4] `tchrist@mox.perl.com`

Funktionen praktisch keine Rolle. Mehr Informationen zur Auswahl einer Login-Shell finden Sie im Abschnitt *Auswahl einer interaktiven Shell* auf Seite 136. In den folgenden Abschnitten geht es um die Verwendung der `bash` als Skript-Sprache.

Ein- und Ausgabeumleitung und Pipes

Auf der Kommandozeile und in Skripten werden die Funktionen der Ein- und Ausgabeumleitung oft verwendet. Dabei wird der Umstand ausgenutzt, daß fast alle Unix-Programme aus der Standardeingabe lesen und auf die Standardausgabe ausgeben. Dabei ist es wichtig, daß die Programme sich an eine wesentliche Regel halten: Sie dürfen keine Ausgaben zusätzlich erzeugen (z. B. Überschriftszeilen oder Hinweise). Die Shell stellt verschiedene Methoden bereit, hier einzugreifen.

Die (Standard-) Ausgabe eines Programms kann unmittelbar als Eingabe für das nächste Programm verwendet werden. Dazu dient der senkrechte Strich (`|`, auch Pipe-Symbol genannt), der zur Trennung der Befehle verwendet wird. Im Listing 11.55 wird die Überschrift aus der Ausgabe von `ps` entfernt. Der Befehl `ps` kennt dazu auch die Option `-h`, so daß man in diesem Fall in der Praxis auf die Verwendung von `tail` verzichtet.

```
(Linux):~$ ps | tail -n +2
  143 v02 S     0:06 -tcsh
  144 v03 S     0:13 -tcsh
  145 v04 S     0:08 (tcsh)
  153 v04 S     4:47 emacs master.tex
  219 v03 R     0:00 ps
  220 v03 S     0:00 tail -n +2
```

Listing 11.55: Die Datenübergabe mit einer Pipe

Oft müssen Sie die Ausgaben eines Befehls aufbewahren, um sie z. B. in eine Textdatei aufzunehmen. Auch diese Funktion ist in der Shell mit dem Größer-Zeichen (>) implementiert. Geben Sie als Dateinamen `/dev/null` an, so wird die Ausgabe ignoriert. Das Listing 11.56 zeigt ein Beispiel für die Verwendung einer Pipe und der Ausgabeumleitung.

```
(Linux):~$ ps | tail -n +2 > ps.out
```

Listing 11.56: Die Verwendung einer Pipe

Wenn Sie keine besonderen Vorkehrungen treffen, können Sie auf diese Weise jede Datei, auf die Sie Schreibrechte haben, überschreiben. Sie machen doch eine Datensicherung, oder? Innerhalb von Shell-Skripten ist das Überschreiben ohne Nachfrage in der Regel sinnvoll, bei der interaktiven Nutzung können Sie dieses mit der Shell-Option `noclobber` verhindern.

Bei der `bash` (und der `sh` bzw. `ksh`) kann die Standardfehlerausgabe, auf der nur Fehlermeldungen ausgegeben werden, einzeln erfaßt werden. Dazu dient die Zeichenfolge `2>` anstelle des Größer-Zeichens (>). Wenn Sie beide Ausgabekanäle gemeinsam erfassen möchten, leiten Sie zunächst die Standardausgabe mit > um. Anschließend lenken Sie die Fehlerausgabe mit `2>&1` auf diesen Kanal um. Die Zeichenfolge `&1` steht für den Filedeskriptor der Standardausgabe, `&2` ist die Standardfehlerausgabe und `&0` die Standardeingabe. Die `csh` ist hier nicht so flexibel wie die `sh`. Das ist einer der Gründe, warum man keine `csh`-Skripten schreiben sollte.

Eine weitere Funktion ist das Lesen aus einer Datei anstelle der Standardeingabe. Dazu wird das Kleiner-Zeichen (<) verwendet. Viele Programme verwenden, wenn als Dateiname ein Minuszeichen (-) angegeben wird, die Standardein- bzw. Standardausgabe anstelle einer Datei. Dies ist nur bei Programmen notwendig und sinnvoll, die standardmäßig nicht von der Standardeingabe lesen oder auf die Standardausgabe schreiben. Ein Beispiel für derartige Programme ist `tar`, das ein Band benutzt, falls kein Dateiname angegeben wird.

Im Beispiel in Listing 11.57 wird die Datei `.emacs` als E-Mail an den Benutzer `root` verschickt. Dabei wird als `Subject:` der Text „meine .emacs-Datei" verwendet.

```
(Linux):~$ mail -s 'meine .emacs-Datei' root < .emacs
```

Listing 11.57: Eingabeumleitung in der Shell

In Shell-Skripten wird oft darauf verzichtet, eine Datei zu erstellen, die im nächsten Schritt dann als Eingabe verwendet wird. Der Text wird direkt (als *Here-Dokument*) in das Skript aufgenommen. Die Zeichen <<, gefolgt von einer beliebigen Zeichenkette, weisen die Shell an, den Text bis zum Auftreten dieser Zeichenfolge als Standardeingabe zu verwenden. Dabei werden Shell-Variablen expandiert, aber keine anderen Sonderzeichen.

```
cat << EOF
Das ist der Text, der ausgegeben
werden soll.  Er kann (fast) beliebig lang sein.
Das Skript wurde vom Benutzer »$USER« gestartet.
EOF
```

Listing 11.58: Ein Beispiel für ein „Here"-Dokument

Expandieren von speziellen Zeichen

Die Shell kennt eine Reihe von Zeichen, die bei der Eingabe oder in Shell-Skripten eine besondere Bedeutung haben. Hier spielt eine Rolle, daß die Shell fast alles als String betrachtet. Das gilt auch für vom Benutzer eingegebene Befehle oder Shell-Skripten. In diesem String werden zunächst die Sonderzeichen gesucht und bearbeitet, und anschließend wird der entsprechende Befehl ausgeführt.

Das Verfahren, wie aus der Eingabe die auszuführenden Befehle erzeugt werden und wann welche Ersetzungen durchgeführt werden, ist standardisiert. Der POSIX-Standard beschreibt hier das Verfahren, das sich historisch mit der `sh` entwickelt hat. Dabei wurden auch einige Entscheidungen, die man heute nicht mehr so treffen würde, festgeschrieben.

Dateinamenexpansion

Bei der Eingabe eines Befehls kann man entweder den oder die Dateinamen von Hand eingeben oder die Dateinamenvervollständigung der Shell benutzen. Oft wird es jedoch so sein, daß man eine Gruppe von Dateien gemeinsam bearbeiten möchte. Diese Gruppe ist häufig durch einen Namensbestandteil identifiziert. Für diese Funktion kann die *Dateinamenexpansion* verwendet werden.

Zur Expansion werden verschiedene Sonderzeichen (Wildcards oder Jokerzeichen) verwendet. Zunächst steht ein Sternchen (`*`) für beliebig viele Zeichen eines Dateinamens, auch für einen oder mehrere Punkte. Im Gegensatz zu DOS steht also ein `*` allein für (fast) alle Dateien. Ausgenommen sind diejenigen Dateien, die mit einem Punkt (`.`) beginnen. Das Fragezeichen (`?`) steht für genau ein Zeichen in dem Dateinamen. Im Gegensatz zu DOS können die Jokerzeichen an beliebigen Stellen im Muster auftauchen, nicht nur am Ende. Auch der Punkt (`.`) hat außer der oben erwähnten Besonderheit unter Unix keine spezielle Bedeutung.

Die Expandierungen erfolgen durch die Shell, so daß der Befehl `ls` bei der Eingabe `ls *.c` am Shellprompt bereits eine Liste von C-Dateien als Parameter erhält. Sie können daher in Notfällen, wenn z. B. auf einer Notfalldiskette kein `ls` vorhanden ist, immer noch eine Liste der Dateien im aktuellen Verzeichnis erstellen, indem Sie den internen Shell-Befehl `echo *` verwenden. Die Expansion durch die Shell ist dafür verantwortlich, daß es relativ schwierig ist, eine Gruppe von Dateien mit einem Befehl umzubenennen. Hierzu kann das Tool `mmv` verwendet werden.

Wollen Sie die Expandierung verhindern, so können Sie entweder jedes einzelne Sonderzeichen mit einem Backslash (`\`) entwerten oder die Zeichenkette in einfache Anführungszeichen einschließen. Andernfalls würde das Programm bereits expandierte Shell-Sonderzeichen als Parameter erhalten und sicher nicht das gewünschte Ergebnis liefern. Wenn Sie nicht sicher sind, ob ein Programm wirklich die richtigen Parameter erhält, verwenden Sie den Befehl `echo`.

Bei der Dateinamenexpansion können Sie auch Zeichenmengen, z. B. mit `[A-Z]`, angeben. Diese Expansionen sind keine regulären Ausdrücke, aber diesen relativ ähnlich. Wird der Ausdruck in doppelte Anführungszeichen eingeschlossen, so werden Shell-Variablen expandiert, aber keine Sonderzeichen wie z. B. das Sternchen.

Dateinamen unter Unix können beinahe beliebige Zeichen enthalten. Auch die Verwendung von Leerzeichen oder Jokerzeichen ist möglich, aber nicht empfehlenswert. Bei der Verwendung dieser Zeichen ist immer eine besondere Vorsicht geboten, andernfalls können unverhofft die merkwürdigsten Dinge passieren, wenn die Shell derartige Sonderzeichen vom Benutzer ungewollt expandiert.

Will man einen Dateinamen, der ein Leerzeichen enthält, als Parameter übergeben, so muß man diesen in Anführungsstriche einschließen. Gute Shells wie die `bash` tun dies bei der Dateinamenvervollständigung automatisch. Der POSIX-Standard legt fest, daß Dateinamen auf jedem POSIX-kompatiblen System aus den Buchstaben von `a` bis `z`, den entsprechenden Großbuchstaben sowie Ziffern und einigen Sonderzeichen wie Bindestrich und Unterstrich zusammengesetzt werden können – Umlaute sind bei manchen Programmen oder anderen Unix-Systemen mit Vorsicht zu genießen.

Versuchen Sie, einen Ausdruck zu erstellen, der alle Dateien in einem Verzeichnis erfaßt, aber nicht die Verzeichnisse `.` und `..`. Überlegen Sie sich auch, wie Sie eine Datei, deren Namen ein Leerzeichen enthält, ansprechen. Ein gefährlicher Test für Unix-Neulinge ist es, die Datei `-rf *` anzulegen und löschen zu lassen. Neulinge vergessen oft, die Sonderzeichen in Anführungszeichen einzuschließen, und löschen das gesamte Verzeichnis inklusive aller Unterverzeichnisse. Als letzte Übung, auch wenn sie nichts mehr mit der Dateinamenexpansion zu tun hat, sollten Sie versuchen die Datei `-i` zu löschen.

Nun folgt die Auflösung zu den oben gestellten Fragen. Der erste Versuch, einen Ausdruck zu erstellen, der auf alle Dateien in einem Verzeichnis paßt, könnte z. B. `.* *` sein, was aber die Verzeichnisse `.` und `..` mitliefert. An der zweiten Stelle derjenigen Dateinamen, die mit einem Punkt beginnen, muß ein Zeichen stehen, das kein Punkt ist. Der zweite Versuch ist dann `.[^.]* *`, was aber Dateinamen, die mit zwei Punkten beginnen, nicht expandiert. Also benötigt man zusätzlich noch das Suchmuster `..?*`. Der gesamte Ausdruck ist also `* .[^.]* ..?*`, wobei außerdem kein Dateiname doppelt angegeben wird. Viel einfacher ist es aber, die dafür vorhandene `ls`-Option `-A` (bzw. `--almost-all`) zu verwenden.

Eine Datei, deren Name ein Leerzeichen enthält, können Sie mit der Shell bearbeiten, indem Sie den Namen in einfache oder doppelte Anführungszeichen einschließen. Alternativ können Sie das Leerzeichen mit Hilfe eines Backslashes entwerten, aber das wird recht schnell unübersichtlich. Wie bereits oben erwähnt, schließt die `bash` Dateinamen, die ein Leerzeichen enthalten, bei der Verwendung der Dateinamenvervollständigung automatisch in Anführungsstriche ein.

Bei der dritten Aufgabe interpretiert das Programm `rm` den Namen `-i` als Option. Der einfachste Weg ist die Angabe eines relativen Pfades zu der Datei, also `rm ./-i`. Alternativ kann die Zeichenfolge `--` verwendet werden, um Optionen und Parameter zu trennen. Der resultierende Befehl ist dann `rm -- -i`.

Shell-Variablen

Neben der Expansion von Dateinamen kennt die Shell Variablen und Parameter. Beide werden durch ein Dollarzeichen (`$`) markiert. Variablen werden anhand ihres Namens (z. B. `$PATH`) identifiziert, Parameter von Shell-Skripten oder Shell-Funktionen aufgrund ihrer Position in der Eingabezeile (z. B. `$1` für den ersten Parameter). Daneben existiert eine Reihe von speziellen Variablen; eine Übersicht dazu finden Sie in Tabelle 11.8.

In der Manpage zur `bash` finden Sie eine Reihe von weiteren Informationen, die Sie bei der intensiveren Beschäftigung mit der Shell-Programmierung über Variablen kennen sollten. Der Abschnitt *Variablenaubstitution* auf Seite 363 enthält weitere Informationen zur Bearbeitung von Variablen durch die Shell.

Variable	Bedeutung
`$*`	Alle Parameter
`$@`	Alle Parameter als einzelne Worte
`$#`	Anzahl der Parameter
`$?`	Status (Rückgabewert) des letzten Kommandos
`$$`	Prozeß-ID der aktuellen Shell, z. B. für temporäre Dateien
`$!`	Prozeß-ID des letzten Hintergrundprozesses
`$0`	Name der Shell oder des Shell-Skripts
`$1-$9`	Erster bis neunter Parameter, alle weiteren Parameter sind erst nach `shift` zugänglich

Tabelle 11.8: Spezielle Shell-Variablen

Die Bedeutung der einzelnen Variablen in der Tabelle 11.8 ist relativ klar, mit Ausnahme des Unterschieds zwischen `$*` und `$@`. Wenn Sie `$*` verwenden, dann entspricht das in etwa der Verkettung aller Parameter durch Leerzeichen. Ist einer der Parameter beispielsweise `"Ich bin da"`, dann wird dieser Parameter zu drei Worten expandiert. Wenn die Shell-Variable `IFS` gesetzt ist, dann wird das erste Zeichen dieses Wertes als Trennzeichen verwendet.

Die Variable `$@` expandiert dagegen zu `"$1" "$2" ...`, das oben angegebene Beispiel expandiert also nur zu einem Parameter für den nächsten Aufruf. Das entsprechende Beispiel finden Sie im Listing 11.59. Im ersten Aufruf der Shell-Funktion `zweite` wird durch die doppelten Anführungszeichen exakt ein Parameter übergeben. Der zweite Aufruf expandiert zu zwei Parametern, wobei der erste Parameter aus einer Zeichenkette mit drei Worten besteht. Der letzte Aufruf expandiert zu insgesamt vier einzelnen Wörtern. Wenn Sie größere Shell-Skripten mit Funktionen und verschachtelten Aufrufen erstellen, dann können diese Informationen sehr nützlich sein.

```
(Linux):~$ zweite() { echo "$1 * $2 * $3 * $4" }
(Linux):~$ erste() { zweite "$*"; zweite "$@"; zweite $* }
(Linux):~$ erste "Da bin ich" "nochmal"
Da bin ich nochmal *   *   *
Da bin ich * nochmal *   *
Da * bin * ich * nochmal
(Linux):~$ IFS=/
(Linux):~$ erste Da/bin/ich nochmal
Da/bin/ich/nochmal *   *   *
Da/bin/ich * nochmal *   *
Da * bin * ich nochmal *
```

Listing 11.59: Expansion von Parametern und `IFS`

Einige Variablen werden bereits durch die Shell oder das System vorbelegt und können in Login-Skripten oder eigenen Programmen verwendet werden. Eine (unvollständige) Übersicht finden Sie in Tabelle 11.9. Besonders erwähnenswert ist hier die Variable `IFS` (Internal Field Separator). Diese Variable bestimmt, ob und an welchen Stellen die Shell z. B. die Parameter trennt. Der letzte Aufruf in Listing 11.59 zeigt ein einfaches Beispiel.

Variable	Bedeutung
`HOME`	Home-Verzeichnis (manchmal auch als Tilde ~) angegeben)
`PATH`	Suchpfad nach Programmen
`USER`	Der eigene Benutzername
`LOGNAME`	Der Login-Name
`SHELL`	Die verwendete Shell
`PS1`	Definition des Prompts
`MAIL`	Die Mailbox-Datei
`IFS`	Internal Field Separator

Tabelle 11.9: Vorbelegte Shell-Variablen

Bei der Expansion von Variablen gibt es noch einige weitere Besonderheiten. Soll unmittelbar nach der Variablen weiterer Text folgen, so muß der Variablenname in geschweifte Klammern eingeschlossen werden (`${PS1}text`).

Brace-Expansion

Ein weiteres Sonderzeichen sind die geschweiften Klammern (`{}`, „Braces"). Die Erweiterung (*Brace-Expansion*) erfolgt auf textueller Basis. Mit dieser Funktion ist es recht einfach möglich, eine Reihe von Dateien mit derart beschriebenen Namen neu zu erzeugen. Das Listing 11.60 zeigt einige Beispiele für die Verwendung dieser Expansion.

```
(Linux):~$ echo Datei{1,2,3,4}
Datei1 Datei2 Datei3 Datei4
(Linux):~$ echo Datei{1,2,3}{a,b}
Datei1a Datei1b Datei2a Datei2b Datei3a Datei3b
```

Listing 11.60: Brace-Expansion

Erst nach dieser Expansion werden andere Sonderzeichen, wie Sternchen und Fragezeichen, oder Variablen expandiert. Bei der Brace-Expansion spielen existierende Dateien keine Rolle, ganz im Gegensatz zu den Jokerzeichen `*` und `?`.

Ausgabe eines Kommandos als Parameter

Oft ist es nützlich oder notwendig, die Ausgabe eines Programms (z. B. von `find`) als Parameter eines anderen Programms zu verwenden. Für diese *Kommandosubstitution* existieren zwei Schreibweisen, die im Prinzip zueinander äquivalent sind (Listing 11.61). Die umgekehrten einfachen Anführungszeichen (Backquotes, `` ` ``) sind in der Regel einfacher zu tippen, haben aber den Nachteil, daß sie nicht geschachtelt werden können.

```
(Linux):~$ rm -f `find . -name \*.orig`
(Linux):~$ rm -f $(find . -name \*.orig)
```

Listing 11.61: Backquotes und deren Alternative

Rechnen in Shell-Skripten

Obwohl die Shell im wesentlichen nur mit Strings umgeht, kann man in Skripten oder am Prompt auch rechnen. Dies geht jedoch, wie fast alle anderen Funktionen auch, auf Kosten der Geschwindigkeit. Ab einer gewissen Größe sollte man darüber nachdenken, eventuell eine andere Skript-Sprache wie z. B. `perl` einzusetzen oder ein entsprechendes C-Programm zu implementieren.

Die ersten beiden Beispiele in Listing 11.62 verwenden die internen Funktionen der `bash`. Alternativ kann auch das externe Kommando `expr` verwendet werden, das im dritten Beispiel benutzt wird. Hier müssen die Zahlen und Rechenzeichen durch

Leerzeichen getrennt werden. Wenn Sie multiplizieren möchten, dann denken Sie daran, daß das Sternchen ein Shell-Sonderzeichen ist und entsprechend maskiert werden muß.

```
(Linux):~$ echo $[1+2]
3
(Linux):~$ echo $((1+2))
3
(Linux):~$ expr 1 + 2
3
```

Listing 11.62: Rechnen in Shell-Skripten

Kontrollstrukturen

Neben der Verwaltung und Expansion von Variablen können mit der Shell auch komplexe Abläufe programmiert werden. Dazu dienen die Kontrollstrukturen `if`, `case`, `for`, `while` und `until`, die aus der Shell eine leistungsfähige Programmiersprache machen.

Die unauffälligste Kontrollstruktur ist die Sequenz. Die einzelnen Befehle werden dabei durch Semikola (`;`) getrennt. Am Zeilenende muß kein Trennzeichen angegeben werden, die Shell interpretiert dies in der Regel als Ende des Befehls. Wenn Sie eine Sequenz von Befehlen in runde Klammern `()` einschließen, werden diese Befehle von einer neu gestarteten Shell ausgeführt. Änderungen an Umgebungsvariablen oder ein Verzeichniswechsel haben so keine Auswirkungen auf die Shell oder das Skript.

`if`-Verzweigung

Mit der `if`-Verzweigung kann eine Bedingung geprüft und entsprechend behandelt werden. Die Bedingung wird oft, aber nicht immer durch das Programm `test` (oder `[`) geprüft. Dabei ist der Rückgabewert des aufgerufenen Programms das Entscheidungskriterium. Daher kann praktisch jedes Unix-Programm als Bedingung eingesetzt werden, wenn der Rückgabewert passend gesetzt wird.

Das Programm `test` kann viele Bedingungen prüfen und diese auch logisch miteinander verknüpfen. Die wichtigsten Optionen für `test` finden Sie in Tabelle 11.10, alle Möglichkeiten dieses Programmes finden Sie in der Manpage dokumentiert.

In vielen Shell-Skripten, wie auch im Beispiel-Listing 11.63, wird die eckige öffnende Klammer als Aliasname für `test` benutzt. Im Dateisystem sind beide Program-

Option	Bedeutung
-d *Verzeichnis*	Das Verzeichnis existiert?
-f *Datei*	Die (reguläre) Datei existiert?
-r *Datei*	Die Datei ist lesbar?
-s *Datei*	Die Datei ist größer als null Bytes?
-w *Datei*	Die Datei ist beschreibbar?
-x *Datei*	Die Datei ist ausführbar?
String1 = *String2*	Die Strings sind gleich.
! *Ausdruck*	Logisches Nicht
Ausdruck1 -a *Ausdruck2*	Logisches Und
Ausdruck1 -o *Ausdruck2*	Logisches Oder
Ausdruck1 OP *Ausdruck2*	Diverse numerische Vergleiche

Tabelle 11.10: Auszug aus den Optionen von `test`

me mittels eines Hardlinks miteinander verknüpft. Das einzige, was Sie beachten müssen, ist, daß Sie die geöffnete Klammer wieder schließen.

```
if [ -x /sbin/kerneld ] ; then
    echo -n "Starting kerneld "; /sbin/kerneld; echo "done"
else
    echo "/sbin/kerneld not found."
fi
```

Listing 11.63: Verzweigung mit `if`

Einfache Verzweigungen können Sie auch mit den Kontrolloperatoren `&&` und `||` realisieren. Dabei ist die Ausführung des zweiten Befehls abhängig von dem Rückgabewert des ersten. Der Operator `&&` führt den folgenden Befehl nur aus, wenn das erste Kommando mit dem Rückgabewert 0 beendet wurde. Der Operator `||` startet das zweite Kommando nur, wenn das erste einen Rückgabewert ungleich 0 liefert. Einige einfache Beispiele finden Sie im Listing 11.64. Oft werden diese Funktionen für einfache Fehlerabfragen verwendet.

```
(Linux):~$ [ -f /etc/inittab ] && echo 'inittab existiert'
inittab existiert
(Linux):~$ false || echo 'wird ausgeführt'
wird ausgeführt
```

Listing 11.64: Die Operatoren `&&` *und* `||`

Manchmal benötigt man ein Programm, das stets dasselbe Ergebnis liefert. Unter Unix können Sie hier die Programme `true` und `false` verwenden. Wenn es darum geht, permanent eine bestimmte Zeichenkette auszugeben, dann kann das Programm `yes` gute Dienste leisten.

Mehrfachverzweigungen mit case

Die Shell verfügt neben der einfachen Verzweigung, die auf Rückgabewerten von Programmen basiert, auch über eine *Mehrfachverzweigung* (`case`). Diese basiert auf einem *Pattern-Matching*. Es wird hier nach einer Übereinstimmung zwischen der angegebenen Variablen und dem Suchmuster gesucht und der passende `case`-Zweig durchlaufen. Beim Vergleich des Wertes mit dem Muster gelten dieselben Regeln wie bei der Expansion von Dateinamen. Im Listing 11.65 finden Sie ein einfaches Beispiel.

```
case "$1" in
    start|START)
        echo "start"
        ;;
    stop|STOP)
        echo "stop"
        ;;
    *)
        echo "Unbekannter Parameter"
        exit 1
        ;;
esac
```

Listing 11.65: Mehrfachverzweigung mit `case`

Wenn als Parameter im Listing 11.65 die Zeichenkette `start` oder `START` angegeben wird, dann wird die erste Verzweigung durchlaufen. Wenn man möglichst wenig angeben will, dann könnte man als Muster beispielsweise `sta*` angeben, so daß tatsächlich nur noch drei Buchstaben angegeben werden müssen. Das letzte Muster `*` ist der Zweig, der durchlaufen wird, wenn kein anderes Suchmuster gepaßt hat. Im Listing 11.65 wird eine Fehlermeldung ausgegeben und das Programm beendet.

Wiederholungen und Schleifen

Ein weiteres Konstrukt, das eine Programmiersprache bereitstellen muß, sind Wiederholungen und Schleifen. Auch hier verfügt die `bash` über eine Reihe von unterschiedlichen Möglichkeiten.

Schleifen über Aufzählungen Mit der `for`-Schleife kann für eine Reihe von Worten eine Folge von Befehlen ausgeführt werden. Das Listing 11.66 zeigt dafür ein einfaches Beispiel. Zunächst wird der Ausdruck `*.c` zu einer Liste der C-Dateien im aktuellen Verzeichnis expandiert. Anschließend werden für jede Datei die Befehle im Schleifenkörper ausgeführt.

```
for i in *.c ; do
    cp $i $i.old
done
```

Listing 11.66: Die `for`-Schleife in der `bash`

Die `for`-Schleife iteriert über Worte. Eine FOR-Schleife, wie man sie aus BASIC kennt, ist in der Shell nicht implementiert. Man kann jedoch mit einem externen Programm wie `seq` zunächst die zu durchlaufenden Werte generieren und dann mit Hilfe einer `for`-Schleife abarbeiten.

Wiederholung bis zur Erfüllung einer Bedingung Die Shell-Befehle `until` und `while` dienen zur Ausführung von Schleifen, bis (`until`) oder solange (`while`) die danach folgende Bedingung erfüllt ist. Anschließend wird die Schleife beendet und die Ausführung mit dem nächsten Befehl fortgesetzt. Die Syntax der Befehle ist:

```
while list do list done
until list do list done
```

Die Schleife kann auch mit dem Befehl `break` abgebrochen werden. Das kann bei aufgetretenen Fehlern sinnvoll sein oder wenn die Bedingung nicht am Schleifenanfang oder -ende überprüft werden kann, sondern nur mitten in der Schleife.

Shell-Funktionen

Die `bash` verfügt über *Shell-Funktionen*, die allerdings von der Standard-Shell `sh` nicht unterstützt werden. Sollten Sie dennoch Funktionen einsetzen, was für die Übersichtlichkeit in Shell-Skripten sehr sinnvoll ist, verlieren Sie jedoch die einfache Portabilität zu anderen Systemen, die (noch) keine POSIX-kompatible Shell wie die Korn-Shell `ksh` haben.

Auch für das interaktive Arbeiten sind Shell-Funktionen nützlich. In einem Aliasnamen können Sie nur die gesamte Kommandozeile bearbeiten und nicht einzelne Parameter verwenden oder an diese weitere anhängen. In solchen Fällen erweist sich eine Shell-Funktion als die Rettung, dort können Sie auch weitere Funktionen wie Verzweigungen einfach und übersichtlich unterbringen. Ein entsprechendes Beispiel finden Sie im Listing 11.68.

```
(Linux):~$ cat while-beispiel
#!/bin/sh
par=1
while [ $# -ne 0 ]; do
    echo "Parameter $par: »$1«"
    par=`expr $par + 1`
    shift
done
(Linux):~$ ./while-beispiel eins zewi "drei vier"
Parameter 1: »eins«
Parameter 2: »zewi«
Parameter 3: »drei vier«
```

Listing 11.67: Eine einfache `while`-Schleife

```
(Linux):~$ alias abc='echo $* danach'
(Linux):~$ abc eins zwei drei
danach eins zwei drei
(Linux):~$ unalias abc
(Linux):~$ function abc () { echo $* danach }
(Linux):~$ abc eins zwei drei
eins zwei drei danach
```

Listing 11.68: Eine einfache Shell-Funktion

In Shell-Funktionen verwendete Variablen sind global, es sei denn, sie wurden mit dem Schlüsselwort `local` als lokale Variablen deklariert. Die `bash` erkennt anhand der runden Klammern, daß eine Shell-Funktion definiert wird, so daß das Schlüsselwort `function` nicht angegeben werden muß.

Variablensubstitution

Variablen werden mit dem Dollar-Zeichen (`$`) expandiert. Anstelle des Variablennamens wird der Inhalt der Variablen eingesetzt. Der Variablenname kann optional in geschweifte Klammern eingeschlossen werden, um das Ende des Namens zu markieren. Die Shell hat aber auch Möglichkeiten, die Expansion von Variablen weiter zu beeinflussen.

- `${`*`Variable`*`:-`*`Wort`*`}`
  Wenn die Variable nicht gesetzt oder leer ist, dann wird der Wert von *`Wort`* eingesetzt. Die Shell führt vorher noch die Tildenexpansion, Variablenexpansion, Kommandosubstitution und arithmetische Berechnungen aus.

- `${Variable:=Wort}`
  Zusätzlich zu den oben angegebenen Funktionen wird der Variablen `Variable` noch das Wort nach der Expansion von `Wort` zugewiesen.

- `${Variable:?Wort}`
  Wenn die Variable nicht gesetzt oder leer ist, dann wird der Text, der sich durch die Expansion von `Wort` ergibt, auf die Standardfehlerausgabe ausgegeben. Andernfalls wird der Wert der Variablen eingesetzt.

- `${Variable:+Wort}`
  Wenn die Variable nicht gesetzt oder leer ist, wird nichts ersetzt. Andernfalls wird das Ergebnis der Expansion von `Wort` eingesetzt.

- `${#Variable}`
  Die Länge des Variableninhalts in Zeichen.

- `${Variable#Wort}`
  `${Variable##Wort}`
  Die Variable wird expandiert und anschließend wird, falls das Pattern `Wort` auf den Beginn des Textes paßt, dieser entfernt. Bei der #-Variante wird der kleinste passende String entfernt, bei ## der größte.

- `${Variable%Wort}`
  `${Variable%%Wort}`
  Hier wird nicht der Anfang, sondern das Ende des Strings betrachtet.

Zum Abschluß dieses Kapitels finden Sie im Listing 11.69 einige Beispiele zur Variablenexpansion. Überlegen Sie sich, welcher Befehl welche Ausgabe erzeugt und warum. Dieses Wissen kann manchmal sehr nützlich sein, wenn man nur schwer nachvollziehbare Probleme bzw. Fehler in Shell-Skripten oder Kommandozeilen aufspüren will.

```
(Linux):~$ export VAR="echo Das ist ein Test"
(Linux):~$ echo $VAR ; echo \$VAR ; echo "$VAR"
(Linux):~$ echo "\$VAR" ; echo '$VAR'
(Linux):~$ echo '\$VAR' ; echo `$VAR`
(Linux):~$ echo $VAR'abc' ; echo $VAR{a,b,c} ; echo $VARabc
(Linux):~$ echo ${VAR}abc ; echo ${VAR}{a,b,c}
```

Listing 11.69: Beispiele für Quoting und Variablen in der Shell

Tips zur Programmierung

Shell-Skripten dienen oft zur automatischen Durchführung wiederkehrender Aufgaben. In der Regel werden Sie diese Aufgaben zunächst „von Hand" durchführen.

Später, wenn Sie wissen, welche Befehle in welcher Reihenfolge (und unter welchen Bedingungen) auszuführen sind, können Sie mit der Erstellung eines Skripts beginnen.

Gehen Sie bei der Programmierung eines Skripts schrittweise vor, und testen Sie regelmäßig den bisher erstellten Teil. Dadurch kommen Sie Fehlern, wie z. B. falschen und nicht geschlossenen Anführungszeichen relativ schnell auf die Schliche.

Lagern Sie mehrfach benötigte Programmteile in eigene Funktionen aus. Das sind oft eine Funktion, die eine Fehlermeldung ausgibt und das Skript (mit einem Returncode ungleich Null) beendet, und eine Funktion, die die Verwendung (Syntax) erläutert. Derartige Funktionen können Sie in eine eigene Datei auslagern und dann in verschiedenen Shell-Skripten „sourcen“, also mittels `. Datei` einlesen.

Verwenden Sie keine fest vorgegebenen Dateinamen (z. B. für temporäre Dateien), sondern einheitlich eine Variable. In diesem Fall können Sie den Pfad und den Namen der Datei einfach ändern. Für temporäre Dateien sollten Sie auf alle Fälle die Prozeß-ID der Shell in den Dateinamen aufnehmen, so daß auch mehrere Skripten parallel laufen können.

Wenn Ihr Skript nicht so abläuft, wie Sie es sich vorgestellt haben, so können Sie das Skript entweder mit `sh -x` *`Skript`* ausführen oder in die `#!`-Zeile ein `-x` aufnehmen. Die Shell protokolliert dann jede ausgeführte Zeile, so daß Sie relativ schnell zum Kern des Problems vorstoßen können. Alternativ können Sie auch den Befehl `set -x` direkt im Skript verwenden.

Hier wird eine relativ große Ausgabe erzeugt, außerdem dauert der Ablauf des Skripts dadurch relativ lange. Es kann daher sinnvoll sein, die Ausgabe mittels `script` in eine Datei zu schreiben oder im Shell-Modus des Emacs aufzubewahren. Dort können Sie dann in Ruhe den Ablauf nachvollziehen und dem Fehler vergleichsweise schnell auf die Spur kommen.

11.9 Prozesse und Jobs

Unter Unix können gleichzeitig viele Programme vieler verschiedener Benutzer aktiv sein. Darunter sind interaktive Programme, die von angemeldeten Benutzern verwendet werden, Programme, die im Hintergrund von Benutzern gestartet wurden, die schon lange nicht mehr angemeldet sind, oder System-Dämonen zur Bereitstellung von Diensten. Zur Verwaltung dieser Prozesse stellen sowohl das Unix-System als auch die Shell einige Funktionen bereit.

Prozeßverwaltung

Jeder Prozeß wird unter Unix eindeutig durch seine *Prozeßnummer* (Process-ID, kurz PID) identifiziert. Diese Nummern werden beim Erzeugen eines neuen Prozesses mit `fork()` vom Kernel in der Regel in aufsteigender Reihenfolge vergeben. Auf anderen Systemen wie AIX wird manchmal ein anderes Verfahren zur Erzeugung der Prozeßnummern verwendet. Ist die größte Prozeßnummer erreicht, so wird wieder von vorn gezählt; bereits belegte Nummern werden natürlich übersprungen. Nach einem `fork()` existieren zwei[5] fast identische Prozesse.

Soll nach dem `fork()` ein anderes Programm gestartet werden, so wird dazu in der Regel eine Funktion aus der `exec`-Familie verwendet. Diese Funktionen ersetzen das gerade laufende Programm durch das neu zu startende. Die Prozeßnummer bleibt dabei erhalten. Unter Unix existiert keine C-Funktion, die diese beiden Schritte automatisch ausführt. Damit ist die Programmierung etwas aufwendiger, aber durch die verschiedenen Funktionen aus der `exec`-Familie ist eine flexible Steuerung der Umgebung und der Parameter, mit denen der neue Prozeß gestartet wird, möglich.

Auch die Shell kennt den `exec`-Befehl, der die Shell durch ein anderes Programm ersetzt. Wenn Sie die Fehlermeldung `no more processes` beim Aufruf eines Befehls erhalten, dann können Sie mit diesem Befehl zumindest noch ein Programm starten. Danach ist allerdings die Shell beendet, so daß Sie diesen einen Befehl mit Bedacht wählen sollten. Hier kann z. B. `top` (table of processes) eine gute Idee sein, da man das System damit untersuchen und von dort aus Prozesse beenden kann.

Neuere Linux- und Unix-Versionen kennen neben Prozessen noch den Begriff des *Threads*. Threads sind Ausführungspfade innerhalb eines Programms. Die Verwendung von Threads ist z. B. bei rechenintensiven Aufgaben innerhalb eines interaktiven Programms sinnvoll. Je nach Anforderung müssen verschiedene Systembereiche zwischen den Threads eines Prozesses gemeinsam benutzt werden. Außerdem ist eine Synchronisation mittels Semaphoren erforderlich. Linux unterstützt die Programmierung mit Threads durch den Systemaufruf `clone(2)` und die Bibliothek `linuxthreads`, die in der GNU-C-Bibliothek (`glibc`) enthalten ist.

Prozeßstatus `ps`

Der Status und viele weitere Informationen zu Prozessen können mit dem Befehl `ps` (process status) angezeigt werden. Ohne Parameter aufgerufen, zeigt `ps` nur dem Benutzer gehörende Prozesse an, den ein Terminal zugeordnet ist. Die Option `x` zeigt auch solche Prozesse an, die kein zugeordnetes Terminal besitzen.

Die Prozesse anderer Benutzer werden angezeigt, wenn die Option `a` angegeben wird. Mit der Option `w` wird die Kommandozeile ausführlicher angezeigt. Oft ver-

[5] Der Unterschied besteht darin, daß der Vaterprozeß als Rückgabewert von `fork()` die Prozeß-ID des Kindprozesses bekommt, das Kind aber den Wert 0 erhält.

wendet man Befehle wie `ps aux | more`[6] um einen Überblick über das System und die darauf laufenden Prozesse zu gewinnen. Die Option `u` sorgt für die Anzeige des Benutzers, der Startzeit und einiger weiterer Informationen.

Eine weitere wichtige Option ist `w`, die mehrfach angegeben werden kann und mehr Text der Kommandozeilen der laufenden Prozesse ausgibt. Sie ist sinnvoll, wenn man wissen möchte, mit welchem Parameter ein bestimmter Hintergrundprozeß gestartet wurde. Andererseits kann jeder Benutzer die Kommandozeile aller laufenden Programme erfahren, was oft aus Sicherheits- oder Datenschutzgründen nicht erwünscht ist.

Das Linux-`ps` kennt die Option `-f`, die die Prozeßtabelle als Baum darstellt. Alternativ können Sie den Befehl `pstree` verwenden. In manchen Fällen kann diese Übersicht sehr nützlich sein.

Weitere Optionen können Sie der Manpage zu `ps` entnehmen. Beachten Sie, daß von System-V abgeleitete Unix-Systeme eine Reihe von anderen Schaltern verwenden.

Prozeßtabelle

Neben einigen anderen Programmen ist `top` (table of processes) sehr beliebt. Es werden die aktivsten Prozesse angezeigt, so daß man leicht feststellen kann, welche zur Zeit aktiven Prozesse die CPU und den Speicher belegen. `top` benutzt, wie auch `ps`, das `proc`-Dateisystem, um die Daten über die Prozesse anzuzeigen.

Unter Linux kann die Darstellung innerhalb von `top` mit verschiedenen Tastenkombinationen verändert werden. Außerdem kann die Sortierung der Prozeßtabelle beeinflußt werden, und es besteht die Möglichkeit, Prozesse zu `renice`-n oder ein Signal zu senden. Tabelle 11.11 zeigt einen Überblick über die Möglichkeiten von `top`.

Neben der Darstellung der Prozeßtabelle im Textmodus gibt es auch verschiedene Programme für die Anzeige der Daten unter X. Insbesondere haben sowohl KDE als auch GNOME entsprechende Programme implementiert.

Prozeßbaum

Zu jedem Prozeß speichert der Kernel, von welchem Prozeß dieser erzeugt wurde. Man spricht hier auch vom Vater-Prozeß (parent-prozess). Die neu gestarteten Prozesse heißen Kind- oder Tochter-Prozesse (child-processes). Mit Hilfe des Kommandos `pstree`, das es unter anderen Unix-Systemen nicht gibt, kann man sich einen Überblick über die Hierarchie in der Prozeßtabelle verschaffen.

[6] Unter System-V heißt der Befehl `ps -ef`.

Taste	Bedeutung
Leer bzw. Strg+L	Auffrischen der Anzeige
f bzw. F	Hinzufügen oder Löschen von Feldern aus der Anzeige
o bzw. O	Ändern der Anordnung der angezeigten Felder
h bzw. ?	Ausgabe der Hilfeseite
S	Zeiten in Summen- oder Differenzdarstellung anzeigen
i	Darstellung untätiger Prozesse ein- bzw. ausschalten
c	Kommandoname oder Kommandozeile anzeigen
l	Load-Durchschnitt anzeigen oder ausblenden
m	Informationen über Hauptspeicher ein-/ausblenden
t	Summary anzeigen/ausblenden
k	Signal an einen Prozeß senden
r	Einen Prozeß renicen
P	Sortieren nach aktuellem relativen CPU-Verbrauch
M	Sortieren nach Speicherbelegung
T	Sortieren nach Zeit bzw. kumulierter Zeit
u	Nur einen bestimmten Benutzer anzeigen
n bzw. #	Anzahl der angezeigten Prozesse festlegen
s	Wartezeit bis zur nächsten Anzeige festlegen
W	Speichern der Konfiguration in `~/.toprc`
q	Das Programm verlassen

Tabelle 11.11: Tastaturbelegung in `top`

Prozeßmanagement

Ein Programm, das ein kontrollierendes Terminal hat, kann in der Regel mit Strg-C (dem Interrupt-Character, siehe auch die Ausgabe von `stty -a`) abgebrochen werden. Viele Prozesse (z. B. Netzwerkdämonen) unter Unix haben jedoch kein Terminal assoziiert und können daher nicht mit Tastenkombinationen kontrolliert werden. Es ist notwendig, auch diese Prozesse ansprechen zu können. Unter anderem dazu dient das Konzept der *Signale*. Ob und wie ein Programm auf Signale reagiert, ist implementationsabhängig und in der Regel in der Manpage dokumentiert. Die Standardreaktion ist für viele Signale das Programmende.

Das Programm `kill` dient nicht nur zum Abbruch von Programmen, sondern einfach zum Senden von Signalen. Signale können entweder numerisch oder symbolisch angegeben werden. Die wichtigsten Signale finden Sie in Tabelle 11.12, alle Signale gibt der Befehl `kill -l` aus. Eine Sonderfunktion hat das Signal 0: Hier prüft der Befehl `kill` nur, ob der betreffende Prozeß existiert und setzt den Returncode entsprechend. Diese Funktion ist in Shell-Skripten zur Systemüberwachung und -verwaltung oft sehr nützlich.

Häufig müssen Sie einem Dämonen ein Hang-Up-Signal (`SIGHUP`) senden. Dadurch werden viele Dämons veranlaßt, ihre Konfigurationsdatei neu zu lesen. Dazu

Signal	Nummer	Bedeutung
SIGHUP	1	Hang-Up, Konfiguration neu einlesen
SIGKILL	9	Unbedingtes Programmende
SIGUSR1	10	Benutzerdefiniertes Signal
SIGUSR2	12	Benutzerdefiniertes Signal
SIGTERM	15	Normales Programmende
	0	Nur Prozeß suchen

Tabelle 11.12: Die wichtigsten Signale

können Sie die Prozeßnummer des Dämonen mit `ps` erfahren. Dieser Prozeßnummer senden Sie dann das Signal mit `kill -HUP` *`PID`*. Viele Dämonen speichern die Prozeß-ID in einer Datei, die auch direkt zum Senden des Signals verwendet werden kann, z. B. mit dem Befehl ``kill -HUP `cat /var/run/syslog.pid` ``. Das Kommando `killall`, das eine Linux-Spezialität ist, ermöglicht es, einem Prozeß ein Signal zu schicken, auch wenn man nur den Programmnamen kennt, also z. B. `killall -HUP syslogd`.

In der Shell und in Shell-Programmen können Sie mit dem Befehl `trap` Signale bearbeiten. Dies kann notwendig sein, wenn Sie verhindern möchten, daß ein Benutzer ein Shell-Skript wie die Anmelde-Skripten unterbricht. Das Beispiel in Listing 11.70 zeigt den interaktiven Einsatz von `trap`.

```
(Linux):~$ trap 'echo sighup received' SIGHUP
(Linux):~$ kill -HUP $$
sighup received
```

Listing 11.70: Signale mit Shell-Mitteln bearbeiten

Die Prozeßnummer -1 hat eine besondere Bedeutung: Das entsprechende Signal wird an alle Prozesse gesendet, für die der Benutzer die entsprechende Berechtigung hat. Um schnell *alle* seine Prozesse zu beenden, kann man den Befehl `kill -9 -1` verwenden. Als Systemverwalter sollte man das besser nicht versuchen, danach ist das System in einem nicht mehr brauchbaren Zustand.

Als Systemverwalter kann man jedoch schnell die Prozesse eines anderen Benutzers aus dem System entfernen, indem man den Befehl `su -` *`Name`* `-c 'kill -9 -1'` verwendet. Das ist nicht besonders nett und sollte nur in Notfällen getan werden.

Jobs und Jobcontrol

Viele Shells stellen unter modernen Unix-Systemen, die über eine *Jobcontrol* verfügen, verschiedene Funktionen bereit, um mit Jobs komfortabel umgehen zu können. Unter Unix ist ein Job ein Prozeß, der im Hintergrund gestartet wird. Unter Jobcontrol versteht man die Funktionen, mit denen Jobs gesteuert und beeinflußt werden. Diese Begriffe haben nichts mit der von Großrechnern bekannten „Job Control Language" zu tun.

Programme können mit einem Kaufmanns-Und (`&`) in den Hintergrund geschickt werden. Ausgaben erscheinen jedoch auf dem Terminal, von dem aus das Programm gestartet wurde. Erwartet das Programm eine Eingabe, so wird das Programm angehalten, das System gibt je nach Shell und Konfiguration eine entsprechende Meldung aus.

Das Programm kann mit `fg` (foreground) wieder in den Vordergrund geholt werden. Haben Sie mehrere Jobs gestartet (eine Liste erhalten Sie mit `jobs`, siehe auch `help jobs` in der `bash`), so können Sie mit `%`*`Jobnummer`* einen Job auswählen. Die Zeichenfolge `%%` steht dabei für den zuletzt gestarteten Job und `%`*`Name`* für das im Hintergrund gestartete Programm mit diesem Namen. Diese Zeichenfolgen können auch bei der Prozeßverwaltung mittels `kill` verwendet werden.

Haben Sie ein Programm gestartet, das Sie später im Hintergrund fortsetzen möchten, so unterbrechen Sie das Programm mit Strg-Z (siehe auch `stty -a`, Suspend-Character). Anschließend können Sie das Programm mit `bg` (background) in den Hintergrund verlagern.

Wollen Sie größere Programme, die länger laufen und viel Speicher benötigen, im Hintergrund abarbeiten lassen, können Sie dem Programm mit `nice` eine niedrigere Priorität zuweisen. Damit wird das interaktive Arbeiten anderer Benutzer wesentlich weniger beeinträchtigt.

Je höher der `nice`-Wert ist, desto „netter" sind Sie zu anderen Benutzern. Der Benutzer `root` kann als einziger auch einen negativen Nice-Wert vorgeben. Diese Prozesse werden dann beim Scheduling bevorzugt. Haben Sie den Aufruf mit `nice` vergessen, so können Sie mit dem Programm `renice` oder `top` die Priorität auch später noch verändern (nur der Systemadministrator darf dabei die Priorität erhöhen).

Hintergrundprozesse erhalten, wenn ein Benutzer der `bash` sich ausloggt, das Signal `SIGHUP`. Das führt in der Regel zum Programmende, was oft nicht gewünscht ist. Für diese Fälle muß das Programm mit `nohup` gestartet werden. Das ist bei der `tcsh` stets der Fall. Hat man bei der `bash` das `nohup` vergessen, hilft leider nur das erneute Starten des Programmes.

Beispiele für Programme, die lange laufen und oft im Hintergrund gestartet werden, sind `ftp`-Übertragungen von großen Datenmengen, Simulationsprogramme oder andere CPU-aufwendige Programme und X-Clients. In allen Fällen hat man den Vorteil, daß man sich ausloggen kann und die Prozesse weiterlaufen oder daß man zumindest die Shell weiter verwenden kann.

Von Programmen benutzte Dateien

In verschiedenen Situationen ist es notwendig festzustellen, welche Programme auf eine bestimmte Datei oder ein Dateisystem im zugreifen. Unter Linux kennt man dafür den Befehl `fuser`, für Linux und viele andere Unix-Systeme ist das Programm `lsof` verfügbar.

Programme wie `lsof` zeigen nicht nur die Prozesse und die von diesen benutzten Dateien an, sondern auch Sockets. Immer, wenn Sie die Meldung „Text file busy" oder „Device is busy" erhalten, können Sie mit `lsof` eine Liste der Prozesse erstellen, die diese Datei oder dieses Dateisystem verwenden und geeignete Maßnahmen ergreifen.

`lsof` hat eine Reihe von Parametern, mit denen die Daten der Prozesse bzw. Dateien selektiert werden, und Parameter, die die Listaufbereitung steuern. Damit ist es möglich, für spezielle Anwendungen die Ausgabe so aufzubereiten, daß sie einfach mit Skripten verarbeitet werden kann.

Auf demselben `ftp`-Server finden Sie das Programm `lslk`, das von Sperren zu Dateien (sogenannte Locks) anzeigt. Wenn man ein Problem mit Dateisperren vermutet, dann kann dieses Programm eine echte Hilfe sein.

Weitere Informationen und Bezugsquellen	
`ftp`-Server:	`vic.cc.purdue.edu`
`ftp`-Pfad:	`/pub/tools/unix/lsof`
Dateiname:	`lsof-4.37.tar.gz`
Größe:	ca. 190 kByte
`ftp`-Server:	`vic.cc.purdue.edu`
`ftp`-Pfad:	`/pub/tools/unix/lslk`
Dateiname:	`lslk-1.18.tar.gz`
Größe:	ca. 19 kByte

12 Werkzeuge (nicht nur) für Programmierer

Die heute verbreiteten Linux-Distributionen enthalten eine ganze Reihe von Programmen und Paketen, aus denen der Anwender auswählen kann. Daher erscheint es zunächst nicht sinnvoll, diese oder andere Programme selbst zu übersetzen. Es sind aber nicht alle Programme bereits als Binärversionen für Linux erhältlich, und bei Fehlerkorrekturen sind oft nur die Änderungen des Quelltextes verfügbar. Dieses Kapitel stellt die Möglichkeiten vor, die der Anwender bei der Installation und Entwicklung von Programmen hat. Diese Möglichkeiten sind nicht nur für Programmierer interessant, sondern auch für Anwender, die häufig wiederkehrende Aufgaben zu erledigen haben.

Für Linux ist eine Reihe von Programmiersprachen verfügbar. Am weitesten verbreitet ist C, da der Kernel weitgehend in dieser Sprache geschrieben ist. Die Installation des C-Compilers ist unter Linux beinahe ein Muß, da nur so ein an die eigene Hardware angepaßter Kernel erstellt werden kann. Außerdem sind die meisten frei verfügbaren Unix-Programme in C implementiert.

Es sind viele andere Programmiersprachen verfügbar: C++, Objective-C, Pascal (GNU-Pascal oder Pascal-to-C), FORTRAN (GNU-FORTRAN oder FORTRAN-to-C), Lisp, Skript-Sprachen wie Perl, Tcl und Python. Oft sind Programme in einer dieser Sprachen implementiert, so daß dann der entsprechende Interpreter oder Compiler installiert sein muß, wenn diese Programme zum Einsatz kommen sollen. Das ist einer der Gründe, weshalb die Programme des GNU-Projekts in der Regel in der Sprache C implementiert wurden.

12.1 Das Programm `make`

Das Programm `make` dient zunächst zur Kompilation von großen Programmen, die aus vielen Modulen bestehen. Nach Änderungen an den Quelltexten werden nur die Programmteile neu übersetzt, die verändert wurden. Das spart im Vergleich zur Komplettübersetzung oft eine Menge Zeit. Daher werden die Quellen fast jedes Programms mit einem `Makefile` ausgeliefert, das die Übersetzung steuert.

GNU-`make` verwendet folgende Dateien als Steuerdateien für den Übersetzungsprozeß, sofern diese Datei existiert: `GNUMakefile`, `Makefile` bzw. `makefile`. Andere Dateien können mit der Option `-f` angegeben werden. Wenn Sie in Ihrem

Makefile spezielle Funktionen von GNU-make benutzen, so sollten Sie diese Datei besser GNUMakefile nennen.

Beim Aufruf von make wird das in der Datei Makefile angegebene Default-Ziel (Target) erzeugt. Wird ein zusätzlicher Parameter angegeben, so wird dieses Target erzeugt. Zur Erläuterung betrachten wir hier ein einfaches Beispiel (siehe Listing 12.1).

```
# Ein einfaches Makefile für prune
all: prune

prune: prune.c
	gcc -O -s prune.c -o prune

install: prune
	install -m 755 prune /usr/local/sbin/prune
	echo "edit /etc/prune.conf to suit your system"
```

Listing 12.1: Ein einfaches `Makefile`

Der Befehl make erzeugt das Default-Target all. Das Default-Target ist das erste Target im Makefile. Targets stehen immer in der ersten Spalte und werden mit einem Doppelpunkt beendet. Es besteht eine Abhängigkeit zu der Datei bzw. dem Target prune. Abhängigkeiten stehen auf der rechten Seite des Doppelpunkts. Kommentare in einem Makefile beginnen mit einer Raute # und enden am Zeilenende.

Im Target prune, das von der Datei prune.c abhängig ist, wird der C-Compiler gcc aufgerufen, wenn die Datei prune.c neuer ist als die Datei prune. Für diese einfache Funktion kennt make bereits eine sogenannte Standardregel, die angewendet würde, wenn hier kein Befehl angegeben wäre. Die Liste aller Standardregeln kann mit make -p ausgegeben werden. Befehle werden nach einem Tabulatorzeichen eingetragen. Werden anstelle des Tabulatorzeichens Leerzeichen verwendet, so geben manche make-Versionen eine Fehlermeldung aus.

Der Befehl make install führt die Befehle aus, die im Target install angegeben sind. Zunächst wird jedoch überprüft, ob das Programm prune neu erstellt werden muß. Der Befehl install kopiert das Programm an die vom Programmierer festgelegte Stelle im Verzeichnisbaum und kann dabei entsprechende Berechtigungen setzen.

Das Listing 12.2 zeigt ein etwas komplizierteres Makefile, in dem sowohl Variablen verwendet werden als auch die Standardregeln zur Übersetzung anstelle des Aufrufs von gcc. Dieses Makefile hat nun schon eine gewisse Ähnlichkeit mit den üblicherweise verwendeten Makefiles.

```
CFLAGS=-O2
LDFLAGS=-s
INSTALLDIR=/usr/local/sbin

all: prune

install: prune
        install -m 755 prune $(INSTALLDIR)/prune
        echo "edit /etc/prune.conf to suit your system"

prune: prune.o

clean:
        rm -f prune.o prune
```

Listing 12.2: Ein etwas komplizierteres `Makefile`

Im ersten Abschnitt werden einige Variablen gesetzt, die später dann in den Regeln oder Abhängigkeiten verwendet werden können. Mit der Variable `CFLAGS` werden die Optionen für den C-Compiler festgelegt. Hier ist es die Option `-O2` für die Optimierung. Die Variable `LDFLAGS` enthält die Optionen für den Linker. Hier wird die Option `-s` verwendet, die alle Symbolinformationen zur Fehlersuche aus dem Programm entfernt. Sie können diese Variablen auch beim Aufruf des `make`-Programms als Parameter mitgeben, beispielsweise als `make CFLAGS=-O`.

In diesem `Makefile` wird das Programm `prune` in zwei Schritten erzeugt: Zunächst wird der C-Quelltext in das sogenannte Objektformat (Dateiname `prune.o`) übersetzt. Anschließend wird diese Objektdatei mit der Standard-C-Bibliothek zusammengelinkt, um ein lauffähiges Programm zu erzeugen. Beides sind Standardregeln, die Definition aller Standardregeln können Sie sich mit dem Befehl `make -p` anzeigen lassen.

Im `install`-Target wird das Programm in das Verzeichnis `INSTALLDIR` kopiert. Neu wurde das Target `clean` aufgenommen, das bereits erzeugte Programme oder Objektdateien löscht. Der nächste `make`-Aufruf muß dann das Programm komplett neu übersetzen, was zum Beispiel bei Konfigurationsänderungen sinnvoll sein kann. Ein weiteres, häufig verwendetes Target ist `dist`, das in der Regel eine `tar`-Datei mit dem Quelltext erstellt. Um ein anderes Target als das Default-Target zu erzeugen bzw. die dort hinterlegten Befehle auszuführen, ruft man `make` mit dem Namen des entsprechenden Targets als Parameter auf, beispielsweise mit `make clean`.

Bei größeren Programmen müssen oft einzelne Parameter vor der Übersetzung angepaßt werden. Das sind z. B. die Namen von Konfigurations- oder Lock-Dateien oder die Installationsverzeichnisse. In der Regel findet man diese Variablen am Beginn des Makefiles, in dem auch oft Kommentare zur Bedeutung der Variablen zu finden sind.

Das Programm `make` hat eine Reihe von Optionen, die den Ablauf von `make` beeinflussen können. Wichtig und nützlich ist die Option `-n`, die bewirkt, daß `make` die notwendigen Befehle nicht ausführt, sondern nur ausgibt. So kann man z. B. einfach überprüfen, welche Dateien wohin installiert werden, wenn zunächst der Befehl `make -n install` anstelle von `make install` verwendet wird.

`make` kann mehrere Programme gleichzeitig starten, so daß auf Rechnern mit genügend Speicher die CPU möglichst vollständig ausgelastet werden kann. Die Option `-j` erlaubt die parallele Ausführung mehrerer Programme. Folgt auf diese Option eine Zahl, so wird die Anzahl der gleichzeitig von `make` gestarteten Programme auf diese Zahl limitiert. Ohne diese Zahl wird diese Anzahl nicht limitiert.

Beim Start von vielen Prozessen geht der „Load“, also die Anzahl der Prozesse, die um Prozessorzeit konkurrieren, in die Höhe. Mit der Option `-l`, gefolgt von einer Zahl, werden keine neuen Prozesse gestartet, wenn noch Prozesse laufen und der Load größer ist als diese Zahl. Wird keine Zahl angegeben, so wird der Load nicht beachtet. Wenn man also parallele `make`-Prozesse startet, muß man auf den belegten Hauptspeicher und die Prozessorauslastung achten, um Geschwindigkeitsvorteile zu erreichen. Besonders im Vorteil sind hier natürlich Mehrprozessor-Rechner.

`make` ist nicht nur für Programmierer interessant. Immer, wenn nach der Änderung einer oder mehrerer Dateien bestimmte Befehle ausgeführt werden müssen, kann `make` diese Arbeiten sehr vereinfachen. `make` wird beim *Network Information System* (siehe das gleichnamige Kapitel 22 auf Seite 565) verwendet, um die Maps aktuell aus den Systemdateien zu erzeugen. Andere vorstellbare Einsatzgebiete sind die Generierung von Indizes auf Web-Servern oder die maschinelle Erstellung von Grafiken aus gespeicherten Daten. Bei einem korrekten `Makefile` sind die generierten Dateien auf dem aktuellen Stand, ohne daß der Anwender sich mit den dafür notwendigen Befehlen auseinandersetzen muß.

```
report.dvi: report.tex bild1.eps bild2.eps
	latex report

%.eps:%.fig
	fig2dev -L ps $< > $@
```

Listing 12.3: Ein Makefile für LaTeX

Das Listing 12.3 zeigt ein Beispiel für die Verwendung von `make` zur Erzeugung der DVI-Datei `report.dvi`. Diese Datei ist von dem Quelltext `report.tex` und den Bildern `bild1.eps` und `bild2.eps` abhängig. Diese Bilder wurden mit dem Programm `xfig` erzeugt und dann in das eps-Format (Encapsulated PostScript) umgewandelt. Die Verwendung von make automatisiert die Umwandlung der Bilder und sorgt dafür, daß in die DVI-Datei stets die aktuellen Bilder eingebunden sind.

Dieses Beispiel zeigt auch einige weitere Funktionen von make. Das Symbol $< repräsentiert die Dateien, die als Eingabe benötigt werden, und das Symbol $@ wird zur Laufzeit durch den Namen der zu erzeugenden Datei ersetzt. Diese Symbole werden in einer Regel verwendet, die allgemein die Abhängigkeiten zwischen Bildern (%.fig) und deren eps-Format (%.eps) beschreibt. Damit muß nicht für jedes Bild eine eigene Regel angegeben werden.

Diese Informationen sollen Ihnen helfen, fremde Makefiles zu verstehen. Bevor Sie beginnen, eigene Makefiles zu entwickeln, lesen Sie das Handbuch zu GNU make, das im Texinfo-Format verteilt wird. Dort werden ausführlich die Verwendung von make und die Erstellung von Makefiles dokumentiert. Wenn Sie häufig Makefiles editieren, so können Sie den makefile-mode des Editors emacs verwenden, da er eine Reihe von nützlichen Funktionen bereitstellt.

Für die Programme des GNU-Projekts gibt es ein Dokument (standards.texi), das neben der C-Programmierung und dem dort zu praktizierenden Stil auch die wichtigsten Funktionen für ein Makefile vorschreibt. Man muß nicht mit jeder Vorschrift dort einverstanden sein, das Dokument enthält aber eine Reihe von möglicherweise nützlichen Hinweisen.

Neben GNU-make gibt es noch weitere make-Programme. pmake stammt aus dem BSD-Umfeld und hat im Vergleich zum Standard-make ebenfalls einige nützliche Erweiterungen, die von vielen BSD-Programmen verwendet werden. Leider sind GNU-make und pmake nicht kompatibel, so daß man für fremde Programme manchmal das passende make verwenden muß. Interessante Erweiterungen sind make-Programme, die die Übersetzung auf mehrere Rechner verteilen, so daß man vorhandene Ressourcen möglicherweise besser ausnutzen oder die insgesamt notwendige Zeit verringern kann.

Weitere Informationen und Bezugsquellen	
Dokumentation:	make(1), Texinfo-Handbuch
ftp-Server:	ftp.gnu.org
ftp-Pfad:	/pub/gnu
Dateiname:	make-3.72.1.tar.gz
Größe:	ca. 550 kByte

12.2 Das Programm imake

Das Programm imake ist Bestandteil des X-Window-Systems und wird daher oft verwendet, um X-Programme zu übersetzen. Dabei wird für das entsprechende

Programm ein `Imakefile` erstellt, in dem die zu kompilierenden Programme und Bibliotheken beschrieben werden. Anhand von systemspezifischen Konfigurationsdateien wird aus dem `Imakefile` ein `Makefile` erzeugt, das dann für die Übersetzung des Programms verwendet wird.

In der Regel wird mit dem Befehl `xmkmf` das systemspezifische `Makefile` erzeugt. Sind die Quellen des Programms über mehrere Verzeichnisse verteilt, so können mit dem Befehl `xmkmf -a` die Makefiles auch in den Unterverzeichnissen automatisch erzeugt werden. Dazu startet `xmkmf` intern den Befehl `make Makefiles` und anschließend `make includes` und `make depend`.

```
  SYS_LIBRARIES = -lXext -lX11
 EXTRA_INCLUDES = -I/net/packages/X11R5/contrib/lib/xpm
LOCAL_LIBRARIES = -L/usr/X11/lib -lXpm
           SRCS = xpinguin.c
           OBJS = xpinguin.o

ComplexProgramTarget(xpinguin)
```

Listing 12.4: Ein einfaches `Imakefile`

Das Listing 12.4 zeigt ein einfaches `Imakefile` für das Programm `xpinguin`. Im ersten Teil werden einige Variablen gesetzt, die das Programm und die notwendige Systemumgebung beschreiben. In der letzten Zeile wird festgelegt, daß das generierte `Makefile` das Programm `xpinguin` erzeugen soll. Beim Aufruf von `xmkmf` wird aus dieser Datei mit Hilfe des C-Präprozessors `cpp` ein geeignetes `Makefile` generiert. Durch die Verwendung des `cpp` ist es nicht einfach, Kommentare im `Makefile` unterzubringen, auch ist das Verfahren nicht so flexibel wie die Verwendung von `autoconf`.

Die Konfigurationsdateien für das Programm `imake` finden Sie im Verzeichnis `/usr/X11R6/lib/X11/config`. Die Datei `linux.cf` enthält alle notwendigen Anpassungen für Linux. Eigene Anpassungen können in der Datei `site.def` vorgenommen werden; dies ist in der Regel jedoch nicht notwendig. Eine komplette Einführung in die Verwendung und Konfiguration von `imake` finden Sie z. B. in [DuB93].

12.3 Installation von Programmen

Eine Tätigkeit, mit der ein Unix-Systemadministrator immer wieder konfrontiert wird, ist die Installation von neuen Programmen oder neuen Versionen bereits vorhandener Programme. Praktisch alle unter Linux verwendeten Programme sind frei, d. h. der Quellcode ist verfügbar. Da diese Software meist auch unter anderen Unix-Systemen eingesetzt wird, muß sie auf verschiedenen Plattformen übersetzt werden können. Dazu müssen die Programme portabel zwischen verschiedenen Systemen sein.

Binärversionen von Programmen installieren

Unter Linux und Unix erhält man viele Programme mit Quellcode. Begann mit der Verbreitung von Unix an Universitäten und der offenen Weiterentwicklung z. B. in Berkeley. Ein weiterer Grund ist, daß im Laufe der Zeit Unix auf viele verschiedene Hardware-Plattformen portiert wurde und der Austausch von Binärprogrammen technisch nicht möglich war. Der ursprüngliche Autor eines Programms hat in der Regel nur Zugang zu wenigen verschiedenen Plattformen und ist daher häufig nicht in der Lage, entsprechende Binärversionen zu erstellen.

Unter Windows erhält man auch Freeware-Programme in der Regel nur als fertiges, ausführbares Programm, zusammen mit einem entsprechenden Installationsprogramm. Bei derart verbreiteten und homogenen Systemen ist das für viele Programmierer ausreichend und einfach genug. Unter Linux ist dies nicht so ausgeprägt, man erhält jedoch in letzter Zeit immer häufiger auch vorkompilierte Programme.

Wenn die Distribution das gewünschte Programm mitbringt, so kann man es einfach mit den entsprechenden Tools der Distribution (z. B. `dpkg` für Debian oder `rpm` für Red Hat) installieren. Wenn die Distribution das entsprechende Programm nicht enthält, dann kann es durchaus sein, daß ein anderer Anwender das Programm bereits übersetzt hat und anderen Anwendern zur Verfügung stellt. Oftmals findet man diese Programme im Contrib-Bereich der entsprechenden Distribution. Ich bevorzuge es dabei, den Quellcode des Pakets zu holen, ihn dann selbst zu übersetzen und mit Hilfe der Paketverwaltung zu installieren.

Es ist vorteilhaft, Software selbst zu übersetzen, damit die Programme vollständig an das eigene System angepaßt sind. Außerdem findet man im Quellcode in der Regel etwas mehr Dokumentation als in einem Binärpaket. Die Installation mit Hilfe der Paketverwaltung sorgt dafür, daß ein Upgrade oder Löschen des Pakets einfach und sicher durchgeführt werden kann.

Ist ein Programm nicht im passenden Format für die Distribution verfügbar, dann kann es trotzdem sein, daß eine Binärversion als `tar`-Datei zur Verfügung steht. Diese kann mit `tar zxvf` *`tar-Datei`* ausgepackt werden. Dieses Verfahren hat eine Reihe von Nachteilen: Das Programm wird nicht mit Hilfe der Paketverwaltung installiert und kann daher in der Regel nicht mit einem Befehl gelöscht werden. Ob das Programm, z. B. durch die Abhängigkeit von bestimmten Bibliotheken, stabil läuft, kann nur ein ausführlicher Test zeigen, und möglicherweise vertragen sich einige Einstellungen mit anderen im System installierten Programmen nicht.

Wenn Sie genügend Plattenplatz haben und es nicht um wirklich komplexe und große Programmpakete geht, dann sollten Sie das Programm, wie in den nächsten Abschnitten beschrieben, selbst übersetzen. Neben der guten Anpassung des Programms an das eigene System lernen Sie außerdem Ihr System besser kennen.

Die Installation von GNU-Programmen

Das Ziel der Free Software Foundation (FSF) ist die Erstellung eines freien, Unix-ähnlichen Betriebssystems (The Hurd). Alle wesentlichen Unix-Programme sind bereits entwickelt und werden rund um die Welt unter den unterschiedlichsten Unix-Versionen eingesetzt. Viele der unter Linux eingesetzten Programme sind die GNU-Versionen der bekannten Unix-Dienstprogramme. Daher wird Linux oft als GNU-System auf Linux-Basis bezeichnet. Ohne diese Programme wäre Linux nicht das, was es heute ist.

Die GNU-Programme sind sehr portabel und leistungsfähig, so daß sie auf vielen Rechnern zusätzlich zu den Standard-Unix-Dienstprogrammen installiert sind. Die Portabilität wird dadurch erreicht, daß vor der Übersetzung des Programms das System untersucht und das Programm entsprechend angepaßt wird. Die Untersuchung des Systems wird mit dem Skript `configure` gestartet. Das GNU-Projekt hat einige Standards zur Erstellung von Programmen und `Makefiles` gesetzt, an die sich fast alle GNU-Programme halten. Den GNU-Coding-Standard finden Sie auf jedem GNU-Mirror in der Datei `standards.texi`.

Das von `autoconf` erzeugte `configure`-Skript untersucht das System und übersetzt eine Reihe von Testprogrammen. Anschließend wird ein `Makefile` erstellt, das die Übersetzung des Programms steuert. Zunächst stelle ich aber einige Beispiele für die Konfiguration von GNU-Programmen vor. Wir beginnen mit der Konfiguration von `gzip`, dem GNU-Ersatz für das Unix-`compress` (siehe Listing 12.5). `gzip` packt wesentlich besser und hat den Vorteil, daß für die Verwendung keine Lizenz aufgrund bestehender Patente notwendig ist.

```
(Linux):~> tar zxf /tmp/gzip-1.2.4.tar.gz
(Linux):~> cd gzip-1.2.4
(Linux):~/gzip-1.2.4> ./configure
```

Listing 12.5: Auspacken und Konfigurieren eines GNU-Programms

Das Skript gibt eine Reihe von Meldungen aus, mit denen der Ablauf der Konfiguration verfolgt werden kann. Am Ende des `configure`-Laufs wird ein `Makefile` erstellt, mit dem das Programm übersetzt werden kann. Die Anzahl der ausgegebenen Meldungen kann mit den Optionen `--verbose` bzw. `--quiet` beeinflußt werden.

GNU-Programme werden normalerweise in das Verzeichnis /usr/local installiert. Unter Linux werden die GNU-Programme oft wie die Standardprogramme in das Verzeichnis /usr installiert. Dies wird mit der Option --prefix erreicht (siehe Listing 12.6). Mit dem Befehl ./configure --help erhalten Sie eine Liste mit allen unterstützten Optionen. Außerdem finden Sie die möglichen Optionen (z. B. für den Pfad zu den X-Bibliotheken o. ä.) mit weiteren Erläuterungen in der Datei INSTALL oder README.

```
(Linux):~/gzip-1.2.4> ./configure --prefix=/usr
```

Listing 12.6: Die Option `--prefix` *für den* `configure`*-Aufruf*

Anschließend kann das Programm mit der Eingabe von make kompiliert und mit make install installiert werden. GNU-Programme werden normalerweise so übersetzt, daß ein Debugger benutzt werden kann, um Fehler zu finden. Für den durchschnittlichen Systemadministrator ist dies unnötig und belegt viel Platz auf der Festplatte. Es existieren zwei Möglichkeiten dies abzustellen. Zum einen können einige Umgebungsvariablen gesetzt werden, das kann z. B. in den Initialisierungsdateien der Shell eingetragen werden (siehe Listing 12.7).

```
(Linux):~/gzip-1.2.4> setenv CFLAGS=-O2
(Linux):~/gzip-1.2.4> setenv LDFLAGS=-s
```

Listing 12.7: Zusätzliche Flags für den C-Compiler und Linker

Die Variablen können zum anderen auch beim Aufruf des make-Programms zusätzlich zum entsprechenden Target angegeben werden (siehe Listing 12.8). Für alle GNU-Programme können Sie derartige Einstellungen in der Datei /etc/config.site hinterlegen. Diese Datei wird von allen configure-Skripten eingelesen und kann entsprechende Variablen enthalten.

```
(Linux):~/gzip-1.2.4> make CFLAGS=-O2 LDFLAGS=-s
(Linux):~/gzip-1.2.4> su
(Linux):~/gzip-1.2.4# make CFLAGS=-O2 LDFLAGS=-s install
```

Listing 12.8: Übergabe von speziellen Flags an `make`

Nun ist das Programm installiert. Je nach Shell muß eventuell die Hash-Tabelle neu aufgebaut werden, in der die Shell den Pfad zu Programmen speichert. Bei der tcsh erfolgt das mit dem Befehl rehash, bei der bash mit hash -r.

Einige GNU-Pakete, wie z. B. der GNU-C-Compiler (GCC) oder der Editor Emacs, können mit einer Reihe von weiteren Optionen konfiguriert werden. Genauere Informationen über die möglichen und notwendigen Optionen des `configure`-Skripts finden Sie in der Datei `INSTALL`, die in jedem Paket enthalten ist.

Das Standardformat für die Dokumentation der GNU-Programme ist Texinfo. Damit können aus einem Quelltext sowohl eine gedruckte Dokumentation als auch eine Online-Dokumentation erstellt werden. Oft werden aber zur Referenz auch Manpages installiert, die nur in aller Kürze die Optionen der Programme erklären.

Viele GNU-Programme können mit dem Befehl `make uninstall` wieder aus dem System entfernt werden. Voraussetzung dafür ist, daß der Quellcode des installierten Pakets noch zur Verfügung steht bzw. die entsprechenden `Makefiles` noch vorhanden sind oder mit dem passenden `configure`-Aufruf wieder erstellt werden können. Im Vergleich zu einer ausgefeilten Paketverwaltung, über die heute praktisch alle Linux-Distributionen verfügen, ist dieses Verfahren nicht besonders komfortabel, aber es ist wesentlich besser als nichts.

Die Installation von anderen Programmen

Die Installation von Programmen, die nicht zum GNU-Projekt gehören, verläuft zum Teil sehr unterschiedlich. Eine genaue Beschreibung der Installation finden Sie oft in den Dateien `README` oder `INSTALL`. Die Lektüre dieser Dateien ist vor der Installation unbedingt notwendig. Oft existiert auch eine Datei, die Tips und Tricks für einzelne Betriebssysteme enthält.

Eine Möglichkeit, Programme unter verschiedenen Unix-Systemen zu übersetzen, ist die Erstellung eines `Makefiles` für jedes Betriebssystem. Das passende `Makefile` ist dann zu kopieren und eventuell anzupassen. In anderen Programmen ist ein großes `Makefile` enthalten, in dem die entsprechenden Konfigurationen für die verschiedenen Systeme eingetragen sind. Hier ist dann mit einem Editor die richtige Einstellung zu aktivieren.

In vielen Fällen sind die Programme bereits für die Übersetzung und Installation unter Linux vorbereitet. Manchmal ist dies nicht der Fall, oft sind für Linux auch keine Änderungen notwendig. In der Regel können die Einstellungen für ein POSIX-System verwendet werden. Kennt das `Makefile` nur System-V- und BSD-basierte Systeme, so sollten Sie zunächst die System-V-Einstellungen probieren. Damit sollten sich bereits viele der heute frei verfügbaren Programme übersetzen lassen. Müssen Sie größere Änderungen am Quellcode oder den Makefiles vornehmen, so senden Sie diese an den Programmierer. Damit können in einer späteren Version andere von Ihren Erfahrungen profitieren.

In letzter Zeit werden relativ viele Programme auf die Verwendung von GNU-`configure` umgestellt. Zunächst ist das ein relativ hoher Aufwand, dadurch kann jedoch die Portabilität deutlich verbessert werden.

12.4 Editoren

Unix stellt eine sehr leistungsfähige Umgebung für Programmierer zur Verfügung. Diese besteht zum einen aus dem Kernel, der die Verwaltung der CPU, der Dateisysteme und der Hardware übernimmt. Der Kernel stellt dem Programmierer fast alle Funktionen zur Verfügung, die benötigt werden. Aus Gründen der Portabilität und der einfacheren Programmierung stellt die `libc` eine etwas höhere Abstraktionsebene dar. Programmierer von Anwendungen benutzen also weitgehend die Funktionen der `libc`.

Ein weiterer Bestandteil eines Unix-Systems sind die vielen Dienstprogramme. Diese Programme sind jeweils für eine spezielle Funktion entwickelt worden. Durch die Verwendung verschiedener dieser Programme kann mit relativ geringem Aufwand eine Reihe von Funktionen ausgeführt werden. Das Bindeglied zwischen den Programmen sind entweder Pipes oder Funktionen der Shell.

Programmierer benötigen neben diesen Dientsprogrammen und Compilern auch einen Editor, um Programme, Skripten, Konfigurationsdateien und Dokumentationen zu editieren. Dabei ist es sinnvoll, wenn der Editor leistungsfähig und in die Unix-Umgebung integriert ist. Auf jedem Unix-System ist der Editor `vi` (oder ein Clone) vorhanden. Dieser Editor ist relativ klein, aber sehr leistungsfähig und gut in die Unix-Umgebung integriert. Einige Tips und die wichtigsten Befehle zu diesem Editor werden in Anhang A, *Der Standardeditor* `vi`, auf Seite 637 vorgestellt.

Ich gehe hier zunächst auf den Editor `emacs` ein. Anschließend werden weitere Editoren kurz vorgestellt, die für Programmierer nützlich sein könnten.

Der Editor `emacs`

Ein weit verbreiteter Editor ist (GNU-)Emacs. Aufgrund der Leistungsfähigkeit und der Möglichkeiten, die dieser Editor aufweist, wird er in einem eigenen Kapitel beschrieben (Kapitel 6, *Der Editor Emacs*, auf Seite 169). Hier werden nun einige spezielle Funktionen vorgestellt, die besonders für Programmierer interessant sind. Die hier getroffenen Aussagen gelten natürlich genauso auch für den XEmacs.

Zu beinahe jeder Programmiersprache gibt es einen entsprechenden `emacs`-Modus. Ist für die gewünschte Programmiersprache kein Modus in der Standardversion von `emacs` enthalten, so finden Sie diesen Modus möglicherweise in einem `emacs`-Lisp-Archiv (`archive.cis.ohio-state.edu` im Verzeichnis `elisp-archive`). In einem solchen Modus werden Tasten so belegt, daß das Editieren von Quelltexten möglichst einfach wird. Darüber hinaus stehen Funktionen zur Übersetzung und zum Test von Programmen zur Verfügung.

Besonders nützlich kann die automatische Einrückung sein. Damit sind Verzweigungen und Schleifen beinahe immer richtig eingerückt und manche logische Fehler bereits an der Einrückung zu erkennen. Wird zusätzlich noch ein Syntax-

Highlighting durchgeführt, kann man sich recht schnell auch in fremden Quelltexten zurechtfinden.

Um Tipparbeit zu sparen, kann möglicherweise ein `abbrev-mode` verwendet werden. Für viele Modi wurden bereits entsprechende Abkürzungstabellen erstellt, in denen die Schlüsselwörter der jeweiligen Sprache enthalten sind.

Um bei größeren Projekten den Überblick zu behalten, kann man mit dem Programm `etags` eine `TAGS`-Datei erzeugen. Diese Datei enthält Querverweise (eine Cross-Referenz) zwischen den Quelltextdateien und den dort implementierten Funktionen. Mit Hilfe dieser Datei können beliebige Funktionen in beliebigen Quelldateien mit nur wenigen Tastendrücken erreicht werden. Eine Übersicht über die Tastenkombinationen finden Sie in Tabelle 12.1. Tags können z. B. bei Projekten in C, Emacs-Lisp oder LaTeX verwendet werden.

Taste	Funktion	Beschreibung
`M-.`	`find-tag`	Tag suchen
`C-u M-.`	`find-tag`	Nächstes Vorkommen
	`tags-search`	Dateien mit Tag laden
	`tags-query-replcae`	Suchen und Ersetzen
`M-,`	`tags-loop-continue`	Suche fortsetzen
	`list-tags`	Tags anzeigen
	`tags-apropos`	Suchen

Tabelle 12.1: Tastenkombinationen für Tags

Der Tags-Modus kann auch eine `TAGS`-Datei verwenden, die in einem anderen Verzeichnis gespeichert ist. Diese Datei kann manuell geladen oder aufgrund von Einträgen in der Variablen `tag-table-alist` ausgewählt werden. Mit Hilfe des Tags-Modus können Sie einen guten Überblick über die Implementierung des Emacs bekommen. Erzeugen Sie eine `TAGS`-Datei im Emacs-Lisp-Verzeichnis mit dem Befehl `etags *.el`. Diese Datei können Sie mit `M-x visit-tags-table` laden und dann verwenden. Mit dem in Listing 12.9 gezeigten Befehl in der Datei `~/.emacs` kann die `TAGS`-Datei automatisch bei jeder Emacs-Lisp-Datei geladen werden.

```
(setq tag-table-alist
      '(
        ("\\.el$" . "/usr/local/share/emacs/19.29/lisp/")
       ))
```

Listing 12.9: TAGS-Datei automatisch laden

Nach der Erstellung des Programms muß dieses kompiliert werden. Auch hier bietet `emacs` wieder gute Unterstützung beim Aufruf des Compilers. Mit dem Befehl `M-x compile`, der natürlich auch auf eine Tastenkombination wie z. B. `C-c C-c` gelegt werden kann, wird der Compiler (genauer: das Kommando, das in der lokalen Variablen `compile-command` festgelegt ist) gestartet. Sind bei der Übersetzung Fehler aufgetreten, so kann mit der Tastenkombination `` C-c C-` `` zur nächsten Fehlerstelle gesprungen werden.

Ist das Programm dann übersetzt, so kann es ebenfalls unter `emacs` getestet werden. Dazu existiert eine Schnittstelle zum GNU-Debugger `gdb`. In einem `emacs`-Fenster wird der Quelltext des Programms angezeigt; der aktuelle Befehl ist dabei markiert. Der Quelltext kann direkt in diesem Buffer verändert werden, wenn dies notwendig sein sollte. In einem zweiten Fenster können alle Befehle des Debuggers verwendet werden.

Zum Austausch von Änderungen mit anderen Programmierern oder Anwendern wird das Programm `diff` zur Erstellung eines Patches verwendet, der dann mit dem Programm `patch` in den Quelltext eingebaut wird. Beim Abgleich zwischen zwei oder drei Versionen eines Programms bietet `emacs` mit den Modi `ediff` und `emerge` ebenfalls Unterstützung an. Mit dem `ediff`-Mode können bequem einzelne Änderungen angesehen und eventuell übernommen werden. Unter X werden die Unterschiede dabei farblich markiert.

Dies alles ist nur ein sehr kleiner Ausschnitt aus den Möglichkeiten, die Emacs einem Programmierer oder erfahrenen Anwender bietet. Sich diese Funktionen zu erarbeiten ist mitunter nicht einfach und manchmal zeitaufwendig, aber man kann zunächst mit einfachen Editierfunktionen beginnen und je nach Bedarf und Zeit dazulernen. Wenn Sie einen Modus besonders häufig verwenden (z. B. den `sh-mode` bei der Entwicklung von Shell-Skripten), dann werfen Sie einen Blick in die Dokumentation und den Quellcode des Modus. Dort finden Sie immer wieder nützliche Funktionen und Einstellungen erklärt.

Der Editor `jed`

Vielen Anwendern ist `emacs` zu groß und zu langsam. Der Editor `jed` ist im Vergleich zu `emacs` sehr klein. Die Benutzerschnittstelle kann so eingestellt werden, daß sie an `emacs`, WordStar oder EDT erinnert, so daß DOS- oder VAX-Anwender sich eher mit `jed` zurechtfinden.

Wie `emacs` ist `jed` sowohl auf der Konsole als auch unter X lauffähig, verfügt über Syntax-Highlighting (auch auf der Konsole) und kann mittels der C-ähnlichen Sprache `slang` erweitert und konfiguriert werden. Es steht bereits eine Reihe von Modi zur Verfügung, wenn auch nicht gar so viele wie bei `emacs`.

Wenn Sie nach einem kleinen, schnellen und trotzdem leistungsfähigen Editor suchen, dann kann `jed` genau das richtige sein. Wie `emacs` ist er ausführlich dokumentiert und kann recht einfach konfiguriert und erweitert werden. Wenn Sie `jed` im Emacs-kompatiblen Modus verwenden, dann ist es später auch nicht schwer, auf `emacs` umzusteigen. Für einen ständigen Wechsel zwischen beiden Editoren reicht die Kompatibilität aber nicht aus, so daß man sich auf Dauer für einen der beiden entscheiden sollte.

Weitere Informationen und Bezugsquellen	
`ftp`-Server:	`space.mit.edu`
`ftp`-Pfad:	`/pub/davis/jed`
Dateiname:	`jed098.tar.Z`
Größe:	ca. 635 kByte

Borland-IDE-Clone `xwpe`

In Hannover wurde eine integrierte Entwicklungsumgebung implementiert, die wie die von Turbo Pascal oder Turbo C bekannte Oberfläche funktioniert. Sie ist daher für den Umstieg von diesen beiden Compilern gut geeignet. Diese Umgebung ist sowohl unter X als auch auf einem Terminal lauffähig. Der Compiler `gcc` und der Debugger `gdb` können aus der Oberfläche heraus aufgerufen werden.

Weitere Informationen und Bezugsquellen	
Host:	`tsx-11.mit.edu`
Pfad:	`/pub/linux/sources/usr.bin.X11`
Datei:	`xwpe-1.4.2.tar.gz`
Größe:	ca. 340 kByte

12.5 Revision Control System (`rcs`)

Das Revision Control System (`rcs`) wurde von Walter F. Tichy geschrieben und verwaltet verschiedene Versionen von Textdateien. Das `rcs` automatisiert das Speichern, Wiederherstellen, Dokumentieren, Identifizieren und Zusammenführen von verschiedenen Versionen von Textdateien. `rcs` kann für Textdateien verwendet werden, die regelmäßig geändert werden müssen, zum Beispiel Programme, Dokumentationen oder Konfigurationsdateien. Alle Änderungen und Versionsinformationen speichert das `rcs` in einer Datei, dem `rcs`-Archiv, ab.

In einem `rcs`-Archiv werden nur die Differenzen zwischen den Versionen abgespeichert, nicht die kompletten Dateien. Dadurch ist der Mehrbedarf an Plattenplatz für die Verwaltung von Dateien mittels `rcs` relativ gering. Dabei wird die letzte Version immer komplett abgelegt, so daß der (relativ häufige) Zugriff darauf sehr schnell ist. Beim Zugriff auf ältere Versionen müssen zunächst die durchgeführten Änderungen rückgängig gemacht werden, so daß dies etwas länger dauern kann.

Ein ähnliches (kommerzielles) Paket ist SCCS (Source Code Control System). Hier wird die erste Version komplett gespeichert, und beim Zugriff auf neuere Versionen müssen die dazwischenliegenden Änderungen durchgeführt werden. Im Rahmen des GNU-Projektes wurde ein kompatibles System namens CSSC entwickelt, für neue Projekte wird allerdings RCS (Revision Control System) bzw. CVS (Concurrent Versions System) empfohlen, siehe auch den Abschnitt 12.6, *Andere Versionsverwaltungssysteme* auf Seite 400.

Das GNU-Programm `cvs` (Concurrent Versions System) basiert auf `rcs` und enthält einige weitere nützliche Funktionen, wie Updates von mehreren Programmierern ohne Sperren und die Verwaltung von ganzen Verzeichnisbäumen. CVS-Archive können auch über das Netz bearbeitet werden. Diese Funktion wird von vielen Projekten zur Entwicklung freier Software verwendet, um Entwicklern und interessierten Anwendern den jeweils aktuellen Stand zur Verfügung zu stellen.

Die grundlegenden Kommandos des `rcs` sind einfach zu lernen. Die beiden wichtigsten Kommandos sind `ci` und `co`. `ci` ist eine Abkürzung für „check in". Es speichert die Inhalte einer Datei in ein `rcs`-Archiv. `co` ist die Abkürzung für „check out" und kopiert Versionen aus dem `rcs`-Archiv.

Die Funktionen des `rcs`

- Alte Versionen werden platzsparend in einer Datei, im folgenden „`rcs`-Archiv" genannt, gespeichert. Vorgenommene Änderungen an der Textdatei zerstören nicht mehr das Original, weil vorangegangene Versionen immer verfügbar sind. Bestimmte Versionen können nach Versionsnummer, Datum, Autorennamen oder Status abgefragt werden.
- Neben den Veränderungen am Text werden auch der Autorenname, das Datum und die Zeit sowie eine Logbuchmitteilung abgespeichert. Diese Mitteilungen machen es einfach, herauszufinden, was mit einer Datei passiert ist, ohne daß Kollegen gefragt werden müssen. Damit ist die komplette Änderungshistorie einer Datei stets nachvollziehbar.
- Wenn zwei oder mehr Programmierer die gleiche Version ändern wollen, warnt `rcs` die Programmierer und verhindert dadurch, daß eine Veränderung die andere überschreibt.
- Mit `rcs` können mehrere Versionen eines Projekts in Form eines Baumes verwaltet werden. Zunächst wird mit einer Version begonnen, die später möglicherweise in mehrere unterschiedliche Versionen (Test und Produktion oder für mehrere Kunden) aufgespalten wird. Diese Versionen können später wieder zusammengeführt werden (`merge`).

- Die sich überlappenden Änderungen in mehreren Versionen eines Baums werden aufgezeigt, damit die dadurch entstehenden Probleme per Hand behoben werden können.
- Dateien werden automatisch identifiziert durch Versionen mit Angabe von Dateiname, Versionsnummer, Autorennamen, Datum mit Uhrzeit usw.
- Das `rcs` braucht wenig Plattenplatz für das Archiv. Es werden jeweils nur die Differenzen zwischen den Versionen abgespeichert. Sie sollten bei der Verwendung von RCS nach Möglichkeit keine globalen Ersetzungen durchführen oder das Programm `indent` verwenden, da in diesen Fällen die gespeicherten Differenzen extrem groß werden können.

Ein Beispiel für die Verwendung von rcs

Die Verwendung von `rcs` ist wesentlich einfacher, als man nach der Lektüre der entsprechenden Manpages erwartet. In den folgenden Abschnitten werden die wichtigsten Funktionen des `rcs` anhand von Beispielen vorgestellt. In Listing 12.10 finden Sie eine Datei, die mit `rcs` verwaltet werden soll.

```
/* hello.c */
main( void)
{       printf( "Hello world\n");
}
```

Listing 12.10: Eine Beispieldatei für die Verwendung von `rcs`

Diese Datei soll nun in dieser Ursprungsversion in das `rcs`-Archiv aufgenommen werden. Dazu rufen Sie das Kommando `ci` auf (Listing 12.11). Wenn Sie mit dem Editor Emacs arbeiten, so können Sie mit der Tastenkombination `C-x v v` (`vc-next-action`) eine Datei neu in ein `rcs`-Archiv aufnehmen. In der Modeline werden der Text `RCS:` und die RCS-Versionsnummer der Datei angezeigt, so daß man mit einem Blick sieht, daß die Datei unter RCS-Kontrolle ist.

Dieses Kommando erzeugt das `rcs`-Archiv `hello.c,v`, speichert den Inhalt von `hello.c` darin als Version 1.1 und löscht die Arbeitsdatei. Beim Speichern wird nach einer Programmbeschreibung gefragt, die ebenfalls im `rcs`-Archiv gespeichert wird. Alle weiteren Aufrufe von `ci` werden nach einem Log-Eintrag fragen. Dort sollten die vorgenommenen Änderungen kurz und präzise beschrieben sein. Werden hier ungenaue oder fehlerhafte Beschreibungen eingegeben, so ist das ganze Verfahren nicht besonders sinnvoll, man hat allerdings noch Zugriff auf die alten Versionen der Datei.

```
(Linux):~$ ci hello.c
hello.c,v  <--  hello.c
enter description, terminated with single '.' or end of file
NOTE: This is NOT the log message!
>> Mein erstes Programm in C
>> .
initial revision: 1.1
done
```

Listing 12.11: Aufnehmen einer Datei in das `rcs`-Archiv

`rcs`-Archive sind die Dateien, die auf `,v` enden. Das `v` steht für Version(en). Die anderen Dateien sind die „Arbeitsdateien". Um die Arbeitsdatei aus dem vorangegangenen Beispiel aus dem Archiv zu lesen, kann das Kommando `co` (siehe Listing 12.12) verwendet werden. Das `rcs`-Archiv wird in dem Verzeichnis angelegt, in dem die Datei bearbeitet wird. In größeren Projekten wird das schnell unübersichtlich, so daß die `rcs`-Archive in das Verzeichnis `./RCS` verschoben werden können. Die `rcs`-Programme finden das Archiv dort selbständig.

```
(Linux):~$ co hello.c
hello.c,v  -->  hello.c
revision 1.1
done
```

Listing 12.12: Die Verwendung von `co`

Das Kommando `co` extrahiert die letzte Version aus dem `rcs`-Archiv und erzeugt die Arbeitsdatei `hello.c`. Soll die Arbeitsdatei auch geändert werden, so muß das Kommando `co` mit der Option `-l` (für Lock) aufgerufen werden. Eine spezielle Version kann mit der Option `-r` *`Version`* aus dem Archiv extrahiert werden (siehe Listing 12.13).

```
(Linux):~$ co -l hello.c
hello.c,v  -->  hello.c
revision 1.1 (locked)
done
```

Listing 12.13: Die Verwendung von `co` mit Locking

Jetzt hat die Arbeitsdatei `hello.c` Schreibrechte für den Benutzer gesetzt. Außerdem ist eine Sperre aktiviert, die verhindert, daß ein anderer Benutzer eine geänderte Version in das `rcs`-Archiv speichern kann. Wenn Sie Emacs verwenden, dann können Sie eine Datei mit der Tastenkombination `C-x C-q` (`vc-toggle-read-only`) aus dem Archiv auslesen, ändern und anschließend mit derselben Tastenkombination wieder in das Archiv zurückschreiben. Für die einfache Verwendung von `rcs` reichen diese Informationen bereits vollkommen aus.

Nach dem Auslesen aus dem Archiv ist unsere Beispieldatei geändert worden. In Listing 12.14 ist die Datei nach der Änderung abgedruckt.

```
/* hello.c */
main( void)
{       printf( "Hallo Welt\n");
}
```

Listing 12.14: Die geänderte Beispieldatei

Die geänderte Datei soll als neue Version in das `rcs`-Archiv aufgenommen werden. Dazu wird das Kommando `ci` erneut aufgerufen. Das Kommando `ci` fragt jetzt nach einer Logbuchmitteilung. Auch der Editor Emacs fragt in einem neuen Window nach einem solchen Eintrag. Mit der Tastenkombination `C-c C-c` wird die neue Version in das Archiv aufgenommen.

```
(Linux):~$ ci hello.c
hello.c,v  <--  hello.c
new revision: 1.2; previous revision: 1.1
enter log message, terminated with single '.' or end of file
>> Ins Deutsche übersetzt.
>> .
done
```

Listing 12.15: Einchecken einer geänderten Datei

Sollte die Fehlermeldung `ci error: no lock set by` *`Benutzer`* erscheinen, so hat der Benutzer versucht, eine Arbeitsdatei in das `rcs`-Archiv einzufügen, die vorher beim Auslagern nicht gesperrt war. Mit dem Kommando `rcs` mit der Option `-l` wird eine Sperre erzeugt, so daß die Arbeitsdatei nun doch noch in das Archiv gespeichert werden kann. Den entsprechenden Befehl finden Sie im Listing 12.16.

Nur mit der Verwaltung von Versionen ist in der Regel nicht allzuviel anzufangen. Besonders wenn ein neuer Fehler eingebaut wurde, ist es sinnvoll zu wissen, was zwischen zwei Versionen genau geändert wurde. Um Unterschiede zwischen zwei Versionen anzuzeigen, kann der Befehl `rcsdiff` verwendet werden. Der Befehl in Listing 12.17 zeigt die Unterschiede zwischen den Versionen 1.1 und 1.2 an.

```
(Linux):~$ rcs -l1.1 hello.c
rcs file: hello.c,v
1.1 locked
done
```

Listing 12.16: Der Befehl `rcs` im Einsatz

```
(Linux):~$ rcsdiff -r1.1 -r1.2 hello.c
rcs file: hello.c,v
retrieving revision 1.1
retrieving revision 1.2
diff -r1.1 -r1.2
3c3
< {        printf( "Hello world\n");
---
> {        printf( "Hallo Welt\n");
```

Listing 12.17: Der Befehl `rcsdiff`

Wird nur eine Versionsnummer angegeben, so wird die aktuelle Arbeitsdatei mit der angegebenen Version verglichen. Wird keine Versionsnummer angegeben, so wird die Arbeitsdatei mit der Default-Version verglichen (das ist in der Regel die letzte Version im Archiv). Da das Kommando `rcsdiff` den Unix-Befehl `diff` verwendet, ist es zum Beispiel auch möglich, sogenannte Unified- (Option `-u`) oder auch Context-Diffs (Option `-c`) zu erstellen.

Innerhalb des Emacs können Sie die Funktion `ediff-revision` verwenden, um verschiedene RCS-Versionen einer Datei zu vergleichen. Es wird der `ediff`-Mode verwendet, mit dem man auch einzelne Dateien vergleichen kann (siehe auch den Abschnitt 11.2, *Textdateien vergleichen*, auf Seite 321).

`rcs`-Archive

`rcs`-Archive sind Dateien, die mit `,v` enden. Das „v" steht für Version(en). `rcs`-Archive werden normalerweise im aktuellen Verzeichnis abgelegt. Will man sich sein Arbeitsverzeichnis nicht mit `rcs`-Archiven überfüllen, so kann ein Unterverzeichnis `./RCS` angelegt werden, und alle `*,v` Dateien werden dort abgelegt. Die `rcs`-Kommandos finden das Verzeichnis `RCS` automatisch und suchen zuerst in diesem Verzeichnis nach den benötigten Archiven. Alle oben beschriebenen Kommandos funktionieren weiterhin genauso. `rcs`-Archive und Arbeitsdateien können bei den `rcs`-Befehlen auf drei Arten angegeben werden:

- Es werden *beide* Dateinamen angegeben.
  Der Name des `rcs`-Archivs wird in der Form *`Pfad1/Dateiname`*`,v` angegeben. Die Arbeitsdatei wird mit *`Pfad2/Dateiname`* angegeben. Dabei können die Pfade *`Pfad1`* und *`Pfad2`* unterschiedlich sein.
- Es wird nur der Name des `rcs`-Archivs angegeben.
  Dann wird die Arbeitsdatei im aktuellen Verzeichnis erwartet. Der Name der Arbeitsdatei entspricht dem Namen des `rcs`-Archivs ohne das `,v`.
- Wenn nur der Name der Arbeitsdatei angegeben wird, dann sucht `ci` nach einem `rcs`-Archiv zuerst in dem angegebenen Pfad im Unterverzeichnis `RCS` (*`Pfad2`*`/RCS/`*`Dateiname`*`,v`) und dann direkt im angegebenen Pfad (*`Pfad2`*`/`*`Dateiname`*`,v`).

Inhalt eines `rcs`-Archivs

Ein `rcs`-Archiv enthält in der Regel mehrere Versionen einer Textdatei, eine Zugangsliste, ein Logbuch über vorgenommene Änderungen und eine Textbeschreibung.

Bei jedem Einspeichern einer Version werden automatisch das Datum und die Uhrzeit, der Dateiname der Arbeitsdatei und der Name des Benutzers mit abgespeichert. Eine Versionsnummer wird, wenn keine angegeben wurde, automatisch erzeugt. Der Benutzer kann außerdem noch eine Mitteilung eingeben, die ebenfalls mit abgespeichert wird. Es wird nur die aktuelle Version vollständig gespeichert, zu allen anderen Versionen wird nur die Differenz zur jeweils neueren Version gespeichert.

Im `rcs`-Archiv ist außerdem noch die Zugangsliste enthalten, die mit dem Kommando `rcs` verwaltet werden kann. Diese Liste bestimmt, welche Benutzer im System mit diesem Archiv und der darin enthaltenen Datei arbeiten dürfen.

Automatische Identifikation

`rcs` kann spezielle Kennzeichen, die `rcs`-Merker, in der Arbeitsdatei erzeugen. Um solch eine Kennzeichnung in eine Datei einzufügen, kann der Merker `$Id$` in den Text, z. B. in einen Kommentar, eingefügt werden. Dieser Merker wird vom `rcs` durch „`$Id:` *`Dateiname Version Datum Zeit Autor Status`* `$`“ ersetzt.

Mit diesem Merker auf der ersten Seite in jedem Modul kann man jederzeit sehen, an welcher Version gerade gearbeitet wird. Die Merker werden vom `rcs` automatisch aktualisiert. Um diese Kennzeichnung auch in den Objektcode des Programms zu bekommen, muß diese Kennung in einen String eingebettet werden. Zum Beispiel geht das in der Programmiersprache C wie im Listing 12.18 dargestellt.

```
static char rcsid[] =
"$Id: hello.c,v 1.18 1995/01/15 16:01:00 cschaba Exp $";
```

Listing 12.18: Einbinden der RCS-Identifikation in Binärprogramme

Das Kommando `ident` extrahiert diese Merker aus jeder Art von Datei, z. B. auch aus Objektdateien, Binärdateien oder Core-Dumps. So kann man herausfinden, welche Versionen von welchen Modulen in das Programm einkompiliert wurden.

Eventuell kann es auch nützlich sein, den Merker `$Log$` in die Source-Datei einzubauen. Dieser Merker sammelt alle Log-Einträge, die während des Einspeicherns mit `ci` eingegeben wurden. So ist die komplette Versionsgeschichte in dem Sourcefile mit abgespeichert, allerdings kann diese Liste recht schnell sehr lang werden. Es gibt eine Reihe solcher Merker, die bei der Manpage des Kommandos `co` aufgelistet sind.

`rcs`-Merker

`rcs`-Merker sind Zeichenketten, die mit dem Zeichen `$` beginnen. Dann folgt die Merkerbezeichnung. Danach folgt, wenn der Merker bereits ersetzt wurde, nach einem Doppelpunkt der Wert des Merkers, und zum Schluß kommt noch ein `$`. Zunächst wird der Benutzer den Merker ohne Wert eingeben, zum Beispiel `$Id$`. `co` erkennt diese Merker und erweitert sie mit den aktuellen Werten. Folgende Merker werden von `co` in der Arbeitsdatei erkannt und ersetzt:

`$Author$`
: Der Login-Name des Benutzers, der die Version einspeichert.

`$Date$`
: Das Datum und die Uhrzeit in GMT, wann die Version eingespeichert wurde.

`$Header$`
: Ein Standardvorspann, der den kompletten `rcs`-Dateinamen, die Versionsnummer, das Datum, den Autorennamen, den Status und den Benutzernamen, der die Datei gesperrt hatte, enthält.

`$Id$`
: Ein Standardvorspann wie beim `$Header$`, es wird aber beim Dateinamen der Pfad nicht angegeben.

`$Locker$`
: Der Login-Name des Benutzers, der die Version gesperrt hat.

`$Log$`
Die Logbuchmitteilung, die beim Einspeichern eingegeben werden kann. Bereits existierende Logbucheinträge werden nicht aus der Arbeitsdatei entfernt. Die neuen Einträge werden also hinzugefügt.

`$rcsfile$`
Der Name des `rcs`-Archivs.

`$Revision$`
Die Versionsnummer.

`$Source$`
Der komplette Pfadname des `rcs`-Archivs.

`$State$`
Der aktuelle Status der Version. Standardstatus ist „Exp". Sinnvolle Bezeichnungen in der Programmentwicklung könnten zum Beispiel „Alpha" oder „Beta" für entsprechende Testversionen sein.

Nach dieser eher trockenen Einführung folgt nun wieder ein Beispiel. Zunächst finden Sie in Listing 12.19 den Header einer Datei, bevor die `rcs`-Merker expandiert wurden. Im Listing 12.20 ist derselbe Header abgedruckt, nachdem `rcs` die Merker expandiert hat.

```
/*
 * $Id$
 * $Revision$
 * $Date$
 * $Log$
 */
```

Listing 12.19: Ein Dateiheader für `rcs`

Zugriffsrechte

Das Revision Control System verwaltet zwei Arten von Zugriffsrechten. Zunächst kann eine Datei zu einem Zeitpunkt nur von einem Benutzer geändert werden. Dies wird über Dateisperren erreicht. Daneben kann der Zugriff auf berechtigte Benutzer im Sinne der `rcs`-Benutzerverwaltung eingeschränkt werden.

Die Zugriffsliste Um mit dem `rcs` arbeiten zu können, muß der Benutzername in der Zugriffsliste stehen, es sei denn, die Zugriffsliste ist leer, der Benutzer ist

```
/*
 * $Id: hello.c,v 1.18 1995/01/15 16:01:00 cschaba Exp $
 * $Revision: 1.18 $
 * $Date: 1995/01/15 16:01:00 $
 * Revision 1.18  1995/01/15  16:01:00  cschaba
 * In der Funktion wird jetzt 0 zurueckgegeben.
 *
 * Revision 1.17  1995/01/08  17:46:41  cschaba
 * Verwendet jetzt die BSD-Header.
 * ...
 */
```

Listing 12.20: Ein Dateiheader mit expandierten `rcs`-Merkern

der Superuser oder der Eigentümer der Arbeitsdatei. Benutzer können mit dem Kommando `rcs` in die Zugriffsliste ein- und ausgetragen werden.

Dateisperren Versionen können gesperrt und nicht geperrt aus dem Archiv extrahiert werden. Wenn eine Version gesperrt ist, so wird verhindert, daß sich Updates überlappen. Wenn die Arbeitsdatei nur zum Lesen zur Verfügung stehen soll, muß diese nicht gesperrt werden.

Um eine neue Version in ein existierendes `rcs`-Archiv einzuspeichern, muß die letzte Version durch den Benutzer gesperrt sein. Diese Einschränkung gilt nicht für den Eigentümer der `rcs`-Datei, wenn das Sperren auf „nicht strenges Sperren" eingestellt ist. Eine Sperre eines anderen Benutzers kann mit dem Kommando `rcs` gelöscht werden.

Das Sperren verhindert, daß jemand anderes als der sperrende Benutzer die nächste Änderung in das `rcs`-Archiv einspeichern kann. Dies ist sehr wichtig, wenn mehrere Leute an einem Projekt arbeiten.

Wenn das strikte Sperren nicht benötigt wird, so kann es mit dem Befehl `rcs -U` *`Dateiname`* ausgeschaltet werden. Dann kann der Eigentümer der Datei diese Arbeitsdatei auch ohne Sperre mit `ci` und `co` speichern und lesen. Alle anderen, die die Datei ändern wollen, müssen aber die Sperre setzen. Das strikte Sperren kann später mit `rcs -U` *`Dateiname`* wieder eingeschaltet werden.

Verzweigungen (Branches)

Zunächst beginnt man mit der Implementierung einer Version des Programms. Nach einer Weile entscheidet man möglicherweise, daß man mehrere Versionen parallel pflegen muß. Das kann z. B. durch spezielle Anpassungen für verschiedene Kunden oder Betriebssysteme bedingt sein. Möglich ist auch das „Einfrieren" einer

Produktionsversion, an der nur noch die nötigsten Fehlerkorrekturen vorgenommen werden, und das Abspalten einer Entwicklerversion. Jeder dieser Branches kann natürlich wieder unterteilt werden.

Ein Branch wird erstellt, indem die Datei unter einer neuen Versionsnummer in das Archiv aufgenommen wird. Dazu wird das Programm `ci` mit der Option `-r`*`NeuerBranch`* aufgerufen. So erzeugt der Befehl `ci -r1.19.1 hello.c` den Branch 1, in der Version 1.19.

`rcs` und andere Programme

Die Zusammenarbeit zwischen `rcs` und Emacs haben wir bereits kennengelernt. Der Editor XEmacs enthält das Paket `pcl-cvs`, das eine wesentliche Erweiterung der hier beschriebenen Schnittstelle zu `cvs` enthält. `cvs` selbst ist auf der Basis von `rcs` implementiert und hat besonders bei der Entwicklung mit mehreren Programmierern deutliche Vorteile gegenüber `rcs`.

Das Programm GNU-`make` kennt Standardregeln, um Dateien aus Archiven mittels `rcs` zu extrahieren. Dabei werden sowohl Archive im aktuellen Verzeichnis als auch im Verzeichnis `./RCS` unterstützt. Damit ist die Verwendung von `rcs` vollkommen transparent, selbst wenn man vergessen hat, eine Arbeitsdatei zum Übersetzen zu extrahieren.

Weitere `rcs`-Kommandos

`rcs` besteht noch aus einigen weiteren Kommandos. Im folgenden stelle ich nur einige wenige Funktionen dieser Programme vor. Die vollständige Dokumentation finden Sie in den entsprechenden Manpages.

Änderungslogs mit `rlog`

Das Programm `rlog` zeigt die Änderungshistorie einer Datei an. Dabei kann nach einer Reihe von Kriterien selektiert werden, z. B. ändernder Benutzer (`-w`), Versionen (Option `-r`) oder Zeiträume (Option `-d`). Das genaue Format der Optionen und der dazugehörigen Parameter finden Sie in der Manpage zu `rlog`.

Archive verwalten mit `rcs`

Das Programm `rcs` dient ganz allgemein zur Verwaltung von `rcs`-Archiven. Archive können neu angelegt oder gesperrt werden. Der Eigentümer des Archivs kann Locks von anderen Benutzern aufheben oder die Zugriffsberechtigungen auf dieses Archiv verändern. Weiterhin ist es möglich, einen symbolischen Namen für eine Version zu verwenden. Aufgrund der zentralen Bedeutung von `rcs` für das gesamte System folgt hier eine vollständige Beschreibung aller Optionen.

-i

Mit dieser Option wird ein rcs-Archiv erzeugt und initialisiert, es werden aber keine Versionen abgespeichert. Wenn kein Pfad angegeben ist, legt das Kommando rcs das Archiv zuerst im Verzeichnis ./RCS oder im aktuellen Verzeichnis an. Wenn das rcs-Archiv bereits existiert, dann wird eine Fehlermeldung ausgegeben.

-a*Benutzername(n)*

Die Benutzernamen *Benutzername(n)* an die Zugangsberechtigungsliste anhängen. Es können mehrere Benutzernamen, durch Kommata getrennt, angegeben werden.

-A*alte_Datei*

Die Zugangsberechtigungsliste, die im rcs-Archiv *alte_Datei* enthalten ist, in das neue rcs-Archiv kopieren.

-e*Benutzername(n)*

Die Benutzernamen *Benutzername(n)* aus der Zugangsberechtigungsliste entfernen. Sie können mehrere Benutzernamen, durch Kommata getrennt, angeben.

-b[*Version*]

Mit dieser Option wird die Standardverzweigung auf die Version *version* geändert.

-c*Kommentar*

Setzt das Kommentarzeichen auf *kommentar*. Dieser Text wird vor jeder Log-Mitteilungszeile, die mit Log, erzeugt wird, ausgegeben. Das ist nützlich für Programmiersprachen, die keine mehrzeiligen Kommentare kennen.

-k*Merker*

Mit dieser Option kann die Ersetzung der rcs-Merker verändert werden. Die genaue Bedeutung der einzelnen Optionen entnehmen Sie der Manpage zu co.

-l[*Version*]

Eine Version mit der Nummer *Version* sperren. Wenn keine Versionsnummer angegeben ist, wird die letzte Version gesperrt.

-u[*Version*]

Sperre der Version *Version* entfernen. Wenn keine Version angegeben wurde, so wird die letzte Sperre des Benutzers verwendet. Normalerweise darf nur der Benutzer, der die Sperre gesetzt hat, diese auch wieder aufheben. Wenn ein anderer Benutzer die Sperre aufhebt, wird dabei eine Mail an den Erzeuger der Sperre ausgelöst. Derjenige, der die Sperre aufhebt, wird nach der Eingabe des

Grundes gefragt. Dieser Text und die Angabe der Version wird an den Erzeuger der Sperre gesendet.

`-L`
: Die Sperre auf „strikt" setzen. Das bedeutet, daß der Benutzer beim Ein- und Auslesen Sperren setzen muß. Das ist sinnvoll, wenn mehrere Benutzer an einem Projekt arbeiten.

`-U`
: Die Sperre auf „nicht strikt" setzen. Das heißt, ein Benutzer kann ein- und auslesen, ohne eine Sperre zu setzen. Diese Option sollte *nicht* benutzt werden, wenn die Dateien von mehreren Benutzern verwendet werden können. Normalerweise ist das Sperren auf „strikt" gesetzt.

`-n`*`Name`*`:`*`Version`*
: Mit dieser Option wird der symbolische Name *`name`* der Version *`version`* zugewiesen. Wenn der Name bereits einer anderen Version zugewiesen wurde, wird eine Fehlermeldung ausgegeben. Durch das Weglassen der Versionsnummer wird der symbolische Name entfernt.

`-N`*`Name`*`:`*`Version`*
: Diese Option funktioniert genauso wie die Option `-n`. Wenn allerdings bereits ein Name der Version *`version`* zugewiesen wurde, dann wird dieser überschrieben.

`-o`*`Bereich`*
: Ein Bereich von Versionen wird aus dem Archiv entfernt. Dabei steht der Parameter *`Version1`*`:`*`Version2`* für die Revisionen *`Version1`* bis *`Version2`* im aktuellen Branch. Der Parameter `:`*`Revision`* bedeutet alle Versionen vom Beginn des Branches bis zu dieser Version. Der Parameter *`Revision`*`:` löscht alle Versionen ab dieser Version bis zum Ende des Branches.

`-q`
: Mit dieser Option wird der „Quiet-Mode" eingeschaltet. Damit wird die Ausgabe von Fehlermeldungen unterdrückt.

`-I`
: Durch das Angeben dieser Option wird der Benutzer interaktiv gefragt, auch wenn die Standardeingabe kein Terminal ist.

`-s`*`Status`*`[:`*`Version`*`]`
: Diese Option setzt den Status der Version auf *`state`*. Wenn keine Version angegeben ist, wird die letzte im Archiv eingespeicherte Version verwendet. Automatisch wird von `ci` der Status `Exp` benutzt.

`-t[Datei]`
: Mit dieser Option wird die Beschreibung der Arbeitsdatei im `rcs`-Archiv durch den Inhalt von *`datei`* ersetzt. Wenn kein Dateiname angegeben ist, dann wird der Text von der Standardeingabe (Tastatur) gelesen. Die Eingabe wird mit einem Punkt beendet.

`-t-Text`
: Ersetzt die Beschreibung des `rcs`-Archivs durch den Text *`text`*.

Zusammenführen von mehreren Branches

Bei der Arbeit mit mehreren Branches kommt es häufig vor, daß Änderungen in einem Branch auf einem zweiten durchgeführt werden müssen. So soll z. B. eine Fehlerkorrektur auch in die aktuelle Entwicklungsversion einfließen, sofern an dieser Stelle nicht bereits etwas modifiziert wurde. Diese anstrengende und zeitaufwendige Arbeit kann mit dem Programm `rcsmerge` weitgehend automatisiert werden. Alle Optionen zu `rcsmerge` finden Sie in der Manpage.

Zum besseren Verständnis der Arbeitsweise von `rcsmerge` folgt hier ein Beispiel. Nachdem Sie das Programm `hello.c` mit der Version 2.2 ausgeliefert haben, haben Sie einen neuen Entwicklungszweig (Branch) mit der Version 3.3 aufgemacht. Nun kommen von einem anderen Programmierer einige Verbesserungen zur Version 2.2, die Sie gern in Ihre aktuelle Entwicklungsversion aufnehmen möchten. Speichern Sie die externen Änderungen zur Version 2.2 in der Datei `hello.c`, und starten Sie den Befehl `rcsmerge` (siehe Listing 12.21).

```
(Linux):~> rcsmerge -p -r2.2 -r3.3 hello.c > hello.merged.c
```

Listing 12.21: Der Befehl `rcsmerge`

Anschließend finden Sie alle Änderungen, sofern sie automatisch durchgeführt werden konnten, in der Datei `hello.merged.c` wieder. Da jedoch möglicherweise in beiden Branches Änderungen an derselben Stelle im Programm vorgenommen wurden, sollten Sie diese Datei zunächst genauer prüfen.

Alternativ können Sie die externen Änderungen in einem eigenen Branch unterbringen und von dort aus verarbeiten. Ein Beispiel dafür wären die Befehle in Listing 12.22.

```
(Linux):~> ci -r2.2.1.1 hello.c
(Linux):~> co -r3.3 -j2.2:2.2.1.1 hello.c
```

Listing 12.22: Erstellen eines neuen Branches

Mit `rcsmerge` können Sie auch weiter zurückliegende Änderungen wieder aus Ihrem Programm entfernen. Dazu mischen Sie einfach die Änderungen zwischen den beiden älteren Versionen in umgekehrter Reihenfolge zu Ihrer aktuellen Arbeitsversion. Das Beispiel in Listing 12.23 entfernt die Änderungen zwischen den Versionen 3.2 und 3.1 aus `hello.c`.

```
(Linux):~> rcsmerge -r3.2 -r3.1 hello.c
```

Listing 12.23: Noch ein Beispiel für `rcsmerge`

`ident` – Dateien identifizieren

Das Kommando `ident` durchsucht die angegebene Datei oder die Standardeingabe nach `rcs`-Merkern. Diese Kennzeichen werden normalerweise von `co` automatisch gesetzt, können aber auch manuell in die Datei eingefügt werden. Mit der Option `-q` wird die Anzeige der Warnung, daß keine Merker gefunden wurden, ausgeschaltet. `ident` funktioniert mit Text- und Binärdateien.

```
(Linux):~> ident hello
hello:
     $Id: hello.c,v 1.18 1995/01/15 16:01:00 cschaba Exp $
```

Listing 12.24: RCS-Informationen aus einer Datei extrahieren

12.6 Andere Versionsverwaltungssysteme

RCS bearbeitet jede Datei einzeln. Wenn Sie ein Projekt bearbeiten, das aus vielen Dateien besteht, und nicht nur in einer einzelnen Datei Änderungen vorgenommen haben, dann müssen Sie jede Datei einzeln einchecken. Außerdem erwartet RCS, daß nur die Dateien verändert werden, für die ein Lock gesetzt wurde.

Das Concurrent Versions System

Bei großen Projekten ist es oft sinnvoll, den ganzen Source-Tree mit einem Befehl aus- bzw. einzuchecken. Diese Funktion ist (neben vielen anderen nützlichen Dingen) in CVS, dem „Concurrent Versions System", implementiert. Die Autoren haben festgestellt, daß in den meisten Fällen nur ein Programmierer an einer speziellen Funktion arbeitet, so daß CVS auf Locks verzichtet.

Wenn beim Einchecken festgestellt wird, daß die Änderungen nicht maschinell eingepaßt werden können, dann wird der Programmierer aufgefordert, diesen Konflikt manuell zu beseitigen. Man hat hier den Vorteil, daß sich Programmierer nur in den seltensten Fällen behindern.

Eine weitere nützliche Funktion ist ein CVS-Archiv, das im Internet verfügbar ist. Damit ist eine Versionskontrolle auch für Projekte möglich, bei denen kein NFS-Zugriff auf die entsprechenden Archive möglich ist. Diese Funktion wird für einzelne Projekte wie `FreeBSD` oder `lesstif` verwendet. Dabei unterscheidet man zwischen lesendem Zugriff, der für viele Anwender möglich ist, und der Möglichkeit, Veränderungen vorzunehmen. Diese Möglichkeit ist oft auf nur wenige Entwickler beschränkt.

Das CVS ist als Frontend zu RCS implementiert und kann natürlich auch von Emacs aus gesteuert werden. Für einzelne Konfigurationsdateien oder Texte ist normalerweise RCS ausreichend, aber für große Projekte würde ich heute CVS einsetzen.

SCCS und CSSC

Bei kommerziellen Unix-Systemen ist oft SCCS als Versionsverwaltung enthalten. Wenn Sie in Ihren Projekten dieses System einsetzen, dann können Sie unter Linux die GNU-Implementation CSSC verwenden. Wenn Sie mit einem neuen Projekt beginnen, dann sollten Sie sich in jedem Fall RCS und CVS ansehen.

Weitere Informationen und Programme

Weitere Informationen und Bezugsquellen	
Manpages:	`ci(1)`, `co(1)`, `rcs(1)`, `rcsdiff(1)`, `ident(1)`, `rcsclean(1)`, `rcsintro(1)`, `rcsmerge(1)`, `rlog(1)`, `rcsfile(5)`
Bücher:	Applying RCS and SCCS, [BB95]
`ftp`-Server:	`ftp.gnu.org`
`ftp`-Pfad:	`/pub/gnu`
Dateiname:	`rcs-5.7.tar.gz`
Größe:	ca. 280 kByte
Dateiname:	`cvs-1.5.tar.gz`
Größe:	ca. 1,1 MByte

13 TeX und LaTeX unter Linux

In diesem Kapitel geht es um die Installation und Integration eines LaTeX-Systems in ein (bestehendes) Linux-System. Zur Einführung in LaTeX bzw. LaTeX 2ε gibt es die deutsche Kurzeinführung `lkurz` bzw. `lkurz2e`, die auf relativ wenigen Seiten (ca. 50) die Erstellung von Texten mittels LaTeX erläutert. Eine Reihe von nützlichen Tips finden Sie auch in den „Oft gestellten Fragen und deren Antworten" (ogFudA) zu LaTeX.

13.1 Das teTeX-Paket

Das Standard-TeX-System für Linux und andere Unix-Systeme ist `teTeX` von Thomas Esser[1]. Dieses TeX kann in ein beinahe beliebiges Verzeichnis installiert werden, so daß der Administrator die freie Wahl hat. In `teTeX` sind die deutschen Trenntabellen bereits integriert, so daß deutsche Anwender kein spezielles Format-File mehr erzeugen müssen.

Zur Zeit ist dieses TeX das System der Wahl, insbesondere weil der Autor dieses System auch für andere Architekturen und Betriebssysteme zur Verfügung stellt. Ein weiterer Vorteil dieses Systems ist die Verwendung der `kpathsea`-Bibliothek zur Suche nach Styles und anderen Dateien. Dabei wird ein `ls -lR`-Verzeichnis der TeX-Verzeichnishierarchie verwaltet. Dieses Verzeichnis sollte immer aktuell gehalten werden, da sonst TeX oder LaTeX neu installierte Dateien möglicherweise nicht finden, weil diese Programme nur noch diese Datei zur Suche verwenden. Dadurch wird die Suche nach Styles wesentlich beschleunigt.

Das `teTeX`-Paket kann in ein beliebiges Verzeichnis installiert werden. Dieses Verzeichnis wird von der Installationsroutine automatisch in die notwendigen Konfigurationsdateien eingetragen. Das Installationsverzeichnis wird daher im folgenden entweder nicht oder als Umgebungsvariable `TEXDIR` bzw. als das aktuelle Verzeichnis `.` angegeben. Tabelle 13.1 zeigt eine Übersicht über das `TEXDIR`-Verzeichnis.

Übersichtlich ist die separate Installation der Programme in eigene Unterverzeichnisse. Diese Verzeichnisse sind weiter unterteilt in `bin`, `man`, `etc` (und andere) Verzeichnisse. Die Integration in den Suchpfad der Benutzer erfolgt durch symbolische Links. Das Verzeichnis, in dem die Links angelegt werden, kann bei der Installation angegeben werden.

---

[1] te@informatik.uni-hannover.de

TEXDIR	Inhalt des Verzeichnisses
├ dvipsk-5.58c	Das Programm dvips
├ gsftopkk-1.7	Umwandler für PostScript-Schriften
├ kpathsea-2.4	Dokumentation der kpathsea-Bibliothek
├ kpsetools-0.2	Programme der kpathsea-Bibliothek
├ makeindex-2.12	Indexerstellung
├ scripts-0.2	Intern benutzte Skripten (z. B. MakeTeXPK)
├ setup-0.2	Installations- und Konfigurationsskripten
├ texinfo-3.1	Das Texinfo-System
├ texmf	Das TEX- und LATEX-System
├ texmf.cnf	Die globale Konfiguration von teTeX
├ web2c-6.1	Die Programme des TEX-Systems
└ xdvik-18d	Der Previewer xdvi

Tabelle 13.1: Aufbau des Installationsverzeichnisses von teTeX

Im Verzeichnis ./texmf befindet sich das Herz des TEX- bzw. des LATEX-Systems, die Formate, Makros, Styles und Fonts. Auch dieses Verzeichnis enthält eine Reihe von Unterverzeichnissen, die die interne Struktur der Systeme widerspiegeln. Tabelle 13.2 zeigt eine Übersicht.

TEXDIR/texmf	Inhalt des Verzeichnisses
├ bibtex	BIBTeX-Styles
├ doc	Alle verfügbaren Dokumentationen
├ dvips	Daten für dvips
├ fontmaps	Aliasnamen für Fonts
├ fonts	Generierte TEX-Fonts und METAFONT-Quellen
├ ls-R	Datenbank zur Dateisuche
├ mf	Dateien des METAFONT-Systems
└ tex	Das TEX- bzw. LATEX-System
├ hyphen	Trenntabellen
├ latex	Das LATEX-System und zusätzliche Styles
└ plain	Das TEX-System und zusätzliche Makros

Tabelle 13.2: Aufbau des ./texmf-Verzeichnisses von teTeX

Die Verzeichnisse ./texmf/plain und ./texmf/latex enthalten neben dem TEX- bzw. LATEX-System eine Reihe von Erweiterungen in Form von Makropaketen (für TEX) und Styles (für LATEX). Diese Erweiterungen finden Sie in weiteren Unterverzeichnissen. Die zugehörige Dokumentation finden Sie in dem in Tabelle 13.2 dargestellten `./doc`-Verzeichnis.

Einbinden deutscher Trenntabellen in TEX

TEX ist in der Lage, zwischen mehreren Trenntabellen umzuschalten, so daß in einem Text mehrere Sprachen verwendet werden können. Da das Format-File mit jeder zusätzlichen Sprache größer und damit langsamer wird, sollten nur die Trenntabellen eingebunden werden, die auch tatsächlich benötigt werden.

In der TEX-Gemeinde ist die direkte Veränderung der Standarddateien wie z. B. `plain.tex` nicht gern gesehen. Statt dessen sollten entweder Konfigurationsdateien angepaßt oder auf anderen Wegen die richtige Konfiguration eingestellt werden. In der Datei `$TEXDIR/tex/german/lhyphen.tex` (siehe auch Listing 13.1) werden alle verwendeten Sprachen eingetragen. Als Standardsprache muß nach dem Laden der Trenntabellen wieder Englisch eingestellt werden.

```
\message{== Loading hyphenation patterns:}
\lefthyphenmin=2\righthyphenmin=3
%
\message{Loading hyphenation patterns for US english.}
\chardef\l@USenglish=\language
%% british english als "Dialekt"
\chardef\l@english=\l@USenglish
\input hyphen0
%
\message{Loading hyphenation patterns for german.}
\newlanguage\l@german \language=\l@german
\chardef\l@austrian=\l@german
\input ghyph31

%% Default-Trennmuster: USenglish
\language=\l@USenglish \lefthyphenmin=2 \righthyphenmin=3
\endinput
```

Listing 13.1: Die Datei `lhyphen.tex` zum Laden verschiedener Trenntabellen

Die Generierung des Format-Files wird dann mit den in Listing 13.2 dargestellten Befehlen durchgeführt. Zunächst wird die englische Trenntabelle unter dem Namen `hyphen0.tex` kopiert. Die Konfiguration wird mit dem Namen `hyphen.tex` kopiert, so daß keine Änderung an `plain.tex` notwendig ist.

```
cd /tmp
cp $TEXIDR/tex/languages/german/lhyphen.tex hyphen.tex
cp $TEXDIR/tex/languages/english/hyphen.tex hyphen0.tex
cp $TEXDIR/tex/languages/german/ghyph31.tex hyph1.tex
initex \\input plain \\dump
```

Listing 13.2: Erzeugen eines TEX-Format-Files

Im teTEX wird dies anders gelöst. In der Datei `.../plain/local/tex.ini` können Sie einfach zusätzliche Trenntabellen laden. Anschließend muß diese Datei mit `initex` bearbeitet werden. Bei der Installation können Sie dort beliebige Trenntabellen eintragen, das Format-File wird dann automatisch erzeugt (mit dem Befehl `initex tex.ini`).

Einbinden deutscher Trenntabellen in LATEX

Für LATEX muß ebenfalls ein eigenes Format-File erzeugt werden. Auch hier wird wieder keine Standarddatei verändert, sondern die zu ladenden Trenntabellen werden in einer Konfigurationsdatei (`/usr/lib/texmf/lib/tex/german/-lhyphen.cfg`) eingetragen. Diese Datei entspricht exakt der in Listing 13.1 angegebenen Datei. Dazu muß jedoch ebenfalls die Datei `hyphen.tex` als `hyphen0.tex` kopiert werden. Anschließend kann mit `initex latex.ltx` ein neues LATEX-Format erzeugt werden.

Bei teTeX werden die zu ladenden Trenntabellen in die Datei `../lplain/local/-language.dat` eingetragen. Anschließend wird (vom Konfigurationsprogramm automatisch) mit dem Befehl `initex latex.ltx` ein neues Format-File erzeugt.

Das Format-File muß dann in ein Verzeichnis kopiert werden, das `virtex` automatisch durchsucht. Sie können auch ein zusätzliches Verzeichnis in den Suchpfad aufnehmen, der in der Umgebungsvariablen `TEXFORMATS` gespeichert wird.

13.2 Lokale Erweiterungen des TEX-Systems

Bei der intensiven Nutzung von TEX oder LATEX benötigt man, trotz der guten Ausstattung der Distributionen, neue, zusätzliche Styles. Diese Dateien kann man in die existierende TEX-Installation integrieren. Das hat den Vorteil, daß alle Anwender diese Styles benutzen können und keine zusätzlichen Umgebungsvariablen erforderlich sind. Bei einer Neuinstallation oder einem Update vergißt man jedoch oft, diese Styles zu sichern und ebenfalls in die neue Installation einzufügen.

Zusätzliche Styles sollte man in das Arbeitsverzeichnis kopieren, wenn diese Daten nur für ein Projekt benötigt werden. Sind es allgemeine, oft verwendete Styles (z. B. Briefköpfe), dann bietet sich entweder die Installation im Verzeichnis `~/TeX/Styles` oder in `/usr/local/lib/texmf/tex/latex` an. Anschließend muß nur noch die Umgebungsvariable `TEXINPUTS` gesetzt werden. Analog kann mit Metafont-Dateien verfahren werden.

```
(Linux):~> setenv TEXINPUTS $TEXINPUTS:$HOME/TeX/Styles
```

13.3 Effektive Nutzung von TEX und LATEX

Linux stellt eine Reihe von Programmen zur effektiven Benutzung von TEX bereit. Dazu zählt zum einen der Preview mit `xdvi`, aber auch mit `ghostview` unter X. Außerdem können mit Hilfe des Drucksystems und der Installation eines Printerfilters PostScript-Dateien auch auf nicht PS-fähigen Druckern ausgedruckt werden. Durch die Nutzung verschiedener Fenster zum Editieren, Formatieren und Ansehen ist das Arbeiten mit TEX unter X recht bequem. Als besonders nützlich erweist sich hier das Multitasking, so daß bequem kompiliert werden kann, nebenbei der Previewer läuft und man bereits die ersten Syntaxfehler mit dem Editor beseitigt.

Durch die Verwendung von `emacs` und die Installation des Pakets AUCTEX kann die Umgebung jedoch noch wesentlich leistungsfähiger werden. AUCTEX bietet eine integrierte Umgebung für TEX unter `emacs`. Zum Einstieg wird man zunächst nur einen Bruchteil der Features von AUCTEX verwenden. Auch wenn AUCTEX hier seine Leistungsfähigkeit nicht voll entfalten kann, so ist es doch von Beginn an eine wesentliche Unterstützung. Eine Möglichkeit für eine einfache Konfiguration von AUCTEX zeigt Listing 13.3.

```
(require 'tex-site)            ; AUCTeX gegebenenfalls laden
(setq TeX-electric-escape t)  ; \ ist aktiv
(setq TeX-insert-braces t)    ; Automatisch {} anhängen
(setq TeX-parse-self t)       ; TeX-Files analysieren
(setq TeX-auto-save t)        ; Informationen speichern
(setq-default TeX-master nil); nach dem Master-File fragen
```

Listing 13.3: Auszug aus der Datei `~/.emacs` *für AUCTEX*

Installation von AUCTEX

Das Paket AUCTEX besteht aus einer Reihe von `emacs`-Lisp-Dateien und dem Programm `lacheck`. Die Lisp-Dateien werden durch das `Makefile` in das Verzeichnis für lokale Lisp-Erweiterungen kopiert. Auf den meisten Systemen ist dies `/usr/lib/emacs/site-lisp`. Dort wird ein Unterverzeichnis `auctex` angelegt, in dem alle AUCTEX-Lisp-Dateien installiert werden. Systemspezifische Anpassungen (wie z. B. installierte Drucker oder zusätzliche Style-Verzeichnisse) werden in der Datei `./site-lisp/tex-site.el` vorgenommen. Durch die Trennung der systemspezifischen Anpassungen vom System selbst können bei einem Update die Anpassungen oft problemlos übernommen oder relativ einfach geändert werden.

Bei der Installation von AUCTEX erzeugt der Systemadministrator mit dem Befehl `M-x auto-generate-global` alle Style-Dateien, die global installiert sind. Dadurch sind alle TEX- und LATEX-Befehle bekannt, und AUCTEX kann den Benutzer bei der Eingabe seiner Texte gut unterstützen. AUCTEX kennt drei verschiedene Arten von Styles und Makros:

- systemweit verfügbare, globale Makros findet AUCTEX in dem in der Variablen `TeX-macro-global` beschriebenen Pfad
- vom Benutzer im `TeX-macro-private`-Verzeichnis gespeicherte Styles
- die im aktuellen Verzeichnis befindlichen TEX-Dateien bzw. Styles

AUCTEX erzeugt beim Lesen der Styles `elisp`-Dateien, die die in den Styles enthaltenen Befehle in `emacs`-Lisp-Syntax beschreiben. Diese Lisp-Dateien werden, je nach Herkunft des Styles, in verschiedenen Verzeichnissen gespeichert. Auch hier findet sich die Unterscheidung in die oben angegebenen Kategorien wieder:

- `TeX-auto-global` für global verfügbare Styles. Diese Lisp-Dateien sollten vom Systemadministrator mit dem Befehl `TeX-auto-generate-global` neu erzeugt werden, wenn neue Styles oder neue Versionen installiert werden.
- `TeX-auto-private` enthält das Verzeichnis, in dem die benutzereigenen Styles beschrieben werden.
- `TeX-auto-local` verweist normalerweise auf das Verzeichnis `./auto`, in dem die TEX-Dateien des aktuellen Verzeichnisses beschrieben werden.

Mit der automatischen Erkennung der Makros aus den Styles ist aber die Leistungsfähigkeit von AUCTEX noch längst nicht ausgereizt. So kann ein Benutzer mit relativ einfachen Mitteln zusätzliche Funktionen implementieren, die z. B. zusätzliche Parameter für Makros abfragen, und dann entsprechend in den Text einfügen. Auch hier existiert wieder die Unterscheidung der drei Kategorien für Makros:

- `TeX-style-global` enthält global verfügbare Styles.
- `TeX-style-private` enthält das Verzeichnis, in dem die benutzereigenen Styles beschrieben werden.

- TeX-style-local verweist normalerweise auf das Verzeichnis ./style, in dem die TEX-Dateien des aktuellen Verzeichnisses beschrieben werden.

Die Anpassungen können sich zunächst auf einfache Funktionen beschränken, die bereits gut vorbereitet sind. Mit zunehmender Erfahrung mit LATEX und emacs-Lisp können dann auch kompliziertere Anpassungen vorgenommen werden. Im folgenden Beispiel wird bei einem Makro mit einem Parameter dieser Parameter in einem Minibuffer eingelesen. Dort steht dann die normale History zur Verfügung.

```
\newcommand{\file}[1]{\texttt{#1}}          % Dateiname
```

Listing 13.4: Auszug aus der Datei aw-buch.sty

Die Funktion TeX-add-style-hook fügt die folgenden Befehle an, wenn der Style aw-buch.sty verwendet wird. AUCTEX erhält hier zusätzliche Informationen über die Umgebung Listing (dort wird eine Lisp-Funktion aufgerufen, die die Abfrage von Parametern und das Einfügen in den Quelltext übernimmt) und zu dem Makro file. Dieses Makro hat einen Parameter, der mit dem Prompt Dateiname eingelesen wird. Das Schlüsselwort ignore dient dazu, daß AUCTEX diese Definition für aktueller hält als die selbst aus dem Style extrahierte. Dies erfolgt einfach über die Anzahl der angegebenen Parameter, die hier um einen, nämlich um das ignore, höher ist.

```
(TeX-add-style-hook "aw-buch" (function
   (lambda ()
      (LaTeX-add-environments
         '("Listing" LaTeX-env-Listing))
      (TeX-add-symbols
         '("file"     "Dateiname"   ignore))))
```

Listing 13.5: Auszug aus der Datei ./style/aw-buch.el

Die Benutzung von AUCTEX

Zunächst kann mit emacs und AUCTEX ein LATEX-Quelltext wie gewohnt erstellt werden. Die einzelnen Features von AUCTEX können Sie schrittweise erlernen und benutzen; damit müssen Sie nicht das gesamte Paket sofort beherrschen. Eine Reihe von Funktionen ist jedoch einfach zu merken. Diese können die Arbeit mit TEX bzw. LATEX deutlich vereinfachen.

Eine sehr nützliche Funktion ist die Erweiterung von teilweise angegebenen Befehlen. Dazu wird in der Standardversion von AUCTEX die Tastenkombination `M-Tab` (`TeX-complete-symbol`) verwendet. AUCTEX bietet aber auch die Möglichkeit, die Taste \ zu aktivieren, so daß die Eingabe des Befehls dann in einem Minibuffer erfolgt. In diesem Minibuffer sind dann die üblichen History-Funktionen verfügbar, und die Komplettierung von Befehlsnamen erfolgt mit der Tab-Taste. Für die Aktivierung der \-Taste nehmen Sie folgenden Abschnitt in Ihre `~/.emacs`-Datei auf:

```
(setq TeX-electric-escape t) ; \ ist aktiv
```

Für die Übersetzung des Textes mit TEX oder LATEX müssen Sie den Editor nicht verlassen. Die Tastenkombination `C-c C-c` startet die Übersetzung Ihres Quelltextes (`TeX-command-master`). Zum Preview geben Sie als Kommando nach dieser Tastenkombination `View` ein, zum Drucken `Print`. AUCTEX versucht, Ihnen stets den vermutlich passenden Befehl vorzuschlagen. So beginnt AUCTEX bei LATEX-Dateien mit dem Kommando `LaTeX`, das wiederholt wird, wenn noch ein LATEX-Lauf erforderlich ist. Enthält der Text eine Bibliographie, so schlägt AUCTEX vor, einen BIBTEX-Lauf durchzuführen. Erst am Ende aller Durchläufe wird der Befehl `View` vorgeschlagen.

Treten bei einem LATEX-Durchlauf Fehler auf, so kann mit der Tastenkombination `` C-c ` `` (`TeX-next-error`) zur ersten (und jeder weiteren) Fehlerstelle gesprungen werden. Die Meldungen von „Overfull"- oder „Underfull"-Boxen, die durch Probleme von TEX bei der Formatierung verursacht wurden, können mit der Tastenkombination `C-c C-w` (`TeX-toggle-debug-boxes`) zu Fehlern erklärt werden.

Bei großen Texten ist es oft sinnvoll, nur einen Teil des Textes neu zu formatieren. Dazu kann mit der Tastenkombination `C-c C-r` (`TeX-command-region`) nur die aktive Region übersetzt werden. AUCTEX erkennt aufgrund des Master-Files oder des Headers, welche Befehle in die dynamisch erzeugte Präambel der Region aufzunehmen sind. Dadurch lassen sich auch auf relativ langsamen Rechnern größere Dokumente problemlos bearbeiten. Alternativ kann nur der aktuelle Buffer mit der Tastenkombination `C-c C-b` (`TeX-command-buffer`) durch TEX bearbeitet werden.

AUCTEX kennt viele LATEX-Befehle, so daß direkt nach den entsprechenden Parametern gefragt wird. Die Tastenkombination `C-c C-s` (`LaTeX-section`) fügt eine neue Überschrift ein. Es wird dieselbe Hierarchiestufe vorgeschlagen, die in der letzten Überschrift verwendet wurde. Außerdem kennt AUCTEX die Parameter dieser Befehle, so daß diese direkt eingegeben werden können. Es kann nicht nur die Überschrift eingefügt werden, sondern auch ein Label, so daß in anderen Abschnitten Verweise angebracht werden können. Bei der Erstellung der Verweise mit `\ref` und `\pageref` stehen die bereits definierten Label bei der Komplettierung mit der `Tab`-Taste zur Verfügung.

Eine weitere Funktion betrifft das Einfügen von Umgebungen mit der Tastenkombination `C-c C-e` (`LaTeX-environment`). Auch diese Funktion kennt die

Standardumgebungen von LATEX und fragt die entsprechenden Parameter direkt ab. Fügen Sie eine `table`-Umgebung ein, um zu sehen, wie AUCTEX hierbei vorgeht.

Allein mit diesen Hilfsmitteln können viele triviale LATEX-Fehler, wie ein fehlendes `\end` oder eine unausgeglichene Anzahl von öffnenden und schließenden Klammern, verhindert werden. Durch die Integration in den Editor `emacs` können darüber hinaus alle Funktionen von `emacs` benutzt werden. Bei größeren Texten kann z. B. der `outline`-Modus eine große Hilfe für die Strukturierung und Bearbeitung sein. Da auch das Revision Control System eine Schnittstelle zu `emacs` hat, können auch verschiedene Versionen der Texte einfach verwaltet werden.

Größere Dokumente bestehen häufig aus mehreren Dateien. Außerdem werden Sie recht schnell eigene Makros oder Umgebungen definieren. Mit den in Listing 13.6 dargestellten Einstellungen wird Emacs angewiesen, die entsprechenden ELisp-Beschreibungen Ihrer Dateien bei jedem Laden oder Speichern neu zu erstellen.

```
(setq TeX-parse-self t) ; Enable parse on load.
(setq TeX-auto-save t)  ; Enable parse on save.
```

Listing 13.6: Automatisches Einbinden von LATEX-Makros in AUCTEX

14 Emulatoren unter Linux

Linux ist ein weitgehend POSIX-kompatibles Unix-System. Diese Kompatibilität erstreckt sich jedoch nur auf die Portabilität von C-Quelltexten zwischen verschiedenen Unix-Systemen. Das heißt, daß viele Unix-Programme unter Linux laufen, wenn sie dort neu übersetzt werden. Für freie Unix-Software ist das in der Regel einfach, anders sieht es bei kommerzieller Software oder Programmen anderer Systeme aus.

Dennoch kann man unter Linux viele Programme ablaufen lassen, die entweder für ein anderes Betriebssystem oder gar für eine andere Rechnerarchitektur erstellt wurden. Dies geschieht mit Hilfe sogenannter Emulatoren, die die Funktionen anderer Hardware oder Betriebssysteme auf die Funktionen des Linux-Systems abbilden.

Durch die große Komplexität sowohl von Linux als auch von anderen Betriebssystemen und Prozessoren ist eine Emulation oft nicht vollständig. Das liegt häufig auch daran, daß Funktionen nachgebildet werden müssen, die unter anderen Betriebssystemen verfügbar sind und benutzt werden, aber nicht dokumentiert sind.

Dennoch steht auch unter Linux eine Reihe von Emulatoren für verschiedene Betriebssysteme oder Rechnerarchitekturen zur Verfügung. Im folgenden werden die Emulatoren für DOS, Windows und IBCS2-kompatible Programme genauer vorgestellt. Es existieren weitere Emulatoren für exotischere Systeme wie z. B. MacIntosh, Apple II oder Spektrum.

Weitere Informationen und Bezugsquellen	
ftp-Server:	`metalab.unc.edu`
ftp-Pfad:	`/pub/Linux/system/Emulators`

14.1 Der BIOS-Emulator `DOSemu`

Der `DOSemu` ist kein DOS-Emulator, wie der Name andeutet, sondern ein PC- und BIOS[1]-Emulator. Es werden Teile der Hardware und die wichtigsten Funktionen des BIOS emuliert. Daher ist zum Betrieb eine DOS-Lizenz notwendig. Das (echte) DOS läuft dann innerhalb eines Benutzerprozesses unter Linux. Es kann praktisch jede DOS-Version verwendet werden, sei es MS-DOS, Novell-DOS (früher als DR-DOS bekannt) oder PC-DOS von IBM.

[1] BIOS = Basic-Input/Output-System

Der DOS-Emulator ist immer noch in der Entwicklung, so daß die Programmierer ihn als Alpha-Version bezeichnen. Zu jeder Version werden viele Funktionen neu implementiert und Fehler korrigiert bzw. eingebaut. Dennoch läuft er recht stabil, und viele DOS-Programme funktionieren auch im Emulator. Die Kompatibilität zu einem echten DOS-System ist in vielen Bereichen erstaunlich hoch.

Weitere Informationen und Bezugsquellen	
Homepage:	`http://www.dosemu.org`
Manpage:	`dos(1)`
Info-System:	`Dosemu`
Dokumentation:	`QuickStart`, DANG[2], DOSemu-HowTo, diverse `README`-Dateien, Novell-HowTo
Mailing-Liste:	`linux-msdos@vger.rutgers.edu`
Paket:	`dosemu0.98.6.tar.gz`
ftp-Server:	`ftp.sodemu.org`
ftp-Pfad:	`/dosemu`
Größe:	ca. 1,7 MByte

Installation

Da sich der DOS-Emulator immer noch in der Entwicklung befindet, wird von den Programmierern keine Binärdistribution bereitgestellt. Bei manchen Distributionen ist eine Binärversion enthalten. Sie sollten allerdings nach Möglichkeit eine relativ aktuelle Version verwenden. Wenn Sie einen neueren Kernel installieren, dann kann es aufgrund der engen Verzahnung zwischen `DOSemu` und dem Kernel zu Problemen kommen.

Wenn Sie eine neue Version des `DOSemu` installieren möchten, dann müssen zunächst die Quellen auf dem Linux-Rechner ausgepackt und dann das Programm kompiliert und installiert werden. Zunächst sollten Sie den Emulator mit dem Befehl `default-configure` konfigurieren und dann kompilieren. Das Listing 14.1 zeigt dafür ein Beispiel.

```
(Linux):~# cd /usr/src
(Linux):/usr/src# tar zxvf /tmp/dosemu0.98.6.tar.gz
(Linux):/usr/src# cd dosemu-0.98.6
(Linux):/usr/src/dosemu-0.98.6# ./default-configure
(Linux):/usr/src/dosemu-0.98.6# make
```

Listing 14.1: Konfigurieren des `DOSemu`

[2] DANG = DOSemu Altering Novice Guide, eine Einführung in die internen Abläufe des Emulators

Das Skript `configure-default` erkennt automatisch, ob auf dem System das X-Window-System (mit Header-Dateien und Bibliotheken) installiert ist, und erstellt dann auch einen unter X lauffähigen Emulator. Weitere Einstellungen, die zur Übersetzungszeit durchgeführt werden müssen, werden auf Standardwerte gesetzt. Tabelle 14.1 zeigt eine Auswahl der möglichen Konfigurationsoptionen.

Option	**Bedeutung**
`--enable-novm86plus`	Die neue Variante zur Umschaltung in den `vm86`-Modus wird nicht verwendet
`--with-x=[yes|no]`	Mit/ohne X-Unterstützung
`--enable-nomitshm`	Kein Shared-Memory beim X-Zugriff einsetzen
`--enable-dodebug`	Debugging aktivieren
`--enable-nosbemu`	Soundblaster-Emulation nicht aktivieren
`--anable-linkstatic`	Statisch linken
`--enable-runasroot`	Installation als `setuid`-Programm

Tabelle 14.1: Optionen für das `configure`*-Skript des* `DOSemu`

Jegliche weitere Konfiguration des Emulators kann durch die Konfigurationsdatei `/etc/dosemu.conf` bzw. `~/.dosrc` erfolgen, so daß es nicht notwendig ist, in der Datei `Makefile`-Änderungen vorzunehmen.

Konfiguration des Emulators

Nach der Installation müssen nun noch die Konfigurationsdateien für den Emulator angepaßt werden. Zunächst müssen die Namen aller Benutzer, die den DOS-Emulator starten dürfen, in die Datei `/etc/dosemu.users` aufgenommen werden. Damit kann die Benutzung des Emulators auf „vertrauenswürdige" Benutzer eingeschränkt werden. Für viele Funktionen, wie Grafik-Ausgabe oder Port-Zugriffe, ist es notwendig, daß der Emulator mit `root`-Rechten gestartet wird. Die Einschränkung auf bestimmte Benutzer versucht, diese Sicherheitsprobleme etwas zu vermindern.

Die Konfiguration des DOS-Emulators kann jeder Benutzer mit gewissen Einschränkungen, die im wesentlichen durch Sicherheitsüberlegungen bestimmt werden, selbst durchführen, indem er eine Datei `.dosrc` in seinem Home-Verzeichnis erstellt. Der Systemadministrator kann eine systemweite Konfiguration für alle Benutzer vornehmen. Dazu dient die Datei `/etc/dosemu.conf`. Die Syntax beider Dateien ist identisch, als Beispiel kann die Datei `./examples/config.dist` aus der Quelldistribution des DOS-Emulators dienen.

Die Konfiguration kann mit einem beliebigen Editor erfolgen. Es ist auch möglich, das Skript `./Configure` zu verwenden, das in den Quellen des Emulators zu finden ist. Dann enthält jedoch die Datei nicht alle Kommentare, die in der Beispieldatei die möglichen Konfigurationsoptionen ausführlich beschreiben. Außerdem fehlen die auskommentierten Beispiele, so daß die möglichen Einträge nicht sofort erkennbar sind. Auch eine nachträgliche Änderung ist dann schwieriger, weil das Konfigurationsprogramm eine bereits bestehende Konfiguration nicht wieder einliest. Es wird allerdings nur der Teil der Konfiguration neu gespeichert, der durch den Benutzer geändert wurde.

Die Konfiguration sollte in mehreren Schritten erfolgen, so daß man nach jedem Schritt die Lauffähigkeit der Änderungen überprüfen kann. Benötigt wird eine DOS-Boot-Diskette, erstellt mit `FORMAT A: /S`, ohne die Dateien `CONFIG.SYS` und `AUTOEXEC.BAT`. Auf diese Diskette kopiert man alle Programme und Treiber aus den Verzeichnissen `./commands`, `./garrot` und `./periph`.

- Zunächst benutzt man eine möglichst einfache Konfiguration. Die Wahrscheinlichkeit, daß dabei Probleme auftauchen, ist dann relativ gering. Folgende Einstellungen sollten in der Konfigurationsdatei `/etc/dosemu.conf` im ersten Schritt angepaßt werden:

  - Die deutsche Tastaturbelegung muß für den Start auf der Konsole eingerichtet werden (siehe Listing 14.2). Dabei sollte nicht der sehr hardware-nahe Zugriff im `raw`-Modus benutzt werden, weil er dazu führen kann, daß nach einem Absturz des Emulators keine Tastatureingaben erfolgen können. Eine Anmeldung über eine Netzwerkverbindung oder ein serielles Terminal funktionieren aber auch dann noch.

```
$_rawkeyboard = (0)          # kein RAW-Keyboard
$_layout = "de-latin1"       # Deutsche Tastaturbelegung
$_keybint = (on)             # Emulieren von Interrupts
```

Listing 14.2: Tastaturkonfiguration für `dosemu`

  - Zunächst sollte nur eine einfache, unvollständige Emulation der Bildschirmausgabe eingerichtet werden (siehe Listing 14.3). Eine inkompatible Einstellung kann zu einem Absturz des Emulators führen, nach dem keine Bildschirmausgaben mehr zu lesen sind. Das System insgesamt ist dann aber nicht abgestürzt, sondern nur die Bildschirmausgabe, so daß das System z. B. über eine Netzwerkverbindung oder ein serielles Terminal noch geordnet heruntergefahren und dann neu gestartet werden kann.

  - Die einzigen Geräte, die vom Emulator direkt angesprochen werden können, sind die Diskettenlaufwerke. Diese Einträge sind an die eigene Rechnerausstattung anzupassen.

```
$_floppy_a ="threeinch" # oder "fiveinch" or leer
$_floppy_b = ""         # dito for B:
```

```
$_video = "vga"            # VGA-Bildschirm
$_console = (0)            # Keinen Konsolen-Zugriff
$_graphics = (0)           # Kein Grafikmodus
```

Listing 14.3: Tastaturkonfiguration für `dosemu`

Nun kann man versuchen, den DOS-Emulator zum erstenmal mit der DOS-Boot-Diskette zu starten. Dabei werden noch keine weiteren Partitionen, Festplatten oder unter Linux angehängte Partitionen zur Verfügung gestellt. Auch der Zugriff auf Drucker, Hardware-Erweiterungen oder Netzwerke ist nicht möglich.

- Im nächsten Schritt kann man dann auf die normalen DOS-Partitionen zugreifen. Der bevorzugte Weg dazu ist die Verwendung des Redirektors `LREDIR.EXE` oder des Treibers `EMUFS.SYS`. Beide Möglichkeiten haben dieselbe Funktionalität, Laufwerke können sowohl in der Datei `CONFIG.SYS` als auch später in der Datei `AUTOEXEC.BAT` oder von der Kommandozeile aus zugeordnet werden. DOS-Programmen gegenüber erscheint das Laufwerk wie ein Netzwerklaufwerk.

  Der Aufruf des Treibers `EMUFS.SYS` hat die Syntax `DEVICE=EMUFS.SYS` *`Linux-Pfad`* `[r]`. Damit wird dem nächsten freien Laufwerksbuchstaben der angegebene Pfad unter Linux zugeordnet. Wenn zusätzlich der Parameter `r` angegeben wurde, so wird das Laufwerk mit einem Schreibschutz versehen.

  ```
  DEVICE=A:\EMUFS.SYS /mount/dos/c
  DEVICE=A:\EMUFS.SYS / r
  ```

  Das Programm `LREDIR.EXE` erfüllt denselben Zweck und kann auch von der Kommandozeile aus benutzt werden. Folgende Befehle würden dasselbe Ergebnis wie im obigen Beispiel liefern:

  ```
  A:LREDIR C: LINUX\MOUNT\DOS\C
  A:LREDIR D: LINUX\
  ```

  Es können auch Laufwerkszuordnungen wieder gelöscht werden, indem der Befehl `LREDIR DEL` *`Laufwerk`* eingegeben wird. Der Befehl `LREDIR` ohne Parameter gibt eine Übersicht über die Laufwerkszuordnungen aus.

  Diese Möglichkeit des Zugriffs ist immer dann sinnvoll, wenn auf die entsprechenden Partitionen auch von Linux aus zugegriffen wird. Sind die Partitionen bisher nicht angehängt, so ist dies ein geeigneter Zeitpunkt, das zu tun.

  Sollten die Partitionen unter Linux nicht verfügbar sein, weil sie mit einem „Festplatten-Verdoppler" wie Stacker oder DoubleSpace behandelt wurden, so bleibt als einzige Möglichkeiten der direkte Zugriff auf eine einzelne Partition. Ein Beispiel dafür finden Sie in Listing 14.1.

```
$_hdimage = "/dev/hda1"      # für den Zugriff
                             # auf die Partition /dev/hda1
$_hdimage = "/dev/hda2:ro"   # für den Lesezugriff
```

Listing 14.4: Zugriff auf Partitionen

Hinweis: Greifen Sie niemals mit DOSemu direkt auf unter Linux angehängte Partitionen zu! Andernfalls kann es zu erheblichen Fehlern in der Dateisystemstruktur kommen, und Daten können verlorengehen.

Es ist sinnvoll, wenn unter dem DOSemu die Laufwerksbuchstaben denen entsprechen, die auch unter echtem DOS verwendet werden. Als sinnvoll hat sich die Verwendung einer Boot-Diskette erwiesen, deren Image auf der Linux-Platte abgelegt wird. Die Konfiguration erfolgt mit dem Schlüsselwort bootdisk. Diesem virtuellen Laufwerk isr dann der Laufwerksbuchstaben A: zugeordnet. Durch das Programm BOOTOFF kann aber dieses Laufwerk auf die mit dem ersten floppy festgelegte Konfiguration umgeschaltet werden; das Boot-Image wird vom Diskettenlaufwerk überdeckt. Der umgekehrte Weg, also das Überdecken des Diskettenlaufwerks mit dem Boot-Image, ist mit BOOTON möglich. Programme wie MSD, die die Startdateien analysieren wollen, brauchen den Zugriff auf das Boot-Image.

- Nun kann der direkte Zugriff auf die Grafikkarte freigegeben werden, damit auch Grafikprogramme und Spiele unter dem Emulator benutzt werden können. Dies ist nicht nötig, wenn nur Textprogramme verwendet werden sollen. Dazu ist es notwendig, daß der Emulator Zugriffsrechte erhält, die nur der Systemadministrator hat. Das erfolgt in der Standardinstallation durch das s-Bit. Dadurch wird der Emulator mit den Rechten des Systemadministrators (setuid-root) gestartet, jedoch wird für alle Zugriffe, die nur normale Benutzerrechte erfordern, auf die uid des Benutzers zurückgeschaltet, der den Emulator gestartet hat.

  Wichtig ist außerdem, daß ein eventueller Shadow des VGA-BIOS ausgeschaltet wird. In der Datei config.dist ist mit dem Schlüsselwort video eine Reihe von Beispielen für verschiedene Hardware-Konfigurationen aufgeführt. Es existieren jedoch Grafikkarten, die bisher nicht unterstützt werden.

  Die Konfiguration für die Bildschirmausgabe auf einem Terminal oder über ein Netzwerk wird mit dem Schlüsselwort terminal eingeleitet. Auch hierfür findet man Beispiele in der Konfigurationsdatei ./example/config.dist. Für die Konfiguration der Bildschirmausgabe unter X ist das Schlüsselwort X zuständig. Eine ausführliche Dokumentation der möglichen Einstellungen befindet sich in der Beispielkonfiguration.

- Nun kann weitere Hardware, wie z. B. die Maus oder der Zugriff auf die seriellen Schnittstellen, konfiguriert werden. Für alle Einstellungen findet man bereits ausführlich kommentierte Beispiele in der Konfigurationsdatei.

Überlegungen zur Systemsicherheit

Der Emulator wird, da er viele sehr hardware-nahe Zugriffe durchführt, als `setuid`-Programm installiert. Damit laufen viele Zugriffe mit den Rechten des Systemadministrators `root` ab. Dies wird in einem echten, vernetzten Mehr-Benutzersystem nicht gern gesehen. Hier sollte man überlegen, ob sich direkte Hardwarezugriffe durch eine entsprechende Konfiguration des Emulators nicht völlig unterbinden lassen. Dann ist jedoch kein Zugriff auf Ports und damit keine direkte Emulation des Lautsprechers und keine Darstellung von Grafik möglich.

Aus diesem Grunde ist es in den Konfigurationsdateien möglich, spezielle Einstellungen abhängig vom Benutzernamen oder dem aktuellen Rechner zu gestalten. So ist es dann möglich, daß Gast-Benutzer zwar den Emulator benutzen dürfen, dieser jedoch nicht alle Funktionen zur Verfügung stellt. Andere, vertrauenswürdige Benutzer hingegen können alle Möglichkeiten des Emulators benutzen. Die Beispielkonfiguration des `DOSemu` enthält hierfür verschiedene Beispiele.

Unterstützung bei der Fehlersuche

Der Emulator bietet die Möglichkeit, verschiedene Informationen zur Fehlersuche auszugeben. Dazu kann zum einen in der Konfigurationsdatei die entsprechende Ausgabe mit dem Schlüsselwort `debug` eingeschaltet werden. Eine andere Möglichkeit ist die Angabe als Parameter. Im folgenden Beispiel werden alle Meldungen ausgegeben und in die Datei `dos.log` geschrieben. Diese Datei kann bei der Suche nach Fehlern im Emulator oder in der Konfigurationsdatei eine große Hilfe sein. Die Erstellung von Debug-Ausgaben kann auch bei laufendem Emulator mit dem Programm `DOSDBG` ein- oder ausgeschaltet werden. Diese Dateien können in sehr kurzer Zeit erschreckend groß werden, wenn Sie wie im folgenden Befehl *alle* Ausgaben aktivieren.

```
(Linux):~$ dos -D+a -o dos.log
```

Benutzung

Als Benutzer startet man den DOS-Emulator mit dem Befehl `dos`. Danach wird in der virtuellen Maschine DOS gestartet. Nach dem Abarbeiten der Startdateien kann wie unter DOS gewohnt gearbeitet werden. Dennoch sind einige Dinge zu beachten:

- Beim Start des DOS-Emulators unter X ist z. Zt. keine Grafikausgabe möglich. Applikationen, die den Textmodus benutzen, laufen jedoch problemlos. Der interne Maustreiber sollte benutzt werden, so daß auch unter X die Maus für DOS-Programme verfügbar ist.

- Programme, die auf ein installiertes CD-ROM-Laufwerk über die MSCDEX-Schnittstelle zugreifen, können verwendet werden, wenn man die CD nicht unter Linux anhängt, sondern den `DOSemu`-Treiber `cdrom.sys` lädt. Dazu ist es notwendig, einen symbolischen Link `/dev/cdrom` auf das betreffende CD-ROM-Gerät anzulegen. Nähere Informationen dazu finden Sie in der Datei `README.CDROM`.

- Der DOS-Emulator läuft problemlos auf einem seriellen Terminal oder über eine Netzwerkverbindung. Dabei steht jedoch keine Grafik zur Verfügung, und die Verwendung von Tastenkombinationen wie z. B. Alt+F1 ist nicht direkt für alle Tastenkombinationen möglich. Durch die zur Terminal-Ansteuerung verwendete Bibliothek `slang` ist es jedoch möglich, diese speziellen Tastenkombinationen stückweise zusammenzusetzen. Jede dieser Sequenzen wird in der Standardkonfiguration mit der Tastenkombination Strg-6 eingeleitet. Mit dem Schlüsselwort `escchar` in der Terminalkonfiguration kann ein anderes Zeichen angegeben werden. Wird als nächstes Zeichen ? eingegeben, so wird eine Hilfeseite angezeigt, in der die übrigen Tastenkombinationen erläutert werden. Dabei steht der String `^@` für die Tastenkombination Strg-6. Tabelle 14.2 zeigt eine Übersicht der implementierten Tastaturbelegung (nach Strg-6), die jedoch z. T. auf US-amerikanische Tastaturen ausgelegt ist.

Tasten	Ergebnis	Tasten	Ergebnis
n	Funktionstaste `Fn` (`F1` bis `F9`)	0	F10
-	F11	=	F12
s	Umschalt-Taste (Shift-Taste)	S	STICKY SHIFT KEY
a	Alt-Taste	A	STICKY ALT KEY
c	Strg-Taste (Control-Taste)	C	STICKY CTRL KEY
Space	Reset Sticky Keys	Strg-Z	Suspend dosemu
Strg-R	Bildschirm neu ausgeben	Strg-L	Bildschirm neu ausgeben
?	Hilfe anzeigen	h	Hilfe anzeigen
Strg-6	Das Zeichen `^@`		

Tabelle 14.2: Tastenkombinationen für den DOS-Emulator am Terminal

- Netzwerkzugriffe sind über einen virtuellen Packet-Treiber möglich. Das gilt sowohl für Zugriffe auf ein TCP/IP- als auch auf ein Novell-Netz mit IPX als Protokoll. Da der Linux-Kernel auch das IPX-Protokoll unterstützt, kann der `DOSemu` dieses Protokoll direkt verwenden. Genauere Informationen zur Konfiguration des Emulators im Netz finden Sie auf im Abschnitt *Netzwerke* auf Seite 424.

- Wenn der DOS-Emulator auf einer virtuellen Konsole gestartet und die Einstellung `rawkeyboard` benutzt wird, so wird die virtuelle Konsole wie unter X mit der Tastenkombination Alt+Strg+Fn gewechselt.

Technik und interne Abläufe

Mit dem DOS-Emulator steht ein Programm zur Verfügung, das die Hardware und das BIOS eines IBM-kompatiblen PCs emuliert. Diese Emulation ist so leistungsfähig, daß jedes handelsübliche DOS im Emulator gestartet werden kann. Um diese Kompatibilität zu erreichen, wurden von den Programmierern eine Reihe von speziellen Funktionen der Intel-Prozessoren ab 386 und des Linux-Systems verwendet.

Grundsätzliches zur Emulation

Bei einem Multitasking-Betriebssystem darf ein Benutzerprozeß nur unter ganz bestimmten Voraussetzungen die Hardware direkt ansprechen. Unter DOS hingegen benutzt fast jedes Programm nicht nur die Programmierschnittstelle über den Interrupt `21h`, sondern auch die Möglichkeit, auf die Hardware direkt zuzugreifen. Das gilt sowohl für den Zugriff auf den Bildschirmspeicher als auch für die Programmierung der sonstigen Hardware, wie z. B. der seriellen Schnittstellen.

Daher wird durch den DOS-Emulator der Prozessor in den sogenannten virtuellen 8086-Modus versetzt. In diesem Modus löst jede unter einem Multitasking-System unzulässige Operation einen Interrupt aus, so daß das Betriebssystem den DOS-Emulator anstößt, um die betreffende Funktion zu emulieren. Privilegierte Befehle sind z. B. Zugriffe auf IO-Ports und das Auslösen von Interrupts.

Speicher im Emulator

Der Emulator kann für das virtuelle System jede unter DOS bekannte Art von Speicher, also EMS (Expanded Memory), XMS (Extended Memory), UMB (Upper Memory Blocks), HMA (High Memory rea) und den Zugriff über DPMI (DOS Protected Mode Interface) emulieren. Da dieser Speicher im virtuellen Speicher des Linux-Systems emuliert wird, kann mehr Speicher, als tatsächlich verfügbar ist, unter dem Emulator benutzt werden. Dies geht natürlich auf Kosten der Geschwindigkeit, da dieser Speicher nur virtuell durch Swapping zur Verfügung steht.

Der unterhalb von 1 MByte liegende Speicher wird wie unter DOS üblich benutzt. Dazu wird der Emulator oberhalb der 1 MByte-Adresse in den Speicher geladen. Bei der Verwendung des `a.out`-Binärformats wurde dies durch eine Bibliothek erreicht, die an eine „hohe" Adresse geladen wurde. Mit dem ELF-Binärformat ist dieser Trick nicht mehr notwendig.

Es ist auch möglich, den physischen Speicherbereich unter 1 MByte direkt in den Adreßraum des DOS-Emulators einzublenden. Dann ist es möglich, aus dem Datenbereich einer Erweiterungskarte Daten auszulesen oder in diesem Bereich abzulegen. Diese Speicherzuordnung kann mit dem Schlüsselwort `hardware_ram` konfiguriert werden.

Für alle hier erwähnten Speicherarten kann eine genauere Konfiguration erfolgen. Beispiele dafür finden Sie in der Konfigurationsdatei. Wenn Sie EMS verwenden, dann müssen Sie in der `CONFIG.SYS` den Treiber `EMS.SYS` aus dem Verzeichnis `./commands` laden.

Eingabegeräte für den Emulator

Als Eingabegerät stehen dem Benutzer wie unter DOS die Tastatur und die Maus zur Verfügung. Die Tastatur kann auf verschiedene Arten benutzt werden, wobei eine Reihe von Besonderheiten sowohl bei Unix als auch bei DOS zu beachten ist.

Die beste Emulation der Tastatur (auf der Konsole) wird aktiviert, indem in der Datei `/etc/dosemu.conf` der `rawkeyboard`-Modus eingestellt wird. Dadurch können DOS-Programme direkt auf die an der Konsole angeschlossene Tastatur zugreifen. Unter X werden die Tastatur-Events durch den Emulator in die entsprechenden Scan-Codes der Tastatur übersetzt. Der DOS-Emulator kann auch über ein Netzwerk oder auf einem seriellen Terminal benutzt werden. Hier ist es dann wie unter X nicht möglich, die Tastatur im Raw-Modus zu benutzen, so daß auch hier eine Umsetzung erfolgen muß.

Die Maus kann ebenfalls in verschiedenen Modi benutzt werden:

- Unter X sollte der interne Maustreiber verwendet werden, der wie unter Windows oder OS/2 dafür sorgt, daß X-Mausereignisse in die entsprechenden DOS-Mausbewegungen übersetzt werden.
- Auf der Konsole kann entweder auch der interne Maustreiber benutzt oder die entsprechende serielle Schnittstelle für den Emulator freigeschaltet und dann ein normaler DOS-Treiber verwendet werden. Da diese Treiber häufig sehr empfindlich auf Timing-Probleme reagieren, sollte man nötigenfalls die in der How-To erwähnten Treiber verwenden.
- Bei der Verwendung des Emulators über ein Netzwerk oder ein serielles Terminal kann keine Maus benutzt werden.

Ausgabe

Der DOS-Emulator kann eine Reihe von Ausgabegeräten benutzen. Das beginnt mit den verschiedenen Möglichkeiten der Bildschirmausgabe:

- Der DOS-Emulator kann auf der Konsole benutzt werden und dann sowohl Text- als auch Grafikmodi verwenden, sofern Ihre Grafikkarte unterstützt wird.

- Unter X kann derzeit nur der Textmodus benutzt werden, die Maus jedoch arbeitet „seamless“[3] für DOS-Programme.

- Der DOS-Emulator kann sowohl im Netz als auch über ein serielles Terminal verwendet werden. Hier wird eine spezielle Terminal-Ansteuerung (`slang`) benutzt, so daß auch über langsame Verbindungen ein vernünftiges Arbeiten möglich ist.

Ein weiteres Ausgabegerät ist der Drucker. In der Datei `/etc/dosemu.conf` können bis zu drei Drucker konfiguriert werden. Dabei kann entweder die Ausgabe in einer Datei gespeichert oder direkt an ein Programm weitergeleitet werden. Eine Möglichkeit ist hier die Verwendung von `lpr`, so daß Druckausgaben durch das Linux-Spool-System verwaltet werden. Dort ist dann mit GhostScript auch die Ausgabe von PostScript-Dateien auf nicht PostScript-fähige Drucker möglich. Aufgrund der beschränkten Speichergröße ist dies unter DOS selbst praktisch unmöglich. Es werden Druckausgaben verarbeitet, die über den DOS- oder BIOS-Drucker erstellt wurden. Das trifft für die meisten Programme zu. Unter Windows 3.0 gibt man als Druckerschnittstelle `LPT1.DOS` oder `LPT1.OS2` an.

Disketten und Festplatten

Der Emulator entfaltet erst dann seine volle Leistungsfähigkeit, wenn der Zugriff auf die gespeicherten Daten und installierten Programme genauso erfolgen kann wie unter direkt gestartetem DOS. Dabei sollten sowohl alle Partitionen verfügbar sein als auch die Zuordnung zu Laufwerksbuchstaben im Emulator den Laufwerksbuchstaben unter DOS entsprechen. Der Zugriff auf Disketten und Festplatten ist auf verschiedene Weisen möglich:

- Der Treiber `EMUFS` und das Programm `LREDIR` sind in der Lage, ein DOS-Laufwerk zu erstellen, das von DOS wie ein Netzwerklaufwerk behandelt wird. Dazu sind keine Zugriffe außerhalb des Linux-Dateisystems notwendig. Mit diesem Verfahren kann der DOS-Emulator auf alle unter Linux anhängbaren Partitionen zugreifen. Das ermöglicht auch den Lesezugriff auf HPFS-Partitionen von OS/2.

- Der direkte Zugriff auf eine einzelne Partition (Direkt Partition Access, DPA) simuliert eine Festplatte, die nur aus dieser einen Partition besteht. Partitionen, die auch mit DPA angesprochen werden, dürfen auf keinen Fall gleichzeitig unter Linux angehängt sein, die Dateisysteme könnten beschädigt werden!

- Sowohl Disketten als auch Festplatten können durch eine entsprechend große Datei im Linux-Dateisystem simuliert werden. Man spricht dann von einem Disk-Image, das z. B. mittels `dd` erstellt werden kann. Eine sinnvolle Verwen-

[3]Die Maus sendet, wenn der Mauscursor im XDos-Fenster ist, die Mausereignisse an das DOS-Programm.

dung ist ein Image für den Start des DOS-Betriebssystems, so daß keine Diskette mehr eingelegt werden muß. Dadurch wird der Start erheblich beschleunigt.

- Die Diskettenlaufwerke können direkt verwendet werden.
- CD-ROM-Laufwerke können, sofern sie von Linux unterstützt werden, auf zwei Weisen verwendet werden:
  - Die CD kann unter Linux angehängt und dann über den Netzwerk-Redirektor (`EMUFS` bzw. `LREDIR`) angesprochen werden.
  - Es existiert ein DOS-Treiber, der innerhalb des DOS-Emulators ein mit `MSCDEX` ansprechbares CD-ROM-Laufwerk simuliert.

Externe Hardware, Ports und Interrupts

Auch der Zugriff auf von Linux nicht unterstützte Hardware ist möglich. Dazu sind die verwendeten Ports für den DOS-Emulator freizuschalten. Dies erfolgt durch einen Eintrag in der Datei `/etc/dosemu.conf` unter dem Schlüsselwort `ports`. Ein eventuell benutzter Hardware-Interrupt kann mit Hilfe des sogenannten Silly-Interrupt-Generators durch den Kernel an den Emulator weitergereicht werden. Dazu ist jedoch ein Kernel-Patch notwendig. Dies ist eine Möglichkeit, auf ein Novell- oder anderes Netz mit Hilfe des DOS-Emulators zuzugreifen. Die Virtualisierung von DMA (Direct Memory Access) ist in der Entwicklung.

Netzwerke

Mit dem DOS-Emulator ist auch der Zugriff auf Netzwerke möglich. Dazu ist je nach verwendetem Protokoll eine unterschiedliche Vorgehensweise notwendig, die im folgenden genauer erläutert werden soll.

`DOSemu` im TCP/IP-Netz Linux verfügt über eine komplette Ausstattung mit Netzprogrammen wie `ftp`, `telnet` und anderen. Daher erscheint es zunächst nicht sinnvoll, diese Programme unter dem DOS-Emulator zu betreiben. Es gibt jedoch eine Reihe von Funktionen, die ohne einen TCP/IP-Protokoll-Stack im Emulator nur schwer zu realisieren wären.

- Im DOS-Emulator steht eine komplette Packet-Schnittstelle zur Verfügung. DOS-basierte Netzprogramme (Client und Server) lassen sich so auf einem Rechner implementieren und testen. Dabei steht ein eigenes (virtuelles) Subnetz zur Verfügung (siehe Abbildung 14.1). Damit muß ein Entwickler nicht mehr über mehrere Rechner verfügen und hat keine Konsistenzprobleme, da alle Programme auf einer gemeinsam genutzten Platte gespeichert werden können.
- Im Emulator können Laufwerke mittels XFS (DOS-NFS-Client) angehängt und z. B. mit Personal-Netware exportiert werden.
- Umgekehrt können Novell-Verzeichnisse auf Laufwerksbuchstaben gemappt und dann mittels SOSS (DOS-NFS-Server) exportiert werden.

Für die beiden letzten Funktionen ist normalerweise der Erwerb von (relativ teurer) Novell-Software erforderlich. Beim Einsatz eines echten DOS-Rechners für diese Funktionen könnte dieser keine weiteren Aufgaben übernehmen. Ein Linux-Rechner könnte nebenbei immer noch als Print-Server o.ä. eingesetzt werden.

Für diese Funktionen müssen mehrere Protokoll-Stacks auf dem Linux-Rechner implementiert werden. Durch den Einsatz einer oder zweier weiterer Netzwerkkarten können jedoch nur wenige Stacks zusätzlich verwaltet werden. Daher wird ein virtuelles Netzwerk implementiert, in dem die Pakete zu den Emulatoren geroutet werden. Den Emulatoren wird ein eigenes Subnetz zugeordnet, das dann in das reale Netz geroutet wird. Der administrative Aufwand ist hier nicht zu unterschätzen, jedoch können DOS-Programme dann problemlos alle Ressourcen im TCP/IP-Netz nutzen.

Zunächst soll den Emulatoren ein eigenes Subnetz zugeordnet werden. Für ein internes Netz, dessen Daten nicht nach außen (ins Internet) geroutet werden sollen, steht eine Reihe von Netznummern zur Verfügung. Aus diesen in [rfc1918] festgelegten Netzen sollte ein Class-C-Netz gewählt werden. In diesem Beispiel wird das Netz 192.xxx.xxx.0 verwendet. Der lokale Rechner hat die Adresse aaa.bbb.ccc.ddd.

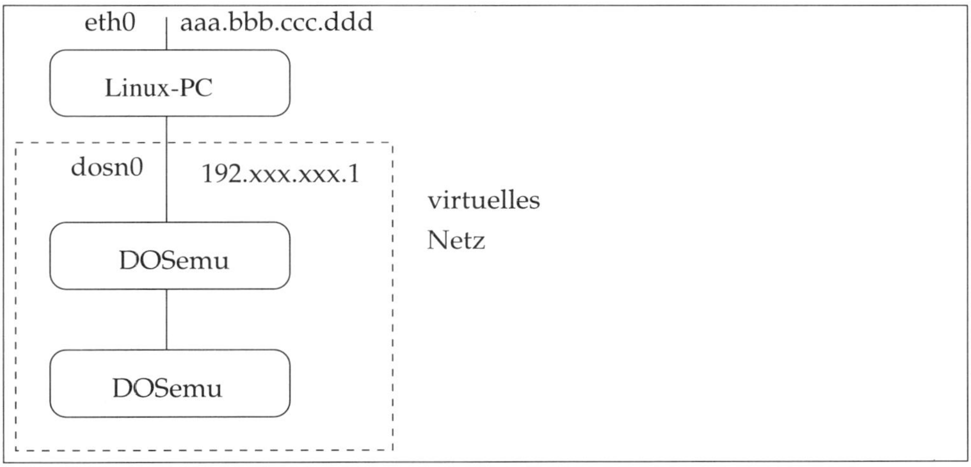

Abbildung 14.1: Netzschema für TCP/IP im DOSemulator

Auf dem lokalen Rechner muß nun das Routing zu den virtuellen DOS-Rechnern aktiviert werden. Zunächst muß ein neues (virtuelles) Netzwerkgerät implementiert werden, über das die Daten zu den DOS-Emulatoren geroutet werden. Im Verzeichnis `./src/dosext/net/v-net` befindet sich ein Kernel-Modul, das das entsprechende Gerät implementiert. Nach dem Übersetzen des Moduls mit `make` und dem Laden des Moduls mit dem Programm `insmod` muß das entsprechende Interface mittels `ifconfig` konfiguriert werden und mit `route` die zugehörige Route eingerichtet werden.

```
ifconfig dsn0 192.xxx.xxx.1 broadcast 192.xxx.xxx.255 \
        netmask 255.255.255.0
route add -net 192.xxx.xxx.0 dsn0
```

Listing 14.5: Konfiguration des virtuellen Netzwerk-Interfaces

Dieses Module ordnet jedem `tty` eine virtuelle Ethernet-Adresse zu, die z. B. für die Zuordnung einer Internet-Adresse mittels `bootp` verwendet werden kann. Problematisch ist diese Zuordnung dann, wenn mehrere Emulatoren, z. B. unter X, aus demselben Fenster gestartet wurden.

Die virtuelle Ethernet-Adresse besteht aus einem fixen und einem variablen Teil. Die Adresse hat die Form `64:62:`*`Variable`*`:78:78:78`. Die Variable errechnet sich gemäß Tabelle 14.3 aus dem `tty`, von dem der Emulator aus gestartet wurde.

`tty`	drittes Adreßfeld
`tty`*n*	*n*
`ttyp`*n*	`0xC0` + *n*
`ttyS`*n*	`0x40` + *n*

Tabelle 14.3: Virtuelle Ethernet-Adressen

Wenn Sie mit dem Emulator nicht nur auf Ressourcen des eigenen Rechners zugreifen wollem müssen Sie auf dem anderen Rechner ebenfalls die Routing-Tabellen anpassen. Dort können Sie für das den Emulatoren zugeordnete virtuelle Netz eine statische Route zu Ihrem Rechner eintragen.

```
route add -net 192.xxx.xxx.0 gw aaa.bbb.ccc.ddd
```

Innerhalb des Emulators können dann die bekannten Programme, die auf einem Packet-Treiber aufsetzen, verwendet werden. Sinnvoll kann hier die Verwendung eines Multiplexers wie `PKTMUX` sein, genauso wie die Verwendung von `SOSS` oder `XFS`.

`DOSemu` im IPX-Netz Der `DOSemu` kann auf zwei verschiedene Weisen Zugang zu einem Novell-Netz mit IPX-Protokoll erlangen. Novell verwendet drei verschiedene Frame-Typen (Ethernet_II, Ethernet_802.2 und Ethernet_802.3). Die Einsatzbereiche und Möglichkeiten, Linux-Rechner einzubinden, sind unterschiedlich, so daß Sie mit Ihrem Netzwerkadministrator Kontakt aufnehmen sollten.

- Ethernet_II wird von Novell verwendet, wenn der Server das IP-Protokoll unterstützt. Auch das IPX-Protokoll kann mit diesem Frame-Typ genutzt werden. Dies macht den Anschluß eines Linux-Rechners relativ einfach.

- Der Frame-Typ Ethernet_802.3 wurde von Novell verwendet, bevor das VLM-System bzw. NetWare 4.x eingeführt wurde. Bei diesem Frame-Typ werden keine IP-Pakete geroutet.
- Heute empfiehlt Novell die Verwendung von Ethernet_802.2. Dies ist auch der Standard für neu eingerichtete Server oder Netze. Dieser Frame-Typ wird vom DOSemu-Packet-Treiber nicht unterstützt, so daß Sie hier entweder einen anderen Frame-Typ im Netz einrichten oder das Linux-IPX verwenden müssen.

Die Konfiguration von Linux-IPX erfordert nur wenige Schritte und hat sich in der Praxis durch die deutlich höhere Geschwindigkeit und die Unterstützung aller Frame-Typen besser bewährt. Zunächst muß der Kernel das IPX-Protokoll unterstützen. Wird beim Booten von Linux keine entsprechende Meldung ausgegeben, so müssen Sie den Kernel neu konfigurieren und kompilieren. Dabei muß die Frage nach „The IPX protocol" mit „y" beantwortet werden. Ebenfalls notwendig sind die Programme, die im Verzeichnis `./ipxutils` in den Quellen des Emulators zu finden sind. Mit dem Programm `ipx_interface` können Sie auf Ihrer Netzkarte das IPX-Protokoll aktivieren.

```
ipx_interface add -p eth0 802.2
```

Ersetzen Sie im obigen Beispiel das Gerät und den Frame-Typ durch das bei Ihnen verwendete Gerät bzw. den entsprechenden Frame-Typ (`802.2`, `802.3` oder `EtherII`). Als letzten Schritt tragen Sie in der Datei `dosemu.conf` die Zeile `ipxsupport on` ein. Damit ist die Konfiguration auf der Linux-Seite abgeschlossen. Wenn Sie den Emulator gestartet haben, starten Sie nur die Netware-Shell `NETX.EXE` bzw. `VLM.EXE`. Sie benötigen kein `LSL`, `IPXODI` oder andere Programme.

Bei der zweiten Möglichkeit, Anschluß an ein IPX-Netz zu finden, nutzen Sie den virtuellen Packet-Treiber des Emulators. Dazu ist kein Kernel-Support (außer dem allgemeinen TCP/IP) notwendig. Im Emulator müssen Sie dann die folgenden Novell-Programme starten:

```
LSL
PDETHER
IPXODI
VLM         # oder NETX
```

Das Programm `PDETHER` ist ein ODI-Treiber, der auf einem Packet-Treiber aufsetzt. Damit ist es möglich, über den internen Packet-Treiber des DOS-Emulators IPX-Pakete zu übertragen. Dieser Weg funktioniert nur für die Frame-Typen Ethernet II und 802.3. Bei letzterem muß in der Konfiguration die Zeile `pktdriver novell_hack` aktiviert werden. Für die Verwendung eines ODI-Treibers muß die Datei `NET.CFG` entsprechend angepaßt werden.

`DOSemu` in anderen Netzwerken Für den Zugriff auf andere Netzwerke stellt der Emulator keine besondere Unterstützung bereit. Dennoch kann es möglich sein, auf diese Netzwerke auch zuzugreifen, indem eine (weitere) Netzwerkkarte in den Rechner eingebaut und der DOS-Treiber im Emulator geladen wird. Diese Karten verwenden in der Regel Interrupts zur Ansteuerung der Karte und ein RAM-Fenster zur Kommunikation.

Der DOS-Emulator kann Hardware-Interrupts bearbeiten, wenn der Linux-Kernel diese an User-Prozesse weiterreicht. Dazu muß der „Silly Interrupt Generator", ein Kernel-Modul, geladen werden. Anschließend kann in der `DOSemu`-Konfiguration der entsprechende Interrupt erlaubt werden, indem die Zeile `silly` *`Interrupt`* aktiviert wird.

Zugriff auf den realen Speicher des Rechners kann dann mit dem Schlüsselwort `hardware_ram` in den virtuellen DOS-Speicher gemappt werden. In der Beispielkonfiguration finden Sie kommentierte Beispiele für diese Einstellungen.

Weitere Entwicklungen

Vom großen Erfolg von Linux als freiem Betriebssystem und vom Bedarf nach einem frei verfügbaren DOS inspiriert hat sich eine Gruppe zusammengefunden, die an dem `FreeDOS`-Projekt arbeitet. Damit soll bald ein freies DOS verfügbar sein, das auch dann noch gepflegt wird, wenn Microsoft und IBM die aktive Entwicklung von DOS eingestellt haben. Erste Programme und das Betriebssystem selbst sind bereits verfügbar:

Weitere Informationen und Bezugsquellen	
WWW-Server:	`www.freedos.org`

14.2 Der Windows-Emulator `Wine`

Der Windows-Emulator `Wine` (Wine Is Not an Emulator oder WINdows Emulator) setzt Aufrufe des MS-Windows[4]-APIs (Application Programming Interface) in äquivalente X-Aufrufe um. Damit ist es möglich, daß Windows-Programme unter X ablaufen.

Die Entwicklung des Windows-Emulators `Wine` begann, als Sun die Auslieferung seines Windows-Emulators `Wabi` ankündigte. Einige erfahrene Linux-Programmierer begannen unmittelbar mit der Entwicklung des Emulators. Bereits die ersten Versionen von `Wine` wurden auf die frei verfügbaren *BSD-Systeme

[4] Wenn im folgenden von Windows die Rede ist, dann gilt dies für Microsoft Windows. X ist eine Kurzform für das X-Window-System.

portiert. Die erste und wichtigste Applikation, die unter `Wine` lauffähig war, war das altbekannte Solitär aus Windows 3.1.

Der Emulator soll einmal eine komplette Windows-Emulation werden. Derzeit werden jedoch noch einige DLLs (Dynamic Link Libraries) aus der Windows-3.1-Umgebung benutzt. Neben der Kompatibilität mit dieser Version wird auch die Win32-Schnittstelle implementiert, damit sind auch Programme für Windows 95/98 und Windows NT unter `Wine` lauffähig. Ein weiteres Ziel ist die Entwicklung einer Bibliothek (`libwine`), mit der Windows-Programme einfach nach Unix und X portiert werden können.

Das Programm `Wine` ist noch kein vollständiger Windows-Emulator. Die Autoren implementieren Schritt für Schritt alle Windows-APIs, darunter auch das Win32-API. Damit ist `Wine` dem kommerziellen `Wabi` einen Schritt voraus, das nur 16-Bit-Programme verkraftet. Solange noch nicht alle Windows-DLLs vollständig und fehlerfrei implementiert sind, kann per Kommandozeilenoption das Laden der Original-DLL verlangt werden.

Ein wichtiger Meilenstein ist die Lauffähigkeit der MS-Office-Programme. Noch laufen nicht alle Windows-Programme, aber die Entwickler arbeiten daran. Derzeit wird etwa alle vierzehn Tage ein neuer Patch veröffentlicht, so daß die Entwicklung auch hier voranschreitet.

Der Emulator `Wine` unterliegt nicht unter der GPL, sondern dem liberaleren BSD- oder X-Copyright. Die Entwickler haben diese Entscheidung bewußt getroffen, weil sie die GPL für dieses Projekt für nicht geeignet halten.

Kompilation und Installation

Auch von `Wine` existiert keine Binärdistribution, daher muß zur Übersetzung der Quelltexte der C-Compiler installiert sein. Die Installation von `Wine` erfordert ebenfalls, daß das X-Window-System mit den zugehörigen Bibliotheken und Include-Dateien installiert ist. Eine weitere Voraussetzung ist die `libXpm`-Bibliothek, die zur einfachen Verwendung von Bitmaps dient. Die Installation von `Wine` ist genauso einfach wie die der GNU-Programme und beschränkt sich auf `./configure` und `make`.

Zur Zeit wird parallel zum Emulator-Programm `wine` auch die Kompatibilitätsbibliothek `libwine` erzeugt. Hierfür wird eine Menge Plattenplatz benötigt, mehr als 80 MB. Es bleibt zu hoffen, daß parallel zur Entwicklung des Emulators auch an der Bibliothek gearbeitet werden kann und damit das Portieren von Windows-Programmen nach Unix auf beliebigen Hardware-Plattformen einfacher wird.

Konfiguration des Emulators

Vor dem ersten Start des Emulators muß dieser noch entsprechend konfiguriert werden. Als Standard wird die Datei `/usr/local/etc/wine.conf` verwendet. Jeder einzelne Benutzer kann den Emulator nach eigenen Bedürfnissen mit Hilfe der Datei `~/.winerc` konfigurieren. Beide Dateien sind identisch aufgebaut. Es existiert auch eine Beispielkonfiguration mit dem Namen `wine.ini` im `Wine`-Verzeichnis.

Zum Start der ersten Programme sind die Zuordnung von Laufwerksbuchstaben zu Linux-Verzeichnissen und der Suchpfad nach Programmen und DLLs wichtig. Dazu enthält die Datei `wine.conf`, deren Syntax an die der ini-Dateien von Windows erinnert, verschiedene Abschnitte:

- Die Zuordnung von Laufwerksbuchstaben zu Verzeichnissen im Dateisystem bzw. zu Geräten wie zum Beispiel Diskettenlaufwerken erfolgt in je einem Abschnitt `Drive` je Laufwerk. Dabei können sowohl Geräte als auch Verzeichnisse des Linux-Verzeichnisbaums angegeben werden.

```
[Drive C]
Path=/home/dos
Type=hd
Label=DOS-PLATTE
```

- Der Suchpfad nach Programmen, DLLs und andere Pfade werden im Abschnitt `wine` konfiguriert. Die Laufwerke sind dabei gemäß der in den `Drive`-Abschnitten getroffenen Regeln zugeordnet.

```
[wine]
Windows=c:\windows
System=c:\windows\system
Temp=c:\tmp
Path=c:\windows;c:\windows\system;C:\bin\win
```

- Die Konfigurationsdatei enthält noch weitere Abschnitte zur Auswahl von Fonts (`fonts`), der seriellen und parallelen Schnittstellen (`serialports` und `parallelports`) und der Steuerung von Ausgaben zur Fehlersuche (`spy`). Zunächst können diese Abschnitte unverändert bleiben. Mehr hierzu finden Sie in der Datei `./documentation/fonts` in den `Wine`-Quellen.

Damit ist die Konfiguration zunächst abgeschlossen, und das erste Windows-Programm kann gestartet werden. Eines der beliebtesten Windows-Programme ist Solitär, eine Patience. Viel Vergnügen beim Spielen!

```
(Linux):~$ wine sol
```

Die Technik der Emulation

Zur Emulation des Windows-APIs unter Linux und X ist eine Reihe von Problemen zu lösen. Hier sollen die Konzepte, die jeweils die Lösung bestimmen, erläutert werden. Für einen vertieften Einblick steht Ihnen wie bei fast allen Programmen der Quellcode zur Verfügung.

Zunächst müssen die Windows-Programme zur Ausführung in den Speicher geladen werden. Da Linux und *BSD ein vollkommen anderes internes Format für Programme (nämlich ELF bzw. `a.out`) verwenden, mußten die dafür notwendigen Routinen neu entwickelt werden. Diese Routinen laden sowohl die Programme als auch die verwendeten DLLs in den Speicher. All dies geschieht im User-Space, so daß hier, anders als beim iBCS2-Emulator, keine Veränderung des Kernels notwendig ist. Die einzelnen Segmente eines Windows-Programms werden in den Speicher geladen, und ein Selektor, der auf dieses Segment zeigt, wird erzeugt.

Windows-Programme können (und müssen) die Deskriptortabellen der Intel-Prozessoren i386 und höher (oder der kompatiblen Prozessoren) manipulieren. Dazu war es notwendig, im Kernel einen neuen System-Call einzuführen, mit dessen Hilfe man die lokale Deskriptortabelle (LDT) verändern kann. Ein normaler Prozeß darf dies nicht direkt tun, ohne die Integrität des gesamten Systems zu gefährden.

Außerdem müssen sowohl das Windows-Programm als auch der Emulator auf die Datenbereiche wie den globalen oder lokalen Windows-Heap zugreifen können. Da Windows-3.x-Programme im 16-Bit-Modus und der Emulator im 32-Bit-Modus läuft, ist hier eine geeignete Adreßumsetzung notwendig. Die Adressen der entsprechenden Speicherbereiche können direkt ineinander umgerechnet werden. So wird z. B. die segmentierte Windows-Adresse 1237:89AB in die Adresse 0x123789BA im `Wine`-Prozeßadreßraum umgerechnet. Damit können Windows-Programme nicht jede beliebige Adresse ansprechen. Auch sind unter Windows scheinbar zusammenhängende Adreßbereiche im Emulator zerstückelt.

Der 16-Bit-Aufruf der Windows-Funktionen aus dem Windows-Programm heraus wird durch ein Call-Gate (eine Funktion, die das gesamte Handling zentral erledigt) in einen 32-Bit-Aufruf der entsprechenden Funktion des Emulators umgesetzt. In diesen Funktionen werden die Parameter in ein geeignetes Format für X-Aufrufe gebracht und die entsprechenden X-Funktionen aufgerufen. Zur Übergabe von Parametern und für die Rückgabe von Ergebnissen sind verschiedene Dinge zu beachten:

- Windows-Programme benutzen einen 16-Bit-Stack, der `Wine`-Prozeß einen 32-Bit-Stack. Bei dem Aufruf einer `Wine`-Funktion müssen die Argumente vom 16-Bit-Stack umgesetzt und auf den 32-Bit-Stack gelegt werden. Die entsprechenden Funktionen findet man im Verzeichnis `./if1632`.

- Wine-Funktionen, die von Windows-Programmen aufgerufen werden, müssen in einem Speicherbereich liegen, in dem sie auch von Windows-Programmen adressiert werden können.
- Bei Funktionen, die Ergebnisse in Prozessorregistern zurückliefern, müssen die Register am Ende der Funktion korrekt gesetzt werden.
- Callback-Funktionen im Anwendungsprogramm, die von Windows aufgerufen werden, müssen ermöglicht werden.

Innerhalb von Wine werden die X-Fenster selbst verwaltet, so daß einerseits die Benutzung von Windows-Programmen unter Wine analog zu der unter dem echten Windows ist. Andererseits kommt es zu Problemen mit virtuellen Window-Managern, die mehrere virtuelle X-Desktops zur Verfügung stellen. Dort ist das Fenster eines Wine-Programms stets auf dem aktuellen Schirm zu sehen. Derzeit ist es möglich, den Emulator mit dem Parameter -desktop zu starten, so daß der X-Window-Manager ein Fenster mit einem virtuellen Windows-Desktop verwaltet (Listing 14.6).

```
(Linux):~$ wine -desktop 640x480 sol
```

Listing 14.6: Starten von `wine` *mit der Option* `-desktop`

Wenn Ihnen ein Fenster, in dem sich die Windows-Programme tummeln, nicht zusagt, dann hilft Ihnen möglicherweise die Option -managed weiter (siehe Listing 14.7). Hier wird die Fensterdekoration vom Window-Manager durchgeführt. Da jedoch unter Windows dieses Verfahren nicht bekannt ist, gibt es bei allen Optionen einige Probleme.

```
(Linux):~$ wine -managed sol
```

Listing 14.7: Starten von `wine` *mit der Option* `-managed`

Diese Art der Bedienung ist ein deutlicher Bruch in der Benutzung des X-Window-Systems, aber eine bessere Lösung ist augenblicklich nicht in Sicht. Möglich wäre die Entwicklung eines Windows-kompatiblen Window-Managers. Auf meinem System verwende ich den fvwm95, der die Oberfläche von Windows 95 nachahmt, zusammen mit der Option -desktop.

Weitere Features

Die Entwicklung von Wine zielt nicht nur auf die Erstellung eines Windows-Emulators für Linux und *BSD-Systeme, sondern auch auf andere Betriebssysteme, die nicht auf Intel-Prozessoren laufen. Dazu könnte später Bochs, ein (Shareware-) CPU-Emulator für Intel-CPUs, verwendet werden.

Eine weitere Funktion von `Wine` ist die Verwendung als Bibliothek zur Portierung von Windows-Programmen auf beliebige Unix/X-Systeme. Mit Hilfe dieser Bibliothek wurden bereits ein Programm-Manager und ein Hilfe-Browser implementiert. Beide Programme sind in den `Wine`-Quellen enthalten, werden aber standardmäßig nicht installiert.

Zur Fehlersuche ist in `Wine` ein Debugger integriert, der sowohl im 16- als auch im 32-Bit-Modus arbeiten kann. Hier wurde zunächst der GNU-Debugger `gdb` verwendet, der aber aufgrund der GPL-Restriktionen durch den Mach-Debugger ersetzt wurde.

Weitere Entwicklung

Zur Vervollständigung des Emulators sind noch viele Features zu implementieren. Wichtige, derzeit noch fehlende Funktionen sind die Darstellung unterschiedlicher Fonts, insbesondere der True-Type-Fonts, die geräte-unabhängige Druckeransteuerung und Funktionen wie DDE und OLE. Daneben wird auch an der Implementierung der Win32-Schnittstelle gearbeitet, um auch Windows-95/98-Programme abarbeiten zu können.

Außerdem ist ein Handbuch in der Entwicklung, das zur Zeit im Texinfo-Format ausgeliefert wird. Hier werden die Interna des Emulators beschrieben und das implementierte API dokumentiert.

Weitere Informationen und Bezugsquellen	
Newsgruppe:	`comp.emulators.ms-windows.wine`
`ftp`-Server:	`tsx-11.mit.edu`
`ftp`-Pfad:	`/pub/linux/ALPHA/Wine/development`
Paket:	`Wine`*`Datum`*`.tar.gz`
Größe:	ca. 3,3 MByte
Homepage:	`http://www.winehq.com`

14.3 Der iBCS-Emulator

Für Unix-Systeme, die auf Intel-Prozessoren laufen, existiert mit iBCS (Intel Binary Compatibility Specification) ein Standard, der es ermöglicht, Binärprogramme zwischen verschiedenen Unix-Systemen auf Intel-Prozessoren auszutauschen. Linux selbst ist nicht kompatibel zur iBCS, weil unter anderem eine andere Methode (`int 80` statt `lcall 7`) verwendet wird, um Systemaufrufe durchzuführen. Auch eine Reihe von kernelinternen Strukturen ist anders organisiert, so daß der direkte Zugriff auf kernelinterne Daten nicht möglich ist. Dennoch ist es mit Hilfe des Emulators möglich, daß unter Linux auch Programme für andere Unix-Systeme benutzt werden können.

Zunächst müssen die Programme, die nicht im Linux-Binärformat vorliegen, in den Speicher geladen werden. Dazu ist eine neue Laderoutine notwendig, die diese Formate lesen und laden kann. Folgende Binärformate werden unterstützt:

- a.out (mit der Standard-Linux-Laderoutine)
- ELF, das Standardformat für Linux und von SVR4
- COFF (Common Object File Format) aus SVR3
- XOUT aus Xenix 386

Die Ausführung von Programmen der folgenden Betriebssysteme wird, z. T. mit Einschränkungen, durch die Einführung von Personalities ermöglicht. Das sind Regeln zur Umsetzung von Systemaufrufen, Signalen und Fehlercodes. Folgende Personalities werden unterstützt:

- i386 BSD (386BSD, FreeBSD, NetBSD, BSDI/386) ist derzeit in der Testphase
- SVR4 (Unixware, USL, Dell etc.)
- Generisches SVR3
- SCO (SVR3 mit Erweiterungen)
- Wyse V/386 (SVR3 mit Erweiterungen)
- Xenix V/386 (nur 386-Programme im „Small Model")
- Xenix V/286

Neben unbedingt notwendigen Systemaufrufen wie `stat`, `exec` u.v.a. wird auch eine Reihe von Netzwerkfunktionen und die Interprozeßkommunikation (IPC) unterstützt. Folgende Bereiche der Systemaufrufe werden emuliert:

- SYSV IPC ermöglicht die Kommunikation zwischen Programmen
- Das Gerät `/dev/socksys`, das die Socket-Schnittstelle für streams-basierte Netzwerkimplementierungen ist
- Wyse V/386-Systemaufrufe für die Socket-Schnittstelle
- Das Gerät `/dev/spx`, das Streams für lokale X-Server implementiert

Mit dieser Emulation ist eine Reihe von kommerziellen Programmen für andere Unix-Systeme auf Intel-386-Basis auch unter Linux lauffähig. In den Quellen des Emulators ist eine Liste von Programmen enthalten, die mit dem Emulator unter Linux benutzt werden können. Dort findeen Sie auch Tips, mit denen einige Programme gestartet werden können.

Ein weiterer Bereich ist die Emulation der Shared Libraries. Dynamisch gelinkte Programme benötigen zur Laufzeit die entsprechende Bibliothek. Da hier jedoch die Lizenzvorschriften der entsprechenden Hersteller zu beachten sind, die in der Regel das Kopieren der Bibliothek auf einen anderen (zweiten) Rechner verbieten, wurde begonnen, eine entsprechende freie Bibliothek zu entwickeln. Die Quellen zu dieser Bibliothek finden Sie auch auf dem am Ende des Abschnittes angegebenen `ftp`-Server.

Installation

Der Emulator ist ein Modul, das zunächst übersetzt und dann mittels `insmod` (siehe auch den Abschnitt 4.3, *Kernelmodule*, auf Seite 92) in den Kernel-Space geladen werden muß. Zunächst kann vor der Übersetzung die Konfiguration des Emulators überprüft und gegebenenfalls angepaßt werden. Dazu muß die Datei `CONFIG.i386` auf den Namen `CONFIG` kopiert und entsprechend angepaßt werden.

Sie müssen angeben, welche Prozessorarchitektur Sie verwenden (derzeit werden Intel- und SPARC-Prozessoren unterstützt). Außerdem müssen Sie angeben, ob Sie einen SMP-fähigen Kernel haben und ob Ihr Kernel mit Symbolversionen bei Modulen arbeitet (siehe Listing 14.8).

```
# Prozessorarchitektur
ARCH=i386
# SMP-Kernel: »yes« oder »no«
SMP=no
# Versionsnummern bei Modulen: »yes« oder »no«
USE_VERSIONS=yes
```

Listing 14.8: Konfiguration des iBCS-Emulators für den passenden Kernel

Viele Emulationen werden automatisch kompiliert und in das Kernel-Modul aufgenommen. Die Emulation für BSD- und Xenix-Programme kann wahlweise auch nicht installiert werden. Dazu dienen die im Listing 14.9 gezeigten Einträge in der Konfigurationsdatei.

```
# BSD-Emulation (experimentell): »yes« oder »no«
EMU_BSD         = yes
# Xenix 286-Emulation: »yes« oder »no«
EMU_X286        = yes
```

Listing 14.9: Aktive Emulationen im iBCS-Modul

Weiterhin sind die Binärformate zu konfigurieren, die mit Hilfe des Emulators geladen werden können. Das Listing 14.10 zeigt die entsprechenden Einträge in der Datei CONFIG.

```
# ELF-Programme: »yes« oder »no«
EMU_BINFMT_ELF  = yes
# COFF (SVR3): »yes« oder »no«
EMU_BINFMT_COFF = yes
# XOUT (Xenix): »yes« oder »no«
EMU_BINFMT_XOUT = yes
```

Listing 14.10: Aktivieren der Binärformate für iBCS

Nach der Übersetzung des Moduls mittels make und der Installation in den Kernel mit insmod muß nun noch eine Reihe von Devices angelegt werden, damit verschiedene Programme lauffähig sind. Dazu kann das Skript aus Listing 14.11 dienen. Das Programm MAKEDEV in der Version 2.1 kann einige dieser Devices erzeugen, wenn es mit dem Parameter ibsc2 aufgerufen wird.

```
#!/bin/bash
major=30
mknod /dev/socksys c $major 0
ln -s /dev/socksys /dev/nfsd
mknod /dev/inet/arp c $major 2
mknod /dev/inet/icmp c $major 2
mknod /dev/inet/ip c $major 2
mknod /dev/inet/rip c $major 2
mknod /dev/inet/tcp c $major 2
mknod /dev/inet/udp c $major 2
ln -s /dev/null /dev/X0R
mknod /dev/spx c $major 1
```

Listing 14.11: Erzeugen der notwendigen Devices für iBCS2

Für die Ausführung von dynamisch gelinkten Programmen sind die entsprechenden Shared Libraries notwendig. Es können einerseits die Bibliotheken des entsprechenden Unix-Systems verwendet werden, wenn die Lizenzbedingungen es erlauben. Es gibt jedoch auch freie Bibliotheken im ibcs2-Verzeichnis, mit denen viele Programme lauffähig sind.

Technik der Emulation

Für die Notwendigkeit der Emulation des iBCS2 unter Linux ist eine Reihe von Unterschieden zwischen Linux und SVR4 verantwortlich. Im wesentlichen sind das unterschiedliche Binärformate für Programme und interne Datenstrukturen. Dennoch ist die Emulation für viele Programme geeignet.

Zunächst wird beim Laden der Programme in den Hauptspeicher anhand von bestimmten Merkmalen entschieden, zu welchem Betriebssystem dieses Programm gehört. Die Erkennung funktioniert ähnlich wie das Programm `file`, das zu diesem Zweck eine Datenbank `/etc/magic` auswertet. Das erkannte Betriebssystem wird als Personality in die Taskstruktur eingetragen. Eine Personality ist durch eine Reihe von veränderten Einstellungen gekennzeichnet:

- Linux verwendet eine andere Methode (`int 0x80`), um einen System-Call aufzurufen, als andere Unix-Systeme (`lcall 7`). Der Emulator lenkt die „falschen" Aufrufe auf die entsprechenden Linux-Funktionen um.
- Linux verwendet andere Nummern für die System-Calls. Daher wird für jede Personality in einer Tabelle festgelegt, wie diese Aufrufe umgesetzt werden müssen.
- Auch die numerischen Werte der Fehlercodes unterscheiden sich. Auch hier wird die Umsetzung mit Hilfe einer Tabelle vorgenommen.
- Analog werden auch die Signale bearbeitet.

Zur vollständigen Emulation eines SVR4-Systems sind auch die entsprechenden Shared Libraries notwendig. In der Regel verbieten jedoch die Lizenzbedingungen der kommerziellen Unix-Systeme das Kopieren der Bibliotheken auf einen Linux-Rechner. Daher wird auch eine freie Version der SVR4- und SCO-Bibliotheken erstellt.

Einsatz des Emulators

Durch den Emulator ist es möglich, kommerzielle Programme, die z. B. für SCO entwickelt wurden, zu benutzen. Wichtig ist dabei, daß man statisch gelinkte Programme erhält, da die entsprechenden Shared Libraries nicht für Linux verfügbar sind, und es die Lizenzen der anderen Unix-Systeme oft verbieten, diese Bibliotheken einfach auf den Linux-Rechner zu kopieren. So erhält man z. B. von WordPerfect ohne Probleme eine statisch gelinkte SCO-Version der Textverarbeitung, die problemlos auch unter Linux arbeitet. Software-Hersteller portieren manche kommerziellen Programme nicht auf das Betriebssystem Linux, aber die Erstellung einer statisch gelinkten SCO-Version ist oft einfach möglich.

Weitere Informationen und Bezugsquellen	
Mailing-Liste:	`linux-ibcs2@vger.rutgers.edu`
`ftp`-Server:	`tsx-11.mit.edu`
`ftp`-Pfad:	`/pub/linux/BETA/ibcs2`
Paket:	`ibcs2-`*`Datum`*`.tar.gz`
Größe:	ca. 200 kByte

15 Linux in einer vernetzten Umgebung

The take-up of the network protocol TCP/IPv9 has been phenomenal over the last few years. Gone are the days when there were just a few million hosts, and the network was understood.
– rfc1606, J. Onions

Häufig wird Linux im privaten Bereich als Lernsystem eingesetzt. Aufgrund seiner Stabilität und Leistungsfähigkeit erobert Linux aber auch den professionellen und kommerziellen Bereich. Dort ist die Zusammenarbeit mit anderen Rechnerarchitekturen und Betriebssystemen besonders wichtig. Auch im privaten Bereich wird Linux oft mit einem älteren Rechner vernetzt, der dann z. B. als Terminal dienen kann.

Ein Multiuser- und Multitasking-Betriebssystem wie Linux bietet in einem Netzwerk viele Vorteile. Viele Ressourcen, wie z. B. ein Modem, können von mehreren Personen genutzt werden. Dazu ist nur die Anmeldung auf dem Rechner erforderlich, an dem das Modem angeschlossen ist. Nebenbei kann dieser Rechner aber auch für eine Reihe von anderen Aufgaben, z. B. als Datei- und Drucker-Server, verwendet werden.

In den folgenden Kapiteln werden einige Möglichkeiten vorgestellt, die die Vernetzung mit Linux bietet, dabei wird auch auf die Vernetzung mit MS-Windows (speziell Windows for Workgroups) und Windows NT eingegangen. Daneben werden Sicherheitsüberlegungen einen breiten Raum einnehmen, da mit der Installation eines Netzes der Rechner angreifbarer wird.

Linux verwendet, wie andere Unix-Systeme auch, TCP/IP (Transmission Control Protocol/Internet Protocol). Darunter versteht man eine Sammlung von Protokollen, die zur Kommunikation zwischen verschiedenen Rechnern verwendet werden. Diese sind die Standard-Internet-Protokolle.

Die Spezifikationen der Protokolle werden in sogenannten RFCs (Request for Comment) festgelegt, die im Internet frei verfügbar sind. Diese RFCs unterteilen sich in Vorschläge für das weitere Vorgehen oder Aufsätze über Probleme in der Netzimplementierung oder -verwaltung, geplante Standards („Draft Standards") und anerkannte „offizielle" Standards. RFCs sind kein Standard internationaler oder nationaler Organisationen wie ANSI, DIN oder ISO, sondern eine Absprache der Internet-Benutzer.

Durch die freie Verfügbarkeit der RFCs ist eine Implementierung jedermann möglich. Dies ist einer der Gründe für die weite Verbreitung der Protokolle und die gute Interoperabilität verschiedener Implementierungen. Die RFCs werden von erfahrenen Internet-Benutzern und Systemverwaltern entwickelt. Das IAB (Internet Activities Board) verwaltet diese Standards und deren Entstehen.

RFCs können prinzipiell von jedem interessierten Internet-Teilnehmer erstellt werden. Die Definition eines stabilen und sicheren Protokolls ist jedoch relativ schwierig, so daß nur die wenigsten Benutzer den Prozeß der öffentlichen Diskussion durchstehen dürften. Die IETF (Internet Engineering Task Force) erarbeitet viele der RFCs. Das Verfahren zur Erlangung eines Internet-Standards ist ebenfalls in einem RFC festgelegt ([rfc1311] und [rfc1602]).

Bei intensiver Beschäftigung mit Unix-Netzen, dem Internet oder einem Intranet ist die Lektüre der entsprechenden RFCs unerläßlich. Eine Liste der wichtigsten RFCs finden Sie im RFC-Verzeichnis in Anhang D auf Seite655, außerdem wird im folgenden stets auf die entsprechenden RFCs verwiesen. Die RFCs finden Sie z. B. unter `ftp://ftp.nic.de/pub/doc/rfc` oder `ftp://ftp.gwdg.de/pub/rfc`.

Aufgrund der Komplexität von Netzen und der dort eingesetzten Software kann dieses Buch nicht alle Aspekte beleuchten. Viele weitere Informationen finden Sie in den HowTo-Dokumenten des Linux Documentation Projects, z. B. zu SLIP, News oder Mail, und den FAQs der Newsgruppen, die sich mit diesen Themen befassen. Viele der unter Linux verwendeten Programme sind nicht Linux-spezifisch und werden daher nicht in den Linux-Newsgroups diskutiert, sondern in denjenigen der Programme oder Protokolle. Daneben finden Sie im Literaturverzeichnis in Anhang C auf Seite 645 eine Reihe von lesenswerten Büchern zu diesem Themenkomplex.

Die aktuellen Windows-Versionen enthalten Clients für den Zugriff mittels `telnet` und `ftp`, für praktisch alle anderen Protokolle stehen auch frei verfügbare Clients zur Verfügung. Verfügbar, aber relativ unbekannt sind sowohl ein NFS-Server (SOSS) als auch ein -Client (XFS) für DOS.

Der Einsatz von Windows als Internet-Server erscheint nicht ratsam, aber als Client ist Windows vielfach eine Alternative zu Linux oder Unix. In den neuesten Versionen der verbreiteten PC-Betriebssysteme sind in der Regel alle notwendigen Internet-Clients enthalten.

15.1 Schichten in der Netzwerk-Software

Die TCP/IP-Software besteht aus einer Reihe von Schichten, die aufeinander aufbauen. Dabei basiert jede Schicht auf einer klaren Schnittstelle zu den darunterliegenden Schichten und kann deren Dienstleistungen in Anspruch nehmen, ohne zu wissen, mit welchen Mitteln diese erbracht werden. Dadurch ist es z. B. für Anwendungsprogramme vollkommen unerheblich, über welches Medium die Daten übertragen werden. Die Trennung der Schichten sorgt für eine klare Schnittstelle und vereinfacht die Implementierung.

Im 7-Schichten-Referenzmodell OSI (Open Systems Interconnection) der ISO, siehe Abbildung 15.1, werden sieben Schichten definiert ([DIN-ISO-7498]). Die Aufgaben und Funktionen dieser sieben Schichten finden sich (etwas anders strukturiert) auch in den Schichten der TCP/IP-Protokolle wieder. Durch die andere Struktur der TCP/IP-Protokolle ist keine direkte Abbildung zwischen beiden Modellen möglich.

Application	Anwendung	Level 7
Presentation	Darstellung	Level 6
Session	Kommunikation	Level 5
Transport	Transport	Level 4
Network	Vermittlung	Level 3
Link	Sicherung	Level 2
Physical	Bitübertragung	Level 1

Abbildung 15.1: Das OSI-Schichtenmodell

Einen groben Überblick über die Schichten der TCP/IP-Protokolle liefert Abbildung 15.2. Die zum Vergleich angegebenen OSI-Schichten entsprechen in ihrer Funktion in etwa den Schichten in den TCP/IP-Protokollen. Im folgenden Kapitel werden wir uns von unten nach oben durch die einzelnen Schichten durcharbeiten, um am Ende einen Überblick über die Funktionsweise eines TCP/IP-Netzes zu bekommen.

15.2 Netzwerk-Hardware

Zum Anschluß an andere Rechner, sowohl lokale als auch entfernte, stehen verschiedene Möglichkeiten zur Verfügung. Zum einen ist die Einbindung in ein lokales Netz (LAN) mittels Ethernet, ArcNet oder Token Ring möglich. Für die Anbindung an entfernte Rechner oder Netze stehen SLIP (Serial Line IP) und PPP

Application level (OSI: Schichten 5-7)	telnet	ftp	Mail	DNS	tftp	NFS
Transmission level (OSI-Schicht 4)	TCP			UDP		
Internet level (OSI-Schicht 3)	IP & ICMP					
Network level (OSI-Schichten 1+2)	Ethernet		Token Ring	SLIP		

Abbildung 15.2: TCP/IP-Protokollschichten

(Point-to-Point-Protocol) zur Verfügung. Weitere Informationen finden Sie auch in den entsprechenden HowTo-Dokumenten.

Im folgenden Kapitel geht es um die Einbindung eines Linux-Rechners in ein lokales Netz, die Anbindung über ein Modem oder mittels ISDN wird in Kapitel 25, *Anbindung mittels SLIP und PPP*, auf Seite 593 besprochen. Im ersten Schritt müssen die Rechner durch ein geeignetes Kabel miteinander verbunden werden. Heute hat sich weitgehend Ethernet (CSMA/CD[1]) durchgesetzt, wobei drei verschiedene Kabeltypen möglich sind:

- Thick Ethernet (RJ-45-Kabel) wird heute kaum noch verwendet. Die technische Bezeichnung ist 10Base5.

- Thin Ethernet (Coax-Kabel) wird in kleineren Installationen gern verwendet und hat einen Netto-Durchsatz von 10 MBit/sec. Der Ethernet-Strang wird in Form eines Busses verlegt und muß an beiden Enden mit einem Abschlußwiderstand (Terminator) versehen werden. Die einzelnen Rechner werden mit einem T-Stück an den Bus angeschlossen. In Abbildung 15.3 finden Sie eine schematische Darstellung der korrekten und beliebten fehlerhaften Anschlüsse.

  Als Kabeltyp wird RG-58 eingesetzt, die Stecker sind unter dem Begriff BNC bekannt. Die technische Bezeichnung ist 10Base2. Bei der Unterbrechung des Busses ist am gesamten Kabelstrang mit Problemen zu rechnen, daher wird dieser Kabeltyp in der Regel nur in überschaubaren Installationen eingesetzt. Außerdem ist die Kabellänge (ohne Repeater) auf etwa 180 Meter beschränkt.

- Twisted Pair (10BaseT) wird oft in größeren Installationen verwendet und erlaubt bei geeigneter Hardware bis zu 100 MBit/sec Datendurchsatz. Allerdings wird, zusätzlich zu den Netzwerkkarten in den Rechnern, ein zentraler Konzentrator oder Hub benötigt, so daß dieser Kabeltyp im privaten Bereich und in kleinen Installationen praktisch keine Rolle spielt. Die Verkabelung erfolgt sternförmig, so daß von jedem Rechner ein eigenes Kabel zum Konzentrator

[1] Carrier Sense Multiple Access, Collision Detect: Jeder Teilnehmer darf sofort senden, Kollisionen werden erkannt, und die Übertragung wird erneut durchgeführt.

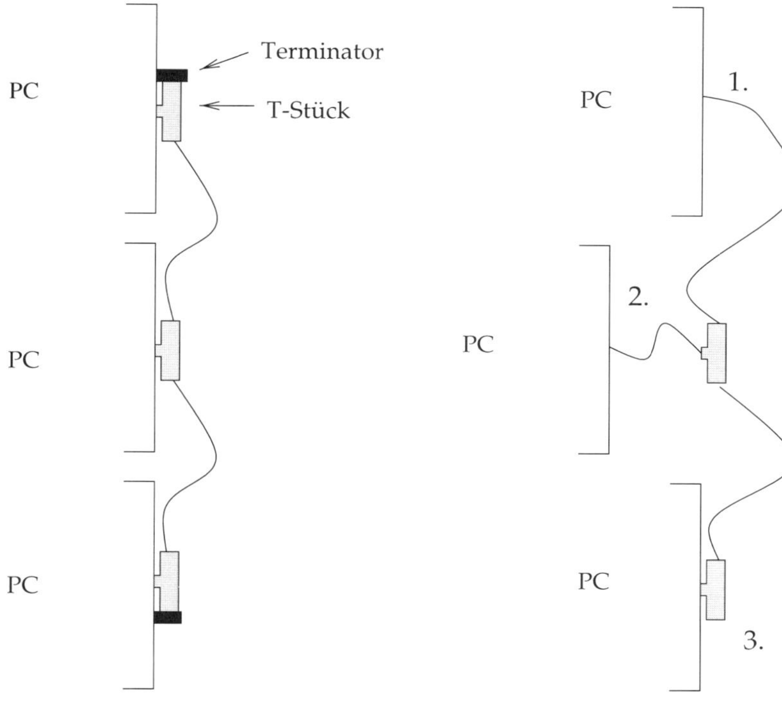

Abbildung 15.3: Verkabelung mit Thin Ethernet – richtig und falsch

verlegt werden muß. Die maximale Kabellänge beträgt hier ca. 100 Meter. Wenn man nicht wirklich mit der letzten Mark rechnen muß, ist diese Netztopologie zur Zeit die beste Empfehlung.

- In größeren Installationen, in denen es auf hohen Durchsatz und hohe Verfügbarkeit ankommt, findet man auch FDDI; für den privaten Bereich hat dieser Typ keine Bedeutung.

Eine Ethernet-Karte ist im einfachsten Fall für exakt einen Verbindungstyp konstruiert. Es gibt auch Kombikarten, die an mehreren Kabeltypen betrieben werden können. Wenn absehbar ist, daß Sie in der nächsten Zeit auf einen anderen Kabeltyp wechseln, kann sich diese Anschaffung lohnen. Andernfalls kommen Sie normalerweise mit einer einfachen Karte aus. Für praktisch alle verbreiteten Ethernet-Karten der verschiedenen Hersteller finden Sie im Kernel einen passenden Treiber. Mehr dazu finden Sie in der Ethernet-HowTo bzw. für Token Ring in der Token Ring-HowTo.

Ein Problem bei der Verkabelung mit Thin Ethernet ist, daß ein fehlerhafter Anschluß am Netz oder ein etwas zu langer Kabelstrang unerklärliche Phänomene auf anderen Rechnern verursachen kann. Daher ist es bei Problemen sinnvoll, zunächst das Netz in kleinere Teile zu unterteilen und so zu versuchen, den Fehler einzugrenzen. Beliebte Fehler beim Anschluß sind (siehe auch Abbildung 15.3):

1. Das Ende des Netzwerkkabels wird nicht mit einem T-Stück an den Rechner angeschlossen, sondern direkt mit der Netzwerkkarte verbunden.
2. Ein Rechner wird nicht direkt am T-Stück angeschlossen, sondern mit einem kurzen Kabel mit dem Netz verbunden.
3. Das Netzwerkkabel ist nicht mit einem Endwiderstand versehen, es ist nicht *terminiert*. Ohne Terminator kommt es zu Störungen auf dem Netz.

Die größten Probleme in der Praxis sind die begrenzte Kabellänge und damit die Anzahl der anzuschließenden Rechner und die mit der Anzahl der Rechner steigende Netzlast. Je höher die Netzlast ist, desto größer ist die Wahrscheinlichkeit, daß eine Kollision auftritt und beide sendenden Rechner eine kurze Zeit warten und die Übertragung erneut versuchen müssen. Die Wartezeit wird in gewissen Grenzen zufällig gewählt, damit nicht dieselben Rechner wieder eine Kollision verursachen. Außerdem wird die Wartezeit bei einem erneuten Versuch größer, damit das Netz entlastet wird.

Bei der Verwendung von Token Ring können keine Kollisionen auftreten. Im Token Ring wird ein spezielles Symbol, das sogenannte Token generiert, das signalisiert, daß der betreffende Rechner sendeberechtigt ist. Der Rechner nimmt das Token vom Netz, sendet sein Paket und schickt das Token wieder auf die Reise. Es ist nur die Station sendeberechtigt, die das Token besitzt. Wenn das Token, z. B. durch Ausfall eines Rechners vom Netz verschwindet, so wird von einem der verbleibenden Rechner ein neues Token generiert.

Ist die Länge des Netzwerkkabels zu groß geworden, treten die unterschiedlichsten, nicht reproduzierbaren Probleme auf. In solchen Fällen kann es sinnvoll sein, das Netz testweise zu verkleinern. Verschwinden die Probleme, so muß über eine Trennung des Netzes durch eine Bridge nachgedacht werden. In vielen Netzinstallationen stehen Meßgeräte für die Kabellänge und andere wichtige Größen zur Verfügung, oft muß man aber auch ohne diese Geräte auskommen.

Im einfachsten Fall kann ein Ethernet durch den Einsatz eines *Repeaters* verlängert werden. Dieses Gerät leitet alle Netzpakete des einen Stranges auf alle anderen Kabel weiter. Damit umgeht man (bis zu einem gewissen Grad, denn die Anzahl der Repeater in einem Netz ist ebenfalls begrenzt) die maximale Kabellänge. Es erfolgt keine Lasttrennung, so daß die Anzahl der Kollisionen nicht sinkt. Daher werden heute nur noch selten Repeater eingesetzt.

Sinnvoller ist der Einsatz einer *Bridge*, die anhand der Hardware-Adressen der Netzwerkkarten entscheidet, auf welchen Strang die Pakete weitergeleitet werden müssen. Linux kann genauso als Bridge eingesetzt werden, wie PC-Bridge, ein DOS-Programm. Es gibt allerdings auch Hardware-Bridges zu kaufen. Ein *Switch* ist eine verbesserte Bridge, die mehrere Netze parallel miteinander verbinden kann. Es können mehrere Pakete gleichzeitig durch den Switch übertragen werden. Diese Geräte lohnen sich in der Regel nur für größere Netze.

Router dienen ebenfalls zur Trennung von Netzen und arbeiten auf der nächsthöheren Protokollebene, also z. B. mit IP-Paketen. Neben der Trennung der Segmente können Pakete zwischen verschiedenen Anschlußarten (Token-Ring, Ethernet oder SLIP) umgesetzt werden. In praktisch allen großen Netzen findet man Router, die u. a. die Fernverbindungen steuern können. Router arbeiten auf der Ebene der Protokolle und nicht mehr wie Repeater, Bridges und Switches auf der Hardware-Ebene. Daher müssen die eingesetzten Router alle notwendigen Protokolle (wie IPX, Appletalk oder SNA) beherrschen.

15.3 Netzwerkbezogene Kernel-Konfiguration

Nach der Installation der Netzwerkkarte und dem Anschluß an das Netz muß der Kernel für den Netzbetrieb konfiguriert werden und der passende Hardwaretreiber eingebunden werden. Mit der Option `CONFIG_NET` wird allgemein die Netzwerkfähigkeit von Linux aktiviert. Im weiteren können die verfügbaren Protokolle und Optionen weiter bestimmt werden.

Sie sollten nur die Treiber und Protokolle aktivieren, die Sie auch tatsächlich verwenden möchten, um nicht einen unnötig großen Kernel zu erhalten. Fast alle Treiber können auch als Module übersetzt werden, die dann zur Laufzeit in den Kernel geladen werden. Damit wird der entsprechende Speicher nur dann belegt, wenn der Treiber auch benötigt wird. Dies kann z. B. für temporäre Verbindungen mittels SLIP oder PPP interessant sein. Weitere Informationen zu Kernel-Modulen finden Sie im Abschnitt 4.3, *Kernel-Module*, auf Seite 92.

Zu jeder Konfigurationsoption existiert ein recht ausführlicher Hilfetext. Dieser gibt auch bei neueren Optionen detailliert Auskunft über Auswirkungen dieser Option, möglicherweise benötigte Programme und deren Bezugsquellen sowie weitere Dokumentationen, wie z. B. HowTo-Dokumente.

Networking-Optionen

TCP/IP networking ermöglicht die Verwendung von TCP/IP. Diese Option muß für den Betrieb von Linux im Netz unbedingt aktiviert werden. Auch wenn Sie nicht an ein Netzwerk angeschlossen sind, sollten Sie diese Option anwählen. Einige Programme (z. B. `syslog` oder `lpd`) benötigen Netzwerkfunktionen.

Network firewalls Diese Frage sollten Sie nur bejahen, wenn Sie Linux als Firewall verwenden wollen. Sie sollten dann später auch die Frage nach `IP: firewalling` mit Ja beantworten. In der Regel werden Sie hier mit Nein antworten. Mehr Informationen finden Sie in der Firewall-HowTo.

Network aliasing Wenn Ihr Rechner mehrere Netzwerkadressen gleichzeitig bedienen und dabei unterschiedliche Funktionen wahrnehmen soll, dann antworten Sie mit Ja. Diese Funktion wird z. B. von einigen `http`-Servern verwendet, um Web-Hosting für mehrere Domains auf einem Rechner anbieten zu können. Auch hier folgt später eine Frage nach den zu bearbeitenden Protokollen. Mehr Informationen zu diesem Thema finden Sie in den Mini-HowTos zu „Virtual Web" und „Virtual `wuftp`".

IP forwarding/gatewaying oder Routing ist normalerweise nicht aktiviert. Ein Internet-Rechner darf keine Pakete zwischen verschiedenen Netzen weiterleiten, es sei denn, er ist speziell als Gateway oder Router konfiguriert. Wenn Sie Ihren Rechner als SLIP- oder PPP-Server verwenden wollen, so müssen Sie diese Option aktivieren und entsprechende Routen setzen. Alternativ können Sie hier mit Nein antworten und den Datentransfer einem Firewall-Paket überlassen.

IP multicasting Das Internet Protokoll kennt zunächst nur zwei Möglichkeiten der Adressierung: Das Ansprechen eines speziellen Rechners bzw. das Ansprechen aller Rechner im lokalen Netz (Broadcast). Mit Multicasting können mehrere Rechner gezielt angesprochen werden. Näheres dazu finden Sie in [rfc1112], [rfc1301] und [rfc1458].

IP accounting ermöglicht die benutzer- und paketweise Abrechnung der Netzbelastung. Dies ist sinnvoll, wenn Sie gegen Entgelt einen Internet-Zugang anbieten oder diesen firmenintern abrechnen müssen. Dazu benötigen Sie spezielle Programme. Die Bezugsquellen finden Sie im Hilfetext zu dieser Option.

IP firewalling dient zur Abschirmung eines lokalen Netzes gegen Angriffe aus fremden Netzen über das Internet. Weitere Informationen zu diesem Themenkomplex finden Sie in der Firewall-HowTo und in [CB95]. Zum Einsatz von Linux als Firewall benötigen Sie noch einige Utilities, die Sie z. B. bei `ftp.tis.com` finden.

Nun folgen einige Einstellungen, die in der Regel nicht verändert werden sollten. Dennoch gibt es Situationen, in denen die hier vorgestellten Konfigurationsoptionen notwendig sind.

PC/TCP compatibility mode um mit fehlerhaften TCP/IP-Implementierungen für MS-DOS-Rechner kommunizieren zu können.

Reverse ARP (RARP) wird in [rfc0903] definiert und erfüllt einen ähnlichen Zweck wie BOOTP (siehe auch Kapitel 23, *Das `bootp`-Protokoll*, auf Seite 573). Diese Funktion benötigen Sie für manche Rechner, wenn diese über das Netz booten sollen.

Assume subnets are local dient zur automatischen Bestimmung der MTU (Maximal Transfer Unit). Für lokale Netze kann die MTU größer gewählt werden als für SLIP-Verbindungen, ohne daß Performance-Verluste im interaktiven Betrieb zu befürchten sind. Die MTU kann außerdem für einzelne Interfaces oder Routen gesetzt werden, um einen optimalen Datendurchsatz zu erreichen.

IP: Disable Path MTU Discovery (normally enabled) Je nach verwendetem Netzanschluß können unterschiedlich große MTUs (Maximal Transfer Units) zu einem höheren Netzdurchsatz führen. Zur automatischen Erkennung der besten MTU gibt es ein Verfahren, das normalerweise verwendet wird.

Disable NAGLE algorithm (normally enabled) Der Nagle-Algorithmus ist eine Verfahren, das versucht, die Übertragung von sehr kleinen Paketen (z. B. einzelnen Tastendrücken bei `telnet`) über langsame Leitungen zu verhindern, indem das Paket kurze Zeit zurückgehalten und eventuell mit einem zweiten Paket gemeinsam versendet wird.

IP: Drop source routed frames Üblicherweise wird im Internet von den Routern der zu verwendende Weg bestimmt. Beim Source-Routing bestimmt der Absender, welchen Weg das Paket nehmen soll. Dies kann zu Sicherheitsproblemen führen und ist von der IP-Spezifikation nicht gefordert. In der Regel wird man hier mit Nein antworten.

IP: Allow large windows (not recommended if < 16Mb of memory) Wenn Ihr Rechner über 16 MByte oder mehr Hauptspeicher verfügt, kann diese Option den Netzwerkdurchsatz verbessern.

The IPX protocol wird von Novell Servern und Personal Netware verwendet. Neben der Möglichkeit, dieses Protokoll zu routen und vom `DOSemu` aus zu verwenden, kann Linux auch als NetWare-Server oder -Client eingesetzt werden. Mehr Informationen finden Sie im Abschnitt 20.1, *Linux als Netware-Client und -Server*, auf Seite 530.

Appletalk DDP ist eine Möglichkeit, Apple-Computer mittels Ethernet anzubinden. Apple nennt dieses Protokoll EtherTalk. Diese Option ist nur sinnvoll, wenn in Ihrem Netz auch Apple-Rechner verwendet werden.

Amateur Radio AX.25 Level 2 dient zur Kommunikation über Amateurfunk.

Network device support

Hier werden die entsprechenden Hardware-Treiber aktiviert. Sie sollten nur den zu Ihrer Karte gehörenden Treiber in den Kernel einkompilieren, um Speicher zu sparen und Probleme beim Auto-Probing zu vermeiden. Fast alle Treiber können auch als Modul kompiliert werden, so daß selten benutzte Treiber erst dann geladen werden, wenn sie benötigt werden. Wenn Sie mehrere Netzwerkkarten in einem Rechner installieren wollen, um diesen Rechner z. B. als Router einzusetzen, müssen Sie die Adressen und Interrupts dieser Karten entweder in den Kernel einkompilieren (`Space.c`) oder mittels einer Kernel-Kommandozeile übergeben.

Network device support?

Soll überhaupt ein zusätzlicher Treiber aktiviert werden? Wenn der Rechner nur das `loopback`-Device nutzen soll, so sind keine zusätzlichen Treiber notwendig. Das `loopback`-Device dient zum Ansprechen des eigenen Rechners, auch wenn keine Netzwerkkarte installiert ist.

Dummy net driver support Der Dummy-Treiber kann verwendet werden, wenn der Host normalerweise nicht in ein Netz integriert ist, aber über eine SLIP- oder PPP-Verbindung temporär an einen Provider angeschlossen wird. Dabei bekommt der Rechner eine IP-Adresse zugewiesen, die dann über `ifconfig` dem SLIP- oder PPP-Interface `sl0` oder `ppp0` zugewiesen wird. Ist diese Verbindung unterbrochen, so kann der Rechner sich selbst nicht über diese IP-Adresse erreichen, was oft zu Problemen führt. Daher kann man dem Dummy-Interface `dummy` (fest im Kernel einkompiliert bzw. `dummy0` wenn der Treiber als Modul geladen wird), das dann ähnlich wie das Loopback-Device funktioniert, diese Adresse zuweisen.

SLIP (serial line) support Wollen Sie SLIP (Serial Line IP) verwenden? Mehr Informationen zu SLIP (und PPP) finden Sie in Kapitel 25, *Anbindung mit SLIP und PPP*, auf Seite 593 sowie in der SLIP-HowTo.

PPP (point-to-point) support Wollen Sie PPP (Point-To-Point Protocol) verwenden? Mehr Informationen finden Sie im Abschnitt 25.2 auf Seite 598, *Point-to-Point Protocol* und in der PPP-HowTo.

PLIP (parallel port) support Wollen Sie PLIP (Parallel Line IP) verwenden? Dieses Protokoll ist wesentlich langsamer als ein lokales Ethernet, funktioniert nur für begrenzte Entfernungen zwischen zwei Rechnern und benötigt ein spezielles Parallelkabel.

Anschließend müssen Sie die verwendete Netzwerkkarte bestimmen, damit der entsprechende Treiber in den Kernel eingebunden werden kann. Eine aktuelle Liste der unterstützten Karten finden Sie in der Ethernet-HowTo. Dort finden Sie auch

Kaufempfehlungen (leider auf den amerikanischen Markt bezogen) und Warnungen vor bestimmten Karten.

Nach der Übersetzung des Kernels und dem Neustart des Rechners sollte die Netzwerkkarte vom Kernel erkannt und initialisiert werden (Ausgabe der IO-Adresse, des verwendeten Interrupts, gegebenenfalls des DMA-Kanals und der Hardware-Adresse der Karte). Andernfalls ist kein Zugriff auf das Netz möglich. Die Meldungen finden Sie meist in der Datei `/var/log/messages`, oder Sie können sie mit dem Befehl `dmesg` ausgeben lassen.

Bei Problemen mit dem Auto-Probing können die IO-Adresse und der Interrupt der Karte mit einer Kernel-Kommandozeile (z. B. `eth0=0x300,11`) festgelegt oder in der Datei `drivers/net/Space.c` eingetragen werden. Sind in einem Rechner mehrere Ethernet-Karten installiert, so müssen die entsprechenden Parameter entweder in die Datei `Space.c` eingetragen oder als Kernel-Kommandozeile übergeben werden. Damit hat der Systemadministrator die volle Kontrolle darüber, welches Kernel-Device zu welcher Karte gehört.

15.4 Aktivierung der Netzwerkgeräte

Nun muß dem Rechner eine Internet-Adresse (und ein Host-Name) zugewiesen werden und der Anschluß zum Netz aktiviert werden. Damit können Rechner im gleichen Subnetz angesprochen werden. Der Anschluß ans Internet erfolgt in der Regel über einen Router (auch Gateway genannt), der Datenpakete an entfernte Rechner, die nicht im lokalen Netz liegen, weiterleitet. Dazu müssen Routen festgelegt werden, die angeben, wie welcher Rechner oder welches Netz erreicht werden kann.

Im lokalen Netz bekommen Sie die entsprechenden Einträge vom Netzwerkverwalter zugewiesen. Wenn Sie über einen Provider ans Internet angebunden sind, erhalten Sie die entsprechenden Daten dort. Sie sollten auf keinen Fall einfach irgendwelche Adressen eintragen, ohne die entsprechenden Verantwortlichen zu fragen. Wenn Sie selbst ein lokales Netz aufbauen möchten, dann können Sie Adressen aus [rfc1918] verwenden.

Bei jedem Unix-Rechner hat die IP-Adresse `127.0.0.1` eine besondere Bedeutung: Sie dient zum Ansprechen des eigenen Rechners, des `localhost`. Dazu wird das Interface `lo` (für loopback) verwendet. Damit ist es möglich, auch mit nur einem Rechner Netzwerkprogramme zu entwickeln und zu testen. Bei der Verwendung von TCP/IP-Protokollen wird dieses Interface immer aktiviert. Das Loopback-Interface kann z. B. vom Portmapper, dem Syslog-Dämon oder dem Print-System verwendet werden.

Die Initialisierung der Netzwerk-Interfaces erfolgt mit dem Programm `ifconfig`. Ohne Parameter aufgerufen, wird unter Linux der aktuelle Status der Netzwerkschnittstellen angezeigt. Wird als Parameter der Name eines Devices angegeben, so werden nur die Informationen zu diesem Gerät angezeigt. Auf anderen Systemen kann der Status aller IP-Interfaces mit dem Kommando `ifconfig -a` abgefragt werden.

Das Listing 15.1 zeigt die Konfiguration der `loopback`-Schnittstelle. Diese dient zum direkten Ansprechen des lokalen Rechners. Zu diesem Zweck ist die Adresse `127.0.0.1` reserviert. Die Adresse `127.0.0.0` beschreibt das ebenfalls reservierte, zugehörige Netz. Auf jedem TCP/IP-Rechner muß diese Schnittstelle konfiguriert werden, da sie im normalen Betrieb verwendet wird.

```
# loopback-Interface aktivieren
/sbin/ifconfig lo 127.0.0.1
# Route setzen
/sbin/route add -net 127.0.0.0
```

Listing 15.1: Initialisierung des Loopback-Interfaces

Das Listing 15.2 zeigt die Konfiguration einer Ethernet-Karte. Wird der Rechner an einen Token Ring angeschlossen, so ist `tr0` statt `eth0` anzugeben[2]. Dabei wird nicht nur das Interface aktiviert, sondern auch die Erreichbarkeit anderer Rechner sichergestellt, indem die entsprechenden Routen eingerichtet werden. Die Metrik gibt die „Kosten" für diese Route an, so daß im Internet eine günstige Route gewählt werden kann.

Im Listing 15.2 sind nicht die IP-Adressen angegeben, sondern nur Shell-Variablen. Diese Werte werden Ihnen entweder von Ihrem Provider oder Netzverwalter vorgegeben oder zentral vom Network Information Center vergeben. Für Deutschland ist DE-NIC[3] (Network Information Center) zuständig, so daß Anfragen nach IP-Adressen relativ „lokal" bearbeitet werden können. Durch die zentrale Adreßzuordnung ist die weltweite Eindeutigkeit dieser Adressen sichergestellt. Bei nur temporären Verbindungen zum Internet mittels SLIP oder PPP können diese Adressen bei jedem Anruf auch dynamisch vom Provider vergeben werden. Bei PPP brauchen Sie sich dabei um nichts zu kümmern, da die PPP-Dämonen diese Funktion bereits enthalten.

Die Broadcast-Adresse gibt an, wie alle Rechner im gleichen Subnetz erreicht werden können. Die Subnetzsmaske (*Netmask*) gibt im Gegenzug an, wie festgestellt werden kann, ob ein Rechner im lokalen Netz ist oder nicht. Eine ausführlichere Erläuterung finden Sie im Abschnitt 15.5, *Vergabe von IP-Adressen*, auf Seite 454.

---

[2] Unter SunOS oder Solaris heißt die Ethernet-Schnittstelle `le0`, unter AIX `et0` bzw. `en0`, bei manchen Systemen auch `ed0` oder `wd0`.

[3] Universität Karlsruhe, Rechenzentrum/DE-NIC, Zirkel 2, D-76128 Karlsruhe, Telefon: +49 721 373723, Fax: +49 721 373741, `hostmaster@nic.de`, `http://www.nic.de`

```
# Ethernet-Interface aktivieren
/sbin/ifconfig eth0 ${IPADDR} broadcast ${BROADCAST} \
              netmask ${NETMASK}
# Routen festlegen
/sbin/route add -net ${NETWORK} netmask ${NETMASK}
# Standard-Route über das Gateway
/sbin/route add default gw ${GATEWAY} metric 1
```

Listing 15.2: Initialisierung des Ethernet-Interfaces

Nach diesen Einstellungen sollten Sie sowohl Ihren eigenen als auch andere im Netz angeschlossene Rechner erreichen können. Der erste Test erfolgt dabei üblicherweise mit `ping`, wie Sie es im Listing 15.3 sehen. Dabei können (und sollten) Sie die Loopback-Adresse, die eigene IP-Adresse und andere Rechner im Netz ansprechen. Sollten Sie hier Probleme haben, so prüfen Sie anhand der Kernel-Meldungen, ob Ihre Netzwerkkarte erkannt wurde. Verwenden Sie zunächst im ersten Test die IP-Adressen, um Probleme mit der Namensauflösung durch die Datei `/etc/hosts` oder den Nameserver auszuschließen. In einem zweiten Test können Sie dieselben Prüfungen mit den Rechnernamen durchführen.

Das Programm `ping` benutzt eine Funktion (Echo) des ICMP (Internet Control Message Protocol, [rfc0792] und [rfc0950]). Hier wird der andere Rechner aufgefordert, das empfangene Paket zurückzusenden. Die Durchlaufzeiten sollten sich für das Loopback-Device im Rahmen von einer, im lokalen Netz innerhalb weniger Millisekunden bewegen. Verlorengegangene Pakete deuten auf Probleme in der Netzinstallation hin, z. B. Kabelbrüche oder ähnliches. Laufzeiten zu Rechnern im Internet können wesentlich größer sein. Hier muß auch mit dem Verlust von Paketen gerechnet werden. Diese Verluste werden allerdings in der Regel von den Anwendungen erkannt, und die Pakete werden erneut gesendet. Beachten Sie, daß manche Firewalls keine ICMP-Pakete passieren lassen und Sie daher keine Rückmeldung bekommen.

Wie bei IP-Paketen selbst wird auch hier keine vollständige und sichere Übertragung gefordert, sondern nur ein „best effort". Es kann sich also kein System auf die Zuverlässigkeit von ICMP-Nachrichten und deren Zustellung verlassen. Viele Funktionen des Protokolls können den Netzverkehr empfindlich beeinträchtigen, daher darf nur der Benutzer `root` ICMP-Pakete erzeugen. Aus diesem Grund ist das Programm `ping` setuid.

Wenn Sie Probleme mit dem Netzzugriff haben, prüfen Sie die korrekte Initialisierung Ihres Kernel-Interfaces mittels `ifconfig` und die gesetzten Routen mittels `route` (nur unter Linux) oder `netstat -r`. Da möglicherweise kein Zugriff auf einen Nameserver besteht, sollten Sie zusätzlich die Option `-n` angeben, damit nur die IP-Adressen ausgegeben werden und nicht die zugeordneten Namen. Als

```
(Linux):~> ping 127.0.0.1
PING 127.0.0.1 (127.0.0.1): 56 data bytes
64 bytes from 127.0.0.1: icmp_seq=0 ttl=255 time=1.6 ms
64 bytes from 127.0.0.1: icmp_seq=1 ttl=255 time=1.6 ms
64 bytes from 127.0.0.1: icmp_seq=2 ttl=255 time=1.6 ms
^C
--- 127.0.0.1 ping statistics ---
3 packets transmitted, 3 packets received, 0% packet loss
round-trip min/avg/max = 1.6/1.6/1.6 ms
```

Listing 15.3: Das Programm `ping` zum Test der TCP/IP-Konfiguration

weiteren Test können Sie sich mit `ifconfig` bzw. `netstat` anzeigen lassen, ob überhaupt Pakete übertragen werden.

15.5 Vergabe von IP-Adressen

IP-Adressen bestehen aus z. Zt. 32 Bit und werden üblicherweise in der „dotted-decimal-notation" (d. h. je Byte eine Zahl, getrennt durch Punkte) angegeben. Die Adressen werden in einen Netzwerk- und einen Host-Teil unterteilt. Dabei stehen verschieden große Netze zur Verfügung. Eine Übersicht finden Sie in Tabelle 15.1. Außerdem gibt es Adressen für spezielle (experimentelle) Dienste, wie z. B. Multicasting, siehe auch [rfc1112].

Klasse	Adreßbereich	Anzahl Rechner je Netz	Default Netmask
A	1.0.0.0 - 127.0.0.0	etwa 1,6 Millionen	255.0.0.0
B	128.0.0.0 - 191.255.0.0	65024	255.255.0.0
C	192.0.0.0 - 223.255.255.0	254	255.255.255.0
D	224.0.0.0 - 239.255.255.0	Multicast-Adressen	
E	240.0.0.0 - 255.255.255.255	reserviert	

Tabelle 15.1: IP-Adreßbereiche je Netzklasse

Die ersten Bits in der IP-Adresse bestimmen die Zugehörigkeit zu einer Netzklasse. Der Rest der Adresse unterteilt sich dann je nach Netzklasse in eine Netznummer und eine Host-Nummer. Abbildung 15.4 zeigt dies für die zur Zeit verwendeten Adreßklassen.

In Tabelle 15.2 finden Sie einige Beispiele. Die Netzadressen sind durch Fettdruck hervorgehoben. In der Regel sollten an einem Ethernet-Strang nur Rechner mit einer Netznummer betrieben werden. Genauso sollten Rechner mit gleicher Netznummer nicht auf verschiedenen Seiten eines Routers stehen.

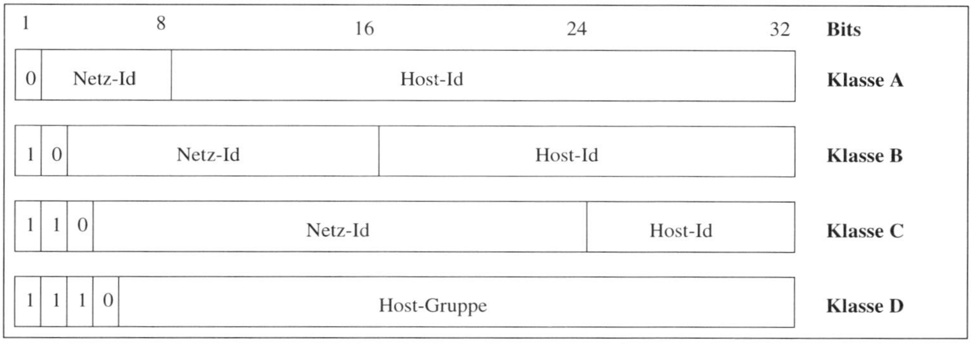

Abbildung 15.4: Aufbau der Subnetzadressen

Klasse	IP-Adresse	Bit-Darstellung
A	`10.0.0.32`	**00001010**.00000000.00000000.00100000
B	`128.14.58.60`	**10000000.00001110**.00111010.00111100
C	`192.9.150.202`	**11000000.00001001.10010110**.11001010

Tabelle 15.2: Beispiele für IP-Adressen aus verschiedenen Netzklassen

Sie können die IP-Adresse nicht nur als Gruppe von vier Bytes, sondern auch als eine Integerzahl angeben, z. B. als `telnet 2130706433` statt `127.0.0.1`. Diese Zahl errechnet sich bei der IP-Adresse `a.b.c.d` durch $a * 256^3 + b * 256^2 + c * 256 + d$. Die Eingabe der IP-Adresse mit Hilfe dieser Formel kann auch gestandene Systemadministratoren verwirren.

Soll Ihr internes Netz nicht (ständig) mit dem Internet verbunden werden, so ist es oft nicht möglich, für alle Rechner eine offizielle IP-Adresse zu erhalten, da der verfügbare Adreßraum beschränkt und durch das rasante Wachstum des Internets beinahe ausgeschöpft ist. Dies wird sich mit dem Einsatz von IPv6, das den Adreßraum deutlich erweitert, wieder ändern.

Für solche Fälle gibt es durch [rfc1918] reservierte Nummern, die im Internet nicht geroutet werden (siehe Tabelle 15.3). Diese Nummern können praktisch bedenkenlos in privaten Netzen verwendet werden, selbst wenn diese später mit dem Internet verbunden werden sollen. Auch für diesen Fall findet man in [rfc1918] einige Tips, so daß später nicht alle Rechner eine neue IP-Adresse bekommen müssen. In [rfc1627] werden demgegenüber die Probleme aufgezeigt, die man sich mit internen Adressen einhandeln kann.

In den folgenden Kapiteln werden stets für den internen Gebrauch reservierte IP-Adressen verwendet. Die verwendeten Domain- und Host-Namen sind ebenfalls nicht offiziell registriert. Dies soll auch den beispielhaften Charakter der vorgestellten Konfigurationen verdeutlichen.

Netzgröße	reservierte IP-Adressen
Klasse A	10.0.0.0 - 10.255.255.255
Klasse B	172.16.0.0 - 172.31.255.255
Klasse C	192.168.0.0 - 192.168.255.255

Tabelle 15.3: Reservierte Adreßbereiche

Die notwendigen IP-Adressen können im entsprechenden `rc`-Skript oder einer Konfigurationsdatei eingetragen werden. Bei der Red-Hat-Distribution werden die IP-Adressen in der Datei `/etc/sysconfig/network` abgelegt, die S.u.S.E.-Distribution speichert diese Informationen in der Datei `/etc/rc.config`.

Die IP-Adresse kann aber auch dynamisch beim Booten durch eine BOOTP-Abfrage [rfc0952] erhalten werden. Dazu muß im lokalen Netz ein BOOTP-Server oder ein entsprechendes Gateway konfiguriert sein, der bzw. das zur Hardware-Adresse die entsprechende IP-Adresse bestimmt und an den Client weitergibt. Lesenswerte RFCs zu diesem Komplex sind [rfc1497] und [rfc1542]. Eine Erweiterung des BOOTP-Protokolls ist mit DHCP (Dynamic Host Configuration Protocol) in [rfc2132] definiert. Mehr Informationen zur Einrichtung und zum Betrieb eines BOOTP-Servers finden Sie in Kapitel 23, *Das `bootp`-Protokoll*, auf Seite 573.

Da der im Internet (mit IPv4) zur Verfügung stehende Adreßraum langsam zur Neige geht, beginnt derzeit die Implementierung von IPng (Internet Protocol, next Generation; IP Version 6), wodurch der Adreßraum wesentlich erweitert wird. Die IP-Adressen werden durch die Umstellung deutlich verlängert, so daß erheblich mehr Rechner eindeutig adressiert werden können.

Es existiert bereits eine ganze Reihe von RFCs, die IPv6 beschreiben. Praktisch alle Hersteller sind dabei, IPv6 in ihren Produkten zu implementieren. Bei der Spezifikation hatten die Entwickler das Ziel, daß die alte und die neue IP-Version möglichst einfach miteinander kommunizieren können. Daher besteht die Hoffnung, daß der Umstieg nicht allzu schmerzhaft wird.

Auch unter Linux ist IPv6 seit der Kernel-Version 2.2 verfügbar. Mehr Informationen dazu finden Sie in der IPv6-HowTo, in der Datei `net/ipv6/README` in den Kernel-Quellen oder in den allgemein im Internet verfügbaren Seiten zu diesem Thema. Noch ist dieses Thema für die meisten Anwender nicht interessant, es wird aber vermutlich nicht mehr lange dauern, bis die ersten Dienste unter IPv6 angeboten werden.

Netmask- und Broadcast-Adresse

Das Internet Protocol kennt eine Unterscheidung zwischen lokalen Rechnern, die im selben Subnetz installiert sind, und entfernten Rechnern. Ein Rechner ist im gleichen Subnetz, wenn die Adresse dieses Rechners auf allen Bits, die durch die Netmask angegeben sind, mit der Broadcast-Adresse übereinstimmt.

In diesem Fall ist die Zugehörigkeit zum selben Netz auch für den Benutzer noch direkt zu sehen. Wenn Sie Subnetting (siehe auch [rfc0940] und [rfc0950]) verwenden, müssen Sie sich hierfür die Bitmasken ansehen. Subnetting verwenden Sie, um ein zugeteiltes Netz intern weiter zu unterteilen und die Subnetze durch einen Router zu trennen. Diese Trennung ist aus Gründen der Betriebssicherheit des Netzes ab einer gewissen Größe anzustreben. Ein weiterer Grund für das Subnetting kann sein, daß Ihr Provider Ihnen nur 32 oder 64 offizielle IP-Adressen zugewiesen hat.

Die Grenze zwischen Netz- und Host-Adresse muß beim Subnetting nicht an einer Byte-Grenze liegen. Der Netzwerkadministrator ist also in der Unterteilung frei. Leider werden dabei oft knappe IP-Adressen verschenkt (je eine Netzadresse und eine Broadcast-Adresse für jedes Subnetz), so daß hier überlegt werden sollte, eventuell private Adressen gemäß [rfc1918] einzusetzen.

Das Gegenstück dazu ist das Supernetting (siehe [rfc1518] und [rfc1519]). Durch das exponentielle Wachstum des Internets wurden die Routing-Tabellen der Router schnell größer, da für jedes Class-C-Netz eine eigene Route eingetragen werden mußte. Später hat man einzelnen Providern ein ganzes Bündel aufeinanderfolgender Netze zugeteilt, für die dann nur noch ein Tabelleneintrag je Provider notwendig ist. Jeder Provider spaltet dann intern diesen Nummernbereich für seine Kunden weiter auf.

Auch Firmen und anderen Organisationen werden zwei oder mehr zusammengehörende Klasse-C-Netze zugewiesen, wenn ein Netz nicht ausreicht. Diese Struktur kann dann mittels Subnetting beinahe beliebig weiter unterteilt werden, ohne daß die anderen Netzteilnehmer spezielle Maßnahmen ergreifen müssen.

15.6 Alles über `ifconfig`

Das Programm `ifconfig` dient zur Verwaltung und Aktivierung der entsprechenden Kernel-Netzwerk-Interfaces. Das erste Interface heißt `eth0` für Ethernet-Karten und `tr0` für Token-Ring-Karten. Das zweite Interface heißt `eth1` bzw. `tr1`. Der Kernel selbst erkennt nur das erste Interface automatisch, das zweite muß entweder durch eine Anpassung in der Datei `drivers/net/Space.c` oder durch eine Kernel-Kommandozeile angegeben werden.

Mit `ifconfig` können Interfaces gestoppt (`down`) oder gestartet (`up`) werden. Wird `ifconfig` ohne Parameter aufgerufen, dann gibt es den Status der Schnittstellen aus. Wird als Parameter der Name einer Schnittstelle angegeben, so wird nur der Status dieser Schnittstelle angezeigt. Außerdem kann eine Reihe von zusätzlichen Einstellungen durchgeführt werden:

- `arp` bestimmt, ob ARP (Address Resolution Protocol) von diesem Interface verwendet wird. Soll ARP nicht verwendet werden, so kann vor der Option ein Minuszeichen (`-`) angegeben werden. Wenn Sie Ethernet verwenden, dann müssen Sie ARP verwenden, sonst ist Ihr Rechner nicht im Netz erreichbar. Dieses Protokoll wird im gleichnamigen Abschnitt 15.9 auf Seite 462 ausführlich erläutert.

- Die Maximal Transfer Unit `mtu` ist die maximale Größe eines IP-Pakets, das über dieses Device übertragen wird. Für serielle Verbindungen sollte ein relativ kleiner Wert vorgesehen werden, da dann die Antwortzeiten bei interaktiven Programmen besser sind, es werden z. B. weniger Bytes für ein Zeichen bei `telnet` übertragen. Für die Dateiübertragung mit `ftp` ist jedoch eine große MTU besser, da dann der Overhead, also die für Header und Prüfsummen anstelle von Nutzdaten verwendete Anzahl an Bytes, sinkt.

  Die MTU ist durch das verwendete Medium bestimmt. Beim Einsatz von Brükken zwischen unterschiedlichen Netzstrukturen muß stets die kleinste MTU aller Netze verwendet werden. Router können IP-Pakete mittels Fragmentierung auch über Medien mit einer kleineren Paketgröße übertragen.

- `ifconfig` erkennt anhand der angegebenen IP-Adresse, um welche Netzklasse es sich handelt, und bestimmt die entsprechende Netmask automatisch. Zu Zwecken des Subnettings kann nach dem Parameter `netmask` eine eigene Netmask vorgegeben werden.

- Der Standardwert für die `broadcast`-Adresse wird automatisch bestimmt, kann aber ebenfalls verändert werden, um Subnetting betreiben zu können. Mit dem Parameter `-broadcast` kann die Verwendung von Broadcasts auf diesem Interface ausgeschaltet werden.

- `pointopoint`, gefolgt von der IP-Adresse der Gegenstelle, konfiguriert das angegebene Interface für SLIP, PPP oder PLIP.

- Mit dem Parameter `hw` kann die Hardware-(Ethernet-)Adresse des Adapters verändert werden, sofern der entsprechende Treiber das unterstützt. Dies kann in speziellen Netzkonfigurationen sinnvoll sein, wenn der Partner auf Hardware-Adressen konfiguriert werden muß.

- Als letzter Parameter kann dem Interface eine IP-Adresse zugewiesen werden. Ist dies der Fall, so wird das Interface automatisch aktiviert (`up` wird ausgeführt).

Das Listing 15.4 zeigt beispielhaft die Ausgabe von `ifconfig` auf einem Rechner mit aktivem Token-Ring-Anschluß (und natürlich `loopback`). Für jedes Interface werden verschiedene Daten angezeigt: Hardware-Adresse, vergebene IP-Adresse (inklusive Netmask und Broadcast-Adresse), der Status der Schnittstelle und die MTU. In den folgenden zwei Zeilen wird die Anzahl der empfangenen (RX) und gesendeten (TX) Pakete angegeben. Dabei wird auch die Anzahl der Fehler, der ausgelassenen Pakete und der Überläufe angegeben. In der Regel sollten diese Zahlen, verglichen mit der Anzahl der insgesamt übertragenen Pakete, für einen normal belasteten Rechner sehr klein sein.

```
(Linux):~# ifconfig
lo    Link encap:Local Loopback
      inet addr:127.0.0.1 Bcast:127.255.255.255 Mask:255.0.0.0
      UP BROADCAST LOOPBACK RUNNING  MTU:2000  Metric:1
      RX packets:0 errors:0 dropped:0 overruns
      TX packets:50 errors:0 dropped:0 overruns:0

tr0   Link encap:UNSPEC  HWaddr 10-00-5A-D2-62-F8
      inet addr:192.168.3.5 Bcast:192.168.3.255 Mask:255.255.255.0
      UP BROADCAST RUNNING  MTU:2000  Metric:1
      RX packets:10723 errors:0 dropped:0 overruns:0
      TX packets:5456 errors:0 dropped:0 overruns:0
      Interrupt:3 Base address:0xa20
```

Listing 15.4: Ausgabe des Programms `ifconfig` für Loopback- und Token-Ring-Interface

Die meisten Distributionen bringen Skripten mit, die das Starten bzw. Stoppen der Netzwerkgeräte übernehmen. Unter Red Hat können Sie mit dem Befehl `/etc/rc.d/init.d/network stop` das Netz anhalten und mit dem Befehl `/etc/rc.d/init.d/network start` wieder starten. Das ist viel einfacher, als das manuell zu tun.

15.7 Alles über `route`

Das Programm `route` dient zur Festlegung von statischen Routen, die die Erreichbarkeit von anderen Rechnern im Internet sicherstellen. Wie oben bereits erklärt, ist die direkte Verbindung von Rechnern mit Ethernet nur bis zu einer bestimmten Netzgröße sinnvoll. Danach muß eine Trennung in logisch zusammengehörende Teilnetze vorgenommen werden.

Die Verbindung zwischen den einzelnen Teilnetzen wird durch Router (früher auch als Gateways bezeichnet) hergestellt. Ein Router arbeitet auf Protokoll-Ebene (z. B. IP, IPX oder SNA) und kann aufgrund der in den Protokollen enthaltenen Informationen eine geeignete Verbindung herstellen. Im folgenden betrachten wir nur das Routing von Internet-Protokollen, also IP-Routing.

Es wird mit dem Programm `route` festgelegt, welche Rechner oder Netze über welches Interface erreichbar sind bzw. welche IP-Adresse als Standard-Gateway verwendet wird. Routen können, sofern das Programm `routed` oder `gated` gestartet ist, mit verschiedenen Routing-Protokollen verändert werden. Im privaten, lokalen Netz ist dies meist nicht notwendig und sogar eher störend.

Eine weitere Möglichkeit, wie Routen dynamisch verändert werden können, sind ICMP-Redirect-Nachrichten. Eine ausführliche Beschreibung dieses Protokolls finden Sie im [rfc0792].

Der Befehl `route` ohne Parameter gibt (nur unter Linux) die Kernel-Routing-Tabellen aus. Der Parameter `-n` bewirkt die Ausgabe von IP-Adressen anstelle der Host-Namen, so daß kein Nameserver befragt werden muß. Besser, weil auf praktisch allen Unix-Systemen verfügbar, ist `netstat -r`. Auch dieser Befehl gibt die aktuellen Routing-Tabellen des Kernels lesbar aus. Diese Informationen stellt der Kernel in der Datei `/proc/net/route` bereit.

```
(Linux):~# route -n
Kernel routing table
Destination Gateway       Genmask         Flags MSS  Window Use Iface
192.168.3.0 *             255.255.255.0   U     1872 0      5537 tr0
127.0.0.0   *             255.0.0.0       U     1872 0        41 lo
default     192.168.3.1   *               UG    1872 0         0 tr0
```

Listing 15.5: Ausgabe des Programms `route`

Nach der Aktivierung eines Interfaces mit `ifconfig` können mit `route` die entsprechenden Routen zu Rechnern oder Netzen konfiguriert werden. Eine Route wird mit dem Parameter `add` hinzugefügt. Gilt die Route für einen Rechner, so folgt die entsprechende Adresse dem Schlüsselwort `-host`. Ist es die Route zu einem Netz, so wird `-net` angegeben.

Auf jedem TCP/IP-Rechner kann der eigene Rechner mit der dafür vorgesehenen IP-Adresse `127.0.0.1` bzw. dem Namen `localhost` angesprochen werden. Das entsprechende Netz `127.0.0.0` wird oft als `localnet` bezeichnet. Für den Zugriff auf die `loopback`-Schnittstelle muß diese mit `ifconfig` aktiviert und die entsprechende Route eingerichtet sein. Das geschieht mit dem Befehl aus Listing 15.6.

```
route add -net 127.0.0.0
```

Listing 15.6: Hinzufügen der Route für das `localnet`

Das Programm `route` verwendet hier automatisch die Netmask `255.0.0.0`, da es die Adresse einem Class-A-Netz zuordnet. Sie können mit dem Parameter `netmask` eine andere Netmask angeben. Außerdem wird ebenfalls automatisch die

Netzwerkschnittstelle `lo` verwendet. Mit dem Parameter `dev` kann eine Schnittstelle angegeben werden, falls der automatisch bestimmte Wert nicht korrekt ist.

Das nächste Beispiel (siehe Listing 15.7) zeigt die Einrichtung einer Route zu einem Netz über die Ethernet-Schnittstelle. Auf die Angabe der Netmask könnte verzichtet werden, da die verwendete Adresse eine Class-C-Adresse ist.

```
route add -net 192.168.3.0 netmask 255.255.255.0 dev eth0
```

Listing 15.7: Hinzufügen einer Route für das lokale Ethernet

Mit dem Parameter `default` kann eine Standardroute angelegt werden, die verwendet wird, wenn kein anderer Routing-Eintrag paßt. Wenn Ihr Netz mit dem Internet verbunden ist, tragen Sie hier z. B. den Router zum Internet ein. Ein Beispiel dafür finden Sie im Listing 15.8.

```
route add default gw router-3.gemuese.org
```

Listing 15.8: Hinzufügen einer Default-Route

Im Beispiel in Listing 15.8 wurde anstelle der IP-Adresse ein Host-Name angegeben. Das ist so lange möglich, wie der Name ohne Zugriff auf Rechner außerhalb des eigenen Subnetzes aufgelöst werden kann. Dies ist der Fall, wenn der Name des Gateways in der `/etc/hosts` steht oder der Nameserver sich im gleichen Subnetz befindet. In der Regel ist es eine eher schlechte Idee, einen Namen anstelle der IP-Adresse zu verwenden.

Wenn Sie Ihren Rechner zur Anwahl eines anderen Netzes verwenden, müssen Sie nach der Aktivierung des SLIP- oder PPP-Geräts die entsprechenden Routen eintragen. Im ersten Schritt ist dies die Route zur Gegenstelle. Im zweiten Schritt können Sie angeben, welche Rechner oder Netze über dieses Gateway erreicht werden können (siehe Listing 15.9).

```
route add slipsrv sl0
route add -net 192.168.6.0 netmask 255.255.255.0 gw slipsrv
```

Listing 15.9: Eintragen von Routen bei der Anwahl mit SLIP

Der erste Befehl in Listing 15.9 sorgt für den Transport von Paketen vom eigenen Rechner zum SLIP-Server, der `slipsrv` heißt. Im zweiten Schritt wird eine Route zu dem Subnetz `192.168.6.0` eingetragen, die über den SLIP-Server transportiert wird. Dazu muß dieser als Gateway (IP-forwarder) konfiguriert sein. Wenn

Sie nicht an ein lokales Netz angeschlossen sind und sich mittels SLIP oder PPP mit Ihrem Provider (und damit mit dem Internet) verbinden, werden Sie eine Default-Route angeben.

Eine Route kann, z. B. bei Problemen oder beim Ende einer Wählverbindung, aus der Routing-Tabelle mit dem Parameter `del` gelöscht werden. Die Befehle in Listing 15.10 entfernen die Routing-Einträge der im letzten Beispiel verwendeten SLIP-Verbindung.

```
route del -net 192.168.6.0
route del slipsrv
```

Listing 15.10: Löschen von Routen

15.8 Das Programm `netstat`

Das Programm `netstat` ist eine weitere Möglichkeit, über den aktuellen Zustand des Netzes informiert zu werden. Dazu steht eine Reihe von Optionen bereit, die verschiedene Informationen anzeigen. Dabei vereinigt `netstat` eine Reihe von Utilities in einem Programm. Die verschiedenen Funktionen werden dabei über Optionen angewählt.

- Die Option `-a` erzeugt eine Liste über alle Internet Sockets, also TCP, UDP, RAW und UNIX Sockets. Dabei werden auch alle Ports ausgegeben, auf denen nur gelauscht wird (Listening). Mit diesem Befehl kann man sich über die bestehenden Verbindungen und deren Status informieren.
- `-i` zeigt eine Statistik der Netz-Devices an. Dabei werden gesendete und empfangene Pakete sowie aufgetretene Fehler, Drops oder Overruns ausgewiesen. Eine entsprechende Ausgabe finden Sie in Listing 15.11. In der letzten Spalte finden Sie eine Reihe von Flags, die die Konfiguration des Interfaces genauer beschreiben. Diese Flags sind in Tabelle 15.4 aufgeführt.

```
(Linux):~> netstat -i
Kernel Interface table
Iface  MTU Met RX-OK RX-ERR RX-DRP RX-OVR TX-OK TX-ERR TX-DRP TX-OVR Flags
lo    2000   0     0      0      0      0    89      0      0      0 BLRU
tr0   2000   0 10840      0      0      0  1000      0      0      0 BRU
```

Listing 15.11: Ausgabe des Befehls `netstat -i`

Flag	Beschreibung
A	Das Interface empfängt alle Multicast-Adressen
B	Broadcasts sind erlaubt
D	Debugging ist eingeschaltet
L	Das ist ein Loopback-Interface
M	Alle Pakete werden empfangen (Promisc-Mode)
N	Es werden keine Trailer erzeugt
O	Dieses Interface benutzt kein ARP
P	Das Interface ist eine Point-to-Point-Verbindung
R	Das Interface ist in Betrieb (running)
U	Das Interface ist up

Tabelle 15.4: Flags bei `netstat -i`

- `-c` erzeugt die angeforderte Liste jede Sekunde neu, so daß Veränderungen festgestellt werden können. Das Programm muß mit Strg+C beendet werden.
- `-n` verhindert die Ausgabe von Host-Name und Service, so daß nur die numerischen Werte angezeigt werden. Damit wird der „Reverse-Lookup" im Nameserver ausgelassen, was zu langen Timeouts führen kann und die Netzlast erhöht.
- `-o` Anzeige des Timer-Status.
- `-r` ist unter Linux äquivalent zu `route`, es werden die Kernel-Routing-Tabellen angezeigt. Unter anderen Unix-Systemen, wo `route` nicht zur Anzeige der Routing-Tabellen des Kernels verwendet werden kann, muß stets `netstat -r` verwendet werden.
- `-s` Ausgabe der Statistiken aus `/proc/net/snmp`.
- `-t` Informationen über TCP-Sockets anzeigen.
- `-u` Informationen über UDP-Sockets anzeigen.
- `-w` Informationen über RAW-Sockets anzeigen.
- `-x` Informationen über UNIX-Sockets anzeigen.

Solange Ihr Rechner nicht vernetzt ist, können Sie, sofern an der Konsole kein Benutzer aktiv ist, den Rechner bedenkenlos herunterfahren. Ist an Ihren Rechner ein serielles Terminal angeschlossen, so sollten Sie vor jedem `shutdown` z. B. mit `w` und `ps aux` nachsehen, ob dort noch ein Benutzer aktiv ist. Ist Ihr Rechner jedoch als Netzwerk-Server im Einsatz, so müssen Sie auch auf andere Netzverbindungen Rücksicht nehmen. der Befehl `netstat -a` zeigt alle aktiven Verbindungen an.

15.9 Das Address Resolution Protocol (ARP)

Auf der Ethernet-Ebene gibt es zwei Typen von Verbindungen zwischen Rechnern: Pakete können direkt an einen Rechner, d. h. an die Hardware-Adresse (MAC-Adresse oder Media Access Control) seiner Ethernet-Karte geschickt werden, oder an alle Rechner im lokalen Netz (Broadcast). Wenn ein Rechner direkt angesprochen werden soll, muß die Ethernet-Adresse[4] bekannt sein. Für den Transport im lokalen Netz wird jedes IP-Paket mit einem zusätzlichen Header versehen, in dem u. a. die Hardware-Adresse des Senders und Empfängers eingetragen werden.

Zunächst ist jedoch nur die IP-Adresse des Empfängers verfügbar. Der Sender schickt ein Broadcast an alle lokalen Rechner und sucht die zur gewünschten IP-Adresse gehörende Ethernet-Adresse. Das zugrundeliegende *Address Resolution Protocol* ist im [rfc0826] definiert. Die Antwort (die Zuordnung von der IP- zur Hardware-Adresse) vom gewünschten Empfänger wird im ARP-Cache gespeichert, so daß diese Abfrage nicht ständig wiederholt werden muß. Damit beim Austausch einer Karte dieser Rechner auch angesprochen werden kann, verfallen die Einträge im ARP-Cache nach kurzer Zeit und werden dann neu erstellt.

Das Listing 15.12 zeigt die Aufzeichnung eines `ping` vom Rechner `erbse` zum Rechner `mais`. In der ersten Zeile fragt das System `erbse` per Broadcast, welcher Rechner denn `mais` sei. Die zweite `arp`-Zeile stellt die entsprechende Antwort dar: Der Rechner `mais` meldet sich mit seiner Hardware-Adresse. Die restlichen Pakete sind der `ping` und seine Antworten. Es ist keine neue oder weitere `arp`-Anfrage nötig. Für die Gegenrichtung kennt ja der Rechner `mais` die IP- und Ethernet-Adresse des Rechners `erbse`.

```
(Linux):# tcpdump -t -N -i eth0
tcpdump: listening on eth0
arp who-has mais tell erbse
arp reply mais is-at 8:0:5a:3b:aa:30
erbse > mais: icmp: echo request
mais > erbse: icmp: echo reply
erbse > mais: icmp: echo request
mais > erbse: icmp: echo reply
```

Listing 15.12: Ein ARP-Request, mit `tcpdump` aufgezeichnet

Mit dem Programm `arp` können Sie diesen ARP-Cache anzeigen und verändern. Dies kann nützlich sein, wenn zwei Rechner (mit verschiedenen Hardware-Adressen) meinen, dieselbe IP-Adresse benutzen zu können. Solche Fehler sind mit ande-

[4] Einige Treiber unterstützen den Promiscous Mode, in dem alle Pakete vom Ethernet gelesen werden. Dies ist für die Netzwerküberwachung wichtig, ist aber auch ein Sicherheitsproblem.

ren Mitteln kaum zu diagnostizieren. ARP-Cache-Einträge werden mit der Option -a angezeigt. Einträge können mit der Option -d gelöscht und mit der Option -s hinzugefügt werden.

```
(Linux):~# arp -a
Address        HW type            HW address          Flags Mask
192.168.3.161  10Mbps Ethernet   00:00:83:21:D1:FA   C      *
192.168.3.150  10Mbps Ethernet   10:00:5A:B3:01:E9   C      *
```

Listing 15.13: Das Programm arp

Eine weitere Anwendung für das Programm arp ist das Routen von IP-Paketen, z. B. zu einem Rechner, der mittels SLIP angeschlossen ist (Proxy-ARP). Der lokale Rechner nimmt Pakete für den entfernten Rechner an und leitet diese über die SLIP-Verbindung weiter. Damit ist es nicht notwendig, ein Subnetz abzuspalten, wodurch man kostbare IP-Adressen verschenkt.

Beim zwischen Ethernet und SLIP routenden Rechner wird der ARP-Cache so verändert, daß er seine eigene Ethernet-Adresse als die auch für den SLIP-Rechner geltende verbreitet. Dazu dient der Parameter pub beim Aufruf von arp. Im Beispiel in Listing 15.14 wird für den Rechner slip-1 ein Proxy-ARP für die eigene Ethernet-Adresse (00:00:54:34:76:23) eingerichtet.

```
arp -s slip-1 00:00:54:34:76:23 pub
```

Listing 15.14: Einrichten vpn Proxy-ARP

Sie können mit Linux auch Proxy-ARP für ganze Subnetze einrichten, was manchmal sinnvoll sein kann. Wenn Sie für mehrere einzelne Rechner Proxy-ARP verwenden wollen, so können Sie die Host-Namen und zugehörigen Hardware-Adressen in eine Datei, z. B. /etc/ethers, eintragen und den Namen der Datei nach der Option -f angeben.

Wenn Sie besonders hohe Sicherheitsansprüche haben, dann können Sie ARP auch komplett abschalten und für jeden Rechner die entsprechenden Einträge statisch in den ARP-Cache aufnehmen. Dann kann nur der Rechner mit der passenden Hardware-Adresse eine IP-Adresse übernehmen. Man handelt sich damit allerdings eine Menge zusätzlichen Aufwand bei der Konfiguration und im täglichen Betrieb ein.

16 TCP/IP-Grundlagen

Im letzten Kapitel erfolgte die Konfiguration eines Linux-Rechners, damit dieser an einem TCP/IP-basierten Netz teilnehmen kann. In diesem Abschnitt soll eine Einführung in die einzelnen Protokolle und deren Verwendung innerhalb des Netzes erfolgen. Damit sollen Sie in die Lage versetzt werden, die Arbeitsweise eines TCP/IP-Netzes zu verstehen. Wie bereits im letzten Kapitel in Abbildung 15.2 auf Seite 442 gezeigt, basiert auf der eigentlichen Hardware-Verbindung eine Reihe von Protokollschichten, deren Zusammenspiel hier genauer erklärt wird.

16.1 Protokolle

Das Internet basiert auf einer Reihe von Protokollen, die zum geordneten Datenaustausch zwischen Rechnern dienen. Die Protokollnummern sind in der Datei `/etc/protocols` (siehe Listing 16.1) definiert. Es ist äußerst unwahrscheinlich, daß Sie diese Datei jemals verändern müssen.

```
ip      0     IP      # internet protocol, pseudo number
icmp    1     ICMP    # internet control message protocol
igmp    2     IGMP    # internet group multicast protocol
ggp     3     GGP     # gateway-gateway protocol
tcp     6     TCP     # transmission control protocol
pup     12    PUP     # PARC universal packet protocol
udp     17    UDP     # user datagram protocol
idp     22    IDP     # WhatsThis?
raw     255   RAW     # RAW IP interface
```

Listing 16.1: Internet-Protokolle (`/etc/protocols`)

Im wesentlichen werden vier Protokolle verwendet, deren Existenz im Kernel Linux auch beim Booten meldet:

- IP, das *Internet Protocol*, dient als Basis für TCP und UDP. Es ist ein verbindungsloses Protokoll, das keine Mechanismen zur Sicherstellung der Datenübertragung enthält. Das einzige, was von der Implementierung verlangt wird, ist ein „best effort" bei der Zustellung der Pakete. Außerdem kann mit ICMP die Verbindungsqualität verbessert werden. Das Protokoll ist in [rfc0791] definiert.

- ICMP, das *Internet Control Message Protocol*, dient zum Austausch von Nachrichten zwischen Rechnern auf einer sehr niedrigen Ebene. Dieses Protokoll ist unter Linux wie bei vielen anderen Systemen direkt im Kernel selbst implementiert. Die einzelnen Nachrichtentypen des ICMP sind in [rfc0792] definiert. Die wichtigsten sind: ICMP-Echo (wird von `ping` verwendet), ICMP-Redirect (Verändern von Routen) und ICMP-Nachrichten, die die Ablehnung eines Verbindungsaufbaus melden („connection refused").

  Sie können das Programm `icmpinfo` verwenden, um sich ICMP-Pakete anzeigen und mitprotokollieren zu lassen. Besonders bei Rechnern in sehr aktiven Netzen werden viele Meldungen ausgegeben. Daher werden die „unwichtigen" Nachrichten nur auf spezielle Anforderung ausgewiesen. Mehr zu diesem Programm finden Sie in Kapitel 27, *Netzwerkadministration*, auf Seite 621.

- TCP (*Transmission Control Protocol*, [rfc0793]) ist ein verbindungsorientiertes, verläßliches (reliable) Protokoll, das aber recht langsam ist. Anwendungsprogramme können sich darauf verlassen, daß alle Pakete in der richtigen Reihenfolge übertragen werden. Der Kernel stellt durch Neuübertragung, Bestätigungen und Timeouts die Vollständigkeit der Daten sicher.

- UDP (*User Datagram Protocol*, [rfc0768]) ein verbindungsloses, nicht verläßliches (unreliable) Protokoll, das schneller als TCP ist. Der Geschwindigkeitsvorteil entsteht u. a. dadurch, daß der Verbindungsaufbau, der bei TCP aus drei Schritten besteht, nicht erforderlich ist. Auf der Basis dieses Protokolls können Anwendungen jedoch wieder sichere Protokolle implementieren, obwohl von der Netzwerk-Schickt keine Garantie für eine vollständige Übertragung gegeben werden kann.

Die Anwendungsdaten werden, je nach Protokoll, mit dem passenden Header versehen. Diese Header sind in den jeweiligen RFCs definiert. Jede zusätzliche Protokollschicht sorgt dafür, daß mehr Verwaltungsdaten übertragen werden, also der Overhead steigt. Erst im letzten Schritt werden die Pakete in das für das Übertragungsmedium passende Format gebracht, also z. B. mit einem Ethernet- oder Token-Ring-Header versehen und dann auf das Übertragungsmedium ausgegeben.

Auf der Basis von TCP und UDP werden weitere (Anwendungs-) Protokolle oder Dienste (in der Datei `/etc/services`, siehe Listing 16.2) definiert, die dann von einzelnen Anwendungen, wie z. B. `telnet` oder `ftp`, verwendet werden. Erst diese Anwendungen machen den Nutzen eines Netzes aus. In der Datei `/etc/services` werden Protokollnamen den `tcp`- und `upd`-Ports zugeordnet, über die die Kommunikation stattfindet.

Die Datei `/etc/services` (siehe Listing 16.2) enthält in der ersten Spalte den offiziellen Namen des Protokolls. In der zweiten Spalte (durch Tabulatoren oder Leerzeichen getrennt) finden Sie die Nummer des Ports und das verwendete Protokoll. Ein Port kann gleichzeitig für Dienste auf UDP und TCP verwendet werden. Aufgrund der in `/etc/protocols` festgelegten und im Paket-Header verwendeten Protokollnummern wird der richtige Treiber im Kernel ausgewählt, und die Daten werden an das richtige Programm weitergereicht. In weiteren Spalten können Aliasnamen für die Ports definiert werden. Kommentare werden durch ein Nummernzeichen eingeleitet und reichen bis zum Zeilenende.

```
tcpmux          1/tcp           # TCP port service multiplexer
echo            7/tcp
echo            7/udp
discard         9/tcp           sink null
discard         9/udp           sink null
```

Listing 16.2: Auszug aus der Datei `/etc/services`

Viele Protokolle sind inklusive ihrer Port-Nummern Internet-weit standardisiert. Die offiziell belegten Ports werden von der Internet Assigned Numbers Authority (IANA, `http://www.iana.org`) verwaltet. Zur allgemeinen Information werden die Nummern regelmäßig veröffentlicht, zuletzt in [rfc1700]. Die Port-Nummern sollten nach Möglichkeit eindeutig sein. Daher sollten Programmierer die von ihnen verwendeten Ports bei der Internet Assigned Numbers Authority (IANA) registrieren lassen.

Die Nummern der Ports können im Bereich von 1 bis 65.535 liegen. Dabei sind die Ports von 1 bis 1024 für den Benutzer `root` reserviert. Damit ist sichergestellt, daß am anderen Ende der Verbindung auch ein autorisierter Prozeß wartet, z. B. bei einer `telnet`- oder `ftp`-Verbindung, über die auch das Paßwort (unverschlüsselt) übertragen wird.

Diese Unterscheidung zwischen `root` und anderen Benutzern des Systems existiert nur bei Unix, so daß man sich darauf nicht in jedem Fall verlassen kann. Selbst bei Unix-Systemen kann man sich dabei nicht sicher sein. Ab der Kernel-Version 2.2 wird Linux sogenannte Capabilities kennen. Mit einer davon (`CAP_NET_BIND_SERVICE`) kann ein Programm Zugriff auf reservierte Ports erlangen, ohne daß der Benutzer `root` seine Finger im Spiel hat.

C-Programme verwenden intern Port-Nummern. Die Port-Namen können mit der Funktion `getservbyname(3)` in die entsprechende Nummer umgewandelt werden. In einem großen Netz kann es sehr aufwendig sein, die `services`-Dateien auf den verschiedenen Rechnern konsistent und aktuell zu halten. In diesen Fällen kann die Datei z. B. mittels NIS (*Network Information System*, siehe das gleichnamige Kapitel 22 auf Seite 565) verteilt werden.

Die Kommunikation zwischen zwei Rechnern findet über diese Ports statt. Dazu muß an einem Ende ein Programm eine Verbindung über diesen Port aufbauen, auf der anderen Seite muß ein anderes Programm diesen Port überwachen und die notwendigen Aktionen durchführen. Dafür gibt es zwei Möglichkeiten:

- Der Server-Prozeß wird (im Hintergrund) gestartet und lauscht auf dem Port (Listening). Damit ist der Server vollständig für den gesamten Verbindungsaufbau zuständig.
- Der Server wird vom `inetd` gestartet, wenn auf dem passenden Port eine Anfrage eintrifft. Die zu beobachtenden Ports und die auszuführenden Optionen und Programme werden in der Datei `/etc/inetd.conf` konfiguriert. Ein Port kann nicht gleichzeitig mit beiden Möglichkeiten beobachtet werden.

Ob auf der anderen Seite der Verbindung ein entsprechender Server läuft, läßt sich bei einer `tcp`-Anwendung feststellen, indem eine `telnet`-Verbindung zu diesem Port aufgebaut wird. So dient z. B. der Service `echo` zur Überprüfung, ob Zeichen in beide Richtungen übertragen werden können. Sie können aber auch Anwendungsprotokolle wie z. B. `smtp` (Simple Mail Transfer Protocol) mittels `telnet` bedienen und so den entsprechenden Server testen.

Zum ersten Test werden oft die Protokolle `echo` und `discard` verwendet. Das Listing 16.3 zeigt ein entsprechendes Beispiel. Allerdings können diese Dienste auch für sogenannte „Denial Of Service"-Angriffe verwendet werden. Aus diesem Grund sind diese Dienste bei vielen Systemen nicht verfügbar – da sie normalerweise nicht benötigt werden, auch mit Recht.

```
(Linux):~$ telnet localhost echo
Trying 127.0.0.1...
Connected to localhost.
Escape character is `^]'.
Das ist ein Test
Das ist ein Test
^]
telnet> quit
Connection closed.
```

Listing 16.3: `telnet` als Test-Tool für TCP-basierte Dienste

Wenn Sie einen Überblick über die aktuell gestarteten Dienste auf Ihrem System haben wollen, dann können Sie dazu den Befehl `netstat -a` verwenden. Es werden alle bestehenden Verbindungen angezeigt sowie alle Ports, auf denen ein Dienst angeboten wird.

16.2 Der inetd-Server

Auf einem Server muß eine Reihe von Ports überwacht werden, damit Anfragen der Clients korrekt beantwortet werden. Sollte nun für jeden Port ein eigener Hintergrundprozeß (Dämon) gestartet werden, würde schnell das Systemlimit an Prozessen erreicht werden. Daher wird beim Systemstart nur der `inetd`-Server gestartet. In der Datei `/etc/inetd.conf` wird konfiguriert, welche Ports zu überwachen sind und welche Aktionen auszuführen sind, wenn eine Anfrage eintrifft (siehe Listing 16.4).

```
#serv soc_typ prot flags  user server_path     args
echo  stream  tcp  nowait root internal
ftp   stream  tcp  nowait root /usr/sbin/tcpd /usr/sbin/wu.ftpd
talk  dgram   udp  wait   root /usr/sbin/tcpd /usr/sbin/in.ntalkd
```

Listing 16.4: Auszug aus der Datei `/etc/inetd.conf`

Kommentare beginnen mit einem Nummernzeichen und reichen bis zum Zeilenende. Für jeden Service aus der Datei `/etc/services` kann eine Zeile aufgenommen werden, sofern der entsprechende Dämon den Start durch `inetd` unterstützt. In der ersten Spalte steht der Name des Anwendungsprotokolls. Hier sollten Sie den offiziellen Namen aus der Datei `/etc/services` verwenden.

In der zweiten Spalte wird der Typ des Sockets angegeben. Erlaubte Werte sind `stream`, `dgram` für Datagramme, `raw`, `rdm` (Reliably Delivered Message) oder `seqpacket` (Sequenced Packet Socket). Wenn Sie einen neuen Service in diese Datei aufnehmen wollen, weil Sie z. B. einen neuen Dämon installieren, finden Sie den entsprechenden Eintrag in der Regel in der Dokumentation des entsprechenden Programms.

Die dritte Spalte enthält ein gültiges Protokoll aus der Datei `/etc/protocols`. Für TCP- und UDP-Dienste wird hier `tcp` bzw. `udp` eingetragen. Wenn Sie auch RPC-Dienste mit `inetd` verwalten wollen, können diese mit `rpc/tcp` oder `rpc/udp` eingetragen werden (genaueres dazu finden Sie in der Manpage zu `inetd(8)`).

In der nächsten Spalte wird angegeben, was der `inetd`-Server tut, wenn eine Verbindung aufgebaut wird. Die Unterscheidung zwischen `wait` und `nowait` ist nur für Datagramm-Sockets interessant, für alle anderen muß hier `nowait` eingetragen werden. Wenn eine Verbindung aufgebaut wird (und der entsprechende Dämon das unterstützt), können der entsprechende Socket wieder durch `inetd` überwacht und möglicherweise weitere Anfragen bearbeitet werden. Dazu muß `nowait` eingetragen werden. Bei Diensten, die nicht multi-threaded sind, muß `wait` eingetragen werden. Wenn Sie die maximale Anzahl an Verbindungen, die innerhalb von

60 Sekunden bearbeitet werden, einschränken wollen, können Sie diese nach einem Punkt (`.`) angeben.

Die fünfte Spalte enthält den Benutzernamen, unter dessen Kennung der Dienst ausgeführt wird. Wenn Sie auch die Gruppe ändern wollen, so können Sie diese, durch einen Punkt getrennt, angeben. Viele Dämonen müssen mit `root`-Rechten gestartet werden. Bei einzelnen Diensten (wie z. B. `finger`) kann es aus Sicherheitsüberlegungen sinnvoll sein, den Dienst als `nobody` oder unter einer anderen Kennung zu starten.

Als nächster Eintrag folgt jetzt der Name des zu startenden Programms und die eventuell zu übergebenden Parameter. Die Parameter beginnen mit `argv[0]`, also dem Programmnamen selbst. Ältere Unix-Systeme kennen hier eine Beschränkung der Parameter auf fünf Einträge, so daß dort möglicherweise erst ein Skript gestartet werden muß, das den Server mit den passenden Parametern aufruft.

Der `inetd`-Server stellt einige einfache Dienste (`echo`, `discard`, `chargen`, `daytime` und `time`) intern bereit. Dort wird als Programm `internal` eingetragen.

Nach einer Änderung an der Datei `inetd.conf` muß der Dämon diese neu lesen. Dazu kann er entweder beendet und neu gestartet werden, oder man sendet ihm das Signal `SIGHUP`. Das geschieht z. B. mit dem Befehl `kill -HUP `cat /var/run/syslogd.pid`` oder `kill -HUP inetd`.

Im allgemeinen wird der `inetd`-Server jede Verbindung zulassen; für die Authorisierung ist die jeweilige Anwendung zuständig. Viele Anwendungen kennen aber keine derartigen Verfahren, so daß ein Rechner, der Internet-Services anbietet, relativ ungeschützt ist. In der Regel wird daher ein lokales Netz durch eine Firewall, die auch unter Linux installiert werden kann, vom Internet abgetrennt. Die Wartung einer Firewall erfordert viel Zeit und Wissen und ist für den privaten Anwender in der Regel zu aufwendig. Wenn Sie sich dennoch mit der Konfiguration einer Firewall beschäftigen wollen, dann werfen Sie einen Blick in die Firewall-HowTo.

16.3 Der TCP-Wrapper (`tcpd`)

Einen gewissen Schutz implementiert der TCP-Wrapper (`tcpwrap` bzw. `tcpd`). Dieses Programm wird anstelle des richtigen Dämons gestartet. Es prüft anhand der Dateien `/etc/hosts.allow` und `/etc/hosts.deny`, ob die Verbindung zulässig ist und startet den richtigen Anwendungsserver. Damit ist es möglich, bestimmte Protokolle für bestimmte Rechner oder Netze freizugeben oder zu sperren. Dabei verläßt man sich allerdings darauf, daß ein Rechner auch tatsächlich die IP-Adresse hat, unter der er die Verbindung aufbauen will. Das Vortäuschen einer anderen IP-Adresse nennt man auch IP-Spoofing. Der TCP-Wrapper versucht, durch gezieltes Nachforschen mögliche Spoofing-Attacken auszuschließen. Weitere Informationen zu diesen Themen finden Sie in der Manpage `tcpd(8)`.

Das Format der Einträge in den Dateien `hosts.deny` bzw. `hosts.allow` ist in der Manpage `hosts_access(5)` beschrieben. Zu jedem Protokoll und zu jedem Host bzw. jeder Domain oder jedem IP-Adreßbereich kann festgelegt werden, ob ein Service erlaubt oder verboten ist und welche Aktionen auszuführen sind. Es können Log-Einträge (mit `syslog`) geschrieben werden, „sichere" Programme aufgerufen werden, die die angeforderte Funktion durchführen, oder gemäß [rfc0931] bzw. [rfc1413] kann man versuchen, den Benutzernamen auf dem entfernten Rechner zu erhalten (siehe Abschnitt 16.4, *Der `identd`-Dämon*). Die folgenden Beispiele benutzen die erweitere Syntax, die in der Manpage `hosts_options(5)` erklärt wird.

Listing 16.5 zeigt zunächst ein Beispiel für das Freischalten des `telnet`-Dienstes. Dabei wird zwischen internen Verbindungen, die unmittelbar durchgeführt werden, und externen Verbindungen unterschieden. Interne Verbindungen (aus dem Netz `192.168.` bzw. der Domain `gemuese.org`) werden ohne weitere Aktionen erlaubt. Bei externen Verbindungen wird mit `syslog` eine Log-Datei geschrieben. Wo sich die Einträge wiederfinden, ist in der Datei `/etc/syslog.conf` (siehe auch Abschnitt 4.7, *System-Logs*, auf Seite 112) festgelegt.

```
# "ftp" und "telnet" von ausserhalb mitloggen...
in.ftpd: 192.168.
in.telnetd: .gemuese.org
in.ftpd: ALL@ALL: severity local0.notice
in.telnetd: ALL@ALL: severity local0.notice
```

Listing 16.5: Beispiel für die Datei `/etc/hosts.allow`

Anstelle der Netznummern kann auch ein Pattern für den Domainnamen verwendet werden. Netznummern werden mit einem Punkt abgeschlossen, Domainnamen müssen mit einem Punkt beginnen. Wenn Sie das Network Information System (NIS) verwenden, dann können Sie mit `@` eine Netgroup angeben. Das Matching kann auch durch eine Netznummer- und Netmask-Kombination angegeben werden. So steht der Eintrag `192.168.72.0/255.255.254.0` für jede Adresse zwischen `192.168.72.0` und `192.168.73.255`.

Der Eintrag `ALL` gilt für alle Rechner, die bisher noch nicht von einem Eintrag erfaßt wurden. Das Schlüsselwort `LOCAL` steht für lokale Rechner. Diese werden daran erkannt, daß kein Punkt im Host-Name auftaucht, der einen Domainnamen abtrennen würde.

Das Beispiel in Listing 16.6 zeigt einfache Möglichkeiten, bestimmte Verbindungen von einigen oder allen Rechnern oder Netzen zu verbieten.

```
# Allen weiteren Hosts (ausser den in /etc/hosts.allow)
# TFTP verbieten
in.tftpd: ALL
in.telnetd: 192.168.31.155
ALL EXCEPT in.fingerd: rtfm.mit.edu, .com
```

Listing 16.6: Beispiel für die Datei `/etc/hosts.deny`

Neben dem Erstellen von Log-Dateien kann auch ein beliebiger Shell-Befehl abgesetzt werden. Damit können weitere Informationen beschafft oder z. B. der Systemadministrator per Mail informiert werden. Dies kann sinnvoll sein, wenn man mehr Informationen über den entfernten Rechner und die Benutzer dort erfahren möchte. Es ist allerdings nicht sinnvoll, auf einen Zugriff mit dem Programm `finger` mit einem `finger` in der Gegenrichtung zu reagieren. Wenn das beide Administratoren tun, dann sind beide Rechner bis in alle Ewigkeit beschäftigt.

```
in.tftpd: ALL: spawm (/usr/sbin/safe_finger -l @%h | \
                /usr/bin/mail -s %d-%h root) &
```

Listing 16.7: Shell-Befehle von `tcpd` *starten*

Das Beispiel in Listing 16.7 zeigt eine Möglichkeit, Shell-Befehle zu starten. Sie sollten entweder absolute Pfade verwenden oder die PATH-Variable entsprechend setzen. `tcpd` wartet auf das Ende des Befehls. Wenn Sie die Verbindung schon vorher zulassen wollen, starten Sie den Shell-Befehl im Hintergrund, indem Sie das Kaufmanns-Und (&) an den Befehl anhängen. In dem Shell-Befehl können Sie einige Variablen verwenden, die vom `tcpd` durch die aktuellen Werte ersetzt werden. Eine Übersicht über die Variablen finden Sie in Tabelle 16.1. Beachten Sie, daß nicht immer alle Informationen vorliegen, so kennen z. B. DOS-Rechner keine Benutzerkennungen.

Variable	Ersetzung
`%a`	Adresse des entfernten Rechners
`%c`	*`User@Host`*, *`Host-Name`* oder Adresse
`%h`	Host-Name des Rechners (oder nur die Adresse)
`%d`	Name des zu startenden Dämons
`%p`	Prozeß-ID des Dämons
`%u`	Benutzername (oder `unknown`)
`%%`	Ein einzelnes `%`-Zeichen

Tabelle 16.1: Variablensubstition durch `tcpd`

16.4 Der ident-Dämon

Viele Protokolle und tcpd bieten keine Möglichkeit, die Benutzeridentität zu überprüfen. Oft ist dies nicht möglich, da z. B. DOS-PCs keine Benutzerkennungen haben. Das ident-Protokoll [rfc1413] ermöglicht es jedoch, unter einer Reihe von Voraussetzungen die Benutzerkennung, unter der eine Verbindung aufgebaut wurde, festzustellen. Dazu muß auf dem Rechner, der die Verbindung aufgebaut hat, der identd-Dämon installiert sein, was nur selten der Fall ist.

Die Informationen, die dieses Protokoll liefert, betreffen nur bestehende Verbindungen zwischen beiden Rechnern. Es ist also nicht möglich, etwas über Verbindungen zu anderen (fremden) Systemen zu erfahren. Im besten Fall erhalten Sie die Benutzerkennung der Person, die die Verbindung aufgebaut hat. Im schlimmsten Fall erhalten Sie völlig sinnlose Informationen. Daher sollten Sie diese Daten nicht zur Authentifizierung einsetzen, sondern z. B. in Log-Dateien aufnehmen und mit der gebotenen Vorsicht betrachten.

Zunächst scheint der Betrieb eines ident-Servers elementaren Sicherheitsüberlegungen zu widersprechen. Besonders im Internet sollte ein Rechner nur die Dienste und Informationen bereitstellen, die unbedingt notwendig sind. Gerade das ident-Protokoll liefert aber Informationen, die man oft anderen nicht zugänglich machen möchte (z. B. Namen von Benutzerkennungen).

Wenn aber ein Benutzer auf Ihrem System in andere Rechner einbricht oder anderweitig deren Betrieb stört, kann der andere Systemadministrator diesem Benutzer gezielt Verbindungen verweigern. Ohne ident würde möglicherweise dem gesamten System der Verbindungsaufbau verweigert, so daß auch andere Benutzer betroffen sind. Auch für Sie ist es einfacher, Angriffe zu beurteilen und abzuwehren, wenn auf dem entfernten Rechner der entsprechende Dämon läuft.

Sie können mit Kommandozeilenoptionen einschränken, welche Daten Ihr Rechner auf Anfrage ausgeben soll. Damit läßt sich die Weitergabe von Benutzerkennungen oder anderen Daten verhindern. In Tabelle 16.2 finden Sie eine Auswahl an Optionen für in.identd. Alle Optionen sind in der Manpage zu in.identd(8) dokumentiert.

Option	Bedeutung
-o	Keine Informationen zum Betriebssystem liefern
-e	Bei Fehlern „UNKNOWN-ERROR“ melden
-n	Numerische User-ID statt Benutzername melden
-N	„HIDDEN-USER“, wenn ~/.noident existiert

Tabelle 16.2: Einige identd-Optionen

Die Option -N ermöglicht es jedem Benutzer, selbst zu entscheiden, ob Informationen zu seiner Kennung weitergegeben werden sollen. Die Meinungen hierzu sind geteilt. Es gibt identd-Programme, die keine Klartextmeldungen, sondern einen Hash-Wert aus Uhrzeit und Benutzerkennung liefern. Das hat den Vorteil, daß keine relevanten Daten weitergegeben werden, der Systemadministrator aber auf Anfrage diese Daten aus den Log-Dateien beschaffen kann. Damit kann dieses Verfahren aber nicht dazu verwendet werden, einzelnen Benutzern eines Rechners den Zugang zu gewissen Diensten zu verwehren; dazu ist das Protokoll aber auch nicht gedacht. Die Daten sind in jedem Fall nur für den Systemadministrator des Systems, auf dem der identd-Prozeß läuft, benutzbar.

Der Dämon sollte mit der Option wait vom inetd gestartet werden. Mehr zu den verschiedenen Modi und Aufrufparametern finden Sie in der Manpage zu identd(8).

16.5 Aufnahme neuer Services

Auf praktisch jedem Unix-System sind die Standarddienste wie telnet oder ftp installiert. Es werden jedoch ständig neue Protokolle entwickelt, die einzelne Funktionen verbessern oder erst möglich machen. Für die Arbeit Ihrer Benutzer oder die Systemsicherheit kann es daher sinnvoll sein, wenn Sie auch neuere Dienste installieren, bevor diese Bestandteil Ihrer Distribution geworden sind.

In der Regel werden diese Dienste durch einen neuen Dämon bereitgestellt. Nach der Übersetzung und Installation muß nun der entsprechende Server konfiguriert werden. Bei einigen Dämonen ist es möglich, diesen von inetd starten zu lassen oder ihn direkt zu starten. Beide Methoden haben Vor- und Nachteile, die man in jedem Einzelfall abwägen muß:

- Ein zusätzlich gestarteter Dämon belegt einen zusätzlichen (sonst unbenutzten) Prozeß-Slot. Wenn schon sehr viele Prozesse auf dem Rechner laufen, kann es dazu kommen, daß keine weiteren Prozesse mehr gestartet werden können.
- Der Start eines Dämons durch inetd erfordert das Lesen der Konfigurationsdateien bei jedem Request. Dauert die Initialisierung lange oder benötigt sie viel CPU-Zeit, so ist es sinnvoll, den Dämon direkt zu starten. Ein Beispiel hierfür ist z. B. der httpd-Dämon.

Eine neue Anwendung mit einem neuen Protokoll erfordert zur Aktivierung folgende Tätigkeiten:

- Der Name des Services und die entsprechende Nummer müssen in der Datei /etc/services eingetragen werden. Betreuen Sie viele Rechner, bedeutet dies eine Menge Arbeit. Alternativ können Sie die Datei services aber auch mittels *Network Information System* (NIS, siehe das gleichnamige Kapitel 22 auf Seite 565) verteilen.

- Die entsprechenden Dämonen und Programme müssen übersetzt und installiert werden.
- Die neuen Dämonen müssen entweder beim Systemstart (z. B. in dem Skript `/etc/rc.local` oder den entsprechenden `init`-Skripten) aufgerufen oder in die Datei `/etc/inetd.conf` eingetragen werden. Da diese Datei auf unterschiedlichen Rechnern unterschiedliche Formate hat, kann sie leider nicht mittels NIS (Network Information System) verteilt werden. Zu diesem Zweck könnte man aber ein Paket wie GNU `cfengine` einsetzen.

16.6 Remote Procedure Call

Eine andere verbreitete Kommunikationsmöglichkeit sind *Remote Procedure Calls* (RPC). Dieses Verfahren wurde unter anderem von Sun entwickelt. Die Spezifikation ist in [rfc1057] veröffentlicht. Auf der Basis von RPC wurden Dienste wie z. B. NFS (*Network File System*, siehe das gleichnamige Kapitel 19 auf Seite 517) und NIS (*Network Information System*, siehe das gleichnamige Kapitel 22 auf Seite 565) entwickelt.

Jeder Version eines RPC-Protokolls (z. B. `mount`, `ypbind`), wird eine Versionsnummer zugeordnet. Bei inkompatiblen Änderungen am Protokoll wird die Versionsnummer erhöht. Jeder Client gibt beim Verbindungsaufbau an, welche Version eines Protokolls verwendet werden soll. Viele Server unterstützen mehrere Versionen und verwenden dann das passende Protokoll. Damit ist es möglich, zunächst auf den Server und dann auf die Clients in einem Netz eine neue Version zu installieren, ohne den Betrieb des Netzes zu stören.

Die Verwaltung der Dienste übernimmt, ähnlich zum `inetd`, der Portmapper. Unter Linux heißt das Programm `rpc.portmap` und ist im Verzeichnis `/usr/sbin` zu finden. Jedes RPC-Programm muß sich beim Start beim Portmapper registrieren, der dem Programm dann einen freien Port zuweist. Damit können praktisch beliebig viele RPC-Dienste laufen, ohne daß deren Port-Nummern bei der IANA registriert sein müssen. Wenn der Portmapper neu gestartet wird, so müssen alle RPC-Server ebenfalls neu gestartet werden, damit sich diese wieder beim Portmapper registrieren können.

Clients, die einen RPC-Dienst nutzen möchten, müssen zunächst den Portmapper nach der verwendeten Port-Nummer fragen und können erst danach mit dem Server direkt Kontakt aufnehmen. Damit sind RPC-Dienste nicht für den Transport über eine Firewall geeignet, da die Port-Nummern nicht im voraus bekannt sind.

In der Datei /etc/rpc werden die RPC-Programmnummern einzelnen Anwendungen zugeordnet. Mit dem Programm rpcinfo können Sie feststellen, welche RPC-Services ein Rechner anbietet (rpcinfo -p *Rechner*, siehe Listing 16.8). Wird diese Funktion ohne einen Rechnernamen aufgerufen, so werden die Informationen zum eigenen Rechner angezeigt.

```
(Linux):~# rpcinfo -p
   program vers proto   port
   100000    2   tcp    111  portmapper
   100000    2   udp    111  portmapper
   100005    1   udp    668  mountd
   100005    1   tcp    670  mountd
   100003    2   udp   2049  nfs
   100003    2   tcp   2049  nfs
   100004    2   udp    698  ypserv
   100004    1   udp    698  ypserv
   100004    2   tcp    701  ypserv
   100007    2   udp    709  ypbind
   100007    2   tcp    711  ypbind
```

Listing 16.8: RPC-Services eines Rechners

Mit der Option -u (für UDP) oder -t (für TCP) können Sie gezielt feststellen, ob ein Rechner einen bestimmten Service (mit einer speziellen Version) anbietet (siehe Listing 16.9). Dabei wird die Prozedur 0 des entsprechenden Servers aufgerufen, um die Funktionalität sicherzustellen. Ist der Dienst nicht verfügbar oder nicht mehr funktionsfähig, dann wird eine entsprechende Fehlermeldung ausgegeben.

```
(Linux):~# rpcinfo -u localhost 100004 2
program 100004 version 2 ready and waiting
(Linux):~# rpcinfo -u localhost 100004
program 100004 version 1 ready and waiting
program 100004 version 2 ready and waiting
```

Listing 16.9: Das Programm rpcinfo mit der Option -u

Wenn Sie einen Rechner im lokalen Netz suchen, der einen speziellen Dienst anbietet, verwenden Sie die Option -b. Dadurch wird ein Broadcast erzeugt, auf den der oder die Server für diesen Dienst antworten. Ein Beispiel dafür finden Sie in Listing 16.10).

```
(Linux):~# rpcinfo -b 100004 2
127.0.0.1 localhost
192.168.3.155.26 erbse.gemuese.org
127.0.0.1 localhost
192.168.3.155.26 erbse.gemuese.org
127.0.0.1 localhost
192.168.3.155.26 erbse.gemuese.org
```

Listing 16.10: Das Programm `rpcinfo` mit der Option `-b`

16.7 Architekturunabhängiges Datenformat

An der Kommunikation im Netz können beinahe beliebige Rechnerarchitekturen teilnehmen. Bei der Entwicklung von Protokollen und Programmen wirft dies eine Reihe von Problemen auf. Dazu gehört z. B. die unterschiedliche Kodierung von Texten in verschiedenen Zeichensätzen (ASCII, ISO-Latin-1 oder EBCDIC). Ein weiteres Problem ist die unterschiedliche interne Darstellung von Integer-Zahlen. Diese müssen vor dem Transport (z. B. als Port-Nummer) vom Programm in die Netzwerk-Order gebracht werden. Dazu dient in der Programmiersprache C die Funktion `htons(3)`. Ist auf der gerade verwendeten Architektur das interne Datenformat gleich der Netzwerk-Order, dann führt diese Funktion keine Umwandlung durch. In Abbildung 16.1 finden Sie ein Beispiel für die unterschiedliche Darstellung von IP-Adressen auf verschiedenen Rechnerarchitekturen.

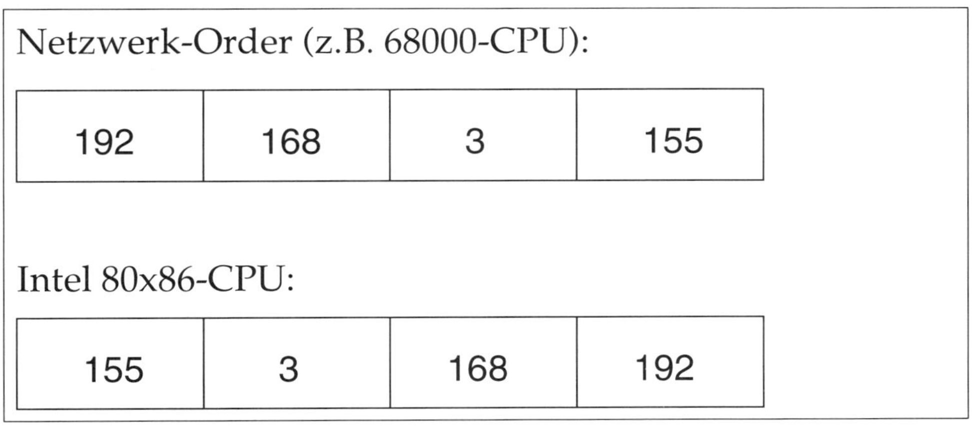

Abbildung 16.1: Interne Darstellung der IP-Adresse `192.168.3.155`

Auch beim Austausch von anderen Daten müssen eventuell Texte umkodiert oder Datenbankdateien umgesetzt werden. Auch für diese Zwecke existiert eine Reihe von Tools, wie `recode` für Textdateien oder spezielle Bibliotheken. Hinweise zur „External Data Representation" finden Sie in [rfc1014].

17 IP-Adressen und Rechnernamen

Bisher haben wir fast ausschließlich numerische IP-Adressen verwendet. Diese werden von den betroffenen Systemen intern verwendet, sind aber für Anwender schlechter zu merken als Namen. Daher wird jedem Rechner zusätzlich zu seiner numerischen IP-Adresse auch ein Name zugeordnet, unter dem er ebenfalls anzusprechen ist. Es ist also eine maschinelle Umsetzung von Namen in IP-Adressen und umgekehrt notwendig.

Der Host-Name eines Unix-Systems wird beim Systemstart mit dem Kommando `hostname` gesetzt. Im Internet gibt es Tausende von Rechnern, die alle eindeutig adressierbar sein müssen. Dazu müssen IP-Adressen *und* Host-Namen eindeutig sein, es muß aber keine Eins-zu-eins Beziehung zwischen diesen herrschen.

Wird nur ein einzelnes Wort als Name verwendet, wie es in der UUCP-Map üblich ist, so ist es schwierig, eindeutige Namen zu finden. Es gibt einfach zu wenige Wörter, die man verwenden möchte, insbesondere sind die Gallier aus Asterix oder die Figuren aus dem Herrn der Ringe bereits vergeben. Ob Computerleute zu ähnliche Bücher lesen?

Ein Ausweg aus diesem Dilemma ist die Verwendung von Domainnamen. Eine Domain ist z. B. das organisatorisch zusammengehörende Netz einer Firma oder Universität. Der Domain-Name wird unter Linux mit `dnsdomainname` festgelegt.

Der Namensraum wird durch die Verwendung von Top-Level-Domains (wie `.de`, `.com` oder `.edu`) und Domains (z. B. `gemuese.org` oder `obst.org`) unterteilt. Diese beiden Domain-Namen werden in den folgenden Kapiteln in vielen Beispielen wieder auftauchen. Sie sind nicht offiziell registriert und dienen nur zu Demonstrationszwecken.

Eine Domain kann weiter in Sub-Domains unterteilt werden. Die Organisation `obst.org` wird hier weiter unterteilt in die Sub-Domains `lager.obst.org` und `verkauf.obst.org`. Damit muß ein Host-Name nur in der eigenen (Sub-)Domain eindeutig sein, was in der Praxis relativ einfach sicherzustellen ist. Normalerweise vergibt der Netzwerkverwalter, der auch die IP-Adressen vergibt, die entsprechenden Namen.

Ein Rechnername soll den Benutzern die Arbeit erleichtern. Er sollte daher leicht zu merken und sinnvoll sein. Einige Vorschläge, die bei der Namensvergabe beachtet werden sollten, finden Sie im [rfc1178], eine Zusammenfassung daraus folgt hier.

Diese Hinweise spiegeln langjährige Erfahrungen im Internet mit der Namensvergabe wider, werden aber in der Praxis oft genug ignoriert. Verwenden Sie

- keine Rechnertypen oder Betriebssystemnamen, denn das könnte sich recht schnell ändern.
- keine „wichtigen" Begriffe, die in wenigen Monaten schon unwichtig oder beleidigend sein könnten.
- keine Tätigkeiten oder Projekte, da sich diese Zuordnungen sehr schnell ändern.
- keine Namen von Personen, das würde für Verwirrung sorgen. Ist nun die Person oder der Rechner gemeint? Außerdem geschieht es in der Praxis häufiger, daß ein Rechner an einen anderen Arbeitsplatz gestellt wird.
- keine langen Namen, die nur schwer zu merken und langsam zu tippen sind. Oder möchten Sie dem Benutzer `hein@quetzalcoatl.in.tu-clausthal.de` eine E-Mail schreiben?
- keine Domainnamen oder sehr ähnliche Namen, das könnte unbedarfte Benutzer verwirren.
- keine beleidigenden Namen.
- keine Ziffern am Anfang (oder nur Hexadezimalzeichen).
- keine Sonderzeichen wie Unterstriche (_), Umlaute o. ä.
- für die Namen grundsätzlich Kleinbuchstaben. Groß-/Kleinschreibung wird in der Regel nicht unterschieden, einige Programme tun es dennoch.
- keine zufällig zusammengewürfelten Namen, die praktisch nicht merkbar sind.
- nur Host-Namen, die nicht länger als 63 Zeichen sind. Das ist die Länge, die laut [rfc1123] jeder Internet-Host unterstützen muß.

Was soll man als Host-Namen wählen? Auch hier findet man im [rfc1178] einige Vorschläge, die aber im täglichen Leben nur selten beachtet werden. Diese Ideen sind oft dazu geeignet, die oben genannten Probleme zu umgehen.

- Verwenden Sie seltene Wörter,
- thematisch zusammenhängende Namen: Farben, mystische Figuren o. ä.
- einfach zu schreibende Namen.

Beachten Sie bei der Wahl der Namen, daß diese vermutlich noch in einigen Jahren verwendet werden. Die Änderung eines Rechnernamens ist relativ aufwendig, wenn bereits einiges an Konfigurationsarbeit geleistet wurde. Wählen Sie daher den Namen Ihres Rechners mit Bedacht.

Der vollständige Name (Fully Qualified Domain Name, FQDN) eines (beliebigen) Rechners besteht im Internet aus mehreren Teilen, die durch Punkte getrennt sind. Dies sind z. B. bei dem Rechnernamen `apfel.lager.obst.org` folgende Teile:

- `apfel` ist der Name des Rechners.
- `lager.obst.org` ist die Domain des Rechners.
- `.org` ist die Top-Level-Domain (TLD) für „Organisationen". Weitere TLDs sind z. B. `.com` für kommerzielle Firmen, `.edu` für Universitäten oder `.mil` für Militär. Für deutsche Internet-Teilnehmer wird in der Regel die Top-Level-Domain `.de` verwendet.
- `lager.obst.org` ist eine Sub-Domain der Domain `obst.org`. Es ist möglich, weitere Sub-Domains einzurichten, um den Namensraum zu erweitern.

Durch die Aufteilung in Domains muß ein Rechnername nur in der eigenen (Sub-) Domain eindeutig sein und kann trotzdem im gesamten Internet adressiert werden. Eine Domain erhalten Sie entweder von Ihrem Provider oder durch das Network Information Center (NIC[1]). Den Rechnernamen vergeben Sie in Absprache mit ihrem Netzbetreuer (dem Verantwortlichen für den Nameserver) oder Ihrem Provider.

17.1 Zuordnung von Namen und IP-Adressen in der Datei `/etc/hosts`

Normale Benutzer werden in der Regel die Rechner mit ihrem Host-Namen ansprechen. Die Rechner untereinander kommunizieren aber mit Hilfe ihrer IP-Adressen. Daher muß es ein (maschinelles) Verfahren geben, mit dem Namen in IP-Adressen und umgekehrt umgewandelt werden können.

Im einfachsten Fall werden die IP-Adressen und die zugeordneten Namen in der Datei `/etc/hosts` (siehe Listing 17.1) aufgeführt. In der ersten Spalte finden Sie die IP-Adresse des Rechners, danach seinen Namen (FQDN, Fully Qualified Domain Name), eventuell gefolgt von Aliasnamen.

Die Verwendung von Aliasnamen ermöglicht es, einen Rechner unter einem Namen zu adressieren, der seine derzeitige Verwendung beschreibt. So können viele `ftp`-Server unter dem Aliasnamen `ftp.`*`Domain`* erreicht werden. Weitere verbreitete Aliasnamen sind `www`, `gopher` oder `news`. Übernimmt nun ein anderer Rechner diese Funktion, so wird nur dieser Aliasname verändert, nicht aber der eigentli-

[1] Universität Karlsruhe, Rechenzentrum/DE-NIC, Zirkel 2, D-76128 Karlsruhe, Telefon: +49 721 373723, Fax: +49 721 373741, `hostmaster@nic.de`, `http://www.nic.de`

che Rechnername. Die Änderung eines Aliasnamens erfordert nur wenig Aufwand, die Änderung eines Rechnernamens kann dagegen sehr aufwendig sein.

```
# IP-Adresse        Rechnername            Aliasnamen
127.0.0.1           localhost
192.168.3.155       erbse.gemuese.org      erbse
```

Listing 17.1: Inhalt der Datei `/etc/hosts`

In einem größeren Netz ist die Wartung vieler `hosts`-Dateien sehr arbeitsaufwendig und führt leicht zu Inkonsistenzen, da auf verschiedenen Rechnern oft unterschiedliche und unvollständige Namenstabellen vorliegen. Die Zuordnung von Namen und Adressen sollte eindeutig sein, damit auf jedem Rechner dieselben Hosts unter denselben Namen ansprechbar sind. Hier ist eine zentrale Verwaltung sinnvoll, um diese Konsistenz zu gewährleisten.

Die Eindeutigkeit von Host-Namen kann durch den *Domain Name Service* (DNS) sichergestellt werden, für den ein sogenannter Nameserver eingerichtet wird. Alle Daten werden zentral auf diesem Rechner gepflegt und auf Anforderung über das Netz verteilt.

Eine andere Möglichkeit besteht in der Verwendung von NIS (*Network Information Service*, siehe das gleichnamige Kapitel 22 auf Seite 565). Die Verwendung von NIS ist jedoch nur für Unix-Netze sinnvoll, da DOS-Clients in der Regel kein NIS beherrschen, jedoch DNS-Anfragen starten und die Antworten verwenden können.

17.2 Domain Name Service

Die Einrichtung eines Nameservers ist aus verschiedenen Gründen sinnvoll. Der administrative Aufwand beim Abgleich der Namenstabellen bei einem größeren Netz kann vermindert werden; insbesondere bei der Verwendung von DOS- und Windows-Clients ist eine zentrale Administration von `hosts`-Dateien nicht möglich. Bei Dial-Up-Verbindungen kann es sinnvoll sein, einen Cache-Server einzurichten. Dadurch werden wiederholte Anfragen an externe Nameserver vermieden. Mehr Informationen zum DNS finden Sie in [rfc1033], [rfc1034] und [rfc1035].

Ein Nameserver ist für einen bestimmten Bereich (eine Zone) zuständig (authoritative). Für Anfragen, die der Nameserver nicht beantworten kann, wird der übergeordnete Server gefragt, der seinerseits die Anfrage weiterleiten kann. Da auch der übergeordnete Server nicht alle Daten der untergeordneten Server kennt, kann er die Anfrage auch nach unten an den zuständigen Server weiterleiten. Daher ist es beim Anschluß an das Internet wichtig, die Existenz eines eigenen Nameservers, z. B. beim DE-NIC, bekanntzumachen. Dies geschieht beim Antrag auf eine eigene

Domain entweder durch den Provider oder das zuständige Network Information Center.

Aus Gründen der Ausfallsicherheit sollte es für jede Zone mindestens zwei Nameserver geben, einen primären (primary) und mindestens einen Backup-Server (secondary). Auf dem Primary-Server werden die Datenbanken gepflegt, in denen die Informationen über Rechner und deren Adressen gespeichert sind. Der Backup-Server holt in regelmäßigen Abständen die Daten und bietet die Funktion des Nameserves für die Clients. Zu diesem Zweck speichert der Secondary-Server die Daten in einer Datei, die dann als Basis zur Beantwortung der DNS-Anfragen dient.

In vielen Fällen wird der Provider entweder den Nameserver für Sie betreiben oder zumindest einen Secondary-Server bereitstellen. Oft betreiben zwei oder drei Kunden eines Providers wechselseitig einen Secondary-Server.

Sorgen Sie in Ihrem Netz für das Vorhandensein eines Backup-Servers für den DNS. Ist dieser Dienst ausgefallen, erscheint das vielen Benutzern wie ein Komplettausfall des Netzes, daher ist der DNS ein sehr zentraler Dienst in einem TCP/IP-Netz. Aus diesem Grund sind im Protokoll Secondary-Server vorgesehen, die ihre Daten automatisch vom primären Server übertragen. Auf den Clients tragen Sie einfach mehrere Nameserver in die Konfiguration ein.

17.3 Nutzung eines Nameservers mit Linux

In diesem Abschnitt geht es um die Nutzung eines bereits bestehenden Nameservers als Client. Die Konfiguration eines Nameservers ist ausführlich in Kapitel 21, *Konfiguration und Betrieb eines Nameservers*, auf Seite 545 erläutert, dort finden sich auch weitere Hinweise zum Betrieb desselben.

Wenn Sie noch die `libc-5` verwenden, erfolgt die Konfiguration eines DNS-Clients zunächst durch Einträge in die Datei `/etc/host.conf`. Ein Beispiel für diese Datei finden Sie in Listing 17.2.

Das Schlüsselwort `order` gibt an, in welcher Reihenfolge die entsprechenden Informationsquellen befragt werden. Möglich ist `hosts` für die Datei `/etc/hosts`, `bind` für die Anfrage an einen Nameserver und `nis` für die Anfrage an einen NIS-Server. Mehr zu NIS (Network Information System) finden Sie im gleichnamigen Kapitel 22 auf Seite 565.

```
order hosts, bind
multi on
```

Listing 17.2: Einträge in der Datei `/etc/host.conf`

Der Eintrag `multi on` ermöglicht es, einem Rechner mehrere IP-Adressen zuzuordnen. Solche Rechner nennt man auch „multi-homed". Es kann sinnvoll sein, einem Rechner mehrere IP-Adressen zuzuweisen, wenn dieser für verschiedene Adressen Dienste anbieten soll. Oft wird ein Rechner als Web-Server von verschiedenen Firmen oder Abteilungen benutzt, und für jede Adresse `http://www.`*`Firma`*`.de` wird eine andere Homepage angezeigt. Ein zweiter Einsatzbereich ist, wenn der Nameserver auf einen anderen Rechner verlagert wird, der dann zusätzlich die alte IP-Adresse mit bedient.

Wenn Sie die GNU-`libc` (auch als `libc-6` bekannt) einsetzen, dann erfolgt die Anbindung an einen Nameserver in der Datei `/etc/nsswitch.conf`. Diese Datei hat dasselbe Format wie unter Solaris. In Listing 17.3 finden Sie ein Beispiel.

Der Name `nsswitch` steht für „Name Service Switch". `nsswitch` dient nicht nur zu Konfiguration des DNS-Clients, sondern ermöglichst viele andere Konfigurationen. Wenn Anwendungsprogramme nur die `libc`-Funktionen zum Lesen dieser Dateien verwenden, so erfolgt der Aufruf entfernter Dienste vollkommen transparent für den Programmierer und Anwender. Mehr zu diesem Thema finden Sie in der Info-Dokumentation zur GNU-`libc` Version 2.0 oder höher.

```
passwd:     files nisplus nis
shadow:     files nisplus nis
group:      files nisplus nis
hosts:      files nisplus nis dns
```

Listing 17.3: Die Datei `/etc/nsswitch.conf`

In der ersten Spalte finden Sie den Namen der (lokalen) Konfigurationsdatei, gefolgt von einem Doppelpunkt (`:`). In den folgenden Spalten wird festgelegt, welche Dienste zu befragen sind, wenn aus der entsprechenden Konfigurationsdatei gelesen werden soll. Eine Übersicht über die möglichen Einträge finden Sie in Tabelle 17.1.

Schlüsselwort	**Bedeutung**
`files`	Die entsprechende lokale Datei lesen
`nisplus`	Die Daten von einem NIS+-Server (NIS Ver. 3) holen
`nis+`	Wie der Eintrag `nisplus`
`nis`	Die Daten von einem NIS-Server (NIS Ver. 2) holen
`yp`	Wie der Eintrag `nis`
`dns`	Den Nameserver befragen
`db`	Aus einer lokalen Datenbank lesen
`[NOTFOUND=return]`	Suche beenden, wenn bisher nicht gefunden

Tabelle 17.1: Mögliche Einträge in der Datei `/etc/nsswitch.conf`

Der letzte Eintrag in Tabelle 17.1 ist nur ein Beispiel für eine mögliche Reaktion. Mögliche Status, die wie in der letzten Zeile der Tabelle zur Abfrage verwendet werden können, sind `success`, `notfound`, `unavail` und `tryagain`. Die Abfrage kann mit einem Ausrufezeichen (`!`) negiert werden, außerdem sind mehrere Abfragen möglich. Als Aktionen nach dem Gleichheitszeichen können `return` oder `continue` angegeben werden. Mehr zu diesen Funktionen und den Default-Einträgen finden Sie wieder in der Info-Dokumentation der GNU-`libc`.

Im nächsten Schritt muß in der Datei `/etc/resolv.conf` (siehe Listing 17.4) der zu verwendende Nameserver eingetragen werden. Der Name der Datei ist von der Resolver-Bibliothek (`libresolv`) abgeleitet, die für die Namensauflösung zuständig ist. Auf einigen Unix-Systemen (wie unter Linux mit `libc5`) ist diese Bibliothek integraler Bestandteil der `libc`, auf anderen Systemen und mit der GNU-`libc` Version 2 muß explizit mit der Option `-lresolv` die Resolver-Bibliothek hinzugelinkt werden.

In der Datei `/etc/resolv.conf` sind bis zu drei `nameserver`-Einträge erlaubt. Die Server werden in der angegebenen Reihenfolge angesprochen, so daß der lokale (schnellste oder verläßlichste) Server an erster Stelle stehen sollte. Liefert der erste keine Antwort, so wird auf die Antwort eines anderen Servers gewartet. Damit ist für den Client der Ausfall eines DNS-Servers praktisch nicht mehr spürbar, abgesehen von einem relativ kurzen Timeout.

```
nameserver 192.168.3.150
nameserver 192.168.3.150
domain lager.obst.org
search lager.obst.org obst.org
# sortlist sort-list
# options option-list
```

Listing 17.4: Die Datei `/etc/resolv.conf`

Ist in der `resolv.conf`-Datei kein Nameserver eingetragen, so wird der eigene Rechner als Nameserver benutzt. Hier sollte die IP-Adresse anstelle des Host-Namens angegeben werden, um Rekursionen (Nameserver- oder NIS-Anfragen zur Auflösung des Namens des Nameservers...) oder Dead-Locks zu vermeiden. Der Name-Server sollte nach Möglichkeit die IP-Adresse nicht wechseln, da damit ein größerer Konfigurationsaufwand bei den Clients verbunden ist, wenn kein `bootp` eingesetzt wird.

Weiterhin kann in der Datei `resolv.conf` der Domain-Name angegeben werden. Andernfalls wird der Teil nach dem ersten Punkt (`.`) im Host-Name verwendet. Im Listing 17.4 wird als Domain `lager.obst.org` verwendet.

Die Search-Liste (Schlüsselwort `search`) gibt an, wie aus einem unvollständig angegebenen Host-Name (ohne Domain) ein möglicherweise vorhandener Rechnername konstruiert werden kann. Standardmäßig wird nur der Domain-Name angehängt, nicht wie in älteren Versionen alle durch Punkte getrennten Teile der Domain. Ein unbedachter Eintrag in die Search-Liste kann zu einer Reihe von nichtbeantwortbaren DNS-Anfragen an fremde Rechner führen, die nicht gern gesehen werden. Das folgende Beispiel soll den Ablauf verdeutlichen:

In der Beispieldatei `/etc/resolv.conf` (siehe Listing 17.4) ist die Search-Liste als `lager.obst.org obst.org` eingetragen. Ein Benutzer versucht nun, eine Verbindung zum Rechner `mais` aufzubauen. Zum Auflösen des Namens in eine IP-Adresse (mit Hilfe eines Nameservers, vergleiche die Datei `/etc/host.conf`) wird nach dem Rechnernamen selbst gesucht. Wird er nicht im Nameserver gefunden, wird der String `lager.obst.org` durch einen Punkt (`.`) an den Rechnernamen angehängt und erneut der Nameserver befragt. Bleibt auch diese Anfrage erfolglos, so wird der nächste Eintrag aus der Search-Liste (im obigen Beispiel `obst.org`) versucht.

Ist auch die Top-Level-Domain (z. B. `.de`, `.edu` oder `.com`) Bestandteil der Search-Liste, so würde zu den oben erwähnten Anfragen noch eine weitere kommen, die dann z. B. für den Rechner `Somehost.Somewhere.org` an den Nameserver der (möglicherweise vorhandenen) Domain `org.de` weitergeleitet würde. Derartige Domain-Namen werden, genauso wie alle nur zweibuchstabigen Subdomain-Namen, nicht mehr vergeben.

Für einzelne Prozesse können Sie die Konfiguration für `search` und `option` durch die Umgebungsvariablen `LOCALDOMAIN` bzw. `RES_OPTIONS` überschreiben. Weitere Informationen zu den Schlüsselwörtern `sortlist` und `options` finden Sie in der Manpage zu `resolver(5)`.

17.4 Testen eines Nameservers

Um die Anbindung an einen Nameserver oder die Konfiguration desselben zu testen, stehen verschiedene Programme zur Verfügung. Einige der verbreiteten Tools werden im folgenden vorgestellt.

Vor allen anderen Dingen muß der Nameserver im Netz erreichbar sein. Dies können Sie durch einen kurzen Test mit dem Programm `ping` sicherstellen. Es ist nicht notwendig, daß sich der benutzte Nameserver im lokalen Subnetz befindet, daher müssen auch die notwendigen Routen gesetzt sein.

Interaktive DNS-Anfragen mit nslookup

Mit dem Programm `nslookup` können DNS-Anfragen in zwei Modi durchgeführt werden: interaktiv und nicht-interaktiv. Im interaktiven Modus können verschiedene Anfragen nacheinander angegeben werden. Im nicht-interaktiven Modus werden nur die gewünschten Informationen ausgegeben und das Programm beendet.

Zusätzliche Optionen können entweder mit einem führenden Minuszeichen (`-`) vor dem Host-Namen oder der Adresse angegeben werden. Außerdem können Standardwerte in der Datei `~/.nslookuprc` abgelegt werden. Ein Beispiel für den nicht-interaktiven Aufruf von `nslookup` finden Sie in Listing 17.5.

```
(Linux):~> nslookup ftp
Server:   karotte.gemuese.org
Address:  192.168.3.150

Name:     erbse.gemuese.org
Address:  192.168.3.155
Aliases:  ftp.gemuese.org
```

Listing 17.5: `nslookup` im nicht-interaktiven Modus

Der interaktive Modus wird verwendet, wenn entweder kein Parameter oder nach einem Minuszeichen (`-`) ein Nameserver (Name oder IP-Adresse) angegeben ist. Anschließend können Anfragen gestartet werden, indem ein Host-Name oder eine IP-Adresse eingegeben werden. Mit dem Befehl `set type=any` können alle Informationen über einen Rechner angefordert werden. Ein Beispiel dafür finden Sie im Listing 17.6. Weitere Informationen über `nslookup` und eine Liste aller möglichen Abfrageoptionen finden Sie in der Manpage zu `nslookup(1)`.

Mit dem Programm `nslookup` können Sie ebenfalls sehr einfach einen sogenannten Reverse-Lookup ausführen. Darunter versteht man die Frage nach dem Namen, der zu einer bestimmten IP-Adresse gehört. In diesem Fall geben Sie einfach anstelle des Host-Namens die IP-Adresse an.

Das Programm `nslookup` kann verschiedene Nameserver befragen und die gesendeten und empfangenen Pakete analysieren. Da dieses Programm auch unter anderen Systemen, wie z. B. Windows NT verfügbar ist, ist es zum Test eines Nameservers sehr verbreitet.

Nameserver-Anfragen mit host

Auch das Programm `host` ermöglicht eine Analyse der in einem Nameserver abgelegten Daten. Nützlich ist hier, daß die Daten im Format passend für den Eintrag

```
(Linux):~> nslookup
Default Server:  karotte.gemuese.org
Address:  192.168.3.150

> ftp
Server:  karotte.gemuese.org
Address:  192.168.3.150

Name:    erbse.gemuese.org
Address:  192.168.3.155
Aliases:  ftp.gemuese.org

> set type=any
> ftp
Server:  karotte.gemuese.org
Address:  192.168.3.150

ftp.gemuese.org canonical name = erbse.gemuese.org
gemuese.org     nameserver = karotte.gemuese.org
erbse.gemuese.org       internet address = 192.168.3.155
> exit
```

Listing 17.6: `nslookup` im interaktiven Modus

in die Nameserver-Datenbank ausgegeben werden können (Option `-v`). Mit der Option `-t` können die gewünschten Einträge selektiert werden (z. B. `ns`, `cname`, `soa`, `hinfo`, `mx` und `any` oder `*` für alle Einträge). Die Bedeutung der Einträge ist in Kapitel 21, *Konfiguration und Betrieb eines Nameservers* auf Seite 545 genauer erläutert.

Die Option `-a` ist eine Kurzform für `-t any`. Eine genauere Beschreibung aller Einträge finden Sie in der Manpage `host(1)` und im *Bind Operators Guide*, den Sie gemeinsam mit den Quellen zu `bind` erhalten. Das Listing 17.7 zeigt einige Beispiele für die Verwendung von `host`.

Nameserver-Anfragen mit `dig`

Ein weiteres Tool zur Analyse eines Nameservers ist `dig` (Domain Information Groper). Auch dieses Programm kann interaktiv und im Batch-Betrieb verwendet werden. Viele TCP/IP-Pakete enthalten nur dieses Programm und nicht `nslookup` oder `host`.

```
(Linux):~> host erbse
erbse.gemuese.org has address 192.168.3.155
(Linux):~> host -v erbse
Trying domain "gemuese.org"
rcode = 0 (Success), ancount=1
erbse.gemuese.org       86400 IN        A       192.168.3.155
For authoritative answers, see:
gemuese.org     86400 IN        NS      karotte.gemuese.org
Additional information:
karotte.gemuese.org     86400 IN        A       192.168.3.150
(Linux):> host -a erbse
Trying domain "gemuese.org"
rcode = 0 (Success), ancount=3
erbse.gemuese.org  86400 IN         A       192.168.3.155
erbse.gemuese.org  86400 IN         HINFO   IBM-PC/AT         UNIX-PC
erbse.gemuese.org  86400 IN         TXT "Test mit Text"
For authoritative answers, see:
gemuese.org 86400 IN        NS      karotte.gemuese.org
```

Listing 17.7: Nameserver-Anfragen mit `host`

Die Optionen und Funktionen von `dig` sind ausführlich in dessen Manpage beschrieben. Beachten Sie, daß Sie bei einem „Reverse-Lookup“ zusätzlich zur IP-Adresse die Option `-x` angeben müssen.

17.5 Die Verläßlichkeit von Nameservern

Die Internet-Protokolle wurden bisher mit Blick auf die Implementierbarkeit und Funktionalität entwickelt und implementiert. Dies war so lange kein Problem, wie nur wenige und verläßliche Teilnehmer im Internet arbeiteten. In den letzten Jahren hat sich die Anzahl der Internet-Rechner und -Benutzer deutlich vergrößert, so daß auch die Zahl der „bösen Buben“ darunter zugenommen hat.

Aus diesem Grund sind heute Internet-Rechner, insbesondere die mit sehr bekannten Namen, vielfältigen Angriffen ausgesetzt. Je nach Protokoll, eingesetzten Programmen und der sonstigen Umgebung gibt es verschiedene Angriffstypen und auch Abwehrmöglichkeiten. Viele Informationen zu diesem Themenkomplex finden Sie u. a. in den CERT-Advisories.

Ein verbreiteter Angriffstyp ist das Verfälschen von Nameserver-Antworten. Viele Programme (z. B. `rlogin`) lassen Benutzer oder Zugriffe in Abhängigkeit vom Rechnernamen zu. Bei einer eingehenden Verbindung steht aber nur die IP-Adresse des Absenders zur Verfügung, wenn diese nicht bereits durch sogenanntes IP-

Spoofing verfälscht ist. Für die Authentifizierung wird ein Reverse-Lookup durchgeführt, der vom zuständigen Nameserver bearbeitet wird.

Da der zuständige Nameserver unter der Kontrolle des Angreifers stehen kann, sind hier beliebige Verfälschungen möglich. Abwehrmaßnahmen sind verbesserte Programme, die die DNS-Antworten noch einmal gegenprüfen, neue Protokolle (z. B. `ssh` statt `rsh`) und der Verzicht auf angreifbare Dienste.

Der Einsatz eines DNS ist auch im Intranet sehr nützlich, da es sehr aufwendig ist, auf allen Rechnern die Host-Tabellen zu pflegen. Der wesentliche Vorteil des DNS ist hier, daß es eine definitive Instanz gibt, deren Daten überall verfügbar sind. Alternativ kann man in einem Unix-Netz auch NIS zum Verteilen der Host-Tabellen einsetzen, man ist dabei aber auf Unix-Systeme beschränkt.

18 Applikationen im Netz

Auf der Basis von TCP/IP wurde eine Reihe von Anwendungen entwickelt, die bei der Arbeit im Netz hilfreich sind. Einige dieser Anwendungen werden im folgenden vorgestellt. Dabei kann es sich nur um eine kleine Auswahl handeln, die keinerlei Anspruch auf Vollständigkeit erhebt. Es werden auch ständig neue Protokolle entwickelt, implementiert und verbessert, so daß eine definitive Referenz praktisch unmöglich ist.

Viele dieser Applikationen wurden unter BSD entwickelt und dann nach Linux portiert. Viele dieser Programme findet man daher auf jedem BSD-System und in neuerer Zeit auch auf diversen System-V-Rechnern. Einige der hier vorgestellten Programme sind jedoch in den Standardinstallationen von Linux- und Unix-Systemen nicht enthalten, so daß der Systemadministrator diese bei Bedarf selbst kompilieren und installieren muß. Hinweise zur Installation von Programmen und Netzwerk-Diensten finden Sie in Kapitel 12, *Installation von Programmen*, auf Seite 373 und Kapitel 16.5, *Aufnahme neuer Services*, auf Seite 474.

18.1 Das `telnet`-Programm

Mit dem Programm `telnet` (Terminal Emulation over Network) kann eine Anmeldung auf einem entfernten Rechner erfolgen. Das Programm (und das gleichnamige Protokoll) definieren ein „Network Virtual Terminal", über das Programme bedient oder andere Dienste angesprochen werden können.

Dazu muß auf dem entfernten Rechner der `telnetd`-Dämon gestartet sein. Das geschieht üblicherweise mit dem `inetd`-Super-Server. Außerdem müssen Sie über eine gültige Benutzerkennung (Benutzername und Paßwort) auf diesem Rechner verfügen. Neben dieser normalen Anwendung kann `telnet` auch zum Test von anderen TCP-Protokollen dienen. Das `telnet`-Protokoll ist in [rfc0854] definiert.

Im einfachsten Fall lautet der Aufruf `telnet` *`Host-Name`*. Dadurch wird eine `telnet`-Verbindung zu dem angegebenen Rechner hergestellt wird. Wenn Sie das Programm `telnet` ohne Parameter aufrufen oder die Escape-Sequenz senden (normalerweise Strg-]), dann gelangen Sie in den Kommandomodus. In diesem Modus können Sie am Prompt (`telnet>`) eine Verbindung öffnen (`open`), schließen (`close`) oder spezielle Zeichen schicken (`send`). Eine ausführliche Hilfe zu allen Befehlen finden Sie in der Manpage zu `telnet(1)`, eine kurze Übersicht, wenn Sie im Kommandomodus `help` eingeben. Beachten Sie, daß der Kommandomodus nach jedem Befehl beendet wird, wenn eine Verbindung zu einen anderen System besteht.

Sie können zu einem anderen Port als dem `telnet`-Port (23) Verbindungen aufbauen, indem Sie den gewünschten Port als Service-Name oder -Nummer nach dem Host-Namen angeben. So können Sie mit dem Befehl `telnet localhost smtp` oder `telnet localhost 25` eine Verbindung zum `smtp`-Port (Simple Mail Transfer Protocol) aufbauen und dann direkt mit `sendmail` oder `smail` des entsprechenden Rechners zu kommunizieren.

Neben dem Test von einzelnen Services kann `telnet` auch zu einem Test der Verbindung mißbraucht werden. Dazu werden in der Regel die Ports `discard (9)` und `echo (7)` verwendet. Bei `discard` werden alle eingegebenen Zeichen ignoriert, `echo` sendet alle eingegebenen Zeichen (zeilenweise) unverändert zurück.

Das Programm `telnet` liest beim Start die Datei `~/.telnetrc`. In dieser Datei können Sie verschiedene Einstellungen vornehmen, um `telnet` an Ihre Anforderungen anzupassen. Das Beispiel in Listing 18.1 zeigt einige Konfigurationsmöglichkeiten, eine vollständige Darstellung finden Sie in der Manpage zu `telnet`.

```
# Konfiguration des telnet-Programms
localhost toggle binary
mais      toggle binary
          set interrupt ^K
```

Listing 18.1: Die Datei `~/.telnetrc`

Kommentare in der Datei beginnen mit einem Nummernzeichen (`#`) in Spalte 1 und umfassen die ganze Zeile. Leerzeilen werden ignoriert. Gültige Einträge beginnen mit einem Host-Namen in Spalte 1 , gefolgt von Optionen und Befehlen. Ein Eintrag kann sich über mehrere Zeilen erstrecken, sofern die Fortsetzungszeilen mit einem Whitespace (Leerzeichen oder Tabulator) beginnen.

In Listing 18.1 wird für die Rechner `localhost` und `mais` die binäre Übertragung vereinbart. Bei dem Rechner `mais` wird zusätzlich das Interrupt-Zeichen verändert. Alle Optionen werden bei der Aktivierung vom `telnet`-Programm protokolliert.

18.2 Das File-Transfer-Protokoll (ftp)

Mit dem Programm ftp können Dateien zwischen Rechnern ausgetauscht werden. Das zugrundeliegende Protokoll wird in [rfc0959] definiert. Beim Datenaustausch zwischen zwei Rechnern sind prinzipiell zwei Möglichkeiten zu unterscheiden:

- Sie haben auf dem entfernten Rechner eine Benutzerkennung und können sich entweder mittels telnet einloggen oder mit ftp Dateien übertragen.[1]
- Sie haben auf dem entfernten Rechner keine Benutzerkennung, aber dort ist ein anonymous-ftp-Server eingerichtet. Dort können Sie sich als Benutzer anonymous oder ftp einloggen. Als Paßwort wird üblicherweise erwartet, daß Sie Ihre E-Mail-Adresse angeben. Oft können Sie auch die Kurzform *Name@* verwenden, die vom ftp-Server automatisch erkannt wird.

  Anschließend können Sie von diesem Rechner Dateien herunterladen oder in spezielle Verzeichnisse, die meist incoming heißen, ablegen. Nachdem der Administrator die Dateien in das ftp-Verzeichnis integriert hat, können andere Benutzer auf diese zugreifen. Dieses Verfahren dient im Internet zum Austausch von Programmen oder Dokumentationen. Weitere Informationen hierzu finden Sie in [rfc1635]. Die Installation eines anonymous-ftp-Servers wird im gleichnamigen Kapitel 24 auf Seite 579 erläutert.

Sie können das ftp-Programm entweder mit einem Rechnernamen als Parameter starten, so daß direkt eine Verbindung zu diesem Rechner hergestellt wird. Sie können auch ftp ohne Parameter starten und landen dann im Kommandomodus (mit ftp> als Prompt). Mit help erhalten Sie eine Übersicht über die möglichen Kommandos. In Listing 18.2 finden Sie ein kurzes Beispiel für eine ftp-Sitzung.

Im ersten Schritt wird die Verbindung zum Rechner mais aufgebaut. Die Anmeldung erfolgt mit Ihren Benutzernamen (hier jochen) und Paßwort, da der angesprochene Rechner kein anonymous-ftp erlaubt. Die Übertragung soll im Binärmodus erfolgen (Eingabe bin), da andernfalls das Protokoll eine Zeichensatzkonvertierung versuchen würde. Dabei werden Archive und andere Binärdateien in der Regel unbrauchbar.

Der Befehl prompt unterdrückt die Nachfragen des ftp-Clients beim später folgenden mget. Auf dem ftp-Server wechselt man mit dem Befehl cd in ein anderes Verzeichnis; das lokale Verzeichnis wird mit lcd verändert. Im letzten Schritt wird die Datei .emacs übertragen und die Verbindung beendet.

Das Programm ftp kann mit der Datei ~/.netrc konfiguriert werden. In dieser Datei können Sie beispielsweise für jeden Host eine Reihe von Befehlen definieren, die nach der (möglicherweise automatisch durchgeführten) Anmeldung aus-

[1] Es gibt auch ftp-Server für Betriebssysteme, die keine Benutzerkennungen oder telnet-Verbindungen kennen. Manchmal ist eine Benutzerverwaltung in den Dämonen implementiert, manchmal hat man aber auch Zugriff auf den gesamten Rechner.

```
(Linux):~> ftp mais
Connected to mais.
220 mais FTP server (Version wu-2.4(1)) ready.
Name (mais:jochen): jochen
331 Password required for jochen.
Password:
230 User jochen logged in.
Remote system type is UNIX.
Using binary mode to transfer files.
ftp> bin
200 Type set to I.
ftp> hash
Hash mark printing on (1024 bytes/hash mark).
ftp> prompt
Interactive mode off.
ftp> lcd /tmp
Local directory now /tmp
ftp> get .emacs
200 PORT command successful.
150 Opening BINARY mode data connection for .emacs.
###########
226 Transfer complete.
11557 bytes received in 0.0184 secs (6.1e+02 Kbytes/sec)
ftp> quit
221 Goodbye.
```

Listing 18.2: Übertragen von Dateien mit `ftp`

geführt werden. Das Listing 18.3 zeigt ein Beispiel für eine Initialisierungsdatei. Beim Verbindungsaufbau zum Rechner `mais` wird `jochen` als Benutzername verwendet. Bei allen anderen Rechnern wird ein `anonymous-ftp` versucht. Alle Optionen und Befehle des `ftp`-Clients sind in der Manpage `ftp(1)` dokumentiert.

Die speziellen Features mancher `ftp`-Server sind für die Benutzer meist in einer `README`-Datei dokumentiert. Dort werden spezielle Funktionen, wie das Übertragen ganzer Verzeichnisbäume und das Umpacken von Dateien erklärt, genauso wie der möglicherweise eingerichtete Mail-Server, der Dateien per Mail versendet.

In diesen Dateien oder den bei der Anmeldung angezeigten Meldungen wird oft darauf hingewiesen, daß alle Befehle und Übertragungen mitprotokolliert werden. Wer dies nicht möchte, sollte derartige Server nicht benutzen. Da die Bereitstellung eines `ftp`-Servers oft als „Service" für die Benutzer verstanden wird, sollte man als Anwender hierfür Verständnis haben und sich entsprechend verhalten.

```
# Eintrag für den Rechner mais
machine mais login jochen
macdef init
bin
hash

# Default für anonymous-ftp
default login anonymous password jochen.hein@li.org
macdef init
bin
hash
```

Listing 18.3: Beispiel für eine `~/.netrc`

Probleme bei der Verwendung von `ftp`

Wenn Sie Probleme haben, sich via `ftp` anzumelden, sollten Sie prüfen, ob Ihre Login-Shell auf dem Zielrechner in der Datei `/etc/shells` aufgeführt ist. Es existieren `ftp`-Dämonen, die die Anmeldung ablehnen, wenn der Benutzer keine gültige Shell hat. Außerdem kann es sein, daß der Benutzer in der Datei `/etc/ftpusers` eingetragen ist. In dieser Datei sind die Benutzerkennungen aufgeführt, für die `ftp`-Verbindungen nicht erlaubt sind.

Wenn Sie beim Laden von Dateien aus dem Internet die Meldung „permission denied" erhalten, dann prüfen Sie, ob Sie im lokalen Verzeichnis Schreibrechte haben. Als normaler Benutzer in ein anderes Verzeichnis zu wechseln, in dem man keine Dateien anlegen darf und dann `ftp` aufzurufen ist ein häufiger Fehler.

`ftp` hat einige Eigenarten, die es für den Betrieb über eine Firewall oder einen IP-Adreßumsetzer nicht geeignet machen. Zusätzlich zur Steuerverbindung, die der Client auf den Port 21 (`ftp`) öffnet, wird die Datenübertragung über eine neue Verbindung durchgeführt. Diese Verbindung wird vom `ftp`-Server zum Client geöffnet und geht vom Port `ftp-data` (20) aus. Als Alternative kann der sogenannte Passiv-Modus verwendet werden, in dem die Datenübertragung auch über den Steuerkanal stattfindet. Viele Clients, insbesondere Web-Browser, verwenden diese Option als Standard.

Andere `ftp`-Clients

Neben dem Standard-`ftp`-Programm gibt es viele andere `ftp-Clients`. Ich benutze häufig das leistungsfähigere `ncftp`, das eine komfortablere Benutzeroberfläche hat. Eine oft nützliche Funktion ist das Übertragen von ganzen Verzeichnisbäumen, das hier im Client implementiert ist. Praktisch sind auch das integrierte

Adreßbuch und die Möglichkeit, Kurznamen für Server zu vergeben und bei einer neuen Verbindung automatisch im ursprünglichen Verzeichnis zu landen.

Aus derselben Quelle können Sie als Shareware einen `ftp`-Server beziehen, der etwas einfacher zu administrieren ist als der Standard-`ftp`-Server und außerdem eine geringere Last auf dem Rechner verursacht. Nützlich für Anwender sind zwei weitere Programme aus diesem Umfeld: `ncftpget` und `ncftpput`. Mit Hilfe dieser Tools können Sie mit Shell-Skripten einfach einen `ftp`-Transfer durchführen, ohne daß Sie eine `~/.netrc`-Datei schreiben müssen.

Auch für X gibt es andere, komfortablere `ftp`-Clients, wie `xftp` oder `mxFtp`. Der Dateimanager von KDE ist ein vollständiger Web-Browser und kann daher auch in `ftp`-Servern verwendet werden. Wenn Sie sich noch an den Norton Commander erinnern, dann setzen Sie vielleicht doch lieber den GNU Midnight Commander (`mc`) ein; auch dieser beherrscht `ftp`.

Außerdem enthält Emacs einen `ftp`-Modus (`ange-ftp`), mit dem Sie innerhalb der gewohnten `dired`-Umgebung bequem Dateien suchen, ansehen, ändern und übertragen können. Geben Sie als Dateiname einfach `/`*`user@host`*`:`*`Dateiname`* an.

Wenn Sie keinen Online-Zugang zum Internet haben, sondern nur mittels UUCP Mail und News austauschen, können Sie trotzdem Dateien auf `ftp`-Servern erhalten. Einige Server versenden Dateien auch per E-Mail, die entsprechenden Anweisungen dazu finden Sie meist in der `README`-Datei des Servers. Daneben gibt es Server, die kommando- und mailgesteuert beliebige Dateien von beliebigen Rechnern übertragen und dann per Mail (uuencoded) verschicken. Entsprechende Adressen finden Sie in der FAQ *Accessing the Internet by Mail.*

Weitere Informationen und Bezugsquellen	
`ftp`-Server:	`ftp.ncftp.com`
`ftp`-Pfad:	`/ncftp`
Dateiname:	`ncftp-2.4.3.tar.gz`
Größe:	ca. 190 kByte
Web-Server:	`http://www.ajsoft.demon.co.uk/mxFtp.html`

192937 Mar 19 1998 ncftp-2.4.3.tar.gz

18.3 Suche nach Dateien mit `archie`

Im Internet gibt es viele `ftp`-Server, auf denen noch mehr Dateien und Programme abrufbar bereitliegen. Wenn Sie nun ein bestimmtes Programm suchen, aber keinen `ftp`-Server kennen, der dieses Programm bereitstellt, können Sie mit dem Programm `archie` oder `xarchie` danach suchen. Für die Bedienung des `archie`-Clients existiert ein zusätzlich erhältlicher Emacs-Modus namens `archie.el`.

Sind diese Programme nicht auf Ihrem Rechner vorhanden, können Sie sich mittels telnet auf einem Archie-Server (z. B. archie.th-darmstadt.de, Benutzername archie) anmelden und Ihre Anfragen dort direkt starten. Haben Sie keinen Online-Zugang, so können Sie Ihre Anfragen auch per E-Mail an archie@archie.th-darmstadt.de schicken. Hinweise zur Bedienung erhalten Sie mit dem Befehl help.

Ein großer Nachteil des archie-Dienstes ist, daß nur nach Namen (Teilstrings oder regulären Ausdrücken) von Dateien gesucht werden kann. Wer weiß schon, daß sich hinter einem kryptischen Namen ein Programm verbirgt, das man schon lange sucht? Wenn man nach einem Programm sucht, das eine bestimmte Funktion erfüllt, so lohnt sich oft ein Blick in die FAQ (Frequently Asked Questions) der entsprechenden Newsgroup.

Manchmal findet man Programme auch durch Suchen auf einem nach Gruppen geordneten ftp-Server. In letzter Zeit bewährt sich die Suche mit Hilfe der verschiedenen Suchmaschinen im WWW. Es gibt einige verschiedene Suchmaschinen, die sich durch Umfang und Aktualität unterscheiden. Daher sollte man, wenn man mit seinen Suchbegriffen keinen Erfolg hat, eine andere Suchmaschine und/oder andere Suchbegriffe verwenden.

Wenn Sie nicht online suchen möchten, so können Sie das natürlich auch per Mail erledigen. Dazu senden Sie die Befehle einfach an den entsprechenden Mail-Archie. Das Listing 18.4 zeigt ein Beispiel dafür.

```
(Linux):> mail archie@archie.th-darmstadt.de
Subject:
prog bbdb-1
quit
.
```

Listing 18.4: Eine Archie-Abfrage mit Hilfe von E-Mail

Die Bedienungsanleitung für Archie erhalten Sie, wenn Ihre Mail das Wort help enthält. Beim Beispiel in Listing 18.4 wird nach einem Programm gesucht, in dessen Dateinamen bbdb-1 auftaucht. In diesem Fall habe ich nach dem Emacs-Paket bbdb (Big Brothers Database) gesucht.

Das Listing 18.5 zeigt eine Verbindung zum deutschen Archie-Server an der TH Darmstadt. Die Ausgaben der Servers wurden aus Gründen der Übersichtlichkeit gekürzt abgedruckt.

Der Befehl pager sorgt dafür, daß die Suchergebnisse nicht direkt angezeigt werden, sondern mit Hilfe eines Pagers wie more angezeigt werden. Andernfalls kann man die Ausgaben oft nicht in Ruhe analysieren. Da der Archie-Server das Termi-

```
(Linux):> telnet archie.th-darmstadt.de
Trying 130.83.22.1...
Connected to archie.th-darmstadt.de.
Escape character is '^]'.

Welcome to archie.th-darmstadt.de

login: archie
# Terminal type `ansi-bbs' is unknown to this system.
# `erase' character is `^?'.
# `search' (type string) has the value `sub'.
th-archie> pager
th-archie> set term vt100
# Terminal type set to `vt100 24 80'.
th-archie> prog bbdb
# Search type: sub.
# Your queue position: 1
# Estimated time for completion: 10 seconds.
working...

Host ftp.th-darmstadt.de    (130.83.47.112)
Last updated 06:18  8 Dec 1996

Location: /pub/editors/GNU-Emacs/elisp-archive/packages
-rw-rw-r-- 155377 bytes 22:00 13 Jan 1994 bbdb-1.49.tar.Z
...
th-archie> quit
# Bye.
Connection closed by foreign host.
```

Listing 18.5: Mitschnitt einer Archie-Abfrage

nal `ansi-bbs`, das von Minicom emuliert wird, nicht kennt, wurde mit `set term vt100` auf ein anderes Terminal umgeschaltet.

Zu Archie gibt es natürlich auch WWW-Zugänge. Außerdem sehr beliebt ist der Dienst FTPSearch, der im WWW unter `http://ftpsearch.ntnu.no/` angeboten wird. Dort können Sie komfortabel nach Dateien auf `ftp`-Servern suchen, ohne sich in die Untiefen der `archie`-Bedienung begeben zu müssen. Besonders nützlich ist es, daß man Pakete, die in einer Linux- oder *BSD-Distribution enthalten sind, gezielt ausblenden kann. Ich muß gestehen, daß ich in letzter Zeit häufiger FTPSearch als `archie` verwende.

18.4 Die r-Tools

Ein Nachteil des telnet- und ftp-Protokolls ist, daß bei jeder Anmeldung das Paßwort unverschlüsselt über das Netz, also potentiell unsichere Verbindungen, übertragen wird.[2] Mit den r-Tools kann dies vermieden werden, allerdings verläßt man sich auf die Zuverlässigkeit der Systemadministratoren. Außerdem existieren diese Tools, die aus der BSD-Welt stammen, nur auf Unix-Systemen. Einige NT-Server haben diese Dienste zwar auch installiert, diese gehören aber nicht zum normalen Lieferumfang.

Eine weitere Einschränkung besteht darin, daß auf dem entfernten Rechner die entsprechenden Dämonen gestartet sein müssen. Auf vielen Systemen ist dies aus Sicherheitsgründen nicht der Fall. Die Sicherheit kann dadurch beeinträchtigt werden, daß ein Benutzer ein Pluszeichen (+) in die Datei ~/.rhosts aufnimmt und damit seine Benutzerkennung aller Welt öffnet. Es gibt Dämonen, die derartige Einträge einfach ignorieren. Das Protokoll selbst ist anfällig für IP- und DNS-Spoofing und nur in Umgebungen wirklich sinnvoll, die unter einheitlicher Administration stehen.

Die r-Tools wurden an der Universität von Kalifornien in Berkeley entwickelt, als das TCP/IP-System unter BSD implementiert wurde. Neben den bereits standardisierten Protokollen wie telnet und ftp wurden noch weitere Protokolle entwickelt und einige lokale Unix-Kommandos an die Verwendung im Netz und auf entfernten Rechnern angepaßt. Das r steht dabei als Kürzel für remote.

Ausführen von Programmen auf entfernten Rechnern

Mit dem Programm rsh (remote shell, nicht zu verwechseln mit der Restricted Shell, die zum Teil auch rsh genannt wird) können Programme auf entfernten Rechnern gestartet werden. Dazu muß auf dem entfernten Rechner die Datei ~/.rhosts (siehe Listing 18.7) angelegt werden. Jede Zeile dieser Datei enthält einen Rechnernamen. Damit kann sich der Benutzer direkt von dem fremden Rechner mit den r-Tools anmelden, ohne ein Paßwort angeben zu müssen. Auf manchen Systemen heißt das Programm rsh auch remsh, um die Namenskollision mit der „Restricted Shell" zu umgehen.

Das Listing 18.6 zeigt ein Beispiel für die Verwendung des Befehls rsh. Der erste Parameter (--) verhindert, daß die Optionen des Befehls ls bereits von rsh auf dem lokalen Rechner ausgewertet werden. Dies ist eine Eigenart der GNU-getopt-Funktion, die zur Auswertung der Kommandozeilenoptionen und Parameter verwendet wird.

---

[2]Mit dem Tool tcpdump kann sich der Systemadministrator jedes TCP-Paket im lokalen Netz ansehen. Ähnliche Programme gibt es auch für DOS-Rechner.

```
(Linux):~> rsh -- erbse ls -l -d bin
drwxr-xr-x   2 hein     staff        512 Jul 26 16:22 bin
```

Listing 18.6: Ausführen von Programmen auf entfernten Rechnern mit `rsh`

Hat ein Benutzer verschiedene Accounts (z. B. `hein` auf dem einen und `jhein` auf dem anderen Rechner), so kann er vor dem Rechnernamen mit der Option `-l` noch eine Benutzerkennung angeben, von der aus ein Einloggen möglich sein soll. Weitere nützliche Optionen sind `-8` für eine 8-Bit-fähige Sitzung und `-E` zum Ausschalten der Sonderbehandlung des Escape-Zeichens (normalerweise die Tilde). Mit der Option `-e` kann ein anderes Zeichen hierfür bestimmt werden.

Einige `rlogind`-Dämonen gestatten die Angabe von + in `.rhosts`-Dateien. Dies erlaubt Benutzern mit demselben Benutzernamen die Anmeldung, egal von welchem Rechner aus sie `rlogin` aufrufen. Derartige Einträge sollten Sie aus Sicherheitsgründen unbedingt vermeiden. Außerdem gibt es Dämonen, die diesen Eintrag ignorieren.

In Listing 18.7 finden Sie ein Beispiel für die Datei `~/.rhosts`. Diese Datei sollte nur für den Benutzer selbst lesbar sein, das Verzeichnis nur für diesen Benutzer änderbar. Jede Zeile beschreibt einen Rechner, von dem aus ein `rsh`, `rlogin` oder `rcp` ohne Paßwort möglich sein soll. Als Rechnername sollten Sie den ersten Eintrag aus der Datei `/etc/hosts` bzw. den Fully Qualified Domain Name (FQDN) angeben. Haben Sie auf den Rechnern unterschiedliche Benutzerkennungen, so können Sie danach einen Benutzernamen eintragen.

```
mais.gemuese.org hein
erbse.gemuese.org jhein
```

Listing 18.7: Ein Beispiel für die Datei `~/.rhosts`

Der Systemadministrator kann Rechner (eines lokalen Netzes) als gleichberechtigt einrichten, indem er die Namen aller lokalen Rechner in die Datei `/etc/hosts.equiv` (siehe Listing 18.8) jedes Rechners einträgt. Dies macht jedoch nur für Netze Sinn, in denen Rechner und Benutzerkennungen zentral verwaltet werden.

Die Datei `/etc/hosts.equiv` wird bei Zugriffen mit der Benutzerkennung `root` nicht verwendet, so daß in diesem Fall zusätzlich eine `~/.rhosts`-Datei erforderlich ist. In einem lokalen Netz, das zentral verwaltet werden soll, kann dies eine erhebliche Erleichterung sein, denn es ermöglicht z. B. die Verwendung von `rdist` (siehe den Abschnitt 18.7, *Übertragen von Dateien mit* `rdist`, auf Seite 509).

Der erste Eintrag in Listing 18.8 sorgt dafür, daß sich jeder Benutzer (außer `root`) von `mais.gemuese.org` aus mit `rlogin` ohne Paßwort anmelden kann. Der

```
mais.gemuese.org
-karotte.gemuese.org
kohlrabi.gemuese.org    sven
```

Listing 18.8: Die Datei `/etc/hosts.equiv`

zweite Eintrag verlangt für jede Anmeldung von `karotte.gemuese.org` ein Paßwort, egal, was einzelne Benutzer in ihrer `~/.rhosts`-Datei eingetragen haben. Die dritte Zeile ermöglicht es dem Benutzer `sven` auf `kohlrabi.gemuese.org`, sich ohne Paßwort als beliebiger Benutzer (außer `root`) anzumelden.

Dieses Verfahren basiert darauf, daß anhand der ankommenden IP-Pakete (nämlich der Absenderadresse) auf den korrekten Sender (Rechner) geschlossen werden kann. Dies ist jedoch nicht immer der Fall, da mit dem sogenannten IP-Spoofing eine andere Absenderadresse oder mit DNS-Spoofing ein anderer Host-Name angegeben werden kann. Wenn also Sicherheitsüberlegungen eine große Rolle spielen, ist diese Methode sicher nicht zu empfehlen. Das gilt insbesondere dann, wenn der Zugriff auf oder von externen Rechnern erfolgt. Abhilfe kann man mit dem Einsatz der Secure Shell `ssh` schaffen, siehe auch Abschnitt 18.5, *Die Secure-Shell* `ssh` auf Seite 505.

Ein Nachteil von `rsh` ist, daß mit dem Programm kein `tty` assoziiert ist. Damit können Programme wie `vi` nicht direkt mit `rsh` gestartet werden. Dazu ist die Anmeldung, z. B. mit `rlogin`, notwendig. Wenn Sie bei der Verwendung von `rsh` Fehlermeldungen wie „$TERM is not defined“ (von `setterm`) oder „stty: standard input: invalid argument“ (von `stty`) erhalten, so müssen Sie Ihre Login-Skripten entsprechend anpassen. In Listing 18.9 finden Sie beispielhafte Anpassungen für die `tcsh`, in Listing 18.10 entsprechende Anpassungen für die `bash`. Damit kann verhindert werden, daß die Befehle `stty` oder `setterm` aufgerufen werden, obwohl kein `tty` verfügbar ist.

```
tty -s
if ( $status == 0 )
        stty pass8
endif
```

Listing 18.9: Anpassungen der `~/.login`*-Datei*

Basierend auf `rsh` wurde für X ein Protokoll `rstart` entwickelt, das den Start von X-Programmen auf anderen Rechnern vereinfacht. Dabei werden sowohl der aktuelle Wert der `DISPLAY`-Variable als auch die Autorisierung (siehe den Abschnitt *Benutzerbezogenen Zugriff erlauben mit* `xauth` auf Seite 226) für den X-Server übert-

```
tty -s
if [ $? = 0 ]; then
        stty pass8
endif
```

Listing 18.10: Anpassungen der ~/.profile-Datei

ragen. Dazu ist allerdings der `rstartd`-Dämon notwendig, der nur auf wenigen Rechnern gestartet ist.

Eine andere Möglichkeit bietet das Programm `xon`, das auch auf `rsh` basiert, aber keinen zusätzlichen Dämon erfordert. Bei der Verwendung von `xauth` zur Authentifizierung von X-Zugriffen muß diese aber separat erfolgen. Ein Beispiel dafür finden Sie in Listing 18.11.

```
xauth extract - $DISPLAY | rsh RemoteHost xauth merge -
```

Listing 18.11: Übertragen der X-Authority mittels rsh

Bei der Verwendung von `ssh` (siehe den Abschnitt *Die Secure-Shell ssh* auf Seite 505) ist es nicht mehr erforderlich, `xhost` oder `xauth` zu verwenden. Die Display-Umleitung inklusive der Authentifizierung übernimmt hier die Secure-Shell. Dieses Verfahren ist sehr komfortabel und funktioniert sehr stabil. Es ist nicht einfach, mit einem Shell-Skript die korrekte `DISPLAY`-Variable zu generieren und zu verwalten – das Skript, das ich auf Rechnern ohne `ssh` verwende, funktioniert nur unter recht engen Rahmenbedingungen.

Das in der `rsh` verwendete Protokoll wurde nachträglich in [rfc1258] dokumentiert. In diesem Fall dient der RFC nur zur Dokumentation eines bereits implementierten und verwendeten Protokolls.

Anmeldung auf entfernten Rechnern

Mit dem Programm `rlogin` (Remote Login) kann auf einem entfernten Rechner eine interaktive Sitzung durchgeführt werden. Gibt man bei dem Befehl `rsh` keinen Befehl an, so wird automatisch ein Login durchgeführt und damit der Shell ein `tty` zugeordnet. Gibt man bei `rsh` ein Programm an, das ein `tty` benötigt (wie z. B. `vi`), dann erhält man eine entsprechende Fehlermeldung.

Die Anmeldung mit `rlogin` anstelle von `telnet` wird auf Unix-Rechnern verwendet, weil bei entsprechender Konfiguration (wie bei `rsh`) kein Paßwort eingegeben werden muß. Das Programm `rlogin` fragt als einziges von den `r`-Tools nach einem Paßwort, falls eine Anmeldung ohne Paßwort nicht möglich ist. Alle anderen r-Tools geben unter diesen Bedingungen nur die Fehlermeldung „permission denied" aus.

Die Überlegungen zur Sicherheit sind hier dieselben wie bei rsh. Dieses Protokoll ist in [rfc1282] definiert.

Wird das Programm rlogin mit dem Namen eines Rechners aufgerufen, so wird automatisch eine Verbindung dorthin aufgebaut. Sie können also beispielsweise für jeden Zielrechner einen symbolischen Link auf das Programm rlogin anlegen. Ich selbst definiere in meinen Anmeldeskripten für jeden häufig verwendeten Rechner einen Aliasnamen.

Übertragung von Dateien

Das Programm rcp (Remote Copy) dient zum Kopieren von Dateien zwischen zwei Rechnern, auf denen Sie jeweils eine gültige Benutzerkennung haben müssen. Auf den Rechnernamen des entfernten Rechners folgt ein Doppelpunkt (:) und der Name einer Datei oder des Zielverzeichnisses. Eine andere Benutzerkennung kann angegeben werden, indem vor dem Rechnernamen der Benutzername, gefolgt von einem at-Symbol (@), angefügt wird (siehe Listing 18.12). Die Autorisierung erfolgt über denselben Mechanismus wie bei rsh bzw. rlogin.

```
rcp .netrc erbse.gemuese.org:.
rcp .netrc jochen@erbse.gemuese.org:.
rcp user1@host1:file1 user2@host2:file2
```

Listing 18.12: Kopieren von Dateien im Netz mit rcp

Auf älteren Unix-Systemen, auf denen der Befehl cp nicht in der Lage ist, Unterverzeichnisse rekursiv zu kopieren, kann statt dessen der Befehl rcp -r verwendet werden. Wenn die Meldung „permission denied" ausgegeben wird, dann kann das verschiedene Ursachen haben, die anhand der Fehlermeldung nicht zu unterscheiden sind. Prüfen Sie zunächst, ob man sich überhaupt per rsh auf dem entfernten Rechner ohne Paßwort anmelden kann. Ich verwende dazu gern den Befehl rsh *host* date. Im nächsten Schritt prüfen Sie, ob Sie die Quelldatei lesen dürfen, anschließend, ob Sie Schreibrechte im Zielverzeichnis haben. Eine von diesen drei Ursachen ist normalerweise der Grund für die obengenannte Meldung.

rcp kopiert stets alle angegebenen Dateien. Für einen Abgleich zwischen Verzeichnissen auf verschiedenen Rechnern kann das Programm rdist (siehe den Abschnitt 18.7, *Übertragen von Dateien mit rdist*, auf Seite 509) verwendet werden. Dieses Programm löscht Dateien, die auf dem Quell-Rechner nicht mehr vorhanden sind, und überträgt nur die Dateien, die sich geändert haben. Gerade beim Update größerer Verzeichnisbäume, in denen sich nicht sehr viel geändert hat, ist die Netzlast bei der Verwendung von `rcp` wesentlich größer, als sie tatsächlich sein müßte.

Angemeldete Benutzer im lokalen Netz

Oft besteht ein Netz aus einer Reihe von Rechnern. Sucht man nun einen bestimmten Benutzer, um ihn z. B. mittels `talk` anzusprechen, ist es schwierig und langsam, auf allen Rechnern ein `w` abzusetzen oder für alle möglichen Rechner das Programm `finger` zu starten.

Hat der Administrator auf den Rechnern des lokalen Netzes den `rwhod`-Dämon gestartet, so können Sie mit dem Befehl `rwho` eine Liste der aktiven, angemeldeten Benutzer erhalten (siehe Listing 18.13). Mit dem Befehl `ruptime` (siehe Listing 18.14) erhalten Sie eine Übersicht über die Rechner im lokalen Netz und deren Auslastung. Dabei werden nur die Rechner erfaßt, die im gleichen Subnetz liegen, also zur Broadcast-Adresse passen. Es werden nur die Benutzer angezeigt, die nicht länger als eine Stunde „idle" sind. Wenn Sie alle angemeldeten Benutzer sehen möchten, verwenden Sie `rwho -a`.

```
(Linux):~> rwho
hein     erbse:tty2    Aug  1 13:43 :21
jochen   erbse:tty3    Aug  1 13:25 :10
jochen   erbse:tty4    Aug  1 13:22 :55
katrin   mais:ttyp1    Aug  1 14:30 :47
katrin   mais:ttyp2    Aug  1 14:30 :41
```

Listing 18.13: Im Netz angemeldete Benutzer

```
(Linux):~> ruptime
karotte     up    22:05,    2 users,   load 0,02, 0,03, 0,04
erbse       up     0:58,    4 users,   load 0,00, 0,01, 0,00
mais      down     3:45
```

Listing 18.14: Überrsicht über aktive Rechner im Netz

Oft wird der `rwhod`-Dämon nicht gestartet, da durch den regelmäßigen Austausch der angemeldeten Benutzer und der Auslastung eine recht große Netzlast entsteht. Das gilt besonders in dem Fall, wenn plattenlose Rechner eingesetzt werden. Nach jedem `rwhod`-Broadcast werden von allen Workstations die `rwhod`-Programme über das Netz in den Hauptspeicher geladen und dann die entsprechenden Einträge in die Dateien vorgenommen. Dies geschieht auch wieder über das Netz, so daß in relativ kurzer Zeit ein großes Datenvolumen entsteht.

Von Sun wurden als Alternative zu `rwho` die Programme `rusers` und `rstat` entwickelt. Diese Programme kommunizieren mit den entsprechenden Servern (`ruserd` und `rstatd`), die mit Hilfe von RPC implementiert wurden. Unter Linux heißen die Programme normalerweise `rpc.userd` und `rpc.rstatd`. Damit entsteht die Netzlast nur dann, wenn auch tatsächlich ein Benutzer an den Daten interessiert ist.

Oft ist man aus Datenschutz- oder Sicherheitsgründen daran interessiert, den Zugriff auf die Anmelde- und Arbeitszeiten der Benutzer zu unterbinden. In diesen Fällen wird man auf jeden Fall den `finger`-Dienst und `rwhod` nicht starten.

18.5 Die Secure-Shell ssh

Viele Protokolle, die im Zusammenhang mit TCP/IP verwendet werden, sind zunächst mit Blick auf Funktionsfähigkeit und Performance entworfen worden. Auch Aspekte wie Ausfallsicherheit und Redundanzen spielten eine Rolle, aber weniger die Aspekte des Datenschutzes. Heute ist dieses Thema oft wichtiger, als man dies früher erwartete.

Bei vielen Programmen werden Paßwörter im Klartext übertragen. Beispiele hierfür sind z. B. `telnet` oder `ftp`. Wenn eine Verbindung aufgebaut wird, dann kann im lokalen Netz mit einem Packet-Sniffer wie `tcpdump` die gesamte Sitzung inklusive der Anmeldung protokolliert werden. Abhilfe können hier Verfahren wie Einweg-Paßwörter (etwa S/Key) schaffen, aber die gesamte Verbindung wird weiterhin im Klartext übertragen, also auch weitere Paßwörter.

Die `r`-Programme, wie beispielsweise `rlogin` und `rsh`, können mit Hilfe der Dateien `/etc/hosts.equiv` (systemweit) bzw. `~/.rhosts` so konfiguriert werden, daß kein Paßwort notwendig ist. Diese Methode der Authentifizierung ist aber nicht besonders sicher und kann z. B. mittels IP-Spoofing oder DNS-Spoofing getäuscht werden. Außerdem wird auch hier die Verbindung nicht verschlüsselt, obwohl manche `rlogin`-Programme die Option `-x` für die Verschlüsselung der Sitzung mittels DES kennen.

Abhilfe kann hier das Paket `ssh` schaffen. In diesem Paket sind (fast) alle `r`-Programme in einer wesentlich sichereren Version vorhanden. Das beginnt mit den Programmen `ssh` und `slogin` als Ersatz für `rsh` und `rlogin` und endet mit einer angenehmeren Version von `rcp`, nämlich `scp`. Wenn diese Programme in Ihrem Netz eingerichtet sind, dann können Sie die (unsicheren) `r`-Programme von Ihrem System löschen, ohne daß Benutzer irgendeine Änderung bemerken.

Die `s`-Programme basieren auf einer Reihe von Schlüsselverfahren. Zunächst hat jeder Rechner einen Host-Key, den es in einer privaten und öffentlichen Variante gibt. Rechner untereinander können sich authentifizieren, indem eine Anfrage (Challenge) mit dem öffentlichen Schlüssel des anderen Rechners verschlüsselt und an diesen gesendet wird. Nur dieser Rechner kann die Anfrage entschlüsseln und beantworten sowie (gesichert) wieder zurücksenden.

Außerdem wird für jede Sitzung ein sogenannter Session-Key generiert, der zur Verschlüsselung verwendet wird. Dieser Schlüssel wird nicht auf der Festplatte gespeichert, sondern existiert nur im Hauptspeicher. Aus Sicherheitsgründen wird dieser Schlüssel regelmäßig verworfen und neu generiert.

Neben der host-basierten Authentifizierung kann auch jeder Benutzer eigene Vertrauensbeziehungen definieren, die ihm die Anmeldung ohne Paßwort gestatten. Doch zunächst werden wir die Programme installieren und konfigurieren. Dabei werden wir zunächst eine Reihe von Rechnern betrachten, die unter einer einheitlichen Verwaltung stehen. Auf einem derartigen Rechner-Pool wurde früher oft die Datei `/etc/hosts.equiv` verwendet, damit Benutzer mittels `rlogin` zwischen den Rechnern hin- und herwechseln können.

Das Paket `ssh` wird, wie man es von vielen anderen Programmen her kennt, mit `./configure` und `make` kompiliert und mit `make install` installiert (in `/usr/local`, das kann mit der Option `--prefix` beim `./configure` geändert werden). Dabei wird automatisch ein Host-Key (mittels `ssh-keygen`) erzeugt. Wenn Sie die Programme auf einer gemeinsamen Platte installieren (`/usr/local` wird mittels NFS gemeinsam verwendet), dann müssen Sie für jeden Rechner manuell ein Key-Paar erzeugen.

Die Host-Keys werden im Verzeichnis `/etc` (das kann mit der Option `--with-etcdir=`*Verzeichnis* beim `./configure` geändert werden) gespeichert. Die Datei `ssh_host_key` enthält den privaten Schlüssel, die Datei `ssh_host_key.pub` den öffentlichen Schlüssel. Die Konfigurationsdateien sind `/etc/ssh_config` für die Client-Programme und `/etc/sshd_config` für den Server.

Zur gegenseitigen Authentifizierung muß jeder Host außer seinem eigenen privaten Schlüssel die öffentlichen Schlüssel aller anderen Rechner kennen. Diese werden in der Datei `/etc/ssh_known_hosts` gespeichert. Da die Schlüssel sehr lang und kryptisch sind, wird man diese nicht manuell eingeben wollen. Man kann diese Datei mit Hilfe des Programms `make-ssh-known-hosts` erzeugen. Dieses Programm kann alle Rechner in der Domain nach ihrem öffentlichen Schlüssel befragen und diese speichern. Dazu muß bereits der `sshd`-Prozeß auf allen Rechnern laufen.

Den `sshd`-Prozeß startet man sinnvollerweise einmalig beim Systemstart, z. B. in der Datei `rc.local`, da das Generieren der Schlüssel durchaus einige Sekunden dauert, was beim Start durch den `inetd`-Super-Server hinderlich sein kann. Im letzten Schritt müssen die Rechner, denen man einen direkten Zugriff erlauben will, in die Datei `/etc/shosts.equiv` eingetragen werden. Diese Datei funktioniert genauso wie die Datei `/etc/hosts.equiv`, außer daß die Identität des fremden Rechners durch kryptographische Verfahren sichergestellt wird. Die Datei /etc/hosts.equiv wird dann verwendet, wenn keine shosts.equiv-Datei vorhanden ist.

Jeder Benutzer kann zusätzlich die Datei ~/.shosts anlegen, die dann ebenfalls zur Authentifizierung verwendet wird. Als Fallback wird auch hier die Datei ~/.rhosts verwendet. Die spezielleren shosts-Dateien sind aber meiner Ansicht nach geeigneter, da nicht (ungewollt) die r-Dienste freigegeben werden, falls diese (noch) nicht ausgeschaltet wurden.

Wie bei den r-Tools erlaubt die systemweite Datei /etc/shosts.equiv keine Anmeldung als root. Wenn Sie dies wünschen, dann muß der Eintrag PermitRootLogin in der Datei /etc/sshd_config den Wert yes haben und die Datei ~/.shosts des Benutzers root entsprechend angelegt sein.

Auf meinem System existiert keine /etc/hosts.equiv- bzw. ~/.rhosts-Datei mehr. Selbst wenn zufällig wieder ein rlogind gestartet würde, würde das die Sicherheit des Systems kaum beeinträchtigen. Für die ssh habe ich natürlich die Datei /etc/shosts.equiv auf allen Rechnern entsprechend angelegt.

Nun kann jeder Benutzer die oben bereits erwähnten Programme ssh, slogin und scp ohne Paßwort verwenden, wenn er sich im vom Administrator vorgesehenen Rahmen bewegt. Dabei erlebt er folgende positive Überraschungen: Will er eine Datei mit scp kopieren, wird er, falls ein Paßwort erforderlich ist, zur Eingabe desselben aufgefordert. Das Programm rcp würde eine Fehlermeldung ausgeben. Versucht der Benutzer, sich bei einem System anzumelden, das keinen sshd-Prozeß hat, wird er darüber informiert, daß die Sitzung nicht verschlüsselt wird.

Im Gegenzug wird der Benutzer gewarnt, wenn sich der Host-Key geändert hat. Das kann z. B. bei einem Hardware-Wechsel oder anderen größeren Aktionen notwendig werden. Diese Warnung sollte einen aber normalerweise eher stutzig machen, da sie auf einen Einbruch hindeuten könnte. Ein weiterer Vorteil der ssh ist, daß automatisch eine X-Umleitung durchgeführt wird. Dabei wird wiederum die gesamte Sitzung verschlüsselt, und die Authentifizierung erfolgt mit Hilfe der ssh und nicht mit xhost oder xauth.

Wie Sie sehen, bietet die Secure-Shell einen deutlichen Sicherheitsgewinn und verbessert die Bedienbarkeit des Systems. Aus meiner Sicht gehören diese Programme zur Standardausrüstung eines jeden Unix-Systems, da sie nicht nur für Linux, sondern für fast alle Unix-Systeme verfügbar sind.

Wenn Sie Probleme mit den Programmen haben, dann starten Sie den Dämon mit der Option -d (für Debugging) und den Client mit der Option -v (für Verbose). Beide Programme erzeugen dann ausführliche Protokolle, denen man alle durchgeführten Schritte entnehmen kann. Mit diesen Mitteln sollten Sie jedem Problem recht schnell auf die Spur kommen.

Neben der oben beschriebenen Authentifizierung durch den Host-Namen und einen RSA-Schlüssel gibt es weitere Optionen. Noch sicherer ist die reine Verwendung von RSA zur Authentifizierung. Dabei wird nur das Schlüsselpaar (in Verbindung mit einer Paßwortgruppe) verwendet. Andernfalls wird ein gewisses Vertrauen in den entfernten Rechner gesetzt.

Jeder Benutzer kann im Verzeichnis `~/.ssh` mit dem Befehl `ssh-keygen` einen eigenen privaten Schlüssel generieren, der in der Datei `identity` gespeichert ist. Der zugehörige öffentliche Schlüssel liegt in der Datei `identity.pub`. Zur Authentifizierung muß der öffentliche Schlüssel vom lokalen Rechner auf den Zielrechner in die Datei `~/.ssh/authorized_keys` übertragen werden.

Wenn Sie dieses Verfahren verwenden, dann muß für jede Verbindung das Paßwort zu Ihrem privaten Key neu eingegeben werden. Das ist unangenehm und auf die Dauer auch relativ gefährlich. Aus diesem Grund kann man als erstes Programm nach der Anmeldung (z. B. anstelle des Window-Managers) das Tool `ssh-agent` starten. Dieses Programm ist dann der Vaterprozeß aller weiteren Programme und kann diesen die Authentifizierung über einen vererbten Dateideskriptor weiterreichen.

Dazu ersetzen Sie beispielsweise in der Datei `~/.xsession` den Aufruf des Window-Managers durch das Programm `ssh-agent`. Als Parameter übergeben Sie diesem den Namen des nun zu startenden Programms. Beachten Sie, daß alle möglicherweise vorher in der Datei `~/.xsession` gestarteten Prozesse keinen Zugriff auf den Agenten haben.

Das Paßwort, das zu der Datei `~/.ssh/identity` gehört, können Sie einmalig mit dem Programm `ssh-add` eingeben. Die Verwaltung übernimmt dann das Tool `ssh-agent`. Sie können einzelne Identitäten hinzufügen oder löschen oder alle bestehenden aus dem Speicher entfernen, z. B. wenn Sie länger aus Ihrem Büro gehen.

Praktisch alle Programme, die Sie in Verbindung mit `rsh` verwenden können, sind auch mit der `ssh` einsatzfähig. Einzelne Anpassungen existieren für `rdist`, das dann die `ssh` intern verwendet, und `screen`, das normalerweise alle Dateideskriptoren schließt.

Eine weitere Funktion von `ssh` ist die Möglichkeit, beliebige TCP-Verbindungen umzuleiten und dabei zu verschlüsseln. Dazu startet man zunächst `ssh` zusätzlich zum Parameter *`Zielrechner`* mit der Option `-L` *`Port`*`:`*`Host`*`:`*`Hostport`*. Dabei stellt `ssh` eine Verbindung zwischen dem lokalen Port *`Port`* und dem Port *`Hostport`* auf dem Rechner *`Host`* her. Die Teilstrecke der Verbindung zwischen dem lokalen Rechner und dem *`Zielrechner`* wird dann verschlüsselt.

In Ihrem Anwendungsprogramm verwenden Sie als Zielrechner und -Port nicht den endgültigen Rechner, sondern den angegebenen Port auf dem lokalen Rechner. Alles andere wird intern von der `ssh` erledigt.

Die Umleitung von Ports kann in beiden Richtungen erfolgen, die Gegenrichtung zu der Option `-L` ist die Option `-R`. Da man den `sshd`-Dienst und den Client mit der Option `-p` auf einem beliebigen Port starten kann, ist es damit möglich, z. B. Beschränkungen einer Firewall zu umgehen. Wenn Sie also eine Firewall betreiben, seien Sie sich bewußt, daß auf dem Port 80 (www) nicht in jedem Fall ein Web-Server laufen muß – das kann genausogut eine Secure-Shell sein.

Weitere Informationen und Bezugsquellen	
`ftp`-Server:	`ftp.cs.hut.fi`
`ftp`-Pfad:	`/pub/ssh`
Dateiname:	`ssh-1.2.20.tar.gz`
Größe:	ca. 1 MByte
WWW-Seite:	`http://www.cs.hut.fi/ssh`

18.6 Warnungen an entfernte Rechner schicken mit `rwall`

Auf dem lokalen Rechner können Warnungen oder Nachrichten an alle Benutzer mit dem Befehl `wall` versendet werden. Dies geschieht z. B. beim Aufruf von `shutdown`. Wird ein Server heruntergefahren, so kann es sinnvoll sein, auch die Nutzer anderer Rechner zu informieren. Dies kann mit dem Befehl `rwall` *`Rechner`* erfolgen. Dazu muß jedoch auf dem Zielrechner der `rwalld`-Dämon gestartet sein. Unter Linux ist dies das Programm `/usr/sbin/rpc.rwalld`. Ob und auf welchen Rechnern dieser Service gestartet ist, können Sie mit dem Befehl `rpcinfo -b 100008 1` feststellen.

18.7 Übertragen von Dateien mit `rdist`

Mit dem Programm `rdist` können Verzeichnisbäume im Netz abgeglichen werden. Damit ist es möglich, einen Master-Server mit Programmen zu installieren, die dann an weitere Rechner (lokale Fileserver) weitergegeben werden. Dabei werden nur die neuen oder geänderten Dateien übertragen und (eventuell) überflüssige Dateien gelöscht. Die Anmeldung auf dem entfernten Rechner erfolgt dabei mit `rsh`. Es ist jedoch auch möglich, die `ssh` zu verwenden. In diesem Fall müssen Sie entweder das Programm `rsh` durch eine Kopie der `ssh` ersetzen oder `rdist` entsprechend compilieren.

Das Programm `rdist` kann sowohl mit Parametern und Optionen als auch mit Dateien gesteuert werden. Insbesondere bei komplexeren Aufgaben und damit umfangreicheren Parametern bietet sich die Verwendung von `rdist`-Skripten an. Dabei wird eine Eingabedatei für `rdist` erstellt, in deren erste Zeile das Programm `rdist` als Interpreter eingetragen wird. Dort können auch weitere Parameter angegeben werden.[3] Eine `rdist`-Datei besteht aus Einträgen, die einem der drei folgenden Formate gehorchen:

- *`Variable = Liste`*
  Eine Variable, die im weiteren Verlauf des Skripts verwendet wird, erhält einen Wert zugewiesen.

- *`Source-Dateien -> Destination Kommandos`*
  Die angegebenen *`Source-Dateien`* sollen auf die Rechner, deren Namen in *`Destination`* angegeben sind, übertragen werden. Für die Übertragung wird das angegebene *`Kommando`* verwendet. Die erlaubten Kommandos werden in diesem Abschnitt genauer vorgestellt. Es werden jedoch nur die Dateien übertragen, die auf dem entfernten Rechner älter oder nicht vorhanden sind.

- *`Source-Dateien :: Timestamp-Datei Kommandos`*
  Bei diesem Format werden die Dateien, die übertragen werden müssen, durch die *`Timestamp-Datei`* bestimmt.

Innerhalb von `rdist`-Skripten kann eine Reihe von Kommandos aufgerufen werden. Damit können Dateien übertragen oder andere Aktionen angestoßen werden.

- `install` kopiert die zu übertragenden Dateien auf den oder die Zielrechner. Dabei können weitere Optionen angegeben werden, die Sie in der Manpage dokumentiert finden.

- Mit dem Kommando `notify` wird `rdist` veranlaßt, eine Liste der übertragenen Dateien und eventuellen Fehlermeldungen an den angegebenen Benutzer zu schicken. Enthält der Benutzername kein at-Symbol (`@`), dann wird der entsprechende Benutzer auf dem Zielrechner verwendet.

- `except` kopiert alle Dateien, die danach nicht aufgeführt wurden. Damit ist es einfach möglich, ein Verzeichnis bis auf wenige Dateien zu übertragen.

- `except_pat` arbeitet ähnlich wie `except`, es können jedoch Muster (Pattern) für Dateinamen angegeben werden. Die Expansion des Pattern erfolgt wie bei der `sh`.

- `special` kann dazu verwendet werden, externe Kommandos für jede übertragene Datei aufzurufen.

- Der Befehl `cmdspecial` wird erst nach dem Übertragen aller betroffenen Dateien einmalig ausgeführt.

Das Beispiel in Listing 18.15 kopiert die wichtigsten Konfigurationsdateien eines Benutzers auf einen anderen Rechner. Damit ist es relativ einfach möglich, auch auf Rechnern ohne gemeinsames Home-Verzeichnis eine einheitliche Umgebung

[3] Auf älteren Betriebssystemen, wie z. B. Ultrix, macht dies möglicherweise Probleme.

zu konfigurieren. Dies ist nur ein einfaches Beispiel. Alle Optionen und Möglichkeiten von `rdist` werden ausführlich in der Manpage erläutert, dort finden Sie auch ein ausführlicheres Beispiel.

```
# Auf welche Rechner (und welche Benutzer) übertragen?
HOSTS = ( erbse.gemuese.org injhe@mais )

# Welche Dateien sind zu übertragen?
FILES = ( ~/.emacs ~/.gnus ~/.vm ~/.project
          ~/.plan ~/.custom.el ~/.fvwmrc ~/.netrc
          ~/.rhosts  ~/.elm  ~/.tin  ~/.emacs
          ~/emacs-lisp ~/emacs.init ~/insert ~/work )

# Hier passiert's
$FILES -> $HOSTS
        install -R;
```

Listing 18.15: Beispiel für die Verwendung von `rdist`

18.8 Abgleich von Dateien über das Netz

Die Übertragung von Dateien mit `rdist` anstelle von `rcp` kann das Netz spürbar entlasten. Allerdings werden die zu übertragenden Dateien in jedem Fall vollständig kopiert. Gerade bei großen Dateien, in denen nur sehr wenige Änderungen durchgeführt wurden, kann das eine relativ große, unnötige Netzlast verursachen. Die bessere Alternative wäre es, wenn man nur die Änderungen über das Netz übertragen müßte.

Bei Programmen, die zentral verwaltet werden, wird bei einer neuen Version oft auch ein Patch bereitgestellt, der genau die Änderungen zwischen den Versionen enthält. Dieses Verfahren hat aber den Nachteil, daß die alte und die neue Version auf einem Rechner vorhanden sein müssen – man gewinnt also nichts.

Mit dieser Problemstellung im Hintergrund wurde das Programm `rsync` entwickelt. Das Programm generiert auf beiden Seiten der Verbindung Prüfsummen über die Datei und kann anhand der Übereinstimmungen bzw. Abweichungen genau die geänderten Daten übertragen.

Weitere Informationen und Bezugsquellen	
URL:	`http://samba.anu.edu.au/rsync`
`ftp`-Server:	`rsync.samba.org`
`ftp`-Pfad:	`/pub/rsync/`
Dateiname:	`rsync-2.1.1.tar.gz`
Größe:	ca. 300 kByte

18.9 Gespräche zwischen Benutzern mit `talk`

Zwei angemeldete Benutzer können sich, auch über ein Netzwerk, mit dem Programm `talk` unterhalten. Dazu muß jeweils auf der Gegenstelle der entsprechende `talk`-Dämon installiert sein. Leider gibt es zwei unterschiedliche und inkompatible Protokolle (`talk` und `ntalk`), so daß eine Kommunikation oft nicht möglich ist.

Nach dem Verbindungsaufbau, der in Listing 18.16 dargestellt ist, wird der Bildschirm geteilt. Im obersten Feld wird das angezeigt, was man selbst eingegeben hat. Darunter sind ein oder mehrere weitere Flächen dargestellt, in denen die Texte der `talk`-Partner angezeigt werden. Bei vier oder mehr Teilnehmern wird daher der Bildschirm unübersichtlich.

Beim Standard-`talk` ist die Kommunikation auf zwei Benutzer beschränkt. Leistungsfähiger und flexibler ist das Programm `ytalk`, das beide `talk`-Protokolle beherrscht und außerdem die Kommunikation mit mehreren Gesprächspartnern ermöglicht. Dabei können Benutzer mit `ytalk` die Texte aller anderen `ytalk`-Benutzer im entsprechenden Bildschirmbereich sehen, aber keinen Benutzer, der nur das Standard-Unix-`talk` benutzt.

Eine `talk`-Verbindung wird mit `ytalk` *`user@host`* eröffnet. Der entsprechende Benutzer erhält eine Nachricht über eine Einladung zu `talk`. Gibt er den in der Meldung angegebenen Befehl ein (siehe Listing 18.16), dann wird die Verbindung hergestellt. Alle weiteren Eingaben werden an den Gesprächspartner übertragen, genauso, wie man dessen Eingaben angezeigt bekommt. Die Verbindung wird mit Strg+C beendet.

```
Message from Talk_Daemon@erbse at 11:56 ...
talk: connection requested by hein@erbse.gemuese.org
talk: respond with:  talk hein@erbse.gemuese.org
```

Listing 18.16: Einladung zum Talk

Das Programm `ytalk` bietet gegenüber Unix-`talk` eine Reihe von zusätzlichen Möglichkeiten. Diese Funktionen werden über ein Menü aufgerufen, das nach dem Druck auf die Taste [Esc] erscheint. Bei einer deutschen Tastaturbelegung sendet die Taste [Alt] ein „Escape“ vor der zweiten Taste, so daß diese Funktionen auch direkt mit [Alt]+[Taste] aufgerufen werden können. Diese Einstellung der Tastatur kann mit dem Befehl `setmetamode` konfiguriert werden.

- Mit der Taste [a] (add) kann ein neuer Teilnehmer aufgenommen werden.
- Die Taste [d] (delete) beendet die Verbindung mit einem Partner.
- Weitere Optionen können mit der Taste [o] verändert werden. Diese Optionen können Sie auch dauerhaft in der Datei `~/.ytalkrc` konfigurieren.
- Nützlich ist der Aufruf einer Shell mit der Taste [s], so daß Sie Befehle eingeben können, deren Ausgaben an die Gesprächspartner übertragen werden.
- Eine Übersicht über alle aktiven Benutzer erhalten Sie mit der Taste [u] (user).
- Den Text eines Partners können Sie mit der Taste [w] (write) in eine Datei kopieren, so daß Sie diesen Text später noch zur Verfügung haben.
- Die Taste [q] beendet `ytalk`.

In lokalen Netzen ist die Kommunikation mit `talk` schnell und bequem. Ist der Kommunikationspartner weiter entfernt, so kommen recht schnell große Wartezeiten zusammen, da jeder Tastendruck einzeln übertragen wird.

18.10 Internet Relay Chat (`irc`)

Bei der Kommunikation mit `ytalk` wird bei mehreren Partnern schnell der Platz auf dem Bildschirm knapp. Außerdem muß jeder der Gesprächspartner über das Programm `ytalk` verfügen, das aber unter vielen Unix-Varianten nicht standardmäßig vorhanden ist. Ein anderes Protokoll zur Kommunikation mit mehreren Partnern ist Internet Relay Chat (IRC). Im IRC findet man eine große Anzahl von Channels, in denen die Diskussion online stattfindet. Dabei geht es um die unterschiedlichsten Themen.

Das Rückgrat des Systems ist eine Reihe von IRC-Servern, die untereinander die eingegebenen Meldungen austauschen. Diese Rechner sind in der Regel über schnelle Leitungen verbunden, um Wartezeiten möglichst kurz zu halten. Diese Server leiten die Meldungen an die angemeldeten Clients weiter, die dann die Interaktion mit den Benutzern übernehmen.

Will oder kann man auf seinem System keinen IRC-Client betreiben, so gibt es die Möglichkeit, über ein `telnet`-Gate auf IRC zuzugreifen. Ausführliche Informationen zu IRC finden Sie in der Dokumentation zu dem IRC-Client `ircII-*`. Weitere, komfortablere Clients sind `irchat` für Emacs und Zircon für X.

Der neueste Schrei ist es, auf seinem Web-Server Chat-Räume einzurichten. Der Vorteil ist, daß hierfür nur ein Web-Browser notwendig ist und kein anderer Client. Andererseits wird hierdurch der Benutzerkreis sehr weit eingeschränkt, da nicht mehr die weltweite Infrastruktur des IRC verwendet wird. Für viele Firmen ist jedoch gerade dies das schlagende Argument, da sie nur so die alleinige Kontrolle des Chat-Raumes ausüben und dort beispielsweise Werbung hinterlegen können.

18.11 Die Versendung von Dateien mit sendfile

In einem Netz mit mehreren Benutzern ist es oft notwendig, Dateien zwischen Benutzern und Rechnern auszutauschen. Wenn nur eine Textdatei zu versenden ist, dann kann das oft bereits mit dem Standard-`mail`-Programm erfolgen:

```
(Linux):~> mail Benutzer < Datei
```

Sind in der Datei Umlaute enthalten oder ist es eine Binärdatei, dann muß diese vor der Übertragung zunächst in ein Format konvertiert werden, das den Transport als Mail übersteht. Dazu dienen Programme wie `uuencode`, oder es kann eine MIME-Kodierung verwendet werden.

Dieses Verfahren ist jedoch recht umständlich, da möglicherweise das Mail-System zusätzlich die Länge der Nachrichten begrenzt. Mit dem Programm `sendfile` können eine oder mehrere Dateien an einen Benutzer versendet werden. Die übertragenen Dateien können dann mit `receive` empfangen werden.

```
(Linux):~> sendfile Datei User@Host
```

Dieses Programm verwendet das SAFT-Protokoll (Simple Asynchronous File Transferprotocol), für das bereits ein Port offiziell reserviert wurde. Ein RFC für dieses Protokoll ist in Vorbereitung. Neben der Übertragung von Dateien ist eine Funktion zum Senden von Nachrichten implementiert (`sendmsg`). Damit können Sie kurze Texte auch über das Netz (lokal können Sie `write` verwenden) an einen angemeldeten Benutzer senden, ohne sich auf einem anderen Rechner anmelden zu müssen.

`sendfile` kann nur verwendet werden, wenn auf dem Zielrechner der entsprechende Server gestartet ist, was zur Zeit nur selten der Fall ist. Außerdem muß der Rechner direkt per TCP/IP erreichbar sein, das kann z. B. durch eine Firewall verhindert werden. Wenn Sie Dateien per Mail verschicken, so muß der Zielrechner nicht online sein, sofern für den Rechner ein entsprechender MX-Eintrag im DNS vorhanden ist.

Der Systemadministrator kann in der Datei `/usr/local/etc/nosendfile` einzelnen Benutzern den Gebrauch von `sendfile` verbieten. Jeder Benutzer kann sich eine Datei `aliases` (unter `/var/spool/sendfile/`*`User`*`/config/`) mit Aliasnamen für Empfänger einrichten. Außerdem kann er die Übertragung von Dateien oder Nachrichten von fremden Rechnern in der Datei `restrictions` untersagen. Weitere Einstellungen kann man in der Datei `config` vornehmen, z. B., ob entfernte Benutzer übertragene Dateien wieder löschen dürfen oder wie man bei eingegangenen Dateien benachrichtigt werden möchte.

Weitere Informationen und Bezugsquellen	
Autor:	Ulli Horlacher
E-Mail:	`framstag@rus.uni-stuttgart.de`
`ftp`-Server:	`ftp.uni-stuttgart.de`
`ftp`-Pfad:	`/pub/unix/comm/sendfile/`
Datei:	`sendfile.tar.gz`
Größe:	ca. 300 kByte

19 Network File System (NFS)

Mit dem *Network File System* (NFS) können verschiedene Rechner Dateien gemeinsam benutzen. Eine häufige Anwendung ist die gemeinsame Verwendung der Home-Bereiche oder Mail-Verzeichnisse der Benutzer. Für Benutzer bedeutet es eine erhebliche Vereinfachung ihrer täglichen Arbeit, wenn sie auf allen Rechnern ihre Daten und Konfigurationsdateien verfügbar haben. Ebenfalls sinnvoll ist die einmalige Installation von Programmen in `/usr/local` oder `/usr`. Hier bieten sich insbesondere die Verzeichnisbäume großer Pakete wie X11 oder $\TeX$ an. Damit wird auch der administrative Aufwand bei Updates wesentlich verringert.

Der Rechner, auf dem die Verzeichnisse lokal verfügbar sind, wird als NFS-Server bezeichnet, der Rechner, der Daten eines entfernten Rechners mitbenutzt, als NFS-Client. Für den Anwender ist es praktisch[1] unerheblich, ob Dateien lokal oder entfernt gespeichert werden, da der entfernte Verzeichnisbaum in den lokalen Verzeichnisbaum integriert wird. Vom NFS-Server exportierte Verzeichnisbäume werden auch als NFS-Volumes bezeichnet.

Das Network File System ist auf der Basis von Remote Procedure Calls (RPCs, siehe auch den gleichnamigen Abschnitt 16.6 auf Seite 475) implementiert. Das Protokoll wurde von Sun entwickelt und ist in [rfc1094] veröffentlicht. NFS ist das Standardprotokoll, wenn Verzeichnisse von verschiedenen Unix-Systemen gemeinsam benutzt werden sollen. Im PC-Bereich sind außerdem Novell Netware (IPX, siehe Abschnitt 20.1, *Linux als NetWare-Client und -Server*, auf Seite 530) und Server Message Block (SMB, LAN-Manager, Windows for Workgroups, Windows NT, siehe Abschnitt 20.2, *Linux als SMB-Client und -Server*, auf Seite 537) verbreitet.

Zur Zeit ist die NFS-Performance unter Linux schlechter als unter vergleichbaren Systemen. Olaf Kirch arbeitet an einer Implementierung der NFS-Version 3 und an einem NFS-Server, der im Kernel integriert ist. Beides verspricht eine deutliche Geschwindigkeitssteigerung. Außerdem kann durch einige Parameter der Durchsatz positiv beeinflußt werden.

19.1 Linux als NFS-Client

Häufig existieren in lokalen Netzen bereits NFS-Server für die Home-Verzeichnisse der Benutzer oder z. B. zur gemeinsamen Nutzung von CD-Laufwerken. Insbe-

[1] NFS verhält sich unter manchen Bedingungen anders als, es der POSIX-Standard vorschreibt, besonders auffällig ist das bei Named Pipes.

sondere seit viele Betriebssystemhersteller keine gedruckte Dokumentation zu ihren Systemen mehr liefern, ist dies oft notwendig. In diesen Fällen wird man Linux zunächst als NFS-Client konfigurieren. Folgende Bedingungen müssen dafür erfüllt sein:

- Das Netz muß konfiguriert sein, d. h. ein `ping` vom NFS-Client zum NFS-Server und umgekehrt muß möglich sein. Aufgrund der Verwendung von Remote Procedure Calls (RPC) funktioniert NFS nicht oder nur unter großen Schwierigkeiten über eine Firewall oder einen Packet-Filter.
- Das Dateisystem NFS muß im Kernel einkompiliert sein oder als Modul geladen werden. Dies können Sie prüfen, indem Sie sich die Ausgabe des Befehls `cat /proc/filesystems` ansehen. Dort muß `nfs` auftauchen. Andernfalls müssen Sie entweder das Modul `nfs.o` laden oder den Kernel konfigurieren und kompilieren. Wenn Sie `kerneld` bzw. `kmod` verwenden, dann wird das Modul automatisch geladen, wenn es benötigt wird.
- Das RPC-System muß auf dem Client und dem Server gestartet sein. Die beim Portmapper registrierten Services können Sie sich mit dem Befehl `rpcinfo -p` *`Rechner`* anzeigen lassen.
- Ein anderer Rechner im Netz muß Daten für diesen Rechner exportieren. Welche Verzeichnisse exportiert werden, können Sie mit dem Befehl `showmount -e` *`nfs-server`* feststellen.
- Achten Sie darauf, daß die Rechner einheitliche `hosts`-Dateien bzw. DNS verwenden, da die Freigabe von Volumes an Namen (bzw. IP-Adressen) erfolgt.

Mit dem Befehl `mount -t nfs` *`nfs-server`*`:`*`NFS-Volume`* `/mnt` kann das vom Server *`nfs-server`* exportierte NFS-Volume unter `/mnt` gemountet werden. Der Typ (`-t nfs`) muß nicht angegeben werden, da das Programm `mount` an dem Doppelpunkt (`:`) erkennt, daß es sich hier um ein NFS-Volume handelt.

Beim Anhängen der Verzeichnisse können einige Optionen angegeben werden, die für die Sicherheit im Netz sinnvoll sind oder beim Ausfall des NFS-Servers weiteres Arbeiten zulassen. Diese Optionen können, wie bei lokalen Dateisystemen auch, in der Datei `/etc/fstab` (siehe Listing 19.1) angegeben werden. Die folgende Aufzählung enthält nur die wichtigsten Optionen. Eine vollständige Beschreibung aller Optionen finden Sie in der Manpage `nfs(5)`.

```
nfs-server:/home    /home     nfs rw,auto          0  0
nfs-server:/cdrom   /cdrom    nfs ro,noauto,user   0  0
```

Listing 19.1: Auszug aus der Datei `/etc/fstab`

- Die Option `rsize` bestimmt die Blockgröße für Lese-Zugriffe. Der Standardwert sind derzeit 1024 Bytes, andere Systeme unterstützen Blockgrößen von 2048, 4096 und 8192 Bytes. Bei Performance-Problemen kann es notwendig (und sinnvoll) sein, diese Größen zu verändern. Oft verwendet man eine Blockgröße von 8192 Bytes. Dabei wird allerdings relativ viel Kernel-Speicher benötigt, der Rechner sollte also über ausreichend viel Speicher verfügen.
- Die Option `wsize` bestimmt die Blockgröße für Schreibzugriffe. Analog gilt das für die Option `rsize` Gesagte.
- Mit der Option `timeo` wird die Zeit in Zehntelsekunden bis zu einem Timeout und damit einer Neuübertragung der Anfrage eingestellt. Der Standardwert ist 7 (entspricht 0,7 Sekunden). Dies ist ein „Minor-Timeout".
- Bei der Option `retrans` (Default 3) wird die Anzahl der Neuübertragungen nach einem „Minor-Timeout", aber vor einem „Major-Timeout" angegeben.
- Es kann bestimmt werden, wie der NFS-Client sich bei einem „Major-Timeout" verhält:
  - `hard` gibt die Meldung „server not responding" aus und wiederholt die Versuche unendlich oft. Diese Einstellung ist der Standardwert. Der NFS-Client setzt seine Arbeit fort, sobald der NFS-Server wieder verfügbar, ist.
  - Bei der Option `soft` wird bei einem „Major-Timeout" ein IO-Fehler an das Programm gemeldet.
  - Die Option `intr` erlaubt bei `hard` angehängten Volumes das Unterbrechen der Anfrage mit Strg-C. Das Programm erhält den Fehlercode `EINTR`.

Bei der Initialisierung des NFS-Dateisystems beim Systemstart oder Laden des Moduls `nfs.o` werden vier `nfsiod`-Prozesse gestartet. Diese Prozesse übernehmen die NFS-Requests von anderen Prozessen auf dem Client und reichen die Ergebnisse zurück. Damit ist es möglich, mehrere Requests eines Clients gleichzeitig vom Server bearbeiten zu lassen.

19.2 Linux als NFS-Server

Ein Linux-Rechner kann auch als NFS-Server eingesetzt werden. Ein NFS-Server stellt anderen Rechnern Plattenplatz zur Verfügung, der gemeinsam benutzt werden kann. Beim Einsatz von Linux als NFS-Server müssen einige Voraussetzungen erfüllt sein:

- Das Netz muß konfiguriert sein (`ping` vom Server zum Client und umgekehrt).
- Der Portmapper `rpc.portmap` muß gestartet werden. Bei der verbreiteten Slackware-Distribution geschieht das in der Datei `rc.inet2`. Moderne Distri-

butionen, die das System-V-Boot-Konzept verwenden, enthalten in der Regel ein eigenes Skript hierfür im Verzeichnis /etc/rc.d/init.d.

- Die Dämonen rpc.mountd und rpc.nfsd müssen gestartet werden. In der Slackware-Distribution erfolgt das ebenfalls in der Datei rc.inet2, beim Sytem-V-init wiederum in einem eigenen Skript.

- Bei der Verwendung von PC/NFS muß der Dämon rpc.pcnfsd gestartet werden. Dieser Dämon ist für die Authentifizierung und die Bereitstellung von Druckerdiensten notwendig und wird bei der Einbindung von DOS und Windows-PCs erforderlich.

- Das NFS-Protokoll geht davon aus, daß auf beiden Rechnern die uid- und gid-Nummern identisch sind. Dies läßt sich durch identische /etc/passwd Dateien oder mittels NIS (siehe Kapitel 22, *Network Information System*, auf Seite 565) erreichen. Ist beides nicht möglich (oder sinnvoll), so kann der rpc.ugidd verwendet werden.

Welche Verzeichnisbäume anderen Rechnern zur Verfügung gestellt werden, wird in der Datei /etc/exports bestimmt. Dort kann der Zugriff auf einzelne Rechner oder Netze eingeschränkt oder nur Lesezugriff gestattet werden. Dazu dienen verschiedene Optionen. Die wichtigsten davon sind:

- Volumes können schreibgeschützt (ro, Default) oder beschreibbar (rw) exportiert werden.

- Die Option root_sqash lenkt die Benutzer-ID 0 auf den Benutzer nobody (uid -2) um. Der Standardwert ist no_root_squash.

- Die Benutzer-IDs von Server und Client sind gleich map_identy (Default) oder werden durch den rpc.ugidd zugeordnet (map_daemon).

Eine komplette Liste der möglichen Optionen finden Sie in der Manpage zu exports(5) und nfs(5). Das Listing 19.2 enthält ein Beispiel für die Datei /etc/exports. Das Volume /home wird an alle Rechner der Domain exportiert. Das Volume /opt wird nur an nfsclient exportiert. Zugriffe durch den Benutzer root werden auf den Benutzer nobody umgelenkt. Das Volume /projekt kann von allen projektbezogenen Rechnern, deren Name mit proj beginnt, verwendet werden. Das Volume /pub kann weltweit gemountet werden.

```
/opt        nfsclient(ro,root_squash)
/home       *.gemuese.org(rw,root_squash)
/projekt    proj*.gemuese.org(rw)
/pub        (ro,insecure,root_squash)
```

Listing 19.2: Auszug aus der Datei /etc/exports

Weitere Informationen und Bezugsquellen	
Manpages:	`mount(8)`, `nfs(5)`, `exports(5)`, `rpc.nfsd(8)`, `rpc.mountd(8)`, `rpc.pcnfsd(8)`

19.3 Strategien zum Einsatz von NFS

Die großen Vorteile von NFS liegen darin, daß Dateien, egal auf welchem Rechner sie tatsächlich gespeichert sind, sich dem Anwender so darstellen, als wären sie lokal verfügbar. Diesen Komfort erkauft man sich mit einigen Problemen (siehe auch den Abschnitt 19.4 weiter unten). Eines der größten Probleme ist die Abhängigkeit von der Verfügbarkeit es NFS-Servers.

Wenn Sie Verzeichnisse von verschiedenen Systemen aus gemeinsam verwenden wollen, dann müssen Sie darauf achten, daß das Verzeichnis auf allen Systemen unter demselben Namen verfügbar ist. Andernfalls würde man unbedarfte Anwender nur unnötig verwirren – und genau das möchte man ja vermeiden.

Beliebte Verzeichnisse für NFS sind die Home-Verzeichnisse der Benutzer, für einen Pool von Rechnern gemeinsam installierte Programme unter `/usr/local` und andere Verzeichnisse, die gemeinsam benutzt werden können. Ein wesentlicher Vorteil ist, daß Programme nur einmal installiert werden müssen, und dann allen Anwendern und Rechnern zur Verfügung stehen. Wenn Sie allerdings verschiedene Rechnersysteme und Betriebssysteme verwenden, dann müssen Sie darauf achten, wie Sie die Verzeichnisse strukturieren.

19.4 Probleme beim Einsatz von NFS

NFS ist auf der Basis von RPCs implementiert. Dabei wird in der Regel ein zustandsloses Protokoll (UDP) verwendet. Das bedeutet, daß der Server keine Vorgeschichte zu aktuellen Anfragen kennt. Damit sind Caching-Funktionen nur sehr begrenzt zu verwirklichen. Ein Vorteil von NFS ist, daß der Client sicher sein kann, daß die Daten auf der Server-Platte gespeichert sind, wenn der entsprechende Aufruf beendet ist.

Die gemeinsame Nutzung von Dateien ist nur dann sinnvoll möglich, wenn die Benutzernamen und zugehörigen User-IDs auf den beteiligten Rechnern miteinander übereinstimmen. Wenn Sie erstmals NFS aktivieren, werden Sie feststellen, daß auf verschiedenen Rechnern Benutzer teilweise unterschiedliche UIDs haben oder daß eine UID zu verschiedenen Benutzern gehört. Vor dem Einsatz von NFS sollten Sie daher die Paßwortdateien bereinigen (und dabei die Dateien den richtigen Benutzern zuordnen).

Erstellen Sie zunächst eine Liste der Dateien, die einem Benutzer gehören, z. B. mit `find / -uid UserID`. Dann passen Sie die Paßwortdatei an und übereignen der neuen Kennung diese Dateien mit `chown`. Die manuelle Synchronisation der Paßwortdateien ist aufwendig und fehleranfällig. Sie sollten daher über den Einsatz von NIS nachdenken (siehe auch Kapitel 22, *Network Information System*, auf Seite 565). Die Verwendung des `uigdd`-Programmes, das anhand der Namen die UserIDs zur Laufzeit abgleicht, ist nur als Notlösung zu betrachten.

Beim Austausch von Daten mittels NFS sollten die internen Uhren der beteiligten Rechner relativ genau synchronisiert werden, um nur schwer nachvollziehbare Probleme zu vermeiden. Beim Anlegen von Dateien erhalten diese den Zeitstempel vom Server. Beim (eventuell direkt folgenden) Lesen dieser Datei wird der Zeitstempel gemäß der lokalen Zeit des Clients interpretiert. Unterscheiden sich beide Zeiten, so kommen Programme wie `make` durcheinander.

Neben diesen Problemen ist es auch für Benutzer weniger verwirrend, wenn sich die internen Uhren nicht unterscheiden. Da insbesondere PC-Uhren sehr ungenau gehen, müssen Sie besondere Maßnahmen ergreifen. Relative Abweichungen können Sie lokal mit dem Programm `adjtime` korrigieren. Zur Synchronisation der Uhren im Netz können Sie verschiedene Methoden einsetzen, die alle ihre Berechtigung haben:

- Sie können einen Rechner mit einer DCF77-Funkuhr versehen und diesen Rechner als Zeitserver verwenden.
- Wenn im Netz ein Zeitserver existiert, können Sie die Zeit von dort mit dem Programm `xntp` holen. Einige RFCs (z. B. [rfc1305] und [rfc1769]) beschreiben entsprechende Protokolle zur Zeitsynchronisation.
- Sie können die Programme `netdate` oder `rdate` verwenden, um die Zeit von einem oder allen Rechnern im Netz zu erhalten.

NFS ist bei der Verwaltung von Daten- und Programmdateien für den Benutzer fast vollkommen transparent. Anders sieht es bei Gerätedateien und Named Pipes aus. Hier soll eine Kommunikation mit dem Kernel oder einem Anwendungsprogramm auf der anderen Seite der Pipe aufgebaut werden. Beides ist über NFS kaum zu realisieren.

Sie sollten darauf achten, daß der NFS-Server im selben Subnetz und Netzsegment wie die Clients angeschlossen ist. Andernfalls wird durch die doch recht hohe Netzbelastung der Router stark beansprucht, und Brücken können keine Lasttrennung zwischen den einzelnen Segmenten durchführen. Beides dient auf Dauer nicht dem sicheren Betrieb des Netzes und damit der Zufriedenheit der Benutzer.

Zur Zeit wird das SMB-Protokoll zum *Common Internet File System* (CIFS) weiterentwickelt. An der Entwicklung sind neben Microsoft auch das Samba-Team beteiligt. Die Entwickler versprechen sich von CIFS eine bessere Performance und eine bessere Semantik als bei NFS.

Vielfach wird NFS als großes Sicherheitsproblem betrachtet. Das liegt zum einen an der Verwendung von Remote Procedure Calls, zum anderen an der Implementierung des Protokolls. Verschiedene Dinge sollten Sie vor der Verwendung von NFS (das auch als „Nightmare File System" oder „No File Security" bezeichnet wird) beachten:

- Exportieren Sie nur an bekannte Rechner.
- Exportieren Sie möglichst nur Read-Only.
- Beobachten Sie die Log-Files des Systems.

Sun hat eine Weiterentwicklung des NFS, das sogenannte Secure-NFS, entwickelt. Dieses basiert auf einer Erweiterung der RPC-Schnittstelle, den Secure-RPCs. Andere Hersteller haben diese Technologie lizenziert, aber bisher sind nur Implementationen für wenige Plattformen verfügbar. Damit scheidet der Einsatz in heterogenen Netzen derzeit noch aus.

19.5 Der Automounter

In einem lokalen Netz, in dem viele Verzeichnisse zwischen verschiedenen Rechnern mittels NFS hin- und hergemountet werden, ist es oft nicht sinnvoll, dies beim Start des Rechners zu tun. Zum einen belegt jedes gemountete Volume einen von 32 Superblöcken im Linux-Kernel, zum anderen muß für das Einhängen der entsprechende Server verfügbar sein. Ist der NFS-Server im laufenden Betrieb nicht mehr erreichbar, so muß, je nach den verwendeten Daten, mit Einschränkungen im Betrieb gerechnet werden. Außerdem werden die `fstab`-Dateien immer länger und müssen bei jeder Änderung auf allen Rechnern angepaßt werden.

Diese Probleme waren der Hintergrund für die Entwicklung des Automounters. Hier werden die entsprechenden Verzeichnisse erst dann in den Verzeichnisbaum eingehängt, wenn sie tatsächlich benötigt werden. Werden die Daten eine Zeitlang nicht mehr benutzt, so wird das Volume wieder abgehängt. Dabei ist der Automounter so flexibel, daß bei dem Ausfall eines Servers ein anderer Rechner für diesen einspringen kann.

Durch die flexible (und deshalb etwas komplexere) Syntax kann eine Konfigurationsdatei für alle Rechner des lokalen Netzes verwendet werden. Das vermindert deutlich den Administrationsaufwand, insbesondere, wenn diese Datei mittels NIS (siehe Kapitel 22, *Network Information System*, auf Seite 565) verteilt wird.

Interna des Automounters

Im lokalen Netz erhält jedes exportierte Volume einen eindeutigen Namen. Unter diesem Namen können alle Rechner im lokalen Netz dieses Volume ansprechen.

Damit ist es möglich, auf allen Rechnern dasselbe Home-Verzeichnis zu haben. Genauso werden oft die Mail-Verzeichnisse gemountet.

Der Automounter kann aber auch abhängig von der verwendeten Rechnerarchitektur oder dem Betriebssystem unterschiedliche Volumes mounten, die denselben Zweck erfüllen (z. B. der TEX-Pfad für verschiedene Architekturen).

Daneben können aber auch lokale Geräte wie z. B. ein CD-ROM-Laufwerk oder die Diskettenlaufwerke gemountet werden. Dadurch ist es möglich, auf das Programm `usermount` zu verzichten.

Voraussetzungen für den Einsatz des Automounters

Der Automounter ist intern als ein NFS-Server implementiert. Daher sind wie bei einem NFS-Server oder Client der RPC-Portmapper und die anderen NFS-Dämonen notwendig. Außerdem muß natürlich auch der `amd` gestartet sein. Die Quellen des `amd` enthalten ein Beispielskript (`./text/amd.start.ex`), das den Dämon mit den richtigen Parametern aufruft.

Außerdem müssen die entsprechenden Volumes konfiguriert werden. Dazu dient z. B. die Datei `/etc/mount.amd`, deren Namen `amd` als Parameter übergeben werden muß. Im Listing 19.3 finden Sie ein Beispiel für eine einfache Konfiguration des Automounters.

```
/defaults opts:=intr

fd0       host==${host};type:=ufs;\
          dev:=/dev/fd0;\
          opts:=type=msdos,gid=6,uid=0,umask=002,noexec,nodev

dos       host==${host};type:=ufs;dev:=/dev/hdc1;\
          opts:=type=msdos,gid=120,uid=0,umask=002,noexec

cdrom     host==cdserver;type:=ufs;dev:=/dev/sr0;\
          opts:=type=iso9660,ro \
          host!=${host};type:=nfs;rhost:=cdserver;\
          rfs:=/mount/cdrom;opts:=ro,rsize=4096,wsize=4096
```

Listing 19.3: Die Map-Datei für den Automounter `amd`

Die Volumes `fd0` und `dos` werden nur für den lokalen Gebrauch bereitgestellt. Das Volume `cdrom` wird auf dem Rechner lokal angehängt. Auf allen anderen Systemen wird das entsprechende Volume des CD-Servers via NFS angesprochen. `amd` hat noch viele weitere Funktionen und Konfigurationsoptionen, die in der Info-Dokumentation erläutert werden.

Weitere Informationen und Bezugsquellen	
`ftp`-Server:	`ftp.cs.columbia.edu`
`ftp`-Pfad:	`/pub/amd`
Dateiname:	`amd-upl102.tar.gz`
Größe:	ca. 530 kByte

Das Kernel-`autofs` unter Linux

Neben dem `amd`, der sich als User-Level-NFS-Server darstellt, hat Linux seit der Version 2.0 einen internen Automounter implementiert. Zum Einsatz des internen `autofs` muß das Dateisystem `autofs` in den Kernel einkompiliert sein oder als Modul zur Verfügung stehen. Außerdem benötigen Sie die Programme aus dem `autofs`-Paket, eine Bezugsquelle finden Sie am Ende des Abschnitts.

Zum Start des `autofs` muß das Programm `automount` gestartet werden. Moderne Distributionen haben hierfür in der Regel entsprechende Start-Stop-Skripte. Wenn Sie `automount` direkt aufrufen müssen, erwartet der Aufruf folgenden Parameter:

`automount` *`Optionen`* *`Verzeichnis`* *`Map-Typ`*[,*`Map-Format`*] *`Map-Name`* *`Map-Optionen`*.

Bei einem Aufruf können mehrere Verzeichnisse und Maps angegeben werden, die dann alle von `automount` verwaltet werden.

`Optionen`
: -p –pid-file, -t –timeout

`Verzeichnis`
: `automount` überwacht das angegebene Verzeichnis und hängt bei Bedarf die in der Map beschriebenen Volumes ein. Das Verzeichnis muß beim Aufruf von `automount` bereits existieren.

`Map-Typ``[,`*`Map-Format`*`]`
: Maps für `automount` können in verschiedenen Formen gespeichert sein. Hier wird der Typ der Speicherung angegeben. Mögliche Eingaben sind: `file`, `program`, `yp`, `nisplus` oder `hesiod`. Durch ein Komma abgetrennt kann das Format der Map angegeben werden, hier wird derzeit nur `sun` unterstützt.

`Map-Name`
: Der Name der Map; bei den Typen `file` und `program` ist das der Dateiname der Map bzw. des Programms. Bei den anderen Typen ist es der Name der Datenbank (also der NIS- bzw. NIS+-Map).

Map-Optionen
Alle weiteren Optionen werden, nachdem das Minuszeichen entfernt wurde, als `-o`-Option an das Programm `mount` übergeben. Es können beliebig viele Optionen angegeben werden.

Bei der Red Hat-Distribution wird der Aufruf von `automount` per Skript aus der Datei `/etc/auto.master` erstellt. Die Kommentare werden entfernt, und aus den restlichen Zeilen wird eine Kommandozeile für `automount` generiert. Ein Beispiel für die Datei `auto.master` finden Sie in Listing 19.4. Die Verzeichnisse `/misc` und `/mount` werden mit `automount` verwaltet, für jedes Verzeichnis ist eine eigene Map zuständig. Das Red Hat-Skript erkennt, ob ein Dateiname angegeben ist, dann ist die Map vom Typ `file`, es sei denn, die Datei hat das executable-Bit gesetzt, dann ist die Map vom Typ `program`. Andernfalls wird angenommen, daß die Map vom Typ `yp` ist, also aus den Network Information System stammt.

```
# Format of this file:
# mountpoint map options
/misc    /etc/auto.misc  --timeout 60
/mount   /etc/auto.mount --timeout 60
```

Listing 19.4: Die Datei `auto.master`

Änderungen an der Datei `auto.master` werden erst nach einem Neustart von `automount` aktiv. Änderungen an den Map-Dateien werden beim nächsten Mounten automatisch berücksichtigt. Die Map-Dateien für `automount` haben das Format:

Schlüssel [*-Optionen*] *Ort*

Der Schlüssel ist der Pfad unterhalb des in der Datei `auto.master` angegebenen Mount-Points. Sie können nach einem Minuszeichen Optionen angeben, die an das Programm `mount` als Parameter zur `-o`-Option weitergereicht werden. Geben Sie mit dem Schlüsselwort `-fstype` einen Dateisystemtyp an, so wird dieser als Parameter zur Option `-t` verwendet.

Als Fundort für die Volumes können folgende Einträge verwendet werden: *Host*:*NFS-Volume* für NFS-Verzeichnisse, :*Device* für lokale Geräte und ://*Host*/*Share* für Windows-Shares oder mittels `samba` exportierte Verzeichnisse. Das Listing 19.5 zeigt, wie auf meinem System die Wechselmedien Disketten und CD-ROMs sowie die DOS-Partition verwaltet werden.

Das Listing 19.6 zeigt außerdem den Zugriff auf entfernte Verzeichnisse mittels NFS oder Samba. Das dynamische Einhängen dieser Verzeichnisse sorgt dafür, daß der Rechner bei Netzwerkproblemen nur dann hängt, wenn das NFS-Dateisystem

```
# Schlüssel  [ -mount-Optionen ] Ort
cdrom        -fstype=iso9660,ro                    :/dev/scd0
floppy       -fstype=auto                          :/dev/fd0
dos          -fstype=vfat,gid=100,umask=002        :/dev/sda1
```

Listing 19.5: Die Datei `/etc/auto.mount`

aktuell verwendet wird. `automount` ermöglicht einen stabilen und komfortablen Betrieb beim Mounten von NFS-Volumes, wie es auch `amd` tut.

```
# Schlüssel  [ -mount-Optionen ] Ort
kernel         -ro                ftp.kernel.org:/pub/linux
dokument       -fstype=smbfs      ://dokument/dokument
```

Listing 19.6: Die Datei `auto.mount`

Wenn das Programm `automount` das Signal `USR1` (10) erhält, wird versucht, die eingehängten Volumes wieder zu lösen, das Programm läuft aber weiter. Bei dem Signal `USR2` wird ebenfalls versucht, alle Volumes freizugeben. Wenn dies gelingt, beendet sich `automount`. Dateisysteme, die aktuell verwendet werden (d. h. busy sind), können nicht freigegeben werden

Modifizierte Maps werden bei der nächsten Verwendung automatisch neu geladen. Es ist daher nicht notwendig, dem `automount` zu diesem Zweck ein Signal zu schicken. Unter Red Hat muß nach der Veränderung der Datei `/etc/auto.master` der Dämon neu gestartet werden, da diese Datei bereits vom Start-Stop-Skript interpretiert wird und nicht von `automount`.

`autofs` ist noch relativ neu und immer noch in der Entwicklung. Daher sind verschiedene Features, die man vielleicht vom Sun `automount` her kennt noch nicht implementiert.

`amd` oder `automount` verwenden?

Die Entscheidung für einen der beiden Dienste ist, je nach Situation, nicht ganz einfach. Zunächst sollten Sie sich fragen, ob Sie die Funktionen überhaupt brauchen. Wenn Sie keine Volumes von anderen NFS-Servern verwenden, dann können Sie zunächst auf beide Dämonen verzichten. Auf der anderen Seite können Sie beide Programme dazu verwenden, Disketten oder CD-ROMs zu mounten, wenn diese benötigt werden (siehe die Listings 19.3 und 19.5); nur für diesen Zweck ist es praktisch egal, welchen Dienst Sie verwenden.

Wenn Sie in einem größeren Netz arbeiten und dort viele NFS-Volumes verwalten, dann macht der Einsatz von `amd` oder `autofs` wirklich Sinn. Wenn Sie Features benötigen, die ein Dienst enthält, der andere aber nicht, dann ist die Wahl einfach. Haben beide Programme die Funktionen, die Sie benötigen, dann müssen Sie andere Kriterien heranziehen.

Wenn Sie `amd` auf anderen Plattformen einsetzen, dann verwenden Sie ihn am besten auch unter Linux. Die einheitliche Umgebung spricht dafür. Wenn Sie bisher mit `automount` gearbeitet haben und Sie mit den Einschränkungen des `autofs` leben können, dann sollten Sie dabei bleiben. Beachten Sie, daß Maps derzeit nicht vollständig zwischen Sun und Linux kompatibel sind.

In Zukunft könnte `amd` auch unter Linux das `autofs` unterstützen, wie das bereits für Solaris der Fall ist. Dann hätte man die technischen Vorteile des `autofs` mit der Stabilität, Flexibilität und Verbreitung des `amd` kombiniert.

Weitere Informationen und Bezugsquellen	
`ftp`-Server:	`ftp.kernel.org`
`ftp`-Pfad:	`/pub/linux/daemons/autofs`
Dateiname:	`autofs-0.3.14.tar.gz`
Größe:	ca. 50 kByte

Mailing-Liste:	`autofs@linux.kernel.org`
	Anmelden mit „subscribe autofs" an
	`majordomo@linux.kernel.org`

20 Linux im heterogenen Netz

Die bisher angesprochenen, auf TCP/IP basierenden Protokolle und Anwendungen sind Standard für Unix-Systeme aller Hersteller. In Unix-Netzen kommt man in der Regel mit diesen Protokollen aus. Anders ist es, wenn ein Unix-System in ein bestehendes lokales Netz aus PCs und Macintosh-Systemen eingebunden werden soll. Oft herrscht dort ein regelrechter Wildwuchs an Protokollen, und jeder Rechner soll nach Möglichkeit ohne großen Aufwand mit jedem anderen direkt kommunizieren können.

Neben dem Protokoll TCP/IP spricht Linux eine Reihe von weiteren Sprachen, die in lokalen Netzen weit verbreitet sind. Damit erweist Linux sich ein weiteres Mal als preiswerte und leistungsfähige Lösung zur Verbindung verschiedener Netzwelten. Vergleichbare kommerzielle Pakete sind für kleinere Firmen oder Privatanwender oft unerschwinglich teuer.

Ein in PC-Netzen weit verbreitetes Protokoll ist das IPX-Protokoll (Internet Packet Exchange) von Novell NetWare. Als Server werden in der Regel gut ausgestattete PCs verwendet. Die Geschwindigkeit ist teilweise etwas höher als bei TCP/IP, daher wird dieses Protokoll gern in reinen DOS/Windows-Netzen eingesetzt. Es gibt Clients für DOS, Windows, OS/2 und Macintosh entweder direkt beim Betriebssystem oder von Novell.

Novell bietet auch ein TCP/IP-Paket für seine Server an, aber die Funktionalität eines Unix-Hosts wird dabei nicht erreicht. Darüber hinaus ist dieses Paket, das auch NFS enthält, relativ teuer. Mit IntraNetware vollzieht auch Novell langsam eine Öffnung in Richtung TCP/IP-basiertes Networking.

Ein anderes Protokoll ist Server Message Block (SMB). Dieses Protokoll wird vom LAN-Manager (von IBM und Microsoft) sowie von Windows NT, Windows for Workgroups und Windows 95/98 verwendet. Unter Linux wird das Paket `samba` als Server verwendet, das auch auf vielen anderen Unix-Plattformen eingesetzt werden kann. Als Client kann das `smbfs`-Dateisystem zum Zugriff auf Windows-Shares verwendet werden. Freigegebene Drucker können mit dem Programm `smbclient` aus dem `samba`-Paket angesprochen werden.

Für die Kommunikation mit Macintosh-Rechnern von Apple wird das AppleTalk-Protokoll eingesetzt. Auch hier gibt es eine Implementierung unter Linux. Damit ist Linux ein sehr offenes und kommunikatives Betriebssystem. Das liegt auch daran, daß praktisch der gesamte Quellcode verfügbar ist und jeder entsprechende Änderungen und Anpassungen vornehmen kann.

20.1 Linux als NetWare-Client und -Server

In lokalen PC-Netzen ist Novell NetWare weit verbreitet. Die Implementation ist stabil und teilweise etwas schneller als die TCP/IP-Protokolle. Vor einigen Jahren, als PCs noch wesentlich weniger leistungsfähig waren, war dies oft die einzig sinnvolle Vernetzungsmöglichkeit. Heute gewinnt, auch aufgrund der Internet- und Intranet-Strategien, TCP/IP immer mehr an Bedeutung.

Als unterste Protokollschicht wird IPX (Internet Packet Exchange) verwendet. Dieses Protokoll ist dokumentiert und bereits seit einiger Zeit im Linux-Kernel implementiert. Daher können Sie Linux u. a. als IPX-Router verwenden oder im `DOSemu` auf NetWare Services zugreifen.

Die NetWare-Services, also Datei- und Druckdienste, basieren jedoch auf dem auf IPX aufsetzenden Protokoll NCP (NetWare Core Protocol), das von Novell nicht offiziell dokumentiert war. Die Dokumentation steht jetzt (zumindest teilweise) zur Verfügung, so daß Linux als Client und als Server in NetWare-Netzen eingesetzt werden kann. Dabei wird nur die Bindery von NetWare 3.x emuliert. Ein Zugriff auf die NetWare Directory Services (NDS) ist derzeit nur mit dem in der Caldera OpenLinux-Distribution enthaltenen kommerziellen NetWare-Client möglich. Auch die NetWare-Server für Linux stellen nur Bindery-Server dar.

Zunächst muß das IPX-Protokoll in den Kernel einkompiliert werden. Die Implementation wurde u. a. von Caldera durchgeführt. Dies ist eine Firma, die vom früheren Novell-CEO Ray Noorda finanziert wurde. Nach einem Reboot meldet der Kernel die Existenz dieses Protokolls mit Meldungen wie den folgenden:

```
Swansea University Computer Society IPX 0.34 for NET3.035
IPX Portions Copyright (c) 1995 Caldera, Inc.
```

Anschließend muß, ähnlich wie bei TCP/IP-Netzen auch, die Schnittstelle konfiguriert werden. Dies geschieht zur Zeit noch mit einem eigenständigen Programm. Diese Funktionen könnten in der Zukunft in das Programm `ifconfig` integriert werden. Sie können entweder die Schnittstelle automatisch konfigurieren lassen, indem Sie den Befehl `ipx_configure --auto_primary=on --auto_interface=on` verwenden. Damit wird automatisch ein primäres IPX-Interface erzeugt, wenn ein IPX-Paket eintrifft.

Eine automatische Erkennung ist nur dann möglich, wenn Sie Linux nur als Client im Netz betreiben wollen. Andernfalls benötigen Sie eine interne IPX-Netzwerknummer, die von Ihrem Netzwerkverwalter vergeben wird. Wenn Sie im Netz Rechner mit Windows 95/98 als Betriebssystem haben, so sollten Sie ebenfalls auf eine automatische Erkennung verzichten. Diese Rechner senden aufgrund eines Fehlers Pakete mit einem anderen Frame-Typ als sonst im Netz üblich, was einen sicheren Betrieb mit der automatischen Erkennung verhindert.

Wenn die automatische Erstellung nicht möglich ist, können Sie mit dem Befehl `ipx_interface` das Interface manuell erstellen. Dabei müssen Sie das Netzwerkgerät (z. B. `eth0`), den Frame-Typ und die Netzwerknummer angeben. Den Frame-Typ und die IPX-Netzwerknummer erfahren Sie von Ihrem Netzwerkadministrator. Tabelle 20.1 enthält eine Übersicht über die geläufigen Frametypen und deren übliche Verwendung.

Frame-Typ	**Verwendung**
802.2	Ethernet 802.2
802.3	Ethernet 802.3
ether_ii	Das Ethernet-II-Protokoll
802.2TR	Token-Ring Encapsulation

Tabelle 20.1: IPX-Frame-Typen und ihre Verwendung

Heute werden die meisten (neuen) Netze mit dem Frame-Typ 802.3 betrieben. Dies ist auch der Standardwert für viele Produkte. In bestehenden Installationen werden aber auch noch die Typen 802.2 und Ethernet-II verwendet. Wenn Sie ein Token-Ring-Netz haben, dann müssen Sie den Frame-Typ 802.2TR einsetzen.

Der Befehl in Listing 20.1 erstellt ein IPX-Interface für den Frame-Typ 802.2. Die Netzwerknummer ist 2A. Wenn Sie eine Null (`0`) angeben, dann versucht der Kernel, die Netzwerknummer aus den ankommenden IPX-Paketen auszulesen. Beachten Sie, daß Sie bei Kollisionen oder Fehlern in der Vergabe der IPX-Netzwerknummern den Netzbetrieb empfindlich stören können.

```
(Linux):~# ipx_interface add -p eth0 802.2 2A
```

Listing 20.1: Erstellen eines IPX-Interfaces unter Linux

Informationen über den aktuellen Status des IPX-Subsystems finden Sie im `/proc`-Dateisystem in den Dateien `ipx_interface` (siehe Listing 20.2), `ipx` (siehe Listing 20.3) und `ipx_route` (siehe Listing 20.4) im Verzeichnis `/proc/net`.

Die Datei `/proc/net/ipx_interface` enthält für jedes konfigurierte Interface eine Zeile. Das Beispiel in Listing 20.2 stammt von einem Linux-Rechner, der sowohl NetWare-Server (via `mars_nwe`) als auch NetWare-Client via `ncpfs` ist.

```
Network    Node_Address   Primary  Device     Frame_Type
00000030   10005AD2813C   No       tr0        802.2TR
10000106   000000000001   Yes      Internal   None
```

Listing 20.2: Die Datei `/proc/net/ipx_interface`

Die externe Netzwerkschnittstelle `tr0`, eine Token-Ring-Netzwerkkarte, ist an das Netzwerk `30` angeschlossen; es wird der Frame-Typ `802.2TR` verwendet. Die Node-Adresse ist die Hardware-Adresse der Netzwerkkarte, die vom Kernel automatisch eingesetzt wird. Das Interface ist nicht primär.

Jeder NetWare-Server hat ein eigenes (internes) Netzwerk. Die hierfür vergebene Nummer muß eindeutig sein und sollte daher zentral verwaltet werden. Wenn Sie sich nicht sicher sind, fragen Sie Ihren Netzwerkverwalter. Der Server hat in diesem Netz die Node-Adresse `1`. Im Beispiel in Listing 20.2 ist das interne Interface auch das primäre.

Das Listing 20.3 zeigt ein Beispiel für die Datei `/proc/net/ipx`. Sobald Ihr Rechner am IPX-Netz teilnimmt, füllt sich diese Datei automatisch.

```
Local_Address   Remote_Address Tx_Queue  Rx_Queue  State Uid
10000106:4000   Not_Connected  00000000  00000000  07    000
10000106:0452   Not_Connected  00000000  00000000  07    000
10000106:0453   Not_Connected  00000000  00000000  07    000
10000106:4001   Not_Connected  00000000  00000000  07    000
10000106:4002   Not_Connected  00000000  00000000  07    000
10000106:0451   Not_Connected  00000000  00000000  07    000
10000106:4003   Not_Connected  00000000  00000000  07    000
10000106:4004   Not_Connected  00000000  00000000  07    000
```

Listing 20.3: Die Datei `/proc/net/ipx`

Im Listing 20.4 finden Sie einen Auszug aus der Datei `/proc/net/ipx_route`. In dieser Datei wird die Routing-Tabelle für IPX-Pakete aufbereitet dargestellt. Für jedes erreichbare Netz wird angegeben, über welches Netz geroutet wird und welcher Rechner als Router fungiert. Da alle IPX-Server in der Regel auch als Router fungieren und diese Informationen auch regelmäßig auf dem Netz veröffentlichen, füllt sich diese Tabelle recht schnell. Wenn Sie viele NetWare-Server haben, dann wird diese (Pseudo-)Datei viele Einträge enthalten.

```
Network     Router_Net    Router_Node
10000411    00000030      00001D17C1F9
25031995    00000030      00805F189164
...
00000030    Directly      Connected
10000106    Directly      Connected
```

Listing 20.4: Die Datei `/proc/net/ipx_route`

Nach Gebrauch kann das Interface mit dem Programm `ipx_interface` wieder gelöscht werden (siehe Listing 20.5). Auch hierbei muß wieder der Frame-Typ angegeben werden. Normalerweise wird das Interface von den Startup-Skripten Ihrer Distribution eingerichtet und beim Shutdown wieder entfernt. Wenn Sie jedoch die verschiedenen Funktionen testen, kann es sinnvoll sein, diese Funktionen von Hand aufzurufen.

```
(Linux):~# ipx_interface del eth0 802.2
```

Listing 20.5: Löschen eines IPX-Interfaces

Neuere Distributionen sind bereits auf die Verwendung als NetWare-Client (und -Server) vorbereitet, so daß die entsprechenden Start-Stop-Skripten bereits zur Verfügung stehen. In den folgenden Abschnitten geht es um die Konfiguration der entsprechenden Anwendungen.

Weitere Informationen und Bezugsquellen	
Manpages:	`ipx_configure(8)`, `ipx_internal_net(8)`, `ipx_interface(8)`, `ipx_route(8)`
HowTo:	`IPX-HOWTO`
Autor:	Greg Page, `greg@caldera.com`
`ftp`-Server:	`ftp.caldera.com`
`ftp`-Pfad:	`/pub/ipx`
Dateiname:	`ipx-1.0.tar.gz`
Größe:	ca. 8 kByte

Linux als NetWare-Client

Mit dem Paket `ncpfs` existiert eine Implementierung des NCP, die als Modul in den Kernel geladen werden kann. Wie der Name bereits andeutet, ist es (unter anderem) ein Dateisystem, das auf dem NetWare Core Protocol basiert. Daneben werden auch Druckdienste angeboten und genutzt.

Der Quellcode des `ncpfs` selbst ist im Standard-Kernel enthalten und kann bei der Kernel-Konfiguration angewählt werden. Zusätzlich benötigen Sie das Programm `ncpmount`, mit dem Sie von NetWare-Servern exportierte Volumes in ein Linux-System einhängen können. Da sich die Novell-Volumes deutlich von den unter Linux sonst üblichen Dateisystemen unterscheiden, wurde diese Funktion bisher nicht in das normale `mount`-Programm integriert.

Das `ncpfs`-Paket wurde von Volker Lendecke entwickelt, der auch das `smbfs` zum Zugriff auf Windows-Shares implementiert hat. Mehr zu diesem Paket finden Sie im Abschnitt 20.2, *Linuxals SMB-Client und -Server*, auf Seite 538. Derzeit ist der Zugriff auf Volumes von NetWare 3.x-Server sowie von NetWare-4.x-Server mit Hilfe der Bindery-Emulation möglich, eine NDS-fähige Version ist in der Entwicklung.

In der aktuellen Implementierung können neben Platten auch Drucker an NetWare-Servern von Linux mit genutzt werden. Das entsprechende Dateisystem (`ncpfs`) ist in den Standard-Kernel integriert. Sie müssen nur das IPX-Protokoll und dieses Dateisystem bei der Kernel-Konfiguration anwählen. Die oben erwähnten notwendigen Programme (und eventuell neuere Versionen) finden Sie unter `ftp://ftp.gwdg.de/pub/linux/misc/ncpfs`.

Nachdem die Netzwerk-Interfaces, wie im letzten Abschnitt beschrieben, aktiviert sind, können Sie mit `slist` eine Liste der aktiven NetWare-Server erhalten. Wenn dieser Befehl eine Fehlermeldung liefert, überprüfen Sie die Kernel- und Netzwerkkonfiguration. Überprüfen Sie die Boot-Meldungen des Kernels auf die Existenz des IPX-Protokolls (mit dem Befehl `dmesg`; oft werden diese Meldungen auch in der Datei `/var/log/kernel` gespeichert). Zum Schluß werfen Sie einen Blick in die Dateien `/proc/net/ipx*`.

Anschließend können Sie mit dem Befehl `ncpmount` (siehe Listing 20.6) ein Volume eines NetWare-Servers mounten. Dazu benötigen Sie den Namen des Servers (siehe die Ausgabe von `slist`), eine gültige Benutzerkennung auf diesem Server (z. B. `guest`) und eventuell das zugehörige Paßwort. Wenn kein Paßwort notwendig ist, geben Sie die Option `-n` an, so daß keine Benutzerinteraktion notwendig ist. Ist ein Paßwort erforderlich, können Sie dieses nach der Option `-P` angeben (es ist dann allerdings in der Prozeßliste für alle Benutzer lesbar), oder Sie werden interaktiv danach gefragt.

```
(Linux):~# ncpmount -S Server /mnt -U guest -n
```

Listing 20.6: Einhängen eines NetWare-Volumes unter Linux

Praktisch alle Programme des `ncpfs`-Pakets benötigen die Informationen zur Anmeldung an einen NetWare-Server. Daher sind die Optionen `-S`, gefolgt von einem Server-Namen, und `-U`, gefolgt von einem Benutzernamen, in praktisch allen Programmen des `ncpfs`-Paketes implementiert.

Sie können einige Einstellungen sowie die NetWare-Benutzerkennung und das NetWare-Paßwort in der Datei `~/.nwclient` hinterlegen (siehe Listing 20.7. Diese Datei darf aus Sicherheitsgründen nur für den Eigentümer lesbar sein. Dies wird von den Programmen des `ncpfs`-Pakets überprüft.

Ein Eintrag in der Datei besteht aus zwei oder drei Teilen, dem Namen des Servers, der Benutzerkennung und eventuell dem Paßwort. Kommentarzeilen beginnen mit einem Nummernzeichen (#) in der ersten Spalte. Das Format von Servername und Benutzerkennung orientiert sich dabei an den von NetWare gewohnten Konventionen.

```
# Der "preferred Server"
NW311/HEIN
# Ein Gast-Zugang mit Paßwort
FS-DEMO/GUEST GUEST
# Ein Zugang ohne Paßwort
FS-DEMO/GAST -
```

Listing 20.7: Ein Beispiel für die Datei `~/.nwclient`

Der erste Eintrag in der Datei hat eine spezielle Bedeutung. Er beschreibt den „preferred Server". Wenn bei einem Aufruf eines Programms des `ncpfs`-Paketes kein Server-Name angegeben wird, dann wird dieser Eintrag verwendet. Beim Aufruf `nwuserlist` meldet sich das Programm beim Server `NW311` als NetWare-Benutzer `HEIN` an und fragt nach dem Paßwort.

Beim zweiten Eintrag ist als Paßwort `GUEST` eingetragen. Damit kann sich das Programm ohne Interaktion an den NetWare-Server anmelden. Bei dem Benutzer im dritten Eintrag ist im NetWare-Server kein Paßwort eingetragen, dies wird durch das Minuszeichen (`-`) dargestellt.

In diesem Paket sind neben vielen anderen von NetWare bekannten Tools auch Programme (`pqlist` und `nprint`) enthalten, mit denen von Linux aus auf an das Novell-Netz angeschlossene Drucker zugegriffen werden kann. Es ist auch ein einfacher Print-Server (`pserver`) enthalten. Hilfreich für viele Administratoren kann der Zugriff auf Objekte aus der Bindery mit Hilfe von Kommandozeilen-Tools sein. Die Novell-Programme sind zwar bunt und relativ benutzerfreundlich, aber nicht für Massenänderungen oder Skriptsteuerung geeignet.

Zur Zeit wird nur der Zugriff auf Server der NetWare-Versionen 2.x und 3.x unterstützt. Die Anmeldung an NetWare-4-Server kann nur erfolgen, wenn alle notwendigen Daten (Benutzerkennungen, Printqueues) in der Bindery-Emulation abgelegt sind. Einen Zugriff auf die NetWare-Directory-Services (NDS) bieten diese Produkte noch nicht. Dafür eignet sich der kommerzielle NetWare-Client von Caldera. Außerdem hat Novell die NDS-Technologie für Fremdanbieter zur Verwendung freigegeben, so daß hier eine Implementation entstehen könnte.

Weitere Informationen und Bezugsquellen	
Autor:	Volker Lendecke
E-Mail:	`lendecke@math.uni-goettingen.de`
`ftp`-Server:	`ftp.gwdg.de`
`ftp`-Pfad:	`/pub/linux/misc/ncpfs`
Dateiname:	`ncpfs-2.05.tgz`
Größe:	ca. 130 kByte

Linux als NetWare-Server

Neben der Implementierung eines NetWare-Clients stehen zwei Implementierungen eines NetWare-Servers zur Verfügung. Beide Server bieten z. Zt. die Möglichkeit, Volumes für NetWare-Clients zu exportieren. Da aber beide Server weiterentwickelt werden, sind möglicherweise bereits weitere Funktionen verfügbar. Ausführliche Informationen über die Installation sowohl des IPX-Subsystems als auch der Server finden Sie in der IPX-HowTo des Linux Documentation Projects.

Derzeit wird von beiden Produkten wohl `mars_nwe` am häufigsten eingesetzt. Die Entwicklung geht aktiv weiter, und der Support in der Mailing-Liste ist gut. Beachten Sie, daß Sie, wie beim NetWare-Client auch, den IPX-Support im Kernel aktivieren müssen. Die Unterstützung für „Full internal IPX network" darf hingegen nicht eingestellt werden.

Wenn Sie sehr viele (mehr als 40) NetWare-Server in Ihrem Netz haben, so müssen Sie die Datei `config.h` anpassen, bevor Sie `mars_nwe` übersetzen können. Außerdem können Sie hier einige weitere Konstanten festlegen, was aber in der Regel nicht notwendig ist. Nach der Übersetzung mit `make` und der Installation mit `make install` müssen Sie die Datei `/etc/nwserv.conf` anpassen.

Diese Datei ist in einzelne Sektionen unterteilt, die wiederum mit Nummern versehen sind. Hinter den jeweiligen Nummern befinden sich die einzelnen Einträge. Die Datei `/etc/nwserv.conf` ist ausführlich kommentiert, so daß Sie in den seltensten Fällen zusätzliche Informationen benötigen dürften.

Der einzige Eintrag, der die Funktionalität Ihres Netzes beeinträchtigen kann, ist die interne Netzwerknummer. Fragen Sie Ihren Netzwerkadministrator nach einer freien IPX-Netzwerknummer. Ansonsten kopieren Sie die gut kommentierte Datei `examples/nw.ini` als `/etc/nwserv.conf` und passen die Einträge Ihren Wünschen entsprechend an.

Außerdem sollten Sie vor dem ersten Start den NetWare-Administrator und weitere Benutzer einrichten. Auch dies erledigen Sie durch die Anpassung der Datei `/etc/nwserv.conf`, diesmal in den Sektionen 12 und 13. In der Sektion 12 wird der NetWare-`SUPERVISOR` angelegt. Wird hier kein Eintrag vorgenommen, so gibt es im emulierten NetWare-Server keinen `SUPERVISOR`. Daher sollten Sie vor dem ersten Start hier einen entsprechenden Benutzer eintragen und ihm ein Paßwort geben. Nach den ersten Start hat `mars_nwe` dieses Paßwort verschlüsselt in die interne Bindery geschrieben, so daß Sie den Klartext wieder aus der Datei `/etc/nwserv.conf` löschen können.

In der Sektion 13 wird eine Zuordnung zwischen NetWare-Namen und Linux-Benutzern hergestellt. Für jeden NetWare-Benutzer muß es einen Linux-Account geben. Dieser kann jedoch mit einem Sternchen (`*`) als Paßwort versehen werden, so daß nur der Zugriff mittels IPX möglich ist. Alternativ können Sie in der Sektion 15 die NetWare-Accounts automatisch generieren lassen. Dies hat jedoch einige Sicherheitsnachteile. Lesen Sie hierzu die Kommentare in der Datei /etc/nwserv.conf.

Anschließend können Sie das Programm nwserv starten und haben nun einen NetWare-Server unter Linux. Den Server können Sie mit dem Befehl nwserv -k beenden. Falls Sie Probleme haben, finden Sie das Debug-Log in der Datei /tmp/nw.log, wobei Sie die Menge der Informationen, die ausgegeben werden, in der Datei nwserv.conf festlegen können. Mit mars_nwe ist Ihr Linux-Rechner ein kleiner Novell NetWare 3.x-kompatibler Server. Neben der Stabilität und Geschwindigkeit von Linux gewinnen Sie die Unabhängigkeit von der Lizenzpolitik von Novell, wo praktisch für jeden Benutzer eine entsprechend teure NetWare-Lizenz erworben werden muß.

Sie können jedoch keine Novell-Server-Tasks in Form von sogenannten NetWare Loadable Modules (NLMs) ausführen. Diese setzen als Ablaufumgebung einen echten Novell-Server voraus. Auch ist es nicht möglich, Zugriff auf die Novell Directory Services (NDS) zu erlangen.

Weitere Informationen und Bezugsquellen	
ftp-Server:	ftp.gwdg.de
ftp-Pfad:	/pub/linux/misc/ncpfs
Datei:	mars_nwe.tar.gz
Größe:	ca. 80 kByte
Datei:	lwared-0.95.tgz
Größe:	ca. 92 kByte

Zusätzlich zu den hier vorgestellten Programmen benötigen Sie jedoch die Client-Programme für andere Betriebssysteme (z. B. DOS oder OS/2-Clients). Diese sind in Novell NetWare enthalten und nicht frei verfügbar. Es existieren von einigen Programmen (wie z. B. LOGIN.EXE) freie Implementierungen, die möglicherweise verwendet werden können. Einige dieser Programme finden Sie auch im oben angegebenen Verzeichnis.

Ein Linux-Rechner kann auch als IPX-Router eingesetzt werden. Dazu benötigen Sie die Programme ipxripd und/oder ipxd, die Sie ebenfalls im oben genannten Verzeichnis finden können. Genaueres zur Konfiguration können Sie in der IPX-HowTo von Terry Dawson nachlesen.

20.2 Linux als SMB-Client und -Server

Mit der Implementierung des SMB-Protokolls (Server Message Block) in Windows for Workgroups und dessen weiter Verbreitung wurde es Benutzern sehr leicht gemacht, ihre Rechner zu vernetzen. Man benötigt nicht mehr als eine Netzwerkkarte für jeden Rechner und kann loslegen. Besonders für Privatanwender und kleine Firmen ist es günstig, daß kein spezieller Server angeschafft werden muß, um Festplatten und Drucker gemeinsam benutzen zu können.

Beim intensiven Einsatz kehrt sich die Situation jedoch um. Wird ein Rechner von vielen Benutzern als File- und Print-Server verwendet, so ist ein interaktives Arbeiten an diesem Rechner nicht mehr sinnvoll möglich. Da z. B. Windows für Workgroups nicht als Server-Betriebssystem konzipiert ist, hat man Probleme bei der Wartung des Rechners, der jetzt möglicherweise in einem abgeschlossenen Raum steht.

Das SMB-Protokoll wird von vielen Produkten verwendet. Bekannt sind neben der Windows-Familie der LAN-Manager (von Microsoft und IBM) und Pathworks (von DEC).

Linux als SMB-Client

Existiert in Ihrem Netz bereits eine Arbeitsgruppe oder Domäne, so können Sie mit Linux an dieser Gruppe teilnehmen. Das hierfür notwendige `smbfs`-Dateisystem ist im Kernel implementiert. Sie benötigen zusätzlich das Programm `smbmount`, das die Einbindung der exportierten Volumes in das Linux-Dateisystem vornimmt. Wenn Sie den `kerneld` verwenden, um dieses Dateisystem zu laden, müssen Sie den Aufruf zum Laden des Moduls im Programm `smbmount` selbst deaktivieren.

Für die Einrichtung des `smbfs` benötigen Sie `root`-Rechte. Auch ist dieses Dateisystem nicht auf andere Systeme portierbar. Dafür werden die Shares in den normalen Linux-Verzeichnisbaum integriert. Für den Benutzer ist es praktisch unerheblich, ob die Dateien lokal, auf einem NFS-Server oder einem SMB-Server gespeichert sind.

Das Paket `samba` enthält einen SMB-Client (`smbclient`), der ähnlich wie das Programm `ftp` bedient wird. Dieses Programm kann ohne spezielle Rechte verwendet werden; Hilfe erhalten Sie mit dem Befehl `help` innerhalb des Programms. Auf anderen Unix-Systemen ist dies eine einfache Möglichkeit, auf SMB-Shares zuzugreifen.

Die Syntax der Share-Namen ist genauso, wie unter Windows gewohnt: erst zwei Backslashes, dann der Rechnername und, durch einen weiteren Backslash getrennt, der Share-Name. Beachten Sie jedoch, daß Sie die Shell-Sonderzeichen (Backslash) entwerten müssen (siehe Listing 20.8). Alternativ können Sie den Backlash durch einen normalen Schrägstrich ersetzen.

Mit der Option `-L` erhalten Sie eine Liste der von diesem Server verfügbaren Shares (Platten und Drucker). Zugriff auf diese Shares erhalten Sie, wenn Sie wie im zweiten Beispiel den Namen des Share angeben.

```
(Linux):~> smbclient -L erbse
(Linux):~> smbclient '\\erbse\jochen'
```

Listing 20.8: Die Verwendung von `smbclient`

Diese Methode ist für praktisch jedes Unix-System verfügbar. Unter Linux jedoch kann ein SMB-Share direkt in den Verzeichnisbaum eingefügt werden. Dazu muß das `smbfs` in den Kernel einkompiliert sein oder als Modul geladen werden und das Programm `smbmount` installiert sein. Ein Beispiel für das Einhängen eines Share finden Sie in Listing 20.9.

```
(Linux):~> /usr/sbin/smbmount //erbse/jochen mnt -C
```

Listing 20.9: Einhängen eines SMB-Share

Beim Programm `smbmount` werden als Trennzeichen innerhalb des Share-Namens normale Schrägstriche anstelle der Backslashes verwendet. Damit braucht der Benutzer nicht an Quotes oder andere Sonderzeichen zu denken. Als erster Parameter wird der Share-Name erwartet, als zweiter der Mount-Point. Wenn das Programm `smbmount setuid-root` installiert ist, dann kann jeder Benutzer dieses Programm verwenden.

Das Programm `smbmount` kennt eine Reihe von Optionen, mit denen das Verhalten des Programms beeinflußt werden kann. Wenn Sie Probleme mit der Anmeldung haben, dann können Sie die Option `-C` versuchen, mit der verhindert wird, daß das Paßwort zunächst in Großbuchstaben übersetzt wird, bevor es an den Server übertragen wird.

Weitere Informationen und Bezugsquellen	
`ftp`-Server:	`ftp.gwdg.de`
`ftp`-Pfad:	`/pub/linux/misc/ksmbfs`
Dateiname:	`smbmount-1.3.tar.z`
Größe:	ca. 32 kByte

SMB-Server unter Linux

Mit `samba` steht ein leistungsfähiger SMB-Server für Unix-Systeme zur Verfügung. Das Programm kann ohne Probleme auch unter Linux übersetzt und installiert werden. Moderne Distributionen enthalten bereits vorkonfigurierte Versionen dieses Pakets, es kann aber sinnvoll sein, es selbst zu installieren.

Bei Distributionen, die aus den USA exportiert werden, sind normalerweise keine Pakete enthalten, die kryptographische Methoden verwenden. So ist das samba-Paket in der Regel ohne Paßwortverschlüsselung kompiliert. Mit dem Service-Pack 3 für Windows NT 4.0 ist aber die Übertragung von verschlüsselten Paßwörtern der Standardwert unter NT, was dazu führt, daß diese Rechner sich nicht mehr an einen samba-Server anmelden können.

Wägen Sie die Vor- und Nachteile der Verwendung der Bibliothek libdes ab. Vorteile sind:

- NT-Rechner können sich ohne Umkonfiguration in der Registry an einen samba-Server anmelden.
- Es werden keine mit einem Paßwort-Sniffer lesbaren Paßwörter übertragen.
- Windows NT browst dann auch über einen samba-Server.

Bekannte Nachteile gibt es aber auch. Die folgende Aufstellung kann Ihnen bei der Entscheidung hoffentlich helfen:

- Es wird ein „Paßwort-Äquivalent" auf der Festplatte des Servers gespeichert.
- Der Unix-Server und samba benutzen nicht mehr dieselben Paßwörter aus der Datei /etc/passwd bzw. /etc/shadow.
- Benutzen Sie Dienste wie telnet oder ftp? Dann gehen Paßwörter sowieso im Klartext über das Netz und Sie gewinnen nicht viel.

Wenn Sie in Ihrem Netzwerk Windows NT-4.0-Rechner haben, dann sollten Sie verschlüsselte Paßwörter verwenden. Dies ist ab Service Pack 3 Default. Sie können allerdings auch die Windows NT-Clients umkonfigurieren, indem Sie den Eintrag EnablePlainTextPassword mit dem Wert 1 (als Typ REG_DWORD) unter \system\currentcontrolset\services\rdr\parameters im Tree HKEY_LOCAL_MACHINE in die Registry einfügen. Diese Einstellung muß jedoch auf jedem einzelnen Client durchgeführt werden.

Sie können nur verschlüsselte Paßwörter verwenden, wenn der SMB-Server mit der libdes-Bibliothek übersetzt wurde. Das ist bei Distributionen, die aus den USA exportiert werden, nicht der Fall. In dieser Situation sollten Sie das Programm selbst übersetzen. Dazu müssen Sie die Einträge für die libdes-Bibliothek aktivieren und diese natürlich auch installieren. Außerdem müssen Sie den Eintrag encrypted passwords = yes in die Datei smb.conf, Sektion [global] aufnehmen. Mehr zum Thema Verschlüsselung finden Sie in der Datei ENCRYPTION.TXT im samba-Paket.

Zum Übersetzen von samba aktivieren Sie die Einstellungen für Linux in der Datei ./source/Makefile und passen eventuell die zu verwendenden Pfade an. Danach können Sie samba mit make übersetzen und mit make install installieren. Sie müssen die folgenden Zeilen in die Datei /etc/services aufnehmen, falls diese noch nicht darin enthalten sind:

Sie können die Dämonen smbd und nmbd entweder direkt (z. B. in rc.local) oder mit Hilfe des inetd-Servers starten. Nehmen Sie dazu die folgenden

```
netbios-ns       137/udp
netbios-ssn      139/tcp
```

Listing 20.10: Neue Einträge in der Datei `/etc/services`

zwei Zeilen, angepaßt an die im `Makefile` angegebenen Pfade, in die Datei `/etc/inetd.conf` auf (siehe Listing 20.11) und starten Sie den `inetd`-Server neu. Dies ist zum Test sicher sinnvoll, da für jede neue Verbindung ein neuer `samba`-Prozeß gestartet wird, der die Konfiguration neu liest.

```
netbios-ssn stream tcp nowait root /usr/local/bin/smbd smbd
netbios-ns dgram udp wait root /usr/local/bin/nmbd nmbd
```

Listing 20.11: Neue Einträge in der Datei `/etc/inetd.conf`

Anschließend muß der Server mit der Datei `smb.conf` konfiguriert werden. Sie können Verzeichnisse und Drucker zur Verwendung durch Clients freigeben. Im Verzeichnis `./example` finden Sie einige Beispiele für die Konfiguration des Servers. Zum Schluß sollten Sie die Syntax der Konfigurationsdatei mit dem Programm `testparm` überprüfen.

Viele Distributionen enthalten dieses Paket bereits vorkonfiguriert. Aus Geschwindigkeitsgründen werden die Dämonen in der Regel nicht vom `inetd` gestartet, sondern in den Startup-Skripten.

In der Praxis werden Sie vermutlich zunächst die Home-Bereiche Ihrer Benutzer exportieren. Dazu benötigen Sie den im Listing 20.12 gezeigten Eintrag in der Datei `smb.conf`. Einen ersten Test können Sie mit dem Programm `smbclient` lokal unter Unix durchführen. Alle möglichen Einstellungen sind in der Manpage zu `smb.conf` ausführlich dokumentiert.

```
[homes]
   comment = Home Directories
   browseable = no
   read only = no
   create mode = 0750
```

Listing 20.12: Exportieren der Home-Verzeichnisse

Einige Clients senden das Paßwort stets in Großbuchstaben zum Server. Unter Unix ist Groß- und Kleinschreibung in Paßwörtern aber signifikant. `samba` wandelt das Paßwort in Kleinbuchstaben um und versucht die Anmeldung. Enthält das Paßwort einen oder mehrere Großbuchstaben, so schlägt der Versuch fehl. In der Datei smb.conf können Sie in dem Abschnitt [global] mit password level = *N* eintragen, daß alle Kombinationen mit bis zu *N* Großbuchstaben im Paßwort versucht werden sollen. Dies kann allerdings bei größeren Werten für *N* viel CPU-Zeit verbrauchen.

samba kann außerdem als Druck-Server für SMB-Netze eingesetzt werden. Dazu müssen Sie die Sektion [printers] in die Datei smb.conf aufnehmen. Sie müssen nicht jeden einzelnen Drucker definieren, samba exportiert alle Drucker und Aliasnamen aus der Datei /etc/printcap. Im Beispiel in Listing 20.13 darf ein Gast nicht drucken, und in der Browse-Liste werden die Drucker nicht angezeigt.

```
[printers]
   comment = Alle in der /etc/printcap definierten Drucker
   path = /var/spool/samba
   browseable = no
   printable = yes
   public = no
   writable = no
   create mode = 0700
```

Listing 20.13: Drucker-Definition für samba

Sie können aber auch private Drucker für einzelne Benutzer definieren. Ein Beispiel dafür finden Sie in den samba-Quellen.

Wenn Sie Windows for Workgroups verwenden, so sollten Sie darauf achten, daß bei der Anmeldung die Box „Paßwort speichern“ nicht aktiviert ist. Andernfalls kann sich jeder, der Zugang zu Ihrem PC hat, unter Ihrem Namen ohne Paßwort beim Server anmelden. Ich halte diese „Komfortfunktion“ für ein Sicherheitsproblem, aber die Anschaffung von Produkten, die ein sicheres Single-Logon im Netzwerk ermöglichen ist oft nicht durchsetzbar.

Weitere sehr ausführliche Dokumentationen zu samba finden Sie im Verzeichnis ./docs. Die meisten Distributionen speichern diese Dateien auch unter /usr/doc. Viele Fragen werden außerdem in der samba-FAQ beantwortet. Es existieren auch Mailing-Listen, an denen Sie teilnehmen können. Neben den hier kurz vorgestellten Funktionen kann samba auch als WINS-Server oder -Client verwendet werden oder als Master-Browser für die Domäne. Sie wissen nicht, was das ist? Seien Sie froh darüber. Wenn Sie es dennoch wissen möchten, schauen Sie in das Dokumentationsverzeichnis.

Weitere Informationen und Bezugsquellen	
Manpages:	`smbd(8)`, `nmbd(8)`, `smbstatus(1)`, `smb.conf(5)`, `smbclient(1)`, `testparm(1)`, `testprn(1)`
`ftp`-Server:	`nimbus.anu.edu.au`
`ftp`-Pfad:	`/pub/tridge/samba`
Dateiname:	`samba*`
Größe:	ca. 400 kByte
WWW-Server:	`http://lake.canberra.edu.au/pub/samba/`
`libdes`:	eine allgemeine Bibliothek mit dem DES-Algorithmus
`ftp`-Server:	`samba.anu.edu.au`
`ftp`-Pfad:	`/pub/libdes/`
Dateiname:	`libdes.tar.gz`
Größe:	ca. 300 kByte

21 Konfiguration und Betrieb eines Nameservers

Der *Domain Name Service* ist in [rfc1034], [rfc1035] und [rfc1183] definiert. Er dient dazu, im gesamten Internet eine aktuelle und flexible Datenbasis zu verwalten, die zur Umwandlung von Rechnernamen in IP-Adressen und umgekehrt dient. In der Anfangszeit des Internets wurde an zentraler Stelle die Datei `HOSTS.TXT` gepflegt, die dann von den Administratoren auf die lokalen Rechner kopiert wurde.

Dieses Verfahren ist jedoch nur für relativ kleine Netze praktikabel, so daß ein neuer Service, nämlich der DNS, entwickelt wurde. Heute ist die Client-Seite dieses Services Bestandteil aller verbreiteten TCP/IP-Implementationen. Das Internet wäre ohne DNS heute gar nicht denkbar. Auch lokale Netze ab einer gewissen Größe profitieren vom Einsatz eines Nameservers, auch wenn dieses Netz nicht mit dem Internet verbunden ist. Der Verwaltungsaufwand, der durch viele (verschiedene) `hosts`-Dateien entsteht, und Probleme durch inkonsistente Einträge werden vermieden.

Ausführliche Informationen zur Konfiguration und zum Betrieb eines Nameserve-
rs
finden Sie in den Quellen zu BIND (Berkeley Internet Name Domain). Die offizielle Bezugsquelle finden Sie am Ende dieses Kapitels. Weitere Tips und Tricks sowie Hinweise zu häufig gemachten Fehlern finden Sie in [rfc1536] und [rfc1912]. Das Programm, das die Datenbasis verwaltet und Anfragen der Clients beantwortet, heißt `named`. Auf der Client-Seite wird die Resolver-Bibliothek verwendet, die mit dem Nameserver kommuniziert.

21.1 Das Konzept des Domain-Name-Service

Die Namenverwaltung im Internet ist hierarchisch aufgebaut. Ganz oben in der Hierarchie stehen die sogenannten Root-Nameserver. Diese Rechner sind zunächst für die Auflösung aller Namen zuständig. Bei diesen Rechnern wird eingetragen, daß für einzelne Zonen jeweils an anderer Nameserver zuständig (authority) ist. Man sagt, daß diese Zone delegiert wurde.

Eine Domain, wie man sie aus dem Host-Namen kennt, ist nicht in jedem Fall mit einer DNS-Zone identisch. Ein Beispiel für verschiedene Zonen ist in Abbildung 21.1 dargestellt.

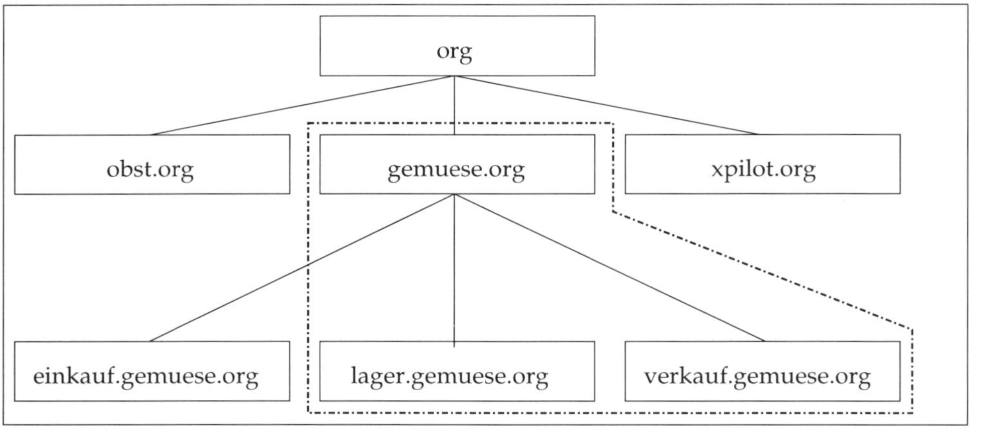

Abbildung 21.1: Beispiele für DNS-Zonen

Die oberste Zone, die hier nicht näher betrachtet wird, ist `.org`. Hier wurden die Zonen `obst.org`, `gemuese.org` und `xpilot.org` an andere Nameserver delegiert. In unserer Beispiel-Domain betreibt die Abteilung Einkauf einen eigenen Nameserver. Daher ist die Sub-Domain `einkauf.gemuese.org` nicht Bestandteil der Zone `gemuese.org`. Diese Zone ist in der Abbildung 21.1 durch die gestrichelte Linie markiert.

Eine Zone wird technisch durch einen `NS`-Datensatz im übergeordneten Nameserver bestimmt. Die Zone kann identisch mit der Domain sein, es können aber auch für Sub-Domains weitere Nameserver als zuständig definiert sein, die dann wieder eine eigene Zone verwalten. Diese Trennung ergibt sich oft aus organisatorischen Gegebenheiten, seien es andere Verantwortlichkeiten für die Netzverwaltung oder die räumliche Trennung zwischen einzelnen Abteilungen oder Zweigstellen.

Anwender verwenden in der Regel nur Rechnernamen und keine IP-Adressen, weil gut gewählte Namen leichter zu merken sind. Daher ist der Ausfall des Nameservers oft gleichbedeutend mit dem Ausfall des Netzes. In jeder Zone sollten daher mehrere Nameserver aktiv sein, wovon einer der primäre Nameserver (primary name server) und alle anderen sekundäre Nameserver (secondary name server) sein sollten. Es kann sinnvoll sein, diese Rechner auf verschiedene Netzsegmente zu verteilen, damit auch beim Ausfall eines Routers oder Hubs immer noch ein Nameserver erreichbar ist. Ein Secondary-Server ist praktisch wartungsfrei, da er seine Daten automatisch vom Primary-Server holt. Sie sollten nur gelegentlich einen Blick in die Log-Dateien werfen.

21.2 Allgemeines zur Konfiguration eines Nameservers

Die Datei `/etc/host.conf` kann, im Vergleich zu einem DNS-Client, unverändert bleiben, genauso die Datei `/etc/resolv.conf`. In diesem Fall ist der Server auch sein eigener Client, was jedoch in den meisten Fällen gewünscht sein dürfte. Es ist aber auch möglich, einen anderen Nameserver zu verwenden, als denjenigen auf dem lokalen Rechner.

Zunächst ist die Datei `/etc/named.boot` an die eigene Zone anzupassen. Ein Beispiel für einen primären Nameserver finden Sie in Listing 21.1. In dieser Datei werden die Domain und andere globale Daten, wie z. B. das Arbeitsverzeichnis des `named` festgelegt. Außerdem werden die Namen der zugrundeliegenden Dateien bestimmt.

Nach dem Ändern der Datenbasis muß der `named` die Daten neu lesen. Dazu kann man dem Dämon das Signal `SIGHUP` schicken (z. B. mit `kill -HUP `cat /var/run/named.pid``) oder das Skript `named.reload` verwenden. Mit dem Skript `named.restart` kann der Dämon beendet und neu gestartet werden. Zur einfachen Verwaltung des Nameservers kann statt dessen auch das Programm `ndc` (siehe Abschnitt 21.11, *Steuerung des named-Prozessed* auf Seite 561) verwendet werden.

Ein weiteres wichtiges Signal ist `SIGINT`, das den Dämon veranlaßt, seine Datenbank in die Datei `/var/tmp/named_dump.db` auszugeben. Dies ist für die Fehlersuche manchmal notwendig. Zur Steuerung des Dämons existieren noch diverse weitere Signale, die in der Manpage dokumentiert sind.

21.3 Primary Nameserver

Es existiert eine Reihe von Nameserver-Typen. In jeder Zone muß es einen Primary Nameserver geben, der die maßgeblichen (authoritative) Daten für die Zone verwaltet. Aus Gründen der Ausfallsicherheit sollte es in einer Zone mindestens einen weiteren Nameserver geben, der dann als Secondary Server betrieben wird. Die notwendigen Konfigurationen für einen Secondary Server finden Sie im gleichnamigen Abschnitt 21.8 auf Seite 558. Für Rechner, die nur temporär, z. B. mittels SLIP oder PPP, mit dem Internet verbunden sind, kann es sinnvoll sein, einen Caching-Only-Nameserver einzurichten.

Der Betrieb eines Nameservers erfordert sowohl zusätzliche Rechenleistung und mehr Speicher auf dem entsprechenden Rechner als auch zunächst einen höheren Administrationsaufwand im Vergleich zum einfachen Editieren der Datei

`/etc/hosts`. Im wesentlichen gibt es zwei (zwingende) Gründe dafür, einen eigenen Nameserver zu installieren:

- Sie beantragen eine neue Domain. Besprechen Sie mit Ihrem Provider, wer den Nameserver für diese Domain betreibt. Wollen Sie den Nameserver selbst betreiben, so muß Ihr Provider dies bei sich entsprechend konfigurieren. Oft wird Ihr Provider den Nameserver zunächst für Sie betreiben.
- Sie wollen innerhalb einer bereits bestehenden Domain für einen organisatorischen Bereich einen neuen Nameserver einrichten. Dies müssen Sie mit Ihrem Netzverwalter besprechen, sonst wird Ihr neuer Server nicht als authorisiert anerkannt.

Ein eigener Nameserver hat aber auch Vorteile, egal ob Sie an das Internet angeschlossen sind oder nicht:

- In einem lokalen Netz sind auf jedem Rechner alle anderen Rechnernamen immer bekannt.
- Die Datenbasis ist immer auf allen Rechnern aktuell und konsistent. Die andernfalls auf den verschiedenen Rechnern notwendigen `hosts`-Dateien veralten schnell und widersprechen sich möglicherweise.
- Die Namensvergabe und IP-Adreßzuordnung ist konsistent.
- Wenn Sie den Nameserver selbst betreiben, können Sie die Daten ändern, ohne Ihren Provider einschalten zu müssen.

Im Listing 21.1 finden Sie ein Beispiel für die Datei `/etc/named.boot` auf einem primären Nameserver. Mit `directory` wird das Verzeichnis bestimmt, in dem die Dateien dieses Nameservers abgelegt werden. Ein Rechner kann für mehrere Zonen der primäre und/oder sekundäre Nameserver sein. Dafür müssen nur die die `primary`-Zeilen in die Datei `/etc/named.boot` eingetragen werden und die entsprechenden Daten verfügbar sein.

```
;    boot file for name server
directory /var/named
; type     domain                source       backup
cache      .                     named.root
primary    gemuese.org           named.hosts
primary    0.0.127.in-addr.arpa  named.local
primary    168.192.in-addr.arpa  named.rev
; secondary
```

Listing 21.1: Die Datei `/etc/named.boot` für einen primären Nameserver

Jeder Nameserver sollte einen Cache der Anfragen und Antworten anlegen. Dies wird mit dem Schlüsselwort `cache` bewirkt. Beim Start des Nameservers werden alle noch korrekten Daten aus `named.root` erneut in den Cache geladen. Ein Nameserver wird zum Cache-Only-Server, wenn in der Datei `named.boot` keine `primary` oder `secondary` Schlüsselworte vorhanden sind.

Der Nameserver muß wissen, wo er den maßgeblichen Name-Server für die Root-Domain des Netzwerks findet. Diese Information ist in der Datei `named.root` gespeichert. In vielen Dokumentationen heißt diese Datei auch `root.cache`, was aber deren Verwendung nicht beschreibt.

Diese Datei liegt, wie alle anderen Datendateien auch, im Standard Resource Record Format oder auch im Masterfile Format vor. Eine ausführliche Beschreibung dieses Formats finden Sie im BIND-Operators Guide, eine Einführung in den folgenden Abschnitten.

Der Nameserver im Listing 21.1 ist primärer (`primary`) Nameserver für die Zone `gemuese.org`. Die Datenbasis befindet sich in der Datei `named.hosts` im Verzeichnis `/var/named`. Außerdem ist er der primäre Server für die Zonen `0.0.127.in-addr.arpa` und `168.192.in-addr.arpa`, die zum „Reverse-Lookup" dienen. Mehr Informationen zum Reverse-Lookup finden Sie im Abschnitt 21.7, *Die Datei `named.rev`*, auf Seite 557.

Im nächsten Schritt müssen die Daten der einzelnen Rechner in die entsprechenden Dateien, deren Namen in der Datei `/etc/named.boot` festgelegt wurden, eingetragen werden. Das Format dieser Dateien und die wichtigsten Einträge werden auf den folgenden Seiten genauer erläutert.

21.4 Die Datei `named.hosts`

In der Datei `named.hosts` werden die Daten für alle Rechner in der Zone gespeichert. Das Format und die einzelnen Einträge werden im folgenden Abschnitt beschrieben, da sie auch in den anderen Dateien zur Konfiguration eines Nameservers verwendet werden. In diese Datei tragen Sie alle Hosts der Zone ein, für die Sie autorisierter Nameserver sind. Im Listing 21.2 finden Sie ein Beispiel.

21.5 Das Masterfile-Format

Eine Datendatei für den Nameserver besteht aus einzelnen Sätzen, Resource Records (RR) genannt. Das Format ist im [rfc1035] definiert und wird Masterfile-Format genannt. Ein Datensatz besteht aus folgenden Teilen:

```
{name}  {ttl}  addr-class  Record Type  Record Specific data
```

```
@       IN     SOA  karotte.gemuese.org. hostmaster.gemuese.org. (
                    1997040101      ; Serial
                    28800           ; Refresh     8 hours
                    7200            ; Retry       2 hours
                    604800          ; Expire      7 days
                    86400 )         ; Minimum TTL 1 day
        IN     MX      10 bohne
        IN     NS      karotte.gemuese.org.

karotte        IN      A            192.168.3.150
mais           IN      A            192.168.3.151
kohlrabi       IN      A            192.168.3.152
bohne          IN      A            192.168.3.154
erbse          IN      A            192.168.3.155
               HINFO   IBM-PC/AT    UNIX-PC
               IN      TXT          "Test mit Text"
```

Listing 21.2: Die Datei `named.hosts`

Im Feld `name` finden Sie den zu dem Eintrag gehörenden Namen des Rechners oder der Domain. Das Feld `ttl` enthält die Time To Live, die bestimmt, wie lange diese Daten in der Datenbank gespeichert werden. Wird kein Wert angegeben, so ist der Standardwert der im `SOA`-Satz angegebene (siehe den Abschnitt *Start of Authority (SOA)* auf Seite 551. Im Internet wird als Adreßklasse `IN` verwendet. Das vierte Feld enthält die Satzart, danach folgen die für die Satzart notwendigen Daten.

In den Dateien im Masterfile-Format habt eine Reihe von Zeichen eine besondere Bedeutung:

- Der Punkt (`.`) steht für die aktuelle Domain, für die die Daten gelten sollen.
- Das at-Zeichen (`@`) steht für das *Origin*, das ist die Zone, für die der Nameserver zuständig ist.
- Die Zeichen `..` im Feld Name stehen für die Null-Domain.
- Die Zeichenfolge `\X`, wobei `X` eines der speziellen Zeichen ist, maskiert diese Sonderbedeutung und steht für das Zeichen selbst.
- Die Zeichenfolge `\DDD` mit `D` als Ziffern steht für das Zeichen mit dem ASCII-Code `DDD`.
- Ein Datensatz kann sich über mehrere Zeilen erstrecken, wenn die Daten in runde Klammern `()` eingeschlossen werden.
- Ein Semikolon (`;`) leitet einen Kommentar ein, der bis zum Zeilenende geht.
- Der Stern (`*`) wird im Feld Name bei einigen RR-Typen (z. B. `MX`) speziell interpretiert. Diese spezielle Bedeutung gilt nicht im Datenbereich.

Start Of Authority (SOA)

Ein SOA-Satz (Start Of Authority) markiert den Beginn einer Zone. Der Name (@, das Origin) steht für den Namen der Zone. Hier werden die grundsätzlichen Informationen für eine Zone festgelegt. Das Origin ist der Name des Rechners, der die Daten bereitstellt. Ein Beispiel für einen SOA-Satz finden Sie in Listing 21.3. Es gibt höchstens einen SOA-Satz für eine Zone, für die Zone gibt es einen `NS`-Satz in der übergeordneten Zone.

Die verantwortliche Person ist der Betreiber des Nameservers, der bei Problemen und Fragen angesprochen werden sollte. Hier wird die E-Mail-Adresse dieser Person angegeben. Dabei wird das at-Zeichen (@) durch einen Punkt ersetzt. Oft wird hierfür ein Mail-Aliasname wie `hostmaster` oder `dnsadmin` verwendet.

Als weitere Information wird eine Seriennummer verwaltet, die bei jeder Änderung erhöht werden sollte. Sinnvoll ist die Verwendung des Datums und einer Versionsnummer, falls an einem Tag mehrere Änderungen vorgenommen werden. Am 26. Februar 1996 wäre dann eine mögliche Seriennummer `1996022601`. Anhand dieser Seriennummer erkennt ein Secondary-Server, daß neue Daten vorliegen und er einen Zonentransfer durchführen muß.

Der für `Refresh` angegebene Wert bestimmt die Anzahl Sekunden, nach denen die Slave-Server die Daten erneut prüfen und eventuell transportieren sollen. `Retry` gibt an, wie lange auf einen Zonentransfer gewartet wird, bevor ein Fehlschlag angenommen wird. Expire bestimmt, wie lange Daten maximal als gültig anerkannt werden. Minimum gibt den Standardwert für die Time-To-Live (`TTL`) der einzelnen Sätze an.

Vorschläge für die Wahl dieser Werte finden Sie in [rfc1912]. Lange Time-outs und Expire-Zeiten sorgen für wenig Netzlast beim Update der Daten, aber für größere Wartezeiten, bis Änderungen auf die sekundären Server übertragen wurden. Oft setzt man die Zeiten herab, wenn sich eine größere Änderung ankündigt. Nachdem alle sekundären Nameserver die Daten übernommen haben, kann man zu den alten Werten zurückkehren.

```
name {ttl} addr-class SOA Origin    Verantwortlicher
@       IN     SOA  karotte.gemuese.org. hostmaster.gemuese.org. (
                    1997040101    ; Serial
                    28800    ; Refresh     8 hours
                    7200     ; Retry       2 hours
                    604800   ; Expire      7 days
                    86400 )  ; Minimum TTL 1 day
```

Listing 21.3: Ein SOA-Satz (Start Of Authority)

Beachten Sie, daß der `named` an alle Namen, die nicht mit einem Punkt (`.`) abgeschlossen sind, das Origin anhängt. Da dies so ist, ist ein vergessener oder überflüssiger Punkt einer der häufigsten Fehler bei der DNS-Konfiguration.

Nameserver (NS)

Für jeden Nameserver in der Zone muß hier ein Eintrag existieren. Mit diesem Eintrag wird eine neue Zone erzeugt und delegiert. Der erste Eintrag ist der Name der Zone, die bearbeitet wird, der letzte Eintrag ist der Name des verantwortlichen Nameservers. Jede Zone sollte mindestens zwei Nameserver (je einen primären und sekundären) besitzen, damit beim Ausfall eines Rechners der Name-Service weiter funktioniert.

Für jede Zone gibt es zwei, hoffentlich zueinander passende Definitionen für Nameserver: in der übergeordneten Zone, in der die neu definierte Zone delegiert wird, und in der Zone selbst. Nur diese beiden Einträge gemeinsam machen eine vollständig und korrekt delegierte Zone aus.

Eine beliebte Konstellation für Fehler ist, daß ein Nameserver betrieben wird, der nicht autorisiert ist (für den also im übergeordneten Nameserver (Parent-Name-Server) kein `NS`-Record existiert) oder ein Rechner als (sekundärer) Nameserver eingetragen ist, obwohl dort kein `named` läuft. Wenn ein System im `NS`-Record eingetragen ist, aber selbst nicht zuständig ist (also keinen `primary`- oder `secondary`-Eintrag in der `named.boot` hat), so spricht man von einer „Lame Delegation".

In den Quellen von BIND sind verschiedene Skripten enthalten, die die Zonen nach Fehlern und Inkonsistenzen durchsuchen. Leider sind diese Skripten nur selten bei Linux-Distributionen installiert. Bei kommerziellen Systemen sind sie in der Regel auch nicht vorhanden. Sie sollten in jedem Fall den Quellcode von BIND installieren, die mitgelieferte Dokumentation lesen und sich die Skripten ansehen.

```
{name}    {ttl}    addr-class    NS    Name servers name
                   IN            NS    karotte.gemuese.org.
```

Listing 21.4: Nameserver-Record

Address (A)

Ein A-Satz enthält für jeden Rechner die zugehörige IP-Adresse. Für Rechner mit mehreren IP-Adressen (multihomed Hosts), ist je IP-Adresse ein Satz erforderlich. Weitere Informationen, die in den im folgenden erläuterten Satzarten gespeichert werden, sind für den Betrieb eines Nameservers nicht erforderlich und werden oft auch nicht gepflegt. Die einzige Ausnahme sind die `PTR`-Sätze, die für den „Reverse-Lookup" erforderlich sind.

Für jede IP-Adresse, die in der Zone belegt ist, sollte genau ein `A`-Record existieren. Für Rechner, die mehrere IP-Adressen haben, sind also mehrere `A`-Records aufzunehmen. Dabei kann, wie im Listing 21.5 gezeigt, derselbe Name verwendet werden. Es ist in manchen Fällen sinnvoll, einen zusätzlichen Namen einzurichten, der z. B. das betreffende Interface beschreibt.

```
{name}    {ttl}    addr-class   A   address
erbse              IN           A   192.168.3.155
mais               IN           A   192.168.31.151
                   IN           A   10.0.0.78
```

Listing 21.5: Address-Satz im DNS

Die Namen in der ersten Spalte werden hier ohne Domain angegeben. Da der Name auch nicht durch einen Punkt abgeschlossen wurde, wird vom Nameserver automatisch die Zone angehängt. Daher ist der Rechner unter seinem vollen Namen (FQDN) im Nameserver eingetragen. Der Client, d. h. die Resolver-Bibliothek, durchsucht den Nameserver nach einem Namen zunächst mit der angehängten Domain, so daß Benutzer im lokalen Netz diese in der Regel nicht angeben müssen.

Host Information (`HINFO`)

In einen `HINFO`-Satz können Informationen zur Hardware und zum Betriebssystem des Rechners gespeichert werden. Welche Werte Sie dort eintragen können, entnehmen Sie dem aktuellen RFC zu Assigned Numbers, z. B. [rfc1700], oder seinem Nachfolger. In der Regel sind diese Daten nicht gepflegt, und wenn sie eingetragen sind, sind sie oft nicht aktuell. In den meisten Fällen ist der Einsatz von SNMP für den Netzwerkadministrator wesentlich effektiver.

```
{name}  {ttl}  addr-class   HINFO   Hardware    OS
               IN           HINFO   IBM-PC/AT   PC-UNIX
```

Listing 21.6: Hardware-Info

Well Known Services (`WKS`)

Im DNS ist es möglich, weitere Informationen zu Services, die ein Rechner anbietet, zu speichern. In der Regel werden diese Daten nicht gepflegt, so daß man sich auf diese Angaben nicht verlassen kann. Am besten probiert man den entsprechenden Service einfach aus. Wenn die Verbindung hergestellt werden kann, dann bietet der Rechner den entsprechenden Dienst an, andernfalls nicht.

Canonical Name (CNAME)

Wie bereits in Kapitel 17, *IP-Adressen und Rechnernamen* auf Seite 482 erwähnt wurde, sollte ein Rechnername nicht aufgrund der Funktion des Rechners vergeben werden. Dennoch ist es oft sinnvoll, einen Rechner auch unter einem passenden Namen zu erreichen zu können. Dies findet man z. B. bei `ftp`-Servern, die auch unter dem Alias-Namen `ftp` erreichbar sind. Weitere Dienste, für die häufig Aliasnamen (oder Nick

Übernimmt ein anderer Rechner diese Funktion, so muß nicht der Name des Rechners, sondern nur der entsprechende Nickname verändert werden. Damit bleibt den Benutzern verborgen, welcher Rechner tatsächlich den Dienst übernommen hat. Wird kein `CNAME` verwendet, sondern muß der Rechner umbenannt werden, so bedeutet das oft einiges an Konfigurationsaufwand und ist relativ fehleranfällig.

Wird ein Rechner umbenannt, so ist es oft sinnvoll, den alten Namen eine Zeitlang als Nickname zusätzlich zu erlauben. Es sollte jedoch nie ein `MX`-Record (Mail Exchange) auf einen `CNAME` weisen, da ein Mail Transfer Agent dort nicht nachfragen muß (`named` gibt eine entsprechende Warnung aus).

```
aliases      {ttl}    addr-class    CNAME    Canonical name
erbse                 IN            CNAME    ftp
```

Listing 21.7: Canonical Name

Domain Name Pointer (PTR)

Ein PTR-Satz (Domain Name Pointer) erlaubt es z. B. anhand einer IP-Adresse auf den Host-Name zu schließen. Diese Funktion wird in der `IN-ADDR.ARPA`-Domain benutzt, also z. B. in der `named.rev`-Datei. Damit ist es möglich, auch wenn zunächst nur die IP-Adresse eines Rechners oder Gateways bekannt ist, einen Namen anzuzeigen. Diese Funktion wird z. B. von den Programmen `netstat` oder `traceroute` verwendet. Mehr zum Reverse-Lookup finden Sie im Abschnitt 21.7, *Die Datei `named.rev`*, auf Seite 557.

Die `PTR`-Sätze werden für die Funktion `gethostbyaddr(3)`, die für die Umwandlung der IP-Adressen in Namen zuständig ist, benötigt. Jeder Name im `PTR`-Satz wird mit einem Punkt abgeschlossen, damit BIND nicht die Domain `IN-ADDR.ARPA` anhängt. Sie sollten *alle* Netzwerkteilnehmer, die eine IP-Adresse haben, in den Nameserver aufnehmen, damit Sie nicht auf einen Nameserver-Time-Out warten müssen, nur weil kein Nameserver-Eintrag für den Reverse-Lookup verfügbar ist.

```
name    {ttl}  addr-class   PTR   real name
155.31         IN           PTR   erbse.gemuese.org.
151.31         IN           PTR   mais.gemuese.org.
```

Listing 21.8: Domain Name Pointer

Mail Exchange (MX)

Ist ein Rechner zum Zeitpunkt des Versendens der Mail nicht erreichbar (oder der Rechner nicht an das Internet, sondern mit UUCP angeschlossen), so kann hier ein anderer, verfügbarer Rechner eingetragen werden, der die Mail annimmt. Ist der Rechner dann wieder erreichbar, so wird die Mail weitergereicht. Niedrigere Werte für die Präferenz entsprechen geringeren „Kosten".

Diese Funktion wird oft eingesetzt, damit nur auf einem oder zwei Rechnern im Netz Mail angenommen werden muß. Damit konzentriert man die Konfigurationsarbeit und die Verfügbarkeitsprobleme auf wenige Rechner. Sie sollten sich mit dem Administrator des Rechners abstimmen, wenn Sie einen MX-Satz auf einen fremden Rechner zeigen lassen. Andernfalls wird dieser mit unerwarteter Mail bombardiert, und diese geht möglicherweise verloren.

```
name               {ttl} addr-class MX preference mail exchange
erbse.gemuese.org. IN               MX 0          bohne
```

Listing 21.9: Mail-Exchanger

Ein weiterer Vorteil eines Mail-Exchangers ist, daß die Mail nicht auf Hunderten oder Tausenden von Rechnern weltweit gesammelt wird und möglicherweise unmittelbar nach dem Neustart des Mail-Servers diesen wieder zum Absturz bringt. Wird aufgelaufene Mail zentral gesammelt, dann liefert nur dieser Rechner massenweise Mail aus, und im Problemfall kann man mit dem Administrator dieses Rechners einen langsameren Feed vereinbaren.

Prinzipiell ist es möglich, für alle Rechner einer Domain einen zentralen Mail-Hub vorzusehen. Dazu kann man den Eintrag `*` als `MX` verwenden. Beachten Sie, daß das nicht unbedingt den Effekt hat, den Sie erwarten: Der `MX` gilt für alle möglichen Namen, nicht nur diejenigen, die in der `named.data`-Datei eingetragen sind.

In den meisten Fällen ist es besser, den betreffenden Einträgen explizit einen `MX`-Eintrag zuzuordnen.

Mail-Exchanger dürfen nicht auf einen `CNAME` verweisen. `named` gibt hier eine entsprechende Warnung aus. Wenn Sie einen zusätzlichen Namen auf Ihrem Mail-Hub annehmen wollen, so müssen Sie bei `sendmail` mit Hilfe des `Cw`-Eintrags dafür sorgen, daß dieser Name als lokal erkannt wird. Andernfalls gibt `sendmail` die Fehlermeldung „local configuration error: mail loops back to myself" aus.

Text (`TXT`)

Als zusätzliche Information kann zu jedem Rechner ein beliebiger Text abgelegt werden. Außer, daß dieser Text in Anführungszeichen (`"`) eingeschlossen werden muß, bestehen keine weiteren Einschränkungen.

```
name                 {ttl}   addr-class   TXT   string
erbse.gemuese.org.           IN           TXT   "Ein Text"
```

Listing 21.10: Text

Responsible Person (`RP`)

Neben dem Verantwortlichen für den Nameserver kann zu jedem weiteren Eintrag ein Ansprechpartner für diesen Rechner hinterlegt werden. Hier wird wieder das at-Zeichen (`@`) in der Mail-Adresse durch einen Punkt ersetzt.

Verwalten Sie Ihre Rechner jedoch mit SNMP (Simple Network Management Protocol), so tragen Sie diese Information besser in die Management Information Base (MIB) ein.

```
owner  {ttl} addr-class RP mbox-domain-name TXT-domain-name
erbse  IN RP jochen.gemuese.org. sysadmins.gemuese.org.
sysadmins.gemuese.org. IN TXT "Tel: 4711"
```

Listing 21.11: Responsible Person

21.6 Die Datei named.local

Die Datei named.local (siehe Listing 21.12), die sich im Verzeichnis /var/named befindet, enthält die zum eigenen Rechner bzw. zum jeweiligen localhost gehörenden Daten. Die Datei besteht nur aus wenigen Einträgen, die wichtig sind, wenn Benutzer in ihren ~/.rhosts-Dateien auch den Eintrag localhost benutzen wollen.

```
@ IN SOA karotte.gemuese.org. hostmaster.gemuese.org. (
                             1986012101 ; Serial
                             3600       ; Refresh
                             300        ; Retry
                             3600000    ; Expire
                             14400 )     ; Minimum
  IN NS  karotte.gemuese.org.
0 IN PTR loopback.
1 IN PTR localhost.
```

Listing 21.12: Die Datei named.local

21.7 Die Datei named.rev

Für den normalen DNS-Lookup wird die DNS-Domain verwendet. Mit deren Hilfe wird der zuständige Nameserver ermittelt und dann befragt. Für den Reverse-Lookup wurde eine spezielle Zone generiert, die in-addr.arpa. In diesem vom DNS verwalteten Baum sind die IP-Adressen nach den zugehörigen Subnetzen strukturiert. Bei der Delegation der Zonen werden die Bytes der Netzadresse in umgekehrter Reihenfolge verwendet.

Im Listing 21.1 auf Seite 548 sind zwei Zonen eingetragen. Die Zone 0.0.127.in-addr.arpa wird in der Datei named.local verwaltet und repräsentiert das localnet, die Rechner mit den Adressen 127.0.0.*x*. Die Zone 168.192.in-addr.arpa steht für die IP-Adressen aus dem reservierten Bereich 192.168.*x*.*y*.

In der Datei named.rev wird zu einer IP-Adresse der zugehörige Rechnername vermerkt. Damit ist es relativ schnell und einfach möglich, einen Namen zu einer IP-Adresse zu finden. Diese Funktion nennt man auch Reverse-Lookup. Die Datei named.rev liegt im Masterfile-Format vor. Ein Beispiel finden Sie im Listing 21.13. In der ersten Spalten sind die Teile aus der IP-Adresse angegeben, die in der Zonendefinition nicht enthalten sind. Auch hier wird wieder die umgekehrte Reihenfolge verwendet.

Beachten Sie, daß Sie jeden Host-Namen mit einem Punkt abschließen müssen. Andernfalls würde stets die Domain `in-addr.arpa` angehängt. Achten Sie außerdem auf die Konsistenz der Dateien `named.data` und `named.rev`.

```
@ IN  SOA karotte.gemuese.org. hostmaster.gemuese.org. (
                               1986020501 ; Serial
                               10800    ; Refresh 3 hours
                               3600     ; Retry   1 hour
                               3600000 ; Expire  1000 hours
                               86400 ) ; Minimum 24 hours
        IN       NS       karotte.gemuese.org.
0.0     IN       PTR      gemuese.org.
        IN       A        255.255.255.0
151.31  IN       PTR      mais.gemuese.org.
155.31  IN       PTR      erbse.gemuese.org.
```

Listing 21.13: Die Datei `named.rev`

21.8 Secondary Nameserver

Um die Ausfallsicherheit zu erhöhen sollten in jeder Zone mindestens zwei Nameserver betrieben werden. Beim Ausfall eines Rechners kann der zweite Nameserver immer noch alle Anfragen beantworten. Damit die Daten stets konsistent sind, darf für jede Zone nur ein (autorisierter) Master-Server existieren.

Daneben können ein oder mehrere sekundäre Nameserver konfiguriert werden. Ein Secondary Nameserver holt seine Daten vom primären Server. Ist dieser nicht verfügbar, so werden die in Sicherheitskopien (`*.bak`) gespeicherten Daten verwendet. Ist die Time-to-Live der Daten abgelaufen, so wird versucht, diese Daten neu vom Nameserver zu erhalten. Im Listing 21.14 finden Sie ein Beispiel für die Datei `/etc/named.boot` eines sekundären Nameservers.

Anhand der in den SOA-Sätzen der Nameserver-Daten eingetragenen Seriennummern kann ein sekundärer Nameserver feststellen, ob er noch die aktuellen Daten einer Zone besitzt. Andernfalls kann eine Neuübertragung veranlaßt werden. Wenn Sie in den primären Daten eine kleinere Seriennummer vergeben, wird der sekundäre Nameserver entsprechende Meldungen ausgeben. Sie sollten daher die System-Log-Einträge aller Nameserver im Auge behalten, um derartige Feh-

```
;    boot file for secondary name server
directory /var/named
; type      domain                 source          backup
cache       .                      root.cache
secondary   gemuese.org            192.168.3.150  named.bak
primary     0.0.127.in-addr.arpa named.local
secondary   168.192.in-addr.arpa 192.168.3.150  named.rev.bak
```

Listing 21.14: Die Datei `/etc/named.boot` für einen sekundären Nameserver

ler möglichst auszuschließen. Ansonsten sind Secondary-Server vollkommen wartungsfrei.

21.9 Slave-Nameserver

Ein Slave-Server verwaltet keine zonenbezogenen Daten, sondern nur einen Cache und leitet Anfragen, die nicht aus dem Cache beantwortet werden können, an festgelegte Nameserver (`forwarders`) weiter. Damit kann dieser Rechner einen guten Cache aufbauen, von dem alle Nutzer profitieren können.

Prinzipiell kann jeder Nameserver für die Verwendung von `forward` konfiguriert werden. Dies ist zum Beispiel sinnvoll, wenn der Nameserver nicht direkt an das Internet angeschlossen ist. Wird als Forwarder der Router oder eine Firewall eingetragen, so kann dieser bzw. diese die Anfragen weiterleiten. Ein weiterer Vorteil ist die Ausbildung eines großen Caches, so daß insgesamt weniger Anfragen durch andere Nameserver beantwortet werden müssen.

Forwarder befragen die eingetragenen Server zusätzlich, z. B. zu den bekannten Root-Nameservern. Bei einem Slave-Server werden nur die Forwarder befragt. Können diese keine Antwort liefern, so kann der Host-Name nicht aufgelöst werden. Da diese Rechner die Daten möglicherweise selbst beschaffen müssen, sollten Sie die Adressen mehrfach in der Datei `/etc/named.boot` aufführen. Ein Beispiel dafür finden Sie in Listing 21.15.

Mit der Option `forward-only` wird dafür gesorgt, daß nur die angegebenen Forwarder befragt werden. Wenn Sie eine Firewall haben, so kann es sein, daß Sie diese als Forwarder eintragen müssen, wenn die Nameserver keinen Zugang zum Internet haben. Als Vorteil kommt hinzu, daß wiederum die Forwarder einen guten Cache ausbilden können. In alten Versionen von `named` wurde `slave` anstelle der Option `forward-only` verwendet.

Sie sollten an erster Stelle den schnellsten (und stabilsten) Nameserver eintragen. Da es möglich (und sogar wahrscheinlich) ist, daß dieser Rechner die Daten

```
;    boot file for slave name server
directory /var/named
; type      domain          source host/file backup file
cache       .               named.root
option forward-only
forwarders xxx.xxx.xxx.xxx yyy.yyy.yyy.yyy ...
```

Listing 21.15: Die Datei `/etc/named.boot` *für einen Slave-Nameserver*

zunächst selbst beschaffen muß, sollten Sie den Eintrag für diesen Rechner zwischen die weiteren Forwarder ein- oder zweimal erneut einstreuen.

21.10 Weitere Optionen in der Datei named.boot

Das Verhalten von `named` kann durch einige weitere Einträge beeinflußt werden.

`option forward-only`
: Es werden nur die angegebenen Forwarder befragt. Der früher verwendete Eintrag `slave` sollte nicht mehr verwendet werden.

`option query-log`
: Protokollierung aller Anfragen mit `syslog`. Achtung: Die Log-Datei kann ziemlich groß werden.

`option fake-iquery`
: Liefert bei „inverse" Anfragen unnütze und unsinnige Antworten statt einem Fehlercode.

`option no-recursion`
: Normalerweise beschafft ein Nameserver die gewünschten Daten für den Client, selbst wenn er nicht direkt zuständig ist. Das hat den Vorteil der guten Cache-Bildung, würde aber bei den Root-Nameservern, von denen alle Zonen delegiert werden, zu einer sehr großen Belastung führen. Diese Server liefern nur einen Verweis auf den zuständigen Rechner und nicht die gewünschten Daten. Diesen Eintrag sollten Sie nicht verwenden.

`xfrnets` *`IP-Netze`*
: Der Zugriff auf die gesamten Zonendaten mittels Zonentransfer kann auf Rechner aus den angegebenen Netzen beschränkt werden. Damit kann man eine einfache Form der Zugriffskontrolle implementieren. Besonders nützlich ist das

nicht, da immer noch die Möglichkeit besteht, die zugeordneten IP-Adressen mittels Reverse-Lookup zu durchsuchen.

`include`
: Sie können die Datei `named.boot` aufteilen und die einzelnen Teile mittels `include` einlesen. Das kann interessant sein, wenn Sie viele Zonen verwalten und diese möglicherweise von verschiedenen Personen betreut werden.

`bogusns`
: Es kann vorkommen, daß fremde Nameserver fehlerhafte Daten liefen. Mit der Option `bogusns` kann man verhindern, daß ein derartig verseuchter Nameserver befragt wird.

`limit`
: Ein großer Nameserver kann eine beachtliche Last auf eine Maschine bringen. Mit der Option `limit` können verschiedene Limits gesetzt werden, um die Last besser zu verteilen. Die Details finden Sie in der Manpage zu `named(8)`.

`check-names primary|secondary warn|fail|ignore`
: `named` kann die Namen in den Zonen auf Gültigkeit prüfen. Alte Versionen von BIND haben fehlerhafte Namen stillschweigend ignoriert, bei aktuellen Versionen kann man wählen, ob `named` eine Warnung ausgeben soll (`warn`), einen Fehler melden soll (`fail`) oder den Fehler wie gewohnt ignorieren soll (`ignore`). Die Einstellung kann getrennt für primäre und sekundäre Zonen erfolgen.

21.11 Steuerung des `named`-Prozesses

Das Programm `named`, das den Name-Service bereitstellt, läuft in der Regel als Dämon im Hintergrund. Die Steuerung erfolgt über Signale, die in der Manpage zu `named(8)` dokumentiert sind. Als Vereinfachung existiert das Programm `ndc`, mit dem die wichtigsten Signale versendet werden können. `ndc` kann ohne Parameter aufgerufen werden (und geht dann in den interaktiven Modus) oder mit einem oder mehreren Parametern, die die auszuführende Aktion beschreiben. Mögliche Parameter sind:

`start`
: Starten des `named`, sofern dieser nicht bereits läuft.

`stop`
: Stoppen des `named`.

`restart`
: Stoppen und Starten des `named`.

`status`
: Sucht in der Prozeßliste mit `ps` nach `named` und zeigt die entsprechende Zeile an.

`dumpdb`
: Sendet das Signal `SIGINT` an den `named`. Dieser schreibt die aktuelle Datenbank und den Cache in die Datei `/var/tmp/named_dump.db`. Diese Funktion ist zur Fehleranalyse manchmal recht nützlich.

`reload`
: Sendet das Signal `SIGHUP`. `named` prüft die Seriennummern der primären und sekundären Zonen und lädt diese bei Bedarf neu.

`stats`
: Der Nameserver schreibt seine Statistik in die Datei `/var/tmp/named.stats`. Dazu wird das Signal `SIGIOT` oder `SIGABRT` verwendet.

`trace`
: Der Tracelevel wird erhöht, und mehr Informationen werden in der Datei `/var/tmp/named.run` protokolliert.

`notrace`
: Der Tracelevel wird um eins verringert, und entsprechend weniger Informationen werden protokolliert.

`querylog`
: Ein- bzw. Ausschalten der Option `query-log`. Damit wird jede eingehende Anfrage mittels `syslog` mitgeschrieben. Auf einem aktiven Nameserver kann das für eine große Log-Datei sorgen.

21.12 Betrieb eines Nameservers

Die Programme aus dem BIND-Paket sind so stabil, daß im täglichen Betrieb kaum mit Problemen zu rechnen ist. Insbesondere ist der Betrieb eines Secondary-DNS praktisch wartungsfrei. Dennoch sollte man ab und zu einen Blick in die Log-Dateien werfen, insbesondere, wenn man die Daten der Zone geändert hat.

Wenn man die Daten der Zone ändert, dann ist diese Änderung nicht sofort auf allen Rechnern bekannt. Die Secondary-Server erkennen nach der Erhöhung der `serial`-Nummer, daß sie die Zone neu laden müssen. Das erfolgt normalerweise einmal je `refresh`-Intervall. Treten hierbei Fehler auf, wird der Zonentransfer alle `retry` Sekunden erneut versucht. Die Anfragen werden vom Secondary-Server aber weiterhin als `authoritative` beantwortet, bis die Zeit `expire` abgelaufen ist.

Das heißt, daß es – auch durch das normale DNS-Caching und die Möglichkeit, einen privaten Secondary-Server für fremde Zonen aufzusetzen – keine Möglichkeit gibt, eine Zonenänderung *sofort* überall wirksam werden zu lassen. Normalerweise wird man tunlichst versuchen, derartige Situationen zu vermeiden, indem man beispielsweise Dienste temporär auf dem alten und dem neuen Rechner parallel anbietet.

Sollte man eine derart plötzliche Umschaltung nicht vermeiden können, so sollte man vorher die Timing-Werte in der Zone schrittweise vermindern (dabei muß auch die `serial`-Nummer erhöht werden). Zum Umschaltzeitpunkt kann man dann mit einer schnellen Verteilung der Daten rechnen. Das bedeutet allerdings, daß in der Zwischenzeit eine deutlich höhere Netzwerklast nur durch DNS-Anfragen zu verzeichnen sein wird.

Ein weiterer Fall, bei dem Sie vorsichtig sein müssen, ist die Verminderung der `serial`-Nummer in einer Zone. Eigentlich ist das nämlich nicht möglich – und Sie sollten es auch zu vermeiden suchen. Wenn Sie es dennoch tun müssen und *alle* Secondary-Server unter Konstrolle haben, dann können Sie dort die kopierte Zone löschen und die Server neu starten. Im Internet haben Sie normalerweise diesen Zugriff auf die Secondary-Server nicht, so daß Sie hier das in den Quellen zum BIND beschriebene Verfahren (schrittweises und gezieltes Erhöhen der `serial`-Nummer bis zum Überlauf) anwenden müssen.

21.13 Weitere Informationen zum DNS

Die wichtigsten Informationen zum Betrieb eines Nameservers finden Sie im *Name Server Operations Guide for BIND*, der in den Quellen zu `bind` enthalten ist. Empfehlenswert ist darüber hinaus das Buch *Managing DNS and BIND* von [AL92].

Weitere Informationen und Bezugsquellen	
`ftp`-Server:	`ftp.vix.com`
`ftp`-Pfad:	`/pub/bind/release`
Dateiname:	`bind.tar.gz`
Newsgroup:	`comp.protocols.tcp-ip.domains`
Mailing-Liste:	`bind-users@vix.com`, Anmelden mit Mail an `bind-users-request@vix.com`
Manpages:	`named(8)`, `ndc(8)`, `resolver(5)`
Weitere Dokumente:	Diverse Texte in der BIND-Source-Distribution, [rfc1912], [rfc2182]

22 Network Information System

NIS (*Network Information System*) ist eine Möglichkeit, eine Reihe von Rechnern zumindest teilweise zentral zu administrieren. Dabei werden einige Dateien nicht mehr lokal auf jedem Rechner gepflegt, sondern zentral auf dem NIS-Server. NIS war früher unter dem Namen YP (Yellow Pages[1]) bekannt. Die Nutzung von NIS ist immer dann sinnvoll, wenn eine Reihe von Unix-Rechnern unter zentraler Verwaltung stehen sollen (d. h. eine Person oder Abteilung ist für eine Gruppe von Rechnern verantwortlich).

Mit NIS kann eine Reihe von Konfigurationsdateien (siehe Tabelle 22.1) zentral auf einem Server verwaltet und für die Clients bereitgestellt werden. Damit kann der Administrationsaufwand in einem lokalen Netz deutlich verringert werden. Dies gilt besonders beim Einsatz von NFS (Network File System, siehe das gleichnamige Kapitel 19 auf Seite 517), weil dort zumindest die Dateien `/etc/passwd` und `/etc/group` zwischen den beteiligten Rechnern synchronisiert werden müssen. Neben den Standarddateien aus Tabelle 22.1 können zusätzlich beliebige weitere (eigene) Datenbanken verwaltet werden.

Dateiname	NIS-Maps
`ethers`	`ethers.byname` und `ethers.byaddr`
`hosts`	`hosts.byname` und `hosts.byaddr`
`networks`	`networks.byaddr` und `networks.byname`
`protocols`	`protocols.bynumber` und `protocols.byname`
`rpc`	`rpc.byname` und `rpc.bynumber`
`services`	`services.byname`
`passwd`	`passwd.byname` und `passwd.byuid`
`group`	`group.byname` und `group.bygid`
`netid`	`netid.byname`
`shadow`	`shadow.byname`
`gshadow`	`gshadow.byname`

Tabelle 22.1: Standard-NIS-Maps

Der zentrale Begriff im NIS sind die Maps. In einer Map wird eine Datenbank mit einem Schlüssel und zugehörigen Daten verwaltet. Soll eine Datei (z. B.

[1] Trademark von British Telecom

/etc/passwd) nach mehreren Schlüsseln (z. B. nach Benutzername und User-ID) durchsucht werden können, so werden dementsprechend mehrere Maps angelegt (siehe Tabelle 22.1). Die Daten werden mit einer Hash-Tabelle verwaltet, so daß auch größere Maps sinnvoll mit ausreichender Geschwindigkeit verwendet werden können. In größeren Rechenzentren kommen schnell mehrere tausend Benutzer zusammen.

Die Namen der Programme zu NIS beginnen alle mit dem Präfix yp. Dieser Präfix hat sich vor Jahren mit der ersten, damals noch YP genannten Implementation eingebürgert. Unter Linux gibt es verschiedene Implementationen von NIS. Die Implementierung von Thorsten Kukuk ist die derzeit am besten gepflegte Version, die auch in der GNU-libc enthalten ist.

Zu NIS, ebenfalls von Thorsten Kukuk verfaßt, existiert eine lesenswerte HowTo aus dem Linux Documentation Project. Daneben ist [Ste91] *das* Standardwerk für die Administration von NFS und NIS.

22.1 NIS-Dienste als Client nutzen

Für die Nutzung eines NIS-Servers muß zunächst der Portmapper rpc.portmap gestartet werden. Wenn Sie NFS nutzen, so ist dies bereits der Fall. Andernfalls können Sie mit dem Befehl rpcinfo -p feststellen, welche RPC-Dienste Ihr Rechner anbietet. Mehr Informationen zu Remote Procedure Calls (RPC) finden Sie im gleichnamigen Abschnitt 16.6 auf Seite 475.

Vor dem Start des Programms ypbind müssen Sie den Namen der NIS-Domain setzen. Das geschieht mit dem Befehl domainname *NIS-Domain* oder nisdomainname. Die NIS-Domain hat nichts mit der Domain aus dem DNS zu tun. Sie dient vielmehr zur Unterteilung des Netzes in Gruppen von gemeinsam via NIS verwalteten Rechnern. Daneben wird manchmal der Domain-Name auch als Paßwort für den Zugriff auf den NIS-Server betrachtet, was aber keinerlei Absicherung der Daten darstellt.

Das Programm ypbind sucht entweder mittels Broadcast nach einem geeigneten NIS-Server oder liest die Datei /etc/yp.conf. In dieser Datei steht der zu verwendende NIS-Server und/oder der NIS-Domain-Name. Ein Beispiel für diese Datei finden Sie im Listing 22.1. Wenn Sie dort einen Host-Namen eintragen, so muß dieser in der Datei /etc/hosts eingetragen und die richtige Suchreihenfolge in der Datei /etc/host.conf festgelegt werden, wenn die Namensauflösung auch mittels NIS durchgeführt werden soll.

Mit dem Programm rpcinfo können Sie nach einem NIS-Server suchen (rpcinfo -b ypserv) oder überprüfen, ob der Server tatsächlich reagiert (rpcinfo -u *NIS-Server* ypserv 2). Analog können Sie diese Befehle auch verwenden, um nach NIS-Clients, die den Service `ypbind` gestartet haben, zu suchen. Dies kann zur Fehlersuche hilfreich sein.

```
# Verwenden eines festen NIS-Servers
# und Setzen der Domain:
#domain NIS-Domain server NIS-Server
# Setzen der Doamin und Suche nach einen NIS-Server
#domain NIS-Domain broadcast
# Festen NIS-Server verwenden
ypserver NIS-Server
```

Listing 22.1: Die Datei `/etc/yp.conf`

Wenn der NIS-Client an einen NIS-Server mit `ypbind` gebunden ist, so können einzelne Maps mit dem Befehl `ypcat` angezeigt werden. Für häufig verwendete Maps wie z. B. `passwd.byname`, sind Aliasnamen definiert (hier `passwd`). Alle bekannten Aliasnamen werden mit dem Befehl `ypcat -x` angezeigt. Sie können mit dem Befehl `ypmatch` in einer Map nach dem Schlüssel suchen. Beispiele hierfür finden Sie im Listing 22.2.

```
(Linux):~> ypcat -x
Use "passwd" for "passwd.byname"
Use "group" for "group.byname"
Use "networks" for "networks.byaddr"
Use "hosts" for "hosts.byname"
Use "protocols" for "protocols.bynumber"
Use "services" for "services.byname"
Use "aliases" for "mail.aliases"
Use "ethers" for "ethers.byname"
(Linux):~> ypcat passwd
dosemu:*:409:10:DOS-Platte:/home/dos:/usr/bin/true
jochen:pNnKshbkY1gvk:405:6:Jochen:/home/jochen:/bin/tcsh
(Linux):~> ypmatch jochen passwd
jochen:pNnKshbkY1gvk:405:6:Jochen:/home/jochen:/bin/tcsh
```

Listing 22.2: Beispiele für die Verwendung von NIS

Wenn Sie die Dateien `/etc/passwd` und `/etc/group` vom NIS-Server beziehen möchten, so müssen Sie in den Dateien ein Pluszeichen (+) in der letzten Zeile anfügen. Sie können die Einträge für Paßwort, Realname, Home-Verzeichnis und Shell für alle NIS-User überschreiben, indem Sie in dieser Zeile die entsprechenden Werte eintragen. Wollen Sie den Wert für einen einzelnen User ändern, so tragen

Sie den Benutzer mit `-User` und den gewünschten Werten in die Datei ein. Einige Beispiele, die am Ende der Paßwortdatei eingetragen werden können, finden Sie in Listing 22.3.

```
+jochen::::::/bin/bash
-dosemu
+
```

Listing 22.3: Einträge in der Datei `/etc/passwd`

Ein Benutzername, der mit einem Pluszeichen (+) beginnt, wird mit den eventuell veränderten Werten zur Paßwortdatei hinzugefügt. Beginnt der Name mit einem Minuszeichen (-), dann wird diese Benutzerkennung aus der NIS-Map für diesen Rechner entfernt.

Die Paßwortdatei ist mit NIS nicht mehr lokal verfügbar, so daß ein Benutzer sein Paßwort nicht mehr mit dem Befehl `passwd` ändern kann. Dazu dient nun der Befehl `yppasswd`, der mit dem entsprechenden Dämon (`yppasswdd`) auf dem NIS-Server kommuniziert. Dieser Server verändert die NIS-Datenbank auf dem Server und transportiert diese zu den Slave-Severn. Um die Verwendung von NIS für die Benutzer des Systems transparent zu machen, sollte der Systemadministrator das `passwd`-Programm umbenennen (z. B. in `passwd.old`) und einen (symbolischen) Link von `yppasswd` auf `passwd` erstellen.

Wenn Sie die Datei `/etc/hosts` mittels NIS verteilen wollen, müssen Sie das in die Datei `/etc/host.conf` eintragen. Einen beispielhaften Eintrag finden Sie in Listing 22.4. Beachten Sie, daß Sie in der Datei `/etc/yp.conf` nicht den Namen des NIS-Servers angeben sollten, um Rekursionen (bei der Namensauflösung muß der Name des Nameservers aufgelöst werden...) zu vermeiden.

```
# Suchreihenfolge nach Host-Namen bestimmen
# möglich sind: hosts, dns und yp siehe auch nsswitch.conf
order hosts, yp
multi on
```

Listing 22.4: Die Datei `/etc/host.conf`

Mit dem Befehl `ypwich` können Sie feststellen, welcher NIS-Server zur Zeit verwendet wird. Wird `ypwhich` ohne Parameter aufgerufen, dann wird die Bindung des lokalen Rechners ausgegeben. Geben Sie als Parameter einen Host-Namen an, dann wird die Bindung dieses Rechners ausgegeben. Mit dem Programm `ypset` können Sie den NIS-Server wechseln.

Weitere Informationen und Bezugsquellen

ftp-Server:	ftp.kernel.org
ftp-Pfad:	/pub/linux/utils/net/NIS
Dateiname:	yp-tools-2.0.tar.gz
Größe:	ca. 130 kByte
Homepage:	http://www-vt.uni-paderborn.de/ kuku/-linux/nis.html

22.2 NIS-Server

Wenn in Ihrem Netz bisher kein NIS-Server existiert, können Sie einen solchen auch unter Linux einrichten. Dazu benötigen Sie das Programm `ypserv`. In den aktuellen Distributionen sind die entsprechenden Programme in der Regel enthalten. Aktuellere Versionen finden Sie an der in der Info-Box angegebenen Stelle.

Vor dem Start des Servers muß, wie auch beim Client, die NIS-Domain mit dem Befehl `domainname` *`NIS-Domain`* gesetzt werden. Die Datenbanken für diese Domain werden im Verzeichnis `/var/yp/`*`NIS-Domain`* gespeichert. In den Quellen der NIS-Server finden Sie die Datei `ypMakefile`, die Sie als `Makefile` in das Verzeichnis `/var/yp` kopieren. Die Datenbanken werden erstellt, indem Sie in dieses Verzeichnis wechseln und den Befehl `make` eingeben.

Im `Makefile` können Sie eintragen, welche Dateien des Systems als Master für die NIS-Datenbanken verwendet werden sollen. Teilweise bietet es sich an, die Systemdateien (z. B. `/etc/services`) zu verwenden, manchmal wird man auch eine neue Datei anlegen (z. B. `passwd`). Wenn Sie nicht alle Dateien via NIS verteilen wollen, können Sie die nicht gewünschten Einträge aus dem `Makefile` entfernen oder auskommentieren.

NIS-Slave-Server

Wenn ein NIS-Server ausfällt oder überlastet ist, so wirkt sich dies auf alle Clients aus. Daher wird man in größeren Installationen in jedem Fall einen oder mehrere Slave-Server vorsehen. Bei jeder Änderung an den NIS-Maps werden diese durch das `Makefile` automatisch an die Slave-Server übertragen. Der Verwaltungsaufwand entsteht also nur bei der erstmaligen Einrichtung.

Sicherheitshalber sollten noch zusätzliche Einträge in die Crontab auf dem Slave-Server aufgenommen werden, damit möglichst alle Änderungen im Master-Server auch dann repliziert werden, wenn der Slave-Server zu diesem Zeitpunkt nicht lief. Ein Beispiel für derartige Einträge finden Sie in Listing 22.5.

```
20 *    * * *    /usr/lib/yp/ypxfr_1perhour
40 6    * * *    /usr/lib/yp/ypxfr_1perday
55 6,18 * * *    /usr/lib/yp/ypxfr_2perday
```

Listing 22.5: Regelmäßige Übertragung der Maps zum Slave-Server

Tips zu NIS

Wenn Sie auf dem Server `ypserv` und `ypbind` mit diesem NIS-Server starten, dann ist der Server auch sein eigener Client. Dies ist sinnvoll, wenn der Server sich möglichst wenig von den Clients unterscheiden soll, weil z. B. die lokale `/etc/passwd`-Datei mit anderen Mitteln verteilt wird. Auf der anderen Seite werden viele Clients außerdem als NIS-Slave-Server konfiguriert und an sich selbst gebunden. Damit sind alle NIS-Dienste immer noch verfügbar, auch wenn der Master-Server nicht mehr erreichbar ist.

Weitere Informationen und Bezugsquellen	
`ftp`-Server:	`ftp.kernel.org`
`ftp`-Pfad:	`/pub/linux/utils/net/NIS`
Dateiname:	`ypserv-1.3.4.tar.gz`
Größe:	ca. 190 kByte

22.3 Sicherheitsüberlegungen zu NIS

Innerhalb eines überschaubaren Netzes ist der Einsatz von NIS einfach und bequem. Sie können viele Dateien zentral verwalten und dann automatisch den Clients die aktuellen Daten zur Verfügung stellen. Besonders vorteilhaft ist, daß alle Clients einheitliche Informationen zur Verfügung haben.

Aber wie sieht es mit der Sicherheit aus? Eher nicht so gut: Kenner bezeichnen NIS daher auch als „Network Intrusion System". Zunächst kann jeder, der IP-Zugriff auf Ihren NIS-Server hat und die NIS-Domain kennt, sich dort alle Dateien, beispielsweise mit `ypcat`, abholen. Daher sollten Sie als NIS-Domain *nicht* die DNS-Domain nehmen. Ein großer Schutz ist das nicht, aber besser als nichts. Die aktuelle Version des `ypserv` für Linux hat die Möglichkeit, den Zugriff in der Datei `/etc/ypserv.conf` auf bestimmte Clients einzuschränken. Beachten Sie, daß dies keine ultimative Sicherheit darstellt, aber das Leben der Hacker erschwert. Manche ältere YP-Server können mit Hilfe des Portmappers und dessen Access-Control geschützt werden.

Ein zweites großes Problem ist, daß viele NIS-Clients ihren Server mittels Broadcast suchen. Wenn man hier einen (relativ schnellen) Rechner in das Netz einschleust und die Anfragen beantworten läßt, dann kann man den Clients beliebige Daten unterschieben und so Zugriff auf die Clients erhalten. Dies läßt sich verhindern, indem man jedem Client in der Datei `/etc/yp.conf` vorgibt, an welchen Server er sich binden soll.

22.4 In die Zukunft mit NIS+

Sun hat mit der Implementierung von NIS+ eine Erweiterung des NIS-Konzepts vorgestellt. In der `libc` sind die entsprechenden Routinen bereits enthalten, werden aber in der Binärversion nicht einkompiliert. Sie müssen daher die `libc` selbst übersetzen und dabei NYS einbinden. NYS enthält sowohl die Implementierung des traditionellen NIS als auch NIS+.

Weitere Informationen und Bezugsquellen	
Homepage:	`http://www-vt.uni-paderborn.de/~kukuk/-linux/nisplus.html`

23 Das bootp-Protokoll

Bei der Verwendung von TCP/IP muß jedem Rechner bzw. jeder Netzwerkkomponente eine (weltweit) eindeutige IP-Adresse zugeordnet werden. Die Verwaltung der vergebenen Adressen geschieht am besten durch den Netzverantwortlichen. Bei Änderungen an der Adreßverteilung oder anderen Anpassungen ist es notwendig, diese Änderungen an allen betroffenen Netzgeräten durchzuführen. Je nach Art der Änderung, z. B. beim Einsatz eines neuen Nameservers, können das sehr viele Rechner sein.

Gerade bei der Verwendung von DOS- und Windows-Clients ist eine zentrale Wartung mittels `telnet` oder `rlogin` nicht möglich, so daß der Administrator jeden Rechner physisch aufsuchen muß. Mit dem Einsatz von `bootp` ist es möglich, viele TCP/IP-Konfigurationen an zentraler Stelle auf dem `bootp`-Server zu verwalten. Die Clients erhalten dann alle notwendigen Angaben beim Start vom `bootp`-Server.

Das `bootp`-Protokoll (definiert in [rfc0951], [rfc1542] und [rfc2132]) ermöglicht es, einem Rechner, abhängig von der Hardware-Adresse der Netzwerkkarte, eine IP-Adresse, die Netmask, die Nameserver u.v.a.m. zuzuordnen. Dies ist beim Booten von plattenlosen Geräten (wie z. B. X-Terminals) und beim Einsatz von TCP/IP unter DOS sinnvoll, um den Konfigurationsaufwand an den DOS-Rechnern gering zu halten. Auch einige Netzwerk-Computer (NCs) verwenden `bootp` zur Konfiguration.

Das `bootp`-Protokoll dient oft dazu, einen Rechner von Grund auf zu starten und zu konfigurieren. In jeder Phase sind nur sehr wenige Informationen verfügbar, die aber ausreichen, um die nächste Stufe zu starten. Es ist möglich, bereits vor dem Laden des Betriebssystems `bootp` zu verwenden, z. B. um den Server zu finden, von dem das Betriebssystem bei einem plattenlosen Gerät geladen werden soll. In diesem Fall muß die Netzwerkkarte mit einem zusätzlichen EPROM, das das `bootp`-Protokoll beherrscht, versehen werden.

Oft wird das Betriebssystem lokal auf der Festplatte des Clients installiert und nur die Netzkonfiguration mit `bootp` durchgeführt. Dadurch vermindert sich nur der Konfigurationsaufwand für die Netzwerkeinstellungen, alle anderen (betriebssystemabhängigen) Dinge müssen weiterhin auf dem gewohnten Wege eingestellt werden. Ein `bootp`-Request und dessen Bearbeitung wird in der Regel etwa wie folgt aussehen:

- Der Client sendet einen `bootp`-Request mittels Broadcast auf das (lokale) Netz. Die einzige Information, die zu diesem Zeitpunkt bekannt ist, ist die Hardware-Adresse der im Client eingebauten Netzwerkkarte.

- Der oder die bootp-Server empfangen die Anfrage. Anhand der Hardware-Adresse der Netzwerkkarte des Absenders können die notwendigen Informationen aus der Datei /etc/bootptab gelesen und an den Client zurückgeschickt werden. Dies erfolgt noch nicht mit der echten IP-Adresse des Clients, sondern auf einer etwas niedrigeren Ebene, da der Client seine eigene IP-Adresse noch nicht kennt.
- Anhand der Antwort des bootp-Servers kann der Client sein Netzwerk konfigurieren. Dazu gehören Netmask und Broadcast-Adresse, aber auch Nameserver, Log-Host oder Print-Server. Die Antwort erreicht den Client, weil dem Server die Hardware-Adresse des Clienten bekannt ist und die Antwort direkt an diese Adresse gesendet wird.
- Ist auf dem Client-Rechner das Betriebssystem noch nicht geladen, so kann dieses z. B. mittels tftp von einem Server geladen werden. Andernfalls wird der Boot-Prozeß wie gewohnt fortgesetzt.

Das bootp-Protokoll wurde im Laufe der Zeit zum *Dynamic Host Configuration Protocol* (DHCP, [rfc1531]) erweitert. Einen ähnlichen Zweck erfüllt das ältere *Reverse Address Resolution Protocol* (RARP, [rfc0903]), das auch heute noch zum Booten von Workstations oder X-Terminals eingesetzt wird. Heute wird in der Regel bootp eingesetzt, aber manche DOS-Clients und viele X-Terminals beherrschen noch RARP.

Da zur Zeit in vielen Fällen immer noch bootp eingesetzt wird, daher werden hier nur die Highlights von DHCP vorgestellt. Die wesentlichen Vorteile von DHCP sind die automatische Vergabe von (permanenten) IP-Adressen und die dynamische Adreßzuweisung für eine begrenzte Zeit. Zusätzlich kann natürlich wie bei bootp die Adresse manuell durch den Systemadministrator zugewiesen werden.

Auf dem bootp-Server muß der bootpd-Dämon gestartet werden. Dies kann entweder unter der Kontrolle des inetd-Servers geschehen oder indem der bootpd als Dämon gestartet wird. Der Start durch inetd ist in der Testphase sinnvoll, da bei jedem Neustart des bootpd-Dämons die Datei /etc/bootptab neu gelesen wird. Läuft bootpd als eigenständiger Dämon, so muß er nach jeder Änderung neu gestartet werden.

Bei einer großen bootptab, wenn also viele Clients verwaltet werden sollen, benötigt das Neulesen dieser Datei recht viel CPU-Zeit, so daß der Start als Dämon sinnvoll ist. Tragen Sie in diesem Fall das Programm bootpd z. B. in die Datei rc.local ein. Beim System-V-init können Sie auch ein eigenes Start-Stop-Skript anlegen, mit dem Sie den Dämon auch direkt verwalten können.

Wenn Sie bootpd vom inetd starten lassen möchten, können Sie mit der Option -t *Minuten* festlegen, daß der Dämon mindestens die angegebene Anzahl Minuten läuft. Zum Start durch inetd nehmen Sie auf dem Server die Zeile aus Listing 23.1 in die Datei /etc/inetd.conf auf.

```
bootps  dgram  udp  wait  root  /usr/sbin/tcpd  bootpd
```

Listing 23.1: Neue Einträge in die Datei `/etc/inetd.conf`

Befindet sich der `bootp`-Server nicht im gleichen Subnetz wie der Client, so werden die Anfragen nicht über den Router übertragen, da Broadcasts nur im lokalen Netz erfolgen. Daher muß in jedem (Sub-)Netz, in dem `bootp`-Requests durchgeführt werden und kein `bootp`-Server existiert, ein Gateway (`bootpgw`) installiert oder der Router entsprechend konfiguriert werden. Dazu nehmen Sie die Zeile aus Listing 23.2 in die Datei `/etc/inetd.conf` auf einem dann als Gateway fungierenden Rechner auf. Manche Router haben diese Funktion eingebaut, so daß Sie möglicherweise nur dort den entsprechenden Server eintragen müssen.

```
bootps dgram udp wait root /usr/sbin/tcpd bootpgw Server
```

Listing 23.2: Ein `bootp`*-Gateway*

Die gesamte weitere Konfiguration erfolgt in der Datei `/etc/bootptab` (Listing 23.3). Die Struktur dieser Datei erinnert an die der Datei `/etc/termcap`, siehe auch Abschnitt *Terminal-Konfiguration* auf Seite 132. Die einzelnen Felder werden durch Doppelpunkte (`:`) getrennt, Zeilen können mit einem Backslash (\) als letztem Zeichen in der nächsten Zeile fortgesetzt werden.

```
.default:hn:sm=255.255.255.0:dn=gemuese.org:\
        :ds=192.168.3.150:

# Referenzeinträge für jedes Subnetz
.subnet31:sm=255.255.255.0:gw=192.168.31.1:tc=.default:
.dosemu  :sm=255.255.255.0:gw=192.168.31.1:tc=.default:

# TCP/IP im DOSEmulator
dosemu-1:tc=.dosemu:ha=646201907878:ip=192.168.31.101:
dosemu-2:tc=.dosemu:ha=646202907878:ip=192.168.31.102:
dosemu-3:tc=.dosemu:ha=646203907878:ip=192.168.31.103:

# reale (DOS-)Rechner
erbse.gemuese.org:tc=.subnet31:ht=ieee802:\
        :ha=10005AD262F8:ip=192.168.3.155:
```

Listing 23.3: Auszug aus der Datei `/etc/bootptab`

Ein Eintrag (auch Stanza genannt) besteht aus einem Namen und den zugeordneten Werten. Mit dem Schlüsselwort `tc` (Table Continuation) kann auf ein Template verwiesen werden. Diese Verweise sind auch mehrfach möglich, so daß die Definition des Verweises wieder einen Verweis enthalten kann. Im Listing 23.3 wird zunächst ein Standardeintrag (`.default`) definiert, der die Domain (`dn`), den Nameserver (`ds`) und die Standard-Netmask (`sm`) enthält. Die im Subnetz gleichbleibenden Einträge werden in einem weiteren Template (`.subnet31`) festgelegt. Der Name eines Templates sollte mit einem Punkt (`.`) beginnen.

Schließlich wird für jeden Rechner ein Eintrag erzeugt. Für jeden Rechner unterschiedlich sind die Einträge `ha` (Hardware-Adresse) und `ip` (IP-Adresse), die für die dynamische Zuordnung der IP-Adressen verwendet werden. Der Name eines Eintrags wird als Host-Name an den Client geschickt, falls dies durch die Konfiguration `hn` so eingerichtet wurde.

Beim Einsatz mancher DOS-Clients kann es notwendig sein, zusätzlich den Eintrag `vm=rfc1084` anzugeben. Damit wird diesen Clients die Antwort im Format gemäß [rfc1084] präsentiert, auch wenn sie nach einem anderen Format gefragt haben. Normalerweise wird in dem Format geantwortet, in dem ein Client seine Anfrage gesendet hat.

Für den Einsatz von plattenlosen Geräten, die remote gebootet werden, kann angegeben werden, wo die entsprechenden Boot-Dateien zu finden sind. Darüber hinaus gibt es eine Reihe von weiteren Daten, die an einen Client übertragen werden können. Eine Übersicht über die wichtigsten Einträge finden Sie in Tabelle 23.1, eine komplette Liste aller Einträge finden Sie in der Manpage `bootptab(5)`.

Eintrag	**Bedeutung**
`ds`	Adressen der DNS-Server
`gw`	Liste der Gateway-Adressen
`ha`	Hardware-Adresse
`hn`	Host-Name an den Client übertragen
`ht`	Hardware-Typ des Clients, siehe z. B. in [rfc1700]
`ip`	IP-Adresse des Clients
`sm`	Subnetzmaske des Clients
`vm`	Vendor Magic Cookie
`tc`	Referenzeintrag (Template)

Tabelle 23.1: Die wichtigsten Einträge in der Datei `bootptab`

Nach der Konfiguration der Netzwerkprogramme holen sich einige X-Terminals und plattenlose Workstations den Kernel und alle weiteren Programme von einem Boot-Server. In der Regel wird das `tftp`-Protokoll (Trivial File-Transfer Protocol) verwendet, um den Kernel zu laden.

Da dieses Protokoll keine Berechtigungsprüfung kennt, sollte bei der Konfiguration mit besonderer Vorsicht vorgegangen werden. So ist unbedingt in der Datei `/etc/tftptab` einzutragen, welche Dateien übertragen werden dürfen, und der Dämon sollte nur Zugriff auf das Verzeichnis mit dem Boot-Images haben. Außerdem können Sie mit Hilfe des TCP-Wrappers den Zugriff nur für einige bestimmte Rechner gestatten. Näheres dazu finden Sie in der Manpage zu `tftp` und `tftpd`.

Es ist auch möglich, Rechner unter Linux mittels `bootp` zu konfigurieren. Dazu benötigen Sie die entsprechenden Clients (`bootpc`) und müssen die Skripten zur Netzwerkkonfiguration entsprechend anpassen. Beispiele für diese Skripten finden Sie im Paket `bootpc`. Dort finden Sie auch ein Programm (`bootptest`), mit dem Sie die Konfiguration Ihres `bootp`-Servers testen können.

Die derzeit für Linux verfügbaren `bootpd`-Dämonen beherrschen nur einen Teil der DHCP-Funktionen. Es existiert ein freier DHCP-Server, der nun auch auf Linux portiert wurde. Genauso können Sie die IP-Konfiguration Ihrer Linux-Rechner mittels DHCP durchführen. Die Bezugsquelle hierfür ist im Info-Kasten am Ende des Kapitels angegeben.

In einem kommerziellen Netz muß unter anderem auf Ausfallsicherheit geachtet werden. Es ist daher möglich, in einem (Sub-)Netz mehrere `bootp`-Server zu betreiben. Dabei sollten diese allerdings mit denselben `bootptab`s konfiguriert sein. Dies kann durch eine Kopie auf beide Rechner (z. B. mittels `rdist`) oder NFS erreicht werden.

Weitere Informationen und Bezugsquellen	
ftp-Server:	tsx-11.mit.edu
ftp-Pfad:	/pub/linux/packages/net/-PROGRAMS/other/bootpd
Datei:	bootpd-210a.tar.z
Größe:	ca. 40 kByte
ftp-Pfad:	/pub/linux/packages/net/-PROGRAMS/other/bootpc
Datei:	bootpc-net3.tgz
Größe:	ca. 40 kByte
ftp-Server:	ftp.fugue.com
ftp-Pfad:	pub
Datei:	DHCPD-BETA-5.14.tar.gz
Größe:	ca. 180 kByte
ftp-Server:	metalab.unc.edu
ftp-Pfad:	/pub/Linux/system/Network/daemons
Datei:	dhcpcd-0.5.tar.gz
Größe:	ca. 32 kByte
ftp-Server:	ftp.isc.org
ftp-Pfad:	/isc/dhcp
Datei:	dhcpcd-1.0.0.tar.gz
Größe:	ca. 180 kByte

24 Anonymous-`ftp`-Server

Auf praktisch jedem vernetzten Unix-System ist der `ftpd`-Dämon installiert. In der Standardversion kann jeder zugelassene Benutzer Dateien von und zu dem System übertragen. Ein Benutzer ist dazu berechtigt, wenn er eine gültige Benutzerkennung hat (dazu zählt auch, daß die Login-Shell in der Datei `/etc/shells` eingetragen ist) und *nicht* in der Datei `/etc/ftpusers` eingetragen ist.

Dies ist für einen Rechner im lokalen Netz durchaus akzeptabel. Oft wird es aber so sein, daß auch Benutzer ohne eigene Kennung bestimmte Dateien ansehen oder übertragen müssen. Dazu kann ein sogenannter Anonymous-`ftp`-Server installiert werden. Sinnvoll ist ein derartiger Server, wenn man Freeware-Programme verteilen oder der Allgemeinheit Informationen oder Programmkorrekturen o. ä. zur Verfügung stellen will. Oft wird hierfür ein `http`-Server (Web-Server) eingesetzt, das hat aber einige Nachteile: Uploads von Benutzern müssen mit speziellen Konstrukten ermöglicht werden, das Protokoll ist nicht zur Übertragung von größeren Datenmengen entwickelt worden, und bei einem Abbruch der Übertragung muß wieder von vorn begonnen werden.

Bei der Einrichtung eines `ftp`-Servers sind einige Dinge zu beachten, damit nicht fremde Benutzer vollen Zugriff auf alle Dateien des Rechners erhalten. Man möchte zwar die Daten, um die es geht, mit einfachen Mitteln erreichbar machen, aber nicht alle Sicherheitsaspekte außer acht lassen.

Es gibt verschiedene `ftp`-Dämonen, die zum Teil unterschiedlich konfiguriert werden. Achten Sie bei der Auswahl Ihres Servers darauf, daß Sie möglichst alle Aktionen der Benutzer mitloggen können, um nachzuvollziehen, was auf Ihrem Rechner passiert. Dies ist eine wichtige Hilfe, um die Sicherheit des Rechners sicherzustellen und den Mißbrauch als Zwischenlager für Raubkopien u. ä. zu verhindern. Außerdem kann es sinnvoll sein, daß Sie einzelne Befehle verbieten und nützliche Features, wie einen suchbaren Index, einrichten.

Bei der Anmeldung unter dem Benutzernamen `anonymous` oder `ftp` wird in der Regel in ein spezielles Verzeichnis (z. B. `/home/ftp`, oft auch als `~ftp` geschrieben) gewechselt. Dazu wird der Systemaufruf `chroot(2)` verwendet, der dieses Verzeichnis zum neuen Root-Verzeichnis für diesen Prozeß (und alle davon erzeugten) erklärt. Damit wird verhindert, daß `ftp`-Benutzer, die sich anonym anmelden, Zugriff auf Dateien außerhalb dieses Verzeichnisses erhalten.

Nach der Eingabe des Benutzernamens `ftp` oder `anonymous` wird oft erwartet, daß die E-Mail-Adresse des Benutzers eingegeben wird. Oft wird eine Anmeldung abgelehnt, wenn die Adresse nicht korrekt ist, z. B. das at-Zeichen (`@`) nicht enthält. Je nach Server wird die Mail-Adresse keiner oder einer wesentlich genaueren Prüfung unterzogen. Viele Server versuchen auch, den Namen des Client-Rechners von dem Nameserver zu erfahren (bei wu-ftpd ist das eine Konfigurationsoption). Damit kann in den Log-Dateien der Name anstelle der IP-Adresse notiert werden, und man achtet darauf, daß möglichst alle IP-Adressen auch DNS-mäßig verwaltet werden.

Eine andere Möglichkeit, um die Identität des Benutzers genauer zu bestimmen, ist die Verwendung von ident. Dabei gibt es jedoch häufig Probleme mit PC-Benutzern, da es auf diesen Systemen keine Benutzerkennungen gibt. Auch sind Datenschutzfragen, die die Herausgabe der Benutzerkennung verbieten könnten, nicht geklärt.

In dem gesamten Verzeichnisbaum unter ~ftp sollten alle Verzeichnisse und Dateien für die anonymen Benutzer nur im Lesezugriff verfügbar sein. Damit soll verhindert werden, daß z. B. eine Datei .rhosts auf dem Rechner abgelegt wird, die einem interaktiven Zugriff ermöglicht. Das einfachste ist, daß kein Verzeichnis der Benutzerkennung gehört, unter der der ftp-Server läuft.

Einige spezielle Verzeichnisse (wie incoming) können vom Schreibschutz ausgenommen werden, damit auch Benutzer ohne Kennung Dateien allgemein zur Verfügung stellen können. Diese Dateien sollten aber erst nach der Prüfung durch den Systemadministrator anderen Benutzern zur Verfügung stehen. Damit können Sie die unberechtigte Verbreitung von Daten über Ihren Rechner hoffentlich verhindern. Der verbreitete wu-ftpd stellt hierfür entsprechende Konfigurationsoptionen bereit.

Bei unberechtigter Benutzung sind Dateien mit dem Namen ... oder mit Steuerzeichen im Namen sehr beliebt. Daher sollten Sie die Transferstatistik auf ungewöhnliche Namen durchsuchen, um zumindest eine (nachträgliche) Kontrolle ausüben zu können. Wieder bietet der wu-ftpd eine Option, mit der man gültige Dateinamen beschreiben kann, um derartige Probleme zu entschärfen.

Für Benutzer hilfreich sind spezielle Funktionen wie das automatische Zusammenfassen von Dateien eines Verzeichnisses in ein Archiv. Damit kann ein kompletter Verzeichnisbaum mit einem einzelnen Befehl übertragen und dann lokal weiterverwendet werden. Diese Funktion können Sie für einzelne Verzeichnisse wieder ausschalten, indem Sie die Datei .notar in dem Verzeichnis anlegen, was z. B. für das Wurzelverzeichnis sinnvoll ist. In einige Clients (wie ncftp) ist die Funktion zum Kopieren ganzer Verzeichnishierarchien integriert, bei den meisten Programmen ist das jedoch nicht der Fall.

Eine ebenfalls sinnvolle Funktionalität ist das Wiederaufsetzen einer abgebrochenen Übertragung mit dem ftp-Befehl reget. Leider wird diese Funktion von den meisten WWW-Browsern nicht verwendet. Außerdem muß sie vom Server unterstützt werden. Ein weiterer Grund für die Verwendung eines „normalen" ftp-Clients ist die Möglichkeit, dort spezielle Kommandos, wie die Suche im Indexfile oder das Ändern der Permissions, absetzen zu können. Diese Befehle werden mit

QUOTE eingeleitet. Je nach ftp-Server werden unterschiedliche Kommandos unterstützt, Hilfe erhalten Sie mit dem Befehl QUOTE HELP.

24.1 Die Installation des wu-ftpd

Wie oben erwähnt, existieren verschiedene ftp-Dämonen. Viele ftp-Server im Internet verwenden den wu-ftpd, da er viele spezielle Features für einen anonymous-ftp-Server besitzt, ein ausführliches Logging durchführt und bei Sicherheitsproblemen schnell eine korrigierte Version installiert werden kann. Das schlagende Argument ist hier die Verfügbarkeit des Quellcodes, so daß lokale Anpassungen durchgeführt werden können.

Für den Systemadministrator ist die Installation dieses ftp-Dämons etwas aufwendiger als die Verwendung des standardmäßig zu Unix mitgelieferten[1]. Dennoch ist es sinnvoll, einen Dämon zu verwenden, der im Quellcode existiert, um möglicherweise schnell auf Probleme reagieren zu können. Der wu-ftpd kann für fast alle Unix-Plattformen installiert werden, so daß einige Anpassungen in verschiedenen Dateien notwendig sind.

Die Pfade zu wichtigen Konfigurationsdateien müssen vor der Übersetzung in der Datei src/pathnames.h festgelegt werden. Tragen Sie hier die entsprechenden Pfade ein, die auf Ihrem System verwendet werden. Die Entwicklung dieses Dämons findet nicht unter Linux statt, so daß Sie hier einige Änderungen vornehmen müssen. In der folgenden Aufstellung sind die Pfade angegeben, die auf meinem System verwendet werden.

- _PATH_FTPUSERS "/etc/ftpusers"
  Diese Datei enthält die Namen von den Benutzern, die sich *nicht* via ftp einloggen dürfen. In der Regel sind das die Benutzer root, bin und einige andere Systemkennungen.

- _PATH_FTPACCESS "/etc/ftpaccess"
  Hier findet die zentrale Konfiguration des ftp-Servers statt. Der Inhalt dieser Datei, die zur Laufzeit ausgewertet wird, wird in der Manpage ftpaccess genauer beschrieben.

- _PATH_FTPHOSTS "/etc/ftphosts"
  kann zur Zulassung oder Ablehnung einzelner Benutzer von verschiedenen Rechnern verwendet werden.

- _PATH_EXECPATH "/bin/ftp-exec"
  legt den Pfad fest, unter dem Programme gesucht werden. Für anonyme Benut-

[1] Viele Linux-Distributionen enthalten bereits den wu-ftpd, kommerzielle Unix-Systeme hingegen nicht.

zer wird mit chroot() in das Verzeichnis ~ftp gewechselt, so daß dieser Pfad relativ dazu ist. Für alle anderen Benutzer müssen Sie möglicherweise einen entsprechenden symbolischen Link anlegen. Dies dient der Sicherheit Ihres Servers, daher sollten Sie hier *kein* Systemverzeichnis angeben.

- _PATH_PIDNAMES "/var/run/ftp.pids-%s"
  Benutzer können in verschiedene Klassen (z. B. Benutzer in der lokalen Domain und andere) unterteilt werden. Für jede Klasse können Beschränkungen eingetragen werden, und es kann überwacht werden, wozu diese Dateien (die Zeichenkette %s wird durch die in der Datei /etc/ftpaccess definierte Benutzerklasse ersetzt) verwendet werden.

- _PATH_CVT "/etc/ftpconversions"
  Der ftp-Dämon kann Dateien bei der Übertragung packen oder entpacken. Dazu müssen die entsprechenden Programme in ~ftp/bin/ftp-exec vorhanden sein und die Datei /etc/ftpconversions entsprechend eingerichtet sein.

- _PATH_XFERLOG "/var/log/xferlog"
  Die Übertragungsstatistik, die Sie z. B. mit awk oder perl auswerten können, wird in dieser Datei gespeichert. Diese Datei sollten Sie auch regelmäßig nach besonderen Ereignissen durchsuchen.

- _PATH_PRIVATE "/etc/ftpgroups"
  ist die Paßwortdatei für die Kommandos site group und site gpass.

- _PATH_UTMP "/var/run/utmp"
  gibt den Pfad zur utmp-Datei an. Diese Datei enthält die Namen der zur Zeit gerade am System angemeldeten Benutzer. Sie können dann mit den normalen Unix-Befehlen (z. B. last) feststellen, welche Benutzer gerade den ftp-Server verwenden.

- _PATH_WTMP "/var/log/wtmp"
  gibt den Pfad zur wtmp-Datei an. Diese Datei enthält ein Log der Benutzeranmeldungen und kann mit last angezeigt werden.

- _PATH_LASTLOG "/var/log/lastlog"
  diese Datei enthält das Datum der letzten Anmeldung eines Benutzers.

Überprüfen Sie die Einstellungen in den Dateien ./src/config/config.lnx und ./src/makefiles/Makefile.lnx. Anschließend können Sie den Dämon mit ./build lnx übersetzen. Nach kurzer Zeit finden Sie die Programme im Unterverzeichnis ./bin und können die Installation mit ./build install beenden.

Der neue Dämon wird aktiviert, indem Sie die Datei /etc/inetd.conf ändern und den inetd-Server mit dem Signal SIGHUP neu initialisieren. Dazu dient der

Befehl killall -HUP inetd. Anschließend steht ein ftp-Dämon für die Benutzer dieses Rechners zur Verfügung. Die Einrichtung eines anonymous-ftp-Servers wird im nächsten Abschnitt erläutert.

24.2 Administration eines ftp-Servers

Der Betrieb eines anonymous-ftp-Servers wirft, mehr noch als andere Services, einige Sicherheitsprobleme auf. Einige davon werden bei der Implementierung des ftp-Dämons berücksichtigt. Viele weitere Dinge beeinflussen die Sicherheit Ihres Servers. Bevor Sie den Server anderen Benutzern zur Verfügung stellen, sollten Sie in Ruhe die Manpages und die CERT-Advisories zu diesem Thema lesen.

Unter Linux werden in der Regel Shared-Libraries verwendet, um Programme möglichst klein zu halten. Nach dem chroot in das Verzeichnis ~ftp ist der Zugriff auf die in /lib gespeicherten Bibliotheken nicht mehr möglich. Sie müssen also entweder die notwendigen Bibliotheken (ld.so und libc.so) zusammen mit den benötigten Dateien aus /etc (ld.so.cache, group und passwd) in das Verzeichnis ~ftp/lib kopieren oder statisch gelinkte Programme verwenden, was in der Regel das einfachste sein dürfte.

Für einen einfachen ftp-Server ohne spezielle Features benötigen Sie nur das Programm ls. Wollen Sie das automatische Packen von Verzeichnissen und Dateien ermöglichen, benötigen Sie ebenfalls tar und compress bzw. gzip. Diese Programme müssen in das Verzeichnis ~ftp/bin/ftp-exec kopiert werden. Weitere Programme, die ftp-Benutzer mit dem Befehl site exec ausführen dürfen, müssen ebenfalls in das Verzeichnis ~ftp/bin/ftp-exec kopiert werden. Oft findet man hier ein Suchprogramm für den Dateiindex. Seien Sie hier besonders vorsichtig, wenn Sie festlegen, welche Befehle fremde Benutzer auf dem Rechner ausführen dürfen. Insbesondere das Verändern von Berechtigungen mittels chmod kann hier äußerst gefährlich sein.

Achten Sie bei der Einrichtung des Servers darauf, daß Sie keine Dateien oder Verzeichnisse für fremde Benutzer beschreibbar machen. Die einzige Ausnahme sollte das incoming-Verzeichnis sein. Beobachten Sie besonders die Übertragungen in dieses bzw. aus diesem Verzeichnis heraus. Oft werden ftp-Server als Zwischenlager für Raubkopien oder anderes illegales Material mißbraucht.

Für Anzeige des Dateieigentümers benötigt das Programm ls die Dateien ~ftp/etc/passwd und ~ftp/etc/group. Verwenden Sie hier *nicht* die Systempaßwortdatei, sondern eine speziell aufbereitete, in der keine Paßwörter gespeichert sind. Wenn Sie es wünschen, dann können Sie auch die Benutzerkennungen (und deren Namen) ändern, um diese nicht weltweit preiszugeben.

Im nächsten Schritt können Sie die speziellen Funktionen des Servers in den Dateien ftpconversions, ftpusers und ftpgroups einrichten. In der Datei /etc/ftpconversions können Sie eintragen, welche Konversionen bei der Übertragung vorgenommen werden können und welche Programme dazu verwendet werden. Jede Zeile dieser Datei besteht aus acht durch Doppelpunkte getrennte Spalten, die eine Umwandlungsmethode beschreiben. Ein Beispiel finden Sie in Listing 24.1.

```
:.Z : :  :/bin/compress -d -c %s:T_REG:O_UNCOMPRESS:UNCOMPRESS
:   : :.Z:/bin/compress -c %s:T_REG:O_COMPRESS:COMPRESS
:.gz: :  :/bin/gzip -cd %s:T_REG:O_UNCOMPRESS:GUNZIP
:   : :.gz:/bin/gzip -9c %s:T_REG:O_COMPRESS:GZIP
:   : :.tar:/bin/tar -cf - %s:T_REG|T_DIR:O_TAR:TAR
:   : :.tgz:/bin/tar -czf - %s:T_REG|T_DIR:O_COMPRESS|O_TAR:TGZ
```

Listing 24.1: Die Datei /etc/ftpconversions

Die Bedeutung der einzelnen Felder wird in der Tabelle 24.1 erläutert. Beachten Sie, daß derzeit die Präfixoptionen noch nicht implementiert sind. Sie müssen die benötigten Programme (eventuell statisch gelinkt) in das Verzeichnis ~ftp/bin kopieren, damit diese auch von anonymen Benutzern ausgeführt werden können.

Feld	Beschreibung
1	Zu entfernendes Namenspräfix
2	Zu entfernendes Namenssuffix
3	Anzuhängendes Namenspräfix
4	Anzuhängendes Namenssuffix
5	Das auszuführende Kommando
6	Dateitypen: T_REG, T_DIR oder T_ASCII
7	Optionen: O_COMPRESS, O_UNCOMPRESS oder O_TAR
8	Beschreibung

Tabelle 24.1: Beschreibung der Einträge in die Datei /etc/ftpconversions

Die Datei /etc/ftpusers enthält die Namen der Benutzer, die sich *nicht* mit ftp anmelden dürfen. In der Regel werden das die Benutzer root, bin und andere Systemkennungen sein. In der Datei /etc/ftpgroups können verschiedene Benutzergruppen eingerichtet und mit einem Paßwort versehen werden.

Die aufwendigste Konfigurationsdatei ist die Datei /etc/ftpaccess (siehe Listing 24.2), in der die wesentlichen Einstellungen zum ftp-Server vorgenommen werden. Ausführliche Beispiele finden Sie im Verzeichnis ./doc/examples und eine aussagekräftige Dokumentation in der Manpage ftpaccess(5).

Der wu-ftpd kennt drei verschiedene Benutzertypen: anonyme, reale und Gast-Benutzer. Anonyme Benutzer sind alle, die sich mit dem Namen ftp oder `anonymous` anmelden. Die Rechte dieser Benutzergruppe sollten möglichst gering gehalten werden. Außerdem werden häufig Beschränkungen in der Anzahl der gleichzeitigen Anmeldungen vorgenommen, damit der Server und die Internet-Anbindung nicht überlastet werden. Reale Benutzer besitzen eine normale Unix-Kennung auf dem `ftp`-Server und die damit verbundenen Rechte.

Interessant ist die Gruppe der Gast-Benutzer. Diese haben eine Unix-Kennung, diese wird aber vom `wu-ftpd` künstlich eingeschränkt, so daß nicht der Zugriff auf alle Daten des Servers möglich ist. Ein Beispiel hierfür finden Sie in der unten folgenden Beschreibung der Konfigurationsoptionen in der Datei `/etc/ftpaccess`. Mit dieser Option ist es mit mäßigem Aufwand auch möglich, einzelne Kunden voneinander abzuschotten.

```
class   all   real,guest,anonymous   *

email root@localhost

loginfails 5

readme  README*     login
readme  README*     cwd=*

message /welcome.msg                login
message .message                    cwd=*

compress        yes                 all
tar             yes                 all
chmod           no                  guest,anonymous
delete          no                  guest,anonymous
overwrite       no                  guest,anonymous
rename          no                  guest,anonymous

log transfers anonymous,real inbound,outbound

shutdown /etc/shutmsg

passwd-check rfc822 warn
```

Listing 24.2: Die Konfigurationsdatei `/etc/ftpaccess`

Die Datei `/etc/ftpaccess` (siehe Listing 24.2) enthält eine weitgehende Steuerung, welche Benutzer auf dem Server was tun dürfen. Außerdem kann das Verhalten des Servers in weiten Grenzen beeinflußt werden. Die folgende Liste beschreibt die wichtigsten Einträge in der Datei /etc/ftpaccess.

`class` *`Klasse Typliste Adreßmuster ...`*
: Benutzer unter `wu-ftpd` können in verschiedene Klassen eingeteilt werden. Diese Einteilung basiert auf dem angegebenen Adreßmuster. Das kann entweder ein mit Wildcards versehener Domainname oder eine IP-Adresse sein. Es können mehrere `class`-Einträge erstellt werden; die Benutzer werden zu einer bereits bestehenden Klasse hinzugefügt. Als Eintrag in die `Typliste` sind die Werte `anonymous`, `guest` oder `real` erlaubt.

  Anhand der Einteilung der Benutzer in Klassen kann z. B. die Anzahl der gleichzeitigen Anmeldungen von anonymen Benutzern beschränkt werden (siehe auch die Option `limit`).

`deny` *`Adreßmuster Nachrichtendatei`*
: Benutzer, deren IP-Adresse oder DNS-Name zum Muster `Adreßmuster` paßt, werden nicht zur Anmeldung zugelassen. Als Nachricht wird der Inhalt der Datei *`Nachrichtendatei`* angezeigt. Der Eintrag `!nameserved` schließt alle Clients aus, die nicht im Nameserver verwaltet werden. Es können mehrere `deny`-Einträge verwendet werden.

`limit` *`Klasse Anzahl Zeiten Nachrichtendatei`*
: Die Anzahl der Anmeldungen von Benutzern aus der Klasse *`Klasse`* (siehe die `class`-Option) wird in den angegebenen *`Zeiten`* auf die Anzahl *`Anzahl`* beschränkt. Als Nachricht wird der Inhalt der Datei *`Nachrichtendatei`* ausgegeben.

`guestgroup` *`Gruppe ...`*
: Die Mitglieder der Unix-Gruppe *`Gruppe`* werden vom `wu-ftpd` gesondert behandelt. In der Paßwortdatei wird das Home-Verzeichnis speziell formatiert. Der Pfad wird an einer beliebigen Stelle durch die Zeichenfolge `/./` unterbrochen. Dies ist die Aufforderung an den `wu-ftpd`, mittels `chroot()` in das Verzeichnis vor der Zeichenfolge zu wechseln. Damit ist ein Zugriff auf Dateien außerhalb dieses Verzeichnisses nicht möglich. Dieser Pfad muß natürlich mit den benötigten Programmen und Bibliotheken gefüllt werden, wie das auch für den anonymen Bereich gilt. Anschließend wechselt `wu-ftpd` in das Verzeichnis nach der Zeichenfolge `/./`.

  Wenn das Home-Verzeichnis, das sich in der Datei `/etc/passwd` befindet, `/home/guests/./hugo` ist und der Benutzer in einer durch `guestgroup` verwalteten Gruppe, dann führt `wu-ftpd` zunächst einen `chroot()` in das Verzeichnis `/home/guests` aus. Dateien außerhalb dieses Verzeichnisses können in keinem Fall gelesen werden. Im zweiten Schritt wechselt `wu-ftpd` in das Verzeichnis `hugo`.

`loginfails` *Anzahl*
Nach der angegebenen Anzahl von Fehlversuchen wird die Verbindung unterbrochen.

`banner` *Dateiname*
Zeigt die Datei *Dateiname* vor dem Login an. Der Dateiname ist relativ zum normalen Root-Verzeichnis des Systems. Für virtuelle `ftp`-Server müssen Sie auch den Eintrag `virtual` beachten.

`email` *E-Mail-Adresse*
Setzt die Adresse des `ftp`-Verwalters, die an der Stelle des `%E` Platzhalters eingesetzt wird.

`message` *Pfad* [*Wann* [*Klasse* ...]]
Häufig will man einen `ftp`-Benutzer auf verschiedene Dateien oder Informationen aufmerksam machen. Mit der Option `message` kann eine Datei zu bestimmten Zeitpunkten angezeigt werden. Dabei wird bei einer Anmeldung jede Datei nur einmal angezeigt. Beachten Sie, daß der Pfad *Pfad* relativ zu `~ftp` angegeben werden muß. Der Zeitpunkt *Wann* kann entweder `login` oder `cwd=`*Verzeichnis* sein. Als Verzeichnis kann ein Sternchen (`*`) angegeben werden. Dann gilt diese Option für alle Verzeichnisse. Die Einstellung kann für verschiedene Benutzerklassen unterschiedlich eingestellt werden.

In der angezeigten Datei werden verschiedene Zeichenketten durch Variablen ersetzt. Tabelle 24.2 enthält eine Übersicht über die möglichen Ersetzungen.

Format	Beschreibung
%T	Die lokale Uhrzeit in der Form `Thu Nov 15 17:12:42 1998`
%F	Der freie Speicherplatz im aktuellen Verzeichnis
%C	Das aktuelle Verzeichnis
%E	Die E-Mail-Adresse des Verwalters aus der Datei `/etc/ftpaccess`
%R	Der Name des entfernten Rechners (des Clients)
%L	Der lokale Host-Name
%u	Der mittels [rfc0931] ermittelte Benutzername
%U	Der Anmeldename
%M	Maximale Benutzeranzahl dieser Benutzerklasse
%N	Aktuelle Benutzeranzahl in dieser Benutzerklasse

Tabelle 24.2: Ersetzungen bei der Anzeige der `message`-Dateien

`readme` *Pfad* [*Wann* [*Klasse* ...]]
Weist den Benutzer beim Login oder Wechseln eines Verzeichnisses auf die Datei *Pfad* hin, wenn diese existiert und gibt den letzten Änderungszeitpunkt an. Für die Optionen *Wann* und *Klasse* gilt das für `message` Gesagte.

`log commands` *`Typliste`*
Loggt Kommandos der zu den angegebenen Benutzertypen gehörenden Benutzer.

`log transfers` *`Typelist Directions`*
Loggt die Dateitransfers der angegebenen Benutzertypen und die Richtung des Datentransfers.

`virtual` *`address`* `root|banner|logfile` *`Pfad`*
Beschreibt einen virtuellen `ftp`-Server. Für jeden virtuellen Server können drei Optionen eingestellt werden: Das root-Verzeichnis, das Login-Banner und die Log-Datei. Damit ist es möglich, parallel zu einem virtuellen Web-Server auch `ftp` anzubieten und die Bereiche der einzelnen Kunden strikt voneinander zu trennen. Alle drei Einstellungen sind notwendig, damit ein virtueller Server aktiv wird.

```
virtual 192.168.1.100 root    /home/guests/hugo/ftp
virtual 192.168.1.100 banner  /home/guests/hugo/ftp/welcome
virtual 192.168.1.100 logfile /home/guests/hugo/log/
```

Listing 24.3: Definition eines virtuellen `ftp`-Servers

In Verbindung mit einer normalen `chroot`-Umgebung für den Benutzer kann man die Server verschiedener Kunden voneinander trennen, so daß jeder nur Zugriff auf seine Daten hat. Die Konfiguration ist insgesamt nicht einfach und verlangt daher eine gute Planung. Beachten Sie, daß Kunden keinen Schreibzugriff auf die Log-Dateien erhalten, sie könnten andernfalls beliebige Dateien anlegen oder Daten an diese anfügen.

`chmod|delete|overwrite|rename|umask yes|no` *`typelist`*
Erlaubt bzw. schränkt verschiedene Funktionen für die verschiedenen Benutzergruppen (`anonymous`, `guest` und `real`) ein.

`passwd-check none|trivial|rf822 (enforce|warn)`
Betreiber von `ftp`-Servern erwarten oft, daß das Paßwort anonymer Benutzer deren Mail-Adresse ist. Das ist sinnvoll, um im Notfall (z. B. Einbruch in den Server) die Anwender informieren zu können. Andererseits kann hier jeder Anwender einen beliebigen Text eingeben. Eine Prüfung der Mail-Adresse auf Gültigkeit ist unmöglich. `wu-ftpd` kann die Adresse nicht prüfen (`none`), eine einfache Prüfung durchführen (`trivial`, die Mail-Adresse muß ein `@`-Zeichen enthalten) oder auf Übereinstimmung mit [rfc0822] prüfen. Je nach Auffassung des Systemverwalters kann eine Warnung ausgegeben oder die Anmeldung verweigert werden.

`path-filter` *`typelist msgfile allowed_chars disallow ...`*
: Ein anonymous-`ftp`-Server kann von Fremden zum Austausch von Raubkopien o. ä. mißbraucht werden. Häufig werden als Namen für Dateien dann Steuerzeichen verwendet, oder der Name beginnt mit einem Punkt und ist damit bei einem `ls` nicht sichtbar. Die Einstellung `path-filter` erlaubt die Einschränkung der möglichen Dateinamen abhängig vom Benutzertyp.

```
path-filter anonymous /etc/pathmsg ^[-A-Za-z0-9._]*$ ^_ ^-
```

Listing 24.4: Einschränken auf erlaubte Zeichen im Dateinamen

Der `path-filter` in Listing 24.4 sorgt dafür, daß anonyme Benutzer nur Dateien anlegen dürfen, die Buchstaben, Ziffern und die Zeichen Minus, Punkt und Unterstrich enthalten. Als weitere Einschränkungen dürfen Dateinamen nicht mit einem Punkt oder einem Minuszeichen beginnen. Bei einer Verletzung dieser Regel wird der Inhalt der Datei `/etc/pathmsg` ausgegeben.

`upload` *`root dirglob`* `yes|no` *`owner group mode`* `dirs|nodirs`
: Erlaubt oder verbietet das Hochladen von Dateien in bestimmte Verzeichnisse. Dabei können der Dateieigentümer, die Gruppe und die Berechtigungen vorgegeben werden. Mit dem Eintrag `dirs` bzw. `nodirs` wird das Anlegen von Unterverzeichnissen erlaubt bzw. verboten.

Mit Hilfe der Datei `/etc/ftphosts` kann der Zugriff auf den `ftp`-Server weiter eingeschränkt werden. Der Zugriff kann für einzelne Kombinationen von Benutzern und Quellrechnern (Namensmuster bzw. Adreßmuster) verboten oder erlaubt werden. Als Default ist der Zugriff von überall her erlaubt.

`allow` *`Benutzer Adreßmuster ...`*
: Erlaubt den Zugang mit dem Namen *`Benutzer`*, wenn dieser versucht, sich von einer zu *`Adreßmuster`* passenden IP-Adreße oder Domain aus anzumelden.

`deny` *`Benutzer Adreßmuster ...`*
: Verbietet den Zugang mit dem Namen *`Benutzer`*, wenn dieser versucht, sich von einer zu *`Adreßmuster`* passenden IP-Adresse oder Domain aus anzumelden.

Nützliche Befehle für die Verwaltung des `wu-ftpd` sind `ftpcount` (Anzeige der Auslastung der Benutzerklassen), `ftpwho` (Anzeige der eingeloggten `ftp`-Benutzer) und `ftpshut` (Stoppen des `ftp`-Servers). Diese Befehle dürfen, genauso wie der Befehl `xferstats` zur Anzeige der Transferstatistik, nur vom Benutzer `root` verwendet werden.

Das Verhalten von ftpd wird nicht nur mit Hilfe der Konfigurationsdateien beeinflußt, sondern auch durch die Kommandozeilenoptionen beim Aufruf. ftpd wird durch inetd gestartet, die Parameter sind also in der Datei /etc/inetd.conf einzutragen, und der inetd-Dämon ist neu zu starten. Ältere Unix-Systeme gestatten nur die Angabe von sehr wenigen Parametern in der Datei /etc/inetd.conf, so daß Sie eventuell ein Wrapper-Skript starten müssen, das dann den ftpd mit den passenden Parametern aufruft. Die wichtigsten Optionen sind:

- -d zur Ausgabe von Debug-Informationen.
- -l zum Loggen der ftp-Anmeldungen im syslog.
- -L zum Loggen aller Kommandos im syslog.
- -a zum Verwenden der Datei /etc/ftpaccess.
- -A zum Ignorieren der Datei /etc/ftpaccess (das ist die Standardeinstellung).
- -i bzw. -o zum Loggen eingehender bzw. ausgehender Dateien in der Datei xferlog.
- -u *umask* zum Setzen der umask, das ist nützlich bei privaten Gruppen, wie Red Hat sie verwendet.

Eine einfache Überprüfung, ob die Installation korrekt ist, können Sie mit dem Programm ./bin/ckconfig durchführen. Dieses Programm weist Sie jedoch nicht auf Sicherheitsprobleme hin, die durch Ihre Konfiguration entstanden sein könnten.

Ist der Server dann konfiguriert und treten im täglichen Betrieb nur noch wenige Probleme auf, sollten Sie dennoch die Log-Dateien genau beobachten. ftp-Server können über das Netz angegriffen und manchmal zur Verbreitung von Raubkopien oder anderen illegalen Tätigkeiten benutzt werden. Neben der Transferstatistik sind auch die Log-Dateien des Servers eine wichtige Informationsquelle.

Weitere Informationen zum Betrieb und zur Konfiguration eines ftp-Servers finden Sie in einigen CERT-Advisories. Auch Pakete wie COPS oder Tripwire, die Systeme nach bekannten Sicherheitslöchern oder unbefugten Veränderungen untersuchen, können Ihnen beim sicheren Betrieb eines ftp-Servers weiterhelfen.

Nehmen Sie die Sicherheit eines Servers nicht auf die leichte Schulter. Sie tragen für Ihren Rechner die Verantwortung, insbesondere wenn das System für illegale Zwecke, wie die Verbreitung von Raubkopien, mißbraucht wird.

Weitere Informationen und Bezugsquellen	
Manpages:	`ftpd(8)`, `ftpaccess(5)`, `ftphosts(5)`, `xferlog(5)` `ftpcount(1)` `ftpwho(1)`, `ftpshut(8)`, `ftpconversions(5)`
`ftp`-Server:	`metalab.unc.edu`
`ftp`-Pfad:	`/pub/Linux/system/Network/file-transfer`
Dateiname:	`wu-ftpd-2.4.fixed.tar.Z`
Größe:	ca. 185 kByte
Mailing-Listen:	`wu-ftpd` und `wu-ftpd-announce`; anmelden mit E-Mail an `listproc@mail.wustl.edu` ohne Subject mit `subscribe` *`Liste Name`*

25 Anbindung mittels SLIP und PPP

Größere Firmennetze werden in der Regel mit einem Router oder einer Firewall (über einen Provider) an das Internet angeschlossen. Wenn nur ein oder wenige Rechner mit dem Internet verbunden werden sollen, dann bietet sich die Anbindung über eine Modem- oder ISDN-Verbindung an. Dazu stehen unter Linux mehrere Möglichkeiten zur Verfügung. Welche davon Sie einsetzen können, sollen und müssen Sie mit Ihrem Provider besprechen. In der Regel sollte dieser Ihnen auch Beispiele für Konfigurationsdateien oder Skripten geben können. Selbst wenn er keine Unterstützung für Linux liefern kann, sollten Sie einen Blick in die in der Regel verfügbaren Skripten für Windows werfen – diese können Ihnen möglicherweise weiterhelfen.

Beachten Sie, daß Ihr System bei der Online-Verbindung ein beinahe vollwertiger Internet-Rechner ist. Damit können fremde Benutzer Zugriff auf Ihren Rechner und die dort angebotenen Dienste erlangen. Viele Probleme können Sie recht einfach in den Griff bekommen, andere erfordern einen sehr großen Aufwand. Einige Tips finden Sie in der folgenden Übersicht:

- Setzen Sie den TCP-Wrapper ein, und verhindern Sie Zugriffe von fremden Rechnern über dessen Zugriffsschutzmechanismen. Mehr Informationen zum TCP-Wrapper finden Sie im Abschnitt 16.3, *Der TCP-Wrapper* `tcpd`, auf Seite 470.

- Bieten Sie möglichst wenig Netzwerkdienste an. Untersuchen Sie die Datei `/etc/inetd.conf` auf nicht notwendige Dienste, die Sie dann deaktivieren sollten.

- Verwenden Sie gute Paßwörter, und versehen Sie nicht verwendete Benutzerkennungen mit einem Stern (`*`) im Paßwortfeld.

- Beobachten Sie die Log-Dateien Ihres Systems. Hier finden Sie häufig Spuren von mißlungenen „Angriffen". Manchmal ist allerdings auch nur die eigene Gedankenlosigkeit die Ursache für solche Log-Einträge.

Vor der Verwendung von SLIP oder PPP sollten Sie mindestens das Loopback-Device konfiguriert haben. Außerdem müssen Sie den entsprechenden Treiber für SLIP, CSLIP oder PPP in den Kernel einkompilieren oder als Modul laden. Module können mit Hilfe des `kerneld`-Dämons bei Bedarf in den Speicher geladen werden. Werden sie nicht mehr benötigt, so werden die Module wieder entladen. Mit

Hilfe des `diald`-Dämons können Sie automatisch Ihren Provider anwählen, sobald ein Programm einen Netzwerkdienst verwenden will.

Dieses Kapitel kann nur eine einfache Einführung in das recht komplexe Thema geben. Die Manpages und HowTo-Dokumente des LDP sollten Sie auf jeden Fall zu Rate ziehen, genauso wie die Lektüre der angegebenen RFCs Ihnen möglicherweise weiterhelfen kann.

25.1 Serial Line Internet Protocol

Zunächst wurde das Serial Line Internet Protocol (SLIP) unter BSD entwickelt. Damit ist es möglich, auf einer Modemverbindung zwischen zwei Rechnern Internet-Protokolle zu übertragen. In der Regel sollte man sich dabei auf interaktives Arbeiten mittels `telnet`, Dateiübertragungen mit `ftp` oder das Netz-Surfen mit einem Web-Browser beschränken. Protokolle wie NFS sind nicht für die Verwendung über SLIP gedacht, obwohl es prinzipiell möglich ist, sie auf diese Weise einzusetzen. Auch die Übertragung der X-Darstellung ist möglich, aber nur mit wirklich schnellen Verbindungen sinnvoll[1].

Nach der Verbreitung von SLIP innerhalb des BSD-Unix wurde das Protokoll durch [rfc1055] nachträglich dokumentiert. Im Internet-Protokoll werden bei einer Verbindung im Header meist dieselben Werte übertragen. Bei der Verwendung von CSLIP (Compressed SLIP, van Jacobsen Compression) werden gleiche Headerfelder nicht immer wieder übertragen. Dadurch ist der Protokoll-Overhead deutlich geringer. Dieses Verfahren wird in [rfc1144] beschrieben. Wenn Sie die Wahl zwischen SLIP und CSLIP haben, sollten Sie CSLIP wählen. Wenn Ihr Provider auch PPP anbietet (siehe Abschnitt 25.2, *Point-to-Point Protocol*, auf Seite 598), dann sollten Sie besser dieses Protokoll verwenden.

Die Unterstützung für SLIP muß in den Kernel einkompiliert sein oder als Modul geladen werden. Außerdem benötigen Sie die Programme `dip` oder `slattach`, die in jeder Distribution enthalten sein sollten. Wenn Ihr Provider zusätzlich PPP anbietet, können Sie die nächsten Seiten überspringen. SLIP wird nur noch in Ausnahmefällen verwendet.

Linux als SLIP-Client

Wenn Sie eine Verbindung mit Ihrem Provider, z. B. mit Kermit, hergestellt haben, melden Sie sich mit der Ihnen zugeteilten Kennung an. Anstatt eine Shell zu starten, wird das Interface für SLIP konfiguriert. Sie müssen dasselbe auch auf Ihrem Rech-

---

[1] Mit der LBX-Erweiterung (Low Bandwith X) sollte dies etwas besser funktionieren.

ner durchführen. Beachten Sie, daß Sie dieselbe SLIP-Variante (SLIP oder CSLIP) wie Ihr Partner benutzen, da sonst keine nutzbare Verbindung zustande kommt.

Eine serielle Schnittstelle wird mit dem Programm `slattach` in den SLIP-Modus versetzt. Als Parameter müssen Sie den Namen der verwendeten Schnittstelle angeben. Zusätzlich können Sie mit der Option `-p` das verwendete Protokoll (`slip` oder `cslip`) angeben. Weitere Optionen, z. B. zur Fehlersuche, finden Sie in der Manpage. Das Programm `slattach` ist für feste Verbindungen gut geeignet, bei Wählverbindungen sollten Sie besser `dip` (Dial-Up-IP) einsetzen.

Die erste Schnittstelle, die für SLIP vorbereitet wird, erhält die Bezeichnung `sl0`, die nächste den Namen `sl1` usw. Diese Schnittstelle muß jetzt konfiguriert und aktiviert werden. Zusätzlich müssen die Routen eingerichtet werden, mit denen der Provider und das restliche Internet erreicht werden können. Das geschieht z. B. mit den in Listing 25.1 gezeigten Befehlen.

```
(Linux):~# slattach -s 19200 /dev/ttyS1 &
(Linux):~# ifconfig sl0 erbseslip pointopoint slipsrv
(Linux):~# route add slipsrv
(Linux):~# route add default gw slipsrv
```

Listing 25.1: Aktivieren einer SLIP-Verbindung

Mit dem ersten Befehl wird die Schnittstelle für die Verwendung von SLIP vorbereitet. Der zweite Befehl aktiviert das zugehörige Netzwerk-Interface, dabei wird angegeben, daß dies eine Punkt-zu-Punkt-Verbindung ist. Anstelle der Namen (`erbseslip` und `slipsrv`) können Sie auch die entsprechenden IP-Adressen angeben. Wenn Sie die Datei `/etc/hosts` nicht gepflegt haben, müssen Sie dies sogar. Zu diesem Zeitpunkt ist noch kein Zugriff auf einen externen Nameserver möglich. Die Adressen werden je nach Provider oft dynamisch bei jedem Anruf neu vergeben.

Im nächsten Schritt müssen Sie die notwendigen Routen eintragen. Das geschieht mit den letzten zwei Befehlen aus Listing 25.1. Zunächst wird nur eine Route zum Provider (`slipsrv`) eingerichtet. Im zweiten Schritt wird eine Standardroute mit dem Provider als Gateway eingetragen.

Wenn Sie die Verbindung beendet haben, müssen Sie die Routen wieder löschen und das Netzwerkinterface wieder deaktivieren. Die entsprechenden Befehle finden Sie in Listing 25.2.

Wenn Sie im internen Netz registrierte IP-Adressen verwenden und bei Ihrem Provider stets diese Adresse haben, dann können Sie das SLIP-Interface auch fest auf diese Adresse konfigurieren. Ist allerdings SLIP nicht aktiv, dann können Sie Ihren Rechner nicht unter dieser Adresse erreichen. In diesem Fall können Sie das `dummy`-Device mit dieser Adresse aktivieren, solange kein SLIP gestartet ist.

```
(Linux):~# route del default
(Linux):~# route del slipsrv
(Linux):~# ifconfig sl0 down
(Linux):~# killall slattach
```

Listing 25.2: Beenden einer SLIP-Verbindung

In der Test- und Konfigurationsphase ist es sinnvoll, diese Befehle zunächst von Hand einzugeben. Danach ist dieses Verfahren jedoch sehr lästig und kann mit dem Programm `dip` automatisiert werden. Das Listing 25.3 zeigt ein Beispiel dafür.

Innerhalb des `dip`-Skripts werden einige Parameter der Verbindung bestimmt. Im Listing 25.3 sind das der Modem-Port und die Baudrate. Außerdem werden die MTU (Maximum Transfer Unit) und die Netmask festgelegt. Anschließend wird das Modem initialisiert (`reset`).

Danach beginnt ein Chat-Skript. Die Parameter des `send`-Befehls werden an das Modem gesendet. Mit `wait` wird auf die entsprechende Antwort gewartet. Der zweite Parameter zu `wait` definiert die Zeit in Sekunden, nach der ein Timeout ausgelöst wird. Im Skript ist eine automatische Wahlwiederholung (auch mit mehreren Rufnummern) denkbar.

Nachdem die Verbindung hergestellt und die Anmeldung durchgeführt wurde, wird mit `slip` auf dem entfernten Rechner SLIP gestartet. Wie genau der Ablauf ist, kann und muß Ihnen Ihr Provider sagen. Mit `mode CSLIP` wird auf dem lokalen Rechner CSLIP aktiviert. Ist der Anschluß besetzt, so könnte auch eine erneute Anwahl erfolgen.

Mit dem Befehl `dip -k` wird die Verbindung abgebaut. Eine ausführliche Dokumentation finden Sie in der SLIP-HowTo und der Manpage zu `dip`. In den Quellen zu `dip` finden Sie auch verschiedene Beispiele für `dip`-Skripten.

Linux als SLIP-Server

Sie können Linux auch als SLIP-Server einsetzen. Dazu müssen Sie für die SLIP-Accounts als login-Shell den Befehl `diplogin` eintragen. Die weitere Konfiguration findet dann in der Datei `/etc/diphosts` statt. Diese Datei enthält für jeden SLIP-Login eine Zeile. Die einzelnen Werte sind durch Doppelpunkte getrennt.

`Benutzer``:`*`Paßwort`*`:`*`IP-Adresse`*`:`*`Netmask`*`:`*`Text`*`:`*`Parameter`*

Im Feld *`Benutzer`* steht der Benutzername des SLIP-Accounts, wie er in der Datei `/etc/passwd` festgelegt wurde. Im zweiten Feld kann ein zusätzliches (verschlüsseltes) Paßwort eingetragen werden. Das nächste Feld enthält die IP-Adresse oder den Host-Namen, unter dem der SLIP-Client verwaltet wird. Nach diesem

```
# Modem-Port und Baudrate einstellen
 port modem
 speed 38400
# Netmask und MTU bestimmen
 netmask 255.255.255.0
 get $mtu 296
# Beginn des Chat-Skripts
 reset
 if $errlvl != 0 goto fehler

 dial Provider-Nummer
 if $errlvl != 1 goto fehler
 wait Username: 30
 send Benutzerkennung\n
 wait Password: 3
 password
 send \n
 wait Prompt 5
 if $errlvl != 0 goto einloggen
 send slip\n

 wait Your 5
 if $errlvl != 0 goto slip-fehler
 get $locip remote
 print SLIP-Verbindung mit Adresse $locip hergestellt
 default
 mode CSLIP
 exit

fehler:
 print Es ist ein Fehler beim Verbindungsaufbau aufgetreten
 beep
 exit 1
```

Listing 25.3: SLIP-Login mit `dip`

Feld kann eine Netzmaske angegeben werden. Das sechste Feld kann einen beliebigen Text enthalten. Im letzten Feld können die Parameter der Verbindung festgelegt werden. Dazu zählt das verwendete Protokoll (SLIP, CSLIP oder PPP) und, durch ein Komma abgetrennt, die MTU.

Wenn der entfernte Rechner auch Zugriff auf das lokale Netz oder das Internet erhalten soll, so muß der SLIP-Server die entsprechenden Pakete weiterleiten. Dazu kann entweder das IP-Forwarding im Kernel aktiviert oder eine Firewall benutzt werden. In letzter Zeit wird SLIP immer mehr von PPP verdrängt, daher folgen hier keine weiteren Erläuterungen.

25.2 Point-to-Point Protocol

Bei der Verwendung von SLIP blieben einige Probleme ungelöst. Diese betreffen das Aushandeln der Verbindungsparameter, das nicht standardisiert ist, und den Austausch der zu verwendenden IP-Adressen. Auch kennt das Protokoll keine Authentifizierungsmechanismen, mit denen die Identität des Kommunikationspartners überprüft werden kann.

Diese und andere Probleme führten zur Entwicklung des Point-to-Point-Protokolls (PPP), das in [rfc1661] beschrieben wird. Dieses Protokoll basiert auf den Erfahrungen, die man mit der Implementierung und dem Einsatz von SLIP gemacht hat. Heutzutage unterstützt praktisch jeder Provider PPP, so daß Sie dieses Protokoll verwenden sollten. Darüber hinaus können mit PPP neben IP auch andere Protokolle wie IPX oder AppleTalk übertragen werden. Weitere Informationen zu PPP finden Sie in der PPP-HowTo des Linux Documentation Projects und in der Manpage zu `pppd`.

Für die Verwendung von PPP benötigen Sie den entsprechenden Kernel-Support (einkompiliert oder als Modul). Außerdem muß auf Ihrem System der `pppd`-Dämon, passend zur Kernel-Version, installiert sein.

Dialup-IP mit PPP

Wenn die Verbindung zum PPP-Server bereits besteht und dort der PPP-Treiber geladen ist, dann wird die PPP-Verbindung mit dem folgenden Befehl erstellt:

```
(Linux):~# pppd /dev/ttyS1 38400 crtscts defaultroute
```

Die serielle Schnittstelle `ttyS1` wird in den PPP-Modus versetzt. Die Geschwindigkeit wird auf 38400 bps eingestellt. Dabei wird ein Hardware-Handshake verwendet. Dieser Link wird als Default-Route installiert. Das ist einer der Gründe dafür, daß `pppd` als `root` gestartet werden muß. Sollen auch nicht-privilegierte Benutzer einen PPP-Link öffnen, so müssen Sie das Programm `setuid` starten (siehe `chmod(1)`). Sie können dabei die Ausführbarkeit auf eine Gruppe von Benutzern beschränken, siehe auch Abschnitt 5.5, *Berechtigungen für Dateien*, auf Seite 156.

Bevor auf dieser Verbindung Nutzdaten übertragen werden können, müssen die Verbindungsparameter, wie IP-Adresse und MTU (Maximum Transfer Unit), festgelegt werden. Wenn Sie keine speziellen Eintragungen vorgenommen haben, so wird dies mit dem Server mit Hilfe des IP Control Protocol (IPCP) ausgehandelt.

Das ist ein Dialog zwischen den Rechnern, in dem die Verwendung einzelner Einstellungen vorgeschlagen und angenommen bzw. abgelehnt wird. Die Log-Datei zeigt, insbesondere wenn `pppd` mit der Option `debug` gestartet wird, den Austausch der entsprechenden Parameter. Die Log-Datei wird vom `syslogd` verwaltet. Dazu werden die Facility `daemon` und die Priorität `debug` verwendet. Danach ist die PPP-Schnittstelle (`ppp0` für die erste, `ppp1` für die zweite usw.) initialisiert und konfiguriert.

Die Parameter der Verbindung können aber durch die Verwendung einer Konfigurationsdatei weiter eingeschränkt werden. In der Datei `/etc/ppp/options` können globale Optionen für das System festgelegt werden. Das Listing 25.4 zeigt ein einfaches Beispiel.

```
# Globale PPP-Optionen
auth     # Verlange Authentifizierung bei jeder Verbindung
lock     # UUCP-artige Lock-Dateien anlegen
```

Listing 25.4: Die Datei `/etc/ppp/options`

Mit dem Schlüsselwort `auth` legen Sie fest, daß bei jeder PPP-Verbindung eine Authentifizierung notwendig ist. Damit kann nur zu den Rechnern eine Verbindung aufgebaut werden, die lokal bekannt sind. Es existieren zwei Protokolle, das Password Authentification Protocol (PAP) und da Cryptographic Handshake Authentification Protocol (CHAP), die von PPP verwendet werden können. Wenn Sie können, verwenden Sie CHAP, da es sicherer als PAP ist, aber auf eine Authentifizierung sollten Sie auf keinen Fall verzichten.

Diese Art der Authentifizierung kann vom Server und vom Client verlangt werden. Damit können sich beide Seiten relativ sicher sein, daß der Partner auch derjenige ist, als der er sich ausgibt. Dieser Problembereich wird von SLIP nicht gelöst.

Verschiedene Optionen dieser Datei können mit anderen Einstellungen, z. B. in der Datei `~/.ppprc`, verändert werden. Besonders sicherheitsrelevante Optionen können jedoch nicht mehr verändert werden. Sie sollten daher unbedingt eine globale Optionendatei erstellen.

Verbindungsaufbau mit `chat`

Wie bereits bei SLIP kann die Verbindung mit Hilfe eines Chat-Skripts aufgebaut werden. In den `pppd`-Dämon ist eine entsprechende Skript-Sprache bereits integriert. Damit können Sie den Verbindungsaufbau weitgehend automatisieren.

In vielen Beispielen (z. B. dem Skript `ppp-on`) wird das Chat-Skript als Kommandozeilenoption übergeben. In diesem Skript sind der Benutzername und das Paßwort enthalten. Mit dem Befehl `ps -auxwww` kann jeder Benutzer eine ausführliche Prozeßliste erstellen und das Paßwort lesen, solange der pppd-Prozeß nicht aus dem Speicher herausgeswappt wurde. Besser ist es, das Chat-Skript in einer Datei zu speichern und an den chat-Interpreter die Option `-f` *`Chat-Datei`* zu übergeben.

Dieses Chat-Skript ist ähnlich aufgebaut wie UUCP-Chats. Abwechselnd folgen ein String, der vom Modem kommt, und eine an das Modem zu sendende Zeichenkette. Der erste zu empfangende String muß leer sein, später können weitere Leerstrings folgen. Nach der Testphase sollten Sie nicht (wie in Listing 25.5) das Chat-Skript in der Kommandozeile des pppd angeben, sondern in eine eigene Datei auslagern. Dies ist hier aus Platzgründen sowie der möglichst einfachen Darstellung nicht gezeigt.

```
pppd connect 'chat -v "" ATDT5551212 \
                      CONNECT "" \
                      ogin: ppp \
                      word: Paßwort' \
     /dev/ttyS1 38400 debug crtscts modem \
     defaultroute 192.168.99.2
```

Listing 25.5: Aufbau einer PPP-Verbindung

Auf meinem System wird als connect-Skript nicht direkt ein chat-Skript gestartet, sondern ein normales Shell-Skript. Dieses versucht für die verschiedenen Rufnummern meines Providers einen CONNECT. Gelingt dieser, so wird das Skript mit `exit 0` beendet, andernfalls wird ein Fehler an den pppd zurückgegeben. Das Skript finden Sie in Listing 25.6, ein Beispiel für ein aufgerufenes Chat-Skript in Listing 25.7.

Die Meldungen von pppd werden via syslog verwaltet. Dazu wird die Facility daemon verwendet. In welcher Datei Sie diese Meldungen wiederfinden, ist in der Datei /etc/syslog.conf festgelegt. Hier finden Sie das Debug-Protokoll, das mit dem Parameter debug angefordert wird. Dieses Protokoll hilft Ihnen, Konfigurationsproblemen auf die Spur zu kommen. Außerdem werden hier Beginn und Ende der Verbindungen festgehalten.

Das Programm pppd startet nach dem erfolgreichen Aufbau einer Verbindung das Skript /etc/ppp/ip-up. Als Parameter bekommt dieses Skript den Namen der Netzwerkschnittstelle, das Modem-Device, die Geschwindigkeit der Verbindung sowie die eigene und die fremde IP-Adresse. Hier kann z. B. automatisch die Mail mittels fetchmail abgeholt werden. Auf meinem System werden Mail und News mittels UUCP ausgetauscht, so daß hier uucp über eine TCP-Verbindung gestartet wird. Analogen Skripte gibt es für das Ende der Verbindung (/etc/ppp/ip-down) und für andere Protokolle (/etc/ppp/ipx-up und /etc/ppp/ipx-down).

```
#!/bin/sh
MAXTRIES=3                      # Anzahl der Versuche
host=`basename $0`              # Wie wurden wir aufgerufen?

# Wiederhole, bis Anzahl der Versuche erreicht
for i in `seq 1 $MAXTRIES`; do
    # Für jede Rufnummer ein Chat-Skript
    for j in /etc/ppp/chat/$host-*; do
        chat $CHATFLAGS -f $j  # Und einwählen
        rc=$?
        if [ $rc = 0 ]; then   # erfolgreich?
            exit 0             # ja, dann raus hier
        fi
    done
done
exit 1   # Alle Nummern ohne Erfolg versucht
```

Listing 25.6: Chat-Skript mit Wiederholung und mehreren Nummern

```
TIMEOUT 5
ABORT "NO CARRIER"
ABORT BUSY
ABORT "NO DIALTONE"
ABORT ERROR
"" ATZ
OK ATDTRufnummer
CONNECT ""
sername: Username
word: Paßwort
"Your IP" "\d\d\d"
```

Listing 25.7: Chat-Skript als Eingabedatei für `chat`

Ausführliche Dokumentationen zu PPP finden Sie in der Manpage zu `pppd(8)`, `chat(8)`, der PPP-HowTo des Linux Documentation Projects und den im `pppd`-Paket enthaltenen README-Dateien.

Verbindungsende

Um die PPP-Verbindung zu beenden, senden Sie dem `pppd` das Signal `SIGINT` mit dem Befehl `kill`. Die PPP-Treiber werden dann die Verbindung geordnet abbauen, und das Modem legt auf. Die Prozeß-ID des PPP-Dämons finden Sie in der Datei `/var/run/pppN.pid`. Dabei steht *N* für die Nummer des PPP-Devices.

Authentifizierung

In der Regel müssen Sie sich bei Ihrem Provider mit Benutzerkennung und Paßwort identifizieren, bevor dort der PPP-Treiber gestartet wird. Der Anrufer kann sich nicht sicher sein, daß an der Gegenseite auch tatsächlich sein Provider ist. Die Authentifizierung in der Gegenrichtung wird bisher (auch im täglichen Leben) selten verwendet. So nimmt zwar jeder an, daß ein Geldautomat sich korrekt verhält, aber eine Garantie dafür existiert nicht. Hat jemand eine Attrappe aufgestellt, so merkt man erst nach der Eingabe der PIN, daß der Automat kein Geld herausgibt, sondern nur zur Erlangung der PIN diente.

Wenn in der Optionsdatei `auth` eingetragen ist, kann ein PPP-Link nur nach der Authentifizierung des Partners aufgebaut werden. Es sind zwei Verfahren implementiert, das Cryptographic Handshake Authentification Protocol (CHAP) und das Password Authentification Protocol (PAP). Nach Möglichkeit sollten Sie CHAP verwenden, aber PAP ist besser als nichts.

Cryptographic Handshake Authentification Protocol

Das Cryptographic Handshake Authentification Protocol basiert auf dem Austausch von geheimen Phrasen. Jeder Partner, egal ob Anrufer oder Angerufener, kann die Authentifizierung verlangen. Dabei kann man durch Optionen darauf bestehen, daß CHAP verwendet wird, oder auch PAP zulassen.

Wenn ein Partner sich authentifizieren muß, dann sucht er die entsprechende Phrase aus der Datei `/etc/ppp/chap-secrets`. Dabei benötigen beide Partner beide Phrasen, um sich gegenseitig identifizieren zu können. Manche ISDN-Router unterstützen hier nur die Konfiguration einer Phrase. Genaueres kann Ihnen Ihr Provider bzw. Netzwerkverwalter sagen.

Wenn der Rechner `erbse` eine PPP-Verbindung zu `mais` aufbaut und dabei CHAP verwendet wird, muß die Secrets-Datei wie in Listing 25.8 aufgebaut sein.

```
#remote  local  secret                          IP address list
erbse    mais   "Hey, what's the password?"  192.168.3.155
mais     erbse  "Ken sent me"                   192.168.31.151
```

Listing 25.8: Die Datei `/etc/ppp/chap-secrets`

Bei CHAP wird eine Challenge gesendet, die mit dem Secret verschlüsselt ist. Wenn die Antwort des Partners mit dem lokal berechneten Ergebnis ist identisch, dann war die Authentifizierung erfolgreich. Das Feld `IP-Adresse` kann dazu verwendet werden, die Verbindung nur bei bestimmten IP-Adressen endgültig zu aktivieren.

Password Authentification Protocol

Ist die Authentifizierung mit CHAP nicht möglich, so sollten Sie zumindest das Password Authentification Protocol (PAP) verwenden. Auch in dieser Datei sind das eigene und das fremde Paßwort gespeichert.

```
#account remote     password          IP address list
erbse    mais       "kw9n3k"          10.10.10.2
mais     erbse      "auemf6"          10.10.10.1
```

Listing 25.9: Die Datei `/etc/ppp/pap-secrets`

Der erste Eintrag in Listing 25.9 wird bei der Anmeldung an den Rechner `mais` verwendet. Wenn der Rechner `mais` sich mittels PAP authentifiziert, wird die zweite Zeile zur Prüfung herangezogen. Beachten Sie, daß manche Systeme nur ein Paßwort bzw. ein Secret für jeden Kommunikationspartner kennen. In diesem Fall ist das Paßwort für beide Richtungen gleich.

Weitere Informationen und Bezugsquellen	
Manpage:	`pppd(8)`
HowTo:	PPP-HowTo
Newsgruppe:	`comp.protocol.ppp`
`ftp`-Server:	`metalab.unc.edu`
`ftp`-Pfad:	`/pub/Linux/system/Network/serial`
Dateiname:	`ppp-2.2.0f.tar.gz`
Größe:	ca. 210 kByte

25.3 Automatischer Verbindungsaufbau mit `diald`

Bei den bisher vorgestellten Verfahren muß die Verbindung vom Benutzer manuell aufgebaut und beendet werden. Dies ist unkomfortabel und kann dazu führen, daß eine bestehende Verbindung „vergessen" wird und dauerhaft Telefongebühren kostet. Wesentlich komfortabler ist es, wenn die Verbindung dynamisch bei Bedarf aufgebaut wird, ohne daß der Benutzer hierfür etwas unternehmen muß. Wird die Verbindung eine Zeitlang nicht mehr benutzt, kann sie ebenfalls automatisch beendet werden. Da der Aufbau und das Ende der Verbindung von einem `root`-Prozeß aus initiiert werden, muß das Programm pppd in diesem Fall nicht setuid gemacht werden.

Mit den bisher vorgestellten Programmen ist dies nicht möglich. Dafür wird das Programm diald von Eric Schenk[2] verwendet. diald verwendet eine Proxy-Schnittstelle (dies *muß* ein SLIP-Interface sein), auf die alle Anforderungen umgeleitet werden. Will nun ein Programm einen entfernten Rechner erreichen, wird dies von diald erkannt. Im Hintergrund wird die Verbindung zum Provider aufgebaut, und die Pakete werdem an die echte PPP- oder SLIP-Schnittstelle weitergereicht. Voraussetzungung für den Einsatz von diald ist also ein Kernel, der SLIP und PPP enthält.

Das Programm diald wird mit den beiden Dateien /etc/diald.defs und /etc/diald.conf konfiguriert. In der Datei diald.defs werden symbolische Namen für einzelne Felder der IP-Pakete definiert. Diese können in der Datei diald.conf verwendet werden, um Regeln für einzelne Protokolle zu hinterlegen. Anhand dieser Regeln wird entschieden, ob eine Verbindung aufgebaut werden muß und wann diese wieder beendet werden kann. Die Datei /etc/diald.conf ist ausführlich kommentiert und für fast alle Protokolle mit brauchbaren Standardeinstellungen versehen.

Die Manpage enthält eine ausführliche Dokumentation aller Optionen und verschiedene Beispiele für den Aufruf von diald. Außerdem ist in der Distribution die diald-FAQ enthalten.

Weitere Informationen und Bezugsquellen	
ftp-Server:	metalab.unc.edu
ftp-Pfad:	/pub/Linux/system/Network/serial
Dateiname:	diald-0.13.tar.gz
Homepage:	http://www.cs.toronto.edu/~schenk/diald.html
Mailing-Liste:	linux-diald@vger.rutgers.edu
	subscribe linux-diald an
	majordomo@vger.rutgers.edu

25.4 ISDN anstelle eines Modems

Neben den bisherigen analogen Telefonanschlüssen sind digitale ISDN-Anschlüsse inzwischen weit verbreitet. Diese haben für Computeranwender den Vorteil, daß 64 kBit je Sekunde in jeder Richtung übertragen werden können. Erforderlich ist in diesem Fall eine ISDN-Karte in Ihrem PC.

[2] schenk@cs.toronto.edu

Im Gegensatz zur Verwendung eines Modems werden die Daten direkt digital übertragen und müssen daher nicht auf ein Trägersignal aufmoduliert werden. Daher sind ISDN-Verbindungen in der Regel sehr stabil und gleichbleibend schnell. Reicht diese Übertragungsrate des einen ISDN-Kanals nicht mehr aus, kann in manchen Fällen eine Kanalbündelung vorgenommen werden. Außerdem ist der Verbindungsaufbau sehr schnell, so daß ein „Dial-on-Demand" einfach zu realisieren ist und auch kaum Verzögerungen für die Benutzer verursacht.

Für Linux gibt es zwei verschiedene ISDN-Subsysteme. Das (ältere) Urlichs-ISDN basierte auf dem BSD-Netzwerk-Code. Aktuell und in den Standard-Kernel integriert ist ISDN-4-linux. Es werden die verbreitetsten Karten unterstützt, dazu zählen Teles, AVM und Elsa. Eigens für dieses Subsystem steht ein Untermenü in der Kernel-Konfiguration zur Verfügung.

In Deutschland gibt es zwei Arten eines ISDN-Anschlusses: Nationales und Euro-ISDN. Neue Anschlüsse werden normalerweise als Euro-ISDN geschaltet. Bei der Übersetzung des Kernels werden Sie gefragt, für welche ISDN-Art Sie den Kernel kompilieren wollen. Außerdem müssen Sie den Treiber für Ihre spezielle ISDN-Karte anwählen. Beachten Sie, daß derzeit nur aktive Karten eine Postzulassung haben, da bei diesen die Prüfung unabhängig von der verwendeten Software erfolgt. Bei passiven Karten wird die Kombination von Karte und Software geprüft, aber für die Linux-Treiber ist bisher keine Prüfung erfolgt.

Diese Treiber ermöglichen verschiedene Verbindungstypen. Zunächst gibt es eine „Modem-Emulation" (X.75), die z. B. mit `minicom`, `kermit` oder `uucp` benutzt werden kann. Über diese Verbindung kann auch SLIP oder (asynchrones) PPP übertragen werden. Der einzige Unterschied zur Modemkonfiguration ist, daß ein `ttyI*`-Gerät anstelle von `ttyS*` verwendet wird. Der Begriff „Modem-Emulation" bezieht sich darauf, daß der lokale Computer die ISDN-Karte mit `AT`-Befehlen steuern kann, wie man das von einem Modem gewöhnt ist. Leider ist eine Verbindung zu Systemen, die nur über ein Modem verfügen, nicht möglich.

Wenn Ihr Provider X.75 anbietet, dann unterscheidet sich die PPP-Konfiguration praktisch nicht von derjenigen bei der Verwendung eines Modems. Daher wird im folgenden nicht genauer auf diesen Verbindungstyp eingegangen.

Als zweiten Verbindungstyp gibt es synchrones PPP (syncPPP). Hier erfolgt die Verbindung nicht über ein simuliertes Modem. Damit ist auch eine Authentifizierung mittels Benutzernamen und Paßwort in einem Chat-Skript nicht möglich. Statt dessen wird CHAP oder PAP verwendet, außerdem kann die Verbindung so konfiguriert werden, daß nur Anrufe von bekannten Rufnummern entgegengenommen werden.

Es ist durchaus möglich, daß Ihr Provider Ihnen nicht mitteilen kann, welche Art von PPP er unterstützt. In diesen Fällen bleibt Ihnen nur gezieltes Raten und Ausprobieren (Ist ein Chat-Skript erforderlich? Dann ist's wohl asynchrones PPP).

Für die direkte PPP-Verbindung benötigen Sie einen speziellen PPP-Dämon, den `ipppd`. Dessen Konfiguration ist praktisch identisch mit der des normalen `pppd`. Alle wesentlichen Konfigurationen werden mit dem Programm `isdnctrl` durchgeführt. Das Listing 25.10 zeigt einige wichtige Parameter, mehr finden Sie in der entsprechenden Manpage.

```
# Erzeugen des ISDN-Interfaces ippp0
/sbin/isdnctrl addif       ippp0
# Welche Rufnummer soll gewählt werden?
/sbin/isdnctrl addphone    ippp0 out 4711
# Setzen der eigenen »Endgeräte-Auswahl-Ziffer« (MSN)
/sbin/isdnctrl eaz         ippp0 4712
# Auflegen nach 60 Sekunden ohne Datenverkehr
/sbin/isdnctrl huptimeout ippp0 60
# Synchrones PPP verwenden
/sbin/isdnctrl encap       ippp0 syncppp
```

Listing 25.10: Einsatz des Programmes `isdnctrl`

Wichtig ist der Parameter `huptimeout`, der standardmäßig auf zehn Sekunden eingestellt ist. Wenn Sie ihn nicht ändern, dann wird die Verbindung nach sehr kurzer Untätigkeit bereits abgebaut. Mit `isdnctrl` können Sie außerdem die weiteren Verbindungsparameter wie Encapsulation und ISDN-Protokoll wählen.

Anschließend wird das ISDN-Subsystem automatisch Verbindung mit dem Provider aufnehmen, wenn ein entsprechendes IP-Paket gesendet werden soll. Hier stehen leider nicht dieselben ausgefeilten Auswahlmöglichkeiten wie bei `diald` zur Verfügung, dafür kann der Verbindungsaufbau hier sehr viel schneller stattfinden.

Die Verwaltung der Netzwerkschnittstelle `/dev/ippp`*N* übernimmt ein speziell angepaßter PPP-Dämon, das Programm `ipppd`. Das Listing 25.11 zeigt ein Beispiel für den entsprechenden Aufruf.

Weitere Verbindungsmöglichkeiten sind u. a. Raw-IP, Ethernet über ISDN und Cisco-HDLC. Damit ist Linux für fast alle Anforderungen gerüstet.

Zu ISDN-4-Linux gehört außerdem eine Reihe von zusätzlichen Programmen, die hier nur sehr kurz vorgestellt werden sollen. Das Programm `iprofd` dient zur Speicherung der Einstellungen, die bei der Modem-Emulation verwendet werden. Nützlich ist der `imon`, der den Status der ISDN-Leitungen darstellt. Mit `isdnlog` können Sie viele Informationen zum Verbindungsauf- und -abbau anzeigen und abspeichern. Damit ist auch eine Gebührenabrechnung möglich.

```
# Interface konfigurieren
/sbin/ifconfig ippp0 192.168.99.5 \
        pointopoint 192.168.99.2 -arp metric 3
# Route setzen
/sbin/route add default dev ippp0
# ipppd starten, ein Prozess kann viele Interfaces betreuen
/sbin/ipppd name zeus remotename ppp.provider.de -bsdcomp \
        debug -pred1comp \
        -vj 192.168.99.5:192.168.99.2 /dev/ippp0
```

Listing 25.11: Start des `ipppd`*-Dämons*

Weitere Informationen und Bezugsquellen	
`ftp`-Server:	`ftp.franken.de`
`ftp`-Pfad:	`/pub/isdn4linux/v2.0`
Newsgroup:	`de.alt.comm.isdn4linux`

26 Das World Wide Web und Linux

Das Internet ist ein loser Zusammenschluß von vielen verschiedenen Netzen, die mittels TCP/IP miteinander kommunizieren. Besonders Universitäten haben früh begonnen, auch anderen Nutzern Dienste wie z. B. anonymous-`ftp` anzubieten. Diese Art von Diensten ist jedoch nicht besonders komfortabel, und die Suche nach Informationen (und deren optisch ansprechende Aufbereitung) war schwierig.

Ein erster Schritt in Richtung eines integrierten Informationssystems war die Entwicklung des `gopher`-Protokolls, siehe [rfc1436]. Damit konnten Textdokumente hierarchisch strukturiert werden. Daneben war es möglich, auf Dokumente auf anderen `gopher`-Servern zu verweisen. Diese Verweise waren für den Benutzer praktisch nicht wahrzunehmen, so daß eine verteilte Datenbasis entstand, die transparent und ohne komplizierte Bedienung benutzbar war.

Die Aufbereitung der Daten erfolgte bereits durch den Autor, und es konnten keine Bilder (direkt) angezeigt werden. Es gab die Möglichkeit, externe Programme wie `telnet` aufzurufen, auch Verweise auf `ftp`-Server waren möglich. Auf dieser Basis ist das *World Wide Web* entstanden. Wenn heute in den Medien vom Internet gesprochen wird, dann ist häufig nur das Wold Wide Web gemeint. Wie Sie allerdings in den vorherigen Kapiteln gesehen haben, hat das Internet selbst viel mehr zu bieten. Insbesondere die Kommunikation von Anwendern mittels Mail, News und IRC sind wichtige Anwendungen.

Mit dem World Wide Web hat das Internet seine „Killerapplikation“ gefunden, weil viele Internet-Dienste innerhalb *einer* Benutzeroberfläche komfortabel bedient werden können. Viele Funktionen sind auch in lokalen Netzen, sogenannten Intranets, interessant, z. B. als Dokumentationssystem. Erst die einfache Bedienbarkeit der Browser und die immer größer werdende Fülle an Angeboten von Privatleuten, Firmen und anderen Organisationen haben das Internet für viele so attraktiv gestaltet, daß sie daran teilnehmen wollen.

26.1 Geschichte und Konzept

Das „World Wide Web“ oder kurz „WWW“, „Web“ oder „W3“ ist ein verteiltes Hypertext- und Hypermediasystem. Dieses System wurde seit 1989 maßgeblich am CERN (Centre Européen de Recherches Nucléaires) in Genf entwickelt. Kritiker interpretieren die Abkürzung auch als „WeltWeites Warten“ oder „Multi-Medialer Mumpitz“[1]. Warum dies so ist, und was man als Informationsanbieter oder Nutzer des Webs dagegen tun kann, wird auch in den folgenden Abschnitten angesprochen.

Das Präfix „hyper“ deutet an, daß es sich bei Hypertext bzw. Hypermedia um eine über normalen Text oder normale Medien hinausgehende Technik handelt, – nämlich um die Verknüpfung verschiedener Informationen miteinander. Ein Wort, das in einem Text vorkommt, kann z. B. auf ein Anklicken mit der Maus[2] hin einen dazugehörigen Lexikoneintrag auf den Bildschirm bringen, oder das Anklicken einer Note auf einem auf dem Bildschirm dargestellten Notenblatt kann den entsprechenden Ton durch einen Lautsprecher erklingen lassen. Auch der umgekehrte „Weg“ ist in vielen Fällen möglich: Das Anklicken eines bestimmten Wortes erzeugt eine Liste der Texte oder Textstellen, in denen es vorkommt. Solche Verknüpfungen zwischen zwei Elementen sind z. B. bei Texten auf dem Bildschirm durch eine Unterstreichung hervorgehoben.

Das Ziel der WWW-Entwickler war es nicht nur, die Verfügbarkeit von Informationen im Bereich der High Energy Physics (HEP) und anderen Wissenschaftsbereichen zu verbessern, sondern auch die Kommunikation zwischen Wissenschaftlern durch die Erweiterung der computerbasierten Kommunikationsformen über Mail und News hinaus. Das WWW sollte auch Möglichkeiten des gemeinsamen Erstellens von Texten bzw. Dokumenten bieten, in Richtung auf das sogenannte Computer Supported Cooperative Work (CSCW). Erste Schritte in diese Richtung wurden mit der Möglichkeit unternommen, Anmerkungen zu Dokumenten machen zu können. Diese Zielrichtung ist angesichts des überwältigenden Erfolgs der Komponente Informationsvermittlung bei den Entwicklungsarbeiten aber in den Hintergrund getreten.

Die zentralen Begriffe in Hypertextsystemen sind Knoten (= Informationseinheiten, d. h. Texte, Menüs, Grafiken etc.) und Links, die Verweise von einer Informationseinheit auf eine andere. Die Stelle in einem Dokument, an der ein Bezug zu einem anderen Dokument enthalten ist, wird auch Anker genannt. In den Begriffen der Informatik gesprochen, handelt es sich bei der Hypertextimplementierung des WWW um gerichtete Graphen.[3]

---

[1]Man stelle dafür „multimedial“ die Zeichenkette WWW auf den Kopf.

[2]Maus und Grafikbildschirm sind keine notwendigen Voraussetzungen einer Hypertextanwendung. Es gibt auch eine ganze Reihe von nichtgrafischen Werkzeugen zur Darstellung von Hypertext; die Repräsentation von nichttextuellen Informationen ist dann aber sehr stark eingeschränkt.

[3]Die Kante kann nur insofern auch auf dem umgekehrten Weg verfolgt werden, als jeder Browser via `Back`-Button zum vorherigen Knoten „zurückkehren“ kann.

26.2 WWW und Internet

Das World Wide Web ist, wie der Name schon sagt, als weltweites und somit verteiltes Informationssystem angelegt, d. h. die einzelnen Texte, Grafiken, Datenbanken etc. *können* auf völlig verschiedenen Rechnern liegen, sofern die Verweise den jeweiligen Rechnernamen bzw. die Rechnernummer mit enthalten. Die Nutzer merken von der Tatsache, daß ein Dokument gerade aus Australien geholt wird, im Idealfall nichts – die Übertragung dauert lediglich länger, als würden die Daten von dem eigenen Rechner oder aus dem LAN kommen.

Die Darstellung der Informationen auf dem Bildschirm wird von einem sogenannten Browser organisiert, mit dem die Nutzer interagieren. Die Bereitstellung der Daten wird von anderen Programmen auf dem eigenen oder fremden Rechnern übernommen. Welche das im einzelnen sind, ist bei der Nutzung in der Regel nicht interessant; die Nutzer haben mit den Rechneradressen und Dateinamen nichts zu tun. Das WWW funktioniert nach dem Client/Server-Prinzip: Das Client-Programm oder Browser übernimmt die Darstellung der Informationen auf dem Bildschirm des lokalen Rechners, ein oder mehrere Server stellen die Dokumente auf Anforderung bereit.

Da das Internet-Protokoll (IP) von allen Vernetzungsprotokollen die weiteste Verbreitung hatte, wurde es als Basis für ein darauf aufbauendes, eigenes Datenübertragungsprotokoll, das *HyperText-Transfer-Protokoll* (HTTP), gewählt. HTTP definiert eine Reihe von Verfahren, die zum erfolgreichen Austausch von Informationen von Browsern und Servern eingehalten werden müssen.

Einzelne Knoten oder Informationseinheiten bzw. Dokumente werden im WWW mit sogenannten URLs (Universal Resource Locators, siehe [rfc1630]) bezeichnet. Der Verweis bzw. die URL selbst stellt einen Link dar, das bezeichnete Dokument den
Knoten. Der Syntax einer URL sieht so aus:

`Protokoll://Adresse[:Port]/Dateiname`

- `Protokoll` steht dabei für das verwendete Internet-Protokoll. Durch diesen Mechanismus ist die Integration verschiedener anderer Internet-Protokolle (wie z. B. `ftp` oder `news`) unter dem einheitlichen Format des WWW und damit auch unter der einheitlichen Oberfläche des Anwendungsprogramms möglich.

- Die `Adresse` gibt die numerische oder symbolische Internet-Adresse eines Rechners an. Es ist üblich, daß ein Aliasname `www` verwendet wird, so daß viele Adressen z. B. als `www.Firma.de` erreichbar sind.

- `Port` ist eine optionale Angabe, die benutzt wird, um Server anzusprechen, die den entsprechenden Dienst nicht auf dem z. B. durch [rfc1700] reservierten Port anbietet, sondern einen Non-Standard-Port verwendet.

- Der *Dateiname* gibt schließlich den Pfad- und Dateinamen des Dokuments auf dem Server an. Das stimmt allerdings nicht ganz, da der Server diesen Pfad beliebig interpretieren kann und das häufig auch tut.

Als Protokolle sind neben dem einfachen Zugriff auf lokale oder via NFS verfügbare Dateien (`file`) auch die wichtigsten anderen Internet-Dienste in das WWW integriert. Einige Beispiele für URLs finden Sie im Listing 26.1.

```
file://localhost/default.html
ftp://www.cern.ch/pub/hypertext/WWW/Daemon/Status.html
nntp://www.gwdg.de/comp.infosystems.www.misc
telnet://info.cern.ch
gopher://
wais://
archie://archie.th-darmstadt.de
```

Listing 26.1: Beispiele für Universal Resource Locators

In der Regel sind die URLs für den Benutzer nicht von Bedeutung, da man sich durch Anklicken von einer Seite zur nächsten hangelt. Interessante URLs finden Sie in einer Reihe von Indizes oder durch Suchmaschinen. Für diejenigen, denen das Verfahren zu aufwendig ist (z. B. weil sie nur mit einer 64 Kbit-Leitung (oder einer langsameren) an das Internet angeschlossen sind), bietet jeder Browser die Möglichkeit, die URLs per Tastatur einzugeben – insofern sind diese mehr technischen Details auch für die Endbenutzer relevant.

Ein Nachteil dieses Verfahrens ist, daß man den Ort der Speicherung eines Dokuments kennen muß, um darauf zugreifen zu können. Dieser Ort ändert sich möglicherweise, wenn der Benutzer einen anderen Rechner verwendet, zu einem anderen Provider wechselt oder einfach die Organisation seiner Seiten verändert. Dieses Problem wird möglicherweise in einer neuen Protokollversion angegangen, derzeit muß man jedoch damit leben.

Ein großes Problem ist, daß URLs sehr lebendig sind. Der Inhalt der Seiten, auf die man verweist, kann sich verändern, ohne daß man es mitbekommt, und es besteht keine Garantie, daß die gewünschten Daten morgen immer noch an dieser Stelle zu finden sind. Damit ist das WWW nicht als permanentes Archivierungs- und Dokumentationsmedium geeignet, es sei denn, man trifft besondere Vorkehrungen. Mit der Fülle an Veröffentlichungen läuft die Gemeinschaft Gefahr, daß Wissen sich verflüchtigt, ohne irgendwo archiviert zu werden.

Bisher waren die Web-Seiten relativ statisch. Entweder wurden die Seiten so angezeigt, wie sie auf der Festplatte des Servers gespeichert waren, oder sie wurden dynamisch von Skripten erzeugt (z. B. die Antwort von Suchmaschinen).

Mit der Entwicklung und Implementierung der Sprache Java hat Sun eine neue Runde in der Nutzung des Internets eingeläutet. Browser können jetzt nicht nur Seiten anzeigen, sondern auch Programme (Applets), die in der Programmiersprache Java geschrieben wurden, ausführen. Diese Programme können von einem Server angefordert werden, wenn sie noch nicht auf der lokalen Platte gespeichert sind.

Damit eröffnen sich wiederum deutlich bessere Nutzungsmöglichkeiten des Internets. Andererseits kann es durch die Ausführung von Programmen aus unbekannten und möglicherweise nicht vertrauenswürdigen Quellen zu Sicherheitsproblemen kommen. Aus diesem Grund ist die Sprache Java nur an C++ angelehnt und enthält viele Operationen (wie Zeigerarithmetik) nicht. Dennoch erwartet man, daß das Internet mit der Entwicklung von sogenannten Java-Applets wieder einen neuen Entwicklungsschub erhält. Auch für Linux stehen entsprechende Browser und Entwicklungsumgebungen zur Verfügung.

26.3 Web-Browser

Für den Benutzer ist der sogenannte Browser die Benutzeroberfläche des World Wide Webs. Durch komfortable Programme, die die technischen Details praktisch vollständig verdecken, sind viele Dienste des Internets auch für Computer-Laien benutzbar geworden. Praktisch alle Browser verfügen über die Funktion der „Bookmarks". Dort können Sie interessante Adressen abspeichern, die später mit einem Mausklick oder Tastendruck wieder aufrufbar sind. In der Bedienung und in der Funktionalität gibt es jedoch zum Teil sehr große Unterschiede.

Die Lizenzbedingungen der Browser sind sehr unterschiedlich und entsprechen nicht der GPL. Oft ist der kommerzielle Einsatz oder Vertrieb nicht gestattet. Daher sind diese Programme nur in Einzelfällen auf CDs zu finden, Sie müssen diese Programme möglicherweise selbst von einem `ftp`-Server herunterladen.

NCSA Mosaic

Vom amerikanischen National Center for Supercomputer Applications wurde mit Mosaic der erste grafische Browser für das WWW zur Verfügung gestellt. Es gibt neben einer Version für Unix und Linux auch eine für MS-Windows und MAC. Mosaic verwendet Motif, so daß Sie entweder über Motif verfügen oder eine statisch gelinkte Version einsetzen müssen.

Lange Zeit war Mosaic aufgrund der einfachen Bedienbarkeit der Standard-Browser. In letzter Zeit wird es jedoch immer weniger verwendet, obwohl die Quellen frei verfügbar sind und Mosaic damit auf praktisch allen Plattformen installiert werden kann. Mosaic ist aber nicht mehr der technologische Vorreiter, der er einmal war. Dennoch basieren viele kommerzielle Browser auf dem Quellcode von Mosaic.

Der Netscape Navigator

Der Standard-Browser unter Unix ist zur Zeit der „Netscape Navigator“. In der aktuellen Version unterstützt er Frames, Tabellen, Java und JavaScript. Neben dem Internet Explorer von Microsoft ist er ein Wegbereiter für neue Technologien, was aber auch Nachteile haben kann.

In Netscape wurden viele HTML-Konstrukte implementiert, die noch nicht standardisiert waren. Viele Benutzer verwendeten diese Features bei der Erstellung ihrer eigenen WWW-Seiten, so daß man oft gezwungen ist, diesen Browser einzusetzen. Vielfach kann man diese Seiten kaum mit anderen Browsern lesen.

Netscape versucht auch, die Wartezeit für den Benutzer möglichst kurz zu halten. Dazu werden gleichzeitig mehrere Verbindungen zu dem Server aufgebaut. Das belastet das Netz und den Server unnötig.

Der einzige wirkliche Konkurrent für Netscape ist der „Internet Explorer“ von Microsoft. Dieser ist jedoch bisher (noch) nicht für Unix verfügbar, und daher keine Alternative. Wie Netscape's „Navigator“ sind auch hier viele Erweiterungen gegenüber dem Standard-HTML implementiert, die (natürlich und leider) von vielen Anbietern verwendet werden.

Als Reaktion auf Microsofts Übermacht im Kampf Marktanteile im Browsermarkt verteilt Netscape jetzt seinen Browser kostenlos. Die nächste Version wird auch im Quellcode verfügbar sein, dadurch erhofft sich Netscape die Mithilfe vieler Entwickler und damit einen Vorsprung gegenüber Microsoft.

Der Text-Browser `lynx`

Viele Benutzer verbinden mit dem WWW eine grafische Oberfläche. In der Definition des Standards ist das aber nicht als notwendige Voraussetzung beschrieben. Für viele Zwecke bietet sich sogar die ausschließliche Verwendung von Texten an, da die Übertragung von Bildern, besonders über langsame Leitungen, erschreckend lange dauern kann.

Das Programm `lynx` ist ein einfacher Browser, der ohne Grafik an jedem Text-Terminal einsetzbar ist. Leider ist `lynx` in der kommerziellen Verbreitung eingeschränkt, so daß dieser Browser (wie z. B. auch `netscape`) nicht auf Linux-CDs zu finden ist. Für mich ist `lynx` der wichtigste Browser, da er sehr schnell und stabil ist und außerdem mit der Tastatur, im wesentlichen mit den Cursor-Tasten, bedient werden kann.

Viele Web-Pages sind jedoch so gestaltet, daß sie mit einem Text-Browser nicht oder nur eingeschränkt zu lesen oder zu bedienen sind. In diesen Fällen sollten Sie sich ruhig (per Mail) an den Autor der Seiten wenden, der die Seiten vermutlich nur mit einem grafischen Browser getestet hat.

Die neuesten Versionen von `lynx` können Frames darstellen, allerdings ist die Bedienbarkeit von einer guten Gestaltung der Site abhängig. Wenn Frames und Links nur mit nicht-beschreibenden Namen (wie `[LINK]`) versehen sind und Bilder nur durch `[IMAGE]` dargestellt werden, dann hat der Site-Betreiber keine Text-Browser berücksichtigt. `lynx` kann außerdem Farben verwenden und dadurch Seiten lesbarer darstellen.

Der w3-Mode im Emacs

Im Emacs ist es ebenfalls möglich, einen Web-Browser zu betreiben. Der entsprechende Major-Mode ist der `w3-mode`. Sie können den Browser mit `M-x w3` starten. Die wichtigsten Einstellungen wie die Verwendung eines Proxy-Caches und die Startseite können Sie in der Datei `~/.emacs` hinterlegen (Listing 26.2).

```
; asynchroner Transfer
(setq-default url-be-asynchronous t)

; Proxies
(setq-default url-proxy-services
  '(("http" . "www-proxy.gemuese.org:8080/")))

; Default-Homepage
(setq-default w3-default-homepage
    "http://www.gemuese.org/")
```

Listing 26.2: Initialisierung für den w3-Mode

Innerhalb des XEmacs ist die Darstellung von Bildern direkt möglich, wenn auf dem System die Tools aus `netpbm` oder `pbmplus` installiert sind. Diese konvertieren die vom Server geladenen Bilder in ein vom XEmacs lesbares Format. Das Verfahren hat allerdings den Nachteil, daß es langsamer ist als andere Browser und der XEmacs durch die vielen Bilder sehr viel Speicher verbraucht.

Weitere Browser

Neben den bisher vorgestellten Browsern existieren natürlich noch einige weitere, die hier nur kurz vorgestellt werden sollen. Probieren Sie einfach mal einige Browser aus und entscheiden sich dann für Ihr Lieblingsprogramm.

- `tkwww` ist ein Browser, der in der Sprache Tcl/Tk implementiert ist. Für dieses Programm muß also der entsprechende Interpreter installiert sein.
- Für Emacs gibt es den `w3-mode`. Bilder werden beim XEmacs in den Seiten angezeigt, unter Emacs ist es ein Text-Browser.
- `chimera` ist ein einfacher Browser für X.
- Sun hat mit der Entwicklung von Java einen Beispielbrowser (`hotjava`) entwickelt. Mit der Implementierung von Java in anderen Browsern wird er wohl nicht weiterentwickelt.
- Der Dateimanager des KDE-Projektes `kfm` kann ebenfalls als Web-Browser verwendet werden.
- Das Projekt Mnemonic implementiert einen Browser, der mit Hilfe von Plug-Ins einfach erweitert werden kann. Derzeit gibt es noch keine veröffentlichte Version, aber dieses Programm könnte ähnlich wie „The GIMP" eine Vielzahl von Erweiterungen erfahren.

26.4 Informationen bereitstellen

Das Web lebt davon, daß Informationen bereitgestellt und verknüpft werden. Einer der Gründe, das Internet als Basis für die Implementierung des HTTP zu benutzen, war sicherlich die Tatsache, daß hier einerseits schon eine große Anzahl von Informationsressourcen und potentiellen Informationsanbietern zur Verfügung stehen, die „nur" noch zu verknüpfen sind. Andererseits sind auch viele Nutzer angeschlossen, die die bereitgestellten Informationen auch auf bequeme Art nutzen wollen.

Neben der Erstellung von Textdokumenten in entsprechenden Formaten mit Hilfe spezieller Editoren, ist auch die dynamische Erzeugung von Informationen, z. B. als Ergebnis einer Stichwortsuche in einer Datenbank oder die synchrone Ausgabe einer Simulation im Bereich der Wissenschaft von Bedeutung. Die zuletztgenannten Zwecke erfordern den Einsatz eines HTTP-Servers oder im UNIX-Jargon eines HTTP-Dämonen.

Für viele Zwecke reicht es aus, Plattenplatz auf einem WWW-Server zu mieten und seine Seiten dort abzulegen. Als vorteilhaft erweist sich, daß kein eigener Server betrieben werden muß. Ein Nachteil ist, daß die Adresse oft keine Rückschlüsse auf den Anbieter zuläßt. Alternativ kann man den WWW-Server `apache` so installieren, daß er auf Verbindungen zu unterschiedlichen Host-Namen unterschiedlich reagiert. Damit kann ein Rechner gemeinsam von mehreren Anbietern so genutzt werden, als wäre es ein eigenes System (virtual Web-Hosting).

Wenn Ihre Firma im Internet als Anbieter auftreten will, haben Sie wieder mehrere Möglichkeiten, wenn Sie selbst einen WWW-Server betreiben möchten. Sie können den Rechner bei einem Provider unterstellen, müssen dann aber geänderte Seiten, z. B. mit `ftp`, auf diesen Rechner übertragen. Für größere Wartungsarbeiten muß dann ein Mitarbeiter zum Provider fahren. Alternativ kann der Rechner z. B. über eine ISDN-Leitung mit dem Provider verbunden werden. Die genauen Möglichkeiten und Kosten hängen vom Provider und der erwarteten Aktivität des Servers ab. Lassen Sie sich hier ausführlich beraten, um teure Fehlinvestitionen oder hohe laufende Kosten zu vermeiden.

Die HyperText Markup Language

Die Dokumente im WWW müssen in der HyperText Markup Language (HTML, siehe [rfc1866]) formatiert sein. Das HTML-Format ist eine spezielle Form der Structured Generalized Markup Language (SGML), die in einer HTML spezifischen Document Type Description (DTD) festgelegt ist.

Die Struktur von SGML und HTML erinnern in manchen Dingen an TeX bzw. LaTeX: Es gibt Textauszeichner, die den Anfang und das Ende einer besonders formatierten Passage markieren. Jeder dieser Modi (z. B. andere Schriftgröße) muß auch wieder ausgeschaltet werden. Innerhalb einer solchen Umgebung können weitere Markierungen verwendet werden. Die wichtigsten dieser Markierungen oder `tags` sollen im folgenden kurz erläutert werden:

- `<TITLE> ... </TITLE>` gibt den Titel eines Dokuments an.
- `<NEXTID xyz>` ist eine Sprungmarke innerhalb eines Dokuments.
- `<A NAME=xxx HREF=yyy> ... </A>` stellt einen Anker oder Link zu einem anderen Dokument dar.
- `<P> ... </P>` kennzeichnet einen Absatz.

Im Internet gibt es viele Seiten, die sich mit dem Thema HTML beschäftigen. Außerdem existieren viele Bücher, die sich nur diesem Thema widmen, daher verzichte ich hier auf eine ausführliche Beschreibung.

Die Sprache HTML ist jedoch noch nicht so leistungsfähig, wie man es für verschiedene Zwecke benötigt. Daher wird in weiteren Versionen, wie HTML 3.0, die Sprache erweitert. Dort werden zum Beispiel Tabellen definiert, die auch schon häufig verwendet werden, obwohl noch lange nicht alle Browser diese Tags unterstützen.

Man muß sich bei der Erstellung von HTML-Dokumenten von der Vorstellung lösen, daß man das Aussehen des Dokumentes beim Benutzer beeinflussen kann. HTML dient (noch) nur zur Markierung der logischen Struktur des Dokumentes. Wenn Sie dennoch versuchen, einen bestimmten Effekt mit einem speziellen Browser zu erreichen, kann das Ergebnis bei anderen Browsern sehr unansehnlich sein.

Zusätzlich zu den genannten Möglichkeiten kann man auch über sogenannte CGI-BIN (Common Gateway Interface/Binaries)-Programme dynamisch Dokumente erzeugen, z. B. das Ergebnis einer Datenbankabfrage HTML-formatiert an den Client zurückschicken. Die verbreiteten Web-Server unterstützen natürlich alle diese Funktionalität.

HTML-Konverter

Über verschiedene Konverter ist es möglich, eigene Textdokumente, die z. B. mit TEX, Framemaker, WordPerfect, WinWord (RTF), AmiPro u.v.a.m. erstellt wurden, automatisch in ein HTML-Format zu überführen. Viele Programme werden auch gleich mit den entsprechenden Tools gemeinsam geliefert.

Besonders interessant ist die Aufbereitung von Manpages oder Info-Dateien des GNU-Projektes in eine HTML-gerechte Form. Damit können Sie mit einem Programm alle Dokumentationen Ihres Linux-Systems komfortabel anzeigen. Die SuSE-Distribution enthält die entsprechenden Programme.

Netiquette für den Aufbau einer Home-Page

Die „Netiquette" beschreibt einige Verhaltensregeln im Netz. Auch wenn für einen Verstoß gegen die Regeln keine Sanktionen vorgesehen sind, sollten Sie davon ausgehen, daß Sie damit keine Freunde gewinnen. Das Netz lebt vom Verständnis der Benutzer füreinander.

Bei einer Home-Page sollten Sie einige Dinge beachten, die Ihnen und Ihrem Provider, aber auch anderen Benutzern das Leben leichter machen können. Die folgende Aufstellung erhebt keinen Anspruch auf Vollständigkeit, sondern soll nur einige Hinweise geben.

- Keine großen Grafiken in die Home-Page aufnehmen. Verwenden Sie verkleinerte, anklickbare Bilder, um anschließend das große Bild zu übertragen.
- Seiten sollten mit möglichst vielen Browsern lesbar sein. Testen Sie Ihre Seiten z. B. mit `lynx`, `netscape` und einem weiteren Browser.
- Versehen Sie Bilder mit einem `ALT`-Tag, so daß `lynx`-Benutzer zumindest einen kurzen Text statt des Bildes sehen.
- Verwenden Sie keine nicht-standardisierten Tags, wie zum Beispiel `netscape`-Erweiterungen oder neue Tags aus einem Draft-Standard.

HTML-Editoren

Sie können HTML-Seiten mit jedem beliebigen ASCII-Editor erstellen. In diesem Fall müssen Sie jedoch selbst die Syntax überprüfen (z. B. durch die Anzeige in einem Browser). Außerdem müssen Sie die entsprechenden Tags kennen. Für den durchschnittlichen Benutzer ist dies viel zu kompliziert, so daß im Laufe der Zeit einige spezielle Editoren entwickelt wurden. Außerdem gibt es HTML-Checker, die die Seiten auf Konformität mit einem einstellbaren HTML-Standard überprüfen.

Da HTML nur eine Anwendung von SGML ist, kann man mit jedem SGML-System korrekte HTML-Seiten erzeugen. Für den Emacs existiert das Paket `psgml`, das beim XEmacs zum Standardumfang gehört. Mit wenigen Tastendrücken lassen sich Tags einfügen, die korrekte Syntax überprüfen oder die Darstellung mit einem Browser überprüfen.

Web-Server

Wenn Sie auf einem zentralen Rechner oder im Internet einen Web-Server anbieten wollen, dann benötigen Sie einen `http`-Dämonen. Durch die Bereitstellung von Diensten auf diesem Rechner können auch Sicherheitsprobleme auftreten. Oft erweist es sich als sinnvoll, den Web-Server außerhalb des lokalen Netzes, das mit einem Firewall abgetrennt ist, zu plazieren. Auf dem Web-Server sollten dann auch nur öffentlich zugängliche Daten gespeichert werden.

Viele Server können gleichzeitig die Funktion eines Proxys oder Caches wahrnehmen. Anfragen werden, wenn dies im Browser konfiguriert wurde, zunächst an den Proxy gestellt, der sie möglicherweise aus dem Cache heraus beantworten kann. Insbesondere, wenn viele Bilder oder andere große Datenmengen übertragen werden müssen, kann ein Cache für eine erheblich geringere Belastung des Netzes sorgen. Wenn jedoch viele Benutzer mit unterschiedlichen Interessen aktiv sind, ist die Trefferrate gering, und es wird viel Plattenplatz belegt.

Im Internet finden Sie eine Reihe von Servern, die praktisch alle sehr leistungsfähig und einfach zu konfigurieren sind. Entsprechende Hinweise finden Sie in der Dokumentation der Server. Unter Unix sehr verbreitet ist der frei verfügbare Apache. Dieser ist in den aktuellen Distributionen bereits enthalten.

Weitere Informationen und Bezugsquellen	
Web-Server:	`www.apache.org`

26.5 Die Verwendung von Linux im Internet

Linux wird im Internet an vielen Stellen eingesetzt. Es gibt Linux-Rechner, die anonymous-`ftp` anbieten, wie z. B. `ftp.gwdg.de`. Dieser Rechner verfügt über 40 GB Plattenplatz und bewältigt täglich ein immenses Datenvolumen.

Andere Organisationen verwenden Linux als Web-Server, insbesondere für Web-Hosting ist es geeignet, da auf einem System mehrere virtuelle Domains eingerichtet werden können. Parallel dazu kann ein WWW-Proxy-Cache installiert sein oder das System als Mail-Server verwendet werden.

Im Prinzip ist Linux, genau wie alle anderen Unix-Systeme als vollwertiger Internet-Server einsetzbar. In letzter Zeit werden viele Server zunächst unter Windows NT betrieben, aber wenn dieser Rechner beim Provider steht, ist er nicht besonders gut zu administrieren.

Linux kann als Einwahl-Punkt verwendet werden, indem man ISDN-Karten einbaut und Modems anschließt. Im Gegensatz zu NT-Systemen kann man nicht nur PPP anbieten, sondern auch einen Shell-Account. Das kann für manche Dienste recht nützlich sein.

Aber auch auf der Client-Seite wird Linux gerne eingesetzt. Die Einwahl zum Provider kann automatisch bei Bedarf durchgeführt werden, dabei kann das System als Firewall bzw. Masquerading-Host eingesetzt werden. Aber auch als Desktop-System kann man natürlich Linux verwenden. Alle wichtigen Clients sind vorhanden und in der Regel sehr ausgereift und stabil.

Informationsquellen

Weitere Informationen und Bezugsquellen	

Newsgroups:	`comp.infosystems.www`
	`comp.infosystems.www.misc`
	`comp.infosystems.www.users`
	`de.comm.infosystems.www.*`
	`comp.text.sgml`

WWW-Server:	`http://ncsa.uiuc.edu/`
	`http://info.isoc.org/home.html`
	`http://info.cern.ch/`
	`http://www.apache.org/`
	`http://www.w3.org`

27 Netzwerkadministration

SNAFU – Situation Normal, All Fucked Up *– Eine Situationsbeschreibung*

Ein lokales Netz entwickelt sich ständig weiter. Neue Rechner werden angeschlossen, alte Rechner entfernt oder mit einem neuen Betriebssystem versehen. Diese Veränderungen und viele andere mehr wirken auch auf das Netz ein. Für eine geordnete und zielgerichtete Entwicklung ist in der Regel ein Netzwerkadministrator zuständig. Neben diesen „planbaren" Tätigkeiten nimmt auch die Fehlerbehebung (Troubleshooting) einen weiten Raum ein. Für beide Anforderungen existiert eine Reihe von Programmen, die den Administrator unterstützen können. Einige Programme werden hier vorgestellt, viele weitere Programme werden in [rfc1470] erwähnt.

27.1 Troubleshooting im Netz

The only problem with troubleshooting is that the trouble shoots back.
– Motto für die Fehlersuche

Ein lokales Netz ist ein komplexes Gebilde, das für Fehler relativ anfällig ist. Es besteht aus unterschiedlichen Hardware-Komponenten verschiedener Hersteller, die dennoch miteinander umgehen können müssen. Oft ist bereits diese Struktur kaum zu überblicken. Dazu kommen verschiedene Netzprotokolle unter mehreren Betriebssystemen.

Obwohl diese Protokolle standardisiert sind, gibt es dennoch Implementationen, die nicht mit allen anderen Versionen zusammenarbeiten können. Im Internet werden regelmäßig Wettkämpfe veranstaltet, mit denen die Interoperabilität und Stabilität der verschiedenen Programme getestet werden. Dabei wird versucht, gültige und ungültige Pakete zu versenden und die Reaktion der Systeme zu testen.

Daneben gibt es eine Reihe von Fehlersituationen, in denen nicht offensichtlich ist, wo die Fehlerursache liegt. In solchen Fällen hilft nur eine zielgerichtete Suche nach der Ursache, da in vielen Firmen dem lokalen Netz eine strategische Bedeutung zukommt. Viele Unternehmen sind von ihrem Netz so abhängig, wie man früher von einem Großrechner war, aber die entsprechenden Vorsichtsmaßnahmen werden oft nicht getroffen.

Die Stabilität und Ausfallsicherheit eines Netzes läßt sich erhöhen, indem bei Ethernet Twisted-Pair- statt Coax-Kabel eingesetzt werden. Als Konzentrator sollte ein Switch anstelle eines einfachen Hubs eingesetzt werden, da dieser eine Lasttrennung zwischen den verschiedenen Segmenten durchführen kann. Die einzelnen Netzsegmente können durch Bridges oder Router voneinander getrennt werden. Außerdem sollte für jede zentrale Komponente mindestens ein Backup vorhanden sein.

Der Netzwerkadministrator sollte sich mit Tools wie einem Analyzer vertraut machen und das Netz regelmäßig untersuchen, damit ihm Unterschiede zum normalen Verhalten auffallen können. Wenn Sie nicht wissen, was normal ist, dann können Sie nicht erkennen, was an der aktuellen Situation besonders ist.

Wenn Sie Probleme haben, grenzen Sie diese ein. Isolieren Sie einzelne Rechner oder Netzsegmente, und testen Sie zunächst relativ lokal. Gerade Probleme wie vergessene oder abgefallene Terminatoren und defekte Kabel sind nicht einfach zu finden.

Konfigurationsfehler des lokalen Systems

Bereits bei der Konfiguration eines einzelnen Rechners kann man eine Reihe von Fehlern machen, die die Einbindung in das Netz verhindern. Bei Problemen sollte man also zunächst die Konfiguration der betroffenen Rechner überprüfen. Dabei sind folgende Fehler besonders einfach festzustellen:

- Wurde die Netzwerkkarte vom Kernel erkannt? Sehen Sie sich mit dem Programm `dmesg` die Kernel-Meldungen an. Möglicherweise sind die Meldungen beim Systemstart in eine Datei (oft `/var/log/dmesg`, `kernel` oder `messages`) gespeichert worden.
- Ist dem Netzwerk-Interface die richtige IP-Adresse zugewiesen? Hier hilft Ihnen die Ausgabe des Befehls `ifconfig` weiter. Dieses Programm zeigt auch die Netmask und Broadcast-Adresse an, die Sie ebenfalls überprüfen sollten.
- Sind die entsprechenden Routen gesetzt? Verwenden Sie den Befehl `route` bzw. `netstat -r`. Wenn Sie Probleme mit der Namensauflösung haben, verwenden Sie zusätzlich die Option `-n`.
- Ist ein `ping localhost` möglich? Funktioniert ein `ping` *`IP-Adresse`* bzw. `ping` *`Host-Name`*? Geht ein `ping` von einem anderen Rechner aus?
- Transferiert die Netzwerkkarte Daten? Viele Netzwerkkarten sind mit LEDs ausgestattet, die gesendete und empfangene Pakete anzeigen. Manchmal kann ein `tcpdump` auf einem anderen Rechner hierüber Aufschluß geben.
- Ist der Port am Repeater oder Hub auf „Rot"? Eventuell ist dann das Kabel beschädigt.
- Ist ein eventueller Nameserver ansprechbar? Ist ein `ping` zu dessen IP-Adresse möglich? Können Sie Anfragen mittels `nslookup` abgeben, und erhalten Sie Antwort?

- Läuft der `inetd`, und sind in der Datei `/etc/inetd.conf` die richtigen Dämonen eingetragen? Sind auffällige Einträge im Log-File des `inetd` zu finden? Liefert `netstat -a` das erwartete Ergebnis?
- Sind die RPC-Dämonen, soweit notwendig, gestartet und funktionsfähig? Das können Sie mit `rpcinfo -p` bzw. `rpcinfo -u` *`Host Dienst`* überprüfen.
- Gibt der Kernel ungewöhnliche Meldungen aus? Zurückliegende Meldungen können Sie sich mit `dmesg` erneut anzeigen lassen, allerdings ohne Zeitstempel. In diesem Fall sollten Sie in das entsprechende System-Log sehen.

Je nach der Installation und Verwendung des Rechners können weitere, einfach zu überprüfende Funktionen hinzukommen oder einzelne Funktionen entfallen. Insbesondere bei Problemen mit der Verkabelung kommt man nur mit Software bei der Fehlersuche nicht weiter. Für größere Netze lohnt sich daher die Anschaffung eines Netzwerk-Analysators. Damit lassen sich z. B. Kollisionen, Kabelunterbrechungen oder fehlende Terminierungen feststellen.

Staus im Internet

Oft sind einzelne Rechner im Internet nicht oder nur schwer zu erreichen. Mit dem Befehl `traceroute` können Sie sich eine Übersicht über alle Router bzw. Gateways verschaffen, über die der Datentransfer vermutlich abgewickelt wird. Eine wirkliche Sicherheit kann die Ausgabe nicht geben, da für jedes einzelne Paket dynamisch eine andere Route gewählt werden kann. `traceroute` verwendet dabei Funktionen des IP und ICMP, um diese Informationen zu erhalten. Das Programm existiert auch für Windows NT, dort heißt es `tracert`.

Das Programm sendet ein IP-Paket, das nur eine begrenzte Lebensdauer hat. Diese Lebensdauer ist im Feld `ttl` (Time To Live, Max Hops in IPv6) im IP-Header abgelegt. Zunächst wird mit einer `ttl` von 1 gestartet. Das Paket enthält eine vermutlich nicht benutzte Port-Nummer als Ziel. Das Gateway, das das Paket wegen überschrittener Lebensdauer von Netz entfernt, sendet eine `ICMP`-Nachricht vom Typ „time exceed". Aufgrund dieser Nachricht kann dieses Gateway identifiziert werden. Danach wird die `ttl` um eins erhöht und das Paket erneut gesendet. Erhält das Programm die ICMP-Nachricht „Port unreachable", dann ist der gesuchte Rechner erreicht.

Mit der Option `-n` verhindern Sie eine Reverse-DNS-Abfrage für jedes Gateway, so daß nur die IP-Adressen angezeigt werden. Wenn Sie ohnehin Probleme mit Ihrem Netz oder Name-Service haben, sollten Sie diese Option in jedem Fall aktivieren. Weitere Einstellungen können Sie mit verschiedenen Kommandozeilenparametern vornehmen, die in der Manpage erläutert werden. Ein Beispiel für die Ausgabe von `traceroute` finden Sie in Listing 27.1.

Kann ein Rechner nicht innerhalb der Wartezeit erreicht werden, so wird ein Stern (`*`) anstelle der Antwortzeit ausgegeben. Die Wartezeit kann mit der Kommando-

```
(troubadix):~> traceroute -n ftp.gwdg.de
traceroute to gwdu32.gwdg.de (134.76.12.1) 30 hops max, 40 byte packets
 1  139.174.2.254  4 ms  2 ms  3 ms
 2  139.174.254.2  3 ms  3 ms  3 ms
 3  * 188.1.132.13  3156 ms  1310 ms
 4  134.76.12.1  519 ms  1066 ms  1188 ms
```

Listing 27.1: Ein Beispiel für die Verwendung von `traceroute`

zeilenoption `-w` angegeben werden. Die vollständige Dokumentation aller Optionen finden Sie in der Manpage.

`traceroute` kann eine recht hohe Netzlast erzeugen, besonders, wenn das Netz ohnehin schon am Rande seiner Kapazität ist. In der Regel sollte man `traceroute` nur zur Fehlersuche einsetzen und nicht in (automatisch gestarteten) Skripten. Außerdem leiten einige Firewall-Systeme nur wenige oder keine ICMP-Pakete weiter, so daß der Einsatz von `traceroute` nicht möglich ist.

`traceroute` gibt nur Aufschluß über die mittels ICMP erreichbaren Rechner. Oft kann man Systeme, die hinter einer Firewall liegen, mit diesem Protokoll erreichen, aber andere (Anwendungsprotokolle) werden von der Firewall gefiltert (oder umgekehrt). Auch aus diesem Grunde sind die Ausgaben des Programms mit Vorsicht zu genießen. Andere unsinnig scheinende Ausgaben können möglicherweise durch eine fehlerhafte Implementation des TCP/IP-Stacks erklärt werden.

Weitere Informationen und Bezugsquellen	
Manpage:	`traceroute(1)`
`ftp`-Server:	`metalab.unc.edu`
`ftp`-Pfad:	`/pub/Linux/system/Network/management`
Dateiname:	`traceroute-4.4BSD.tar.z`
Größe:	ca. 25 kByte

Protokollieren von ICMP-Paketen

Neben der Verwendung als Diagnose-Tool (z. B. in `ping` und `traceroute`) erfüllt ICMP einige wichtige Aufgaben für die Verläßlichkeit der Protokolle. Die meisten ICMP-Nachrichten werden vom Kernel in aller Stille ausgewertet und bearbeitet. Manchmal kann es sinnvoll sein, diese Pakete zu analysieren, da sie wichtige Informationen zum Routing, zur Stabilität der Verbindungen oder zur Sicherheit des Netzes enthalten können.

Die Analyse kann z. B. mit `tcpdump` erfolgen, das im nächsten Abschnitt genauer vorgestellt wird. Wenn Sie jedoch nur an ICMP-Paketen interessiert sind, ist `icmpinfo` einfacher zu handhaben.

Sie müssen `icmpinfo` als `root` starten (oder `setuid-root` installieren). Die Ausgabe kann entweder auf die Standardausgabe erfolgen oder mittels `syslog` (Option `-l`, Facility `daemon`, Priorität `notice` oder `warning`) weiterverarbeitet werden. Standardmäßig werden nur ungewöhnliche ICMP-Pakete protokolliert. Mit der Option `-v` werden alle Pakete außer `ICMP_ECHO_REPLY` analysiert, die Option `-vv` zeigt wirklich alle Pakete an. Vermutlich werden Sie erstaunt sein, wie viele ICMP-Pakete Ihr Rechner zu bearbeiten hat.

In Einzelfällen interessant ist die Option `-vvv`, die die Pakete komplett anzeigt. Wenn Sie Nameserver-Anfragen vermeiden wollen, dann sollten Sie die Option `-n` angeben. Da das Programm nur sehr wenig Speicher benötigt und praktisch keine CPU-Leistung verbraucht, können Sie es auch für längere Zeit im Hintergrund laufen lassen.

Weitere Informationen und Bezugsquellen	
`ftp`-Server:	`hplyot.obspm.fr`
`ftp`-Pfad:	`/net`
Dateiname:	`icmpinfo-1.11.tar.gz`
Größe:	ca. 13 kByte

27.2 Programme zur Netzverwaltung

Viele der oben oder in den anderen Kapiteln angesprochenen Probleme lassen sich mit den entsprechenden Tools vorausahnen oder relativ leicht erkennen. Im folgenden werden einige Programme vorgestellt, mit denen Sie das Netz auf verschiedenen Ebenen untersuchen können. Oft wird dazu die Netzwerkkarte in den *Promiscous Mode* versetzt, in dem *alle* Ethernet-Pakete von der Karte angenommen werden und nicht nur die für diesen Rechner bestimmten Pakete. Damit kann der gesamte Verkehr auf dem Netz beobachtet und analysiert werden.

Für Einbrecher in das lokale Netz ist diese Funktion auch von Interesse, da z. B. bei `telnet` das Paßwort unverschlüsselt übertragen wird und gelesen werden kann. Abhilfe können Sie mit Programmen und Protokollen wie `ssh` schaffen, die keine Paßwörter im Klartext übertragen. Daher sollten Sie regelmäßig Ihre Systeme auf Netzwerkkarten überprüfen, die im Promiscous Mode betrieben werden. Das Programm `ifconfig` zeigt diese Informationen an. Es gibt allerdings sogenannte Root-Kits, die eine Reihe von Programmen enthalten, die einen erfolgreichen Angriff verschleiern sollen, dazu gehören u.a. Programme wie `ifconfig` oder `ps`.

IP-Pakete untersuchen

Viele Probleme entstehen dadurch, daß fehlerhafte IP-Pakete im Netz unterwegs sind. Derartige Pakete können mit dem Programm `tcpdump` analysiert werden. Einzelne Protokolle oder Pakete von oder für bestimmte Rechner können angezeigt werden. Die genauer zu untersuchenden Pakete lassen sich flexibel eingrenzen, so daß auch bei einem stark belasteten Netz die Ausgabe des Programms nicht zu groß wird.

Das Programm `tcpdump` versetzt die Ethernet-Karte in den Promiscous Mode, in dem alle Pakete von Netz gelesen werden. Damit können alle Verbindungen, die von Rechnern im lokalen Netz aufgebaut oder angenommen werden, durch den Systemadministrator mitverfolgt werden. In der Standardversion zeigt `tcpdump` nur den Header der Pakete an. Sie können auch alle Daten mitschneiden und so z. B. den Verbindungsaufbau einer `ftp`- oder `telnet`-Sitzung mitverfolgen. In diesem Fall können Sie dann auch das Paßwort des entsprechenden Benutzers aus den Daten ermitteln.

Das Programm `tcpdump` kann nur von `root` verwendet werden, da es die Netzwerkkarte in den Promiscous Mode versetzen muß. Ähnliche Pakete gibt es auch für DOS-Systeme, wo dies keine Einschränkung darstellt.

Nach dieser Einführung folgen einige Beispiele für die Verwendung von `tcpdump`. Die hier abgedruckten Daten wurden zunächst vollständig in einer Datei abgespeichert. Diese Datei wurde dann als Eingabe für die `tcpdump`-Befehle verwendet, auch wenn die dafür notwendigen Optionen aus Platzgründen nicht angegeben sind. Außerdem wurden die IP-Adressen durch für den internen Gebrauch reservierte ersetzt.

Der sinnvolle Einsatz von `tcpdump` setzt ein intensives Verständnis der zu beobachtenden Protokolle voraus, besonders wenn Sie anhand der in den Paketen transportierten Daten selektieren wollen. Wenn Sie intensiver mit diesem Programm arbeiten wollen, sollten Sie die entsprechenden RFCs greifbar haben. Für alle, die sich wirklich für die Interna von TCP/IP interessieren, ist die Serie „TCP/IP illustrated" von Richard W. Stevens, [Ste94], eine wahre Fundgrube. Dort werden, insbesondere im ersten Teil, viele Protokolle untersucht und mittels `tcpdump` beobachtet.

Später werden Sie sicher für die verschiedenen Anwendungsfälle ein entsprechendes Skript erstellen. In dem ersten Beispiel (Listing 27.2) werden alle `tcp`-Verbindungen angezeigt.

Die Option `-n` verhindert den Reverse-Lookup beim Nameserver. Die Option `-t` unterdrückt die Ausgabe der Uhrzeit und `-q` sorgt für eine kürzere Ausgabe. In der ersten Spalte sind der Source-Rechner und der dort verwendete Port angegeben. In der nächsten Spalte (nach dem Größer-Zeichen) steht der Zielrechner mit dem Ziel-Port. Bei Port-Nummern, die in der Datei `/etc/services` verzeichnet sind, wird der symbolische Name ausgegeben (es sei denn, die Option `-n` wurde

```
(Linux):~# tcpdump -n -t -q
192.168.31.150.23 > 192.168.31.155.1808: tcp 1
192.168.31.155.1808 > 192.168.31.150.23: tcp 0
192.168.31.150.23 > 192.168.31.155.1808: tcp 47
192.168.31.155.1808 > 192.168.31.150.23: tcp 0
192.168.31.155.513 > 192.168.31.151.1023: tcp 47 (DF) [tos 0x10]
192.168.31.151.1023 > 192.168.31.155.513: tcp 0 [tos 0x10]
192.168.31.155.1808 > 192.168.31.150.23: tcp 0
192.168.31.151.1023 > 192.168.31.155.513: tcp 0 [tos 0x10]
```

Listing 27.2: Anzeige aller `tcp`-Verbindungen im Netz

angegeben), andernfalls nur die Port-Nummer. Nach dem Doppelpunkt werden weitere Informationen aus dem Header des Pakets angezeigt.

Im nächsten Beispiel werden nur die Verbindungen vom bzw. zum Port `login` angezeigt. Wenn Sie die Ausgabe in Listing 27.3 mit der in Listing 27.2 vergleichen, finden Sie hier weniger Pakete. Neben der Einschränkung auf Ports können Sie auch nach Rechnern (`host`), Netzen (`net`) oder Gateways (`gateway`) selektieren. Darüber hinaus können Sie die Anzeige auf ein- oder ausgehende Pakete (`dst` oder `src`) und einzelne Protokolle (`udp`, `tcp` oder `icmp`) einschränken.

```
(Linux):~# tcpdump -n -q -t port login
192.168.31.155.login > 192.168.31.151.1023: tcp 47 (DF) [tos 0x10]
192.168.31.151.1023 > 192.168.31.155.login: tcp 0 [tos 0x10]
192.168.31.151.1023 > 192.168.31.155.login: tcp 0 [tos 0x10]
192.168.31.155.login > 192.168.31.151.1023: tcp 40 (DF) [tos 0x10]
192.168.31.151.1023 > 192.168.31.155.login: tcp 0 [tos 0x10]
```

Listing 27.3: Nur `rlogin`-Verbindungen

Im Listing 27.4 finden Sie ein Beispiel für die logische Verknüpfung von mehreren Merkmalen. Hier werden nur die `rlogin`-Verbindungen zu einem bestimmten Rechner angezeigt. Bedingungen können anstelle von `and` auch mit `or` verknüpft oder mit einem Ausrufezeichen (`!`) negiert werden. Wenn das Ausrufezeichen ein Shell-Sonderzeichen ist, dann müssen Sie dieses, z.B. mit einem Backslash, entwerten. Diese Ausdrücke können Sie auch in runde Klammern einschließen, um eine bestimmte Reihenfolge der Auswertung zu erzwingen.

Das letzte Beispiel (siehe Listing 27.5) zeigt den Zugriff auf in dem Paket gespeicherte Daten. Hier werden die Pakete angezeigt, die beim Aufbau oder Ende einer Verbindung gesendet werden. Wenn Sie genügend große Pakete (Option `-s`) mitschneiden, dann können Sie auf beliebige Datenfelder im Paket zugreifen. Diese Funktionen verlangen eine sehr gute Kenntnis der Protokolldefinition, wie sie in den entsprechenden RFCs zu finden ist.

```
(Linux):~# tcpdump -n -q -t port login and host 192.168.31.152
192.168.31.153.1023 > 192.168.31.152.login: tcp 0
192.168.31.152.login > 192.168.31.153.1023: tcp 0 (DF)
192.168.31.153.1023 > 192.168.31.152.login: tcp 0
192.168.31.153.1023 > 192.168.31.152.login: tcp 1 (DF)
192.168.31.152.login > 192.168.31.153.1023: tcp 0 (DF)
192.168.31.153.1023 > 192.168.31.152.login: tcp 25 (DF)
```

Listing 27.4: Nur `rlogin`*-Verbindungen zu einem Host*

```
(Linux):~# tcpdump 'tcp[13] & 3 != 0 and not src and dst net 192.168.31'
192.168.31.151.1094 > 192.168.3.151.23: tcp 0
192.168.3.151.23 > 192.168.31.151.1094: tcp 0 (DF)
192.168.31.151.1022 > 192.168.3.150.514: tcp 0
192.168.3.150.514 > 192.168.31.151.1022: tcp 0 (DF)
192.168.31.151.1022 > 192.168.3.150.514: tcp 0
192.168.3.150.514 > 192.168.31.151.1022: tcp 0 (DF)
```

Listing 27.5: Nur Beginn und Ende von Verbindungen

Das Programm `tcpdump` wird zusammen mit einigen einfachen awk-Skripten geliefert, die zur Auswertung der gesammelten Daten dienen können. In der Praxis werden Sie sich für häufig auftretende Aufgaben entsprechende Skripten erstellen, um z. B. bei Problemen schnell reagieren zu können und nicht erst in den Manpages nachschlagen zu müssen.

Weitere Informationen und Bezugsquellen	
Manpage:	`tcpdump(1)`
`ftp`-Server:	`metalab.unc.edu`
`ftp`-Pfad:	`/pub/Linux/system/Network/management`
Dateiname:	`tcpdump-3.0.2.tar.z`
Größe:	ca. 200 KB

Performance im Netz

Eine häufige Klage von Netzbenutzern ist, daß der Datendurchsatz über das Netz viel zu langsam ist. In der Regeln speichern die Benutzer alle ihre Daten zentral auf einem (oder mehreren) Servern. Das hat den Vorteil, daß die Daten einfach zu sichern sind und zwischen den verschiedenen Mitarbeitern ausgetauscht werden können. Die Übertragung über das Netz ist langsamer als die Speicherung auf eine lokale Festplatte, aber die Vorteile wiegen diesen Nachteil in der Regel auf.

Noch wichtiger wird der Netzwerkdurchsatz, wenn zusätzlich das Betriebssystem und die Programme aus dem Netz geladen werden. Der Vorteil ist wieder eine einfache und zentrale Verwaltung, der Nachteil die hohe Netzlast. Weitere Netzwerk-Killer sind X-Programme und das Swappen via NFS (bei plattenlosen Geräten). Für den Einbruch der Datenübertragungsrate können mehrere Ursachen verantwortlich sein.

Kollisionen im Netz

Zunächst kann die Netzauslastung einfach nur zu hoch sein. Das Ethernet-Protokoll (CSMA/CD, Carrier Sense Multiple Access/Collision Detect) ist so definiert, daß jeder Rechner zu jedem Zeitpunkt auf das Netz zugreifen kann. Bei einer Kollision (mehrere Rechner haben gleichzeitig Daten über das Netz geschickt) wird die Datenübertragung wiederholt.

Dabei wird nach jeder Kollision eine kurze Zeit gewartet und dann die Übertragung erneut versucht. Erkennt der Rechner erneut eine Kollision, so wird die Wartezeit verlängert. Diese Zeiten sind in gewisser Weise auch zufällig, damit nicht die beiden kollidierenden Rechner beim nächsten Versuch erneut eine Kollision verursachen.

Ein Nachteil des Ethernet-Protokolls ist, daß ab einer gewissen Netzlast die Netto-Übertragungsrate aufgrund von Kollisionen einbricht. Dieses Problem hat das Token-Ring-Protokoll nicht. Hier kreist ein spezielles Zeichen (Token) auf dem Ring. Eine Station, die dieses Token hat, kann dann mit dem Netz arbeiten. Nach der Übertragung wird dann das Token an die nächste Station weitergereicht. Sind sehr viele Stationen im Ring, so kann es (allerdings erst wesentlich später als bei Ethernet) auch zum Einbruch des Durchsatzes kommen. Wenn das Token verschwindet, weil z. B. der Rechner, der das Token gerade hat, abstürzt, dann wird von einem Rechner im Ring nach einer gewissen Wartezeit ein neues Token generiert.

Abhilfe kann prinzipiell mit zwei Aktionen geschaffen werden: Die Netzlast kann verringert werden, indem z. B. Daten lokal kopiert und dann bearbeitet werden. Das widerspricht aber der Grundidee eines Netzes, daß die Daten zentral und nur einmal gespeichert werden sollen, so daß diese Option häufig nicht praktikabel ist. Die zweite Möglichkeit ist die Teilung des Netzes (z. B. mit einer „intelligenten" Bridge, einem Switch oder gar einem Router) und die Lasttrennung zwischen den beiden Netzen. Wenn Daten zwischen zwei Rechnern in einem Netzsegment übertragen werden, ist das andere Segment frei.

Dieses Verfahren funktioniert nur dann gut, wenn die Netzwerklast relativ lokal ist. Müssen fast alle Pakete über die Bridge oder den Router, so wird dieses Gerät schnell zum Engpaß. Ein weiterer Nachteil ist, daß die Latenzzeit (oder Round-Trip-Time beim `ping`) durch jedes Gerät etwas länger wird.

Unter Linux steht leider kein Programm zur Verfügung, das die Anzahl der aufgetretenen Kollisionen anzeigen kann. Man kann also nur aufgrund der Auslastung des Netzes vermuten, daß viele Kollisionen entstehen. Für größere kommerziell genutzte Netze empfiehlt sich die Anschaffung eines Analyzers, der diese Fälle untersuchen kann.

Überlastung des Servers

Eine weitere Ursache für den Einbruch im Netzdurchsatz kann die Überlastung des Servers sein. In vielen Netzen wird ein einzelner Rechner zunächst zum Server für viele Dienste. Im Laufe der Zeit werden die Services in der Regel immer häufiger und intensiver genutzt, so daß bald die Leistung des Servers (Prozessor- oder Plattenleistung) nicht mehr ausreicht. Hinweis auf eine Überlatung kann eine hohe Load (wird z. B. mit `uptime` angezeigt), Swapping (`vmstat`) oder wenig freier Speicher (`free`) sein.

In diesem Fall hilft es nur noch, einzelne Dienste auf einen anderen, weniger genutzten Rechner zu übertragen. Hier erweist es sich dann als sinnvoll, wenn man für jeden Service einen Aliasnamen für diesen Rechner eingetragen hat. Nach der Veränderung des Aliasnamens im Nameserver wird dieser Service von einem anderen Rechner übernommen. Es ist also nicht notwendig, auf allen Rechnern im Netz Änderungen an der Systemkonfiguration oder gar in der Benutzerkonfiguration durchzuführen. Jede Änderung an Rechnern oder dem Netz sollte für Benutzer so unsichtbar wie möglich sein.

Auch die Netzwerkkarte kann ein Nadelöhr darstellen. In einem Server sollte eine gute und schnelle Karte eingebaut werden, die die CPU entlastet. Ist der Datendurchsatz durch die Karte selbst der Engpaß, dann kann möglicherweise eine zweite Netzwerkkarte Abhilfe schaffen.

Performancemessungen mit `spray`

Mit dem Programm `spray` kann mit relativ einfachen Mitteln der mögliche Durchsatz über das Netz festgestellt werden. Auf einem Rechner muß der `sprayd`-Dämon gestartet werden. Anschließend können Sie mit `spray` die Verbindung zu diesem Rechner testen. Die Pakete werden mit Hilfe des UDP-Protokolls übertragen.

Wenn Sie die Werte für ein leeres und ein normal belastetes Netz kennen, können Sie möglicherweise Aussagen über den Zustand des Netzes machen. Denken Sie daran, daß Sie mit diesem Programm andere Benutzer in ihrer Tätigkeit behindern können, da das Netz restlos ausgelastet wird. Das Programm `spray` gibt am Ende eine Statistik über die gesendeten und empfangenen Pakete aus. Mittels der Optionen `-c` und `-l` können die Anzahl und die Größe der Pakete verändert werden. Die weiteren Optionen entnehmen Sie bitte der Manpage.

Das Listing 27.6 zeigt ein Beispiel für die Ausgabe von `spray`. Das Programm wurde nur für eine kurze Zeit gestartet, damit die anderen Benutzer im Netz nicht behindert werden. Beachten Sie, daß Sie mit vielen hier vorgestellten Programmen die Netzlast deutlich vergrößern können und damit die Lage möglicherweise verschlimmern.

```
(Linux):~> spray erbse
sending 1162 packets of length 86 to erbse...
        in 2.36 seconds elapsed time,
        0 packets (0.00%) dropped.
Sent:   491 packets/sec, 42.3 KBytes/sec
Recvd:  523 packets/sec, 45.0 KBytes/sec
```

Listing 27.6: Das Programm `spray`

`spray` verwendet UDP als Protokoll. Damit ist eine zuverlässige Übertragung der Pakete nicht gewährleistet, und die Messung ist stark von der Geschwindigkeitsdifferenz der beiden Rechner abhängig. Daher ist in der Regel das TCP-basierte `tcpspray` besser geeignet, wenn Sie Aussagen über die Netzwerk-Performance treffen wollen.

Weitere Informationen und Bezugsquellen	
Manpage:	`spray(8)`, `sprayd(8)`
`ftp`-Server:	`tsx-11.mit.edu`
`ftp`-Pfad:	`/pub/linux/packages/net/-PROGRAMS/Other/spray`
Dateiname:	`spray-1.0.tar.z`
Größe:	ca. 12 kByte

Performance-Messungen mit `tcpspray`

Alternativ zu `spray` können Sie auch `tcpspray` verwenden. Anstelle von UDP wird hier TCP zur Datenübertragung verwendet. Auch hier gilt wieder das oben Gesagte. `tcpspray` verwendet als Gegenstelle den internen `discard`-Service des `inetd` auf dem als Parameter angegebenen Rechner. Alternativ kann auch der `echo`-Port verwendet werden, wenn die Option `-e` angegeben wird.

Weitere Informationen und Bezugsquellen	
Manpage:	`tcpspray(1)`
`ftp`-Server:	`metalab.unc.edu`
`ftp`-Pfad:	`/pub/Linux/system/Netzwork/admin`
Dateiname:	`tcpspray.1.1a.tar.z`
Größe:	ca. 4 kByte

Welche Systeme und Dienste belasten das Netz?

Für einen einfachen Überblick über den aktuellen Status und die Auslastung kann Ihnen möglicherweise `ntop` zur Seite stehen. Dieses Programm zeigt eine Übersicht über die aktuell im Netz aktiven Rechner, die verwendeten Protokolle und deren Anteil an der Auslastung des Netzes. Die angezeigte Übersicht wird regelmäßig aktualisiert. Wenn der Rechner hierfür sehr lange benötigt, sollten Sie mit der Taste n die Auflösung der IP-Adresse und des Host-Namens deaktivieren. Die Kommandozeilenoption `-r` bestimmt den Zeitraum bis zur nächsten Neuanzeige, die Auflösung der Rechnernamen wird mit der Option `-n` verhindert.

In der Anzeige wird zunächst nur der jeweilige Host im lokalen Netz angezeigt, der an der Verbindung beteiligt ist. Mit der Option `-l` bzw. der Taste l wird der entfernte Rechner in die Anzeige aufgenommen.

Neben der Unterscheidung nach Hosts differenziert `ntop` nach den verschiedenen Protokollen. Auf dem Startbild sind die Protokolle UDP, TCP und ICMP aufgeschlüsselt, mit der Leertaste schaltet man auf die Anzeige von Anwendungsprotokollen (HTTP, FTP und DNS bzw. telnet, Netbios und POP) um. Wenn die angezeigte Datenmenge zu groß ist, kann der Systemverwalter einen Filter angeben, wie es auch bei `tcpdump` möglich ist.

Weitere Informationen und Bezugsquellen	
Homepage:	`http://jake.unipi.it/~deri/`
Dateiname:	`ntop-0.4-src.tar.gz`
Dateigröße:	ca. 80 kByte

TCP-Dienste prüfen

Zum Test eines TCP-Dienstes kann das Programm `telnet` verwendet werden. Dazu baut man eine Verbindung direkt zum gewünschten Port auf. Anschließend können Sie den Dienst direkt testen. Versuchen Sie einfach ein `telnet localhost smtp`. Wenn Sie wissen, wie das Protokoll abläuft (das ist in [rfc0821] festgelegt), dann können Sie diesen Service manuell testen.

Oft können Sie eine neue Version des Dämons unter einem anderen Port starten und dort in Ruhe testen, bevor Sie die alte Version ersetzen. Wenn ein System bereits von Benutzern verwendet wird, sollte man viel Wert darauf legen, daß Änderungen für diese nach Möglichkeit nicht sichtbar sind.

Das Listing 27.7 zeigt ein Beispiel für das Testen des POP3-Servers, mit dem viele Internet-Provider Ihren Kunden Zugriff auf das Postfach auf dem Server geben. Beachten Sie, daß Sie das Paßwort hier im Klartext sehen, genauso, wie es zwischen den Rechnern übertragen wird. Oft kann man hier Meldungen lesen, die vom Client-Programm falsch interpretiert werden.

```
(Linux):~$ telnet localhost pop
Trying 127.0.0.1...
Connected to localhost.
Escape character is '^]'.
+OK POP3 localhost v6.50 server ready
user jochen
+OK User name accepted, password please
pass Paßwort
+OK Mailbox open, 0 messages
quit
+OK Sayonara
Connection closed by foreign host.
```

Listing 27.7: Testen eines POP3-Servers

Fehlersuche bei RPC-Services

Bei der Verwendung von RPC-Services können neben den oben bereits besprochenen Problemen weitere Fehler auftreten. Zunächst sollten Sie überprüfen, ob der Portmapper läuft. Anschließend können Sie mit `rcpinfo -p` *`Host-Name`* feststellen, welche Services beim Portmapper registriert sind. Im letzten Schritt können Sie mit `rpcinfo -u` *`Host-Name Service`* jeden Dämon testen.

Network File System

Das Network File System basiert auf RPCs, so daß Sie zunächst die oben bei RPC-Services angegebenen Dinge überprüfen sollten. Mit dem Programm `showmount` können Sie feststellen, welche Volumes der entsprechende Rechner exportiert. Sie können auch feststellen, auf welchem Client welche NFS-Volumes verwendet werden.

Wenn Sie Probleme mit dem Datendurchsatz durch NFS haben, so können Sie möglicherweise die Puffergrößen für Schreib- und Lesezugriffe auf 4 bzw. 8 kByte erweitern. Dies sollte in der Regel eine deutlich größere Schreib- bzw. Lesegeschwindigkeit ermöglichen.

Netzstatistiken

Eine etwas an `top` erinnernde Anzeige der Netzbelastung erhalten Sie mit dem Programm `Netstat` oder `tcptop`. Einige weitere Programme finden Sie ebenfalls auf dem unten genannten `ftp`-Server.

Weitere Informationen und Bezugsquellen	
Manpage:	`tcptop(1)`
`ftp`-Server:	`metalab.unc.edu`
`ftp`-Pfad:	`/pub/Linux/system/Netzwork/admin`
Dateiname:	`netstat`
Größe:	ca. 4 kByte

27.3 IP-Netzverwaltung

In vielen Firmen wird das IP-Netz mit Hilfe von *SNMP* (*Simple Network Management Protocol*, [rfc1157]) verwaltet. Jedes mit SNMP verwaltete Gerät – das können Workstations, Router, Switches, Drucker und vieles andere mehr sein – strukturiert die Informationen in der Management Information Base (MIB). Die MIB ist in den Internet-Standards [rfc1441] bis [rfc1450] definiert. Dort werden neben den (statischen) Informationen über das Gerät (z. B. Standort, verantwortlicher Mitarbeiter) auch dynamische Daten verwaltet. Dazu zählen z. B. Routing-Tabellen, Interface-Statistiken oder allgemeine Informationen über das Gerät (z. B. Load bei Unix-Workstations oder der verfügbare Plattenplatz).

Der Zugriff auf die in der MIB gespeicherten Informationen wird über die *Community* geregelt. Die Standard-Community ist `public` und erlaubt den lesenden Zugriff auf die Daten. Die Veränderung der Daten sollte nur für eine andere Community erlaubt werden. Es kann außerdem sinnvoll sein, den Zugriff auf die MIB auf die IP-Adresse der Netzverwaltungsstation zu beschränken.

Einzelne Geräte können sich bei der Netzwerkkonsole mit einem SNMP-Trap melden und dadurch verschiedene Aktionen auslösen. Ein großer Nachteil in heterogenen Netzen ist jedoch, daß hier nur IP-Geräte erfaßt werden können. Andere Protokolle werden nicht erfaßt, so daß Sie zu diesem Zweck möglicherweise ein weiteres Tool benötigen.

Linux als SNMP-Client

Für Linux ist z. B. das `smnp`-Paket der Carnegie-Mellon University (CMU) verfügbar. Damit können viele Informationen über einen Linux-Rechner von einer Netzwerkverwaltungsstation aus abgerufen werden. Diese Informationen reichen von Daten über den Netzanschluß des Rechners bis hin zur CPU-Auslastung oder Belegung der Festplatten.

In diesem Paket enthalten sind einfache Programme, mit denen Sie Einträge aus der MIB (oder die gesamte MIB) anzeigen lassen können. Diese Programme sind aber für den täglichen Einsatz viel zu unkomfortabel.

Linux zur Netzwerkverwaltung

An der TU Braunschweig wurde zur Netzwerkverwaltung mit SNMP das Paket `tkined` entwickelt. Dieses Programmpaket wurde in Tcl/Tk (mit Erweiterungen zum Netzzugriff) entwickelt. Den Quellcode dazu finden Sie auf dem `ftp`-Server der TU Braunschweig.

Mit diesem Programm erstellen Sie eine Übersichtskarte (Map) Ihres Netzes. Basierend auf dieser Map können Sie verschiedene Verwaltungsaufgaben erledigen und Statistiken (auch grafisch) erstellen. Dieses Tool ist eine kostengünstige Alternative zu kommerziellen Paketen, die Sie z. B. von IBM, Sun oder HP bekommen können.

Abbildung 27.1 zeigt die Darstellung einer einfachen Map. In der Mitte ist ein Switch dargestellt, der die verschiedenen Netzsegmente miteinander verbindet. Diese Segmente sind hier als ein Icon dargestellt, können aber bei Bedarf aufgeklappt werden. Es ist dann der Zugriff auf alle Geräte in diesem Segment möglich. Jedem Segment ist hier eine Statistik der Netzauslastung zugeordnet.

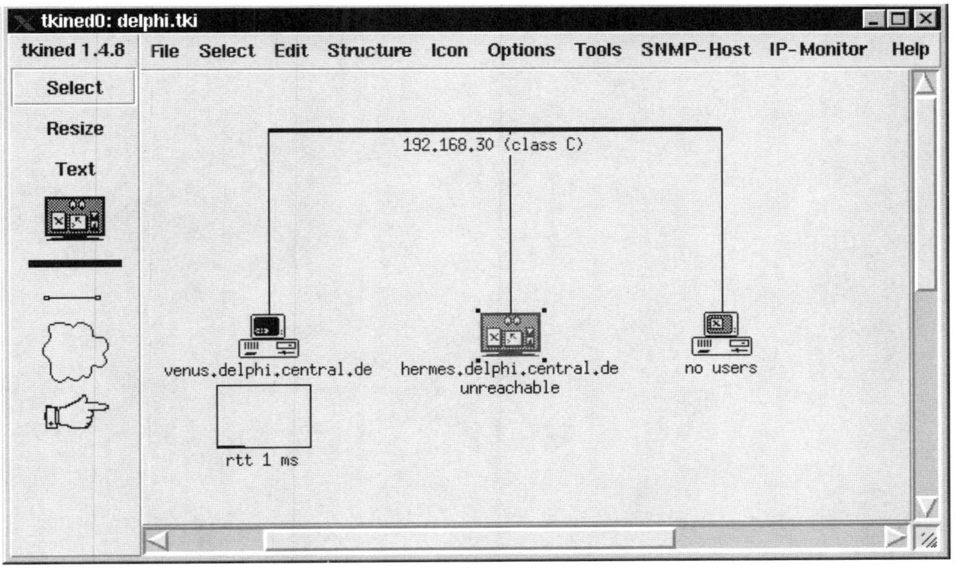

Abbildung 27.1: Netzwerkverwaltung mit `tkined`

Weitere Informationen und Bezugsquellen	
ftp-Server:	metalab.unc.edu
ftp-Pfad:	/pub/Linux/system/Network/admin
Dateiname:	cmu-snmp2.1.214-src.tar.gz
Größe:	ca. 400 kByte
ftp-Server:	ftp.tu-bs.de
ftp-Pfad:	/pub/local/tkined

A Der Standardeditor vi

The BEST EDITOR EVER — *Stuart Woolford über VIM*

Von vielen gehaßt, von manchen geliebt ist `vi` *der* Standardeditor unter den Unix-Systemen geworden. Vor `vi` gab es nur Zeileneditoren (wie `ex` oder `ed`), seitdem (das war etwa 1978) kann man „visuell" editieren. Man sieht einen großen Ausschnitt aus dem Text und alle Änderungen, die man dort durchführt. Aus dieser Zeit stammt auch die Umgebungsvariable `VISUAL`, die wie `EDITOR` zur Auswahl des Standardeditors dient.

Die meisten Linux-Distributionen enthalten einen der zwei verbreiteten `vi`-Clones `elvis` oder `vim`. Beide Editoren sind zum Vorbild weitgehend kompatibel, besitzen aber erweiterte Funktionen. `vim` kann z. B. spaltenweise Text markieren und besitzt einen Makrorekorder. Innerhalb der frei verfügbaren Systeme (*BSD und GNU) wird als `vi`-Clone der `nvi` eingesetzt. Hier ist das Ziel, einen wirklich kompatiblen `vi`-Clone zu entwickeln, der sogar die Fehler des Originals hat.

Es ist sehr zu empfehlen, sich zumindest mit den Grundfunktionen von `vi` vertraut zu machen. `vi` befindet sich meist als einziger Editor auf Boot- oder Notfalldisketten, da er sehr klein ist (ca. 100 kByte). Außerdem steht dieser Editor, im Gegensatz zu Emacs und anderen freien Editoren, auf jedem komerziellen Unix-System zur Verfügung. `vi` ist sehr schnell. Er wird daher oft von Systemadministratoren verwendet, um mal eben eine Datei zu editieren, und kann sehr einfach auf anderen Rechnern via `telnet` genutzt werden.

`vi` steht für „visual editor", da Änderungen am Text sofort am Bildschirm angezeigt werden. Wird das Programm mit dem Namen `ex` aufgerufen, so wird nur ein Zeilenmodus verwendet. Wenn Sie nur eine Datei ansehen wollen, so können Sie mit `view` diese Datei nur-lesbar in den Editor laden.

Der einfachste Aufruf ist `vi` *`Dateiname`*. Der Editor `vi` arbeitet in verschiedenen Modi (Kommandomodus, Einfügemodus und Kommandozeilenmodus), in denen die Tastatur unterschiedlich belegt ist. Diese Unterscheidung entstand aus dem Wunsch, daß `vi` auch bei langsamen Terminals und Netzverbindungen vernünftig zu bedienen sein sollte. Mit dem Befehl `set showmode` in der Datei `~/.exrc` können Sie sich anzeigen lassen, in welchem Modus `vi` sich befindet. Heute wirkt diese Art der Bedinung antiquiert, wenn jedoch die Tastaturbefehle nicht mehr aus dem Kopf, sondern aus den Fingern kommen, geht die Arbeit mit `vi` leicht von der Hand.

Nach dem Laden des Textes befindet man sich normalerweise im Kommandomodus. In diesem Modus werden Befehle durch einfache Tastendrücke ausgelöst. So bewirkt das Drücken der Taste [x] nicht, daß das `x` auf dem Bildschirm erscheint, sondern daß das Zeichen unter dem Cursor gelöscht wird. Beinahe jede Taste ruft im Kommandomodus ein bestimmtes Kommando auf. Dabei wird zwischen Groß- und Kleinschreibung unterschieden. Es existieren auch Kommandos, die zusammen mit der Steuerungstaste Strg eingegeben werden müssen.

Andere, komplexere Kommandos lassen sich im Kommandozeilenmodus eingeben, in den man im Kommandomodus mit dem Doppelpunkt : kommt. Daher heißt der Modus auch Colon- oder Doppelpunktmodus. Der Cursor befindet sich dann in der untersten Bildschirmzeile hinter einem Doppelpunkt. Eine Übersicht über die wichtigsten Kommandos finden Sie am Ende dieses Abschnitts (siehe Tabelle A.1 auf Seite 641).

Ein anderer wichtiger Modus der Einfügemodus, der mit der Taste i eingeschaltet wird. Um nach der Eingabe von Text aus dem Einfügemodus wieder in den Kommandomodus zurückzugelangen, muß man die Taste Esc drücken. Wenn Sie nicht wissen, in welchen Modus Sie bzw. `vi` sich befinden, dann betätigen Sie einfach die Esc-Taste.

Soll bestehender Text überschrieben werden, so kann man das im Überschreibmodus erledigen. In den Überschreibmodus gelangt man durch Drücken der Taste R im Kommandomodus. Wenn Sie nur ein einzelnes Zeichen ersetzen wollen, können Sie das im Kommandomodus mit der Taste r, gefolgt von dem neuen Zeichen, tun. Text kann durch Drücken der Taste x zeichenweise gelöscht werden. Soll eine ganze Zeile gelöscht werden, so kann dies durch zweimaliges Drücken der Taste d geschehen.

Will man sich in der Textdatei bewegen, so funktioniert dies meist mit den Cursor-Tasten, aber nur im Kommandomodus (das ist allerdings je nach `vi`-Version und Terminal unterschiedlich). Sollte allerdings einmal die Terminal-Anpassung nicht stimmen, so kann man sich trotzdem (im Kommandomodus) durch Drücken der Tasten h nach links, l nach rechts, j nach unten und k nach oben im Dokument bewegen. Seitenweises Blättern ist durch Drücken von Strg-f vorwärts und Strg-b rückwärts möglich. Ein Nachteil der Cursor-Tasten ist (abhängig von der Kompatibilität des `vi`-Clones), daß sie ein Kommando auslösen. Danach ist weder ein Undo mit u noch die Wiederholung des letzten Befehls mit . möglich.

Um die Textdatei zu speichern, muß man im Kommandomodus :, w eingeben. Dadurch wird die Datei unter dem aktuellen Namen gespeichert. Soll die Datei unter einem anderen Namen abgespeichert werden, kann der Dateiname mit angegeben werden, beispielsweise :, w ***Dateiname***. Wenn die Datei schreibgeschützt ist, kann man diese mit :, w, ! trotzdem überschreiben. Moderne `vi`-Versionen haben hier mit der Tab-Taste eine Dateinamensvervollständigung eingebaut.

`vi` kann durch Eingeben des Kommandos :, q verlassen werden. Wurde die Datei verändert, so wird dies durch die Meldung „`Use q! to abort changes, or wq to save changes`" mitgeteilt. Es besteht die Möglichkeit, das Dokument zu speichern und vi zu beenden (:, w, q) oder die Änderungen im Dokument zu verwerfen und vi zu beenden (:, q, !).

Viele Kommandos können durch ein numerisches Präfix mehrfach ausgeführt werden. Die Tastenkombination 5, x löscht im Kommandomodus beispielsweise die nächsten fünf Zeichen. Für viele Funktionen stehen auch einfache Kürzel bereit, wie z. B. c, w bzw. d, w für „change word" bzw. „delete word". Auch hier können Sie wieder ein Präfix angeben, damit der Befehl mehrfach ausgeführt wird.

Im vi können Sie im Kommandomodus mit / suchen. vi verfügt natürlich auch über eine Suchen-und-Ersetzen-Funktion. Die hierbei verwendete Schreibweise erinnert an die bei sed verwendete (siehe Abschnitt 11.6, *Textdateien bearbeiten mit sed*, auf Seite 341). Zunächst ist das Suchen und Ersetzen ein Doppelpunkt-Befehl, muß also im Kommandozeilenmodus eingegeben werden. Dann ist der Bereich anzugeben, in dem ersetzt werden soll. Das kann durch Zeilennummern (hier ist der Befehl :set nu hilfreich) oder Suchbegriffe geschehen.

Der Befehl zum Suchen und Ersetzen ist s, gefolgt von dem Suchbegriff und der Ersetzung. Anschließend muß ein g angehängt werden, wenn diese Ersetzung in einer Zeile auch mehrfach durchgeführt werden soll. Das klingt kompliziert, deshalb folgt in Listing A.1 ein kurzes Beispiel. Dabei kann vi nach regulären Ausdrücken suchen. Moderne vi-Versionen verfügen im Doppelpunktmodus über eine History, durch die Sie mit den Cursor-Tasten blättern können.

```
1,$ s/gesucht/ersetzt/g
```

Listing A.1: Suchen und Ersetzen im vi

Im gesamten Text (von Zeile 1 bis zum Ende, eine Kurzform dafür ist %) wird die Zeichenkette gesucht durch die Zeichenkette ersetzt ausgetauscht. Durch diese zunächst kompliziert wirkende Syntax ist vi sehr flexibel einsetzbar, insbesondere die regulären Ausdrücke können oft sehr sinnvoll eingesetzt werden.

Wenn die im vi eingebauten Funktionen nicht ausreichen, können externe Programme aufgerufen werden. Dabei kann die ganze Datei oder nur der aktuelle Absatz als Eingabe verwendet werden, und die Ausgabe des Programms tritt an die Stelle der Eingabe. Außerdem können Sie im Doppelpunktmodus mit ! jedes beliebige Programm direkt aufrufen. Das Listing A.2 zeigt, wie die Ausgabe des date-Befehls in die Datei eingefügt und die gesamte Datei durch den Filter fmt verarbeitet wird.

Jeder Benutzer kann sich eigene Makros definieren oder vi an die eigenen Bedürfnisse anpassen. Als Konfiguration wird die Datei ~/.exrc gelesen, ein Beispiel finden Sie in Listing A.3. Hier können Sie Funktionstasten belegen und andere Einstellungen vornehmen. Je nach Einstellung der Option exrc kann zusätzlich zur

```
:r !date
:% |fmt
```

Listing A.2: Doppelpunktbefehle im `vi`

Datei `~/.exrc` aus dem Home-Verzeichnis auch die Datei `.exrc` aus dem aktuellen Verzeichnis eingelesen werden.

```
" Ein Auszug aus einer .exrc-Datei
" Anzeige des aktuelles Modes
set showmode
" Anzeige von Zeilennummern
set number
" Tastatur-Makros
map <F3> :r !date<CR>
```

Listing A.3: Beispiel für eine `~/.exrc`

Damit ist die Leistungsfähigkeit von `vi` noch lange nicht erschöpft. `vi` arbeitet z. B. mit Hilfsprogrammen wie `ctags` zusammen und wird daher von vielen Programmierern und Systemadministratoren eingesetzt. Es empfiehlt sich, weitere Literatur zu Rate zu ziehen, z. B. das `vi`-Tutorial, das gemeinsam mit `nvi` vertrieben wird. Auch im Paket des `vim` befindet sich ein gutes, aber in Englisch geschriebenes Tutorial. Daneben ist auch die `vi`-FAQ eine gute Informationsquelle. Die Tabelle A.1 enthält eine Übersicht über die wichtigsten `vi`-Befehle im Kommandomodus.

Taste(n)	Funktion
h	Cursor links
l	Cursor rechts
j	Cursor nach unten
k	Cursor nach oben
Strg-f	Seite vorwärts
Strg-b	Seite zurück
i	Einfügemodus aktivieren
r	Ein Zeichen überschreiben
R	Überschreibmodus aktivieren
x	Zeichen löschen
.	Letztes Kommando wiederholen
u	Letztes Kommando zurücknehmen
d d	Zeile löschen
/ `Suchbegriff`	Suche nach dem Suchbegriff
n	Weitersuchen
: *`Zeilennummer`*	Gehe zur Zeile *`Zeilennumer`*
: `$`	Gehe zur letzten Zeile
: `q`	`vi` beenden
: `q!`	`vi` beenden, ohne zu speichern
Z Z	`vi` beenden und speichern
: `wq`	`vi` beenden und speichern
: `w` *`Dateiname`*	Datei speichern
: `r` *`Dateiname`*	Datei laden

Tabelle A.1: Die wichtigsten `vi`-Befehle

Weitere Informationen und Bezugsquellen	
Manpages:	`vi(1)`, `elvis(1)`, `vim(1)`, `nvi(1)`
FAQ:	vi-FAQ
ftp-Server:	`ftp.fu-berlin.de`
ftp-Pfad:	`/unix/editors/vim`
Dateiname:	`vim-3.0.tar.gz`
Größe:	ca. 470 kByte
ftp-Server:	`ftp.cs.berkeley.edu`
ftp-Pfad:	`/ucb/4bsd`
Dateiname:	`nvi-1.3.4.tar.gz`
Größe:	ca. 1,4 MByte

B Paßwörter generieren

„Hey, what's the password" - „Ken sent me" — *aus Leisure Suite Larry*

Die Sicherheit der meisten Computersysteme hängt von der Sicherheit der verwendeten Paßwörter ab. Für Bereiche mit besonders hohen Anforderungen werden stellenweise Chipkarten und andere Hardware-Lösungen eingesetzt, für die normalerweise erforderliche Sicherheit sind diese jedoch nicht notwendig.

In der Regel sollten Benutzer ihre Paßwörter selbst wählen können, damit sie sich diese auch merken können. Als Administrator sollten Sie allerdings darauf achten, daß Ihre Benutzer gute Paßwörter wählen. Dabei können Ihnen Programme wie `npasswd`, `passwd+` oder `crack` helfen. Außerdem sollten Sie Ihre Benutzer dazu anhalten, Paßwörter regelmäßig zu wechseln. In der Shadow-Password-Suite ist diese Funktion neben vielen anderen bereits enthalten.

Für spezielle Benutzerkennungen ist es auch in normalen Umgebungen sinnvoll, besonders sichere Paßwörter zu wählen. Dies ist z. B. bei allen Administratorkennungen nützlich, damit diese nicht mittels einer `crack`-Attacke erraten werden können. Leider kennt Unix keine feinere Aufteilung der Administratorrechte, wie sie beispielsweise unter VMS existiert, so daß ein kompromittierter `root`-Benutzer bedeutet, daß das ganze System nicht mehr vertrauenswürdig ist.

Eine einfache Methode, ein Paßwort zu erzeugen, besteht darin, es auszuwürfeln. Damit schließt man Unsicherheiten bei der Verwendung eines maschinellen Zufallszahlengenerators aus und verhindert das einfache Raten des Paßworts. Diese Art von Paßwörtern bietet sich besonders für privilegierte Benutzerkennungen wie z. B. `root` an. Die Tabelle auf der nächsten Seite wurde von Jörg Czeranski[1] freundlicherweise zur Verfügung gestellt.

Für jedes Zeichen des Paßworts würfeln Sie mit drei verschiedenen Würfeln (bzw. dreimal mit einem Würfel). Der erste Würfel bzw. Wurf gibt an, welche Tabelle verwendet wird. Der zweite Würfel (oder Wurf) bestimmt die Zeile, in der das Zeichen steht, und der dritte die Spalte. Damit ist ein Zeichen zufällig festgelegt. Für jedes weitere Zeichen wiederholen Sie dieses Verfahren, bis Sie sechs bis acht Zeichen zusammenhaben. Ein Paßwort, das aus weniger als sechs Zeichen besteht, ist in der Regel zu kurz, um wirklich sicher zu sein. Paßwörter sollten aber auch nicht länger als acht Zeichen sein, damit sie sich sinnvoll merken lassen und weil einige Programme nur die ersten acht Stellen akzeptieren.

Wenn Sie mehrere Rechner mit unterschiedlichen Tastaturlayouts (z. B. mit US-amerikanischer und deutscher Belegung) verwalten, so ist es möglicherweise sinn-

[1] `joerch@joerch.org`

voll, nur solche Zeichen zuzulassen, die auf beiden Tastaturlayouts an der gleichen Stelle zu finden sind. Auch die Verwendung eines Leerzeichens ist nicht immer sinnvoll, da diese Taste vom Hinsehen und Hinhören recht deutlich auffällt. Ähnliches mag, je nach Tastatur, auch für die Umschalttasten gelten.

1	1	2	3	4	5	6
1	o	p	3	l	a	%
2	1	k	M	B	7	m
3	D	B	w	m	v	0
4	e	R	8	z	2	u
5	d	x	4	M	C	Z
6	2	$	i	N	O	g

2	1	2	3	4	5	6
1	j	V		A	u	2
2	x	t	9	S	4	r
3		C	P	j	o	J
4	d	-	T	K	n	#
5	8	9	X	E	,	e
6	6	U	3	k	!	b

3	1	2	3	4	5	6
1	8	b	Q	C	W	.
2	f	Z	P	0	g	q
3	s	X	*	7	O	q
4	Z	&	N	y	6	W
5	|	P	n	J	l	7
6	y	F	S	A	;	c

4	1	2	3	4	5	6
1	<	U	s	R	D	K
2	v	c	"	G	=	)
3	g	i	5	;	3	b
4	x	c	=	f	M	a
5	f	(	G	z	I	t
6	/	?	v	5	p	Q

5	1	2	3	4	5	6
1	i	I	d	^	h	/
2	N	y	n	E	T	e
3	H	>	U	t	L	E
4	_	9	r	1	A	h
5	+	j	W	s	H	q
6	o	B	r	K	V	w

6	1	2	3	4	5	6
1	z	J	L	w	5	H
2	O	6	Y	,	F	X
3	Q	S	I	p	Y	V
4	4	G	F	.	l	k
5	m	D	1	T	u	R
6	0	L	Y	-	h	a

Tabelle B.1: Zuordnung von Würfelergebnissen zu Zeichen eines Paßworts

C Literaturverzeichnis

Dieses Literaturverzeichnis soll einen Überblick über die zu Linux und Unix verfügbaren Bücher geben. Es existieren sehr viele und auch sehr gute Bücher zu den hier angesprochenen Themenbereichen. Daher können hier nur relativ wenige Titel vorgestellt werden. Im Rahmen des Linux Documentation Projects existiert auch eine HowTo, die nützliche und lesenswerte Literatur vorstellt.

Zu jedem Buch wird in einem Satz die spezielle Stärke dieses Werkes erwähnt. Dies kann Ihnen möglicherweise bei der Auswahl des richtigen Buches helfen.

C.1 Das Linux Documentation Project

Das Linux Documentation Project (LDP) entstand bereits sehr früh (weit vor der Kernel-Version 1.0) aus der Einsicht, daß trotz aller Ähnlichkeiten mit anderen (kommerziellen) Unix-Systemen Linux-spezifische Literatur notwendig ist. Im Geiste der GPL sind die im Rahmen dieses Projekts geschriebenen Bücher frei verfügbar, unterliegen aber aufgrund verschiedener Gegebenheiten nicht der GPL.

Neben den im folgenden vorgestellten Büchern, die das Hauptwerk des LDP darstellen sollten, existieren zu praktisch allen für Linux-Anwender interessanten Themen kurze, praxisnahe Einführungen, die sogenannten HowTos. Diese finden Sie z. B. auf der beiligenden CD-ROM. Diese Dokumente sind auch in den verbreiteten Distributionen (unter `/usr/doc` bzw. `/usr/share/doc`) enthalten und werden regelmäßig in der Newsgroup `comp.os.linux.answers` gepostet.

[Joh95] Michael K. Johnson. *The Linux Kernel Hacker's Guide.* Linux Documentation Project, 1995.

Das Handbuch für Kernel-Hacker aus dem LDP. Daher ist dieses Buch frei verfügbar, leider jedoch in der Version 0.5 veraltet. Zur Zeit existiert nur eine interaktive Online-Version bei `http://www.redhat.com/khg`.

[Kir95a] Olaf Kirch. *Linux Network Administrator's Guide.* Linux Documentation Project, 1995.

Ausführliche Beschreibung zur Installation eines Linux-Netzwerks. Es liegt in englischer Sprache vor und stammt aus dem Linux Documentation Project (LDP). Eine überarbeitete Version ist (auch in deutscher Übersetzung) bei O'Reilly erschienen.

[Wel95] Matt Welsh. *Linux Installation and Getting Started.* Linux Documentation Project, 1995.

Das frei verfügbare Installations- und Benutzerhandbuch für Linux, das im Rahmen des LDP entstand.

[Wir95] Lars Wirzenius. *The Linux System Administrator's Guide.* Linux Documentation Project, 1995.

Das ebenfalls frei verfügbare Handbuch zur Systemverwaltung. Dieses Buch entstammt ebenfalls dem LDP.

C.2 Linux-Literatur

Im Laufe der letzten Jahre ist, insbesondere im deutschsprachigen Raum, eine gute und reichhaltige Auswahl an Linux-Büchern veröffentlicht worden. Diese auch nur annähernd vollständig zu erfassen ist praktisch unmöglich, daher folgt hier nur eine sehr kleine Auswahl. Martin Schulz (`joey@linux.de`) veröffentlicht regelmäßig eine Liste deutschsprachiger Linux-Bücher in der Newsgroup `de.comp.os.linux.misc`.

[HH+95] Sebastian Hetze, Dirk Hohndel et al. *Linux Anwenderhandbuch.* LunetIX Softfair, 1996, 6. Auflage.

Eine gute Einführung in die Installation und Benutzung eines Linux-Systems. Die Wartung und die Systemverwaltung kommen jedoch zu kurz. Es enthält eine Referenz vieler Unix-Befehle. Ein großer Teil des Buches ist auch Online verfügbar, das Geld für die gebundene Version ist aber gut angelegt.

[BBD+95] Michael Beck, Harald Böhme, Mirko Dziadzka et al. *Linux-Kernel-Programmierung.* Addison-Wesley, Bonn, 4., akt. und erw. Auflage, 1997.

Dieses Buch beschreibt ausführlich die im Linux-Kernel (Version 2.0) verwendeten Strukturen und Funktionen. Das Buch enthält praktisch keine Hinweise zur Systemadministration oder Anwendung und ist daher fast nur für C- und Kernel-Programmierer interessant. Es ist heute *das* Standardwerk für Kernel-Hacker und solche, die es werden wollen. Von diesem Buch ist auch eine englische Übersetzung erschienen.

[Kir95b] Olaf Kirch. *Linux Network Administrator's Guide.* O'Reilly & Associates Inc., Sebastopol, CA, 1995.

Eine ausführliche Beschreibung zur Installation eines Linux-Netzwerks. Das Buch ist in Englisch geschrieben und stammt aus dem Linux Documentation Project. Für die Veröffentlichung bei O'Reilly wurde es jedoch überarbeitet. Die deutsche Übersetzung ist als *Wegweiser für Netzwerker* im Handel.

[Kof95] Michael Kofler. *Linux Installation, Konfiguration, Anwendung*. Addison-Wesley, Bonn, 4. Auflage, 1999, ISBN 3-8273-1475-5.

Eine Einführung in Linux, die beiliegende CD enthält unter anderem die Red Hat-Distribution. Dieses Buch wendet sich vorwiegend an Einsteiger.

[Pet95] Kai Petzke. *Unix für jedermann*. Bernd-Michael Paschke Verlag, Berlin, 1995, ISBN 3-929711-07-9.

Ein Ringbuch mit einer Einführung in Unix am Beispiel von Linux. Dieses Buch wendet sich wie [Kof95] an Einsteiger.

[Teu98] Stefanie Teufel. *Jetzt lerne ich Linux*. Markt&Technik, München, 1999, ISBN 3-8272-5433-7. Ein erfrischend lebendiges Buch für Einsteiger, das auch für fortgeschrittene Anwender noch den einen oder anderen Tip zu bieten hat.

[WK95] Matt Welsh und Lar Kaufman. *Running Linux*. O'Reilly & Associates Inc., Sebastopol, CA, 1995, ISBN 1-56591-100-3.

Englische Einführung in die Benutzung und Administration von Linux. Die Einrichtung und Verwaltung von Netzwerken kommt etwas zu kurz, das Buch ist jedoch gut zu lesen. Es ist aus *Linux Installation and Getting Started* [Wel95] entstanden.

C.3 Dokumentationen des GNU-Projekts

Das GNU-Projekt wurde von Richard Stallman ins Leben gerufen, um ein freies Betriebssystem zu entwickeln. Dieses sollte weitgehend kompatibel zu Unix sein, aber durchaus Erweiterungen und Verbesserungen enthalten. Heute werden die Programme des GNU-Projekts auf fast jedem Unix-System verwendet, weil sie leistungsfähig, schnell und stabil sind.

Neben den eigentlichen Programmen legt Richard Stallman großen Wert auf eine angemessene Dokumentation. Im Gegensatz zu anderen Unix-Systemen verwendet das GNU-System praktisch keine Manpages, obwohl diese oft praktisch sind, wenn man nur die Aufrufparameter nachlesen möchte. Statt dessen wird das Texinfo-Format verwendet, das sowohl am Bildschirm angezeigt (z. B. mit Hilfe von `info` oder Emacs) als auch mit Hilfe von TeX in Form eines Buches ausgedruckt werden kann.

Da das GNU-System kompatibel zum POSIX-Standard ist, können die entsprechenden Bücher oft auch zur Arbeit an kommerziellen Unix-Systemen verwendet werden. Auf Erweiterungen der Programme gegenüber dem POSIX-Standard wird in der Regel gesondert hingewiesen, so daß neben den Programmen auch die Dokumentation relativ portabel ist.

Fast alle GNU-Handbücher legen großen Wert auf eine ausführliche und (trotz der englischen Sprache) leicht verständliche Einführung in die Bedienung und die Konzepte der Programme. Erst im hinteren Teil des Buches werden alle Funktionen ausführlich dokumentiert, so daß sowohl Einsteiger als auch erfahrene Anwender Nutzen aus diesen Büchern ziehen können.

Als Anwender können Sie die Dokumente selbst ausdrucken oder bei der Free Software Foundation bestellen. Das durch den Verkauf von Büchern (und Magnetbändern bzw. CD-ROMs) eingenommene Geld wird für die Implementation und Verbesserung des GNU-Systems eingesetzt. Auch hier finden Sie wiederum nur eine Auswahl an Titeln, die in der Regel zusammen mit den zugehörigen Programmen vertrieben werden.

[LSMO94] Sandra Loosemore, Richard Martin Stallman, Roland McGrath und Andrew Oram. *The GNU C library*. Free Software Foundation, 675 Mass Ave, Cambridge, MA 02139, USA, 1994.

Das Handbuch zur GNU-C-Bibliothek erläutert alle Funktionen der Bibliothek ausführlich und nach Themengebieten unterteilt. Dies ist kein Lehrbuch für C und auch kein Referenzhandbuch, sondern eine ausführliche Beschreibung aller `libc`-Funktionen. Da unter Linux eine angepaßte GNU `libc` verwendet wird, ist dieses Handbuch auch für Linux-Anwender interessant.

[SM94] Richard Martin Stallman und Roland McGrath. *GNU Make manual*. Free Software Foundation, 675 Mass Ave, Cambridge, MA 02139, USA, 1994.

Das GNU `make` Handbuch, das als Texinfo-Datei verfügbar ist, führt in die Benutzung von `make` ein. Dabei werden ausführlich alle Funktionen von `make` erläutert. Es wird aber auch Wert auf die Unterschiede zu anderen `make`-Programmen gelegt.

[Sta94a] Richard Martin Stallman. *The Emacs Editor*. Free Software Foundation, 675 Mass Ave, Cambridge, MA 02139, USA, 1994.

Das GNU-Emacs-Handbuch, verfügbar als Texinfo-Datei, führt ausführlich in die Benutzung und Konfiguration von GNU-Emacs ein. Das Handbuch steht auch im Info-System online zur Verfügung.

[Sta94b] Richard Martin Stallman. *Using and Porting GCC*. Free Software Foundation, 675 Mass Ave, Cambridge, MA 02139, USA, 1994.

Das GCC-Handbuch, verfügbar als Texinfo-Datei, ist keine Einführung in die Programmiersprache C, sondern führt in die Besonderheiten bei der Anwendung und Portierung des GNU C Compilers (GCC) ein.

C.4 Allgemeine Unix-Literatur

Obwohl Linux sich in einigen Details (positiv) von anderen Unix-Systemen unterscheidet, kann man in vielen Fällen ohne Bedenken und Probleme auf bereits vorhandene Unix-Literatur zurückgreifen. Auch hier finden Sie nur eine (subjektive) Auswahl von guten Büchern. In der letzten Zeit enthalten praktisch alle Unix-Bücher ein oder mehrere Kapitel zu Linux und gehen auch auf etwaige Besonderheiten ein.

[BB95] Don Bolinger und Tan Bronson. *Applying RCS and SCCS.* O'Reilly & Associates Inc., Sebastopol, CA, 1995, ISBN 1-56592-117-8.

Eine ausführliche Anleitung in die Verwendung von RCS und SCCS.

[DuB93] Paul DuBois *Software portability with imake.* O'Reilly & Associates Inc., Sebastopol, CA, 1993, ISBN 1-56592-055-4.

Die Verwendung von `imake` als Werkzeug, um plattformunabhängig Programme zu übersetzen und zu installieren. Es ist das derzeit einzige Buch zu `imake`. Die Installation und Konfiguration von `imake` wird genauso behandelt wie das Schreiben und Testen von `Imakefiles`.

[Fri1998] Jeffrey E.F. Friedl *Reguläre Ausdrücke* O'Reilly & Associates Inc., Sebastopol, CA, 1998, ISBN 3-930673-62-2.

Das Standardwerk zu regulären Ausdrücken, das auch in englischer Sprache erhältlich ist. Es werden reguläre Ausdrücke ausführlich erklärt, die verschiedenen Implementationen verglichen und viele Tips und Tricks zur Arbeit mit regulären Ausdrücken vorgestellt. Sehr empfehlenswert, wenn man häufig mit regulären Ausdrücken zu tun hat.

[Her94] Helmut Herold *awk und sed.* Addison-Wesley, Bonn, 1994, ISBN 3-89319-685-4.

Eine praxisorientierte Einführung in die Verwendung von sed und awk. Es werden die Konzepte und mögliche Anwendungen vorgestellt.

[Dou90] Dale Dougherty. *sed & awk.* O'Reilly & Associates Inc., Sebastopol, CA, 1990, ISBN 0-937175-59-5.

Eine englische Einführung in die Verwendung von sed und awk. Wenn Sie deutsche Bücher bevorzugen, greifen Sie zu dem Werk von Helmut Herold.

[Gar91] Simson Garfinkel und Gene Spafford *Practical UNIX Security.* O'Reilly & Associates Inc., Sebastopol, CA, 1991, ISBN 0-937175-72-2.

Dieses Buch beschäftigt sich speziell mit der Sicherheit von Unix-Systemen. Dabei werden auch Aspekte der Netzwerksicherheit angesprochen.

[Her94] Helmut Herold. *make und nmake*. Addison-Wesley, Bonn, 1994.

Eine Einführung in make (UNIX) und nmake (DOS).

[Int] Intel. *Intel Binary Compatibility Specification*. McGraw-Hill, Inc.

[ISO/IEC-9945-1:1996] ANSI/IEEE. *ISO/IEC 9945-1:1996 (ANSI/IEEE Std 1003.1, 1996 Edition), Information technology–Portable Operating System Interface (POSIX) Part 1: System Application Programming Interface (API) [C Language]*, 896 pages, ISBN 1-55937-573-6, IEEE order number SH94352-NYF.

Der vielzitierte (erste Teil) des POSIX-Standards. Hier wird die Programmierschnittstelle von Unix genauer spezifiziert. Die weiteren Teile definieren andere Teile (z. B. Shell, Utilities) des Systems genauer.

[Lam90] Linda Lamb. *Learning the vi Editor*. O'Reilly & Associates Inc., Sebastopol, CA, 1993, ISBN 0-937175-67-6.

Eine Einführung in die Bedienung von `vi`, leider in englischer Sprache.

[Lew91] Donald Lewine. *POSIX Programmer's Guide*. O'Reilly & Associates Inc., Sebastopol, CA, 1991.

Eine Anleitung zur Erstellung von POSIX-kompatiblen Programmen. Gut gelungen ist die Einführung in die Problembereiche durch Hinweise auf häufige Fehlerquellen. Ein gut zu lesendes Buch, im Gegensatz zum POSIX-Standard selbst.

[Mon95] John Montgomery. *The Underground Guide to Unix*. Addison-Wesley, Reading, Massachusetts, 1995.

Jede Menge Tips und Tricks für Unix-Anwender, die sich ihre Arbeitsumgebung einrichten möchten. Auf die Systemverwaltung wird nicht eingegangen. Das Buch ist in erfrischendem amerikanischen Englisch geschrieben.

[Nem] Eri Nemeth. *Unix System Administrations Handbook*. Prentice Hall, ISBN 0-13-933441-6.

Dieses Buch gilt als eines der Standardwerke für die Administration eines Unix-Systems.

[OT91] Andrew Oram und Steve Talbott. *Managing Projects with make*. O'Reilly & Associates Inc., Sebastopol, CA, 1991, ISBN 0-937175-90-0.

Eine Einführung in die Verwendung von `make` in kleinen und großen Projekten.

[Ste95] W. Richard Stevens. *Programmierung in der UNIX-Umgebung*. Addison-Wesley, Bonn, 1995, ISBN 3-89319-814-8.

Das Buch ist *die* Standardreferenz („Bibel") für die Unix-Programmierung. Es wird sowohl auf BSD- als auch System-V-basierte Systeme eingegangen. Dieses Buch ist auch in englischer Sprache erhältlich.

[Ste92] W. Richard Stevens. *Advanced Programming in the UNIX Environment*. Addison-Wesley, Reading, Massachusetts, 1992, ISBN 0-201-56317-7.

Die amerikanische Originalfassung von [Ste95].

[SMR88] John Strang, Linda Mui und Tim O'Reilly. *Termcap & Terminfo*. O'Reilly & Associates Inc., Sebastopol, CA, 1988, ISBN 0-937175-22-6.

Dieses für Unix-Systemadministratoren gedachte Buch enthält Informationen zum Entwickeln und Testen von Terminalbeschreibungen für die beiden verbreiteten Verfahren.

[PLR+94] Jerry Peek, Mike Loukides, Tim O'Reilly et al. *Unix Power Tools*. O'Reilly & Associates Inc., Sebastopol, CA, 1994, ISBN 0-679-79073-X.

Dieses Buch besteht aus der Vorstellung von Tips und Tricks zu Unix. Es beschreibt viele beliebte zusätzliche Unix-Programme, die auf der beiliegenden CD enthalten sind.

[WS91] Larry Wall und Randal L. Schwartz. *Programming Perl*. O'Reilly & Associates Inc., Sebastopol, CA, 1991, ISBN 0-937175-64-1.

Das Standardwerk zu Perl wurde vom Autor dieser Sprache selbst mitgeschrieben.

C.5 Allgemeine TEX/LATEX-Literatur

Der große Vorteil von TEX und LATEX liegt in der Portabilität der Dokumente. Sie können Ihren Text unter DOS, Unix oder auf einem Mainframe bearbeiten, und überall stehen die gleichen Funktionen zur Verfügung. Auch der Ausdruck ist auf jedem TEX-System identisch. Damit hat TEX gerade in heterogenen Umgebungen extreme Vorteile, besonders wenn Dokumente von mehreren Personen bearbeitet werden müssen. Diese Vorteile spiegeln sich natürlich auch in der verfügbaren Literatur zu diesem Themenkomplex wider.

[GMS95] Michel Goossens, Frank Mittelbach und Alexander Samarin. *Der LATEX-Begleiter*. Addison-Wesley, Bonn, 1996, ISBN 3-89319-646-3.

Ausführliche Vorstellung von LATEX 2ε und vielen weiteren Makropaketen (Styles) zu LATEX. Ein Teil der Erträge dieses Buches wird für das LATEX3-Projekt verwendet. Für LATEX-Anfänger ist der erste Band der Kopka-Reihe besser geeignet.

[GMS94] Michel Goossens, Frank Mittelbach und Alexander Samarin. *The LaTeX-Companion*. Addison-Wesley, Reading, Massachusetts, 1994.

Die englische Ausgabe des LaTeX-Begleiters.

[Knu86a] Donald E. Knuth. *The METAFONT book*. Addison-Wesley, Reading, Massachusetts, 1986.

Das METAFONT book ist *das* Standardwerk zu METAFONT. Nicht leicht zu lesen, erfordert Mitarbeit beim Lesen.

[Knu86b] Donald E. Knuth. *The TeXbook*. Addison-Wesley, Reading, Massachusetts, 1986.

Das TeXbook ist *das* Standardwerk zu TeX. Es ist nicht leicht zu lesen und erfordert Mitarbeit beim Lesen. Danach kennt der Leser das TeX-System wirklich gut.

[Kop94] Helmut Kopka. *LaTeX*. Addison-Wesley, Bonn, 1994.

Das deutsche Standardwerk zu LaTeX. In den drei Bänden wird LaTeX ausführlich beschrieben.

[Lam94] Leslie Lamport. *LaTeX – A Documentation Preparation System – User's Guide*. Addison-Wesley, Reading, Massachusetts, 1994, ISBN 0-201-52983-1.

Das englische Standardwerk zu LaTeX vom Autor des LaTeX-Systems. In dieser Auflage wird bereits LaTeX 2_ε beschrieben.

[Lam95] Leslie Lamport. *Das LaTeX-Handbuch*. Addison-Wesley, Bonn, 1994, ISBN 3-89319-826-1.

Mit der neuen, noch leistungsfähigeren Standardversion LaTeX 2_ε wurde auch das amerikanische Originalhandbuch des Systementwicklers Leslie Lamport neu aufgelegt. Die Neuauflage enthält außerdem neue Abschnitte über die Herstellung von Büchern und Dias, zur Erzeugung eines Sachregisters mit MakeIndex und zur Bibliographie mit BibTeX sowie einen Abschnitt über das elektronische Versenden von LaTeX-Files.

C.6 Literatur zu Unix-Netzen

In den letzten Jahren hat sich in vielen Netzen immer mehr das Protokoll TCP/IP durchgesetzt. Daher existieren auch hier wieder viele Bücher, auf die ein Linux-Anwender zurückgreifen kann.

[AL92] Paul Albitz und Cricket Liu . *DNS and BIND*. O'Reilly & Associates Inc., Sebastopol, CA, 1992, ISBN 1-56592-010-4.

Dieses Buch beschreibt ausführlich die Installation, Konfiguration und Wartung des DNS. Für Verwalter dieses Services ist dieses Buch beinahe ein Muß.

[CAR93] Bryan Costales, Eric Allman und Neil Rickert. *sendmail*. O'Reilly & Associates Inc., Sebastopol, CA, 1993, ISBN 1-56592-056-2.

Dieses Buch ist eine ausführliche Referenz zu `sendmail`. Dabei wird auf die verschiedenen Versionen, die unter verschiedenen Systemen verwendet werden, eingegangen.

[CB95] William R. Cheswick und Steven M. Bellovin. *Firewalls und Sicherheit im Internet*. Addison-Wesley, Bonn, 1995, ISBN 3-89319-875-x.

Das Standardwerk zur Internet-Sicherheit. Die amerikanische Originalausgabe von 1994 hat die ISBN 0-201-63357-4.

[DIN-ISO-7498] *DIN ISO 7498, Informationsverarbeitung, Kommunikation Offener Systeme, Basis-Referenzmodell*. Beuth Verlag, 1992.

[Haf97] *Arpa Kadabra – Die Geschichte des Internet*. dpunkt.verlag, Heidelberg, 1997, ISBN 3-920993-90x.

Eine lesenswerte Geschichte über die Entstehung des ARPA-Netzes, einem der Vorläufer des Internet. Der Titel der englischen Originalausgabe „Where Wizard Stay Up Late“ ist heute sicher immer noch treffend.

[Hun92] Craig Hunt. *TCP/IP Network Administration*. O'Reilly & Associates Inc., Sebastopol, CA, 1992, ISBN 0-937175-82-X.

Eine ausführliche und gelungene Einführung in die Installation und Verwaltung eines TCP/IP-Netzes. Besonders hilfreich sind die Hinweise zur Netzwerksicherheit und zur Fehlersuche.

[San95] Michael Santifaller. *TCP/IP und ONC/NFS in Theorie und Praxis*. Addison-Wesley, Bonn, 1995, ISBN 3-89319-876-8.

Tiefgehende Einführung in die Protokolle und die Implementierung von TCP/IP und RPC-Services. Dennoch ist das Buch gut zu lesen und sehr anschaulich.

[Ste91] Hal Stern. *Managing NFS and NIS*. O'Reilly & Associates Inc., Sebastopol, CA, 1991, ISBN 0-937175-75-7.

Das Standardwerk für einen Netzwerkadministrator, der NFS und NIS betreiben soll. Die Konzepte, Funktionen und Programme werden ausführlich besprochen. Daneben enthält das Buch auch ausführliche Hilfen zur Fehlersuche.

[Ste94] W. Richard Stevens. *TCP/IP Illustrated*. Addison-Wesley, Reading, Massachusetts, 1994, ISBN 0-201-63346-9.

Dreibändiges Werk, das sehr gut den Aufbau und die Implementation des TCP/IP-Protokolls erklärt. Für Netzwerkverwalter ist besonders der erste Band interessant.

[Tod92] Grace Todino und Tim O'Reilly. *Managing UUCP and Usenet*. O'Reilly & Associates Inc., Sebastopol, CA, 1992, ISBN 0-937175-93-5.

Die Installation und Verwaltung von UUCP und News wird in diesem Buch erklärt. Leider wird nicht die moderne und einfachere Tylor-Konfiguration erläutert, sondern nur das HBD-Format.

[WE94] Kevin Washburn und Jim Evans. *TCP/IP*. Addison-Wesley, Bonn, 1994, ISBN 3-89319-658-7.

Eine gelungene Einführung in den Aufbau und Betrieb eines TCP/IP-Netzes. Die Grundlagen werden verständlich erklärt, dabei wird immer wieder auf die Probleme eines wachsenden und sich entwickelnden Netzes eingegangen. Ebenfalls gut gelungen ist die Darstellung der Protokolle und der von Programmen übertragenen Daten.

C.7 Weitere Literaturhinweise

[SB+93] Andrew Schulman, Ralf Brown, et al. *Undocumented DOS*. Addison-Wesley, Reading, Massachusetts, 1993.

Das Standardwerk über undokumentierte DOS-Funktionen.

[SM92] Andrew Schulman und David Maxey. *Undocumented Windows*. Addison-Wesley, Reading, Massachusetts, 1992.

Das Standardwerk über undokumentierte Windows-Funktionen.

D Verzeichnis der wichtigsten RFCs

Die Internet-RFCs (Request for Comment) sind die definitiven Beschreibungen der Internet-Protokolle. Jeder RFC, egal ob er ein Standard oder eher als Diskussionsgrundlage oder zur Information gedacht ist, erhält eine eindeutige Nummer. Bei Änderungen an dem Dokument wird eine neue Nummer vergeben und die alte als obsolet markiert.

Oft wird zu einem RFC ein weiterer mit Änderungen oder zusätzlichen Informationen veröffentlicht. Auch dies ist in der Datei `rfc-index.txt` vermerkt. In der letzten Zeit werden wieder viele RFCs erstellt, so daß Sie für die letzten Neuerungen z. B. unter der URL `ftp://ftp.gwdg.de/pub/rfc` nachsehen sollten.

Die hier enthaltene Aufstellung soll Ihnen einen Überblick über einige der wichtigsten RFCs geben, ist aber bei weitem nicht vollständig. Die englischen Texte sind relativ gut lesbar, obwohl es Standarddefinitionen sind. Insbesondere sind sie eine Fundgrube für den interessierten Netzwerk- oder Systemverwalter, da die verwendeten Protokolle oder Formate im Detail erklärt werden, oft sogar mit Beispielen. Neben der Definition von Standards oder Protokollen werden oft Aufsätze zu neuen Erkenntnissen bei der Programmierung, Entwicklung oder Anwendung von Protokollen veröffentlicht, von denen auch ein Systemverwalter profitieren kann.

[rfc0768] **User Datagram Protocol**, *J. Postel*, Aug-28-1980.

[rfc0791] **Internet Protocol**, *J. Postel* Sep-01-1981.

[rfc0792] **Internet Control Message Protocol**, *J. Postel*, Sep-01-1981.

[rfc0793] **Transmission Control Protocol**, *J. Postel*, Sep-01-1981.

[rfc0821] **Simple Mail Transfer Protocol**, *J. Postel*, Aug-01-1982.

[rfc0822] **Standard for the format of ARPA Internet text messages**, *D. Crocker*, Aug-13-1982.

[rfc0826] **Ethernet Address Resolution Protocol:** Or converting network protocol addresses to 48.bit Ethernet address for transmission on Ethernet hardware, *D. Plummer*, Nov-01-1982.

[rfc0827] **Exterior Gateway Protocol (EGP)**, *E. Rosen*, Nov-01-1982.

[rfc0854] **Telnet Protocol specification**, *J. Postel, J. Reynolds*. May-01-1983.

[rfc0855] **Telnet option specifications**, *J. Postel, J.K. Reynolds*, May-01-1983.

[rfc0903] **Reverse Address Resolution Protocol**, *R. Finlayson, T. Mann, J.C. Mogul, M. Theimer*, Jun-01-1984.

[rfc0931] **Authentication server**, *M. St. Johns* January 1985.

[rfc0940] **Toward an Internet standard scheme for subnetting**, *Gateway Algorithms and Data Structures Task Force*, April 1985.

[rfc0950] **Internet standard subnetting procedure**, *J. Mogul, J. Postel*, August 1985.

[rfc0951] **Bootstrap Protocol**, *W.J. Croft, J. Gilmore*, September-1985.

[rfc0952] **DoD Internet host table specification**, *K. Harrenstien, M. Stahl, E. Feinler*, October 1985.

[rfc0959] **File Transfer Protocol**, *J. Postel, J.K. Reynolds*, Oct-01-1985.

[rfc1014] **XDR: External Data Representation standard**, *Sun Microsystems Inc.*, Jun-01-1987.

[rfc1032] **Domain administrators guide**, *M.K. Stahl*, Nov-01-1987.

[rfc1033] **Domain administrators operations guide**, *M. Lottor*, Nov-01-1987.

[rfc1034] **Domain names – concepts and facilities**, *P.V. Mockapetris*, Nov-01-1987.

[rfc1035] **Domain names – implementation and specification**, *P.V. Mockapetris*, Nov-01-1987.

[rfc1055] **Nonstandard for transmission of IP datagrams over serial lines: SLIP**, *J. Romkey* June 1988.

[rfc1057] **RPC: Remote Procedure Call Protocol specification: Version 2**, *Inc. Sun Microsystems*, Jun-01-1988.

[rfc1058] **Routing Information Protocol**, *C. Hedrick*, June 1988.

[rfc1084] **BOOTP vendor information extensions**, *J. Reynolds*, 12/01/1988.

[rfc1094] **NFS: Network File System Protocol specification**, *Sun Microsystems, Inc*, March 1989.

[rfc1112] **Host extensions for IP multicasting**, *S. Deering*, August 1989.

[rfc1122] **Requirements for Internet hosts – communication layers**, *R. Braden*, 10/01/1989.

[rfc1123] **Requirements for Internet hosts – application and support**, *R. Braden*, 10/01/1989.

[rfc1144] **Compressing TCP/IP headers for low-speed serial links**, *V. Jacobson*, February 1990.

[rfc1157] **Simple Network Management Protocol (SNMP)**, *J. Case, M. Fedor, M. Schoffstall, C. Davin*, May 1990.

[rfc1178] **Choosing a name for your computer**, *D. Libes*, August 1990.

[rfc1183] **New DNS RR definitions**, *C. Everhart, L. Mamakos, R. Ullmann, P. Mockapetris*, October 1990.

[rfc1179] **Line printer daemon protocol**, *L. McLaughlin*, Aug-01-1990.

[rfc1258] **BSD Rlogin**, *B. Kantor*, Sep-01-1991.

[rfc1282] **BSD Rlogin**, *B. Kantor*, December 1991.

[rfc1301] **Multicast Transport Protocol**, *S. Armstrong, A. Freier, K. Marzullo*, February 1992.

[rfc1305] **Network Time Protocol (v3)**, *D. Mills*, 04/09/1992.

[rfc1311] **Introduction to the STD Notes**, *J. Postel, ed.*, March 1992.

[rfc1413] **Identification Protocol**, *M. St. Johns*, February 1993.

[rfc1436] **The Internet Gopher Protocol (a distributed document search and retrieval protocol)**, *F. Anklesaria, M. McCahill, P. Lindner, D. Johnson, D. John, D. Torrey, B. Alberti*, 03/18/1993.

[rfc1441] **Introduction to version 2 of the Internet-standard Network Management Framework**, *J. Case, K. McCloghrie, M. Rose, S. Waldbusser*, April 1993.

[rfc1442] **Structure of Management Information for version 2 of the Simple Network Management Protocol (SNMPv2)**, *J. Case, K. McCloghrie, M. Rose, S. Waldbusser*, April 1993.

[rfc1443] **Textual Conventions for version 2 of the Simple Network Management Protocol (SNMPv2)**, *J. Case, K. McCloghrie, M. Rose, S. Waldbusser*, April 1993.

[rfc1444] **Conformance Statements for version 2 of the Simple Network Management Protocol (SNMPv2)**, *J. Case, K. McCloghrie, M. Rose, S. Waldbusser*, April 1993.

[rfc1445] **Administrative Model for version 2 of the Simple Network Management Protocol (SNMPv2)**, *J. Galvin, K. McCloghrie*, April 1993.

[rfc1446] **Security Protocols for version 2 of the Simple Network Management Protocol (SNMPv2)**, *J. Galvin, K. McCloghrie*, April 1993.

[rfc1447] **Party MIB for version 2 of the Simple Network Management Protocol (SNMPv2)**, *J. Galvin, K. McCloghrie*, April 1993.

[rfc1448] **Protocol Operations for version 2 of the Simple Network Management Protocol (SNMPv2)**, *J. Case, K. McCloghrie, M. Rose, S. Waldbusser*, April 1993.

[rfc1450] **Management Information Base for version 2 of the Simple Network Management Protocol (SNMPv2)**, *J. Case, K. McCloghrie, M. Rose, S. Waldbusser*, April 1993.

[rfc1458] **Requirements for Multicast Protocols**, *R. Braudes, S. Zabele*, May 1993.

[rfc1470] **FYI on a Network Management Tool Catalog: Tools for Monitoring and Debugging TCP/IP Internets and Interconnected Devices**, *R. Enger, J. Reynolds*, 06/25/1993.

[rfc1497] **BOOTP Vendor Information Extensions**, *J. Reynolds*, August 1993.

[rfc1519] **Classless Inter-Domain Routing (CIDR): an Address Assignment and Aggregation Strategy**, *V. Fuller, T. Li, J. Yu, K. Varadhan*, 09/24/1993.

[rfc1518] **An Architecture for IP Address Allocation with CIDR**, *Y. Rekhter, T. Li*, 09/24/1993.

[rfc1523] **The text/enriched MIME Content-type** *N. Borenstein*, September 1993.

[rfc1524] **A User Agent Configuration Mechanism For Multimedia Mail Format Information, N. Borenstein**, September 1993.

[rfc1531] **Dynamic Host Configuration Protocol**, *R. Droms*, October 1993.

[rfc1536] **Common DNS Implementation Errors and Suggested Fixes**, *A. Kumar, J. Postel, C. Neuman, P. Danzig & S. Miller*, October 1993.

[rfc1542] **Clarifications and Extensions for the Bootstrap Protocol**, *W. Wimer*, October 1993.

[rfc1579] **Firewall-Friendly FTP**, *S. Bellovin*, February 1994.

[rfc1602] **Internet Engineering Steering Group The Internet Standards Process – Revision 2**, *Internet Architecture Board*, March 1994.

[rfc1627] **Network 10 Considered Harmful (Some Practices Shouldn't be Codified)**, *E. Lear, E. Fair, D. Crocker, T. Kessler*, July 1994, obsoleted by [rfc1918].

[rfc1630] **Universal Resource Identifiers in WWW: A Unifying Syntax for the Expression of Names and Addresses of Objects on the Network as used in the World-Wide Web**, *T. Berners-Lee*, 06/09/1994.

[rfc1635] **How to Use Anonymous FTP**, *P. Deutsch, A. Emtage, A. Marine*, 05/25/1994.

[rfc1661] **The Point-to-Point Protocol (PPP)**, *W. Simpson, ed.*, July 1994.

[rfc1700] **Assigned numbers**, *J. Reynolds, J. Postel*, October 1994.

[rfc1739] **A Primer On Internet and TCPIP Tools** *G. Kessler, S. Shepard*, December 1994.

[rfc1769] **Simple Network Time Protocol (SNTP)**, *D. Mills*, 03/17/1995.

[rfc1813] **NFS Version 3 Protocol Specification**, *B. Callaghan, B. Pawlowski & P. Staubach*, June 1995.

[rfc1866] **Hypertext Markup Language – 2.0**, *T. Berners-Lee, D. Connolly*, 11/03/1995.

[rfc1912] **Common DNS Operational and Configuration Errors**, *D. Barr*, February 1996.

[rfc1918] **Address Allocation for Private Internets**, *Y. Rekhter, B. Moskowitz, D. Karrenberg, G. J. de Groot & E. Lear*, February 1996, obsoletes [rfc1627].

[rfc1983] **Internet Users' Glossary**, *G. Malkin*, August 1996.

[rfc2007] **Catalogue of Network Training Materials**, *J. Foster, M. Isaacs & M. Prior*, October 1996.

[rfc2015] **MIME Security with Pretty Good Privacy (PGP)**, *M. Elkins*, October 1996.

[rfc2045] **Multipurpose Internet Mail Extensions (MIME) Part One: Format of Internet Message Bodies**, *N. Freed & N. Borenstein*, November 1996.

[rfc2046] **Multipurpose Internet Mail Extensions (MIME) Part Two: Media Types**, *N. Freed & N. Borenstein*, November 1996.

[rfc2047] **MIME (Multipurpose Internet Mail Extensions) Part Three: Message Header Extensions for Non-ASCII Text**, *K. Moore*, November 1996.

[rfc2048] **Multipurpose Internet Mail Extension (MIME) Part Four: Registration Procedures**, *N. Freed, J. Klensin & J. Postel*, November 1996.

[rfc2049] **Multipurpose Internet Mail Extensions (MIME) Part Five: Conformance Criteria and Examples**, *N. Freed & N. Borenstein*, November 1996.

[rfc2060] **INTERNET MESSAGE ACCESS PROTOCOL – VERSION 4rev1**, *M. Crispin*, December 1996.

[rfc2068] **Hypertext Transfer Protocol – HTTP/1.1**, *R. Fielding, J. Gettys, J. Mogul, H. Frystyk, T. Berners-Lee*, January 1997.

[rfc2083] **PNG (Portable Network Graphics) Specification**, *T. Boutell*, January 1997.

[rfc2100] **The Naming of Hosts**. *J. Ashworth*, April 1997.

[rfc2131] **Dynamic Host Configuration Protocol**, *R. Droms*, March 1997.

[rfc2132] **DHCP Options and BOOTP Vendor Extensions**, *S. Alexander, R. Droms*, March 1997.

[rfc2151] **A Primer On Internet and TCP/IP Tools and Utilities**, *G. Kessler, S. Shepard*, June 1997.

[rfc2182] **Selection and Operation of Secondary DNS Servers** *R. Elz, R. Bush, S. Bradner, M. Patton*, July 1997.

[rfc2400] **Internet official protocol standards**, *J. Postel, J. Reynolds*, September 1998.

E Index

Symbole

A

Q

R

R S

T

X

Y

Z